스펄전 설교전집 26

사도행전

스펄전 설교전집 26

The Treasury of the Bible

스펄전 설교전집
사도행전

역자 김원주

CH북스
크리스천
다이제스트

차례

■　　사　도　행　전

제

1

장

—

승천과 재림을 실제적으로 생각해 봄

—

"올라가실 때에 제자들이 자세히 하늘을 쳐다보고 있는데
흰 옷 입은 두 사람이 그들 곁에 서서 이르되 갈릴리 사람들
아 어찌하여 서서 하늘을 쳐다보느냐 너희 가운데서 하늘로
올려지신 이 예수는 하늘로 가심을 본 그대로 오시리라 하
였느니라." — 행 1:10-11

네 가지 큰 사건이 우리 구주의 이야기에서 밝게 빛납니다. 그리스도인이라
면 누구나 그리스도의 탄생과 죽음, 부활, 승천을 곰곰이 생각해 보기를 좋아합
니다. 이 네 가지 사건은, 밑바닥은 땅에 있고 그 꼭대기는 하늘에 닿아 있는 사
닥다리의 네 발판을 이룹니다. 우리는 이 네 사건 중 어느 하나라도 떼어서 생각
할 수 없습니다. 그리고 그 사건들 중 어느 하나라도 그 가치를 잊어버리거나 과
소평가하는 것이 우리에게 유익하지도 않을 것입니다. 하나님의 아들이 여인에
게서 태어났다는 사실에서, 우리는 같은 인성을 가진 형제라는 강력한 기쁨을
느끼게 됩니다. 예수께서 일찍이 우리 죄를 위해 죽기까지 고난당하시고, 그로
써 우리를 위해 완전한 속죄를 이루셨다는 사실이 우리 영혼에 안식과 생명이
됩니다. 구유나 십자가, 모두 하나님의 사랑에 대한 증표입니다. 주 예수께서 죽
은 자 가운데서 다시 일어나신 것은, 우리를 의롭다하심에 대한 보증이고, 또한
그의 모든 백성의 부활과, 그리스도 안에 있는 영생을 보장하는, 말할 수 없이 기
쁜 사실입니다. 그리스도께서 "이는 내가 살아 있고 너희도 살아 있겠음이라"(요

14:19)고 말씀하시지 않았습니까? 그리스도의 부활은 우리 장래의 영광을 보여 주는 새벽별입니다. 그분의 승천을 기억하는 것 또한 기쁜 일입니다. "주께서 높은 곳으로 오르시며 사로잡은 자들을 취하시고 선물들을 사람들에게서 받으시며 반역자들로부터도 받으시니 여호와 하나님이 그들과 함께 계시기 때문이로다"(시 68:18).

이 네 가지 사건 각각은, 또 다른 사건을 가리키고, 모두 그 사건으로 귀착됩니다. 이 금사슬에서 다섯 번째 고리는 우리 주님의 지극히 영광스러운 재림입니다. 주님의 승천과 재림 사이에 대해 아무런 언급이 없지만, 그 두 사건 사이에는 참으로 장구한 역사가 있습니다. 그러나 그 역사는 엄청나게 높은 산들 사이의 골짜기에서 이루어집니다. 우리가 승천에서 재림까지를 마음으로 생각해 볼 때, 이쪽 높은 산에서 저쪽 높은 산으로 건너가게 됩니다. 나는 앞의 네 사건 각각이 재림을 가리킨다고 봅니다. 예수께서 먼저 율법 아래 태어나 낮아지신 모습으로 오시지 않았다면, "구원에 이르게 하기 위하여 죄와 상관 없이"(히 9:28) 두 번째로 놀라운 영광 가운데 오실 수 없을 것입니다. 예수께서는 한 번 죽으셨기 때문에 더 이상 죽지 않으시고, 죽음이 그를 주장하지 못하며, 따라서 주께서 이미 정복하신 마지막 원수를 멸망시키러 오시는 것을 우리는 기뻐합니다. 우리 구주께서 부활하신 것을 생각하면서, 주께서 친히 하늘로부터 호령하시며 내려오실 때, 그의 부활의 결과로 틀림없이 천사장이 나팔을 불어 주 안에서 잠자는 자들을 깨울 것을 생각하면, 참으로 기쁩니다. 주님의 승천에 대해서 생각할 때, 주께서 먼저 하늘에 올라가시지 않았다면 두 번째로 내려오실 수 없을 것입니다. 그러나 주님께서 그의 임재로 하늘을 향기롭게 하고 자기 백성을 위한 처소를 예비하셨기 때문에, 우리는 주께서 다시 오셔서 우리를 영접하고, 주님이 계시는 곳에 우리도 있도록 하시리라는 것을 마땅히 기대할 수 있습니다. 그러므로 나는 여러분이 믿음으로 주님의 탄생에서 죽으심으로, 주님의 부활에서 승천으로 단숨에 뛰어가듯이, 마음속으로 즐겁게 이 네 가지 큰 사건을 넘어서 앞을 내다보되, 우리 주님의 역사의 최고의 사실까지 볼 수 있기를 바랍니다. 왜냐하면 주님께서 하늘로 올리우신 것을 사람들이 본 그대로, 머지않아 오실 것이기 때문입니다.

오늘 아침에는 주께서 승천하신 사건부터 생각하려고 합니다. 내게 충분한 상상력이 있다면, 우리 주님과 열한 제자가 감람산 자락을 걸어 올라가며 친교를 나누는 모습을 그려보고 싶습니다. 제자들은 엄숙한 두려움이 있었지만 또한 행복하였고, 서로 교제하는 가운데서 큰 기쁨이 있었습니다. 제자들 한 사람 한 사람은 십자가에 못 박히셨던 주님, 자기들의 사랑하는 주님이시자 선생님이신 예수께서 지금 자기들 가운데서 살아 계실 뿐 아니라 아무도 침해할 수 없는 신비로운 안전과 영광에 둘러싸여 계신 것을 생각할 때 말할 수 없이 기뻤습니다. 원수는 돌처럼 잠잠히 있었습니다. 개 한 마리조차 짖지 않았습니다. 주님의 가장 악랄한 원수들은, 주께서 부활 후 지상에서 계신 날 동안에 어떤 움직임도 보이지 않았습니다. 예수님의 일행은 베다니를 향해 평화롭게 앞으로 나아갔습니다. 베다니는 주님의 일행 모두가 알고 사랑했던 곳입니다. 사람들이 이 세상을 막 떠나려 할 때는 그들 마음이 오랫동안 사랑해 온 모습들을 다시 돌아보게 되듯이, 구주께서는 승천하실 때 마음이 그리로 끌리시는 것처럼 보였습니다. 주님이 땅에서 가장 행복했던 순간들은 마리아와 마르다, 그리고 그들의 오빠 나사로가 살던 지붕 아래서 보내시던 때였습니다. 주님이 노하시지 않고 평화롭게 떠나는 것을 보여주시기 위해, 주님이 가장 환대를 받았던 그 장소에서 제자들을 떠나시는 것이, 아마도 제자들에게 가장 적합한 처사였을 것입니다. 제자들은 지금 자기들을 떠나 하늘로 올라가려고 하시는 주님께서, 그곳에서 나사로를 죽은 자들 가운데서 일으키시는 것을 보았었습니다. 승리를 기뻐했던 과거를 기억하는 것이, 현재 시련을 겪는 믿음에 도움을 줄 것입니다. 그곳에서 제자들은 "풀어 놓아 다니게 하라"(요 11:44)라고 말씀하시는 목소리를 들었습니다. 그리고 그곳에서 제자들은 주님이 지구 중력의 속박에서 벗어나 주님의 아버지 곧 제자들의 아버지에게로 가시는 것을 보게 될 것이었습니다. 그곳을 생각하면 제자들이 마음에 평안을 얻고, 주님의 영광을 본 데서 오는 충만한 기쁨을 다시 일깨우는데 도움이 될 것입니다.

　그렇지만 예수님과 제자들 일행은 언덕 꼭대기에 이르자 멈춰 섰습니다. 구주께서 무리 한가운데 눈에 잘 띄는 곳에 서십니다. 이어서 매우 교훈적인 강설을 하시고, 제자들에게 복을 선포하십니다. 주님은 못 박힌 손을 들어올리십니다. 두 손을 올리고 사랑의 말씀을 선포하시는 동안, 주님은 땅에서 올라가기 시작합니다. 놀랍게도 주님은 제자들 위로 올라가셨습니다. 순식간에 주님은 감람나무숲 위로 올라가셨습니다. 감람나무들은 주님의 부드러운 광채를 받고 은빛으로 번쩍이는 것 같았습니다. 주님은 제자들이 바라보고 있는 동안 공중으로 올라가셨고, 구름이 있는 곳으로 빠르게 올라가셨습니다. 제자들은 놀라서 멍하니 서 있습니다. 그리고 갑자기 빛나는 구름이 하나님의 전차인 양, 주님을 데려갑니다. 그 구름이 사람들의 눈에서 주님을 감추어 버립니다. 그동안 우리는 그리스도를 육체를 따라 알아왔지만, 이제는 더 이상 주님을 육체대로 알지 않습니다. 제자들은 아주 자연스럽게 그 지점에 시선을 고정시킵니다. 제자들은 오래 그곳을 떠나지 않고, 놀라움에 사로잡혀 여전히 위를 끝없이 바라보며 서 있습니다.

주님의 뜻은, 제자들이 움직이지 않은 채 그 자리에 오래 있는 것이 아닙니다. 제자들의 공상이 깨어집니다. 그렇지 않았다면, 제자들은 놀라움이 두려움으로 변할 때까지 그곳에 서 있었을 것입니다. 사실 제자들은 그 자리에 충분히 오래 머물러 있었습니다. 천사들의 말을 정확하게 번역하자면 이런 말이기 때문입니다. "왜 너희는 서서 하늘을 뚫어져라 쳐다보고 있느냐?"

제자들의 오래 지속되는 응시는 멈춰질 필요가 있었습니다. 따라서 빛나는 두 천사가 이전에 무덤에서 여인들을 만난 것과 같이, 제자들에게 보내졌습니다. 하나님의 두 사자는, 제자들이 보고 놀라지 않도록 사람의 모습으로 나타납니다. 또 마치 제자들에게 모든 것이 밝고 기쁘다고 말하려는 것처럼 흰 옷을 입고 나타납니다. 이 흰 옷 입은 두 사자는 기꺼이 제자 일행과 합류할 것처럼 제자들과 함께 섰습니다. 제자 열한 명 중 어느 누구도 침묵을 깨려 하지 않자, 흰 옷 입은 두 사람이 이야기를 시작했습니다. 두 사자는, 늘 그렇게 하듯이 천상의 방식으로 그들에게 말을 건네면서, 이미 답이 안에 들어 있는 질문을 하였고, 이어서 자신들의 메시지를 전하였습니다. 전에 여인들에게 "어찌하여 살아 있는 자를 죽은 자 가운데서 찾느냐 여기 계시지 않고 살아나셨느니라"(눅 24:5)라고 말했듯이, 이제는 제자들에게 그렇게 말하였습니다. "갈릴리 사람들아 어찌하여 서서 하늘을 쳐다보느냐 너희 가운데서 하늘로 올려지신 이 예수는 하늘로 가심을 본 그대로 오시리라 하였느니라." 두 천사는 제자들을 "갈릴리 사람들아" 라고 부름으로써 자기들이 제자들을 알고 있음을 나타내고, 출생지를 생각나게 하여 제자들이 아직 땅 위에 있는 것을 상기시켰습니다. 문득 다시 정신을 차리게 되어 몽환 상태가 끝나자, 사도들은 즉시 봉사할 준비 태세를 취합니다. 그들에게 두 번 말할 필요가 없습니다. 제자들은 서둘러 예루살렘으로 돌아갑니다. 두 천사를 보았기 때문에 제자들은 다시 현실 세계로 충분히 돌아갈 수 있었고, "예루살렘에 머물라"고 한 명령에 복종합니다. 이것을 볼 때 제자들은, 우리 주님을 올려 가신 것은 울 일이 아니라고 말하는 것 같습니다. 즉 '주님은 당신의 보좌와 당신의 영광에 들어가신 것이다. 주께서는, 자신이 떠나가시는 것이 우리에게 유익하다고 말씀하셨다. 주님은 이제 아버지께서 약속하신 것을 우리에게 보내 주실 것이다. 그 일이 어떤 모습으로 이루어질지 거의 알지 못하지만, 우리는 주님의 뜻에 복종하여, 주님이 우리에게 능력의 선물을 기다리라고 지시하신 곳으로 될 수 있는 대로 빨리 가도록 하자'고 말하는 것 같습니다.

여러분은 제자들이 감람산 자락을 내려가고 있는 것이 보입니까? 제자들이 전혀 두려워하지 않고, 안식일에 갈 만한 거리인 그 잔인하고 악한 성으로 돌아가며, 자신들의 주님을 죽인, 피에 주린 무리들을 무서워하지 않고, 오히려 주님이 높이 되신 것을 생각하며 또 주님의 능력이 놀랍게 펼쳐질 것을 기대하면서 기뻐하는 모습이 보이십니까? 제자들은 서로 지극히 큰 기쁨의 교제를 나누었습니다. 그리고 제자들은 이윽고 다락방으로 들어가 장시간에 걸친 기도와 친교를 나누며, 아버지 하나님이 약속하신 것을 기다렸습니다. 여러분도 아시다시피 나는 상상력이 별로 없습니다. 그래서 이 사건들을 아주 단순한 말로 이야기했을 뿐입니다. 그렇지만 여러분이 그 광경을 실감나게 그려보면, 도움이 될 것입니다. 왜냐하면 우리 주 예수께서, 제자들이 주님이 하늘로 올리우시는 것을 본 그대로 오실 것이기 때문입니다.

오늘 아침 제가 첫째로 할 일은, 제자들을 점잖게 **꾸짖음**, 둘째로, 흰옷 입은 두 사람이 "이 예수"라고 말한 우리 주님에 대한 **기운을 북돋는 묘사**를 생각해 보는 것입니다. 그 다음에 세 번째로 할 일은, 그 두 사람이 가르쳐 준 실제적인 진리를 생각해 보는 것입니다. "너희 가운데서 하늘로 올려지신 이 예수는 하늘로 가심을 본 그대로 오시리라."

1. 첫째로, 여기에는 점잖게 꾸짖음이 있습니다.

이것은 잘못이라기보다는 실수인 것을 가지고, 거친 말로 하나님의 종들을 호되게 책망하는 검은 옷을 입은 사람들의 격렬한 말이 아닙니다. 그런 말이 아니었습니다. 그 말투는 부드럽지만, 힘이 나게 하는 것입니다. 질문 형태의 말은, 듣는 사람들에게 책망을 받게 하기보다 스스로 자신을 책망하게 만듭니다. 그 어조에는 형제애와 애정 깊은 관심이 담겨 있었습니다.

이 어부들이 하고 있었던 일이 처음 볼 때는 매우 정당한 것처럼 보인다는 점에 주목해야 합니다. 생각해 보면, 예수께서 우리 가운데 계셨더라면, 우리는 눈길을 조금도 돌리지 않고 주님만 뚫어져라 쳐다보았을 것입니다. 주님은 참으로 멋진 분이시므로, 주님을 볼 수 있는 한, 우리가 그보다 못한 어떤 대상에 눈길을 준다면 악한 일일 것입니다. 주께서 하늘로 올라가실 때, 친구인 제자들이 주님을 쳐다본 것은 마땅히 해야 할 일이었습니다. 쳐다보는 것이 잘못일 수 없습니다. 우리는 하늘을 보라는 명령을 종종 듣습니다. 심지어 "아침에 내가 주께 기도하고 쳐다 보리이다"(시 5:3, 개역개정은 "바라리이다" — 역주). 또 "내가 산을 향하여 눈을 들리라 나의 도움이 어디서 올까"(121:1)라는 것이 시편 기자의 거룩한 말씀입니다. 하늘을 올려다보는 것은 옳은 일이고, 예수께서 그의 영광의 처소로 올라가실 때 올려다보는 것은 훨씬 더 옳은 일임에 틀림없습니다. 제자들이 다른 어떤 곳을 보았다면, 확실히 잘못이었을 것입니다. 그들이 계속 주님을 볼 수 있는 동안 보아야 하는 것은, 그가 하나님의 어린양이셨기 때문입니다. 그리스도는 태양이십니다. 눈을 돌려 그의 빛을 보는 것이 당연한 일이 아니겠습니까? 그리스도는 왕이십니다. 그리스도께서 보좌로 오르실 때, 궁정에 있는 신하들이 자기 왕을 보지 않고, 어디를 보아야 하겠습니까? 사실, 제자들이 하늘을 올려다본 데는 잘못이 전혀 없었습니다.

그러나 그들은 올려다보는 데서, 조금 더 나갔습니다. 그들은 "자세히 쳐다보고" 있었습니다. 옳은 일도 과도하게 하면, 잘못이 될 수 있습니다. 보는 것은 지혜로운 일이지만, 자세히 쳐다보는 것은 어리석은 일일 수가 있습니다. 칭찬할 만한 일과 비난받을 만한 일 사이의 차이가, 때로는 백지장 한 장 정도일 수가 있습니다. 유지하기가 쉽지 않은 귀중한 중용이 있습니다. 정확히 옳은 길은 흔히 칼날처럼 좁습니다. 오른쪽이든 왼쪽이든, 한쪽으로 치우치지 않는 사람은 지혜로운 사람임에 틀림없습니다. "보라"는 것은 항상 옳은 말입니다. 물론 그것은 "나를 보고 구원을 얻으라"는 말입니다. 보되, 끝까지 열심히 보라. 일생 동안 언제나 "예수를 들여다보는" 자세를 가지라는 것입니다. 그러나 칭찬하지 못할, 자세히 쳐다보는 것이 있습니다. 그렇게 보는 것은 예배하는 심정으로, 공경하는 태도로 보지 않고 지나친 호기심에서 보는 것입니다. 지나친 호기심이, 알아야 할 것을 알고자 하는 마음과 뒤섞일 때, 그것은 하나님의 영광이 숨기려고 하는 것을 들여다보는 것입니다. 형제 여러분, 빈 하늘을 올려다보는 것은 아무 소용 없는 일입니다. 하늘에서 바로 그리스도가 보이지 않는다면, 하늘을 자세히 쳐다보는 것은 헛된 일입니다. 성도들이 볼 것은 그리스도 외에 아무것도 없기 때문입니다. 예수라는 분이 그들 위에 있는 푸른 하늘에서 사라졌고, 구름이 실제로 주님을 가렸을 때, 그들이 하나님께서 친히 휘장을 내리셨는데, 계속해서 하늘을 쳐다보아야 할 이유가 있습니까? 하나님께서 그들이 자세히 보고자 한 대상을 무한한 지혜로 거두어들이셨다면, 그들이 자세히 쳐다보는 것은 그처럼 주님을 보이지 않게 하신 하나님의 지혜를 곰곰이 생각하기 위한 것이 되어야 하지 않겠습니까? 아무튼 제자들이 그렇게 쳐다보는 것이 아주 바르게 보였습니다. 이와 같이 여러분과 내가 하는 일들이 올바르게 보일 수 있지만, 우리는 그보다 더 나은 것을 알도록 하기 위해 그 일에 대해 책망을 받을 필요가 있을 수 있습니다. 여러분과 내가 하는 일이 그 자체로는 옳지만, 때에 맞지 않고 편하지도 않을 수 있습니다. 그런 일들이 어떤 시점까지는 올바른 일이 되지만, 그 이상으로 나가면 과도한 일이 될 수가 있습니다. 하늘을 자세히 쳐다보는 것이, 경건한 영혼에게는 고도의 예배가 될 수 있지만, 우리가 일하는 시간 대부분을 그 일로 채운다면, 그것은 지극히 게으르고 어리석은 일이 될 수 있습니다.

그렇지만 나는 그것이 지극히 자연스러운 일이라는 말을 덧붙이지 않을 수 없습니다. 열한 제자 모두가 서서 하늘을 쳐다본 것은 분명합니다. 왜냐하면 내가 그 자리에 있었더라면, 틀림없이 나도 똑같이 그렇게 했을 것이기 때문입니다. 그들은 자기들 가운데서 주님이 올라가시는 모습을 보고, 틀림없이 큰 충격을 받았을 것입니다! 우리 중의 어떤 사람이 지금 위로 하늘로 올라가기 시작한다면, 분명 여러분은 놀랄 것입니다! 우리 주님은 환상처럼 시야에서 점점 더 사라졌거나, 단순히 환영처럼 얇은 공기 속으로 용해되어 버리지 않았습니다. 구주께서 결코 그런 식으로 사라지지 않으셨습니다. 주님은 올라가셨는데, 그들이 본 것은 그처럼 하늘로 올라가고 계시는 주님이었습니다. 주님 자신의 몸, 곧 주께서 자신을 감싸고 있는 물질인 몸이 실제로, 분명하게, 말 그대로 그들이 보는 앞에서 하늘로 올라갔습니다. 다시 한 번 말하지만, 주님은 점점 희미해진 것이 아니고, 밤중의 환상처럼 사라지신 것이 아닙니다. 주님은 분명히 올라가셨고, 올라가다가 구름이 덮으므로, 사람들이 더 이상 주님을 볼 수 없게 된 것입니다. 나라도 그 자리에 서 있었다면, 주님의 구름 병거가 있었던 곳을 쳐다보았을 것이라고 생각합니다. 계속해서 그렇게 쳐다본다면 게으른 일이 될 것입니다. 그러나 종종 우리 마음은 논리적으로는 맞다고 할 수 없는 일들을 하게 됩니다. 마음을 두고 뭐라고 하기는 어렵습니다. 때로 여러분은 사랑하던 사람을 묻은 무덤 곁에 섭니다. 여러분은 종종 거기에 가서 웁니다. 어쩔 수가 없습니다. 여러분에게는 그 장소가 소중합니다. 그곳에 간다고 해서 여러분에게 무슨 도움이 된다고 말할 수 없고, 어쩌면 여러분 자신에게 해가 되고, 그래서 "왜" 그렇게 하느냐며 점잖게 책망을 받을 수도 있습니다. 그 일이 세상에서는 지극히 자연스러운 일이지만, 현명한 일은 아닐 수 있습니다. 주님께서 우리가 그 자체로는 아무 잘못이 없고 자연스러운 일을 하도록 허락하시지만, 그 일을 지나치게 하도록 두시지는 않을 것입니다. 그렇게 하도록 내버려 두면, 나쁜 성격이 형성될 수도 있기 때문입니다. 그런 이유 때문에 주님께서 그 일을 중단시키는 사자를 보내시는데, 칼을 들었거나 심지어 막대기를 든 천사를 보내시지 않습니다. 주님은 흰옷 입은 어떤 사람을 보내십니다. 여기서 흰옷을 입었다는 것은 밝고 거룩한 사람이라는 뜻인데, 그 사람은 행동이나 말로써 우리에게 이렇게 묻습니다. "너희가 어찌하여 여기 서서 하늘을 자세히 쳐다보느냐?" 무엇 때문에 그렇게 하느냐? 그것이 무슨 이득이 있느냐? 그것이 무슨 소용이 있겠느냐? 이렇게 우리가 지각을 사용하고, 생각이 있는 사람들이라면, 스스로에게 "이렇게 하는 것이 도움이 되지 않을 것이다. 우리는 여기서 언제까지나 서서 하늘을 쳐다보아서는 안 된다"고 대답합니다. 그러므로 우리는 정신을 차리고, 예루살렘의 현실 생활로 돌아갑니다. 거기에서 우리는 하나님의 능력으로 주님을 위해 봉사하기를 기대합니다.

그 다음에, 이때 제자들이 옳은 것처럼 보이고, 매우 자연스러워 보이는 일을 하고 있었다는 점에 주의해야 합니다. 그런데 우리는 옳게 보이고 지극히 자연스러운 일을, 지나치게 행하기가 아주 쉽습니다. 그래서 우리는 조심해야 하며 자주 스스로에게 "왜 그렇게 해야 하는지"를 물어야 합니다.

셋째로, 제자들이 행한 것은 결국 엄밀한 의미에서 볼 때 정당화할 수 없었다는 점을 살펴봅시다. 그리스도께서 위로 올라가실 때, 그들이 공경심을 가지고 그리스도를 보는 것은 마땅하였습니다. 그 점에서 어쩌면 그리스도께서 거의 이렇게 말씀하셨을지 모릅니다. "내가 올려지는 것을 너희가 본다면, 내 영이 갑절이나 너희에게 있을 것이다." 제자들이 주께서 안내하는 곳을 바라본 것은 잘한 일입니다. 그러나 주께서 시야에서 사라지셨을 때, 여전히 그곳을 자세히 쳐다본

것은 자신들에게 설명할 수 없고 다른 사람들에게도 변명할 수 없는 행동이었습
니다. 이렇게 질문을 해 봅시다. "여러분이 계속해서 하늘을 뚫어져라 쳐다봄으
로써 무슨 목적을 이룰 수 있겠습니까? 주님은 사라지셨습니다. 분명코 주님은
떠나셨습니다. 주님은 올리우셨고, 하나님께서 친히 구름을 명하여, 여러분과
하나님 사이에 들어오게 하심으로 주님의 흔적을 일체 숨기신 것이 분명합니다.
그런데 왜 여전히 하늘을 쳐다보고 있습니까? 그리스도께서 여러분에게, '나는
내 아버지께로 간다'고 말씀하셨는데, 왜 여전히 서서 하늘을 쳐다봅니까?' 우리
는 큰 사랑을 받으면서도 어리석게 행동할 수가 있습니다.

　　하나밖에 없는 아들을 먼 식민지로 떠나보내던 한 여인의 행동이 생생하게
기억납니다. 내가 기차역에 서 있었는데, 그 여인이 많은 눈물을 흘리면서 여러
차례 아들을 포옹하는 것을 보았습니다. 그러다가 기차가 도착하자, 아들은 객
차 안으로 들어갔습니다. 기차가 역을 빠져나간 후에, 어리석게도 여인은 만류
하는 친구들을 뿌리치고 나갔습니다. 여인은 플랫폼을 따라 달리다가 철길로 뛰
어들어, 나는 듯이 달려가는 기차를 쫓아갔습니다. 그것은 자연스러운 행동이었
지만, 그대로 가만히 있는 것이 나았었습니다. 그렇게 하는 것이 무슨 소용이 있
었습니까? 우리는 아무 소용이 없는 행동들을 삼가는 것이 좋습니다. 이 세상을
살면서 우리는 무익한 일들에 쏟을 시간도 힘도 없기 때문입니다. 제자들은 계
속해서 쳐다보는 일을 그치는 것이 현명한 일이었을 것입니다. 그렇게 해서 무
슨 도움을 받을 사람은 아무도 없을 것입니다. 아무도 스스로 잘하는 일이라고
생각지 않을 것입니다. 볼 것이 아무것도 없는데, 계속 쳐다보는 것이 무슨 소용
이 있습니까? 그래서 천사들이 "어찌하여 서서 하늘을 쳐다보느냐" 하고 물은 것
은 당연한 일이었습니다.

　　다시 한 번, 또 한 가지 질문을 해봅시다. 제자들이 서서 하늘을 쳐다보고 있
을 때, 무슨 교훈을 따르고 있었던 것입니까? 여러분이 하나님으로부터 어떤 일
을 하라는 명령을 받았고, 그 명령의 이유를 물을 필요가 없는 것일 경우에, 하나
님의 뜻을 자세히 조사하는 것은 불순종하는 일입니다. 그러나 아무런 명령을
받지 않았다면, 아무런 복도 보장하지 않는 행동을 계속해야 할 이유가 있겠습
니까? 누가 제자들에게 서서 하늘을 쳐다보라고 명령했습니까? 그리스도께서
그렇게 명령하셨다면, 그리스도의 이름으로 그들은 석고상처럼 서서 결코 눈길
을 다른 데로 돌려서는 안 됩니다. 그러나 그리스도께서 명령하시지 않았는데,

명령하시지 않은 일은 하고, 명령하시는 일은 그대로 방치해 두어야 할 이유가 있겠습니까? 왜냐하면 예수께서 그들에게 "위로부터 능력이 입혀질"(눅 24:49) 때까지 예루살렘에 머물라고 엄하게 명하셨기 때문입니다.

우리가 마음에 새겨야 할 실제적인 요점이 여기 있습니다. 즉 제자들이 한 일을 우리가 따라 하기가 매우 쉽다는 것입니다. "아, 나는 서서 하늘을 쳐다보는 일은 절대 하지 않을 거야" 하고 여러분은 말합니다. 하지만 나는 그 말을 믿지 못합니다. 어떤 그리스도인들은 아주 호기심은 많은데, 하나님 말씀에는 순종하지 못합니다. 분명한 명령은 소홀히 하고, 어려운 문제들을 풀려고 애씁니다. 내가 아는 한 사람은, 항상 계시록에 나오는 대접과 봉인과 나팔에 대해서 곰곰이 생각하곤 합니다. 그는 계시록에 나오는 상징들에 대해서는 해박하였습니다. 그러나 그에게는 일곱 자녀가 있었는데, 가족을 위한 기도는 하지 않았습니다. 그가 대접과 나팔은 버려두고, 자신의 아들딸을 챙겼더라면 훨씬 나았을 것입니다. 내가 아는 사람들 가운데는 다니엘서에 대해서 놀라울 정도로 박식하고, 특별히 에스겔서를 아주 잘 알고 있지만, 출애굽기 20장은 완전히 잊어버리고 있었고 로마서 8장에 대해서는 잘 알지 못하는 사람들이 있습니다. 나는 그런 사람들이 다니엘서와 에스겔서를 공부하는 것에 대해서는 뭐라고 나무랄 생각이 전혀 없습니다. 오히려 잘한다고 말하고 싶습니다. 그러나 그 사람들이 이웃의 죄인들이 회개하는 일에 더 열심을 내고, 가난한 성도들을 돕는 일에 더 주의를 기울였더라면 좋았겠다고 생각하는 것입니다. 나는 느부갓네살의 꿈에 나오는 신상의 발을 연구하는 것이 가치 있는 일이고, 열 발가락을 구성하는 나라들을 아는 것이 중요하다는 것을 인정합니다. 그렇지만 그런 연구에 눌려서, 실제적인 경건이라는 평범한 문제를 도외시하는 것이 합당하다고 보지 않습니다. 모호한 신학적 주제들을 생각하는데 쏟는 시간을, 많은 사람의 집 근처에 있는 어두운 뒷골목의 전도에 바친다면, 사람들에게 더 많은 유익이 돌아가고, 하나님께 더 큰 영광이 돌아갈 것입니다. 여러분이 이해할 수 있다면, 나는 여러분이 모든 신비를 다 이해할 수 있도록 해주고 싶습니다. 그러나 여기 이 땅에서 우리가 해야 할 주된 일은, "어린양을 보라!"고 외치는 것임을 잊지 마십시오. 그리스도께서 장차 될 일에 관해 계시하신 모든 것을 여러분이 알 때까지 반드시 읽고 연구하십시오. 그러나 무엇보다 먼저 여러분의 자녀들을 구주의 발 앞으로 데려오는 일을 하도록 하십시오. 여러분이 그리스도의 교회를 세우는 일에 하나님과 함께 하는 일꾼들임을 분명히 아시기 바랍니다. 우리를 사방에서 빽빽하게 둘러싸고 있는 비참함과 무지와 죄를 해결하는 데는 우리의 모든 능력이 요구됩니다. 여러분이 그 요구에 응답하지 않는다면, 내가 비록 흰옷 입은 사람은 아니지만 감히 여러분에게 이렇게 말하겠습니다. "여러분 그리스도인들이여, 그리스도를 위하여 할 일이 이렇게 많은 때에, 서서 계속 하늘을 쳐다보고 있으면서 그 일에는 손을 대지 않고 있습니까?" 호기심은 만족시키고 싶어하면서 순종하지는 않는 여러분, 내가 헛되이 말하는 것이 아닐까 두렵습니다. 그러나 나는 이미 말했습니다. 성령께서도 그렇게 말씀하여 주시기를 바랍니다.

　　생각은 하면서, 행동을 하지 않는 사람들이 있습니다. 이들은 성경 연구와 성경에 대한 묵상에 시간을 많이 내면서도 선행을 하는 데는 열심이 없습니다. 오늘날은 곰곰이 생각하는 일이 아주 드뭅니다. 그래서 나는 묵상하는 일이 아주 많아졌으면 좋겠습니다. 그런데 사람들은 모든 시간을 읽기, 즐거움, 환희, 신앙적 여가에만 쏟습니다. 신앙이 이기심을 채우는 것이 되어서는 안 됩니다. 사람들이 마치 신앙의 주된 목적이 영적 만족인 것처럼 신앙을 대할까 염려가 됩니다. 어떤 사람의 신앙이 순전히 자기 자신만을 위하고 거룩한 것을 즐기는 데만 있다면, 그 사람은 병든 것입니다. 설교를 판단할 때 "그 설교가 나에게 즐거움을 주었는가"라는 한 가지 질문에 근거한다면, 그것은 돼지같이 욕심 많은 판단입니다. 자신이 첫째이고, 둘째도, 셋째도 자신이고, 자신을 궁극적 목적으로 삼는, 돼지같이 욕심 많은 신앙이 있습니다. 예수께서 언제 그렇게 생각하시거나 말씀하신 적이 있습니까? 그리스도에 대한 생각을 너무 하는 바람에 오히려 그리스도에게서 빗나갈 수가 있습니다. 은둔자가 예수님에 대해 묵상하지만, 그는 그렇게 하면 할수록 자기를 잊고 바쁘게 일하신 예수님에게서는 멀어지는 것입니다. 사람들에게 복음을 전하는 적극적인 봉사가 따르지 않는 묵상은, 천사의 이 같은 책망을 받는 것이 당연합니다. "갈릴리 사람들아 어찌하여 서서 하늘을 쳐다보느냐?"

　　게다가 예기치 않은 어떤 간섭을 받으면, 걱정하고 불안해하며 몹시 조급해하는 사람들이 있습니다. 때로 우리는 하나님의 나라가 바라는 대로 전진하는 것을 보지 못해서 슬픔에 빠지기도 합니다. 그것은 여러분이나 나나 똑같다고 생각합니다. 사실 나는 요즘 마음이 불안하고, 걱정이 많이 생깁니다. 진리가 땅에 떨어졌고, 신성모독과 책망의 시대가 우리에게 닥치고 있으니, 그렇게 불안해하고 걱정할 이유가 충분히 있다고 생각합니다. 그 다음에, 우리는 수척해집니다. 주님께서 멀리 계시기 때문에 이렇게 부르짖습니다. "주께서 어느 때 돌아오실까? 아, 주님의 불병거는 왜 이렇게 더디 오시는가? 주께서는 왜 이렇게 오랫동안 지체하시는가?" 우리의 마음은 조급해지고, 그래서 하늘을 쳐다보기 시작하며, 주께서 오시는지 보면서 안절부절하느라, 우리가 마땅히 행해야 할 의무를 제대로 하지도 못합니다. 누구든지 이런 상태에 이르게 되면, 그가 들어야 할 말은 이것입니다. "갈릴리 사람들아 어찌하여 서서 하늘을 쳐다보느냐?"

어떤 경우에는 이런 불안 때문에, 즉각적인 기적을 바라는 잘못된 기대와, 표적을 보고자 하는 강렬한 욕구가 일어났습니다. 이런 불안에서 참으로 광적인 행위가 나옵니다! 몇 년 전 미국에서, 어떤 날에 주님께서 오실 것이라고 공언하는 사람이 나왔습니다. 그는 많은 사람들이 그의 미친 예언을 믿게 만들었습니다. 많은 사람들이 말에다 이삼일 간의 양식을 지우고서 숲으로 들어갔고, 혼잡한 도시를 떠났을 때 볼 수 있는 것, 이상(異像)을 보기를 기대하고 들어갔습니다. 미국 전역에 걸쳐서 많은 사람들이 공중으로 날아오르기에 적당한 차림새인 승천 의복을 만들었습니다. 그들은 기다리고 또 기다렸습니다. 내가 생각할 때 "너희 미국 사람들아 어찌하여 서서 하늘을 쳐다보느냐"는 이 말씀만큼, 그들에게 적합한 본문은 없을 것입니다. 거기에서는 아무것도 나오지 않았습니다. 그런데도 영국과 미국에는 광신적인 지도자만을 원하는 사람들이 많이 있습니다. 그들도 똑같은 어리석음을 범하려고 합니다. 때와 시기를 알려고 하는 마음은, 머리가 이상해진 불쌍한 많은 육체들이 의례 유행처럼 좇아가는 광기입니다. 일어나는 일마다 "시대의 징조"라고 합니다. 그런데 그들도 알지 못하는 징조를 이야기합니다. 지진은 특별히 그들이 잘 써먹는 사건입니다. 우리 주님께서 하늘에 오르신 이후로 우리가 최근에 이르기까지 수백 번도 넘게 들었던 그런 지진 소식이 한 번도 없었던 것처럼, "자, 주님이 오십니다" 하고 외칩니다. 예언적인 지진이 여러 곳에서 일어날 때는, 우리는 이런 형제들의 경고 없이도 그 점을 알게 될 것입니다. 얼마나 많은 사람들이 그 짐승의 숫자에 혹하였고, 그들이 어떤 위대한 인물의 이름에서 666이라는 숫자를 발견하기라도 하면, 좋아서 얼마나 난리를 피웠습니까! 사실, 여러분이 그 숫자를 적절하게 다루고 그리스, 로마, 이집트, 중국 혹은 팀북투(Timbuctoo: 말리 중부의 니제르 강 왼쪽 해안에 있는 도시 ─역주)의 숫자를 사용한다면, 모든 사람의 이름에서 그 숫자를 끌어낼 수 있을 것입니다. 나는 어떤 사람들이 성경을 가지고 장난하고, 마치 카드 한 벌을 가지고 놀듯이, 성경 본문을 다루는 사람들의 어리석은 방식에 넌더리가 납니다. 여러분이 스스로 선지자라고 주장하는 사람을 만날 때마다 그런 사람을 피하십시오. 징조니 기적이니 하는 말을 들으면, 주님께로 돌이키고, 인내로 여러분의 영혼을 지키십시오. "의인은 믿음으로 말미암아 살리라." 야단법석을 떠는 광신자들 가운데서 살려면, 이 길밖에 없습니다. 하나님을 믿으십시오. 그리고 기적과 기이한 일, 혹은 때와 시기에 대한 지식을 구하지 마십시오. 내가 방금 읽은 구절을 기억하십시오. "때와 시기는 너희가 알 바가 아니요." 꾸러미들이 잔뜩 쌓인 방에 불려 들어가, 내게 줄 좋은 것이 있다는 말을 들었다면, 나는 내 이름이 쓰인 꾸러미를 찾기 시작할 것입니다. 그리고 어떤 꾸러미를 보았는데 거기에 큰 글자로 "당신의 것이 아님"이라고 쓰여 있다면, 나는 그 물건을 두고 지나가야 할 것입니다. 그런데 "때와 시기는 아버지께서 자기의 권한에 두셨으니 너희가 알 바가 아니요"라고 쓰인 상자가 여기 있습니다. 비밀로 감추어진 문제들은 더 이상 만지지 말고 내버려 두고, 분명히 계시된 것들을 아는데 만족하도록 해야 합니다.

**2. 둘째로, 이 빛나는 두 영이, 우리 주님에 관해 말한
기운을 북돋우는 묘사를 살펴보도록 합시다.**
이들은 주님을 설명하기를 "이 예수"라고 하였습니다.

나는 그 말이 주님을 알고 있는 존재들로부터 나왔기 때문에, 더욱더 그 말의 의미를 절실하게 느낍니다. "그는 천사들에게 보이셨습니다"(딤전 3:16). 천사들은 공생애 내내 주님을 지켜보았고, 그래서 그들은 주님을 알았습니다. 예수께서 그의 아버지 하나님께로 올라가신 것을 본 직후에 예수께 대해 "이 예수"라고 말하였을 때, 나는 오류 없는 그 증거에 의해 예수께서 과거와 동일한 분이셨고, 지금도 동일한 분이시라는 것을 알게 됩니다.

예수님은 떠나가셨으나 지금도 여전히 존재하십니다. 예수께서 우리를 떠나가셨으나 죽으신 것이 아닙니다. 주님은 아침 안개처럼 흩어져 사라져버리시지 않았습니다. "이 예수"는 그의 아버지의 보좌에 오르셨습니다. 예수께서는 한때 빌라도의 법정에 섰던 것처럼, 확실히 오늘 거기에 계십니다. 그가 십자가에 달리셨던 것이 분명하듯이, 지금은 바로 그분이 하나님의 보좌에 앉아 계시면서 온 천

지를 다스리십니다. 나는 지극히 깊은 고통 가운데 계셨던 그리스도께서, 일곱 번째 하늘에 계신 그리스도와 동일하시다는 점을 생각하고 싶습니다. 사람들에게 손바닥으로 맞았던 그 그리스도께서, 지금은 그룹과 스랍들이 밤낮없이 그 이름을 부르는 찬송을 받으시는 분이십니다. 사람들에게 채찍질당하였던 그리스도가, 이제는 정사와 권세들이 자신들의 왕관을 벗어 그 앞에 내려놓는 분이십니다. 오늘 아침 이 점을 생각하고 기뻐합시다. 서서 신화나 꿈을 좇아, 하늘을 쳐다보지 않도록 합시다. 예수께서는 살아 계십니다. 여러분도 살아 있다는 점을 생각하십시오. 마치 여러분에게 할 일이 아무것도 없는 것처럼, 혹은 예수께서 땅에서 떠나 몸으로 함께 계시는 일이 끝났다고 해서, 마치 하나님 나라가 끝이 난 것처럼 빈둥거리며 지내지 마십시오. 모든 것이 끝나지 않았습니다. 예수께서는 여전히 살아 계십니다. 예수께서는 그가 오실 때까지 할 일을 여러분에게 주셨습니다. 그러므로 가서 그 일을 하십시오.

"이 예수." 나는 이 말을 사랑합니다. "예수"는 "구주"란 뜻이기 때문입니다. 오늘 이 자리에 참석한 근심하는 죄인들인 여러분, 하늘로 올라가 자신의 영광 가운데 들어가신 분의 이름이 바로 여러분을 초대하고 있습니다! 여러분은 "이 예수"에게 오시지 않겠습니까? 이분은 맹인의 눈을 뜨게 하시고, 죄수들을 감옥에서 끌어내신 분입니다. 그분은 오늘날도 그 일을 하고 계십니다. 여러분의 눈이 그의 빛을 보도록 하십시오! 나병환자를 만져서 낫게 하시고, 죽은 자를 일으키신 분은 지금도 세상 끝까지 가서 구원하실 수 있는 바로 그 예수이십니다. 예수께서는 여러분이 보고 살아나게 하십니다! 예수님의 옷가를 만졌던 여인이 한 것처럼, 여러분은 믿음으로 예수께 오기만 하면 됩니다. 예수께서 시력을 회복시켜 주신 맹인처럼 여러분은 예수께 부르짖기만 하면 됩니다. 왜냐하면 그분은 바로 죄인들에게 동일한 사랑을 품고 계시고, 믿음으로 자기에게 오는 모든 사람을 즉각 받아들이고 깨끗게 하시는 이 예수이시기 때문입니다.

"이 예수." 이 말은, 지금 하늘에 계신 그분이 땅에 계셨던 그 그리스도이심을 의미하는 것이 틀림없습니다. 뿐만 아니라 이 말은, 장차 오실 분은 하늘에 오르신 바로 이 예수시라는 것을 또한 의미함에 틀림없습니다. 복되신 우리 주님의 본성에는 아무 변화가 없고, 이후로도 언제까지나 없을 것입니다. 주님의 상태에는 큰 변화가 있습니다.

"주께서 오실 것입니다.
그러나 한때 낮은 몸으로 오셨듯이 오시지 않을 것입니다.
예전처럼 적들 앞에 비천한 사람으로,
피곤을 알고 온갖 고난을 겪으시는
그런 분으로 오시지 않을 것입니다."

다시 오시는 주님은 상태는 다를지라도, 본성에서는 동일한 "이 예수"이실 것입니다. 예수께서는 심판하러 오실 때 전과 동일한 사랑을 가지고 오시고, 하늘과 땅의 모든 영광을 입고 오실 때, 전과 같이 온유한 마음을 가지고 오실 것입니다. 우리 눈이 그 날에 주님을 볼 것입니다. 우리가 못자국을 보아서만 그분을 알아보는 것이 아니라, 또한 그의 얼굴의 모습을 보고서, 그의 놀라운 얼굴에서 비치는 성품을 보고서 주님임을 알아차리고, "그분이시다! 그분이시다! 감람산 꼭대기에서 제자들 가운데서 위로 올라가신 바로 그 그리스도이시다" 하고 외칠 것입니다. 예수께서 이 땅에 계셨다면 여러분이 그렇게 하였을 것처럼, 모든 근심을 가지고 예수께 가십시오. 두려워하지 말고 주님의 재림을 기대하십시오. 여러분이 마리아와 마르다와 나사로를 사랑하신 베다니의 예수님을 맞이하였다면 가졌을 즐거운 기대를 가지고 주님을 기다리십시오.

이 즐거운 호칭에 앞서서 이 질문이 있었습니다. "어찌하여 서서 하늘을 쳐다보느냐?" 이 물음에 제자들이 어쩌면 이렇게 말했을지 모릅니다. "예수께서 어디로 가셨는지 몰라서 우리가 여기 서 있습니다. 우리 주님께서 가셨습니다." 그러나, 아 제자들이여, 그분은 바로 이 예수이시고, 그분은 다시 오실 것입니다. 그러니 예루살렘으로 돌아가서 바로 일을 하도록 하십시오. 걱정하지 마세요. 끝장난 것이 아닙니다. 그리스도께서 떠나가신 것은 재난이 아닙니다. 오히려 주님의 일이 전진한 것입니다. 오늘날 멸시하는 자들은 우리에게 이같이 말합니다. "당신들의 대의는 끝났다! 기독교는 효력이 다했다! 당신들의 거룩한 그리스도는 사라졌다. 기적을 일으키던 그 손은 흔적조차 보이지 않고, 아무도 대적할 수 없던 그 목소리는 전혀 들리지 않는다." 우리의 답변은 이것입니다. 우리는 지금 서서 하늘을 쳐다보고 있지 않고, 예수께서 떠나 계시다고 해서 우리의 활동이 마비되어 있는 것이 아닙니다. 예수께서는 살아 계십니다. 위대한 구속자께서 살아 계십니다. 우리는 주께서 오실 것을 기대하기 때문에 눈을 들어 보는 것은 기쁜 일입니다. 그리고 우리가 하늘을 향하던 눈길을 돌려 땅을 바라보고, 도시로 들어가서 예수께서 살아나셨다고 말하여, 사람들이 그리스도를 믿는 믿음으로 구원을 받도록 하고, 그를 믿는 자마다 영생을 얻도록 하는 것도 또한 우리에게 기쁜 일입니다. 우리는 패배한 것이 아닙니다. 전혀 그렇지 않습니다. 주님의 승천은 퇴각이 아니라 전진입니다. 주께서 더디 오시는 것은, 힘이 부족해서가 아닙니다. 주께서 오래 참으시기 때문입니다. 그리스도의 승리는 의심할 여지가 없습니다. 모든 것이 그리스도의 승리를 위해 작용합니다. 하나님의 모든 천군들이 마지막 진격을 위해 모이고 있습니다. 바로 이 예수께서 흰말에 오르시어, 천군들을 이끌고 이기고 또 이기실 것입니다.

3. 우리가 살펴볼 세 번째 요점은 실제적인 대진리입니다.

이 진리는, 우리로 계속해서 하늘을 쳐다보게 하지 않고, 각 사람이 하나님의 전으로 가서 부지런히 봉사하도록 만듭니다. 그 진리는 무엇입니까?

첫째는, 예수께서 하늘로 가셨다는 것입니다. 예수께서 사라지셨습니다! 예수께서 가셨습니다! 이 말은 종소리처럼 들립니다. 예수께서 여러분을 떠나 하늘로 올리우셨다! 이 말은 마치 결혼식 종소리처럼 들립니다. 예수께서 가셨습니다. 그러나 예수께서는 전투 상황을 내려다볼 수 있는 꼭대기로 올라가신 것입니다. 우리에게 도움을 보내실 수 있는 보좌로 올라가신 것입니다. 전능자의 예비 병력들이 그들의 사령관이 오실 때까지 기다리고 서 있었습니다. 그런데 이제 그 사령관이 우주의 중심에 오셨습니다. 그래서 이제 그는 천군들을 보내시거나 자신의 대의를 이루기 위해 무수한 사람들을 일으키실 수 있습니다. 우리가 세상으로 들어가서 일을 시작할 이유는 얼마든지 있습니다. 왜냐하면 주께서 하늘에 오르셨고 "하늘과 땅의 모든 권세를 주께서 받으셨기" 때문입니다. "그러므로 너희는 가서 모든 민족을 제자로 삼아 아버지와 아들과 성령의 이름으로 세례를 베풀라"는 말씀은 정당한 주장이 아닙니까?

예수께서 다시 오실 것입니다. 그것이 우리가 허리띠를 띠어야 할 또 다른 이유입니다. 주께서 싸움을 중지하지 않으셨고, 전쟁터를 버리고 떠나지 않으셨기 때문입니다. 우리의 대장이 여전히 전투를 지휘하고 계십니다. 말을 타고 다른 전쟁터로 가셨지만, 아마도 눈 깜짝할 사이에 돌아오실 것입니다. 군대 사령관이 여러분의 작전 지역에서 물러나는 것이 유리하다고 생각한다고 해서, 사령관이 전투를 포기했다고 여러분은 말하지 않습니다. 우리 주님께서는 우리를 떠나가심으로써 하나님 나라를 위해 최상의 일을 하고 계시는 것입니다. 주께서 가시는 것이 가장 상책이었습니다. 이는 우리 각 사람이 성령을 받도록 하시기 위함이었습니다. 왕이신 그리스도와, 대열 가운데 있는 지극히 평범한 군인 사이에 복된 통일성이 있습니다. 그리스도께서는 우리에게서 마음을 거두어가시지 않았고, 돌봄과 관심을 거두어가시지도 않았습니다. 그리스도께서는 그의 백성들에게 마음과 영혼으로 묶여 있고, 그들의 거룩한 전투와도 긴밀히 연결되어 있습니다. 이 말씀이 그에 대한 증거입니다. "보라 내가 속히 오리니 내가 줄 상이 내게 있어 각 사람에게 그가 행한 대로 갚아 주리라"(계 22:12).

　　게다가, 우리는 본문에서 예수께서 떠나신 그대로 오실 것이라는 말을 듣습니다. 바로 이 말씀 때문에 우리가 할 일을 시작해야 하는 것입니다. 어떤 주석가들은, 이 말을 전혀 이해하지 못하는 것 같습니다. "너희 가운데서 하늘로 올려지신 이 예수는 하늘로 가심을 본 그대로 오시리라." 그 주석가들은, 이 말이 그리스도께서 오순절에 성령으로 오시는 것과 관계가 있다고 말합니다. 조금만 생각해 보면, 영으로 오는 것은 예수께서 하늘로 올라가신 방식으로 오는 것이 아님을 누구나 알지 않겠습니까? 비슷한 점이 있긴 하지만, 그 두 가지 일이 같은 것이 아님은 분명합니다. 우리 주님께서 올려가셨습니다. 주께서 올라가시는 것을 사람들이 볼 수 있었습니다. 그리스도께서 다시 오실 것이고, "모든 눈이 그를 볼" 것입니다. 그리스도께서 영으로 올라가지 않고, 몸으로 올라가셨습니다. 그러므로 장차 몸으로 내려오실 것입니다. "이 예수는 그대로 오시리라." 예수께서는 사실 그대로 올라가셨습니다. 시적인 비유나 영적 상징이 아니라, 사실 그대로 올라가셨습니다. "이 예수"는 말 그대로 올라가셨습니다. 따라서 "이 예수"는 말 그대로 다시 오실 것입니다. 예수께서는 구름 속으로 올라가셨듯이, 구름을 타고 오실 것입니다. 예수께서는 전에 서셨던 그대로, "마침내 그가 땅 위에 서실 것"입니다(욥 19:25). 예수께서는 아무 반대를 받지 않고 올라가셨습니다. 대제사장도 서기관도 바리새인도 랍비들 가운데 단 한 사람도 예수님의 승천에 대항하지 않았습니다. 그들이 대항할 수 있다고 생각하는 것 자체가 우스운 일입니다. 주께서 두 번째로 오실 때, 아무도 주님께 맞서지 못할 것입니다. 그의 적들은 망할 것입니다. 그들은 양의 기름처럼 주님의 임재 앞에 타 없어질 것입니다. 오실 때 주님은 철지팡이로 반역하는 민족들을 쳐부수실 것입니다. 그날에 주의 힘에 아무도 저항하지 못할 것이기 때문입니다.

형제 여러분, 아무도 이 사실을 영적으로 해석해서 여러분을 속이지 못하도록 하십시오. 예수께서는 실제로 오실 것입니다. 그러므로 여러분은 실제로 여러분이 일하는 자리로 돌아가십시오. 일을 시작하고, 무지한 자를 가르치며, 제멋대로 하는 자들을 인도하고 어린아이들을 교훈하며, 가는 곳마다 기쁜 이름, 예수를 큰 소리로 외치십시오. 실제로 여러분의 것을 아낌없이 주고, 그것에 관해 말하지 마십시오. 실제로 여러분의 매일의 생활을 하나님의 영광을 위해 바치십시오. 실제로 여러분의 구속자를 위해서 온전히 생활하십시오. 예수께서는 일종의 신화처럼 애매하고 모호하게 오시는 것이 아니라, 실제로 말 그대로 오십니다. 그는 실제로 말 그대로 오셔서, 여러분에게 청지기직에 대해 셈하라고 요구하실 것입니다. 그러므로 오늘이라고 하는 지금, 여러분은 상징적으로가 아니라, 대리인을 통해서가 아니라, 직접 여러분이 이를 수 있는 곳에 가서, 기회가 있는 대로 모든 사람에게 복음을 전하도록 하십시오.

이것이 흰옷 입은 사람들이 말한 의미입니다. 곧 주의 오심을 맞이할 준비를 하라는 것입니다. 그러면 예수님을 맞이할 준비를 하는 방법은 무엇입니까? 오실 분이 우리를 떠나 올라가신 바로 이 예수시라면, 우리는 주께서 떠나가시기 전에 하고 계셨던 일을 하도록 합시다. 오실 분이 바로 이 예수시라면, 우리가 두루 다니며 선을 행하는 것만큼 주께서 인정하실 일은 없을 것입니다. 여러분이 주님을 기쁨으로 맞이하고자 한다면, 열심으로 주님을 섬기십시오. 주 예수 그리스도께서 오늘 오신다면, 나는 주님께서 내가 연구하고 기도하고, 혹은 설교하는 모습을 보시도록 하고 싶습니다. 여러분은 주께서 여러분이 주일학교에서 봉사하고 있거나 교실에서 가르치는 것을, 혹은 거리 구석에서 복음을 전하거나 무엇이든지 그리스도의 이름으로 행할 수 있는 것을 하는 것을 보시도록 하고 싶지 않습니까? 여러분은 게으르게 빈둥거리고 있다가 주님을 만나고 싶습니까? 그렇게 할 생각을 갖지 마십시오.

어느 날 나는 교인 중 한 분 집을 방문하였습니다. 그 여자 교우는 집 앞 계단을 청소하고 있던 중이었습니다. 그분은 아주 당황하며 일어섰습니다. "아, 목사님, 저는 목사님이 오늘 오실 줄 몰랐습니다. 그렇지 않았으면 맞이할 준비를 했을 것인데요" 하고 그분이 말했습니다. 그래서 내가 대답했습니다. "자매님, 자매님은 지금보다 더 잘 준비를 할 수 없을 것입니다. 자매님은 지금 훌륭한 주

부로서 마땅히 할 일을 하고 계신 것입니다. 하나님께서 복 주시기를 바랍니다." 그분은 하인을 고용할 만한 여유가 없었습니다. 그렇지만 집을 깨끗이 유지함으로 자기 의무를 이행하고 있었습니다. 나는 그분이 물통을 든 모습이, 최신 유행을 따라 성장을 한 것보다 더 아름답게 보였다고 생각합니다. 나는 그 자매에게 말했습니다. "주 예수 그리스도께서 오실 때 자매님이 지금 하고 계시는 것처럼, 다시 말해 그 시간에 해야 할 일을 이행하고 있듯이, 내가 그런 일을 하고 있는 것을 주께서 보시기를 바랍니다."

　나는 여러분 모두가 전혀 부끄러워하지 않고 물통을 들고 집안 청소를 하시기를 바랍니다. 어떤 방식으로든 주님을 섬기십시오. 항상 주께 봉사하십시오. 열심히 주님을 섬기고 더욱더 섬기십시오. 내일은 가서 계산대에서, 혹은 작업장에서, 혹은 들판에서 주님을 섬기십시오. 가서 가난하고 궁핍한 사람들, 과부와 고아들을 도움으로써 주님을 섬기십시오. 어린아이들을 가르치되, 특별히 여러분 자녀를 힘써 훈련함으로써 주님을 섬기십시오. 가서 금주 모임을 갖고, 술꾼들에게 그리스도 안에 그들의 소망이 있음을 이야기하거나, 한밤중에 거리에 가서 타락한 여자들에게 예수께서 그들을 회복시켜 주실 수 있다는 것을 알려 주십시오. 예수께서 여러분에게 힘을 주어, 하도록 하신 일을 하십시오. 여러분, 여러분은 서서 하늘을 쳐다보지 마십시오. 기도로 주님을 기다리십시오. 그러면 여러분은 성령을 받을 것이고, "믿으면 살리라"는 교리를 주위 모든 사람에게 전하게 될 것입니다. 그러면 주께서 오실 때, 여러분에게 이같이 말씀하실 것입니다. "잘 하였도다 착하고 충성된 종아 네 주인의 즐거움에 참여할지어다"(마 25:21). 우리가 주의 은혜로 그같이 할 수 있기를 바랍니다. 아멘.

제
2
장

—

오순절의 바람과 불

—

"홀연히 하늘로부터 급하고 강한 바람 같은 소리가 있어
그들이 앉은 온 집에 가득하며 마치 불의 혀처럼 갈라지는
것들이 그들에게 보여 각 사람 위에 하나씩 임하여 있더니
그들이 다 성령의 충만함을 받고 성령이 말하게 하심을
따라 다른 언어들로 말하기를 시작하니라." — 행 2:2-4

맨 처음 성령 강림의 사실로부터, 우리는 현재 성령의 활동에 관해 어떤 점을 배울 수 있습니다. 성령께서 처음에 어떻게 계셨든지 간에 지금도 계시다는 것을 처음에 생각하게 됩니다. 이는 하나님이신 성령께서는 언제나 동일하시기 때문입니다. 성령께서 그때 행하신 일은 무엇이든 지금도 행하실 수가 있는데, 이는 그의 능력이 결코 줄어들지 않았기 때문입니다. 미가 선지자가 말하였듯이 "너희 야곱의 족속아 어찌 이르기를 여호와의 영이 괴로워하신다 하겠느냐"(미 2:7, 개역개정은 "성급하시다 하겠느냐" — 역주)? 성령의 능력이 오늘날은 처음보다 줄어들었다고 생각한다면, 우리는 성령님을 크게 슬프시게 하는 것이 될 것입니다. 성령의 선물과 함께 온 기적들이 물질적인 것인 한에서는, 우리가 그 같은 기적들을 기대하거나 바랄 수는 없을 것입니다. 그러나 그 기적들을 통해 의도하고 상징하는 것들은 바라고 기대할 수 있으며, 오늘날 우리 가운데 이루어진 영적인 놀라운 일들에서 그와 같은 것을 볼 수 있다고 생각합니다.

유대인들의 신앙에 따르면, 오순절은 율법을 수여하는 때였습니다. 율법을

받았을 때 시내 산에서 능력이 놀랍게 나타났었다면, 그보다 훨씬 더 영광스러운 복음을 받았을 때는 하나님의 임재가 특별히 나타날 것으로 기대가 되었습니다. 복음의 시초에 우리가 성령께서 큰 표적과 기사들을 행하시는 것을 보지만, 우리가 세월이 가면서 성령의 능력이 지속될 것을, 아니 좀 더 정확히 말해서 성령의 능력이 더 나타날 것을 기대할 수 있습니까? 율법은 사라졌지만, 복음은 결코 사라지지 않을 것입니다. 복음은 온전한 천년 왕국의 날까지 더욱더 빛을 드러낼 것입니다. 그러므로 나는 오직 물질적인 기적만을 제외하고, 성령께서 처음에 행하신 모든 것이 세대가 지속되는 동안 계속해서 일어나는 것을 볼 수 있다고 생각합니다. 오순절이 첫 열매를 바치는 절기임을 잊어서는 안 됩니다. 오순절은 익은 곡식의 첫 단을 하나님께 드리는 때였습니다. 그렇다면 복음 추수를 처음 시작할 때 우리가 성령의 능력이 나타난 것을 그처럼 분명하게 본다면, 추수가 진행됨에 따라, 그리고 무엇보다 무수한 곡식단을 거두어들일 때 성령의 능력이 훨씬 더 나타날 것을 기대하는 것은 지극히 당연하지 않겠습니까? 오순절이 이처럼 놀라웠다면, 실제 추수는 훨씬 더 놀라울 것이라고 결론지을 수 있지 않겠습니까?

　　오늘 아침 내가 할 일은, 성령 강림을 역사의 한 사건으로 이야기하는 것이 아닙니다. 그보다는 성령 강림이 지금 이 시간에 우리와 관계가 있는 사실로, 이 말일에 진리를 증언하도록 부름을 받은 우리와 관계 있는 것으로 보는 것입니다. 하나님 아버지께서 우리에게 보혜사를 보내셨는데, 이는 주께서 오실 때까지 성령이 우리 안에 거하도록 하시기 위함입니다. 성령께서는 돌아가시지 않았습니다. 왜냐하면 성령님은 주님의 기도대로 우리와 영원히 함께 하기 위해 오셨기 때문입니다. 보혜사이신 성령을 선물로 주신 것은 일시적인 일이 아니었습니다. 성령의 능력을 나타내는 일은, 한때 보고 더 이상은 볼 수 없는 것이 아니었습니다. 성령께서 여기 계십니다. 우리는 성령께서 우리 가운데서 거룩하게 일하신다는 것을 믿어야 합니다. 성령께서 그렇게 일하시지 않는다면 우리는 무엇이 성령의 활동을 방해하는지, 우리 안에 성령을 근심하시게 하고, 그래서 성령께서 그의 신성한 힘을 거두어들이고, 전과 다르게 우리 가운데서 일하시지 않게 하는 것이 있는지 보기 위해, 자신을 살펴야 합니다. 하나님께서 우리가 오늘 아침 이 말씀을 묵상함으로 성령에 대한 우리의 믿음을 자라게 해주시고 성령을 구하는 마음을 불일 듯 일으켜 주시고, 그럼으로써 성령께서 처음과 마찬가지로 우리 가운데서 자신의 임무를 이행하는 것을 볼 수 있게 해주시기를 구합니다.

1. 첫째로, 나는 여러분에게 오순절에 두드러지게 나타난 성령에 대한 교훈적인 상징들에 주의하라고 말씀드립니다.

그 상징은 두 가지였습니다. 강한 바람이 부는 것 같은 소리가 있었고, 불의 혀처럼 갈라진 것들이 있었습니다.

이 상징들을 따로따로 생각해 봅시다. 첫 번째는 바람입니다. 이것은 신성의 상징이고, 따라서 성령을 나타내기에 적합한 상징입니다. 구약 성경에서 종종 하나님께서는 숨이나 바람을 상징으로 사용하여 자신을 계시하셨습니다. 사실, 여러분 대부분이 알고 있듯이, 히브리어로 "바람"과 "영"은 같은 단어입니다. 이 점은 헬라어에서도 마찬가지입니다. 그리스도께서 니고데모에게 말씀하셨을 때, 번역자들이 그리스도께서 "영"을 말씀하신 때와 "바람"을 말씀하신 때를 구분해서 말하기가 그리 쉽지 않습니다. 어떤 번역자들은 이 원어를 내내 "바람"이라는 말로 바르게 번역을 하고, 그런가 하면 어떤 번역자들은 번역하면서 상당한 이유를 가지고 "영"이라는 단어도 사용하였습니다. 원문에서는 그 단어가 바람이나 영 가운데 어느 하나를, 혹은 둘 다를 의미하였습니다. 바람은 모든 물질들 가운데서 가장 영적인 모습을 띠는 것 중의 하나입니다. 바람은 보이지 않고, 천상적인 것 같고, 신비합니다. 그래서 사람들은 바람을 영에 가장 가까운 것으로 생각해 왔습니다. 에스겔이 마른 뼈가 가득한 골짜기를 본, 잘 알려진 그 환상에서 선지자가 예언을 했을 때, 와서 마른 뼈들에 불어, 뼈들이 생기를 얻어 살아나게 한, 그 바람으로 하나님의 성령을 나타냈다는 것을 우리 모두는 압니다. "여호와의 길은 회오리바람과 광풍에 있다"(나 1:3)고 하듯이 하나님은 일하실 때, 자신을 이같이 나타내십니다. "여호와께서 폭풍우 가운데에서 욥에게 말씀하여"(욥 38:1)라고 하듯이 하나님은 자기 종들을 가르칠 때, 이런 모습으로 자신을 계시하십니다.

오순절 날에 이 바람에 소리가 함께 따랐다고, 급하고 강한 바람 같은 소리가 났다고 한 점을 살펴봅시다. 성령께서는 아무 소리 없이 일하실 수 있지만, 구원하시는 일을 할 때 성령은 종종 소리를 사용하십니다. 나는 거룩한 침묵 외에 아무것도 없는 모임들을 평가 절하하고 싶은 생각은 전혀 없습니다. 왜냐하면 나는 사람들이 침묵을 더 존중하기를 바라고, 내적 생명이 살지는 것은 조용함 가운데서 이루어지기 때문입니다. 그렇지만 성령께서는 하나님 나라의 전진을 위해 일하실 때 소리 없는 가운데서만 하시지 않는데, 이는 믿음은 들음에서 나오기 때문입니다. 급하고 강한 바람 같은 소리가 있습니다. 이때 복음을 전함으로써 말이 온 민족들에게 울려 퍼집니다. 주님께서 사람들에게 귀나 혀를 주시지 않았다면, 말없이 드리는 예배가 적당했을 뿐만 아니라 반드시 필요했을 것입니다. 우리에게 귀가 있으므로, 주님께서 우리에게 어떤 것을 듣게 하려고 하신 것이 틀림없고, 우리에게 혀가 있으므로 주님께서 우리에게 말하기를 바라셨던 것이 틀림없습니다. 우리 중 어떤 이들은 말없이 지내기를 좋아할 것입니다. 그러나 복음을 자유롭게 전할 수 있는 곳에서는 어느 정도의 소음과 소동이 반드시 있습니다. 이 경우에 소리가 난 것은 모인 사람들이 이제 막 일어나려고 하는 일에 주의하고, 그들을 일깨워 두려워하는 마음이 가득하게 하려고 한 것이 분명합니다! 급하고 강하게 일어나는 폭풍에는 다 표현할 수 없는 엄숙한 어떤 면이 있습니다. 그 점 때문에 영혼은 장엄한 신적 능력의 신비 앞에 고개를 숙이게 됩니다. 아주 장엄한 급하고 강한 바람만큼 신적 활동에 수반되는 모습을 보여주기에 적절한 것은 없을 것입니다!

강한 바람같은 두려움을 일으키는 이 소리에는, 그것이 하늘로부터 왔다는 분명한 표시가 있었습니다. 보통 바람은 하늘 이쪽이나 저쪽에서 붑니다. 그런데 이 바람은 하늘로부터 내려왔습니다. 그 바람은 분명히 위로부터 부는 하강기류와 같았습니다. 이 점은 하나님의 영이신 성령은 이곳이나 저곳에서 오시지 않고, 또 성령의 능력은 사람의 권위로 통제하거나 지시할 수도 없으며, 오직 성령의 활동은 항상 위로부터, 곧 하나님 자신으로부터 온다는 사실을 나타냅니다. 성령의 활동은, 말하자면 하나님의 숨입니다. 성령의 능력은 특별한 의미에서 항상 하나님의 직접적인 능력입니다. 그러므로 이 바람은 위로부터 내려와, 제자들이 모여 있는 방으로 들어와 방을 가득 채웠습니다. 보통 급하고 강하게 부는 바람은 집 밖에서 느낄 수 있었을 것입니다. 그리고 그런 바람이 어떤 건물에 불어닥쳤다면 아마도 그 집을 파괴하거나 그 안에 있는 사람들을 다치게 했을 것입니다. 그런데 하늘로부터 내려온 이 돌풍은 집안을 가득 채웠지만 집을 무너트리지 않았고, 집 안에서 기다리고 있는 사람들을 날려 보내지 않고 복을 주었습니다.

이 상징이 의미하는 바는 사람의 생명 자체가 숨이나 공기, 바람 같듯이, 하나님의 성령도 그와 같고, 영적인 사람의 생명도 그와 같다는 것입니다. 처음에 우리가 성령으로 말미암아 생기를 얻었고, 그 후로도 성령으로 말미암아 계속 살며, 내적 생명도 성령으로 말미암아 살지고, 자라며 온전케 됩니다. 하나님의 사람이 숨쉬는 코의 숨결이 하나님의 성령입니다.

이 거룩한 숨은 그 자리에 모인 사람들에게 생기를 불어넣을 뿐만 아니라 또한 원기를 북돋우기 위한 것이었습니다. 이 무거운 분위기 가운데 앉아 있는 우리에게 지금 가벼운 바람이 분다면, 얼마나 기분 좋겠습니까! 우리는 산들바람이나 탁 트인 바다에서 부는 실바람을 만나면, 얼마나 즐겁게 소리칩니까! 땅의 바람도 이렇게 상쾌하다면, 하늘에서 부는 바람은 어떻겠습니까! 이 급하고 강한 바람은 땅에서 일어난 모든 안개와 수증기를 이내 깨끗이 제거했습니다. 이 바람은 제자들을 일깨웠고, 주님의 일을 위해 준비시켰습니다. 제자들은 하늘의 생명을 흡족히 받았고, 그래서 그들은 활기가 생기고, 정신이 나며 힘이 솟는 것을 느꼈습니다. 그들은 성령으로 충만하고 힘을 받았기 때문에, 거룩한 열심이 그들에게 일어났습니다. 그래서 전에 알지 못했던 고귀한 생활을 하기 시작하였습니다.

이 바람이 성령의 저항할 수 없는 능력을 보여주기 위해 불었다는 것은 의심의 여지가 없습니다. 공기처럼 단순하고 움직이기 쉽고 약해 보이지만, 한 번 바람을 일으켜 보십시오. 그러면 어떤 생명의 기운이 여러분 가운데 일어나는 것을 느낍니다. 바람을 더 빠르게 일으켜 보십시오. 그러면 한 번 깨어난 그 활동적인 거인의 힘을 느낄 수 있을 것입니다. 자, 그렇게 일어난 바람은 큰 바람이 되고 폭풍이 되며, 태풍, 선풍, 회오리바람이 됩니다. 바람이 완전히 일어났을 때, 바람만큼 힘이 있는 것이 없을 것입니다. 사람들이 성령의 존재조차 믿지 않으므로 사람들이 성령을 무시할지라도, 성령께서 충만한 능력으로 일하시도록 두면, 여러분은 성령께서 어떤 일을 하실 수 있는지 보게 될 것입니다. 성령께서는, 꽃에 살살 불지만 얇고 투명한 날개를 가진 곤충을 쫓아내지 못하는 부드러운 솔바람처럼 조용히 오십니다. 그렇지만 우리의 마음은 위로를 받습니다. 성령은 상쾌한 산들바람처럼 오십니다. 그러면 우리는 더 힘을 얻어 부지런히 일하게 됩니다. 이때 돛을 올리면 우리는 강풍을 받아 나는 듯이 나아갑니다. 성령은 훨씬 더 큰 힘으로 오십니다. 그릇된 확신과 거짓의 피난처들을 산산이 부수는 강력한 성령의 우레 같은 소리를 들으면, 우리는 땅바닥에 엎드리지 않을 수 없습니다! 바위같이 굳게 서 있는 것처럼 보이던 육체적인 사람들의 견고한 신뢰가, 성령의 숨결 앞에 뿌리째 어떻게 뽑히고 마는지요! 무엇이 성령에 대항하여 설 수 있겠습니까? 레바논의 백향목을 부러뜨리며, 그 힘에 저항하려는 모든 것을 쓸어버리는 급하고 강한 바람 같은 것을, 이 말일에 우리가 보지 않았습니까!

오순절의 두 번째 상징은 불이었습니다. 다시 한 번 말하지만 불은 하나님을 나타내는데 자주 사용되는 상징입니다. 아브라함은 타는 횃불(창 15:17)을 보았고, 모세는 불타는 떨기나무를 보았습니다. 솔로몬이 거룩하고 아름다운 전을 지었을 때 성전을 봉헌하자, 하나님의 불이 제물 위에 내려서 그곳에 하나님께 계시다는 것을 표시하였습니다. 왜냐하면 전에 주님께서 장막에 계실 때는 낮에는 구름기둥과 밤에는 불기둥으로 자신을 계시하셨는데, 장막이 이제 성전으로 대치되었기 때문입니다. "우리 하나님은 소멸하는 불이심이라"(히 12:29). 그러므로 불의 상징은 성령 하나님을 나타내기에 적합한 상징입니다. 각 사람의 머리 위에 임한 혀 같은 불은, 성령이 이 선택된 무리의 각 사람의 마음과 머리에 친히 방문하셨음을 나타내는 것입니다. 그들을 태워버리기 위해 불이 내려온 것이 아니었습니다. 불의 혀 같은 것에 해를 입은 사람은 아무도 없었기 때문입니다. 주께서 가까이 가기 위해 준비시킨 사람들에게는 하나님의 방문을 받을 때 아무 위험이 없습니다. 그들이 하나님을 보았지만 그들의 목숨이 보전되었습니다. 그들이 하나님의 불길은 느꼈지만 그 불에 타죽지 않았습니다. 이것은 하나님과의 그 같은 교제를 위해 준비되고 정결케 된 사람들만이 누리는 특권입니다.

이 상징의 의도는 그들에게 불이 빛을 비추듯이 성령께서 그들을 깨우치려고 하신다는 것을 알려주기 위한 것이었습니다. "그가 너희를 모든 진리 가운데로 인도하시리니"(요 16:13). 그러므로 이들은 더 이상 훈련받지 않은 어린아이들이 아니라 이스라엘의 선생이 되고, 그들이 그리스도의 제자로 삼아야 할 민족들의 교사가 되어야 했습니다. 이후로 빛의 성령께서 그들 위에 계셨습니다. 그러나 불은 단지 빛을 비추기만 하는 것이 아닙니다. 불은 타오릅니다. 각 사람 위에 있었던 불길은, 그들이 사랑으로 불타오르고 뜨거운 열심을 품으며, 자기희생의 태도가 확고해야 될 것을 보여주었습니다. 또 그들이 사람들에게 가서 정교한 논리를 펼치는 차가운 혀로 말하지 않고, 타오르는 혀로 열정적인 호소를 하며, 사람들을 설득하고 간청하여 그리스도께로 가서 살도록 해야 할 것을 보여주었습니다. 불은 영감을 의미하였습니다. 하나님께서는 제자들이 신적 영향력 하에서 말하도록, 다시 말해 성령께서 말씀하시는 것처럼 말하게 하려는 것이었습니다. 참으로 복된 상징입니다. 하나님께서는 우리 모든 사람이 그 상징의 의미를 충분히 경험하기를 바라셨고, 불의 혀가 주님의 모든 종에게 내리기를 원하셨을 것입니다. 불이 우리 속에 계속해서 타올라 죄를 소멸하고, 거룩한 제사의 불길이 우리를 온전한 번제로 태워 하나님께 드리게 하고, 하나님을 위한 결코 꺼지지 않는 뜨거운 열심과 십자가에 대한 헌신을 일으키기를 바랍니다.

그 상징이 불뿐만 아니라 또한 불의 혀였다는 점을 주목해야 합니다. 이는 하나님께서는 말하는 교회를 세우시려고 하셨기 때문입니다. 우리가 검을 가지고 할 일은 아무것도 없습니다. 그러므로 하나님께서는 검을 가지고 싸울 교회가 아니라, 입에서 나오는 검을 사용하는 교회를 세우고자 하셨습니다. 교회가 사용할 유일한 무기는 예수 그리스도의 복음을 전파하는 것뿐입니다. 내가 알고 있는 어떤 설교자들을 보면, 그 사람들이 오순절을 맞이했을 때 그들 위에 내린 영향력은 꽃의 혀 모양이었던 것처럼 생각이 됩니다. 그러나 사도들이 오순절에 경험한 것은 꽃이 아니라 불이었습니다. 오늘날 우리는 얼마나 세련된 설교들을 듣습니까! 새로운 사상을 전하고, 시적인 문체를 자랑하는 설교들이 있습니다! 이것은 성령의 방식이 아닙니다. 사람의 존엄과 이 시대의 위대함을 이야기하고 죄에 대한 모든 형벌을 누그러뜨리며, 마귀를 포함하여 타락한 모든 영들의 회복을 이야기하는 매끄러운 연설은 부드럽고 점잖습니다. 이것은 뱀처럼 간교하고, 하와를 꾀는 말처럼 부드러운 사탄적인 사역입니다.

성령께서는 우리에게 이런 방식으로 설교하라고 명하시지 않습니다. 여러분은 할 수 있는 대로 불, 곧 강렬, 열심, 열정을 보이도록 해야 합니다. 세련된 표현과 재기 번뜩이는 종결을 통해 효과를 거두려고 해서는 안 됩니다. 그런 것은 사람들에게 지존자의 메시지를 전하려고 하는 사람들보다는, 사람들을 속이려고 하는 이들에게 더 어울리는 것입니다. 성령의 스타일은 가장 설득력 있는 방식으로 마음에 진리를 전달하는 것입니다. 이 방법은 평범하지만 열렬하고, 단순하지만 절실합니다. 성경 전체를 볼 때 성령께서는 한 번도 냉담한 태도로 글을 쓰지 않으셨고, 사람을 통해서 생기 없는 말을 하신 적이 없습니다. 성령께서는 항상 불의 혀를 주시고 복되게 하십니다.

　이처럼 여기에 나오는 상징은 두 가지입니다. 나는 여러분이 성령께서 이 두 가지 상징을 통해서 어떻게 우리를 가르치시는지를 자세히 살펴보기를 원합니다. 성령께서 아버지께로부터 보냄을 받아 하나님의 아들 예수께 오셨을 때 비둘기의 형태로 오셨습니다. 주님의 기름부으심은 평화의 기름부으심입니다. 주님은 불의 혀가 필요 없으셨습니다. 주님은 이미 사랑으로 타오르고 계셨기 때문입니다. 하나님의 아들이 성령을 제자들에게 주셨을 때, 그것은 숨이었습니다. "그들을 향하사 숨을 내쉬며 이르시되 성령을 받으라"(요 20:22). 성령을 더 충만히 받는 것이 주 예수님의 종들에게는 지극히 필요한 일입니다. 그래서 이같이 성령이 우리를 방문하시는 것입니다. 성령께서 이미 그리스도로 말미암아 우리의 내적 생명으로 계시면서 우리에게 활기를 불어넣고 계시므로, 이제 또한 우리에게 임하시는 것은 다른 사람들에게 복을 베푸시는 일에 우리를 사용하시고자 하는 것입니다. 이것이 성령이 우리를 방문하시는 방식입니다. 성령은 우리가 하는 말을 전달하는 바람으로 오시고, 우리가 전하는 진리에 대해 태워버리는 불로서 오십니다. 이렇게 전하는 우리의 말은 생명으로 가득하고 불길이 활활 타오릅니다! 그 말은 성령의 숨으로 태어납니다. 그 말은 불꽃처럼 사람들의 영혼에 떨어져서, 하나님을 찾는 갈망이 타오르게 합니다. 성령께서 나나 여러분에게, 혹은 우리 가운데 누구에게든지 임하여, 우리를 봉사하기에 적합하도록 준비시키려고 하신다면, 이런 방식을 따라 하실 것입니다. 즉 단지 우리에게 생명만을 주시는 것이 아니라 다른 사람들을 대하는데 필요한 불 같은 에너지도 주실 것입니다! 급하고 강한 바람이여, 불의 혀 같은 성령이여, 지금도 우리에게 오시옵소서. 세상이 당신을 절실히 필요로 합니다! 세상은 죄의 말라리아에 걸려 있어서, 치료하는 바람이 필요합니다! 세상은 온통 두려운 밤에 싸여 있습니다. 하나님의 진리의 타오르는 횃불이 필요합니다! 오, 복되신 성령이시여, 당신을 떠나서는, 이 세상에 건강도, 빛도 없습니다. 그러니 당신의 백성을 통하여 이 세상에 오시옵소서!

　이제 이 두 상징을 하나로 합쳐서 생각해 보십시오. 바람과 불을 합쳐 보십시오. 나는 설교에서 지금까지 이 둘을 계속 따로따로 다루어 왔고, 여러분들도 이 상징들 각각의 능력을 보아왔습니다. 그러면 이 둘을 합치면 어떻게 됩니까?

급하고 강한 바람만 있다면 참으로 두려운 일입니다! 누가 그 바람에 맞설 수 있겠습니까? 화려한 배들이 어떻게 무섭게 돌진하고, 숲의 제왕들이 머리를 숙이는지 보십시오. 그런가 하면 불만 있다고 생각해 보십시오! 불이 무섭게 타오를 때, 누가 거기에 맞설 수 있겠습니까? 그러나 바람과 불이 진심으로 연합해서 활동하도록 해 보십시오! 여러분은 런던의 구도시를 기억하십니까? 처음에 불길이 일어났을 때, 바람이 부채질을 하고 있었기 때문에 도저히 그 불길을 끌 수 없었습니다. 건물들이 무서운 불길 앞에 무너졌습니다! 대초원에 불을 붙여 보십시오. 비가 갑작스럽게 쏟아지고 공기가 조용히 정지해 있으면, 아마도 풀은 더 이상 불붙지 않을 것입니다. 그러나 바람을 일으켜 불길을 살려보십시오. 그리고 어떻게 불길이 휩쓸고 가면서, 큰 풀들을 불이 삼키는지 보십시오! 우리는 최근에 화재가 발생한 숲에 대한 기사를 읽었습니다. 참으로 놀라운 광경이었습니다. 어떻게 거대한 나무들이 불길에 휩싸여 쓰러지고 있는지, 그 소리를 들어보십시오! 누가 그 불길을 제지할 수 있겠습니까! 불은 산을 온통 불구덩이로 만듭니다. 자욱한 연기가 하늘을 아주 어둡게 가립니다. 한낮에도 하늘이 어둡게 변합니다! 산들이 속절없이 불길에 무너짐에 따라, 겁 많은 사람들은 여호와의 크고 두려운 날이 임하지 않았나 생각하기도 합니다. 우리가 그와 같이 장엄하게 타오르는 영적인 큰 불을 볼 수 있다면, 그것은 진심으로 바라는 절정이었습니다! 하나님이여, 당신의 성령을 이같이 우리에게 보내 주시옵소서! 우리에게 영적 생명의 숨결과 도무지 끌 수 없는 열심의 불길을 주시되, 나라마다 모두 예수의 통치에 굴복하게 될 때까지 보내 주시옵소서! 주 우리 하나님이시여, 우리가 주께 기도하오니 불로써 우리에게 응답하시옵소서! 바람과 불로써 우리에게 응답하시옵소서. 그래서 우리가 주께서 진실로 하나님이심을 알게 하여 주옵소서. 하나님의 나라가 오지 않으므로, 하나님의 일이 쇠퇴하고 있습니다. 바람과 불을 보내 주시옵소서! 우리 모두가 하나가 되면, 곧 다같이 믿고, 다같이 기대하며, 다같이 기도로 준비하면, 주께서 바람과 불을 보내 주실 것입니다. 주님, 우리가 이같이 주의 응답을 기다리게 하여 주옵소서.

2. 둘째로, 형제 자매 여러분, 성령의 이러한 강림의 직접적인 효과에 대해 말씀드리는 동안에, 제 말을 잘 따라오시기 바랍니다.

주께서 이런 상징들을 헛되이 보내신 것이 아니기 때문입니다. 이 같은 성령 강림에는, 두 가지 직접적인 효과가 있었습니다. 첫 번째는 가득 채우는 것이었고, 두 번째는 말하는 은사를 주신 것이었습니다. 먼저 첫 번째 것, 즉 가득 채우는 것에 주의하시기 바랍니다. "급하고 강한 바람 같은 소리가 있어 그들이 앉은 온 집에 가득하며." 그 바람 같은 것이 단지 집 안에만 가득 찬 것이 아니라, 사람들도 가득 채웠습니다. "그들이 다 성령의 충만함을 받고." 그 사람들이 말하려고 일어섰을 때, 군중들 가운데서 입이 거친 사람들조차 이 점을 지적하였습니다. 조롱하는 사람들이 "이 사람들이 가득 취했다"(개역개정은 "그들이 새 술에 취했다")고 했습니다. 여기에 "새 술에"라는 말을 덧붙이긴 했지만, 그들에게서 특별히 무엇엔가 가득 찬 것을 보았던 것이 분명합니다. 우리는 날 때부터, 가난하고 비어 있는 존재들입니다. 그렇게 비어 있는 채로 있다면, 우리는 쓸모가 없습니다. 그래서 성령으로 충만해야 합니다. 어떤 사람들은 성령께서 전할 말씀만 주신다고 믿는 것 같습니다. 그래서 그들은 신성한 일들을 지시하신 것은 부차적인 것으로 생각합니다. 우리가 그 이론을 따라 행동한다면 참으로 어려운 문제가 발생합니다! 빈 수레가 얼마나 요란한 소리를 냅니까! 그런 사람들은 말할 것이 전혀 없으며, 불태울 것이 아무것도 없을 때조차도 그것은 중요한 일이 못 됩니다. 첫 번째 것과 마지막 것이 계속해서 이야기 되는 곳에서, 이런 일이 또다시 일어날까 염려됩니다. 스스로 선생으로 자처하는 사람들은 자신들이 먼저 주님께 배워야 합니다. 그들이 받지 않은 것을 어떻게 전할 수 있겠습니까? 성령께서 참으로 일하시는 곳에서, 성령은 먼저 채우시고, 그 다음에 전할 말씀을 주십니다. 그것이 성령의 일하시는 방식입니다. 이 시간 여러분과 내가 성령으로 충만해지기를 바랍니다. "충만하였습니다!" 성령으로 충만해졌을 때 그들은 때로 우리가 그러듯이, 냉랭하거나 무기력하고, 생명이 비어 있지 않았습니다. 그때 그들 가운데 어느 누구도 다른 어떤 것을 더 필요로 하지 않았습니다! 그들은 하늘의 능력으로 온통 충만해 있었기 때문에, 육신의 욕구를 채울 여지가 전혀 없었습니다. 두려움이 사라졌고, 그보다 하찮은 동기들은 다 버렸습니다. 그들에게 넘치게 쏟아져 들어온 성령께서, 아무 관계 없는 것들은 하나같이 다 그들에게서 쫓아내버렸습니다. 전에는 그들에게 잘못과 약점이 많이 있었습니다. 그러나 그날 성령으로 충만해지자, 더 이상 잘못과 약점들을 볼 수 없었습니다. 그들은 이전과는 다른 사람이 되었습니다. 하나님으로 충만한 사람들은 자아로 가득한 사람과는 반대입니다. 비어 있는 사람과 가득 찬 사람의 차이는 아주 놀랍습니다. 목마른 사람은 빈 그릇을 하나님으로 충만한 사람에게 건네야 합니다. 그릇을 건넬 때 시끄러운 소리가 많이 날 수 있습니다. 빈 그릇으로 목을 축이려고 하면 심한 조롱을 받을 수 있습니다. 빈 그릇에 깨끗한 물을 채우십시오. 그러면 그릇을 옮길 때 훨씬 더 조용해질 것입니다. 물이 가득 찬 컵을 옮길 때는 조심해야 하기 때문입니다. 그 물을 마시게 될 때는 얼마나 행복하겠습니까! 그는 물이 가득 찬 컵에서 실컷 마실 수 있습니다. 세상은 성령으로 충만한 교회로부터 구원을 받을 것입니다. 그러나 비어 있는 교회에서는 세상이 아무것도 얻을 것이 없습니다. 교회로서 우리에게 필요한 첫 번째 일은, 성령으로 충만해지는 것입니다. 말하는 은사는 그 다음에 자연스럽게 따라올 것입니다. 사람들은 내게 묻습니다. "자매들이 아무데서나 이야기할 수 있습니까? 모인 회중 앞에서 할 수 없다면, 그보다 작은 모임에서도 말할 수 없습니까?" 자매들이 성령으로 충만해 있다면 말할 수 있다고, 나는 대답합니다. 이 형제나 저 형제가 말을 하도록 허락을 해야 합니까? 그 형제가 성령으로 충만해 있다면, 틀림없이 말이 술술 흘러나올 것입니다. 평신도가 설교할 수 있습니까? 내 자신이 성직자가 아니라는 것을 제외하고는, 평신도들에 관해 아는 것이 없습니다. 그러나 성령으로 충만한 사람은 모두 이야기하도록 해야 합니다. "우물물아 솟아나라"(민 21:17). 생수를 막으려고 하는 사람이 바로 생수의 원천이 된다면, 누가 그 샘을 막을 수 있겠습니까? 가득 찬 사람은 넘쳐흐르도록 두어야 합니다. 그러나 속에 아무것도 없을 때는 그 사람이 흘려 내보내려는 체하지 않는다는 것에 주의해야 합니다. 가서 흘려 내보내는 것이 자기의 할 일이라고 생각하고 끝없이 흘려 내보내고 흘려 내보지만, 거기에서 아무것도 나오지 않는다면, 내가 볼 때 그 사람은 성령을 따라 행하는 것이 아니라 허영심으로 행하는 것이 확실합니다.

오순절의 그 다음 상징은, 말하는 것이었습니다. 성령이 그곳에 모인 사람들을 가득 채우자, 그들은 즉시 말하기 시작하였습니다. 그들은 사람들이 모이기 전부터 말하기 시작했던 것으로 보입니다. 그들은 말하지 않을 수 없었습니다. 안에 있는 힘이 밖으로 표출하려고 하였고, 그래서 그들은 말을 하지 않을 수 없었습니다. 참으로 성령이 사람에게 임하면, 그 사람은 자기가 바라는 만큼의 청중이 모이기까지 기다리지 않습니다. 모이기 전부터 그는 한 사람에게 이야기하고, 두 사람에게 이야기하며, 세 사람에게 이야기합니다. 사람이 있기만 하면 이야기합니다. 그는 가득 차 있으므로 말하지 않을 수 없는데, 이는 가득 찬 것이 빠져 나가는 구멍이 그에게 있기 때문입니다.

성령이 어떤 사람에게 충만하면, 그는 사람들이 자기 말을 이해할 수 있도록 말을 합니다. 군중들은 다른 언어를 사용했는데, 성령께 배운 제자들은, 각 사람이 태어난 나라의 언어로 군중들에게 말하였습니다. 이것이 성령으로 말하는 것임을 보여주는 표지 중의 하나입니다. 이 중의 어떤 사람이 행상인들에게 라틴어로 말을 한다면, 성령이 그 사람과는 아무 관계 없다고 확실히 말씀드릴 수 있을 것입니다. 학식 있는 어떤 형제가 자기 회중들에게 열정적으로 멋진 연설을 쏟아낸다면, 그는 자신의 웅변술이 키케로나 데모스테네스에서부터 시작되었다고 말할 수는 있지만, 성령에게서 나온 것으로 이야기해서는 안 됩니다. 왜냐하면 그것은 성령의 방식을 따른 것이 아니기 때문입니다. 성령께서는 말씀할 때 사람들이 이해할 수 있도록 말씀합니다. 거기에 모호한 점이 있다면, 그것은 주님께서 친히 사용하시는 언어에 그 원인이 있는 것입니다.

모인 사람들은 제자들이 하는 말을 이해하였고 느꼈습니다. 이 오순절 설교에는, 작은 창들이 있어서, 듣는 사람들이 "마음에 찔렸습니다." 진리가 사람들에게 상처를 주었고, 주님께 죽은 자들이 많았습니다. 이는 치명적인 부분에 상처를 입었기 때문입니다. 그들은 도망칠 수 없었습니다. 그들은, 전에도 사람들이 말하는 것을 들은 적이 있습니다. 그런데 이번에는 전혀 달랐습니다. 사람이 불꽃처럼 말하였고, 그 말을 들은 한 사람이 옆 사람에게 물었습니다. "이게 무슨 일이냐?" 설교자들이 불길이 타오르듯 열정적으로 이야기하였고, 그 불꽃이 사람들의 마음에 떨어지자 사람들이 놀라고 어찌할 줄 모르게 되었습니다.

이런 것이 성령의 두 측면입니다. 즉 한 가지는 사역과 교회에서 성령의 충만함을 받는 것이고, 다른 한 가지는 주변 사람들이 이해하고 느낄 수 있도록 말하는 불 같은 사역과 불이 붙은 교회입니다. 원인은 자연스럽게 결과를 나타냅니다. 이 바람과 불은 즉시 효과를 냈습니다. 이것이 "밖으로 시끄러운 소리를 냈다"(개역개정은 "이 소리가 나매")고 했습니다. 물론 급하고 강한 바람 같은 소리가 있었기 때문입니다. 다음에, 사람들이 모두 모였는데, 혼란스러워했다는 기록을 봅니다. 떠들썩한 소동이 일어난 것은 자연스런 일이었습니다. 하늘로부터 강한 바람이 불고 있었기 때문입니다. 모인 사람들이 다 깜짝 놀랐는데, 그러는 가운데 어떤 사람들은 신중한 태도로 물었고 어떤 이들은 조롱하는 말을 시작하였습니다. 물론 그들이 이런 태도를 취한 것은 당연한 것입니다. 이때 여기에 타오르는 불이 있었는데, 불은 분열시키는 것입니다. 불이 타오를 때는 언제나 그렇듯이, 불이 귀한 것들과 천한 것들을 나누기 시작하였습니다. 우리는 참된 부흥 운동의 시초에는 사람들 가운데 움직임, 곧 소리와 소동이 일어나는 것을 예상할 수 있습니다. 이런 일이 한 구석에서 일어나지 않습니다. 도시들이 하나님의 임재를 알게 되고, 많은 무리들이 이 사건에 마음을 빼앗기게 될 것입니다.

이것이 오순절 사건의 직접적인 효과였습니다. 이제 세 번째 요점을 말씀드리겠으니, 계속해서 귀를 기울여 주시기 바랍니다. 그 요점은 이것입니다.

3. 성령이 이같이 활동하셨을 때, 이렇게 성령으로 충만한 사람들이 불 같은 말로 전하기 시작한 가장 두드러진 주제는 무엇이었습니까?

성령께서 교회 안에서 강력하게 활동하신다고 생각할 때, 우리 사역자들은 무엇에 대하여 설교하겠습니까? 우리는 예정과 자유의지라는 오래된 토론을 다시 시작해야 한다는 말을 듣지 않습니까? 나는 그렇게 생각지 않습니다. 즉 이런 토론들은 다행히 끝이 났습니다. 다행이라고 한 것은, 그런 토론들은 신랄한 태도로 발전하는 경향이 있기 때문이었습니다. 대체로 토론자들은 자기 임무를 잘 감당하지 못하였습니다. 우리는 전천년설과 후천년설에 대해 아주 많은 말을 듣고 있지 않습니까? 나는 그렇게 생각지 않습니다. 나는 분명하게 계시되지 않은 때와 시기에 대한 토론이나 공상에서; 성령으로부터 나왔다고 할 수 있는 말을 별로 보지 못했습니다. 진보한 신학에 관한 학문적인 논문들에 귀를 기울여야 합니까? 그렇지 않습니다. 마귀가 교회에 영감을 주면, 현대 신학이 생겨납니다. 그러나 성령께서 우리 가운데 있을 때는, 그런 쓰레기 같은 이론은 몹시 싫어하며 내던집니다. 이 사람들은 무엇을 전했습니까? 그들의 이야기를 들은 사람들이 말했습니다. "우리가 다 우리의 각 언어로 하나님의 큰 일을 말함을 듣는도다." 그들의 주제는 하나님의 행하신 놀라운 일들이었습니다. "하나님의 큰 일," 이것이야말로 내가 죽는 날까지 유일한 나의 설교 주제가 되었으면 좋겠습니다. 왜냐하면 첫째로, 제자들이 구속, 곧 하나님의 놀라운 일을 말하였기 때문입니다. 베드로의 설교를 보면, 제자들이 그 주제를 전하는 표본이 어떤 것이었는지 알 수 있습니다. 베드로는 사람들에게 예수께서 하나님의 아들이시고, 사람들이 그를 십자가에 못 박았으나, 예수께서는 사람들을 구속하기 위해 오셨고, 예수의 보배로운 피로 말미암는 구원이 있다고 전하였습니다. 베드로는 구속을 설교하였습니다. 성령께서 우리와 함께 계실 때, 이 땅에 "구속, 구속, 구속, 보배로운 피로 말미암는 구속"이라는 말이 거듭거듭 울려 퍼지면 참으로 좋겠습니다. 이 주제는 불 같은 혀에 적절한 연료입니다. 즉 이 주제야말로 하나님의 바람이 실어 나를 만한 가치가 있는 것입니다. "하나님께서 그리스도 안에 계시사 세상을 자기와 화목하게 하시며 그들의 죄를 그들에게 돌리지 아니하시고"(고후 5:19). "그 아들 예수의 피가 우리를 모든 죄에서 깨끗하게 하실 것이요"(요일 1:7). 바로 이것이 우리가 아무리 자주 언급해도 부족할, 하나님의 큰 일들 가운데 하나입니다.

제자들은 다음으로 놀라운 하나님의 일, 곧 **중생**에 대해 말하였던 것이 확실합니다. 초대 교회의 사역에서는 성령의 활동이 전혀 숨겨지지 않았습니다. 성령의 활동이 전면에 나타났습니다. 베드로가 말하였습니다. "너희가 성령을 받으리라." 오순절의 설교자들은 성령의 능력으로 말미암는 활동에 대해 말하였습니다. 회심, 회개, 중생, 믿음, 거룩함, 이런 것들을 거리낌 없이 말하였고, 이 모든 것들이 성령으로부터 나왔다고 하였습니다. 성령이 다시 한 번 우리에게 충만하고 불 같은 사역을 일으키신다면, "네게 거듭나야 하겠다"(요 3:7)는 말이 우리 가운데서 선포되는 것을 분명하게 들을 것입니다. 혈통으로나 사람의 뜻으로 나지 아니하고 위로부터 오는 힘에 의해 오직 하나님께로부터 난 사람들이 나오는 것을 보게 될 것입니다. 성령께서 일하시면, 성령에 대해서나 사람 마음에 대한 성령의 거룩한 활동에 대해 잠잠히 있을 수가 없습니다.

그 다음에, 제자들은 하나님의 세 번째로 큰 일, 즉 **죄 사함**에 대해 아주 분명하게 말하였습니다. 이것이 베드로가 사람들에게 아주 힘껏 전한 요지였습니다. 즉 그들이 회개하면 죄 사함을 받는다는 것이었습니다. 이것은 참으로 복된 메시지입니다. 지극히 깊게 물든 죄를 용서해주신다는 것입니다. 예수의 피가 가져온 용서, 값없이 주시는 용서, 충만한 용서, 지극히 사악한 자들이 한때 나무에 못 박혔던 발 앞에 반역의 무기를 내려놓고 엎드릴 때 주시는 취소할 수 없는 용서가 그것입니다. 우리가 하나님의 영향 아래 있음을 입증하려고 한다면, 돌아온 탕자에 대한 아버지의 용서를 전하는 하나님의 메시지를 계속 붙들어야 합니다. 우리가 이보다 더 기쁜 말씀을 전할 수 있습니까?

구속, 중생, 죄 사함, 이것들은 성령께서 강력하게 일하시는 나라에서 다시 일으키실 교리들입니다. 사랑하는 형제 자매 여러분, 만일 여러분이 힘써서 성령을 받으려고 한다면, 항상 이 세 가지 점을 전면에 내세워야 하고, 모든 사람들이 하나님의 행하신 놀라운 일들을 자기 언어로 듣도록 해야 합니다.

4. 넷째로, 이 모든 일의 영광스런 결과들이 무엇이었는지를 이야기하고서 끝을 맺으려고 합니다.

이야기가 다소 길어지더라도 참아 주시면 감사하겠습니다. 성령께서 바람과 불로 오셔서 사람을 가득 채우고 말을 하게 하신 결과는, 첫째로, 그 말을 듣는 사람들의 깊은 느낌 속에 있었습니다. 죽을 수밖에 없는 사람의 언어에 의해 일어난 감정 가운데 그날 예루살렘에 모인 군중들 가운데서 일어난 것과 같은 감정은 아마도 세상에 없었을 것입니다. 여기에는 이 그룹이, 저기에는 저 그룹이 모였는데, 모두 다 하나님의 놀라운 일들에 대한 이야기에 귀를 기울였고, 흥분하고 감동을 받았습니다. 복음전파와 함께 하늘의 바람과 불이 일어났고, 사람들은 그 능력을 느낄 수밖에 없었기 때문입니다. 그들의 마음이 찔렸다고 했습니다. 그들은 마음이 괴로웠습니다. 적의를 소멸시키는 고통을 느꼈습니다. 제자들이 전하는 말씀이 그들의 중심을 건드렸습니다. 즉 치명적인 부분을 찔렀습니다. 오늘날 사람들은 설교를 듣기 위해 예배에 나옵니다. 그래서 친구들이 돌아오는 길에 그들에게 묻습니다. "오늘 설교 어땠어?" 설교가 마음에 들었는지 안 들었는지 알아보는 것이 여러분의 용건이었습니까? 하나님의 종들을 그런 방식으로 활용하는 것이 실제로 무슨 유익이 있습니까? 비판할 기회를 주기 위해 우리 설교자들이 여러분에게 보냄을 받았습니까? 그런데 많은 사람들은, 우리가 한 시간 동안 여러분을 즐겁게 하기 위해 무대에 올라오는 권투 선수나 배우들보다 나을 것이 없다고 생각하는 것 같습니다. 제 설교를 듣는 여러분, 우리가 하나님께 진실하고 여러분에게 진실하다면, 우리의 직무는 대부분의 사람들이 생각하는 것보다 더 엄숙한 일입니다. 참된 모든 설교는 마음을 대상으로 삼습니다. 우리는 마음을 죄에서 떼어내어 그리스도와 결합시키는 것을 목표로 삼습니다. 우리가 사람들을 떨게 하고 슬프게 하며, 그래서 조만간에 그리스도께로 인도하여 기뻐하도록 만들지 않는 한, 우리의 사역은 실패한 것이고 하나님의 보증을 받지 못한 것입니다. 설교를 수천 번 들려주어도 아무런 결과가 나오지 않는다면, 그것은 마음을 목표로 하지 않기 때문이거나, 혹은 활 쏘는 사람이 표적을 맞추지 못하기 때문입니다. 그런데 슬프게도 우리의 설교를 듣는 사람들은, 우리에게 마음을 표적으로 주지 않고, 집에 두고 옵니다. 우리에게 귀만 주거나 머리만 줄 뿐입니다. 이 부분에서 우리는 하나님의 도움이 필요합니다. 하나님의 이름으로 말하는 모든 사람에게 성령이 임하기를 간절히 기도하십시오. 그럴 때 그 사람들이 청중들의 마음에 깊은 감정을 일으킬 것이기 때문입니다!

그 다음에 진지한 질문이 나왔습니다. "그들이 이 말을 듣고 마음에 찔려 베드로와 다른 사도들에게 물어 이르되 형제들아 우리가 어찌할꼬 하거늘." 실제적인 행동을 취하는데 이르지 않는 한, 감정 자체는 보잘것없는 결과에 불과합니다. 사람들이 느끼게 하는 것은 아주 좋지만, 반드시 사람들이 즉각적인 행동을 취하도록 느끼게 해야 합니다. 혹은 적어도 그들이 무엇을 해야 할지를 진지하게 묻게 만들어야 합니다. 오, 성령이시여, 성령께서 저 같은 사람에게도 임하시면, 사람들이 제 설교를 듣고 가서, 들은 것을 까먹지 않을 것입니다! 그들이 일어나서 아버지 하나님께 구하고 하나님의 사랑을 맛보게 될 것입니다. 성령께서 주의 말씀을 전파하는 모든 형제들에게 임하시면, 사람들이 설교를 듣는 동안 졸지 않을 것이고, 설교가 지속되는 동안에 감동을 받고 가서 이렇게 물을 것입니다. "구원받으려면 어떻게 해야 합니까?" 우리에게 필요한 것이 이것입니다. 우리에게 새로운 설교자가 필요한 것이 아닙니다. 성령으로 새로 기름 부음을 받는 것이 필요합니다. 우리에게 필요한 것은 새로운 형태의 봉사가 아닙니다. 우리에게 필요한 것은 듣는 사람마다 "우리가 어떻게 하여야 구원을 받으리이까"(행 16:30) 하고 외칠 때까지, 우리를 통해서 일하실 불 같은 성령, 바람 같은 성령이십니다.

그 다음에 하나님의 말씀을 전적으로 받아들이는 일이 있었습니다. 사람들이 하나님의 말씀을 기쁘게 받아들였다고 했습니다. 그들은 두 가지 의미로 하나님 말씀을 받아들였습니다. 첫째로, 베드로는 그들에게 회개하라고 말하였고, 그들은 그대로 행하였습니다. 그들은 자기들이 예수께 행한 일에 대한 설명을 듣고, 양심의 가책으로 인해 마음이 찔렸습니다. 그들은 신앙적인 이유로 슬퍼하였고 죄를 버렸습니다. 그들은 자기들이 죽인 분을 믿었고, 더 이상 주저하지 않고 그때 그 자리에서 그분을 자기들의 구주로 영접하였습니다. 그들은 하나님께서 자기들의 속죄를 위해 보내신 분을 신뢰하였고, 그래서 하나님의 말씀을 전적으로 받아들였습니다. 회개와 믿음이 있어야 그리스도를 온전히 영접하는데, 이들에게는 이 두 가지가 있었습니다. 왜 우리는 오늘날 이 같은 거룩한 결과를 보지 못합니까? 우리 믿음의 정도만큼 그 결과를 보게 될 것입니다.

그러면 다음에는 어떤 일이 있었습니까? 자, 그들은 곧바로 세례를 받았습니다. 회개하고 믿었으면, 그 다음 단계는 자신의 믿음을 고백하는 것이었습니다. 그들은 단 하루도 미루지 않고, 그 일을 했습니다. 왜 그래야 했습니까? 자발적인 뜻이 있었습니다. 믿게 된 무리들 전체가 모두 그 거룩한 예식에 참여하기를 기뻐했고, 그래서 그들이 바로 그날에 성부와 성자와 성령의 이름으로 세례를 받았습니다. 성령께서 온전히 우리와 함께 계시면, 우리는 많은 신자들이 신앙을 고백하지 않는다고, 사람들이 주께서 정하신 방식대로 구주를 고백하려고 하지 않는다고 불평할 필요가 없을 것입니다. 세례 받기를 주저하는 것은, 많은 경우에 박해에 대한 두려움, 우유부단, 나태함, 교만 혹은 불순종 때문입니다. 그러나 하늘의 바람과 불이 거룩한 일을 할 때는, 이 모든 것이 사라집니다. 성령께서 능력있게 일하시면, 죄가 되는 망설임은 금방 사라지고, 예수님을 부끄러워하는 태도는 더 이상 보이지 않고, 믿음을 고백하기를 주저하고 연기하는 행동이 영원히 사라집니다.

게다가, 이러한 즉각적인 신앙고백이 있었을 뿐만 아니라, 성령의 활동의 결과로 신앙을 계속 지키는 일이 있었습니다. "그들이 계속해서 사도의 가르침을 지켰습니다"(개역개정은 "그들이 사도의 가르침에 힘쓰니"). 우리는 그동안 인간적인 영적 부흥을 많이 보아왔습니다. 그런 것들의 결과는 슬프게도 실망스러웠습니다. 감정이 고조되는 가운데서 이름뿐인 개종자들이 많이 늘어났습니다. 그런데 약간의 시험이 온 후로 지금 그들은 어디에 있습니까? 내가 그동안 관찰해 본 바로는, 그동안 부흥운동이라고 불리는 집회를 통해서 많은 씨를 심었는데, 추수할 만한 가치가 있는 것은 거의 없었다는 것을 슬프게 인정하지 않을 수 없습니다. 우리의 희망은 꿈처럼 기분을 우쭐하게 만들었습니다. 그러나 분명한 결과는 밤의 환상처럼 사라져버렸습니다. 그러나 성령께서 진정으로 일하시는 곳에는 회심자들이 나옵니다. 이들은 뿌리를 깊이 내리고 있고 기초가 든든하므로, 사방에서 교리의 바람이 불어도 흔들리지 않고, 계속해서 사도가 가르치는 진리에 굳게 서 있습니다.

그 다음에, 우리는 하나님께 대한 풍성한 예배가 있었음을 봅니다. 이들은 사도의 가르침에 굳게 서 있었을 뿐만 아니라, 또한 떡을 떼고 기도하며 교제를 나누었습니다. 그때는 기도회로 모이는 일이나, 매일 성찬을 시행하는 일에 어려움이 없었고, 거룩한 교제의 부족함을 몰랐습니다. 하나님의 성령이 그들 가운데 계셨고, 성찬식을 귀하게 여겼기 때문입니다. 어떤 사람들은 이렇게 말합니다. "아, 이 목사님을 혹은 저 전도사님을 모실 수만 있다면 좋을 텐데." 형제 여러분, 여러분에게 성령께서 계시다면, 다른 모든 것이 성령의 임재에서 나오는 것을 볼 것입니다. 좋은 모든 것이 다 성령 안에 있기 때문입니다.

그 다음에는, 손 크게 베푸는 일이 있었습니다. 기금을 모으는 일이 어렵지 않았습니다. 넉넉히 베푸는 일이 넘치게 일어났습니다. 신자들이 자기들에게 있는 것을 아낌없이 내놓아 공동 기금을 마련했기 때문입니다. 이때는 금과 은이 주님의 것이라는 말이 그대로 이루어지는 것을 볼 수 있었습니다. 성령께서 강력하게 역사하는 곳에서는, 과부와 고아를 위해 간절히 호소하거나, 돈이 부족해서 살 수 없는 선교사 부지를 구하기 위해 저자세로 호소해야 할 필요가 거의 없습니다. 이때에는 동네 교회들이 겨우 굶어죽는 것을 면할 정도로 자기 목사를 대우하는 일이 있을 수 없습니다. 성령께서 모든 교회를 방문하신다면, 모든 것이 아주 바르게 운영되도록 하기 위한 방법들이 나올 것이라고 나는 믿습니다. 이런 일이 일어나지 않는다면, 나는 우리 비국교도 교회들 때문에 염려가 됩니다. 그 교회들의 존재를 유지하게 하는 수단들이 없어지게 될까 염려가 됩니다. 그렇게 되면 이 교회들은 영적인 필요를 채우는 일에나 세속적인 필요를 채우는 일에나 모두 철저하게 실패할 것입니다. 은혜가 부족하지 않은 곳에서는 재물도 부족하지 않을 것입니다. 성령이 임하시면, 재물을 가진 자들은 재물을 주님께 드립니다. 재물이 조금밖에 없는 자들은, 적은 것을 드림으로써 부유해집니다. 이미 부한 자들은 자기에게 있는 것을 거룩하게 드림으로써 행복해집니다. 급하고 강한 바람 소리가 들리고, 불이 사람들의 마음을 사랑으로 타오르게 하면, 재물이 부족한 것에 대해 염려할 필요가 없습니다.

그 다음에는, 지속적인 기쁨이 있었습니다. "기쁨으로 음식을 먹고." 이 사람들은 단지 기도회로 모이고 설교를 들을 때만 기뻐한 것이 아니라, 아침 식사를 할 때에도, 저녁 식사를 할 때에도 기뻐했습니다. 그들은 무엇을 먹게 되든지 크게 기뻐할 수 있었습니다. 성령께서 임하시자, 예루살렘은 과거 어느 때보다 행복한 도시가 되었습니다. 제자들은 아침부터 밤까지 기뻐서 노래하였으므로, 틀림없이 밖에서 이것을 본 사람들이 "도대체 이게 어찌 된 일이냐" 하고 물었을 것입니다. 그때만큼 사람들이 성전을 자주 방문한 적이 없었고, 그때만큼 찬송을 많이 드린 적이 없었습니다. 예루살렘 거리와 시온 산이 한때 멸시받았던 갈릴리 사람들의 찬송 소리로 울려 퍼졌습니다.

그들은 기쁨으로 충만하였고, 이 충만한 기쁨이 하나님을 찬미하는 것으로 나타났습니다. 그들은 예배를 드리면서 때때로 "하나님께 영광! 할렐루야" 하고 큰 소리로 외쳤던 것이 분명합니다. 체면과 예의범절을 따지려는 생각이 싹 사라져 버렸던 것이라고 나는 생각합니다. 그들은 너무 기쁘고 유쾌해서, 기회만 있으면 기쁨으로 펄쩍펄쩍 뛰었습니다. 물론 우리는 이제 "아멘" 혹은 "할렐루야"라는 말을 하지 않습니다. 우리들은 이제 아주 담담하게 예의를 지킬 만큼 자랐기 때문에, 결코 어떤 식으로든 예배를 중단시키는 법은 없습니다. 그런데 사실 이것은 우리가 그렇게 할 만큼 기쁘지 않고, 특별히 찬송이 마음에 가득 차서 그렇게 하고 싶은 마음이 생기는 일이 없기 때문입니다. 슬프게도 우리는 성령 충만을 많이 잃었고, 따라서 성령의 임재에 따르는 기쁨과 즐거움도 많이 잃었으며, 예의바르지만 감동이 없는 마음이 굳어지게 되었습니다! 우리는 찬양이라는 종려나무 가지 대신에, 예의바름이라는 패랭이꽃을 모읍니다. 하나님께서는 우리에게 멋진 혼란의 시기를 보내십니다. 바다를 요동치게 만들고, 아주 조용하게 정박해 있는 철갑선 같은 냉담하고 엄격한 형제들을 완전히 뒹굴게 만들, 한바탕 바람이 불면 좋겠습니다. 작은 배와 같은 우리는 만일 강풍이 속도를 더해 우리가 바라는 항구로 가도록 만든다면, 뒤에서 강풍이 불어 닥칠 때 우리는 나는 듯이 나아갈 것입니다. 불이, 둔감하기 짝이 없는 사람들까지도 영향을 끼칠 불이 다시 한 번 내렸으면 좋겠습니다. 이것이야말로 냉담함에 대한 확실한 치료책입니다. 불꽃이 사람의 가슴에 떨어지면, 사람은 그것을 압니다. 하나님의 말씀이 사람의 마음에 와 닿으면, 그것 또한 사람이 압니다. 그런 불이 먼저 제자들에게 임하고, 그 다음에는 주변 모든 사람에게 임하면 좋겠습니다!

그 다음에, 끝으로 교회에 사람의 수가 매일 늘어나는 일이 있었습니다. "주께서 구원 받는 사람을 날마다 더하게 하시니라." 회심하는 일이 끊임없이 이루어졌습니다. 교회에 사람의 수가 불어나는 것은 일 년에 한 번 있는 일이 아니라, 매일 같이 일어나는 일이었던 것입니다. "이와 같이 해서 주의 말씀이 힘이 있어 흥왕하여 세력을 얻었습니다"(행 19:20). 성령이시여, 주께서는 그때와 같이 오늘날도 우리에게 역사하실 준비가 되어 있습니다! 구하오니, 성령님이시여, 기다리지 마시고 지금 바로 우리에게 역사하시옵소서. 주께서 능력있게 우리에게 오시는 것을 방해하는 장애물들을 모두 부수시옵소서. 거룩한 바람이시여, 뒤집어 엎으소서, 뒤집어 엎으소서! 하늘의 불이시여, 모든 장애물들을 불사르고, 지금 우리에게 불 같은 마음과 불 같은 혀를 주셔서, 화목케 하시는 주의 말씀을 전파할 수 있게 하여 주옵소서. 예수님의 이름으로 기도합니다. 아멘.

제
3
장
—

"마음에 찔려"

—

"그런즉 이스라엘 온 집은 확실히 알지니 너희가
십자가에 못 박은 이 예수를 하나님이 주와 그리스도가
되게 하셨느니라 하니라 그들이 이 말을 듣고 마음에 찔려
베드로와 다른 사도들에게 물어 이르되 형제들아
우리가 어찌할꼬 하거늘." — 행 2:36-37

이것은 우리 주님께서 영광 가운데로 올려가신 후에 처음으로 복음을 공적으로 전파한 일이었습니다. 그것은 아주 기억할 만한 설교였습니다. 복음 증거라는 풍성한 수확의 첫 열매와 같은 설교였습니다. 첫 번째 설교가 그처럼 성공적이었다는 것은 설교에 종사하는 사람들에게는 매우 격려가 되는 사실입니다. 처음 한 번 그물을 던졌는데, 삼천 명이나 되는 큰 풍어(豐漁)를 거두었습니다. 우리는 지금 점차 증대하는 위대한 목적을 이루는 일에, 하나님의 정하신 방식으로 이바지하고 있는 것입니다. 우리는 베드로가 그처럼 사람의 마음을 찌르는 설교를 할 수 있게 만든 변치 않는 불멸의 능력에 의해 훨씬 더 큰 결과를 낼 것을 장차 보리라고 소망합니다.

베드로의 설교는 특별히 수사적인 표현이 특징으로 나타나지 않았습니다. 그는 사람의 지혜의 말이나 아름다운 말을 사용하지 않았습니다. 그것은 단지 어떤 연설이 아니었습니다. 그것은 마음을 감동시키는 논증이고, 간청이며, 간곡한 권유였습니다. 베드로는 청중들에게 실제 경험한 사실로 뒷받침을 하고,

이치에 맞게 잘 정리한 성경적 강화였습니다. 설교의 모든 구절마다 예수 그리스도를 가리켰습니다. 이런 면에서 베드로의 설교는 내용에 있어서 설교가 어떠해야 하는가를 보여주는 본보기였습니다. 베드로는 자기 앞에 있는 사람들에게 직접적으로 주장하였고, 그래서 그의 설교는 그들과 그들의 행동에 대해 실제적이고, 강력한 호소력을 지녔습니다. 그의 설교는 머리를 겨냥하지 않고 마음을 향하였습니다. 설교 한 마디 한 마디가 양심과 감정을 파고들었습니다. 베드로의 설교는 분명하고 실제적이며, 직접적이고 설득력이 있었습니다. 이 점에서 그의 설교는 설교의 목표와 방법에서 설교의 표본이었습니다. 그렇지만 베드로는 성령의 감화를 받는 가운데서 달리 말할 수는 없었을 것입니다. 즉 그것은 그의 신적 영감의 참된 산물로서 하나님의 계시와 같았습니다. 그런 사정 때문에 다른 어떤 연설은 그 자리에 아주 부적합했을 것입니다. 화려하고 현란한 연설을 했더라면, 성령께 매우 불경한 설교가 되었을 것입니다. 그리고 베드로가 그런 설교를 했다면 많은 영혼을 멸망하도록 만든 죄에 대한 책임을 지게 되었을 것입니다. 베드로는 침착하고 진지하게 사건의 분명한 사실들을 시종일관 이야기하였고, 그 사실들을 하나님 말씀에 비추어 해석하였습니다. 그때 베드로는 구원에 이르게 하고자 애쓰는 사람들에게, 있는 힘을 다해 진리를 강력하게 주장하였습니다. 설교자들이 언제나 사람들을 하나님께 대한 회개와 우리 주 예수 그리스도에 대한 믿음에 이르게 하기를 소원하기 바랍니다. 목사들이 사람들의 칭찬을 구해서는 안 됩니다. 목사는 사람들이 주님을 찾기를 바라야 할 것입니다! 아무도 자기 교인들을 철학 이론이라는 구름으로 혼란스럽게 하지 않고, 계시된 진리라는 비로 교인들의 심신을 새롭게 할 수 없습니까? 우리가 청중들이 마음에 찔림을 받고, 그래서 즉시 예수 그리스도를 믿고, 그 자리에서 앞으로 나와 예수의 이름으로 자기 신앙을 고백하도록 설교할 수 있다면 얼마나 좋겠습니까!

　그러나 우리는 오순절 날 설교의 성공이 성령 강림에서 비롯된 것임을 잊어서는 안 됩니다. 베드로는 이 성령을 충만히 받았던 것입니다. 바로 이것이 설교를 만드는 것입니다. 성령에 깊이 잠기면, 설교자는 바르게 생각하고 현명하게 말을 할 것입니다. 그의 말이 듣는 자들에게 힘을 발휘할 것입니다. 우리는 또한 성령을 받기에 앞서, 온 교회가 오랜 기간 믿음으로 합심하여 간절히 기도드렸다는 사실을 잊어서는 안 됩니다. 베드로 혼자가 아니었습니다. 그는 기도하는 사람들을 대변하는 목소리였습니다. 신자들은 그동안 한 곳에서 마음을 합하여 복 주시기를 구하였습니다. 이와 같이 성령께서 설교자 위에 임하셨을 뿐만 아니라, 그와 함께 있는 모든 사람에게도 임하셨습니다. 설교자의 친구들이 설교자만큼 성령을 받을 때, 바로 이 점이 복음을 전하는 설교자에게 놀라운 차이를 만들어 냅니다! 그때는 그의 능력이 백배나 더 커집니다. 우리는 설교자가 혼자 설 때, 지극히 놀라운 역사가 일어나는 것을 좀처럼 보지 못할 것입니다. 그러나 베드로가 "열한 사도와 함께" 섰다고 하였을 때, 거기에는 열두 명의 사역이 한 사람에게 집중되었던 것입니다. 핵심 집단이 같은 진리를 이해하고, 한 마음 한 뜻을 가진 사람들에게 지지를 받을 때, 능력은 무한히 증대됩니다. 요나가 니느웨에서 했던 것처럼, 한 사람의 사역이 때로 큰 일들을 일으킬 수 있습니다. 그러나 우리가 지극히 크고 바람직한 결과를 찾는다면, 그런 결과는 한 개인에게서 나오는 것이 아니라, 많은 사람의 대변자에게서 나올 수밖에 없습니다. 베드로에게는 사랑으로 그를 호위하는 백이십 명의 형제들이 있었는데, 이것이 그가 주님을 위하여 강하게 일어설 수 있도록 만들었습니다. 주변의 친구들이 사랑으로 협력해 주는 것이 내게는 얼마나 귀중한지 모릅니다! 나는 사랑으로 나를 감싸고 믿음으로 지지하는 진실한 형제들에 대해 하나님께 말로 다할 수 없이 감사를 드립니다. 여러분이 기도와 동정과 협력으로 나를 지지하기를 그치지 않기를 기도합니다. 세월이 흘러서 내가 물러나야 할 때, 다른 설교자가 나를 대신하게 되기까지 지지해 주기를 기도합니다.

그렇지만 많은 책임은 설교자 자신에게 달려 있기 마련입니다. 베드로 자신에게 우리가 본받을 만한 점이 많이 있었습니다. 베드로의 설교는 당시 상황의 산물이었습니다. 그의 설교는 그때의 사건을 하나님께서 의도하신 대로 사용하였습니다. 그의 설교는 격정적이지 않고 진지하였으며, 두려움이 없이 신중하였습니다. 설교자 자신이 침착하고 조용하며 정중하고 부드러웠습니다. 베드로는 어떤 이론들을 늘어놓지 않았습니다. 그는 확실한 기초 위에서 나아갔습니다. 하나하나 사실을 밝히고, 성경을 들추며, 분명한 진리를 밟아 나갔습니다. 그는 처음에 인내심 있게 시작하였고, 설교 내내 힘있게 논증을 펼쳤으며, 마지막에 가서는 확고한 입장을 밝혔습니다. 그는 청중들의 의심과 편견들을 헤치며 나아 갔습니다. 그리고 마지막에 이르렀을 때는, 분명하고 확실하게, 피할 수 없는 결론을 진술하였습니다. 그는 설교하는 내내 진리를 완곡하게 말하는 법이 없이 아주 담대하게 전하였습니다. 너희가 악한 손으로 십자가에 못 박아 죽인 그를 하나님이 높이셨다고 말한 것입니다. 베드로는 그들이 영광의 주를 죽였다고 담대히 고발하였는데, 이는 하나님 보시기에 마땅히 해야 할 일이고, 듣는 사람들의 유익을 위한 일을 아주 확고하고 두려움 없이 행한 것입니다.

그러나 그의 설교에는 많은 애정이 깃들어 있습니다. 조금 전까지만 해도 검을 빼서 자기 주님을 위해 싸웠던 충동적이고 성미가 급한 베드로가 이번에는 거친 말을 쓰지 않습니다. 그 대신에 아주 부드럽고 온유하게 말하며, 설교 내내 청중들을 달래서 설득시키고자 하는 뜻이 역력한 말과 용어를 사용합니다. 그는 엘리야처럼 충성스러웠지만, 아주 정중하고 친절한 말을 사용해서, 사람들이 화가 났다고 해도 설교자의 감정을 상하게 하는 어조 때문이 아니었습니다. 베드로가 태도는 점잖았지만 자기의 당면한 문제에 있어서는 강력했습니다. 이런 기술은 주님에게서 배운 것입니다. 예수님과 함께 지내면서 예수님에게서 배운 사람들이야말로 설교의 대가들일 것입니다. 우리도 주님의 정신을 나누어 받고 그의 어조를 닮을 수만 있다면 얼마나 좋겠습니까! 우리가 베드로처럼 진지한 증인들의 지지를 받고 그들과 함께 성령과 불로 세례를 받을 때 오순절의 결과들을 얻을 수 있기를 바랍니다.

우리가 베드로의 논증의 흐름을 따라가 보면, 그의 청중들이 마음에 찔린 것은 당연하다는 생각이 듭니다. 우리는 그 깊은 양심의 가책이 성령에게서 나온 것을 봅니다. 그렇지만 그렇게 양심의 가책을 받는 것이 아주 타당한 일이었습니다. 그의 설교를 듣는 사람들이 정말로 자기 민족의 대소망이신 메시야를 십자가에 못 박았다는 것이 그들에게 분명하게 드러났을 때, 그들이 공포에 사로잡혔다는 것은 놀라운 일이 아니었습니다. 자기들이 이스라엘의 왕을 기다려 왔는데, 그 왕이 자기들 가운데 있었고, 그들이 그 왕을 악의적으로 대하며 십자가에 못 박았다는 것을 깨달았을 때, 그들이 심장이 멎을 만큼 충격을 받은 것은 당연한 일입니다. 우리 사역의 결과는 전적으로 성령에게 달려 있지만, 우리는 설교할 때 우리가 생각하는 목적에 맞게 설교를 이끌어야 합니다. 혹은 다른 말로 하자면, 설교의 결과에 관해서 뿐 아니라, 설교 자체에 대해서도 우리 자신을 성령의 손에 맡겨야 한다는 것입니다. 성령께서는 의도한 목적에 맞는 방법들을 쓰십니다. 무엇보다 나는 이 자리에 계신 많은 분들이 마음이 찔리기를 바라기 때문에, 베드로 설교의 이 결론 부분을 오늘 아침 설교의 본문으로 택하였습니다. 그렇지만 나는 말씀 자체를 신뢰하지 않고, 말씀을 사용해서 일하시는, 깨닫게 하시는 성령을 의지합니다. 성령께서 하나님의 말씀을 검으로 사용하여 오늘 제 설교를 듣는 분들의 마음을 찌르시기를 바랍니다!

첫째로, 베드로가 청중들에게 그들이 주 예수께 행한 악한 일을 이야기하는 점을 살펴봅시다. 둘째로, 하나님께서 예수를 높이신 사실을 그들에게 선포합니다. 이 두 가지 사실을 깊이 생각하고 나서, 세 번째로, 이 위대한 사실을 안 결과에 대해 살펴봅시다. "그런즉 이스라엘 온 집은 확실히 알지니 너희가 십자가에 못 박은 이 예수를 하나님이 주와 그리스도가 되게 하셨느니라."

1. 첫째로, 베드로는 그들이 주 예수께 행한 악한 일을 부드럽지만 아주 분명하게 이야기하였습니다.

"그가 자기 땅에 오매 자기 백성이 영접하지 아니하였으나"(요 1:11). 민족으로서 이스라엘이 하나님이 보내신 이를 거절하였습니다. 예루살렘에 거하는 사람들은 거절하는데 그치지 않고, 그를 죽이는데 동의하였습니다. 아니, "십자가에 못 박게 하소서" "십자가에 못 박게 하소서" 하고 그를 죽일 것을 극성스럽게 요구하기까지 하였습니다. 두렵게도 유대인들은 "그 피를 우리와 우리 자손에게 돌릴지어다" 하고 소리쳤습니다. 그들 가운데 아무도 무죄한 자를 죽이는 일에 대해 항의하지 않았고, 많은 사람들이 그를 죽이는데 열심을 보였습니다. 이제 베드로가 분명한 말로 그들을 고발하였고, 그들은 그 사실을 부인할 수 없었고, 자기들이 그렇게 했다고 시인하고 나서지도 못했습니다. 사람이 하나님의 책망을 받을 때 죄의식으로 잠잠히 있을 수밖에 없는 것은 당연한 일입니다. 그때 죄 용서를 구하는 사람에게 소망이 있음을 봅니다.

형제 여러분, 우리는 지금 예루살렘에 있지 않고, 우리 주님의 죽으심은 1800여 년 전에 일어났습니다. 그러므로 우리는 오래 전에 죽은 사람들의 죄를 깊이 생각할 필요는 없습니다. 우리가 주 예수 그리스도께 그와 비슷한 죄를 얼마나 많이 지었는지를 실제적으로 생각해 보는 것이 우리에게 더 유익할 것입니다. 우리 가정을 봅시다. 우리 각 사람이 자신의 경우를 살펴봅시다. 오늘 제 설교를 듣는 분들 가운데는, 주 예수님의 이름을 모독한 사람들이 있을 수 있습니다. 나는 여러분이 불경스러울 뿐 아니라 거칠고 혐오스런 저속하고 모독적인 말을 사용하는 죄를 범했다고 생각지 않습니다. 그러나 바로 이 죄를 좀 더 점잖게 범하는 방법들이 있습니다. 어떤 사람들은 기독교 신앙에 대해 정교하게 비판함으로써 신성모독의 말을 하는 무신론자들보다 훨씬 더 심각하게 기독교를 해칩니다. 오늘날 지식인인 체하는 사람들이 자기들 철학으로 우리 주님의 본성의 영광을 훼손하며, 새로운 교리로써 주님의 복음을 손상시킵니다. 속죄를 부인하거나 대속의 제사가 아닌 다른 것으로 속죄를 가르침으로써 그들은 구속주의 활동의 핵심과 정수를 파기시키려고 합니다. 오늘날 사람들은 죄의 책임을 줄이고, 따라서 물론 속죄하는 보혈의 가치도 줄이는 의견을 흡수합니다. 십자가가 여전히 넘어지게 하는 걸림돌이고, 거치는 바위입니다(롬 9:33). 이제 사람들은 성경 말씀을 권위 있는 것으로 받아들이지 않고 사도들의 가르침을 최종적인 것으로 여기지도 않습니다. 그들은 위대한 선생을 가르치려 들고, 하나님의 복음을 개혁하려 듭니다. 그들은 자기들이 주 예수님의 복음을 비평하는 것의 반만큼도 받아들이지 않습니다. 지금 이 자리에 계신 분 가운데 그와 같은 죄를 지은 분들이 계시다면, 성령께서 그분들에게 죄를 깨닫게 해주시기를 바랍니다! 주 하나님께서 이같이 속죄하시는 예수님을 주와 그리스도로 삼으시고 그를 그의 우편에 앉게 하셨기 때문에, 아무리 학식이 있고 아무리 진보적이며 아무리 세련되게 보이는 교훈일지라도, 주님을 멸시하는 교훈은 주 하나님께 직접 대항하는 극악한 죄입니다. 우리 자신에 대해 말하자면, 우리는 그런 행위로써 주 예수님을 다시 한 번 죽이고 있는 것이며, 그리스도의 생명이고 영광인 것을 파기하려고 하고 있는 것입니다. 제 설교를 듣고 있는 여러분, 여러분이 지금까지 그리스도의 신성을 부인하였고 그리스도의 구속의 보혈을 거부하였으며 그의 의롭다 하여 주심을 조롱하였거나 그리스도를 믿음으로 말미암은 구원을 비웃었다면, 하나님께서 바로 그 예수를 만민의 주로 삼으셨다는 것을 알고서 마음에 찔림을 받으시기 바랍니다!

　그러나 우리 주 예수께 대한 죄 가운데 훨씬 더 흔한 것이 있습니다. 그것은 주 예수님을 무시하고 주님의 주장을 묵살하며 주님을 믿는 날을 미루는 것입니다. 나는 여기에 계신 어떤 분도 회심하지 않은 채 죽으려고 한다거나, 주 예수의 보혈로 씻음을 받지 않은 채, 세상을 떠나려고 생각지 않는다고 믿습니다. 그런데 여러분, 여러분은 이제 성인이 되었습니다. 때가 충분히 되었습니다. 심지어는 노년에 이른 분도 계실 것입니다. 지금까지 여러분의 마음을 주 예수께 드리지 않았고, 그를 여러분의 구주로 모시지 않은 채 살아 왔습니다. 간단히 말해서 이것은 심각한 무관심으로 아주 슬픈 일입니다. 한 사람을 완전히 무시하는 것은, 어떤 의미로 여러분 자신에게서 그 사람을 죽이는 것입니다. 여러분이 예수 그리스도를 전혀 생각하지 않는다면, 마치 그가 아무것도 아닌 것처럼 그분을 대한다면, 마치 그리스도가 하찮은 사람인 것처럼 그의 생명을 평가한다면, 여러분은 자신과의 관계에서 여러분의 주님을 죽인 것입니다. 여러분은 주일을 지키고 그의 말씀을 듣지만, 사실은 빈 말로 주님께 아첨하는 것이며, 주님께 진정한 관심은 조금도 없는 것입니다. 이것이 큰 잘못이 아닙니까? 아침부터 밤까지 여러분 생각 속에 주님이 계시지 않습니다. 여러분이 다른 사람들을 대하는 일에 주님이 아무런 영향을 끼치지 않습니다. 여러분은 그리스도의 사랑과 사려 깊음과 온유함의 정신을 붙잡으려는 노력을 전혀 하지 않습니다. 이와 같이 지도자와 모범으로서 그리스도는 여러분에게 죽은 존재입니다. 여러분은 주님 앞에서 한 번도 자신의 죄를 고백한 적이 없고, 그에게 용서를 구한 적도 없고, 그리스도께서 십자가에서 여러분의 죄를 그 몸에 담당하셨는지 알아보려고 한 적도 없습니다. 아, 여러분, 이것은 천한 무관심입니다. 은혜를 모르는 경멸입니다! 하나님께서는 그의 아들을 참으로 귀하게 생각하셔서 지극히 높이십니다. 예수님을 자기 오른편에 앉히셨습니다. 그런데도 여러분은 그분을 조금도 생각하려고 하지 않습니다! 크신 하나님께서는 예수 그리스도에 비할 때 하늘과 땅을 아주 하찮게 보시며, 그리스도를 만물 위에 만왕의 왕이요 만주의 주로 높이십니다. 그런데 여러분은 마치 그리스도께서 하찮은 것처럼, 그에 대해서는 시간을 미루고, 아무렇게 해도 괜찮은 것처럼 그분을 대합니다. 이것이 옳은 일입니까? 여러분은 여러분의 구주를 이렇게 대하시렵니까? 이 말씀을 듣고 여러분이 마음이 찔려서 이같이 천한 배은망덕을 그치기를 바랍니다!

그런데 이보다 더한 일을 하는 사람들이 있습니다. 그들은 그리스도를 거절하였습니다. 나는 지금 여러분들 가운데 주님의 사역자들이 여러분에게 하는 호소의 말씀을 저항할 수 없었던 사람을 언급하는 것입니다. 여러분은 많은 것을 느꼈는데, 단지 고백하고 싶다는 이상의 것을 느꼈습니다. 여러분은 구주를 찾고 싶은 마음이 아주 간절해서 거의 찾을 만한 자리에까지 이르렀습니다. 도벳(Tophet: 옛날에 산 제물로서 어린아이를 불태우던 예루살렘 근처의 땅, 왕하 23:10 ─ 역주)의 타오르는 불길처럼 죄가 여러분의 얼굴에서 번쩍였습니다. 깜짝 놀라서 여러분은 구원을 찾기로 결심하였습니다. 여러분은 성경을 읽고 영생을 얻는 길을 배웠습니다. 그런데 슬프게도! 악한 동무가 여러분의 길을 막았습니다. 그리고 이 질문이 떠올랐습니다. "이 친구를 택할 것인가 아니면 그리스도를 택할 것인가?" 여러분은 사람을 택하였습니다. 나는 여러분은 바라바를 택하고 예수님을 버린 것이나 같다고 말씀드립니다. 여러분이 진실되게 생활하기 시작하자, 죄악된 즐거움이 여러분 앞에 나타났습니다. 그러자 이 질문이 떠올랐습니다. "이 즐거움을 포기할 것인가 아니면 그리스도께 대한 모든 희망을 버릴 것인가?" 여러분은 쾌락을 움켜쥐고 여러분의 구주는 가시도록 내버려 둡니다. 여러분은 자신의 양심에 폭행을 가했던 때를 기억하십니까? 여러분이 양심의 가책을 묵살했을 때, 그런 일을 한 것입니다. 여러분은 성령을 소멸하고 양심이 깨어나는 것을 피하기 위해 단호하게 의지적인 행동을 한 것입니다. 이 말이 누구에게 적용될 수 있을지 나는 모릅니다. 베드로가 그리스도를 십자가에 못 박은 사람들에게 이야기할 때 확실히 알았던 것처럼, 나도 지금 주 예수 그리스도를 한두 번이 아니라 여러 차례 거절한 사람들에게 이야기하고 있다는 것을 확실히 압니다. 여러분 가운데는 거의 매 안식일에 그리스도를 분명하게 거절한 분들이 있습니다. 특별히 주님의 말씀이 놀라운 능력으로 전해졌을 때, 여러분은 사자가 먹이를 물고 흔들 듯이, 그 말씀이 여러분을 흔드는 것을 느꼈을 때에도 그리스도를 거절하였습니다. 감사한 것은 여러분이 아직까지 그 감정을 느끼고 있다는 것입니다! 여러분이 계속해서 예민한 마음을 지닐 것이라고 생각하지 마시기 바랍니다. 여러분이 그동안 느낀 대로 언제까지나 계속해서 느끼게 되지는 않을 것입니다. 하나님의 우레 같은 말씀도 귀가 먹어서 여러분이 듣지 못하는 때가 올 수 있습니다. 여러분이 고집스럽게 마음을 완고하게 가짐으로 마음이 무디어져서 그리스도의 사랑을 들어도 아무 감동을 받지 못할 것입니다. 마음이 돌처럼 굳어진 사람은 화가 있을 것입니다! 살이 돌처럼 굳어질 때, 그것은 영원한 죽음으로 넘어가는 것입니다. 바로 그처럼 돌같이 딱딱하던 마음이 살처럼 부드러워질 때, 그것은 영원한 생명으로 넘어가는 것입니다. 여러분이 온 마음으로 맞이해야 할 그리스도를 거절하였다는 것을 느낄 만큼 아직까지 부드러운 마음을 가지고 있다면, 하나님께서 여러분에게 자비를 베푸셔서 오늘 아침 여러분의 마음을 찌르고 계시는 것입니다!

　　여러분 가운데서 주 예수 그리스도를 버리신 분들에 대해 좀 더 자세히 말씀드려야 하겠습니다. 오늘 아침 이 자리에 불행한 사람들이 몇 분 계십니다. 그 자신의 방황 때문에, 내가 매우 안타깝게 생각하는 분들입니다. 그렇지만 나는 그분들이 성전의 뜰을 완전히 버리지 않은 것이 기쁩니다. 이분들은 한때 자신이 그리스도의 제자라고 고백을 했습니다. 그러나 그들은 뒤로 물러났고, 더 이상 주님과 동행하지 않습니다. 그분들은 한때 우리와 같은 교인들로서 기도회 모임에 참석하고 교제를 나누었습니다. 그런데 지금은 그분들이 어디에 있는지 우리는 모릅니다. 그들이 전에는 자신을 그리스도인이라고 고백하는 것을 주저하지 않았습니다. 그런데 이제 그들은 자신들의 주님을 부인합니다. 예전에 그들은 열심이 있었고 매우 경건하였습니다. 그들은 하나님을 봉사하는 일에 민첩하였고 신앙도 건전하였습니다. 그런데 어느 날, 그는 두 갈래 길을 만났습니다. 사람마다 경우가 다르기 때문에, 그 상황을 구체적으로 이야기할 필요는 없을 것입니다. 아무튼 그들은 오른쪽 길로 가든지 왼쪽길로 가든지 택해야만 했습니다. 그들은 그리스도를 등지고 경건의 생명력을 저버리는 길을 택하였습니다. 그들은 죄를 짓기 시작하였고, 믿음을 버렸습니다. 우리는 이 말씀을 들을까 두렵습니다. "그들이 우리에게서 나갔으나 우리에게 속하지 아니하였나니 만일 우리에게 속하였더라면 우리와 함께 거하였으려니와 그들이 나간 것은 다 우리에게 속하지 아니함을 나타내려 함이니라"(요일 2:19). 그들은 길에서 벗어나 비뚤어진 길로 들어섰습니다. 주님께서 그들을 불의의 일꾼들과 함께 인도하실까 우리는 두렵습니다.

옛 생활로 돌아간 여러분, 나는 여러분이 유다가 아니라고 생각합니다. 여러분이 베드로가 될 수 있다고 믿습니다. 여러분이 여러분의 주님을 부인하였지만, 여러분이 심하게 울고 나서 믿음이 회복되어 다시 주님을 섬기게 되기를 바랍니다. 여러분의 유익을 위하여 여러분이 방황하고 있음을 확실하게 말씀드립니다. 주님께서 그 일로 여러분의 마음을 찌르시기를 바랍니다! 왜 여러분은 주님을 떠났습니까? 어떤 점에서 주님이 여러분을 지치게 만들었습니까? 이 자리에는 시골에서 온 분들이나 미국에서 온 분들이 있을 수 있습니다. 이분들은 한때 자신이 하나님의 자녀라는 것을 기쁘게 생각하였는데, 이제는 하나님이나 하나님의 백성들에 대해 아무 관심이 없습니다. 슬프게도 이분들은 그리스도의 적들, 그리스도의 보혈을 비웃는 사람들의 편을 듭니다!

친구 여러분, 오늘 아침 이 자리에 여러분이 계시니 여러분의 죄를 생각나게 하고, 여러분이 왜 그런 일을 했는지 묻고 싶습니다. 여러분은 위선자였습니까? 아니라면 왜 빗나갔습니까? 하나님께서는 여러분이 등돌린 구주를 높이셔서 그의 보좌에 앉게 하셨습니다. 이런 점을 생각할 때 여러분은 정신 나간 짓을 한 것이 아닙니까? 지극히 높으신 하나님이 예수님 편이십니다. 여러분은 공공연하게 반대편에 서 있습니다. 이것이 옳은 일입니까? 지혜로운 일입니까? 나로서는 이런 점들을 말씀드리기가 괴롭습니다. 여러분이 이런 말을 듣는 것은 훨씬 더 괴로운 일일 것입니다. 나는 여러분이, 다윗이 깊은 양심의 가책을 받았듯이 그렇게 느끼시기를 바랍니다. 여러분은 그동안 무슨 일을 하셨습니까? 악한 길에서 돌이키고, 온 마음으로 주님께로 돌아오십시오.

2. 베드로 사도는 주님을 그처럼 악하게 대한 사람들의 죄를 이야기한 후에, 그들에게 하나님께서 주님을 높은 위치에 올리신 사실을 선포하였습니다.

그들이 십자가에 못 박은 그 예수를 크신 하나님께서는 사랑하시고 영광을 주시며, 높은 위치에 올리셨습니다. 여러분, 여러분이 주 예수님을 어떻게 생각하든지 간에, 하나님께서는 주님을 가장 귀하게 생각하십니다! 여러분에게는 주 예수께서 죽어 장사되었을지 모르지만, 하나님은 그분을 죽은 자들 가운데서 일으키셨습니다. 하나님께 그분은 항상 살아 계시며, 언제나 사랑하시는 그리스도이십니다. 여러분은 주 예수님이나 그의 대의를 파괴할 수 없습니다. 여러분이 지극히 악한 마음에서 생각해 낼 수 있는 모든 일을 할 수 있다고 할지라도, 여러분은 결코 주님을 물리칠 수 없습니다. 사람들은 한때 예수님께 분노를 터트리고 그를 중죄인이 당하는 사형에 처하였고, 그를 무덤에 두고 돌로 단단히 막았습니다. 그러나 그리스도는 다시 살아나셨습니다. 하나님께서 그의 편이셨기 때문입니다.

설교를 듣고 계시는 여러분, 여러분은 무엇을 하든지 복음의 진리를 흔들 수 없고, 주 예수님의 영광을 조금도 훼손할 수 없습니다. 지금 그리스도께서 살아 계시고 다스리시는데, 여러분이 어떻게 되든지 간에 앞으로도 살아 계시고 통치하실 것입니다. 여러분이 그의 구원을 거절할 수 있지만, 그분은 여전히 구주이시고 크신 분입니다. 그리스도의 복음의 전차가 달려가는데, 그 앞에 놓여 방해하는 돌마다 다 부서질 것이며, 주님께 길을 내드리지 않을 수 없습니다. 여러분이 주님께 대항한다면, 위험을 무릅쓰고 하는 것이겠지만, 아무 소용이 없습니다. 여러분이 주 예수님의 대의와 나라를 뒤엎기를 바라는 것은, 여러분이 자연 법칙을 뒤엎고, 태양을 끄며 달을 궤도에서 끌어내기를 바라는 것과 같습니다. 하나님이 그리스도의 편이시고, 그의 보좌는 영원히 견고하기 때문입니다. 하나님께서 그의 아들을 죽은 자들 가운데서 일으키셨고, 그를 높여 그의 우편에 앉게 하셨습니다. 그래서 그의 원수들이 그의 발판이 될 때까지, 주님은 그 자리에 계실 것입니다. 이 말씀을 들을 때, 여러분은 그리스도를 거절함으로써 어떤 악을 행했는지 알 수 있고, 여러분이 소홀히 하고 거절하며 버린 예수가 어떤 분이신지 알 수 있을 것입니다.

우리 주님께서 하나님 우편에 앉아 계시다는 말씀을 읽을 때, 우리는 주님께서 무한한 복을 누리고 계시다는 것을 말씀드리지 않을 수 없습니다. 하나님 우편에는 영원한 즐거움이 있습니다. 우리 주님을 대신하여 다윗이 이렇게 말하였습니다. "주께서 생명의 길을 내게 보이셨으니 주 앞에서 내게 기쁨이 충만하게 하시리로다"(행 2:28). 슬픔의 사람이셨던 분에게 이제는 기쁨이 넘쳐흐릅니다. 그의 모든 사역과 전투를 끝낸 후에, 그는 무한한 복 가운데서 쉬십니다. 그는 제사장의 일을 마치고 앉아 계십니다. 이제 그분은 더 이상 십자가와 못 박힘의 고통을 느끼지 않고, 악한 눈과 거친 입을 가진 자들의 조롱도 더 이상 받지 않으십니다. 주님은 이제 기쁨이 충만하십니다. 주님께서 "네 주인의 즐거움에 참여할지어다"(마 25:23) 하고 말씀하실 때, 자기 백성들에게 바로 그 기쁨을 함께 맛보라고 하시는 것입니다. 주님의 기쁨은 무한하고 이루 다 헤아릴 수 없고 상상할 수 없는 기쁨입니다. 하나님께서 주께 하늘의 모든 복을 풍성히 내리시고, 주님을 그의 구속하신 모든 자들에게 말로 다할 수 없는 기쁨의 원천으로 삼으시는데, 여러분이 주님께 반대할 수 있습니까? 하나님께서 이렇게 복되게 하신 그분을 여러분이 슬프시게 한다는 점을 슬퍼해야 합니다.

그 다음에, 하나님 우편에 우리 주님은 무한한 위엄 가운데 앉아 계십니다. 여러분이 하찮게 생각한 예수, 여러분이 무시하고 떠나는 이 예수께서 오늘날 천사들의 경배를 받으시고, 스랍들의 복종을 받으시며, 온전케 된 의인들의 예배를 받으십니다. 예수는 지극히 높은 하늘에서 지극히 높으신 분입니다. 여러분은 그분이 정사와 권세자들의 머리가 되심을 선포하는 하늘의 나팔 소리를 듣지 못하십니까? 주님께 명예와 영광과 능력과 통치와 힘을 돌리는 노랫소리를 듣지 못하십니까? 나는 적수가 없는 그리스도의 법정에서 그의 신하로 서서 그를 보는 날, 곧 만물 위에 높이 되셔서 다스리시며, 하늘과 땅의 모든 자들이 그 앞에 즐거이 무릎을 꿇고 경배드리는 어린 양을 보게 될 기쁜 날을 믿음으로 고대합니다. 하나님께서 이렇게 높이신 분을 여러분이 무시할 수 있겠습니까? 여호와께서 만민의 주로 세우신 그분을 여러분이 무시하고 거절하고 죽음에 내어줄 수 있겠습니까?

그 어느 것도 할 수 없습니다. 하나님께서 지금 주님을 높이 올리신 자리인 하나님 우편은 권능의 자리이기 때문입니다. 중보자이시고 하나님의 아들이시며 사람이신 예수 그리스도께서 그 자리에 계십니다. 반면에 그의 적들은 그의 발에 밟히고 있습니다. 마음이 지극히 교만하여 이것을 믿지 못하는 사람들이여, 여러분이 그리스도에게서 그의 이러한 능력을 조금이라도 빼앗을 수 있을 것으로 생각지 마시기 바랍니다! 주 예수님은 죽을 수밖에 없는 모든 존재를 지배하십니다. 별들의 움직임을 지도하시고 하늘의 군대를 다스리십니다. 주님은 원수들의 분노를 억누르시고, 마음대로 하도록 내버려 두시는 것들이 그리스도의 영광을 위하도록 돌이키십니다. 하늘과 땅의 모든 권세가 그리스도께 수여되었습니다. 주님은 자연과 섭리와 은혜의 세 영역에서 통치하십니다. 그리스도의 나라는 만물을 지배하고, 그리스도의 통치는 끝이 없을 것입니다. 여러분, 그의 발 앞에 엎드리는 것 외에, 우리가 무슨 생각을 할 수 있겠습니까? 사랑과 공경하는 마음으로 그를 예배 하는 것 외에, 무엇을 생각할 수 있겠습니까? 사랑의 목적을 위해 사용되는 그 최고의 권세에 복종하는 것 외에, 무엇을 생각할 수 있겠습니까? 여러분 가운데 어떤 분들이 깔보고 있는 분이 바로 이 그리스도, 강력한 그리스도이십니다. 그래서 여러분은 그리스도와 그의 큰 구원을 전혀 생각하지 않기 때문에, 멸망할 위험을 무릅쓰고 있는 것입니다.

그 다음에, 주 예수께서 하늘에서 권능의 우편에 **우리의 재판장으로** 앉아 계시다는 것을 아시기 바랍니다. 우리가 그분을 구주로 영접하지 않는다면, 우리는 마지막 날에 재판장이신 그분을 피할 수 없을 것입니다. 사람들의 모든 행위가 기록되고 있으므로, 크고 흰 보좌가 하늘에 놓여질 때 모든 것이 분명하게 나타날 것이고, 우리도 반드시 그리스도 앞에 벌거벗은 채로 서야 할 것입니다. 여러분은 예수께서 이 땅에서 죄인들을 위한 화목제물로 계실 때, 어느 사람보다 상한 얼굴을 하신 그분에 대해 종종 들었고 이야기하였습니다. 여러분이 그분을 거절한다면, 장차 그의 법정에 서서 그에 대해 답변해야 할 것입니다. 그 심판 날에, 회개하지 않은 자들에게 지극히 두려운 광경이 주 예수 그리스도 앞에서 벌어질 것입니다. 나는 이들이 "폭풍우에서 우리를 가리라"고 하지 않고, "천사들에게서 우리를 가리라"든지 "화염검에서 우리를 가리라"고 하지 않고, "보좌에 앉으신 이의 얼굴에서와 그 어린 양의 진노에서 우리를 가리라"(계 6:16)고 하는 것을 봅니다. 사랑이 일단 진노로 바뀌면, 그 두려움은 비교할 수 없이 큽니다. 기름에 불이 붙으면 무서운 기세로 타오르듯이, 온유하고 사랑이 많으신 예수께서 최종적으로 거절당하시면 죽음보다 두려운 진노를 나타내실 것입니다.

> "여러분 죄인들이여 그리스도의 은혜를 구하라.
> 그의 진노를 여러분이 감당할 수 없으니
> 그의 십자가의 그늘로 달려가 거기에서 구원을 찾으라."

아마도 여러분은 무지해서 주님께 반역하였을 것입니다. 회개하고 다른 길을 걸으십시오. 여러분은 설교를 귓등으로 흘려보냈을 때, 목사의 말을 무시한 것뿐이라고 생각했습니다. 그러나 사실 여러분은 구주의 사랑에 대항한 것입니다. 여러분이 그리스도와 교인들을 떠났을 때, 그것은 한 교회를 떠나고 교인 명부에서 이름을 지운 것에 불과하다고 여러분은 생각했습니다. 여러분, 조심하십시오. 나는 여러분이 하나님의 어린양을 떠나고 어린양의 생명책에서 여러분의 몫을 포기한 것일까 두렵습니다! 마지막에 가서, 그것이 세상에서 그리스도의 교회에서 쫓겨난 두려운 일이었음이 판명될 수도 있습니다. 왜냐하면 우리가 교회로서 주님의 명령을 행할 때에는, 우리가 땅에서 묶으면 하늘에서도 묶이기 때문입니다. 주님의 말씀을 거부할 때, 여러분은 하늘에서 말씀하시는 그리스도를 거부하는 것입니다. 즉 여러분 주님의 말씀뿐만 아니라, 주님 자신을 거절하는 것입니다. 그 그리스도께서 여러분의 재판장이 되실 것입니다. 지극히 의롭고 거룩한 재판장이 되실 것입니다. 여러분이 어떻게 그것을 감당할 수 있겠습니까? 그같이 멸시한 구주의 재판정에서, 여러분이 어떻게 서 있을 수 있겠습니까?

베드로는 또한 주님이 하늘에서 만물 위에 교회의 머리로서 지극히 높아지셨다는 점도 설명하였습니다. 왜냐하면 주께서 그날에 성령을 두루 베푸셨기 때문입니다. 성령께서 오실 때, 그리스도로부터 오시고 그리스도의 능력의 증인으로 오십니다. 성령은 아버지와 아들로부터 나오시고, 아버지와 아들을 증언하십니다. 그리스도께서 하늘로 가셨을 때 그의 능력이 놀랍게 증명되었습니다. 그리스도는 사람들에게 놀라운 선물을 주실 수 있었는데, 특별히 성령의 힘을 표시하는 불의 혀와 급하고 강한 바람을 보내실 수 있으셨습니다. 그리스도는 구원하기도 하고, 멸하기도 하실 수 있는 주님이십니다. 십자가에서 죽으신 그리스도께서는 만물을 받으셨습니다. 그리스도께서는 오늘 아침 세상 끝까지 구원을 전하여서, 많은 사람들이 믿고 살게 하실 수 있습니다. 하나님께서 회개와 죄사함을 주시려고 그를 오른손으로 높여 임금과 구주로 세우셨기 때문입니다. 그렇지 않으면 그리스도께서 열쇠를 다른 방향으로 돌려서, 이 완고한 세대에게 문을 닫으실 수도 있습니다. 그가 열면 닫을 사람이 없고, 닫으시면 열 사람이 없기 때문입니다. 베드로가 이스라엘 온 집이 반드시 알라고 하였듯이, 어떻든 여러분은 이 점을 확실히 알아야 합니다. "너희가 십자가에 못 박은 이 예수를 하나님이 주와 그리스도가 되게 하셨다"는 것입니다.

나는 이 시점에 몇몇 작가나 설교자들이 "우리 주 예수 그리스도"라는 표현을 사용하는 것에 주목합니다. 우리는 그리스도의 생명이 있고, 예수의 생명이 있습니다. 형제 여러분, 그리스도는 주님이십니다. 예수는 주요 그리스도이십니다. 즉 우리는 그리스도의 신성과 통치, 그의 신적 기름 부음을 인정해야 한다는 것입니다. "그는 만물 위에 계셔서 세세에 찬양을 받으실 하나님이시니라"(롬 9:5). 그래서 우리가 아무리 그리스도를 찬송해도 지나침이 없습니다. 이 시대의 중대하고 통탄스러운 잘못은 우리 주님과 그의 희생에 대한 공경심이 부족하다는 것입니다. 그리스도의 거룩한 교훈을 판단하는 것은, 그의 얼굴에 침을 뱉는 것입니다. 그의 기적을 부인하는 것은, 그리스도의 옷을 벗기는 것입니다. 그리스도를 단지 도덕 선생으로 만드는 것은, 그리스도에게 붉은 옷을 입히고 조롱하는 것입니다. 철학적인 표현으로 그리스도의 속죄를 부인하는 것은, 그에게 가시 면류관을 씌우는 것이고, 그를 다시 십자가에 못 박고 현저히 욕을 보이는 것입니다. 여러분, 이 같은 죄를 범하지 않도록 하십시오. 하나님께서 이 예수를 "주와 그리스도"가 되게 하셨기 때문입니다. 우리는 이 예수를 주로 예배하고, 그리스도로 의지합시다.

3. 이제 마지막 요점에 이르렀는데,
그것은 이 사실을 확실히 아는 결과입니다.

여기서 잠깐 쉬고서 물어보겠습니다. 여러분은 이 사실을 확실히 아십니까? 나는, 여러분 모두가 하나님께서 예수를 그리스도 곧 신인이신 중보자로, 즉 "주와 그리스도"로 세우셨다는 것을 믿기를 바랍니다. 예수님은 하나님이 언제나 그러시듯이, 주이셨습니다. 그러나 지금은 하나님이시자 사람으로서, 주이시자 그리스도이십니다. 여러분은 이 사실을 믿으실 것입니다. 그러나 그것이 여러분에게 지극히 중요한 사실이 될 만큼 믿으십니까? 여러분은 골고다에서 죽은 나사렛 사람이 오늘날 주와 그리스도이시라는 것을 확실히 믿으십니까? 여러분이 이 사실을 정말 믿으신다면, 여러분이 과거에 그분께 대한 잘못된 행실을 회고할 때, 어떤 느낌이 듭니까? 지난날 여러분이 그분을 무시했던 사실에 마음이 찔리십니까? 여러분이 예수를 그 정도로 믿지 않는다면, 내가 그런 믿음의 결과에 대해 설명하는 것이 별 소용이 없을 것입니다. 왜냐하면 그 결과가 여러분에게서는 일어나지 않을 것이기 때문입니다. 그러나 여러분이 그처럼 확실하게 믿는다면, 예수께서 여러분에게 주와 그리스도가 되신다면, 여러분 자신이 찌른 그분을 보고 그를 인하여 애통해할 것입니다. 여러분이 과거에 주님을 무시하고 거부한 일, 주님에게서 물러난 일, 주님께 감사치 않으므로 그를 경멸한 일을 생각해 낼 때, 여러분은 마음이 찢어지는 듯하고, 큰 슬픔에 잠기며, 진심으로 회개하게 될 것입니다. 주님께서는 성령을 위하여 여러분 속에서 그런 일을 하십니다.

베드로의 설교의 결과로 그의 설교를 들은 사람들이 무서운 고통을 느꼈다는 점에 주목하시기 바랍니다. "그들이 마음에 찔려." 진리가 그들의 영혼을 찌른 것입니다. 어떤 사람이 자기를 사랑한 사람에게 두려운 잘못을 범했다는 것을 깨닫게 되면, 그는 마음이 핼쑥해지고 자기 행위를 역겹게 느낍니다. 우리 모두는 루엘린(Llewellyn)과 그의 충성스런 개에 대한 이야기를 압니다. 왕자가 사냥에서 돌아와 보니 어린 아기는 보이지 않고 사방에 핏자국이 나 있는 것을 보았습니다. 왕자는 자신의 충견 갤러트가 아기를 죽인 것으로 생각하고, 복수심에 불타 칼을 빼어 충견을 찌르고 말았습니다. 그런데 그의 충견은 엄청나게 큰 늑대를 맞아 아기를 보호하기 위해 용감하게 싸웠고, 그 늑대는 갈가리 찢겨 죽은 채로 누워 있었던 것입니다. 그렇습니다. 그는 자기 아기를 보호한 충성스러운 개를 죽인 것입니다. 불쌍한 갤러트가 죽어가면서 울부짖는 소리가 왕자의 마음을 찔렀습니다. 그것은 당연한 일입니다. 우리가 실수로 어떤 개에게 비열하고 무자비하게 대했다는 것을 깨달을 때, 그런 감정이 일어나는 것이 정당하다면, 주님의 원수인 우리를 살리기 위해 자신의 목숨을 버리신 예수 그리스도에 대해서는 어떻게 느껴야 마땅하겠습니까?

나는 악명 높은 여인숙을 운영했던 악한 부부의 매우 비극적인 이야기가 생각납니다. 한 젊은이가 어느 날 밤 묵기 위해 여인숙에 들렀습니다. 그 부부는 젊은이의 지갑에 금화가 있는 것을 알고, 그날 밤 젊은이를 죽였습니다. 그런데 그 젊은이는 그 부부의 아들이었습니다. 그는 노인이 된 부모를 기쁘게 해주기 위해 돌아왔는데, 자기 부모가 자기를 기억하는지 알아보려고 했던 것입니다. 자기들이 금화에 눈이 멀어 친아들을 죽였다는 것을 깨달았을 때, 그들의 비통함이 얼마나 했겠습니까!

그런 기가 막힐 슬픔에다가, 우리 영혼을 사랑하는 온전하신 하나님의 아들을 악하게 대한 죄에 대한 영적 자각을 더해 보십시오. 그러면 여러분은 "마음에 찔렸다"는 것의 의미를 좀 더 이해하게 될 것입니다. 우리를 사랑하시고 우리를 위해 자신을 주신 분을 멸시하고, 우리가 원수로 있는 동안에 자기 피를 값으로 주고 우리를 사신 분을 대적한다는 것을 생각해 보십시오! 여기 계신 분 가운데 아직 그리스도께 오지 않은 분은, 하나같이 다 이 시간 양심이 찔리는 것을 느끼시기 바랍니다. 자신이 영원히 찬송받으실 하나님의 아들, 곧 사람이 되셨고, 죄인을 사랑하여서 죽으신 분께 이렇게 엄청난 악을 행하였다는 것을 알고 슬퍼하시기를 바랍니다.

"그들이 마음에 찔려"라는 구절을 읽을 때, 우리는 그 말에서 사람들이 그리스도께 대하여 사랑의 감정이 움직임을 느꼈다는 의미를 봅니다. 즉 마음이 누그러지고, 감정이 그리스도를 향하여 움직였다는 의미입니다. 그들은 스스로에게 이같이 말한 것입니다. "우리가 그리스도를 이같이 대했단 말인가? 우리 행위의 끔찍함을 어찌 말로 다 표현할 수 있는가?" 그들은 단지 자신들의 잘못을 확실히 알고 슬퍼하였을 뿐만 아니라, 자기들이 해친 분을 향하여 바라고 사랑하는 감정이 일어났습니다. 그래서 그들은 부르짖었습니다. "우리가 어찌 할꼬? 우리의 잘못을 어떻게 말로 다할 수 있는가? 이제 우리가 사랑하는 이 분에 대해 우리가 지은 이 악을 취소할 길이 있는가?" 나는 여러분 모두가 바로 이 점에 주목하시기 바랍니다. 뉴턴의 찬송가의 의미를 여러분에게 말씀드리고 싶습니다.

"고통 가운데 피 흘리며 나무에 달려 있는 한 분을 보았네,
내가 그의 십자가 가까이에 서자 힘없는 그의 눈이 나를 뚫어지게 보았네.
내 마지막 숨이 다할 때까지, 나는 결코 그 모습을 잊을 수 없네,
그분은 한 마디도 하지 않았지만, 그의 죽음의 모습이 나를 바꾸었네.

내 양심이 죄를 느끼고 인정하지 않을 수 없었고, 나를 절망에 빠트렸네,
그분이 피 흘리게 하고, 그분을 십자가에 못 박게 한 내 죄를 보았네.

슬프게도, 나는 내가 한 일을 몰랐네,
그러나 이제 나의 흘리는 눈물은 헛되네.
두려워 떠는 내 영혼이 어디에 숨을 수 있을까, 내가 주님을 죽였으니."

어떻게 해야 우리가 주님께 대한 반대를 끝내고, 우리가 이제 주님의 친구요 겸손한 종임을 증명할 수 있는지 진심으로 구하도록 합시다.

성령의 능력으로 전한 베드로의 설교의 결과로, 이 사람들이 순종하는 믿음을 보였습니다. 그들은 정신이 번쩍 들어 이같이 말했습니다. "형제들아 우리가 어찌할꼬?" 그들은 자기들이 십자가에 못 박은 이 예수가 이제 만민의 주가 되셨음을 믿었고, 서둘러 주께 순종하고자 하였습니다. 베드로가 "회개하라"고 하자 그들은 진정으로 회개하였습니다. 회개가 슬픔이라면, 그들은 마음으로 깊이 슬퍼하였습니다. 회개가 마음과 생활의 변화라면, 그들은 진정으로 변화하였습니다. 그러자 베드로가 "너희가 각각 예수 그리스도의 이름으로 세례를 받고 죄 사함을 받으라"고 하였습니다. 솔직하고 확고한 조치를 취하십시오. 예수님을 믿는 신자로 나서고, 예수께서 규정하신 외적 표시로써 주님을 고백하십시오. 여러분의 죄를 안고 장사되신 그리스도와 함께 장사되도록 하십시오. 여러분이 잘못 그리스도를 죽였으나, 진리 안에서 그와 함께 장사되도록 하십시오. 베드로의 말을 들은 사람들은 기쁘게 그렇게 하였고, 죄를 회개하였습니다. 거룩한 이름으로 세례를 받았습니다. 그러자 베드로는 그들에게 이렇게 말할 수 있었습니다. "여러분은 죄 사함을 얻었다. 여러분이 주님께 범한 잘못이 소멸되었다. 주께서 여러분의 죄를 영원히 치워버리셨다. 여러분이 죽이고, 하나님 아버지께서 일으키신 예수를 통하여 죄 사함이 여러분에게 이른다. 여러분은 주님을 죽인

극악한 죄에 대해서조차 셈하도록 하나님의 법정 앞에 소환되지 않을 것이다. 그리스도의 죽으심으로 말미암아 여러분이 용서를 받았기 때문이다. 죄 사함을 받았다는 증거로 이제 여러분은 그리스도의 승천하신 능력의 특징인 큰 선물을 받을 것이다. 성령께서 여러분에게, 곧 그리스도를 십자가에 못 박은 여러분 같은 사람들에게도 임하실 것이다. 그러니 여러분은 나가서 그리스도의 증인이 되어야 할 것이다."

　　청중 여러분, 제 말을 듣고 이제 어떤 자리에 이르렀습니까? 성령께서 여러분을 도와 내 설교를 끝까지 따라오게 하셨다면, 여러분이 어디에 올라섰는지 보십시오! 여러분의 죄가 아무리 악할지라도, 여러분의 성품이 아무리 비열할지라도, 여러분이 행한 잘못을 보고, 여러분을 사랑하시는 주님께 죄를 지었다는 것을 알기 때문에, 여러분이 행한 일에 대해 회개하였다면, 그리고 여러분이 이제 그리스도께 와서 회개하고 믿으며 그리스도를 고백하려고 한다면, 그리스도께서 명령하시는 대로 여러분은 세례를 받음으로 그리스도를 고백하도록 하십시오. 그러면 여러분은 충만한 죄 사함을 받고, 성령의 은혜와 선물을 받을 것입니다. 그리고 이후부터 여러분은 하나님께서 죽은 자들 가운데서 일으키신 그리스도를 위해 선택된 증인이 될 것입니다. 친애하는 여러분, 여러분은 내게서 세련된 설교를 바라지 않을 것입니다. 순금은 도금이 필요 없습니다. 내가 하늘에서나 땅에서나 모든 사실들 가운데 가장 놀라운 사실을 여러분에게 이야기하였듯이, 나는 그 사실을 아주 단순하면서도 장엄한 대로 둡니다.

　　하나님께서 이 오래된 이야기를 여러분 마음에 그대로 써 주시기를 바랍니다! 하나님께서 그의 사랑의 복음을 새로 여러분 마음에 새겨 주시기를 바랍니다! 사람이 회심할 때마다 그 회심은, 새로 인쇄되는 구원의 시입니다. 주님께서 오늘 아침 여러분을 인쇄기에서 바로 찍어 내시기를 바랍니다. 모든 사람이 알고 읽을 살아 있는 편지로, 특별히 여러분 가정의 자녀들과 동네 이웃들이 읽을 편지로 찍어 내시기를 바랍니다! 주께서 이 설교로 사람들의 마음이 찔리게 해 주시기를 구합니다. 예수님의 이름으로 기도합니다! 아멘.

제
4
장

—

먼 데까지 미치는 약속

—

"이 약속은 너희와 너희 자녀와 모든 먼 데 사람
곧 주 우리 하나님이 얼마든지 부르시는 자들에게
하신 것이라." — 행 2:39

우리는 본문으로부터 기억할 만한 이 사실, 즉 기독교 사역의 첫 단계에서 목표로 삼아야 할 일은, 사람들이 마음에 양심의 가책을 받도록 해야 한다는 것을 배웁니다. 그 다음에, 두 번째로 바라야 할 일은, 사람들이 하나님의 말씀을 기쁘게 받도록 하는 것입니다. 37절의 말씀에 주목합시다. "그들이 이 말을 듣고 마음에 찔려." 그 다음에 41절의 말씀도 주의합시다. "그 말을 받은 사람들은 세례를 받으매." 그러므로 처음에 설교자의 할 일은, 사람들을 회심시키는 것이 아닙니다. 오히려 그 반대입니다. 상처받지 않은 사람을 고치려 하거나 벌거벗지 않은 사람에게 옷을 입히려 하고, 한 번도 자기가 가난하다고 생각해 본 적이 없는 사람을 도우려고 하는 것은 어리석은 일입니다. 세상이 있는 한, 우리는 성령님이 필요한데, 위로자로서 뿐만 아니라 죄를 깨닫게 하시는 분, 곧 "죄에 대하여, 의에 대하여, 심판에 대하여 세상을 책망하실"(요 16:8) 분으로서 성령도 필요합니다.

회심하였다고 고백하고 나서 다시 세상으로 돌아가는 배교자들이 있는데, 그들 가운데 많은 수는 그들이 자신의 죄를 한 번도 심각하게 생각해 본 적이 없고, 죄를 깨닫게 하시는 성령의 사역으로 마음이 낮아진 적이 없다는 사실이 그 원인이라고 설명할 수 있을 것입니다. 우리 부모 세대들이 좋아했던 옛날식의 회심을 얘기할 수 있을 것입니다. 사람들이 아침에 일어나서 목욕하러 찬 물에 들어갔다가 나오듯이, 사람들이 구원이라고 하는 것에 뛰어 들어갔다가 뛰쳐나오는 사람들을 지금까지 살아오면서 많이 보았습니다. 다리에 병이 난 사람이 여기 있습니다. 의사가 그의 다리를 보았지만 칼을 사용하지 않았고, 환자가 자랑으로 여기는 살을 베지 않았고, 연고 같은 약을 발라서 놀랍게 치료하였습니다! 보통 상식으로 생각할 때, 이 재주 있는 사람의 치료 능력은 놀랍기 짝이 없는 것입니다. 그는 가는 곳마다 명성이 자자합니다. 그 환자가 그렇게 치료를 받았다고 할지라도, 그의 다리는 다시는 온전하게 되지 못할 것입니다. 그 의사는 환자에게 대단한 봉사를 해준 것처럼 하여, 사실상 환자의 다리에 돌이킬 수 없는 해를 끼친 것입니다. 여러 번 회심하였다고 하는 사람들이, 지금 회개할 필요가 있다고 봅니다. 그리스도를 발견하였다고 떠벌리고 다니는 많은 사람들이, 자기들에게 왜 구주가 필요한지 아직까지 알지 못하며, 따라서 진정으로 구주를 발견하지 못한 사람들입니다. 그들은 믿음이 있는 것이 아니라, 믿음이 있는 체하는 것이고, 주 예수 그리스도를 믿는 것이 아니라, 자신의 고조된 감정을 믿는 것입니다.

　　이것이 사실이라고 내가 확신할 수 있는 것은, 소위 회심하였다고 말한 후에, 오히려 회심 전보다 더 악해지고 더 깊은 더러움에 손을 적신 사람들을 항상 도처에서 보기 때문입니다. 그러므로 친애하는 여러분, 사람들을 복음으로 제대로 치료하려면, 먼저 율법을 가지고 사람들의 마음을 자세히 조사해야 합니다. 늙은 로비 플록하트(Old Robbie Flockhart)의 미소가 좋은 예였습니다. 그는 이렇게 말했습니다. "당신은 명주실 한 타래를 가져가서, 당신이 좋아하는 대로 바느질을 할 수 있습니다. 그러나 실만 가지고는 아무것도 할 수가 없을 것입니다. 당신은 먼저 뾰족한 바늘을 가지고 찔러야 바늘에 묶은 실이 딸려 나올 것입니다. 율법이라는 바늘이, 복음이라는 실이 갈 수 있는 길을 마련합니다."

　　진통하는 일이 있어야 합니다. 그렇지 않으면 아이를 출산을 할 수 없습니다. 회개하는 옛날 방식이 없이 때우려고 해서는 안 됩니다. 죄를 슬퍼해야 합니다. "상하고 통회하는 마음"이 있어야 합니다. 이 마음을 하나님께서 멸시하시지 않을 것입니다. 이 결과를 내지 않는 "회심"은, 하나님께서 진정한 것으로 받아들이시지 않을 것입니다. 그러므로 우리는 여전히 계속해서 율법을 전할 것입니다. 주님의 두려우심을 큰 소리로 외칠 것입니다. 우리는 주님께서 오실 때, 우리의 수고가 헛되었다는 말을 듣지 않도록, 유행을 따르거나 인기를 구하지 않고, 듣기 좋은 말을 예언하지 않을 것입니다. 죄인의 참된 회심을 열망하는 모든 형제들에게 말씀드립니다. 죄인들에게 위로를 전하는 일을 때로는 조금 뒤로 미루시기 바랍니다. 위로를 참으로 필요로 한다는 것을 확인할 때까지 기다리십시오. 치료하는 향유를 바르기 전에, 상처가 있는 것을 볼 때까지 기다리십시오. 사람들이 자기 죄를 기꺼이 고백하기 전에는, 여러분이 그들을 위로할 수 있는 근거를 아직 확보하지 못한 것입니다. "자비를 얻을" 사람은 바로 "죄를 자복하고 버리는" 사람입니다. 그리스도는 죄인의 구주이십니다. 어떤 사람이 자신을 죄인으로 생각지 않는다면, 그리스도께서 그 사람에게 구원을 가져다줄 수 없습니다. 그 사람이 죄인의 자리에 서서 정직하게 자기 죄를 시인하지 않는 한, 그에게 설교하는 것이 무슨 소용이 있습니까? 그리스도께서 친히 하신 말씀을 생각해 보십시오. "건강한 자에게는 의사가 쓸 데 없고 병든 자에게라야 쓸 데 있나니 내가 의인을 부르러 온 것이 아니요 죄인을 불러 회개시키러 왔노라"(눅 5:31,32).

나는 할 수 있는 한, 복음을 폭넓고 분명하게 그리고 솔직하게 전하려고 합니다. 그러나 무엇보다 어떤 사람이든지 그가 마음에 찔리지 않은 한, 그가 복음을 받아들일 것을 기대하지 않습니다. 사람들이 하나님의 풍성한 선물이 절실히 필요하다고 느끼지 않는 한, 하나님의 무한히 놀라운 선물조차도 멸시한다고 확신합니다. 성령께서 사람들 속에 절실한 필요 의식을 일으키실 때, 사람들은 복음의 소리에 즉시 반응합니다. 그러기 전까지는, 그들의 마음은 거칠고, 그들의 귀는 듣기에 둔하며, 따라서 그들은 하나님의 값없이 주시는 은혜에 아무런 관심이 없습니다.

이제 본문을 살펴봅시다. "이 약속은 너희와 너희 자녀와 모든 먼 데 사람 곧 주 우리 하나님이 얼마든지 부르시는 자들에게 하신 것이라."

1. 첫째로, 하나님께서 예수 그리스도 안에서 사람에게 하신 약속은 사람의 필요를 정확하게 채워주는 약속이라는 점을 살펴봅시다.

그 약속은 무엇입니까? 첫째로, 그것은 성령에 대한 약속입니다. 베드로 사도는 하나님께서 말일에 모든 육체에 성령을 부어주시겠다고 하신 약속을 요엘 선지자의 글로부터 인용하였습니다. 성령은 사람이 가장 절박하게 필요로 하는 것 가운데 하나입니다. 형제 여러분, 우리는 넘어졌습니다. 악한 영의 작용으로 쓰러졌습니다. 그래서 우리는 우리를 다시 일으켜 줄 선한 영의 도움이 필요합니다. 우리 본성은 그 중심이 오염되었습니다. 옛뱀이 우리 존재의 가장 깊은 샘에 독을 풀어놓았습니다. 그래서 우리는 성령이 오셔서, 우리 속에 생명을 부으셔서 우리의 영혼이 다시 살아나게 되는 일이 필요합니다. 우리에게 빛을 비추어 줄 성령이 필요합니다. 우리는 눈이 멀었고 어둠 가운데 있기 때문입니다. 우리를 가르치실 성령이 필요합니다. 본성적으로 우리는 무지하기 때문이고, 사람을 가르치는 것이 성령의 하시는 일이기 때문입니다. 우리 마음을 부드럽게 하실 성령이 필요합니다. 위쪽 맷돌의 가는 힘을 견뎌야 하기 때문에 아래쪽 맷돌이 언제나 더 단단한데, 본래 사람의 마음은 아래쪽 맷돌보다 더 단단합니다. 우리는 우리를 살리는 성령이 필요합니다. 본래 우리는 죄와 허물로 죽었고, 모든 선한 일에 무감각하고 무관심하기 때문입니다. 형제 여러분, 우리는 우리를 거듭나게 하실 성령이 필요합니다. "네가 거듭나야 하겠다"(요 3:7)고 기록되어 있는데, 우리는 위로부터만, 곧 성령의 활동으로만 거듭날 수 있기 때문입니다. 우리가 거듭났어도, 여전히 성령이 필요합니다. 성령께서 우리를 거룩하게 하시고, 보호하시며 온전케 하시고, 성도의 기업을 빛 가운데서 얻도록 하시기 위해 성령이 필요합니다.

　그러므로, 여러분이 "나는 죽은 사람처럼 무능하고 아무 힘이 없는 것 같다"고 말한다면, 그 생각 때문에 주저앉아 있지 마시기 바랍니다. 하나님은 여러분이 절실하게 필요로 하는 바로 그 점을 채우기 위해 성령을 보내시기 때문입니다. 여러분이 해야 하지만 할 수 없는 모든 것을 여러분이 할 수 있도록 성령께서 도우실 것입니다. 여러분이 아주 서투르게 효과 없이 하는 것을 하도록 돕기 위해 성령을 주시는데, 이는 성령께서 우리의 연약함을 도우시기 때문입니다. 죄인인 여러분에게는 필요한 힘이 전혀 없습니다. 성령께서 여러분의 힘이 되실 것입니다. 여러분 편에서 해야 할 작용은 없습니다. 성령께서는 여러분 안에서 해야 할 모든 일을 행하시기 위해 오셨습니다. 성령께서는 그의 기쁘신 뜻대로 마음을 먹고 행하기 위해 우리 안에서 일하십니다. 그럴 때, 그 결과로, 우리는 두렵고 떨림으로 자신의 구원을 이루는 것입니다. 여러분이 그리스도를 믿으려고만 한다면, 새 마음을 가지고 그리스도께 갈 필요가 없습니다. 여러분에게 새 마음을 주실 성령이 계십니다. 여러분은 스스로 온유하고 겸손한 마음을 가지려고 애쓸 필요가 없습니다. 여러분을 온유하고 겸손하게 하시는 성령이 여기 계십니다. 여러분 스스로 힘써서 만들어 내야 할 것이 아무것도 없습니다. 왜냐하면 혼돈 위를 덮고 있었고, 태초의 혼돈에서 질서를 이끌어 내신 이 하나님께서 오셔서 여러분 위를, 곧 어둡고 무질서하고 혼돈 가운데 있는 여러분의 영을 덮을 준비를 하고 계시기 때문입니다. 성령께서는, 여러분이 빛과 사랑과 생명과 자유와 기쁨에 이를 때까지, 어두운 여러분의 영혼 위를 비둘기처럼 날아다니실 수 있습니다. 우리가 그처럼 약하고 무력하므로, 하나님께서 구하는 자에게 성령을 주시겠다는 하나님의 약속이 있다는 이것이 자비가 아닙니까?

그러나 이것이 사람이 구원을 얻기 위해 필요로 하는 전부가 아닙니다. 둘째로, 사람은 죄 사함이 필요합니다. 하나님께서 회개하는 자에게 죄 사함을 주시겠다는 약속이 있습니다. 그러므로 베드로가 이같이 말했습니다. "너희가 회개하여 각각 예수 그리스도의 이름으로 세례를 받고 죄 사함을 받으라 그리하면 성령의 선물을 받으리니." 죄인들이여 들으십시오. 여러분에게도 죄 사함을 주십니다! 여러분은 죄로 붉게 물들기까지, 죄가 여러분 본성에 배어들기까지 여러분은 죄에 깊이 빠졌습니다. 하나님께는 그 죄를 눈같이 희게 만드실 능력이 있습니다. "사람에 대한 모든 죄와 모독은 사하심을 얻기"(마 12:31) 때문입니다. 나는 우리 주님의 은혜로운 이 말씀을 다시 말할 때마다, 마치 최고의 시보다 훨씬 더 달콤한 어떤 것이나, 옛적의 가장 현명하다고 하는 철학자들의 모든 말보다 무한히 더 가치가 있어서, 황금 문자로 기록해야 할 어떤 것을 말한 것 같은 느낌이 듭니다. 죄인에게, 하나님께서 그를 위하여 자비를 준비해 두셨고, 그를 용서할 준비를 내놓으셨다고 말하십시오. 그 사람이 이보다 좋은 소식을 들을 수 있겠습니까? 어떤 사람들이 말하듯이, 우리가 이제까지 행한 모든 것은, 우리가 어떤 형태로든 존재하는 한, 필연적으로 우리에게 그대로 남아 있어서 이 세상과 다음 세상에서 우리를 해치고 상처를 준다는 것은 사실이 아닙니다. 하나님께서 죄라는 질병에 대해 제공하시는 치료책이 있기 때문에 그렇지 않습니다. 하나님께서는, 죄라는 질병이 치료될 때는, 그 질병이 남긴 흉터도 제거하실 수 있습니다. 죄를 온전히 용서하실 수 있고, 영원히 치워 버리실 수 있습니다. 주님께서 이같이 선언하신 점을 기억하시기 바랍니다. "내가 네 허물을 빽빽한 구름 같이, 네 죄를 안개 같이 없이하였으니"(사 44:22). 구름이 사라지면 하늘은 전혀 어둡지 않고, 구름이 있기 전과 같이 맑을 뿐입니다. 하나님의 은혜를 나타내는 또 다른 상징은, 하나님께서 우리를 씻으시면 우리가 눈보다 더 희게 되리라는 것입니다. 눈이 처음 내릴 때는, 더러워진 흔적이 전혀 없이 아주 하얗습니다. 불쌍한 죄인인 여러분, 여러분이 죄인 중의 죄인일지라도 죄의 얼룩 한 점도 남지 않을 때까지 하나님은 여러분을 깨끗이 씻으실 수 있습니다. 그리스도께서는 제자들에게 "너희는 온 몸이 깨끗하니라"(요 13:10)고 말씀하셨습니다. 참으로 놀라운 말씀이었고, 그리스도를 의지하는 모든 사람에게 적용되는 말씀입니다. 그리스도의 피로 씻음을 받으면 죄의 흔적이 전혀 남지 않습니다.

　　이제 이 두 가지 점을 한데 합쳐 보면, 성령께서는 우리 안에서 마음의 변화를 일으키시고, 예수 그리스도께서는 우리를 위해 일하시며 죄 사함을 준비하십니다. 이 두 가지 사실에서, 여러분은 사람의 큰 필요를 채워 주는 것, 즉 한 마디로 말해서 구원을 얻습니다. 여러분은 21절에서, 이 문제에 관한 약속을 볼 수 있습니다. "누구든지 주의 이름을 부르는 자는 구원을 받으리라." 그는 구원을 받을 것입니다. 즉 죄의 책임과 죄의 세력으로부터 완전하게 구원을 받을 것입니다. 그는 절반만 구원을 받거나, 특정한 한 가지 형태에서만 구원을 받는 것이 아니라, 온전히 구원받을 것입니다. 그러므로 회개하고 그리스도를 의지하고 그리스도의 정하신 바를 따라 믿음을 고백하는 사람은 누구든지 구원을 받을 것입니다. "믿고 세례를 받는 사람은 구원을 얻을 것이요"(막 16:16). 이것은 죄인이 필요로 하는 모든 것, 곧 성령, 죄 사함, 구원을 폭넓게 포함하는 영광스러운 약속입니다.

2. 이제 둘째로, 이 약속을 누구에게 하신 것인지 알아봅시다.

본문에 따르면 "너희와 너희 자녀와 모든 먼 데 사람 곧 주 우리 하나님이 얼마든지 부르시는 자들에게 하신 것"입니다. 나는 우리 형제들이 교활하다고 비난할 생각이 전혀 없습니다. 그러나 여러분은 이 본문이 여기까지만, 곧 "이 약속은 너희와 너희 자녀에게 하신 것이라"는 말까지만 인용한 것을 들어본 적이 없습니까? 그 다음에 마침표를 찍음으로써 유아에게 침례를 베풀어서는 안 되고, 물을 뿌려야 한다는 것을 증명하려고 하는 것을 들어본 적이 없습니까? 많은 목회자들이 사용한 논증은, 언약의 복은 믿는 자와 그의 자녀들을 위한 것이라는 얘기입니다. 여러분 가운데 어떤 분들은 그 논증은 대답하기가 어렵다고 생각했을지도 모릅니다. 나는 이런 문제에 어떤 부정직한 태도가 있었다고 생각하고 싶지 않습니다. 그렇지만 어떤 형제가 그처럼 본문을 중간에서 잘라내어, 마치 본문이 실제로 말하는 것과 정반대 되는 것을 말하게 하려고 하는 것에 찬성할 수 없습니다. 이 구절은 그리스도인과 그의 자녀들에게 특별한 복이 있다는 것을 가르치기보다는, 그와 같은 것을 일체 가르치지 않습니다. 베드로는 이 약속의 범위에는 그와 같은 제한이 전혀 없다는 것을 선언하는 것입니다. 들어보십시오. "이 약속은 너희와 너희 자녀와 모든 먼 데 사람 곧 주 우리 하나님이 얼마든지 부르시는 자들에게 하신 것이라." 그런데 내가 "이 약속은 너희와 너희 자녀에게 하신 것이라. 그러므로 너희 자녀에게 세례를 베풀어야 한다"는 식으로 주장하려고 했다고 생각해 보십시오. 그런데 본문의 다음 부분을 봅시다. "모든 먼 데 사람"이라고 말합니다. 그러므로 먼 데 있는 사람도 모두 세례를 받아야 한다는 것입니다. 이것이 동일한 추론일 것입니다. 그러나 그것은 그 안에 아무 논거가 없다면, 어린애 같은 말일 것입니다.

그러나 이 구절은, 어떤 것이 어떤 사람들과 그들의 자녀에게 특권이 된다는 것을 말하기보다는, 그것이 어떤 사람들과 그들의 자녀에게 특권이 되는 한편, "우리 하나님이 얼마든지 부르시는" 만큼, 그것은 또한 모든 먼 데 사람의 특권도 된다는 것을 분명하게 선언합니다. 말하자면 "누구든지 주의 이름을 부르는 자는 구원을 받으리라"는 위대한 이 언약의 약속은 여러분에게 하신 것이고, 여러분 자녀에게 하신 것이며, 남아프리카의 호텐토트 사람들(Hottentots)에게 하신 것이고, 힌두 사람에게 하신 것이며, 그린란드 사람에게 하신 것이고, 주님의 부르심을 듣는 모든 사람에게 하신 것입니다. "너희는 온 천하에 다니며 만민에게 복음을 전파하라 믿고 세례를 받는 사람은 구원을 얻을 것이요 믿지 않는 사람은 정죄를 받으리라"(막 16:15,16)는 것이 우리가 받은 임무입니다. 이 자리에 계신 분 가운데, 오늘 본문의 범위 안에 들어오지 않는 분은 한 분도 없습니다. 여러분이 유대인이라면, 이 약속은 여러분에게 하신 것입니다. 여러분이 유대인의 자녀라면, 혹은 경건한 사람의 자녀라면, 이 약속은 여러분에게 하신 것입니다. 여러분이 먼 데 있는 사람이라면, 이 약속은 또한 여러분에게 하신 것입니다. 누군가가 죄 때문에 멀리 있다면, 하나님을 떠나 먼 나라로 갔다면, 혹은 어떤 사람들이 먼 데 있다면, 말 그대로 먼 외국 땅에서 살고 있다면, 그들에게 이 구원의 말씀을 보내시는 것입니다.

　　이 약속은, 이 메시지가 닿는 모든 사람을 위한 것입니다. 가장 깊고 특별한 의미에서 이 약속은, 그 사람이 유대인이든 이방인이든 종이든 자유자이든 상관없이, 성령께서 효과적으로 부르실 모든 사람을 위한 것입니다. 그것이 바로 본문의 영광입니다. 그래서 나는 다음 요점으로 넘어가기 전에 생각해 보고 싶었습니다.

3. 그 다음 요점은 이것입니다. 죄인이 구원을 얻는데 필요한 모든 것이 약속의 문제가 되고, 그 약속이 복음을 듣는 모든 사람에게 하신 것인 한, 그렇다면 형제 여러분, 이것이 큰 격려의 조건이 됩니다.

　　내가 지금 마음에 찔림을 받고, 그래서 그리스도를 찾고자 하는 분들에게, 설교하고 있기를 바랍니다. 자, 여러분이 얼마나 큰 약속을 듣게 되었는지, 그리고 많은 사람들이 이보다 훨씬 못한 격려를 받고도 그리스도께로 온 것을 한 번 봅시다. 요나는 니느웨에 가서 "사십 일이 지나면 니느웨가 무너지리라"(욘 3:4) 하고 슬프고 단조로운 메시지를 전하자, 왕이 그 메시지를 믿었고, 백성들이 믿었으며, 그들이 하나님 앞에서 겸손하였습니다. 그들은 무엇을 의지해야 했습니까? "누가 알겠느냐?" 오직 이것뿐입니다. 그들은 이렇게 말했습니다. "하나님이 뜻을 돌이키시고 그 진노를 그치사 우리가 멸망하지 않게 하시리라 그렇지 않을 줄을 누가 알겠느냐"(3:9). 이렇게 그들은 다만 "누가 알겠느냐"는 이 한 가지 생각에, 용기를 내서 하나님께 왔습니다. 복음을 듣는 여러분, 니느웨 사람들이 일어나서 여러분을 정죄하는 판단을 하지 않도록 조심하십시오. 또 한 가지 예를 들어보겠습니다. 아버지께 돌아온 탕자가 있었습니다. 이 탕자는 아버지가 자기를 받아줄 것이라는 어떤 약속을 받았습니까? 아니, 그런 약속은 전혀 없었습니다. 그가 돌아갈 수 있었고 그의 아버지가 그를 받아들여 준 것은, 순전히 아버지의 선하심에 대한 탕자의 믿음뿐이었습니다. 또 다른 예를 생각해 봅시다. 재판장에게 가서 "내 원수에 대한 나의 원한을 풀어 주소서"(눅 18:3) 하고 끈질기게 부르짖은 과부의 경우입니다. 그 과부는 재판장이 자기 근심을 풀어줄 것이라는 약속을 받았습니까? 전혀 그렇지 않았습니다. 그 재판장은 하나님을 두려워하지 않고, 사람을 무시하였습니다. 그런데 과부가 계속해서 그에게 간청하였습니다. 아마도 재판장이 과부에게 수십 번 안 된다고 했을지라도, 과부는 거듭 거듭 탄원을 하였고, 마침내 그녀의 끈질김이 이겼습니다.

이제 여러분이 이 사람들에 비할 때, 얼마나 유리한 토대 위에 서 있는지 봅시다. 여러분은 "누가 알겠는가" 하는 생각으로 하나님께 가지 않습니다. 여러분은 단지 하나님의 선하신 성품에서 추론한 생각을 가지고 하나님께 가지 않습니다. 여러분은 하나님께서 끈질긴 기도를 들으실 것이라고 확신해서 하나님께 가지도 않습니다. 여러분이 하나님께 간다면, 약속을 가지고 가는 것입니다. 왜냐하면 "이 약속은 너희와 너희 자녀와 모든 먼 데 사람에게 하신 것이기" 때문입니다. 그 약속은 이것입니다. "누구든지 주의 이름을 부르는 자는 구원을 받으리라." 생각하건대 여러분은 기쁜 얼굴로 하나님께 가야 할 것입니다. 이와 같은 아름다운 약속이 있기 때문에, 여러분은 틀림없이 하나님을 만나고 구원을 얻을 것이기 때문입니다.

우리에게 용기를 주는 두 번째 사실은, 하나님은 항상 진실하시다는 것입니다. 하나님이 거짓말하실 수 있다는 것은 상상하기조차 두려운 일일 것입니다. 사실 그것은 완전히 하나님을 모독하는 말이나 다름없을 것입니다. 어떤 사람이 의로운 사람이라면, 그는 약속을 하면, 할 수 있는 한 약속을 지킬 것입니다. 선량한 사람은 "그의 마음에 서원한 것은 해로울지라도 변하지 아니합니다"(시 15:4). 하물며 자신이 과거에 한 모든 약속을 신실히 지키시는 선하신 하나님은 얼마나 더 하시겠습니까. "그가 말씀하셨으니 행하시지 않겠는가?" 그렇다면, 하나님께서 하나님의 아들을 믿는 자는 누구든지 구원을 받을 것이라고 약속하셨다면, 여러분은 그 사람이 구원을 받을 것이라고 확신할 수 있습니다. 여러분이 어떤 사람이든지, 그리스도를 믿으면 여러분은 반드시 구원을 받습니다. "주여 주는 거짓말하실 수 없음을 제가 아나이다." 여러분은 그런 식으로 하나님께 간청할 수 있습니다. 하나님의 약속을 쥐고, 하나님께 "주께서 말씀하신 대로 행하여 주소서" 하고 말하십시오.

> "주께서는 주의 아들을 믿는 자는
> 다 용서하신다고 약속하셨나이다."

이 약속을 이유로 내세우십시오. 그러면 그 약속이 확실히 이행되는 것을 발견할 것입니다. 하나님께서는 한 번 하신 약속을 물리신 적이 이제까지 한 번도 없었고, 앞으로도 결코 그렇게 하시지 않을 것이기 때문입니다. 이 사실이 여러분이 기도할 때 얼마나 큰 용기를 주는지요! 어떤 사람은 이렇게 말합니다. "그런데 '누구든지 주의 이름을 부르는 자는 구원을 받으리라'는 약속을 내가 붙잡을 수 있습니까?" 물론 여러분은 붙잡을 수 있습니다. 여러분이 그 약속을 요구해서는 안 된다고 마귀가 말한다면, 마귀에게 베드로가 "이 약속은 너희와 너희 자녀와 모든 먼 데 사람에게 하신 것이라"고 말했다고 이야기해 주십시오. 그리고 확실히 영국은 베드로 시대에 아주 먼 곳으로 간주되었음이 분명합니다. 여러분은 예루살렘에서 먼 데 있는 사람들 가운데 한 사람입니다. 그렇다면 여러분은 그 약속을 받은 사람들 가운데 하나입니다. 그 약속을 내세우십시오. 그러면 그 약속이 여러분에게 성취되는 것을 발견할 것입니다.

　더 나아가서, 다음 요점에서, 즉 하나님께서 약속을 하셨다면 틀림없이 하나님은 그 약속을 이룰 준비를 반드시 하고 계시다는 사실에서 용기를 얻으십시오. 나는 매우 전도가 유망한 젊은이들 가운데 자신의 약속을 결코 이행하지 않는 사람들을 아주 많이 보아왔습니다. 그들은 이것도 하겠다, 저것도 하겠다, 다른 것도 하겠다고 약속하고서는, 그 어떤 것도 이행하지 않습니다. 나는 일전에 어떤 청년 한 사람에 대한 이야기를 들었습니다. 그는 많은 돈을 빚지고 있었는데, 부채에 대한 어음 결제 기한을 연기했습니다. 그 일을 마치고서, 그는 친구에게 이렇게 말했습니다. "자, 이것으로 다 해결되었네. 골치 아픈 빚이 없으니 얼마나 편한지 모르겠네!" 그는 아무것도 치르지 않았고, 치를 수 있는 돈도 전혀 없었습니다. 그는 갚겠다는 약속을 연기한 것일 뿐입니다. 그런데도 그는 아주 만족스러워하였습니다. 사람들 가운데는 어떤 약속이나 계약을 기꺼이 맺으려고 하지만, 자기들이 맺은 의무를 이행해야 한다는 생각은 전혀 하지 않는 것처럼 보이는 사람들이 있습니다. 우리는 그런 사람들을 나쁜 사람으로 보고, 거래하거나 사귀고 싶어하지 않습니다.

　그러나 하나님께서는 약속을 이행할 준비를 철저히 해놓지 않은 한, 약속을 하시지 않았습니다. 때로 사람들은 약속을 하고서, 당장에 약속을 이행하기가 편치 않기 때문에, 혹은 이행할 능력이 없기 때문에, 약속의 이행을 미룹니다. 그러나 하나님께서 약속하시면, 하나님은 그 약속을 당장에 이행하실 수 있고, 약속을 이행하도록 요청을 받을 때는 언제든지 이행할 준비가 되어 있으십니다. 친애하는 여러분, 하나님께서 성령을 주시기로 약속하셨다면, 하나님은 주실 수 있습니다. 성령께서는 사람들의 마음속에 내려오시기를 기다리십니다. 하나님께서 죄 사함을 주겠다고 약속하셨으면, 하나님은 주실 수 있습니다. 속전을 치르신 것입니다. 속죄를 드렸고 그 속죄가 받아들여졌습니다.

> "임마누엘의 정맥에서 흘러나온
> 피로 가득 찬 샘이 있습니다."

샘을 채울 필요가 없습니다. 제물을 찾지 못할 것이고, 찾아도 드리지 못할 것입니다. "다 이루었다." 여러분의 구원에 필요한 모든 것은 준비되어 있습니다. 나는, 여러분에게 "자비의 잔치를 바라는 굶주린 영혼들이여, 소와 양을 잡았도다. 모든 것이 준비되었으니 이 만찬에 오라"고 말하라고, 보내심을 받았습니다. 하나님은 자신의 약속을 당장에 이룰 준비가 되어 있으니, 여러분이 주님의 약속을 들으면 참으로 기뻐해야 합니다.

그런데 여러분을 격려하는 또 한 가지 말씀이 여기에 있습니다. 그것은 하나님께서 약속을 근거로 구원을 주셨다는 것입니다. 공로를 근거로 하지 않고, 구입에 의하지 않고, 여러분이 행할 수 있는 그 무엇에 근거하지 않고, "하나님이 구원을 약속하셨다"는 사실을 근거로 구원을 주셨습니다. 이것이 은혜 언약이 작용하는 방식입니다. 즉 "내가 구원하겠으니" "네가 구원받으리라"는 것입니다. "네가 이 것을 하게 되고 저것을 느끼며 그래서 다른 사람이 되리라"는 것이 아니라, "내가 그들에게 한 마음을 주고 그 속에 새 영을 주며 그 몸에서 돌 같은 마음을 제거하고 살처럼 부드러운 마음을 주어 내 율례를 따르며 내 규례를 지켜 행하게 하리라"(겔 11:19,20)는 것입니다. 이것은 모두가 약속입니다. 약속이고, 약속이며, 오직 약속입니다.

여러분이 어떤 사람에게 돈을 달라고 하면, 그 사람은 여러분에게 이같이 말합니다. "무슨 근거로 당신이 내게 돈을 요구하는가?" 그러면 당신이 이렇게 말합니다. "물론 당신이 그 돈을 약속했기 때문이요." 그것은 돈을 줄 수 있고, 줄 마음이 있는 사람에게 들고 가기 좋은 근거입니다. 그 사람이 여러분에게 "하지만 네가 이 돈을 받을 만한 사람인지 알고 싶다"고 말했고, 여러분이 그 사람에게 하찮게 보일 것이라고 느낄 만큼 가치 없는 사람일지라도, 여러분이 단순히 "내가 어떤 사람이든지 간에 그것은 문제가 아닙니다. 나는 당신이 약속했기 때문에 왔습니다" 하고 답한다면, 그것은 매우 설득력 있는 탄원이 됩니다. 이것이 하늘의 자비로 부유해지는 길입니다. 단지 이렇게 말하는 것입니다. "주님이시여, 주님은 주의 아들을 의지하는 모든 사람에게 은혜를 약속하셨습니다. 제가 여기 왔습니다. 빈손이고, 벌거벗고, 가난하고 무가치하지만, 저는 주의 약속을 이유로 내세웁니다. 주의 진리를 인하여, 주의 자비를 인하여 그 약속을 제게 이행하여 주소서."

자, 이 모든 점들이 용기를 내게 해주지 않습니까? 나는 여러분에게 "율법이 여러분과 여러분의 자녀와 모든 먼 데 사람에게 있다"고 말하지 않습니다. 베드로처럼 "이 약속은 여러분과 여러분의 자녀와 모든 먼 데 사람에게 하신 것이라"고 말합니다. 이 약속의 말씀을 여러분에게 전합니다. "주 예수를 믿으라 그리하면 네가 구원을 받으리라"(행 16:31). "그를 믿는 자는 심판을 받지 아니하는 것이요"(요 3:18). "아들을 믿는 자에게는 영생이 있고"(3:36). 이를 베드로의 말로 표현해 보면 이 말입니다. "너희가 회개하여 각각 예수 그리스도의 이름으로 세례를 받고 죄 사함을 받으라 그리하면 성령의 선물을 받으리라"(행 2:38).

이제 결론으로, 이 경우에 어떤 예외도 있을 수 없다는 점을 살펴봅시다. 이 말을 다시 한 번 쓰겠습니다. 이 경우에 어떤 예외도 있을 수 없다는 것입니다. 베드로는 주변에 모여든 모든 유대인들에게 이같이 말했습니다. "이 약속은 너희에게 하신 것이라." 그리고 태어나게 될 장래의 유대인 세대를 내다보며, "또 너희 자녀와"라는 말을 덧붙입니다. 그 다음에는 눈을 들어 멀리 떨어진 이방 세계를 보는데, 환상 가운데 멀리 헤라클레스의 기둥(the Pillars of Hercues: 지브롤터 해협의 동쪽 끝에 솟아 있는 2개의 바위 — 역주), 그리고 대륙과 섬들을 가르는 영국 해협(the silver streak)을 훑어보며, 더 나아가서 아일랜드도, 그 다음에는 후에 콜럼버스가 발견한 대륙을 보며, 그는 거기에서 황인, 흑인, 백인, 곧 모든 인종과 나라와 시대에 속한 사람을 보고, 그리고 "모든 먼 데 사람 곧 우리 주 하나님이 얼마든지 부르시는 자들"이라는 말을 함으로써, 그 모든 사람을 포함시켰습니다. 베드로는 모든 시대에 걸쳐 전 지구상에 거하는 엄청난 인구를 포함하여, "이 약속은 너희 모든 사람에게 하신 것이니, 누구든지 주의 이름을 부르는 자는 구원을 얻으리라"고 말합니다.

그러므로 그것은 내게 하신 약속입니다. 내가 처음으로 그 진리를 붙잡았을 때가 생각납니다. 나는 나를 위한 복음은 없다고 생각했기 때문에 큰 슬픔에 빠져 있었습니다. 그러나 나는 "누구든지"라는 복된 말씀에서 한 줄기 소망의 빛을 붙잡았습니다. 나는 "누구든지"라는 말이 얼마나 좋은지 모릅니다. "누구든지 주의 이름을 부르는 자는 구원을 받으리라." 내게 용기를 주는 또 한 가지 말씀이 있었습니다. "내게 오는 자는 내가 결코 내쫓지 아니하리라"(요 6:37). 이 구절에 대해 존 번연이 한 말을 읽었습니다. "여기서 '오는 자'는 누구인가? 물론, '오는' 자는 누구든지이다. 온 세상에서 그리스도께 오는 자는 그가 결코 내쫓지 않으실 것이다." 여러분은 번연이 그 구절의 나머지 부분에 관해, 이어서 어떻게 말하고 있는지 아실 것입니다. " '내가 결코 내쫓지 아니하리라.' 주여, 저는 큰 죄인입니다. '내가 결코 내쫓지 않을 것이다.' 주님, 제가 그동안 주님을 욕해왔습니다. '내가 결코 내쫓지 않을 것이다.' 주님, 저는 오랜 세월 죄인으로 살았습니다. 이제 팔십 먹은 노인입니다. '내가 결코 내쫓지 않을 것이다.' 주님, 저는 간음을 행했고 음행을 저질러 왔습니다. 저는 도둑질을 했습니다. 살인을 했습니다. '내가 결코 내쫓지 않을 것이다.'" 번연은 계속해서 거듭거듭 이와 같이 말합니다. 그래서 그리스도께 오는 자는 누구든지 주께서 내쫓을 수 없을 것임을 보여줍니다. 만일 그리스도께서 누군가를 내쫓으신다면, 그리스도께서 거짓말쟁이가 되고, "내게 오는 자는 내가 결코 내쫓지 아니하리라"는 본문이 수백 번에 걸쳐 거짓말이 될 것입니다.

여러분, 보십시오. 보십시오. 하나님께서 자기에게 오는 영혼을 내쫓는 것이 하나님의 영광이 되지 않는다는 것입니다. 그리스도께 오는 자를 내쫓는다고 생각해 보십시오. 그리스도를 의지한 죄인이 멸망한다고 생각해 보십시오. 사람들이 어떻게 말할지 뻔합니다. 사람들은 곧바로 말할 것입니다. "하나님께서 약속을 어기셨다. 복음은 실패하였다. 그리스도를 의지했다가 망한 사람이 여기 있다." 여러분은 하나님께서 이런 말을 그냥 듣고 계실 것이라고 생각지 않을 것입니다. 그 불쌍한 영혼이 지옥에 내려가는 것을 상상해 볼 수 있습니다. 그가 지옥에 가자마자 마귀가 그에게 말합니다. "너는 그리스도를 믿었느냐?" "예, 믿었습니다." "그리스도가 너를 구원하기를 거절하였느냐?" "예, 그랬습니다." "너는 '믿고 세례 받으라'는 그 약속을 지켰다고 생각하느냐?" "예, 지켰습니다." "그런데 너는 구원을 받지 못했다는 말이지!" 아, 지옥이 온통 웃음소리로 얼마나 떠들썩하겠습니까! 어떻게 타락한 영들이 모두 토굴 감옥에서 올라와 추한 기쁨을 드러내며 낄낄거리며, 소리치기 시작할 것입니까! 악이 최고의 세력을 떨치는 지옥 깊은 곳에서 패배한 구주에 대해, 정복당한 그리스도에 대해, 거짓말하는 하나님에 대해, 곧 말을 하고 행치 않은 이, 말을 하고 지키지 않은 이에 대해 온갖 야유와 비웃는 소리가 얼마나 메아리치겠습니까. "아하, 아하, 임마누엘이여, 사탄이 당신을 이겼다! 아하, 아하, 여호와여, 당신의 말은 권위를 잃었다!"

그런 일이 대체 일어날 수 있겠습니까? 생각만 해도 몸서리가 쳐질 것입니다. 그런 일은 결코 일어나지 않을 것입니다. 하늘과 땅은 사라질 것입니다. 파도에 실려 온 거품이 한순간에 사라지고, 영원히 사라지듯이 우주가 사라질 것입니다. 그러나 죄인이 그리스도께 와서 의지했는데 그가 멸망하게 되는 일은 결코 없을 것입니다. 죄인이여, 그렇게 해보십시오! 그리스도를 의지해 보십시오! 지금 의지해 보십시오! 여러분이 그렇게 할 수 있도록 하나님이 도우십니다. 지금도 그리스도께서 죄인들을 영접하시고 자기를 의지하는 자를 결코 내쫓지 않으신다는 것을 실험해 보십시오! 주께서 여러분에게 복 주시기를 바랍니다. 예수님의 이름으로 기도합니다! 아멘.

제
5
장

—

사도의 교훈

—

"그러므로 너희가 회개하고 돌이켜 너희 죄 없이 함을
받으라 이같이 하면 새롭게 되는 날이
주 앞으로부터 이를 것이요." — 행 3:19

나면서 못 걷게 된 사람을 고치는 주목할 만한 기적을 행한 후에, 놀란 사람들이 베드로와 요한 주위에 몰려들었을 때, 두 사도는 그들에게 무슨 말을 해야 할지 몰라 당황하지 않았습니다. 거룩한 이 사람들은 마음에 복음이 가득하였습니다. 그래서 자연스럽게 이들은 마음에 깊이 품고 있었던 화제를 이야기하지 않을 수 없었습니다. 목사에게는 그리스도를 이야기하는 것이 결코 어려운 일이 아닙니다. 어떤 자리에 서게 되든지 목사는 "이 사람들에게 무슨 말을 해야 적합할까" 하고 자문할 필요가 없습니다. 왜냐하면 복음은 언제나 때에 맞고, 적합한 화제이기 때문입니다. 그리고 진심으로 복음을 전하면, 복음은 확실히 효과를 낼 것입니다. 베드로는 모인 군중들을 향하여 한 순간도 주저함이 없이 즉시 복음을 전하기 시작하였습니다. 성령으로 불타는 영혼의 준비된 태도는 참으로 복됩니다! 주님, 우리에게도 항상 이같이 준비된 태도를 허락하여 주옵소서. 베드로가, 사람들이 자기와 자기 형제 요한을 주목하지 말고 주 예수 그리스도께 주의를 집중하도록 하는 일에 얼마나 열심인지 보십시오. "우리 개인의 권능과 경건으로 이 사람을 걷게 한 것처럼 왜 우리를 주목하느냐?" 목사의 목표는 언제나 사람들이 자신에게서 시선을 거두고, 자기가 전하는 주제에 집중하게 하는 것입니다. 그래서 "저 목사, 참 말 잘하네!" 하고 사람들이 말할 것이 아니라 "저 목사가 정말 중요한 문제를 다루었다"고 말하도록 해야 합니다. 번지르르한 옷을 입고 신비한 능력이 있는 체하며, 사람들이 자신을 은혜의 통로인 것처럼 보게 하려고 하고, 마치 자기들이 자신의 거룩함에 의해서는 아닐지라도, 자신의 성직 기술로써 기적을 행할 수 있는 것처럼 하는 자들은 바알의 제사장들입니다. 그러나 끊임없이 "우리가 무슨 일이라도 할 수 있는 것처럼 우리를 보지 마십시오. 여러분에게 복을 베풀 수 있는 모든 능력은 그리스도께 있고, 그의 구원의 복음에 있습니다" 하고 말하는 사람들이 하나님의 참된 사자들입니다.

　　베드로가 이 군중에게 이야기하면서, 당장에 메시지의 핵심을 언급했다는 것은 주목할 만한 점입니다. 그는 말을 돌려 하지 않았습니다. 주변적인 얘기를 한참 하지 않고 바로 핵심을 이야기하였습니다. 그는 단지 기쁜 소식이라는 복음을 전한 것이 아니라, 그리스도를 전하였습니다. 십자가에 못 박힌 그리스도라는 인물, 곧 그들이 십자가에 못 박았으나 하나님 아버지께서 일으키시고 영광스럽게 하신 그리스도를 전하였습니다. 기독교 목회 사역이 주 예수 그리스도의 이름과 인격과 영광으로 흠뻑 적셔질 때, 힘이 있습니다. 틀림없습니다. 그리스도를 빼 보십시오. 그러면 여러분의 복음은 복음이 아닙니다. 여러분이 주 예수 그리스도라는 분을 빼 버렸다면, 귀한 알맹이는 제거한 채 돼지가 먹는 껍질들만 사람들에게 부어주는 것일 뿐입니다. 어떤 복음 설교자가 그리스도를 이야기하는 것을 잊어버렸을 수 있는 때에라도, 베드로는 틀림없이 그리스도에 대해 담대히 전하였을 것입니다. 왜냐하면 당시에 베드로가 이런 말을 들을 수 있었지 않겠습니까? "예수에 대해 이야기하지 마시오. 사람들이 바로 얼마 전에 예수를 끌어다가 죽였소. 백성들은 예수에 대해 제정신이 아니오. 진리를 전하시오. 그러나 예수의 이름은 들먹이지 마시오. 예수의 교리는 전하지만 그의 인격에 대해서는 말을 삼가시오. 왜냐하면 자칫하면 당신이 사람들을 격분시켜서 생명이 위태롭게 될 것이기 때문이오. 사람들이 이렇게 편견을 가지고 있는 동안에는 당신이 선한 일은 좀처럼 할 수가 없소. 큰 손해를 당할 수가 있소."

　　그런데 베드로는 사람들이 미쳐서 날뛰게 되든지 말든지 상관하지 않고, 사람들에게 예수 그리스도에 대해서, 오직 예수 그리스도, 또한 예리하게 우리 주 예수 그리스도의 복음을 전하였습니다. 베드로가 복음을 어떻게 전하는지 봅시다. "너희가" 주를 죽였도다. "너희가" 저희를 십자가에 못 박았다. "너희가" 살인한 사람을 놓아주기를 구하였다. 베드로는 사람들에게 직접 대놓고 말하기를 두려워하지 않습니다. 주저하지 않고 사람들의 양심을 건드립니다. 그는 손을 뻗어 사람들의 마음을 찌르고, 그들이 죄를 느끼게 합니다. 사람들의 어두운 마음을 활짝 열어 제치고, 성령의 빛이 그들 영혼에 비추도록 하려고 애씁니다. 형제 여러분, 우리가 복음을 전할 때는 바로 이와 같이 해야 합니다. 애정을 가지되 정직하게 사람들을 대해야 합니다. 문제를 보기 좋게 말하거나 돌려서 말하는 일이 일체 없어야 합니다. 대중의 갈채를 얻기 위해서 복음에서 예수 그리스도를 빼거나, 세상 군중을 기쁘게 하기 위해 말을 누그러뜨리거나 매끈하게 다듬는 사람들은 화를 당해야 합니다. 그런 사람이 잠깐 동안은 어리석은 사람들의 찬동을 받을 수 있을지 모르지만, 주님께서 열방을 심판하러 오시는 날에 그는 복수의 화살의 표적이 될 것입니다. 이때 베드로는 담대하고 열렬히 복음을 전했습니다. 복음의 그리스도를 전했는데, 자기를 둘러싼 군중들에게 직접적으로 대놓고 복음을 전했습니다.

베드로는 복음을 전할 때 구체적인 명령을 함으로써 복음을 직접적으로 적용하는 일을 잊지 않았습니다. 복음이 무엇인지에 대해, 그리고 구원받지 못하고 죽는 사람들의 결과에 대해 단순히 진술하기만 하면서, 자기들이 죄인에게 복음을 바르게 전파한다고 말하고, 누군가가 죄인에게 "믿으라" 혹은 "회개하라"는 말이라도 하면, 미친 듯이 화를 내며 정신없는 말을 하는 사람들이 우리 가운데 생겨났습니다. 베드로는 이런 사람들의 부류에 속하지 않았습니다. 베드로는 그들의 취지를 결코 지지하지 않았습니다. 그가 지금 살아 있다고 한다면, 그들의 모임에 함께 하지 않을 것입니다. 왜냐하면 베드로는 청중들에게 그리스도에 대해, 곧 그의 생애와 죽음, 부활에 관해 처음 말하고 나서는 이어서 "그러므로 너희가 회개하고 돌이켜 너희 죄 없이 함을 받으라"고 함으로써, 칼을 빼어 그들의 양심의 한가운데를 찌릅니다. 말하자면, 베드로가 행한 기적을 보고서 호기심으로 아무렇게나 모인 군중 가운데서, 베드로는 조금도 주저함이 없었고, 아무것도 묻지 않았습니다. 베드로는 오늘 이 자리에 있었다면 우리에게 전했을 바로 그 복음을 전했고, 아주 열정적으로 진지하게 전했으며, 복음을 철저하게 전하였고, 그 다음에는 모인 각각의 사람에게 마음과 뜻과 힘을 다해 이야기하며 "그러므로 너희가 회개하고 돌이켜 죄 없이 함을 받으라"고 말함으로써 복음의 실질적인 부분을 전하였습니다.

자, 본 설교는 네 개의 대지로 구성되어 있는데, 이제 자세히 설명하도록 하겠습니다.

1. 첫째는, 사도가 사람들에게 회개하고 돌이키라고 명령하였다는 것입니다.

이 점에 대해서는 우리가 다른 예를 찾으러 멀리 갈 것이 없이 본문으로도 충분합니다. 회개한다는 것은 문자적인 의미에서, 사람의 마음을 바꾸는 것을 뜻합니다. 이 말은 "때늦은 지혜"로 번역되었습니다. 그것은 사람이 자기가 틀렸다는 것을 깨닫고, 자신의 판단을 수정하는 것입니다. 그것이 그 말의 근본 의미이지만, 성경에서 이 단어는 아주 다양한 의미로 사용되었습니다. 아마도 어린아이 찬송책에 나오는 말만큼 회개를 잘 정의하는 것은 없을 것입니다.

> "회개는 전에 사랑했던 죄들을 떠나고
> 그 죄들을 더 이상 범하지 않으므로
> 우리가 참으로 슬퍼한다는 것을 보이는 것이네."

회개는 죄가 악한 것임을 알고, 우리가 죄를 지었음을 슬퍼하며 죄를 버리기를 결심하는 것입니다. 회개는 사실 마음을 깊고 철저하게 바꾸는 것인데, 이같은 마음의 변화로, 그 사람은 전에 미워했던 것을 사랑하고, 전에 사랑했던 것을 미워하게 됩니다. 회심이란, 번역하자면 돌아서는 것을 의미합니다. 무엇에서 돌이키고, 무엇으로 향하는 것입니다. 죄에서 돌이키고, 거룩함으로 향하는 것입니다. 부주의함에서 사려 깊음으로 돌아서는 것입니다. 세상에서 돌이켜 하늘로 향하는 것이고, 자신에서 돌이켜 예수께 향하는 것입니다. 철저하게 돌이키는 것입니다. 본문에서 "회개하고 회심하라"(repent and be converted, 개역개정은 "회개하고 돌이켜" — 역주)라고 번역된 것이 헬라어 원문에서는 "회개하고 돌아서라"(repent and turn)고 되어 있습니다. 이 단어는 다른 동사와 마찬가지로 능동태 동사입니다. "회개하고 돌아서라." 사람이 귀신들렸다가 그에게서 귀신이 쫓겨났을 때, 나는 이것을 회개에 비길 수 있습니다. 그러나 그 사람이 옷을 입어서 더 이상 벌거벗지 않고 더럽지 않고, 옷을 입고 정신이 온전하였다는 말을 들었을 때, 나는 이것을 회심에 비길 수 있습니다. 탕자가 돼지를 치고 있다가 갑자기 생각하기 시작하여 제정신이 들었을 때, 그것은 회개였습니다. 그가 일어나 먼 나라를 떠나 자기 아버지 집으로 갔을 때, 그것은 회심이었습니다. 회개는 회심의 한 부분입니다. 아마도 회개는 회심의 입구 혹은 문이라고 할 수 있을 것입니다. 우리가 죄의 광야에서 돌이켜 회심의 가나안을 찾을 때 지나가는 것이 바로 그 요단 강입니다. 중생은 새로운 본성을 심는 것이며, 이것은 초기 표시들 가운데 하나인데, 곧 그리스도께 대한 믿음과 죄에 대한 회개, 결과적으로 악한 것에서 선한 것으로 돌이킴입니다.

사도 베드로는 모인 무리들에게 이렇게 말한 것입니다. "마음을 바꾸시오. 여러분이 행한 일을 슬프게 여기고 옛 방식들을 버리시오. 돌이키고 새 사람이 되시오." 이것이 베드로가 전한 메시지였습니다.

자, 형제 여러분, 회개와 회심은 성령의 사역이라고 지금까지 확실하게 말해 왔습니다. 내가 지금 이 교리를 입증할 필요는 없을 것입니다. 우리는 이 교리를 수없이 전해 왔습니다. 그리고 성경에서 가르치고 있는 것이 있으면, 그것이 그렇다는 것을 언제든지 입증할 수 있습니다. 이 세상에서 참된 회개치고 성령의 사역이 아닌 것은 없습니다. 왜냐하면 이 목적을 위해서 우리 주 예수께서 하늘로 가셨기 때문입니다. "그가 높이 되신 것은 회개함과 죄 사함을 주시기 위함입니다"(행 5:31). 참된 회심은 모두 성령의 활동입니다. 우리가 "우리를 주께로 돌이키소서 그리하시면 우리가 주께로 돌아가겠사오니"(애 5:21)라는 선지자의 말대로 기도한다면, 바르게 기도하는 것입니다. 하나님께서 우리를 돌이키지 않으면 우리가 돌이킬 수 없고, 하나님께서 우리를 회심케 하지 않는 한, 우리의 회심은 실수에 불과합니다. 복음이 부르는 소리를 들어보십시오.

"참된 믿음과 참된 회개, 우리를 가까이 부르는 모든 은혜를 돈 없이 예수 그리스도께 와서 사라."

"그런데 베드로 사도는 실제로 우리에게 '회개하고 회심하라'고 말한다"고 여러분은 이야기합니다. 즉 여러분은 우리에게 단숨에 이 일들이 성령의 선물이라고 말하고, 이어서 바로 "회개하고 회심하라"는 본문을 읽습니다. 나도 그렇게 생각합니다. 나도 그렇게 생각해요. 감사하게도 나도 그렇게 배웠습니다. 그러나 여러분은 "당신은 이 두 가지를 어떻게 조화시키는가" 하고 물을 것입니다. 그에 대한 나의 답변은 주님의 말씀을 조화시키는 것이 내 임무가 아니라는 것입니다. 내 임무는 진리를 깨닫는 대로 전하는 것입니다. 주님에게서 받은 그대로 진리를 전하는 것입니다. 나는 이 두 가지가 서로 조화가 된다고 믿을 뿐만 아니라, 또한 어떤 점에서 이 두 가지가 일치하는 것이 보인다고 생각합니다. 그러나 대부분의 사람들이 그 일치를 보도록 만드는 일은 도무지 자신이 없습니다. 우리가 이 두 진리의 일치를 볼 수 있든지 없든지 간에, 여러분과 내가 성경에 기록된 것을 발견하고 그 모든 것을 받아들이면, 그 두 가지 사실이 다같이 계시되었기 때문에 둘 다 받아들인다면 그것으로 충분할 것입니다. 나는 회개와 회심이 성령의 활동이라는 점을, 살아 있는 사람이 그러듯이 이 손으로 굳게 붙듭니다. 그러나 나는, 회개하고 믿는 것이 사람들의 의무이고, 목사들의 의무는 사람들에게 "회개하고 돌이켜 너희 죄 없이 함을 받으라"고 전하기를 포기하기보다는 재빨리 두 가지를 굳게 붙잡는 것입니다. 만일 사람들이 이해가 될 때까지 진리를 받아들이지 않는다면, 사람들이 결코 받아들이지 못할 것들이 많이 있습니다. 바보가 아닌 이상에는 아무도 부인하지 못할 것인데, 이해가 되기 전에는 믿지 않으려고 한다면 부인할 수밖에 없는 사실들이 자연에는 아주 흔합니다. 바다에서 갓 잡은 생선이 한 마리 있습니다. 여러분은 그 생선을 요리해서 식탁에 올리도록 요리사에게 줍니다. 여러분은 그 생선을 먹으면서 소금도 함께 먹지 않습니까? 무엇 때문에 그렇게 합니까? 여러분은 생선에 소금을 쳐서 말리는데 왜 그렇게 합니까? 생선은 언제나 소금 바다에서 살지 않았습니까? 그러면 왜 생선에 소금을 칩니까? 생선은 마치 소금 기운은 전혀 없는 고지대의 졸졸 흐르는 시냇물에서 살았던 것처럼 싱싱합니다. 그런데 생선은 순전히 소금 바다에서 살았습니다! 여러분은 이 사실이 이해가 됩니까? 아니, 여러분은 이해하지 못합니다. 그러나 소금 바다에 싱싱한 물고기가 있습니다. 그리고 저쪽에는 소와 양이 있습니다. 이 둘이 같은 풀밭에서 자라고 정확히 똑같은 음식을 먹고 자랍니다. 그런데 풀이 소에게 들어가서는 소고기가 되고, 양에게 들어가서는 양고기가 됩니다. 한 짐승에게는 털이 있고, 다른 짐승에게는 양모가 있습니다. 어째서 그렇습니까? 여러분은 왜 그런지 아십니까?

　　이와 같이 성경에는 세상의 모든 지혜자들도 합칠 수 없는 중대한 두 진리가 있을 수 있습니다. 왜 모세가 나무를 베어서 마라의 쓴 물에 던져야 했는지, 솔직히 나는 모릅니다. 나는 나무가 물을 달게 만드는, 나무와 물의 어떤 관계도 알지 못합니다. 그러나 모세가 나무를 그 물에 던졌을 때, 마라의 쓴 맛이 사라지고 시냇물이 달게 되었다는 것을 믿습니다. 나는 엘리사가 여리고에 갔을 때,

물이 역겨운 것을 발견하고 왜 "소금을 가져오라"(왕하 2:20)고 한 이유를 알지 못합니다. 어떻게 해서 엘리사가 시냇물에 소금을 던졌더니 물의 역겨운 맛이 없어졌는지 이유를 알지 못합니다. 내게는 소금을 넣은 것이 다른 방식으로 작용한 것처럼 보입니다. 그러나 나는 그 기적을 믿습니다. 즉 소금을 넣었더니 물이 달아졌다는 것을 믿습니다. 이와 같이 회개하지 않는 죄인들에게 회개하라는 나의 명령이 어떻게 그들로 회개하게 만들 수 있는지 나는 모르지만 그들로 회개하게 만든다는 것은 압니다. 나는 매일 그 일이 일어나는 것을 봅니다. 나는 어떻게 약하고 보잘것없는 피조물이 자기와 같은 사람들에게 "믿으라"고 말하는 것이, 그들로 믿는데 이르게 하는지는 알지 못하지만, 그 말이 그들로 믿게 만들고, 성령께서 그의 말을 복되게 하고, 그래서 그들이 믿고 구원을 받습니다. 우리가 그렇게 되는 경위를 볼 수 없고, 그 사실만을 알 뿐이지만, 우리는 만족하고 그 사실을 인하여 하나님께 찬송드릴 것입니다.

어쩌면 여러분은 상상력이 풍부한 주석가들이 본문에서 그러한 취지를 제거하려고 시도해 왔다는 것을 알지 모르겠습니다. 우리 극단적인 칼빈주의자 친구들 가운데 초대와 권유 같은 것을 맹렬히 반대하는 어떤 사람들은, 할 수만 있다면 어떻게든지 하여 본문에서 어떤 것을 빼고 다른 것을 집어넣으려고 하였습니다. 여기서 사람들에게 권하는 회개는 외적인 회개에 불과하다고 그들은 말하였습니다. 그러나 "너희가 회개하고 회심하여 너희 죄 없이 함을 받으라"는 말이 덧붙여진 것을 보면, 단지 외적 회개를 촉구하는 것이 아닙니다. 단지 외형적인 것에 지나지 않는 회개가 죄를 깨끗이 씻을 수 있겠습니까? 절대로 그렇지 않습니다. 여기서 사람들에게 요구하는 회개는 완전한 사죄, 즉 "죄 없이 함을 가져오는" 회개입니다. 더구나 내가 볼 때, 이때 베드로와 요한이 사람들을 구원하지 못할, 내실이 없는 외적인 회개를 권했다고 생각한다는 것은 도무지 받아들일 수 없는 것입니다. 그렇게 말하는 내 형제들도 자신들이 외적인 회개를 사람들에게 권한다면 스스로 부끄럽게 생각할 것입니다. 그들도 자신들이 단지 외적인 미덕에 지나지 않는 어떤 것을 전파한다면, 틀림없이 자기들이 결코 하나님의 사역자가 아니라고 생각할 것입니다. 그렇게 하는 것은, 성경을 별 이유도 없이 그렇게 심하게 왜곡할 때는 터무니없는 말을 둘러대지 않을 수 없음을 보여줍니다. 형제 여러분, 그것은 영혼을 구원하는 회개였으며, 바로 베드로가 사람들에게 명령한 것이었습니다. 이제 요점을 말해 봅시다. 우리가 사람들에게 회개하고 믿으라고 말하는 것은, 그 말 속에 회개하고 믿게 하는 어떤 능력이 있다고 신뢰하기 때문이 아닙니다. 왜냐하면 우리는 사람들이 허물과 죄로 죽은 것을 알기 때문입니다. 그렇다고 그렇게 말하는 우리의 열심이나 우리의 연설에 있는 어떤 능력을 의지하기 때문이 아닙니다. 왜냐하면 우리의 설교는 하나님을 떠나서는 아무것도 아님을 알기 때문입니다. 복음은 하나님께서 사람들의 마음을 돌이키게 하는 우리의 신비한 수단이기 때문입니다. 그리고 우리가 믿음으로 말하면 성령 하나님께서 우리와 함께 일하시고, 우리가 마른 뼈들에게 살아나라고 명령할 때, 성령께서 그 뼈들을 살리신다는 것을 우리가 알기 때문입니다. 우리가 나면서 못 걷게 된 사람에게 네 발로 서라고 말할 때, 신비한 힘이 그의 발목에 힘이 생기도록 하고, 손이 마른 사람에게 손을 뻗으라고 말할 때, 하나님의 능력이 그 명령과 함께 작용하여 손이 뻗쳐지고 그 사람의 건강이 회복되는 것을 보기 때문입니다. 능력이 죄인에게 있지 않고, 설교자에게도 있지 않고, 성령께 있습니다. 성령께서 거룩한 선포를 통해 복음과 함께 효과적으로 활동하여 진리가 선포되는 곳에서 하나님의 택하신 자들이 그 설교로 깨어나며, 영혼이 구원받고 하나님께서 영광을 받으십니다. 사랑하는 형제 여러분, 계속해서 담대하게 복음을 전파하고, 그 결과를 두려워하지 마십시오. 여러분의 힘이 아무리 부족할지라도, 여러분이 유창하게 말하지 못할지라도 하나님께서 복음으로 구원하는 능력이 되게 하시겠다고 약속하셨기 때문입니다. 그리고 그 약속은 세상 끝날까지 계속될 것입니다.

　　그러니 아직 구원받지 못한 여러분, 내가 이 요지의 말씀을 끝내기 전에 여러분에게 이것을 요구하지 않을 수 없습니다. 즉 여러분은 회개하고 돌이키시라는 것입니다. 우리는 여러분이 우리 목사들의 말을 들은 것으로, 여러분이 우리의 복음 전하는 것을 본 것으로 만족하지 못합니다. 여러분을 예배당에 모아놓은 것으로 만족하지 못합니다. 여러분이 회개하고 돌이키지 않는 한, 여러분이 예배당에 들어가는 것은 아무 쓸모가 없을 것입니다. 우리는 여러분에게 조금 개심해야 한다고, 여러분의 방식을 어느 정도 고쳐야 한다고 말하지 않습니다. 여러분이 그리스도를 의지하지 않고, 여러분의 옛 생활 방식을 버리지 않고 새로운 피조물이 되지 않는 한, 여러분은 멸망할 수밖에 없습니다. 이것, 바로 이것이 복음이 요구하는 바입니다. 교회에 다니는 것이, 예배당에 가는 것이 여러분을 구원하지 못합니다. 무릎 꿇고 예배하는 것이, 외적인 예배가, 신앙이 있다고 하고 경건한 체하는 것이 여러분을 구원하지 못합니다. 여러분은 여러분의 죄에 대해 회개하고 죄를 버려야 합니다. 여러분이 이렇게 하지 못하면 여러분은 죄 없이 함을 결코 받지 못합니다. 첫 번째 요점에 대해서는 이만큼만 말씀드리겠습니다. 즉 베드로 사도는 사람들에게 회개하고 회심하라고 명령하였던 것입니다.

2. 둘째로, 이렇게 명령할 만한 충분한 이유가 있었습니다.

본문은 "그러므로 너희가 회개하라"고 기록하고 있습니다. 사도의 명령은 논리적이었습니다. 즉 그는 그같이 권할 만한 이유가 있었습니다. 그것은 단순한 연설이 아니라 건전한 추론이었습니다. "그러므로 너희가 회개하라." 그러면 그의 주장은 무엇이었습니까? 물론, 첫째로 여러분은 유대인들처럼 예수 그리스도를 죽음에 내주었기 때문입니다. 이 주장은, 베드로가 상대하여 말한 사람들에게는 말 그대로 적용되는 사실이었습니다. 즉 그들은 그리스도를 십자가에 못 박는 일에 참여하였습니다. 그리고 이 점은, 지금 내 이야기를 듣고 있는 여러분에게 영적으로 적용되는 사실입니다. 모든 죄는 그 본질에 있어서 하나님을 죽이는 것입니다. 여러분은 내 말을 이해하십니까? 여러분은 하나님께서 여러분에게 하지 말라고 하셨을 일을 행할 때마다, 여러분은 할 수 있는 한에서, 사실 하나님을 보좌에서 밀어내고, 하나님께 속한 권위를 인정하지 않는 것입니다. 그리고 할 수 있는 한에서, 하나님을 죽이려고 의도하는 것입니다. 그것이 죄의 취지입니다. 즉 죄는 하나님을 죽이는 일입니다. 법을 위반하는 것은 모두가 본질상 반역입니다. 입법자에게 반란을 일으키는 것입니다. 우리 주 예수께서 죄인들에게 십자가에 못 박히셨을 때, 모든 죄가 사실 영적인 의미에서 하나님을 죽이는 일을 말 그대로 공공연하게 행한 것일 뿐입니다. 내가 무슨 말을 하는지 알아들으시겠습니까? 여러분이 아주 하찮게 생각하고 행한 잘못이, 사실은 하나님을 칼로 찔러 죽이는 일이었습니다. 사실이 그렇다면 여러분은 회개하시겠습니까? 여러분이 자신의 죄를 하찮은 일로 웃어넘길 수 있는 가벼운 일로 생각한다면 여러분은 회개하지 않을 것입니다. 죄는 다 사실상 하나님을 칼로 찌르는 것이며, 모든 죄는 "하나님을 없애버리자" 하고 말하는 것임을 지금까지 설명하였습니다(그리고 여러분의 양심도 내 말을 지지할 것이라고 생각합니다). 그렇다면, 죄에 대해 회개할 충분한 이유가 있습니다. 하나님의 법을 어긴 여러분, 그것이 아니면 와서 내게 설명을 해보십시오. 철저히 불순종하였다면, 모든 법을 무시하고 도덕적인 통치를 뒤엎으려고 한 것이 아닙니까? 한 사람이 그렇게 할 수 있다면 또 다른 사람이 똑같은 일을 할 수 있지 않습니까? 이 우주에서 하나님을 더 이상 인정하지 않는다면 어떻게 되겠습니까? 우리 모두는 어디에 가 있어야 합니까? 이 세상은 참으로 끔찍한 지옥이 될 것입니다! 도덕적인 대혼란이 오고, 짐승들이 우글거리는 곳이 될 것입니다! 여러분은 자신의 죄가 얼마나 해로운 것이었는지 보지 못합니까? 회개하고 죄에서 돌이키십시오. 여러분이 그리스도를 십자가에 못 박지 않았고, 가시면류관을 엮어서 그 머리에 씌우지 않았으며, 그 자리에 서서 조롱하지 않았을지라도, 모든 죄가 사실 그리스도를 십자가에 못 박고 그리스도를 조롱하며 죽이는 것임을 여러분이 진정으로 믿을 수 있다면, 여러분이 회개하고 죄에서 돌이켜야 할 이유는 충분한 것입니다.

사도는 또 한 가지 주장을 하였습니다. 즉 유대인들이 죽인 그분은 지극히 복되신 분이라고, 하나님 아버지께서 높이실 만큼 지극히 복되신 분이라고 주장하였습니다. 예수 그리스도는 어떤 이기적인 동기를 가지고 세상에 오신 것이 아니라 전적으로 자비 때문에, 사람들에 대한 충만한 사랑을 가지고 오셨습니다. 그런데 사람들이 그를 죽인 것입니다! 자, 모든 죄는 선하고 자비로우신 하나님을 모욕하는 것입니다. 하나님은 우리의 반역을 받으실 만한 분이 아닙니다. 하나님께서 우리에게 권력을 휘두르며 우리를 비참하게 만드는 대폭군이시라면, 우리는 죄에 대한 핑곗거리가 있을 것입니다. 그러나 하나님 아버지께서 우리에게 자애로운 아버지처럼 행하셔서 매일 우리에게 필요한 것들을 공급해 주시고, 우리의 죄를 용서해 주시는데, 우리가 매일같이 하나님께 반역하는 생활을 하는 것은 지극히 큰 부끄러움입니다.

지금까지 그리스도를 믿지 않고 살아온 여러분, 하나님은 이처럼 선하시고 자비로우신 분이므로, 여러분이 하나님을 믿지 않은 것을 회개할 충분한 이유가 있는 것입니다. 하나님께서 지금까지 여러분에게 어떤 해를 끼치셨길래, 여러분은 하나님을 욕하십니까? 예수께서 여러분 가운데 어느 누구에게 무슨 손해를 끼치셨길래, 여러분이 예수님을 멸시합니까? 아마도 여러분은 예수 그리스도의 신성을 부인할 것입니다. 아무튼 여러분은 예수께서 이 세상에 오셔서 이루신 위대한 구원을 멸시합니다. 주님께서 여러분에게 이런 대접을 받아야 할 만한 분입니까? 생명과 영광의 주이시고 천사들의 왕이신 하나님이, 그가 피흘려 구속하신 사람들에게 멸시를 받아야 합니까? 그처럼 자비하시고 복되신 분을 죄가 그렇게 악하게 대하니, 죄는 참으로 저주받을 일입니다! 이 사실을 알고 우리가 회개하고, 슬픔의 눈물을 흘려야 합니다. 우리가 그처럼 예수님을 거슬러 행했을 때의 악하고 게으른 길에서 진정 돌이켜야 합니다.

그 다음에 베드로는 또 한 가지 주장을 내세웠습니다. 그들이 복되신 그리스도는 거절하고 살인자를 선택했다는 것입니다. 죄인이여, 당신은 그리스도를 멸시하였습니다. 그리고 당신이 택한 것은 무엇입니까? 술주정뱅이를 선택했습니까? 그리스도보다 그를 선택했다면 그 얼마나 짐승 같은 일입니까! 아니면 당신의 정욕을 택해 왔습니다. 그리스도 대신에 마귀적인 것을 택한 것입니다! 사람이여, 그리스도 대신에 그런 것들을 택하는 당신의 죄가 당신에게 무슨 유익을 끼쳤습니까! 여러분이 수 년 동안 그런 죄 가운데 살아 왔습니까? 그러면 여러분은 그 대가로 무엇을 받았습니까? 무슨 유익을 거두었습니까? 자, 지금 이야기해 보십시오. 죄짓는 일에 아주 멀리까지 간 여러분, 여러분은 그 일에 만족하는지 이제 이야기해 보십시오. 여러분은 그동안 살아온 날들을 다시 조사해서 여러분의 죄악의 열매를 몸으로 거두고자 하십니까? 아니, 여러분은 아주 엄격한 주인을 섬기고 있습니다. 여러분이 생명을 바치는 그 마귀는 처음부터 살인한 자입니다. 그렇다면 이것, 곧 여러분이 그리스도를 버리고 살인자를 택한 이일을 회개해야 합니다. 여러분은 이렇게 말합니다. "이 사람이 아니라 바라바라"(요 18:40). 여러분은 살인하는 이 세상, 그리스도를 죽이는 이 죄를 택하고, 복되신 구주는 버립니다. 이만하면 회개와 회심에 대한 충분한 논거가 있지 않습니까? 확실히 있습니다.

베드로는 또 한 가지 주장으로 자신의 추론의 결말을 짓습니다. 말하자면, 이때 큰 해머로 못을 박는 것입니다. 여러분이 지금까지 무시해 온 주 예수께서 여러분을 위해 큰 일들을 하실 수 있다는 것입니다. "그 이름을 믿으므로 그 이름이 너희가 보고 아는 이 사람을 성하게 하였나니." 그리스도를 믿으면 그 믿음을 인하여, 그리스도께서 여러분이 원하는 모든 것을 여러분을 위해 행하실 수 있습니다. 여러분이 오늘 예수님을 의지하면, 여러분의 모든 죄를 깨끗이 하실 것입니다. 여러분의 과거를 전혀 기억하시지 않을 것입니다. 현재는 안전하게 되고 미래는 복될 것입니다. 여러분이 그리스도를 믿으면 그리스도께서 여러분을 용서하시지 않을 죄는 없습니다. 그리스도께서 그 권세를 깨트리지 못할 악한 습관은 없습니다. 그 세력을 제거하지 못할 버릇은 없습니다. 그리스도를 믿으십시오. 그리스도께서 여러분을 상상을 초월하여 복되게 하실 수 있습니다. 여러분에게 그처럼 선한 일을 많이 하실 수 있는 분을 멸시하였다는 이것이 회개할 이유가 아니겠습니까? 그리스도께서는 사랑의 손을 가지고 여러분 마음 문밖에 서 계십니다. 이 하늘의 손님께서 여러분에게 그처럼 무한한 축복을 하실 수 있는 때, 여러분은 마땅히 문을 열고 그분을 안으로 모셔들여야 하지 않겠습니까? 무엇 때문에 여러분은 이런 자비를 거절하려고 하십니까? 여러분이 예수님을 구주로 모시려고 한다면 여러분의 것이 될 천국을 무엇 때문에 멸시하려고 합니까? 무엇 때문에 여러분은 주님 외에는 아무도 여러분을 구원할 수 없는 파멸을 선택하고, 주님 외에는 아무도 여러분에게 줄 수 없는 영광을 버리려고 하십니까? 멸망하는 죄인에게 그리스도께서 얼마나 유용하신 분인가를 생각할 때, 여러분이 오래 전에 그리스도께 와서 그리스도를 여러분의 모든 것의 모든 것으로 삼지 않은 것에 대해 회개할 충분한 이유가 있습니다. 이렇게 해서 여러분은 사도가 "그러므로"라는 말로 사람들을 설득하였다는 것을 봅니다.

사도가 또 한 가지 주장을 내세웠는데, 그 점은 생각해 보지 않겠습니다. "형제들아 너희가 알지 못하여서 그리한 줄 아노라." 베드로는 마치 이렇게 말하려고 한 것 같습니다. "이제 더 많은 빛을 받았으니 여러분이 어둠 가운데서 행한 일을 회개하시오." 나도 여러분에게 그같이 말하고 싶습니다. 여러분은 과거에 복음을 듣지 못했습니다. 죄가 그처럼 나쁜 것인지 몰랐고, 예수께서 그로 말미암아 하나님께 오는 자들을 온전히 구원하실 수 있다는 것을 알지 못하였습니다. 자, 이제 여러분은 그 사실을 압니다. 여러분의 무지했던 때를 하나님께서 눈감아 주십니다. 그러나 "이제는 어디든지 사람에게 다 명하사 회개하라"(행 17:3) 하십니다. 더 많은 빛은 더 많은 책임을 요구합니다. 죄가 여러분에게 열 배나 커지지 않도록, 과거의 죄로 다시 돌아가지 마십시오. 여러분이 빛 가운데 있으면서 과거 어둠에 있을 때 행한 일을 행한다면, 여러분이 더 나은 것을 알지 못하였을 때 눈감아 주신 분께서 여러분이 자기 안식에 결코 들어오지 못하게 하시겠다고 손을 들어 맹세하실 것입니다. 이는 여러분이 뻔뻔스럽게 죄를 짓고, 그의 은혜의 성령을 멸시하였기 때문입니다. 나는 이 자리에 있는 회개하지 않은 모든 분에게 장차 어느 자리에 있을 것인지 생각해 보라고 말씀드립니다.

예수께서 자신을 구원하실 수 있다는 것을 전에 몰랐다면, 이제는 그 사실을 아십시오. 오늘 아침까지 어둠 속에 계셨다면, 그분은 이제 더 이상 어둠 가운데 있지 않습니다. "이제 여러분에게는 자신의 죄를 가릴 옷이 없습니다." 그러므로, 죄를 가리고 있고 빛을 거슬러 죄를 짓고 있기 때문에, 나는 베드로가 말하였듯이 "회개하고 회심하여 너희 죄 없이 함을 받으라"고 말합니다.

3. 이제 세 번째 요점을 간단히 설명하겠습니다.
즉 회개와 회심이 없이는 죄 사함을 받을 수 없다는 것입니다.

본문에 사용된 "없이 함"이라는 표현은, 이렇게 말하면, 뜻이 더 잘 드러날 수 있습니다. 동양에서는 많은 상인들이 작은 밀랍판에 자신들의 계산을 기록하였습니다. 그들은 밀랍판에 부채를 나타내는 표시를 새겼습니다. 그리고 이 부채를 갚았을 때는, 철필이나 연필의 뭉툭한 끝으로 밀납판을 꼭꼭 눌렀고, 그러면 거래 기록이 완전히 사라졌습니다. 그것이 그 시대에서 말하는 "없이 함"의 형태였습니다. 자, 회개하고 죄 사함을 받은 자는 그리스도의 보배로운 피로 말미암아 완전히 용서를 받았으므로, 이제 그의 죄에 대한 기록이 전혀 남아 있지 않은 것입니다. 죄 사함을 참으로 아름답게 표현한 그림입니다! 죄가 모두 사라져서 흔적 하나 남지 않은 것입니다. 우리가 책에 적은 거래를 지우면, 얼룩이 남습니다. 기록은 사라지지만 얼룩이 남습니다. 그런데 밀랍판에는 얼룩이 전혀 없었습니다. 하나님 백성들의 죄가 예수의 피로 제거될 때 그와 같습니다. 죄가 깨끗이 사라지되, 영원히 사라집니다. 그러나 예수께 대한 믿음의 결과로 회개와 회심이 없이는 죄가 깨끗이 씻겨질 수 없습니다. 이것은 마땅히 그래야 합니다. 그렇게 하는 것이 가장 타당하기 때문입니다.

여러분은 잘못을 범한 신하가 먼저 잘못을 인정하지도 않는데, 왕이 신하를 용서할 것으로 기대할 수 있겠습니까? 사람들이 자기 죄를 고백하지 않는데 그들을 용서하게 되어 있다면 하나님의 보좌의 명예와 존엄이 어디에 있습니까? 또한, 그렇게 하는 것은 도덕적이지 않을 것입니다. 사람들이 계속 죄를 범하고 사랑하는데도, 사람을 용서할 수 있다고 말하는 것은 온갖 부도덕한 행위를 가득 차게 만들 것입니다. 도둑이 용서받고 나서 계속해서 도둑질을 한다면 어떻게 되겠습니까! 매춘부가 용서받고 나서 계속해서 여전히 부정한 일을 한다고 생각해 보십시오! 술주정뱅이가 용서받았지만 여전히 술을 즐긴다면 어떻게 되겠습니까! 그렇다면 복음은 불의의 종이 될 것이며, 도덕이 법이 되어야 하는 복음을 전하는 우리에게 맞지 않는 것이 될 것입니다. 그러나 복음은 그렇지 않습니다. 회개하지 않는 죄인들은 정죄받을 것입니다. 그들은 은혜에 관하여 자랑하려고 하는 것을 자랑해야 합니다. 여러분, 여러분은 자기 죄를 미워해야 합니다. 그렇지 않으면 하나님께서 여러분을 미워할 것입니다. 여러분은 돌이켜야 합니다. 그렇지 않으면 소멸될 것입니다. 여러분은 죄를 가지고 천국에 갈 수 없습니다. 어떻게 하시겠습니까? 죄를 버리고 천국에 가시겠습니까? 아니면 죄를 그대로 가지고 지옥에 가시겠습니까? 어떻게 하시겠습니까? 둘 중의 하나를 선택해야 합니다. 우리는 죄와 이혼해야 합니다. 그렇지 않으면 우리는 그리스도와 결혼할 수 없습니다. 양심이 이것을 말하지 않습니까? 여기 계시는 분들 가운데 누군가에게 "당신은 당신 하고 싶은 대로 살면서도 구원받을 소망을 가질 수 있다"고 말할 사람은 아무도 없을 것입니다. 어떤 사람이 그렇게 말했다고 하더라도, 어느 누가 그 말을 믿을지 의문입니다. 아무리 양심이 무감각해지고 양심의 목소리가 지극히 연약할지라도, 양심이 있다면, 계속해서 죄를 지으면서 용서를 받을 수 없으며, 죄를 용서받으려면 죄를 버려야 한다는 것쯤은 알고 있습니다.

　　그러나 여러분, 여러분의 양심이 이에 대해 어떻게 말하든지 간에, 하나님께서는 이같이 말씀하십니다. "죄를 자복하고 버리는 자는 불쌍히 여김을 받으리라"(잠 28:13). 그러나 회개하지 않는 자에게는 아무런 약속이 없습니다. 회개하는 자는 용서받을 것이라고 하나님께서 선언하십니다. "무릇 마음이 가난하고 심령에 통회하며 내 말을 듣고 떠는 자 그 사람은 내가 돌보려니와"(사 66:2). "여호와가 누구이기에 내가 그의 목소리를 들어야 하느냐"(출 5:2)고 말하는 교만한 바로에게는 여호와의 임재로부터 오는 영원한 파멸 외에 아무것도 없습니다. 계속해서 죄를 짓고 완고하게 행하는 자는 갑작스럽게 멸망하고 아무 대책이 없을 것입니다. 계속해서 죄를 행하기로 마음먹는 여러분에게는 전할 사죄가 없습니다. 애정어린 부드러운 말은 일절 할 수 없고, 심판과 맹렬한 진노를 두렵게 보이는 것 외에 아무 전할 것이 없습니다. 그러나 여러분이 죄를 혐오하고, 하나님의 성령으로 지난날의 삶을 미워하게 되었다면, 예수 그리스도 안에서 새 사람이 되기를 간절히 바란다면, 나는 여러분에게 사랑의 말을 하지 않을 수 없습니다. 예수님을 믿고 그에게 자신을 맡기십시오. 왜냐하면 예수께서 "내게 오는 자는 내가 결코 내쫓지 아니하리라"고 말씀하셨기 때문입니다. "너희의 죄가 주홍 같을지라도 눈과 같이 희어질 것이요 진홍 같이 붉을지라도 양털 같이 희게 되리라"(사 1:18). 계속해서 죄를 지으려고 하는 자는 누구에게나 문이 닫히고 굳게 잠겨 있지만, 지옥에서 나온 지극히 큰 죄인이라도 이제 죄를 떠나 예수님을 굳게 붙잡고 의지하면, 그런 자에게도 문이 활짝 열립니다.

4. 마지막 요점은 이것입니다.
회개와 회심이 장차 매우 귀하게 간주될 것입니다.

본문이 이같이 말하고 있기 때문입니다. "너희 죄 없이 함을 받으라 이같이 하면 새롭게 되는 날이 주 앞으로부터 이를 것이요."

사실 매우 어려운 구절입니다. 그 의미는 좀처럼 알기가 어렵습니다. 이 구절에는 서너 가지 의미가 따라다녔습니다. 첫째로, 내 생각에 그것은 이 뜻입니다. 회개하고 회심하는 자는, 죄사함에 언제나 따라다니는 달콤한 평강의 때에 죄 없이 함을 맛보게 될 것이라는 말입니다. 사람이 죄 때문에 철저히 무너진 뒤에, 하나님께서 그를 매우 부드럽게 대하십니다. 회심 직후의 시간이야말로 인간 생활의 가장 행복한 때에 속합니다. 여러분은 우리가 이 노래를 어떻게 부르는지 압니다. "내가 주님을 처음 보았을 때 복이 있는 곳을 알았네."

부러진 뼈가 낫기 시작할 때, 다윗은 그 점을 이렇게 표현합니다. "주께서 꺾으신 뼈들도 즐거워하게 하소서"(시 51:8). 그때는, 죄수가 처음 감옥에서 나올 때, 차꼬가 처음으로 풀려 땅에 떨어지면서 쨍그렁하는 소리가 들릴 때입니다! 병자가 양심의 가책이라는 병실을 떠나 자유로운 공기를 호흡하고 용서받은 죄인의 건강을 느낄 때입니다! 용서받는다는 것이 얼마나 큰 복인지 여러분이 안다면, 여러분은 결코 그리스도에게서 멀리 떨어져 있지 않을 것입니다. 그러나 여러분은 귀한 피로 씻음을 받고, 아름답고 하얀 세마포로 옷 입고 하늘 아버지께서 목에 입 맞추는 것이 얼마나 달콤한 것인지 알지 못하고 말하지도 못합니다! "너희가 회개하고 돌이켜 너희 죄 없이 함을 받으라 이같이 하면 새롭게 되는 날이 주 앞으로부터 이를 것이요."

이 "새롭게 되는 날"이란, 아마도 기독교 교회에서 일어나는 부흥의 시간을 가리키는 것일 수도 있습니다. 사랑하는 친구 여러분, 여러분이 새롭게 하는 부흥에 참여할 수 있는 길은 여러분 자신이 회개하고 회심하는 것밖에 없습니다.

부흥운동은 교회를 크게 새롭게 하는 일입니다. 강력한 물결이 온 영국을 휩쓸기를 나는 기도합니다. 우리에게는 절실하게 필요한 일입니다. 그러나 용서받지 못한 죄인에게 부흥운동이 무슨 소용이 있습니까? 그것은 마치 시체 위로 부는 부드러운 남풍과 같은 것입니다. 이 남풍이 시체에 따뜻한 온기를 불어넣을 수 없습니다. 여러분이 부흥운동의 일반적인 기쁨 가운데서 회개하고 회심한다면, 여러분은 죄 없이 함을 받는 이 기쁨을 누릴 것입니다.

또 한 가지는, 문맥에 따를 때 본문은 재림을 의미합니다. 예수께서 머지 않아 두 번째로 오실 것입니다. 그의 오심은 마치 광야에 가득 몰려오는 강력한 소나기와 같을 것입니다. 그리스도의 교회는 소생하고 새롭게 될 것입니다. 그리스도의 교회가 혼수 상태에서 다시 한 번 머리를 들고 무덤에서 몸을 일으킬 것입니다. 그리스도께서 오실 때 구원받지 못한 여러분에게는 화가 있을 것입니다. 주의 날이 여러분에게는 빛이 아니라 어둠이 될 것이기 때문입니다. 그리스도께서 회심하지 않은 자들에게 오실 때에는 "용광로 불 같은 날이 이르리니 교만한 자와 악을 행하는 자는 다 지푸라기 같을 것"(말 4:1)입니다. 그러나 "그가 임하시는 날을 누가 능히 당하며 그가 나타나는 때에 누가 능히 서리요 그는 금을 연단하는 자의 불과 표백하는 자의 잿물과 같을 것이라 그가 은을 연단하여 깨끗하게 하는 자 같이 앉아서 레위 자손을 깨끗하게 하되 금, 은 같이 그들을 연단할 것이라"(말 3:2,3).

여러분이 회개하고 회심한다면, 주의 오시는 날에 온전히 용서받은 자로 서게 될 것입니다. 그때는 하늘과 땅이 비틀거리고, 견고한 바위가 녹기 시작하며, 별들이 시든 무화과잎처럼 떨어질 것입니다. 나팔소리가 아주 크고 길게 울려 퍼지며 "죽은 자들아 일어나 와서 심판을 받으라"는 소리가 들리고, 큰 심판이 베풀어지고 거기에 재판장이 계시되, 죽은 자와 산 자의 재판장이 계셔서 의인과 악인을 갈라내실 것입니다. 주께서 그날에 여러분에게 자비를 베푸십니다. 주님의 은혜로 여러분이 "너희가 회개하고 돌이켜 죄 없이 함을 받으라 이같이 하면 새롭게 되는 날이 주 앞으로부터 이를 것이요"라는 본문의 말씀에 순종한다면, 그날에 주께서 여러분에게 자비를 베푸실 것입니다.

제
6
장

—

구원의 길

—

"다른 이로써는 구원을 받을 수 없나니
천하 사람 중에 구원을 받을 만한 다른 이름을
우리에게 주신 일이 없음이라." — 행 4:12

하나님의 종들이 모든 것을 자기 사역에 이용할 수 있다면, 그것은 매우 복된 환경입니다. 자, 베드로 사도는 나면서 못 걷게 된 자를 고친 일에 대해 답변하도록 민족의 지도자들인 바리새인과 사두개인들 앞에 소환되었습니다. 이 병자를 고친 일에 대해, 혹은 이런 표현을 쓸 수 있다면, 일시적인 구원을 베푼 일에 대해 설명하는 동안, 베드로 사도는 이 생각을 하였습니다. '나면서 못 걷게 된 이 사람을 구원한 일에 대해 설명하는 동안, 이런 경우가 아니라면 우리의 애기를 듣지 않을 이 사람들에게 영혼이 구원받는 길을 전할 기회를 갖게 된 것이다.' 그래서 베드로 사도는 적은 일에서 큰 일로, 사람의 사지를 고치는 일에서 사람의 영혼을 고치는 일로 이야기를 전개해 나갑니다. 이 무기력한 사람이 온전케 된 것은 예수 그리스도의 이름으로 된 것임을 일단 그들에게 알리고 나서, 베드로는 이제 구원, 위대한 구원이 그와 동일한 수단에 의해 이루어짐을 알립니다. "다른 이로써는 구원을 받을 수 없나니 천하 사람 중에 구원을 받을 만한 다른 이름을 우리에게 주신 일이 없음이라."

"구원"은 참으로 놀라운 말입니다! 구원은 과거 모든 죄에서 우리 양심을 깨끗이 하는 것과, 현재 우리 속에서 강하게 지배하는 악으로 향하는 모든 성향에서 우리 영혼을 건지는 일을 포함합니다. 구원은 사실 아담이 행한 모든 일의 원상 복구를 포함합니다. 구원은 사람을 그의 타락한 지위에서 완전히 회복시키는 것입니다. 하지만 사실 구원은 그 이상의 것입니다. 왜냐하면 하나님의 구원은 우리를 타락하기 전의 위치보다 더 안전한 곳으로 올려주기 때문입니다. 구원은, 우리가 우리의 첫 조상의 죄로 인해 산산이 깨어지고 타락하고 더러워졌으며 저주받은 것을 알고, 먼저 우리의 상처를 치료합니다. 우리의 질병을 제거하고 우리에게서 저주를 거두어갑니다. 구원은 우리의 발을 예수 그리스도라는 반석 위에 우리를 세우고, 이렇게 함으로써 마침내 모든 정사와 권세 위에 두각을 나타내고, 천국의 왕이신 예수 그리스도와 함께 영원히 보좌에 앉힐 것입니다.

어떤 사람들은 "구원"이라는 말을 쓸 때, 그 말로써 지옥으로부터 구원과 천국에 들어감만을 뜻합니다. 자, 그것은 구원이 아닙니다. 그 두 가지는 구원의 **결과**입니다. 우리가 지옥으로부터 건짐을 받는 것은 우리가 구원받았기 때문이고, 우리가 천국에 들어가는 것은 이미 구원받았기 때문입니다. 우리의 영원한 상태는 우리가 이 세상에서 구원받은 결과입니다. 구원은 그 모든 것을 포함한다는 것이 맞는 말입니다. 왜냐하면 구원은 그 모든 것의 어머니이며, 그 모든 것을 전달하는 그릇입니다. 그러나 그것이 그 단어가 의미하는 전부라고 생각하면, 잘못 생각한 것입니다. 구원은, 우리가 방황하는 양으로 있을 때부터, 양우리로 들여보냅니다. 구원은 친구와 이웃들을 다 부르고, 우리를 인해서 기뻐하며, 일생 동안 내내 양우리 안에 보호합니다. 그 다음에, 마침내 천국의 푸른 풀밭과 지극히 복된 잔잔한 물가로 우리를 인도하고, 거기에서 우리는 목자장의 앞에서 다시는 흩어지지 않고 영원히 누워 지냅니다.

본문은, 구원의 길은 하나밖에 없다고 말합니다. "다른 이로써는 구원을 받을 수 없나니 천하 사람 중에 구원을 받을 만한 다른 이름을 우리에게 주신 일이 없음이라." 나는 먼저 여기서 가르치고 있는 소극적인 진리, 즉 그리스도를 떠나서는 구원이 없다는 가르침을 볼 것입니다. 그리고 다음에는 두 번째로, 여기서 추론할 수 있는 적극적인 진리, 즉 예수 그리스도 안에 구원이 있고, 우리가 그 구원으로 틀림없이 구원받는다는 것입니다.

1. 첫째로, 소극적인 사실을 살펴봅시다.
"다른 이로써는 구원을 받을 수 없나니."

여러분은 언젠가 종교의 불관용을 주의해 본 적이 있습니까? 옛날에 다른 신들을 섬긴 이교도들은 모두 이웃들의 신을 존중하였습니다. 예를 들면, 이집트의 왕은 니느웨의 신들이 참되고 진짜 신이라고 고백하곤 하였고, 바빌로니아의 왕자는 팔레스타인의 신들이 참된 신이라는 것을 인정하곤 하였습니다. 그러나 이스라엘의 하나님 여호와는 이것을 첫 번째 계명으로 말합니다. "너는 나 외에는 다른 신들을 네게 두지 말라"(출 20:3). 그리고 여호와는 이스라엘 백성이 다른 어떤 민족의 신들에게 조금이라도 존경을 표시하는 것을 허락하지 않았습니다. "그것들을 다 깨뜨리며 그들의 제단들을 헐고 그들의 주상을 깨뜨릴지어다"(출 23:24; 34:13). 다른 모든 민족들은 서로에 대해 관용하였지만, 유대인들은 그렇게 할 수 없었습니다. 유대인의 신앙은 "이스라엘아 들으라 우리 하나님 여호와는 오직 유일한 여호와이시니"(신 6:4)라고 말하는 것이었습니다. 하나님은 한 분밖에 없고 그 하나님이 여호와이시라는 믿음의 결과로, 유대인은 모든 거짓 신들을 별명으로 부르고 욕하며 경멸하는 것을 필수적인 의무로 느꼈습니다.

자, 여러분도 보다시피, 기독교 신앙은 이처럼 불관용적입니다. 여러분이 브라만교 사람에게 구원의 길을 아느냐고 묻는다면, 십중팔구 그는, 자신의 진실한 종교적 신념을 따르는 사람들은 모두 틀림없이 구원받을 것이라고 말할 것입니다. 그는 이렇게 말할 것입니다. "여기 이슬람교도들이 있다고 합시다. 그들이 마호메트의 가르침에 순종하고 마호메트가 가르친 것을 의심 없이 진실하게 믿으면 마침내 알라 신이 그들을 영광스럽게 할 것이다." 브라만교 사람은 기독교 선교사를 못마땅하게 보며 이렇게 말합니다. "당신이 여기에 당신의 기독교 신앙을 가져와서 우리를 소란스럽게 하는 것이 무슨 소용이 있소? 내가 말하지만 우리가 우리 신앙에 충실하면 우리 종교도 능히 우리를 천국에 데려다 줄 수 있소."

자, 그러면 본문을 들어봅시다. 기독교 신앙은 다른 종교들을 절대로 관용하지 않습니다! 브라만교 사람은 자기들 종교 외에, 오십 가지 종교에도 구원이 있다고 인정할 수 있습니다. 그러나 우리는 그런 점을 인정하지 않습니다. 예수 그리스도를 떠나서는 참된 구원은 없습니다. 이교도의 신들은 거짓 관용을 가지고 우리에게 다가와서, 모든 사람이 자신의 양심적인 신념을 따르면 구원받을 수 있다고 말할 수 있습니다. 그에 대해 우리는 이렇게 답합니다. 그런 일은 없다. 다른 어떤 종교에도 구원이 없다. "천하 사람 중에 구원을 받을 만한 다른 이름을 우리에게 주신 일이 없음이라."

자, 내가 이 단어를 다시 한 번 쓸 수 있다면, 기독교가 이렇게 불관용의 태도를 보이는 것은 무엇 때문이라고 생각하십니까? 그것은 유대인과 그리스도인에게 모두 적용되는 진리가 있기 때문이라고 생각합니다. 수많은 잘못이 있어도 서로 평화롭게 지낼 수 있습니다. 그러나 진리는 그 모든 것을 산산조각 내는 해머입니다. 거짓을 말하는 수많은 종교들은 한 침상에서 평화롭게 누워 있을 수 있습니다. 그러나 기독교가 진리로 들어가는 곳에서는 어디든지, 기독교는 횃불과 같습니다. 그래서 기독교는 세상의 오류라는 나무와 건초, 그루터기처럼 실질적인 아닌 것은 어떤 것이든 견디지 못합니다. 이교도의 모든 신들과 다른 모든 종교들은 지옥에서 태어났습니다. 그러므로 같은 아버지의 자식들이므로 이 신들과 종교들이 서로 불화하고 비난하며 싸우는 것은 맞지 않는 일일 것입니다. 그리스도의 종교는 하나님에게 속하고, 그 계통은 위로부터 난 것입니다. 그러므로 일단 기독교가 불경건하고 반대하는 세대 가운데 들어갈 때, 기독교는 평화도 협상도 조약도 없었습니다. 기독교는 진리이고, 따라서 오류와 멍에를 같이 멜 수 없기 때문입니다. 즉 기독교는 자기 권리를 주장하고, 오류에 대해서는 오류로 정당하게 대하여, 거기에 구원이 없고 구원은 진리에서, 오직 진리에서만 찾아야 한다고 선언합니다.

다시 한 번 말하지만, 그것은 우리가 여기에서 하나님의 재가를 받기 때문입니다. 자기 스스로 어떤 신조를 만들어 낸 사람이 그 신조를 믿지 않는 모든 사람은 정죄를 받아야 한다고 주장한다면, 타당하지 않을 것입니다. 그것은 우리가 웃을 수밖에 없는, 공연히 트집을 잡고 지나치게 편협한 생각일 것입니다. 그러나 그리스도의 종교는 하늘, 곧 모든 진리의 창시자이신 하나님으로부터 계시된 것입니다. 이 하나님은 기독교를 거부하는 자는 누구든지 긍휼히 여기심을 받지 못하고 멸망할 것이라는 무서운 조건을, 이 진리에 덧붙일 권리가 있으신 분입니다. 그 점을 선포하는 가운데 사람은 그리스도를 떠나서는 아무도 구원받을 수 없다고 말하는 것입니다. 사실 우리는 불관용주의자가 아닙니다. 우리는 다만 하늘로부터 말씀하시는 분, 그리스도를 떠나서는 구원이 없는 것을 알기에 그리스도의 종교를 거부하는 사람에게 저주가 있다고 선언하시는 분의 말씀을 그대로 반영하는 것일 뿐입니다. "다른 이로써는 구원을 받을 수 없나니 천하 사람 중에 구원을 받을 만한 다른 이름을 우리에게 주신 일이 없음이라."

자, 이쯤해서 한두 사람이 이렇게 말하는 것을 듣습니다. "그러면 당신은 그리스도를 떠나서는 아무도 구원받지 못한다고 가정하십니까?" 내 대답은, 내가 그렇게 가정하는 것이 아니라, 본문에서 그 점을 분명하게 가르치는 것을 본다는 것입니다. 어떤 사람은 이렇게 말합니다. "그건 그렇다고 하더라도, 어린 아기들의 죽음에 대해서는 어떻게 생각해야 합니까? 아기들은 실제로 아무 죄도 짓지 않고 죽지 않습니까? 이 아기들은 구원받습니까? 구원받는다면 어떻게 구원을 받습니까?" 그 아기들이 구원받는 것은 확실합니다. 유아시에 죽는 어린아이들은, 지극히 복된 세 번째 하늘에서 영원히 거하도록 올려갑니다. 그러나 이 점을 유의해야 합니다. 어떤 아기도 그리스도의 죽으심 없이는 구원받지 못하였다는 것입니다. 예수 그리스도께서 유아시에 죽는 모든 아이들을 그의 피로 사신 것입니다. 그 아기들은 침례를 받지 않았지만, 모두 중생하였습니다. 필시 그 아기들이 죽는 순간에 성령의 숨결에 의해 놀라운 변화가 그들에게 일어나 예수님의 피가 그들에게 적용되며, 그래서 그 아기들이 부모로부터 물려받은 원죄의 모든 부패에서 씻음을 받았고, 이렇게 해서 깨끗이 씻김을 받고서 천국에 들어가는 것입니다. 그렇지 않으면 우리의 사랑하는 아기들이 "우리를 사랑하사 그의 피로 우리 죄에서 우리를 해방하시고"(계 1:5)라는 이 영원한 노래를 함께 부르지 못할 것입니다. 아기들이 그리스도의 피로 씻겨지지 않으면, 하나님 보좌 주위에서 영원히 울려 퍼지는 이 우주적인 노래에 합류할 수 없을 것입니다. 우리는 유아시에 죽은 아기들이 한 아기도 빠짐없이 모두 구원을 받는다고 믿습니다. 그러나 주 예수 그리스도의 유일한 그 큰 희생을 떠나서는 아무도 구원을 받을 수 없습니다.

또 어떤 사람은 이렇게 이야기합니다. "그러면 이교도들은 어떻게 됩니까? 그들은 그리스도를 모릅니다. 이교도는 구원을 받습니까?" 성경은 이교도의 구원에 관하여 이야기하는 것은 거의 없다는 점에 주의해야 합니다. 성경에는 이교도는 모두 멸망한다고 추론할 수 있는 구절들이 많이 있습니다. 반면에 이교도들 가운데서도 그리스도의 피에 참여하는 사람들이 있음을 믿게 하는 구절들도 있습니다. 그들은 하나님의 은밀한 영으로 인도를 받아, 어둠 가운데서 하나님을 추구하고 자기들이 본성으로는 발견할 수 없는 것을 찾으려고 노력하는 사람들입니다. 그래서 자기의 피조물을 사랑하는 무한히 자비하신 하나님께서 그들의 마음에 이런 계시, 곧 천국의 일들에 대한 어둡고 신비한 계시들을 비추어 주시기를 기뻐하셔서, 십자가를 보거나 그들 가운데서 십자가에 못 박힌 그리스도를 분명히 보는 것이 없이 예수 그리스도의 피에 참여할 수 있게 된 사람들입니다. 많은 이교도 땅에서, 선교사들이 그곳에 찾아가기 전에 이미 그리스도의 종교를 추구하는 강한 열망이 있었던 것을 볼 수 있었습니다. 샌드위치 제도에서, 우리 선교사들이 거기에 가기 전에 초라한 야만인들의 마음속에 이상한 동요가 있었습니다. 그 야만인들은 그것이 무엇인지 몰랐습니다. 그들은 모두 갑작스럽게 자신들의 우상 숭배가 불만스러웠고, 자신들이 지금까지 깨달았던 것보다 더 낫고 고상하고 순수한 어떤 것을 추구하는 강한 열망을 갖게 되었습니다. 그래서 예수 그리스도를 전파하자마자, 그들은 기꺼이 자신들의 우상 숭배를 다 버리고 예수 그리스도를 자신들의 힘이요 구원으로 붙잡았습니다. 자, 우리는 이것이 성령께서 이 불쌍한 야만인들에게 예수 그리스도를 추구할 마음이 생기도록 은밀히 역사한 성령의 활동이었다고 믿습니다. 복음이 전혀 전파되지 않았다고 생각한 외딴 지역에서, 깜깜한 눈을 열어주고 불쌍하고 미개한 마음을 그리스도의 십자가 밑으로 인도하기에 충분할 수 있는, 성경의 어떤 장이나 성경 구절임을 알 수 있게 하는 어떤 구절을 발견할 수 있다고 밖에 말할 수 없습니다. 그러나 이것만큼은 확실합니다. 옛날 철학의 시대에서 살았든지 현재 야만 지역에 있든지 간에, 아무리 도덕적인 이교도들이라 할지라도 예수 그리스도라는 이름을 떠나서 하나님 나라에 들어간 적은 없고, 들어갈 수도 없었습니다. "다른 이로써는 구원을 받을 수 없나니." 사람이 자기 방식으로 구원을 찾고 얻으려고 노력할 수 있지만 결코 구원을 얻을 수 없습니다. "천하 사람 중에 구원을 받을 만한 다른 이름을 우리에게 주신 일이 없기" 때문입니다.

　　그러나 친구 여러분, 어쨌든 우리가 이 주제를 다루면서, 사변적인 문제들에 대해 이야기하기보다 우리 자신에게 직접적으로 와 닿는 이야기를 하는 것이 훨씬 나을 것입니다. 여러분에게 이 점을 물어보겠습니다. 여러분은 다른 이로써는 구원을 받을 수 없다는 이 중대한 소극적 사실이 진리라는 것을 경험을 통해 입증한 적이 있습니까? 나는 지금 이 회중 앞에서 그것이 참으로 맞다는 것을 엄숙히 밝히는 이때에, 내가 아는 것을 말씀드리고 내가 본 것을 증언할 수 있습니다.

　　한때 나는 선행에 구원이 있다고 생각했습니다. 그래서 나는 열심히 일하고, 성품을 성실하고 강직하게 유지하려고 부지런히 힘썼습니다. 그러나 성령이 내 마음속에 들어오자 "죄는 살아나고 나는 죽었습니다"(롬 7:9). 내가 선하다고 생각한 것이 악한 것임이 드러난 것입니다. 내가 거룩하다고 생각하는 점에서 내 자신이 거룩하지 않다는 것을 발견하였습니다. 나의 최선의 행동에 죄가 있었고, 나의 흘리는 눈물에도 슬퍼해야 할 것이 있으며, 나의 기도가 하나님의 용서가 필요하다는 것을 발견하였습니다. 내가 율법의 행위로 구원을 받으려고 하고 있고, 내 모든 선행을 이기적인 동기에서, 즉 내 자신을 구원하기 위해 행하고 있었으며, 따라서 그 선행을 하나님이 받으실 수 없다는 것을 깨닫게 되었습니다. 나는 내 자신이 바로 두 가지 충분한 이유로 선행으로 구원받을 수 없다는 것을 알았습니다. 첫째로, 내게는 아무 선행이 없었다는 것이고, 설사 어떤 선행이 있었다고 할지라도 그 선행이 나를 구원할 수 없었다는 것입니다.

그 후에 나는 어느 정도는 개심에 의해서, 또 어느 정도는 그리스도를 의지함에 의해서 확실히 구원을 얻을 수도 있다고 생각하였습니다. 그래서 나는 다시 노력하였고, 내가 좀 더 기도를 하고, 인내의 눈물을 조금 더 흘리고, 개선하겠다는 서약을 하면 모든 것이 잘 될 것이라고 생각하였습니다. 눈이 먼 채 맷돌을 돌리는 불쌍한 말처럼 많은 날 동안 지치도록 수고한 후에 나는 내가 조금도 더 앞으로 나가지 못했는데, 이는 하나님의 진노가 여전히 내 위에 머물러 있기 때문이라는 것을 발견하였습니다. "누구든지 율법 책에 기록된 대로 모든 일을 항상 행하지 아니하는 자는 저주 아래에 있는 자라 하였음이라"(갈 3:10). 내 마음속에는 세상이 결코 채워줄 수 없는 괴로운 공허, 고통과 근심의 공허가 여전히 있었습니다. 나는 내 영혼이 갈망하는 안식에 도달할 수 없었기 때문에 몹시 괴로웠습니다.

여러분은 천국에 이르는 이 두 가지 방법을 시도해 본 적이 있습니까? 여러분이 그 방법들을 시도해 보았다면, 틀림없이 여러분은 성령으로 말미암아 그 방법들에 아주 신물이 났을 것입니다. 왜냐하면 여러분이 무엇보다 다른 모든 문이 완전히 닫혔다는 것을 고백하게 되기 전까지는 결코 하나님 나라에 들어가지 못할 것이기 때문입니다. 사람이 다른 모든 방법을 시도해 보기 전에는, 아무도 좁고 곧은 이 길을 통해 하나님께 오지 못했습니다. 자신이 기진맥진하고 완전히 실패하고 패배하였다는 것을 발견할 때, 고통스럽지만 어쩔 수 없이 우리는 활짝 열려 있는 유일한 샘으로 몸을 돌리고, 거기에서 우리를 씻고 깨끗하게 됩니다.

어쩌면 오늘 아침 여러분 가운데는, 교회의 의식들을 통해 구원을 얻으려고 하는 분들이 있을지 모르겠습니다. 여러분은 어렸을 때 유아세례를 받았습니다. 정기적으로 성찬에 참여합니다. 예배에 꼬박꼬박 참석합니다. 그리고 그밖에 다른 교회의 의식들이 있다면 여러분은 거기에도 참석할 것입니다. 아, 사랑하는 교우 여러분, 이 모든 것들이 구원의 문제에서는 바람 앞에 겨와 같습니다. 그런 것들은 그리스도 안에서 하나님의 용납하심을 받는 길로 나아가도록 하는데 한 걸음도 도울 수 없습니다. 여러분이 이같이 하찮은 것들로 구원을 쌓으려 하는 것은, 마치 여러분이 물을 가지고 여러분의 집을 지으려는 것과 같습니다. 여러분이 구원을 받았다면, 이런 것들이 여러분에게 충분히 선한 것입니다. 그러나 여러분이 그런 일들을 통해 구원을 얻으려고 한다면, 그런 것은 여러분 영혼에 물 없는 샘과 같고 비 없는 구름과 같으며, 뿌리째 뽑혀 죽은 시든 나무와 같습니다. 사람들이 스스로를 구원하기 위해 고안한 방법들이 무수히 많기 때문에, 구원을 추구하는 여러분의 방법이 무엇이 되었든지 간에, 거기서 여러분은 이 구절에서 울려 나오는 죽음의 종소리를 들어야 합니다. "다른 이로써는 구원을 받을 수 없나니 천하 사람 중에 구원을 받을 만한 다른 이름을 우리에게 주신 일이 없음이라."

2. 자, 이제는 본문에서 추론할 수 있는 적극적인 사실,
곧 예수 그리스도 안에 구원이 있다는 점을 살펴봅시다.

간단히 한 마디를 한다면 나는 천사들의 노랫소리로 그것을 표현할 수 있겠습니다. "지극히 높은 곳에서는 하나님께 영광이요 땅에서는 하나님이 기뻐하신 사람들 중에 평화로다"(눅 2:14). 예수 그리스도 안에 구원이 있다는 이 달콤한 사실에 하나님의 수많은 자비가 한데 묶여 있습니다. 나는 이제 여기 이 자리에 계신 분들 가운데 예수 그리스도 안에서 자신이 구원받는 것에 대해 의심하는 분에 대해서 이야기하려고 합니다. 나는 그분이 구원받을 수 있고, 그리스도 안에 그를 위한 구원이 있다는 사실을 특별히 그분에게 애정을 가지고 간절한 심정으로 설명하려고 합니다.

"나는 당신이 죄인인 것을 압니다!" 당신은 오랫동안 구원에 이르는 길을 찾으려고 애써왔으나 찾지 못했습니다. 지금까지 당신은, 눈을 현란케 하면서 당신을 속이는 많은 속임수들을 당해 왔으나 아직까지 당신의 지치고 불쌍한 발을 감싸줄 견고한 토대를 찾지 못했습니다. 이제 죄로 둘러싸여 있지만, 당신은 위를 바라볼 수 없습니다. 죄책이 무거운 짐처럼 등에 지워져 있고, 아무 말을 하지 못하고 있습니다. 용서하여 주시라고 감히 부르짖을 생각을 아직까지 하지 못하고 있기 때문입니다. 여러분은 스스로 자신을 정죄하게 될까봐 말하기를 두려워합니다. 사탄이 당신의 귀에 대고 이렇게 속삭입니다. "너는 이제 끝났어. 너 같은 자에게 베풀 자비는 아무것도 없어. 너는 정죄받았고, 정죄받아야 마땅해. 그리스도가 많은 사람을 구원할 수 있지만 너를 구원할 수는 없어." 불쌍한 당신에게 내가 말해 줄 수 있는 것은 이것뿐입니다. 나와 함께 그리스도의 십자가로 갑시다. 가면 거기에서 당신의 불신앙을 제거해 줄 어떤 것을 보게 될 것입니다. 저기 나무에 못 박힌 사람이 보입니까? 당신은 저 사람이 어떤 분인지 아십니까? 저분은 점도 없고 흠도 없으며, 그와 같은 오점이 아무것도 없는 분이십니다. 저분은 도둑이 아닌데, 중죄인의 죽음을 당합니다. 저분은 살인자가 아니고 자객이 아닌데, 두 행악자 사이에서 십자가에 못 박힙니다. 그는 그런 분이 아닙니다. 저분은 본래 죄가 없이 순결하신 분입니다. 저분의 삶은 흠 하나 없이 거룩하였습니다. 그의 입에서는 복된 말만 나왔습니다. 그의 손은 선행으로 가득하였고, 그의 발은 자비를 행하는 일에 민첩하였습니다. 저분의 마음은 거룩함으로 깨끗하였습니다. 저분에게는 사람이 비난할 수 있는 것이 아무것도 없었습니다. 심지어 저분의 원수들조차 고소하고 거짓 증거를 대려고 애썼지만, 그 거짓 증거들조차 "서로 일치하지 않았습니다." 여러분은 죽어가는 저분이 보입니까? 죄인이여, 저와 같은 분의 죽음에는 공덕이 있음에 틀림없습니다. 그 자신이 아무 죄가 없는데 그런 분이 죽음에 처해진다면, 그것은 다른 사람들의 죄를 위한 것임에 틀림없기 때문입니다. 하나님께서는 저분이 죽음을 받을 만한 이유가 없는데 저분을 괴롭게 하고 슬프시게 하려고 하지 않으셨을 것입니다. 하나님은 아무 죄가 없는 분을 멸망시키는 폭군이 아니십니다. 하나님은 의로운 분을 처벌하시는 불의하신 분이 아닙니다. 그렇기 때문에 저분은 다른 사람들의 죄를 위해 고통을 받으신 것입니다.

"그는 자신의 죄가 아니라 다른 사람의 죄를 속하기 위해 죽으셨다."

그리스도의 순결함을 생각해 보십시오. 그리고 그 안에 구원이 없는지 보십시오. 이제 당신의 어둠을 가지고 와서 그분의 깨끗함을 보십시오. 당신의 더러움을 가지고 와서, 그분의 순결함을 보십시오. 백합 같은 그 순결을 보고 그의 붉은 피가 당신의 죄에 넘쳐흐르는 것을 볼 때, 속삭이는 이 음성을 들으시기 바랍니다. 그는 "우리와 똑같이 시험을 받으신 이로되 죄는 없으신"(히 4:15) 분이고, 따라서 그의 피의 공로가 커서 당신을 구원하실 수 있습니다. 하나님께서 당신이 그분을 믿도록 도와주시기를 바랍니다!

　　그러나 이것이 그분을 당신에게 추천하는 큰 일이 아닙니다. 십자가에서 죽으신 분이 바로 영원한 하나님의 아들이셨다는 것을 기억하시기 바랍니다. 당신은 그분이 보입니까? 자, 다시 한 번 그분을 보십시오. 그의 손과 발에서 피가 흐르는 것이 보입니까? 바로 그분이 전능하신 하나님이십니다. 나무에 못 박힌 저 손은 세상을 흔들 수 있는 손이고, 못에 뚫린 그 발은, 그분이 하고자 하면 산이라도 발로 밟아 녹일 수 있는 힘을 지닌 발입니다. 지금 고통과 약함 가운데 고개 숙이고 있는 그 머리는, 신성의 지혜가 담긴 머리이고, 한 번 끄덕이면 우주를 떨게 할 수 있는 머리입니다. 저기 십자가에 달려 있는 저분은, 그분이 없었다면 지어진 것이 하나도 존재하지 못했을 그런 분이십니다. 즉 만물이 그로 말미암아 조성된 분, 곧 조물주요 창조주요 보존하시는 분이요 섭리의 하나님이시요 은혜의 하나님이십니다. 당신을 위해 죽으신 저분은 무엇보다 영원히 찬송받으실 하나님이십니다. 자, 죄인이여, 이와 같으신 구주에게 구원하실 무슨 능력이 있습니까? 그가 단순히 사람에 불과하다면 나는 당신에게 그를 믿으라고 하지 않을 것입니다. 그러나 그분이야말로 바로 사람의 몸을 입고 성육신하신 하나님이시므로, 나는 당신에게 그분을 의지하라고 권합니다.

　　"그분은 구원하실 수 있고 구원하시려 한다는 것을 더 이상 의심하지 마십시오."

　　"그분은 자신을 통해 하나님께 오는 자들을 온전히 구원하실 수 있습니다."

　　여러분이 하나님 아버지께서 그리스도의 제사를 받으셨다는 점을, 그분 그리스도를 믿을 수 있는 믿음에 대한 위로로 다시 한 번 생각해 보시기 바랍니다. 여러분이 지극히 두려워해야 할 것은 하나님의 진노입니다. 하나님 아버지께서는 여러분이 범죄하였고, 여러분의 죄에 대해 여러분을 형벌하실 것이라고 하나님께서 맹세하셨기 때문에, 하나님은 여러분에 대해 진노하고 계십니다. 자, 예수 그리스도께서 회개하였거나 앞으로 회개할 모든 죄인을 대신해서 형벌을 받으셨습니다. 예수 그리스도께서 대속물이자 속죄양으로 서신 것입니다. 하나님 아버지께서 죄인 대신에 그리스도를 받으셨습니다. 이 사실을 안다면, 죄인인 당신이 마땅히 하나님을 영접해야 하지 않겠습니까? 재판장이 그 제물을 받으셨다면, 확실히 여러분도 그 제물을 받아들일 수 있습니다. 하나님께서 만족하신다면, 틀림없이 여러분도 만족할 수 있습니다. 대변에 완전하고 자유로운 채무의 소멸이 기록되었다면, 그 채무의 소멸을 하나님이 만족하게 여기셨기 때문에, 불쌍한 채무자인 당신은 기뻐하며 여러분도 그 채무의 소멸을 만족할 수 있습니다. 그런데 당신은 하나님께서 그리스도의 속죄를 받으셨다는 것을 내가 어떻게 아느냐고 물으시겠습니까? 여러분은 그리스도께서 죽은 자들 가운데서 다시 일어나셨음을 생각하시기 바랍니다. 그리스도께서 죽은 뒤에 무덤이라는 감옥에 던져졌는데, 거기에서 그리스도는 하나님께서 그의 속죄를 받으실 때까지 기다리셨습니다.

"예수께서 빚을 다 갚지 않으셨다면 결코 자유롭게 되지 못하셨습니다."

하나님께서 우리를 의롭다 하시기 위한 그의 속죄를 받으시지 않았다면, 그리스도께서 오늘까지 무덤에 계셨을 것입니다. 하나님께서 하늘로부터 내려다보시고 그리스도의 사역을 조사하시고 나서, 속으로 말씀하셨습니다. "매우 좋다. 충분하다." 그리고 한 천사를 보고 말씀하셨습니다. "천사여, 내 아들이 나의 택한 자들을 위한 볼모로 감옥에 갇혀 있다. 그가 값을 다 치렀다. 그가 스스로 그 감옥을 부수지 않을 것이다. 가라. 천사여, 가서 그 무덤 문에서 돌을 굴려내어 그를 자유롭게 풀어주어라." 천사는 내려가서 엄청나게 큰 돌을 굴려냈습니다. 그러자 구주께서 죽음의 그늘에서 일어나 살아나셨습니다. "예수는 우리를 위하여 죽으셨다가 또한 우리를 의롭다 하시기 위하여 살아나셨느니라"(롬 4:25).

어쩌면 당신이 가까이에서 들을 수 있는 또 한 가지 주장은 이것입니다. 즉 당신같이 악한 많은 사람들이 구원을 받았고, 그러므로 구원이 있다는 것입니다. 이에 대해 당신은 이렇게 말합니다. "아니오, 나처럼 악한 자는 없소." 당신이 그렇게 생각하는 것은 이해가 됩니다. 그러나 그럼에도 불구하고 당신처럼 추악한 다른 사람들이 구원받았다는 것은 틀림없는 사실입니다. 당신은 과거에 그리스도인들을 핍박했습니까? 당신은 "그렇소" 하고 말합니다. 아, 그렇지만 당신은 사울만큼 잔인하지는 않았을 것입니다! 그런데 죄인 가운데 괴수였던 자가 지극히 거룩한 성도가 되었습니다. 당신은 과거에 기독교에 대해 욕을 했습니까? 전능하신 하나님을 정면으로 저주했습니까? 그런데, 지금은 소리 높여 기도하고 하나님의 보좌에 담대히 나아가는 우리들 가운데, 당신과 같은 사람들이 있습니다. 당신은 술주정뱅이로 살아왔습니까? 좋습니다. 하나님 백성들 가운데 많은 사람들이 오랜 세월 그렇게 살았습니다. 그러나 그들은 자신의 더러움을 버리고 굳게 결심하고 주님께로 돌이켰습니다. 당신의 죄가 아무리 클지라도, 당신처럼 죄에 깊이 빠져 있던 사람들이 구원을 받았습니다. 지금까지 구원받은 사람들 가운데 당신처럼 큰 죄인이 없다고 한다면, 하나님께서는 자신이 이제까지 행하신 모든 것을 넘어서기 위해 더욱더 당신을 구원하시려 할 것입니다. 하나님은 언제나 기이한 일을 행하시기를 기뻐하십니다. 당신이 그동안의 모든 죄인보다 조금 더 앞에 있는, 죄인 가운데 괴수라면, 하나님께서는 그의 사랑과 은혜가 더 분명히 알려질 수 있도록 즐거이 당신을 구원하실 것이라고 나는 믿습니다. 그런데도 당신은 여전히 당신이 죄인 가운데 괴수라고 말합니까? 나는 그렇게 생각하지 않습니다. 죄인 가운데 괴수는 오래 전에 구원을 받았습니다. 그는 사도 바울이었습니다. 만일 당신이 죄인으로서 그를 넘어선다고 할지라도, 여전히 "온전히 구원하실 수 있다"라는 말 안에 당신이 포함됩니다. "자기를 힘입어 하나님께 나아가는 자들을 온전히 구원하실 수 있으니"(히 7:25). 죄인이여, 이것을 생각하십시오. 당신이 그리스도 안에서 구원을 발견하지 못한다면, 그것은 당신이 구원을 찾지 않기 때문일 것입니다. 왜냐하면 분명히 그리스도 안에 구원이 있기 때문입니다. 당신이 그리스도의 피로 말미암아 구원을 받지 않고 멸망한다면, 그것은 당신을 구원하는 그 피에 능력이 없기 때문이 아니라, 전적으로 당신이 그 피를 믿지 않으려 하기 때문입니다. 즉 당신이 그리스도를 믿으려 하지 않고, 그의 피를 터무니없이 고집스럽게 거부하여 스스로 파멸에 빠졌기 때문입니다. 조심하십시오. 다른 이로써는 구원을 받을 수 없고 오직 그에게만 구원이 있기 때문입니다.

　　나는 당신에게 나를 보라고 말씀드릴 수 있습니다. 내 자신이 그리스도 안에서 구원을 발견하였기 때문에, 당신을 위한 구원이 그리스도 안에 확실히 있다고 말씀드립니다. 지금까지 종종 말씀드렸듯이, 그리스도께서 나를 받아주셨음을 알고 있는 한, 나는 어느 누구든 구원받을 수 있다는 것을 결코 의심하지 않을 것입니다. 내가 처음 하나님의 자비를 구하였을 때, 하나님께서 세상 모든 사람에게 자비를 베푸셨을지라도 내게는 결코 자비를 보이시지 않을 것이라고 생각하고 캄캄한 절망 가운데 빠졌습니다! 나의 어린 시절과 젊은 시절의 죄가 늘 나를 따라다녔습니다. 나는 그 죄들을 하나씩 없애려고 하였습니다. 그러나 나는 악한 습관이라는 철 그물에 사로잡혀 있었고, 그 습관들을 버릴 수 없었습니다. 심지어 내가 죄와 관계를 끊을 수 있었을 때조차 죄책은 여전히 내 옷에 붙어 있었고, 그래서 내 자신을 깨끗이 씻을 수가 없었습니다. 나는 삼년 동안 기도하였고 무릎을 꿇고 하나님의 자비를 구하였으나 헛수고였습니다. 그러나 마침내 모든 희망을 포기하고 하나님의 즉각적인 진노가 나를 파멸시키며, 구덩이가 입을 벌리고 나를 집어삼키려고 한다고 생각하였을 때, 감사하게도 그 파멸 직전의 순간에 하나님께서 내게 나타나시고, 그냥 온전히 내 자신을 하나님께 맡기도록 가르쳐 주셨습니다. 여러분에게도 그와 같이 되기를 바랍니다. 오직 그리스도를 의지하십시오. 그리스도 안에 구원이 있기 때문입니다. 그 점을 확신하십시오.

그러나 당신이 좀 더 열심을 내도록 끝으로 이렇게 말씀드리지 않을 수 없습니다. 당신이 그리스도 안에서 구원을 발견하지 못한다면, 다른 어디에서도 구원을 발견하지 못하리라는 것을 기억하시기 바랍니다. 여러분이 그리스도께서 베푸시는 구원을 놓친다면 당신에게 참으로 두려운 일이 될 것입니다! 당신 앞에 이 말씀이 있기 때문입니다. "당신이 이같이 큰 구원을 등한히 여기면 어찌 그 보응을 피하리요"(히 2:3). 오늘 나는 많은 큰 죄인들에게 말씀을 드리고 있는 것이 아니라, 그 죄인들 가운데 특별히 어떤 사람에게 말씀드리고 있는 것입니다. 우리가 큰 죄인이든지 아니든지 간에, 우리가 그리스도 구주 안에서 유익을 얻지 못한 채 죽는다면, 그것은 참으로 두려운 일이 될 것입니다!

죄인이여! 이 말씀을 드리면 당신은 시은좌(속죄소)로 가는데 더 열심을 낼 것입니다. 그것은 여러분이 예수님의 발 앞에서 아무런 자비를 찾지 못한다면 다른 어디에서도 자비를 얻을 수 없으리라는 것입니다. 당신에게 천국의 문이 열리지 않는다면, 여러분의 구원을 위해 열릴 수 있는 다른 문은 아무것도 없다는 것을 기억하시기 바랍니다. 그리스도께서 당신을 거절하시면 당신은 거절당합니다. 그리스도의 피가 여러분에게 뿌려지지 않는다면 당신은 참으로 멸망하고 맙니다. 그리스도께서 당신을 좀 더 기다리게 하신다면, 그래도 계속해서 기도하시기 바랍니다! 특별히 여러분이 계속해서 기다릴 수 있게 만드는 이 생각, 곧 예수 그리스도 외에는 다른 이가 없고 다른 길이 없으며, 다른 소망이 없고 의지할 다른 기초가 없고 다른 피난처도 없다는 생각을 가지고 있다면, 그것은 기다릴 만한 가치가 있습니다. 저기 천국 문이 보입니다. 내가 천국에 들어가야 한다면, 나는 엎드려서 기어가야 합니다. 천국 문은 낮기 때문입니다. 저기 천국 문이 보입니다. 그것은 아주 좁은 문입니다. 그래서 나는 나의 죄와 나의 자랑하는 의를 버려두고 가야 합니다. 나는 기어서 그 좁은 문을 지나가야 합니다. 자, 죄인이여, 당신은 무엇이라고 말하겠습니까? 당신은 이 좁은 문을 넘어가겠습니까? 곧 영원한 생명을 무시하고 영원한 복을 버리겠습니까? 아니면 당신을 위해 자신을 내어주신 분께서 자신 안에 여러분을 받아들여서 지금 당신을 구원하고 또 영원히 구원해 주실 것을 겸손히 소망하면서, 그 문을 지나가겠습니까?

　　몇 마디 되지 않는 이 말로 여러분 가운데 몇몇을 그리스도께로 인도할 수 있으면 나는 만족합니다. "주 예수 그리스도를 믿으라 그리하면 네가 구원을 받으리라." "다른 이로써는 구원을 받을 수 없나니 천하 사람 중에 구원을 받을 만한 다른 이름을 우리에게 주신 일이 없음이라."

제
7
장

—

천사의 의무

—

"주의 사자가 밤에 옥문을 열고 끌어내어 이르되
가서 성전에 서서 이 생명의 말씀을
다 백성에게 말하라." ― 행 5:19-20

모든 사도들이 감옥에 들어가게 된 교회에 대한 두 번째 박해는, 주로 사두개 당에 의해 일어났습니다. 여러분도 알다시피, 이 사두개인들은 큰 당파로서 자유주의자들이고 진보적인 사상가들이며, 그 시대의 현대적인 생각을 가진 사람들이었습니다. 여러분이 잘 조롱하고 신랄하게 비판하거나 무자비한 행동을 취하는 사람들을 알기 원한다면, 도량이 넓은 체하는 이 신사들을 여러분에게 추천합니다. 그들은 모든 사람에게 너그럽습니다. 단 진리를 붙잡고 있는 사람들을 제외하고 말입니다. 후자에 대해서, 그들은 언제든지 쓴 나물과 쓸개즙보다 훨씬 더 지독하고 신랄한 비판을 퍼부을 수 있습니다. 이들은 복음주의자에게 전혀 관용을 보이지 않습니다. 우리는 "대제사장과 그와 함께 있는 사람 즉 사두개인의 당파가 다 마음에 분노가 가득하였다"(개역개정은 "시기가 가득하였다")는 말을 분명히 듣습니다. 그동안 된 일은 그들의 칭찬을 받을 만하였는데, 오히려 그들의 분노를 샀습니다. 십자가의 교훈이 퍼지고 있고, 성령 하나님께서 그에 따르는 표적으로 그 교훈을 증거하고 계실 때는, 이같이 아주 간단한 말 한 마디에도 그들은 흥분할 수 있습니다. 그들이 분노를 표출하게 내버려 두어야 합니다. 그들의 성품이 본래 그렇습니다.

하나님께서 천사를 통해 사도들에게 주신 답은 이것뿐이었습니다. "가서 성전에 서서 이 생명의 말씀을 다 백성에게 말하라." 대제사장과 사두개인들과 따질 것이 없으니, 계속해서 복음을 전하라는 것입니다. 그들은 믿을 기능을 잃어버렸으니, 백성들에게 가서 전하라는 것입니다. 그들은 의심에 너무 깊이 빠져 있어서 그들을 설득하여 믿게 하는 것은 시시포스의 돌을 굴리는 것과 같습니다. 그들은 너무 깊은 반감을 가지고 있어서, 그들이 제기하는 모든 질문에 답하려고 하는 것은, 마치 밑 빠진 독에 물을 붓는 것과 같을 것입니다. 너희 사도들은 계속해서 복음을 전하되 주로 일반 백성들에게 전하라는 것입니다. 할 수 있는 대로 진리를 넓게 전하라. 그렇게 해서 적들의 반대에 대답하라는 것입니다. 논쟁하기보다 복음을 전하는 것이 낫습니다. 생명의 말씀을 전하는 것이 죽음의 교리에 대한 최상의 대책입니다.

맹목적인 사두개인들이 그 점을 알았고 그것을 볼 수 있었다면, 그들은 사도들이 감옥에서 나와 주님을 증언하였을 때 모든 점에서 충분한 답을 들은 것입니다. 사두개인들의 신조는 이것이었습니다. 그들은 "부활도 없고 천사도 없고 영도 없다"(행 23:8)고 말하였습니다. 그러나 사도들은 일어서서 죽은 자들로부터 일어난 예수 그리스도의 부활을 증언하였습니다. 천사가 하늘에서 내려와 사도들을 감옥에서 데리고 나왔습니다. 그때는 천사들이 있었습니다. 보초들이 문 앞에서 지키고 있는 동안에 사도들이 자유롭게 되었고, 그 후에 볼 때 감옥 문이 든든히 잠겨 있었듯이, 영이 없었다면 확실히 물질주의가 아주 이상하게 작용한 것입니다. 사두개인들의 부정적인 신조가, 모두 언약궤 앞의 다곤 신상처럼 무너졌습니다. 하나님은 바로 이같은 자들을 위해서 언제나 홍해를 준비하십니다. 사도들이 해야 할 일은 계속해서 복음을 전하는 것뿐이었고, 사도들은 그렇게 했습니다. "그들이 날마다 성전에 있든지 집에 있든지 예수는 그리스도라 가르치기와 전도하기를 그치지 아니하니라."

오늘 아침 우리가 본문과 주변 상황을 생각하는데서 유익을 얻을 수 있기를 바랍니다. 천사를 통해 말씀하신 하나님께서 이제도 그의 성령으로 우리에게 말씀하시기를 구합니다.

1. 우리가 방금 17절부터 이 장 마지막까지 읽은 전체 이야기를 자세히 볼 때,

처음에 드는 생각은 복음을 전파하는데 활용된 대리자는 천사가 아니라 사람이라는 것입니다.

주의 천사가 감옥 문을 열고 복음전도자들을 풀어주는 일은 했지만 천사 자신이 복음 전파자가 될 수는 없었습니다. 이 천사는 사역자들에게 할 일을 전하였지만 그 자신이 복음을 전파하는 의무는 맡지 않았습니다. 사도들을 감옥에서 데려나온 천사도 가서 복음을 전파하려면 할 수 있었을 것입니다. 어쩌면 그와 같이 천사는 많은 사람들을 그들의 감옥에서 영적으로 데려나왔을지 모릅니다. 그러나 그들이 복음을 전파하는 일은 하지 않습니다. 그렇게 할 수 없습니다. 천사의 임무는 사도들에게 이같이 말하는 것입니다. "가서 백성에게 말하라." 사도들의 복음 증거에 합류하는 것은 그들에게 허락된 일이 아닙니다.

아마도 주의 천사는, 택함받은 자들이 가서 그들의 복된 사명을 수행하도록 두고, 주님께로 마지못해 돌아갔을 것이라고 생각합니다. 우리 주님께서는 사람의 구속을 위해 천사의 본성을 취하지 않으셨듯이, 사람의 회심을 위해서 천사들을 쓰시지도 않으셨습니다. 영원한 복음을 전하는 일에 천사들이 아무튼 이 현세에서는 우리의 경쟁자가 아니라는 것이 나는 기쁩니다. "하나님이 우리가 말하는 바 장차 올 세상을 천사들에게 복종하게 하심이 아니니라"(히 2:5). 그들은 섬기는 영들이지, 그리스도의 사역을 하도록 성령으로부터 기름부음을 받지는 않았습니다.

하나님께서 사람을 도구로 택하셨다는 사실이 사람을 영예롭게 만듭니다. 죄로부터 구속하는 일은, 사람을 도구로 써서 이루게 되어 있습니다. 에덴 동산에서 시작된 이 큰 싸움은, 마지막까지 사람들에 의해 치러지게 되어 있습니다. 반역하는 세상을 정복하는 일은, 지극히 영광스러운 인자의 지휘 아래, 사람들에 의해 달성하게 되어 있습니다. 형제 여러분, 여러분의 소명을 보십시오. 나는 여러분 모두가 자기 직업 현장에서 복음을 전하기를 기도합니다. 그러나 특별히 나는 복음 전파가 소명인 사람들이 뜨거운 열심을 내기를 바랍니다. 우리의 소명은 얼마나 영광스러운 것입니까! 이보다 명예로운 것이 있을 수 있습니까? 이보다 책임이 무거운 일이 있겠습니까? 제국을 통치하는 것은 사람들에게 생명의 말씀을 전하는 일에 비하면 하찮은 일입니다. "사람이 무엇이기에 주께서 그를 생각하시며 인자가 무엇이기에 주께서 그를 돌보시나이까"(시 8:4). 주께서는 그의 적들을 인하여 사람의 입을 통하여 능력을 베푸시기로 정하셨다는 이 점에서 사람을 천사들보다 높이셨습니다. 그런 영예는 모든 성도들이 받을 것입니다. 이는 성도들은 모두가 예수 그리스를 가르치거나 전할 수 있기 때문입니다.

제 설교를 듣는 여러분, 여러분은 이 사역이 사람들에게 맡겨졌다는 사실에 감사해야 할 것입니다. 사람의 연약함을 감안할 때, 그것은 겸손하게 생각할 일입니다. 인간 사역자들이 불완전하지만, 여러분에게는 천사들보다 우리가 더 나은 전도자들입니다. 우리는 천사들처럼 천상의 멜로디를 노래할 수 없고, 천사의 웅변으로 여러분을 매혹시킬 수 없습니다. 그러나 우리는 여러분과 공감할 수 있습니다. 그러나 천사들은 연약함으로 둘러싸여 있지 않고 많은 결점으로 낮아지지 않았기 때문에, 사람과 공감할 수 없습니다. 우리는 여러분의 죄와 슬픔과 갈등을 압니다. 우리는 여러분이 걸어가는 길이 거칠다는 것을 압니다. 왜냐하면 우리도 좁은 문을 지나왔고, 낙망의 진창길에서 허우적거렸으며, 고난의 언덕을 기어 올라갔기 때문입니다. 우리는 공감하는 마음이 있고, 경험을 통해 배운 바를 가지고 지시합니다. 내 생각에 천사는 한 번에 아주 많은 회중에 명령을 내릴 수 있을 것입니다. 그러나 조금만 시간이 지나면, 여러분은 천사의 가르치는 방식에, 이질적이고 여러분과 거리가 있는 어떤 것을 느낄 것입니다. 여러분은 편안하기보다는 놀라움에 사로잡힐 것입니다. 여러분보다 아주 뛰어난 어떤 존재를 대해 보면, 얼마 가지 않아 여러분은 결점이 있지만 사랑의 마음을 가진 예전의 목회자들을 달라고 소리치게 될 것입니다. 여러분은 더 영광스럽지만 친근감이 덜 한, 하늘로부터 온 천사의 연설보다는, 약한 우리 사람들의 호소를 더 좋아할 것입니다.

하나님께서 사람들의 사역을 사용하신다는 점은 사람들에게 명예로운 일입니다. 그것은 사람들에게 겸손하도록 만드는 일이며, 확실히 **사탄**의 교만에 일격을 가하는 것입니다. 공중의 권세 잡은 자는 천사들과 싸워야 하고, 천사들이 자신의 검에 맞설 만한 존재들임을 알게 되었다면, 거기에서 자부심을 느꼈을지 모릅니다. 그러나 이 대원수가 하나님이 보내신 사람 외에는 어떤 군사도 보지 못할 때, 그는 마치 골리앗이 돌과 물매를 가지고 자기에게 가까이 다가오는 젊고 혈색 좋은 다윗을 보았을 때와 같은 느낌이 들 것입니다. 그러한 적을 경멸하며 이렇게 소리치는 것을 들을 수 있을 것 같습니다. "네가 나를 개로 여기고 막대기를 가지고 내게 나아왔느냐"(삼상 17:43). 그렇다, 사탄아! 너는 개보다 나을 게 없다. 우리는 네가 모욕한 만군의 여호와, 이스라엘 군대의 하나님의 이름으로 네게 나간다. 하나님께서는 비천하지만 진리를 말하는 성실한 사람들을 써서 전투를 뒤집고, 거짓의 군대를 물리치십니다. 그렇게 해서 옛뱀이 여인의 후손의 발이 자기 머리 위에 올려 있는 것을 느끼도록 만드십니다. 마귀는 자기가 사람을 쉽게 잡아먹었다고 생각했습니다. 그러나 이 원수가 패배하여 지옥의 동굴로 쫓겨가게 될 일이 사람을 통하여 이루어질 것입니다. 사람으로 인해서 죽음이 왔고, 또한 사람으로 인해서 죽은 자의 부활도 왔습니다. 이 영광스러운 사실을 사람이 선포하고, 이것이 죽음의 권세가 있는 자, 곧 마귀에게는 영원한 수치가 됩니다.

사람을 부려서 일하는 것이 하나님께 특별한 영광을 가져다 드림에 틀림없습니다. 도구가 약하면 약할수록 그 만큼 더 일하는 자에게 영예가 돌아갑니다. 나는 선과 악의 이 큰 싸움이, 우리 주님께서 마지막까지 연약한 사람들을 통해서 정복하시기까지 치러질 것이라고 생각합니다. 하나님의 전능하심이, 하나님께서 영원한 승리를 거두는데 사용하실 대리인들의 미천함으로 인해 영광스럽게 나타날 것입니다. 이 첫 사도들은 어부 출신들이고, "학문 없는 범인으로"(행 4:13) 불렸기 때문에, 오히려 훨씬 더 많은 영광을 하나님께 돌리게 되었습니다. 사람들이 멸시한 연약함으로 인해서, 사도들은 자기들이 발휘한 능력이 하나님에게서 나왔음을 고백하지 않을 수 없었습니다. 사도들을 통해서 말씀하신 성령께서는, 성령의 충동을 막을 만한 오만한 지혜를 사도들에게서는 전혀 보지 못하였습니다. 주님께서 은혜롭게도 비천한 우리 목사들을 끝까지 쓰시려고 한다면, 그로 인해 하나님의 지혜와 능력이 영광스럽게 증거될 것입니다.

기독교가, 그 사역자들보다 오래 살아남았다는 사실이, 우리의 거룩한 종교가 하나님에게서 나왔음을 입증한다고 누군가 이야기한 적이 있습니다. 이 말에는 상당한 진리가 있었습니다. 이 회중이 나 같은 사람에도 불구하고 살아남았다는 것이 내게는 매우 놀라운 사실이었습니다! 그리고 전체적으로 볼 때, 복음이 복음을 변호하는 사람들보다 오래 살아남는다는 사실이 놀랍다고 생각합니다. 우리는 볼품 없는 도구들입니다. 나는 여러분, 미국 형제들을 가리키는 것이 아니라 영국에 있는 우리 모든 목회자들, 특별히 내 자신을 가리키는 말입니다. 결국 우리는 보잘것없는 도구들입니다. 하나님께서 죄인들을 구원하고 거룩하게 하는데 우리를 사용하신다면, 틀림없이 그로 인해 모든 영광을 받으실 것입니다. 형제 여러분, 주님께서 우리 같은 자들을 사용해 오셨습니다. 하나님을 찬송하지 않을 수 없습니다! 하나님은 우리 사람들을 사용해 오셨습니다. 우리가 이 사실을 부인한다면, 명백한 사실들을 거짓말로 만드는 것입니다. "볼지어다 내가 세상 끝날까지 너희와 항상 함께 있으리라."

　　사람들을 영혼을 구원하는 자로 쓰는 것이 예수께 기쁨을 드리는 일이라는 것을 나는 부언하지 않을 수 없습니다. 하나님께서 사람들을 쓰시는 것이, 주 예수 그리스도께 기쁨을 드립니다. 주님 자신이 사람이시기 때문입니다. 주님께서 영원히 찬송받으실 하나님이시지만, 또한 주님은 진정으로 사람이시고 사람을 기뻐하시며, 사람들을 그처럼 영광스러운 사역에 부르시는 것을 즐거워하십니다. 주님께서는 사람에게 복 주시기를 기뻐하시고, 사람들이 다른 사람들에게 복을 끼치는 것을 보기 좋아하십니다. 주님은 많은 형제들이 맏아들이신 자기와 같은 방식으로 각기 분량대로 쓰임받는 것을 보기를 기뻐하십니다. 주 예수께서는 자신의 종들이 영혼을 찾아 구원하려고 하는 일을 틀림없이 매우 좋아하실 것입니다. 왜냐하면 그 종들이 주님과 같은 목자가 되기를 배울 것이기 때문입니다.

　　우리의 왕 에드워드 3세는, 흑태자(the Black Prince)가 프랑스와 힘든 전투를 벌이고 있다는 소식을 들었을 때 자신의 아들이 용기를 보일 수 있는 자리에 있다고 생각하여 미소를 지었습니다. 에드워드 3세는 증원군을 보내달라는 부탁을 받았을 때, 거절하였습니다. 그는 자신의 아들이 그날의 명예를 온전히 받기를 바랐기 때문이었습니다. 우리 구원의 대장이신 주 예수께서는, 자신의 택한 자들 가운데 어떤 이들을 매우 위험한 자리에 보내십니다. 주께서는 자기 종들이 바라는 모든 도움을 다 보내시지 않는데 이는 그들이 자신들의 믿음과 헌신을 입증하고, 그렇게 해서 더욱 자극을 받을 수 있도록 하십니다. 주님께서는 자신이 그 종들 속에 일으킨 용기와 믿음을 보시고 형제로서 즐거움을 누리십니다. 그리스도의 군사들이 지니는 모든 용기는 주님께서 친히 그들에게 주십니다. 따라서 그 용기로 달성하는 모든 것은 주님에게서 온 것으로 돌려야 합니다. 그러나 주님은 그 종들이 자기에게서 받은 은혜를 사용하는 것을 즐겁게 보십니다. 마치 아버지가 아들이 대학에서 시합 후에 상을 받는 것을 즐겁게 보듯이, 어떤 사람이 자기 친구가 명예로운 위치에 발탁된 것을 기쁘게 보듯이, 예수께서도 자기 종들이 봉사를 통해 얻는 영예를 기뻐하십니다. 우리가 한 영혼을 죽음으로부터 구원할 때, 구주 예수께서는 그 행위를 기뻐하십니다. 이렇게 우리가 많은 죄인을 구원할 때 우리의 죄를 지시는 예수께서 자기 영혼의 수고한 결과를 보고 기뻐하십니다. 비유에 나오는 아버지는 방탕한 아들을 보았을 때 기뻐하였습니다. 그러나 형이 그를 발견하였더라면, 그는 더 기뻐하였을 것입니다. 우리 주님께서는 주님을 기쁘시게 하는 것을 가지고 우리를 행복하게 하시기를 원하십니다. 그래서 주님은 영혼을 구원하도록 우리를 보내십니다.

이 모든 것이 주님께서 복음을 전하는 일에, 그룹과 스랍들보다 사람을 사용하시는 충분한 이유들입니다. 친구 여러분, 틀림없이 천사들이 종종 우리를 기이하게 볼 것이라고 생각하지 않으십니까? 사람들이 정치에는 열심을 보이고, 영혼을 구원하는 일을 태만히 하는 것을 천사들이 보고 놀라지 않겠습니까? 천사들이 "크신 주님께서 우리를 보내어 죽어가는 영혼들에게 말하라고 시키시면 좋겠다. 우리가 온 마음으로 복음을 전하면 좋겠다"고 말하지 않겠습니까? 천사들이 때로 자기들끼리 이렇게 말하지 않겠습니까? "이 사람들이 도대체 무엇을 하고 있는 거야? 이들이 자기의 고귀한 소명을 멸시하고 있잖아? 하나님께서 하나님의 거룩한 말씀을 전하고 가르치는 큰 특권을 자기들에게 주셨는데, 이들은 그 일을 하는데 도무지 관심이 없어. 이들은 반쯤 잠이 든 것처럼 말을 하고 있어. 이들에게 하나님을 위한 열심이나 사람들에 대한 사랑, 그리스도를 위한 성실함이 어디에 있는가?"

형제 여러분, 이 거룩한 영들은 틀림없이 우리를 부끄럽게 여길 것입니다! 진실로 천사들은 우리의 종들로서 우리를 붙잡아 줍니다. 우리 발이 돌에 부딪히지 않도록 하기 위함입니다. 그러나 이들도 때로는 우리가 더 강해서 우리 발로 서고, 더 열심을 내어 하나님의 적과 직접 싸우기를 틀림없이 바라지 않겠습니까? 우리는 전사처럼 싸워야 할 때, 부상병으로 후송됩니다. 나는 이 거룩한 사역에 손을 대도록 허락받지 못한 하나님의 천사들을 인해서, 여러분에게 명령합니다. 때를 얻든지 못 얻든지 상관 없이 즉시 하나님의 말씀을 전하십시오. 하나님의 일에 합당한 활력을 가지고 전하십시오. 여러분이 예수님의 보혈로 값주고 산 자들에게 기대할 그런 방식으로 하나님의 말씀을 전하십시오.

나는 사람들인 여러분에게 이와 같이 말해 왔습니다. 하나님의 천사여, 당신은 옥문을 열고 하나님의 사람들을 풀어 주었습니다. 그러나 이제 당신은 당신을 보내신 하나님께로 돌아가야 합니다. 빛나는 영이여, 나는 당신에게 내 강단을 내줄 수 없습니다. 내가 비록 연약하지만, 말씀을 전하는 일은 내가 해야 합니다. 당신의 주요, 나의 주님이신 예수께서 나를 도우시며, 내가 내 사역을 온전히 수행할 수 있도록 해주시기를 바랍니다. 안녕, 하나님의 천사여 이제 떠나시오!

2. 둘째로, 이 사람들은 백성을 가르치게 되어 있습니다.

그들은 이 생명의 모든 말씀을 전해야 했습니다. 그들의 전하는 방식이 넌지시 나타나고 있습니다. 그들은 하나님의 말씀을 신속히, 그렇습니다, 곧바로 전해야 했습니다. 천사는 "가라"고 말합니다. "가라. 여기서 머뭇거리지 말라. 즉시 가라"고 합니다. 사도들은 그 말대로 가서, 이른 아침에 성전 뜰에 있었습니다. 금빛 지붕에 반사된 태양의 광선이 이제 사람들 눈에 비치기 시작하였습니다. 이 거룩한 성전 뜰에서, 아침 일찍 예배하던 자들이 사도들이 예수와 그의 사랑을 증언하는 소리를 들었습니다. 사랑하는 하나님의 종들이여, 우리가 기쁜 소식을 가지고 달려갑시다. "왕의 일이 급합니다"(삼상 21:8). 우리 말에 귀를 기울일 사람을 만나자마자, 우리는 우리가 예수님의 발 아래에서 배운, 살아 있는 말씀을 전합시다.

사도들은 이 사역을 자신들의 가장 중요한 일로 삼아야 했습니다. 천사가 말했습니다. "가라. 다른 무엇보다 이것을 너희의 가장 중요한 일로 여겨라." 나는 천사가 이 죄수들을 어떻게 풀어놓았는지 알아보기 위해, 잠깐 시간을 내지 않을 수 없습니다. 천사는 문을 열었습니다. 그런데 관리들이 왔을 때 문이 굳게 잠겨 있었고, 보초들도 그 자리에 그대로 있었다는 말을 우리는 듣습니다. 여기에 미스테리가 있습니다. 나는 이 문제를 깨끗이 풀고 싶습니다. 이런 미스테리가 많이 있지 않습니까? 그러나 명령은 긴박하고 단호합니다. "가서 백성에게 말하라."

"잠깐 기다리자. 사람이 천사를 매일 같이 볼 수 있는 게 아니잖나. 좀 있으면서 이 하늘의 나그네를 좀 더 충분히 알아보자. 내 주님을 본 자와 이야기 좀 나누어 보자. 대답을 듣고 싶은 문제가 너무 많다." 동료 사역자 여러분, 우리는 별로 유익이 없는 미스테리를 깊이 연구해 보고 싶은 유혹에 빠질 수 있습니다. 그러므로 우리는 천사가 이같이 하는 말을 들읍시다. "가서 백성에게 말하라." 우리는 가서 전하도록 보냄을 받은 복음을 언제나 생각하도록 합시다. "이 생명의 말씀"이야말로, 우리의 모든 능력을 쏟아 부어야 할 대상일 것입니다. 구원보다는 호기심을 만족시키고, 우리의 일생의 목적을 성취하기보다는 우리의 기호를 만족시킬 끝없는 논쟁에 빠져 방황하지 않도록 합시다. 하나님의 사람에게 첫째이자 가장 중요한 일은, "가서 서서 백성들에게 말하는 것"입니다. 우리의 말하는 것이 아무리 단순할지라도, 그것은 웅변이기보다 말하는 것이 되어야 합니다. 이것이 우리가 이 땅에서 해야 할 큰 사업입니다.

사도들이 눈에 띄는 자리를 잡고서 담대히 말해야 했던 것이 본문에서 분명히 나타납니다. "가서 성전에 서서." 산헤드린이 자리를 잡고 있는 곳, 대제사장과 그의 동료인 사두개인들이 기다리고 있는 곳으로 가라는 것입니다. 위험이 있다고 해서 물러가지 말라는 것입니다. 모든 사람이 여러분을 볼 수 있는 곳으로 가서 눈에 띄게 서 있으라는 것입니다. 백성들이 있는 곳은 어디에서든지 여러분의 목소리가 들리게 하라는 것입니다. 자리를 잡고 끈기 있게 서고, 힘에 의해 밀려나기 전까지 계속 그 자리를 지키고 있으라는 것입니다. 그 목적은 복음을 알리는 것이었습니다. 그러므로 그들이 본부로 가고, 사람들이 모이는 중요한 장소에 서고, 경건한 사람들이 자주 출입하는 곳에 있으며, 그 땅 사방 구석에서 온 순례자들이 그들을 볼 수 있게 하라는 것입니다. 형제 여러분, 구멍과 구석에 숨는 것은 우리의 할 일이 아닙니다. 우리의 복음은 해와 같습니다. 그 빛이 온 땅에 뻗어나가는 해와 같습니다. 두려워하면서 말하지 않도록 합시다. 이는 우리가 두려워하는 영을 받지 않았고, 우리의 등불을 말 아래 숨기려 할 것이 아니기 때문입니다. 우리는 죽은 자들에게 생명을 가져다주신, 부활하신 그리스도의 생명의 기쁜 소식을 널리 전해야 합니다.

이 복음을 누구에게 전해야 할 것인지가 언급됩니다. "백성에게 말하라." "백성에게"라는 말이 부자를 제외하고 가난한 자들을 가리키거나, 소수를 제외하고 다수를 가리키지 않습니다. 이 말은 매우 포괄적인 것으로 일반 대중과 상류 사회를 모두 포함합니다. 의회 사람들이 사도들의 말을 들으려고 한다면 사도들은 그들에게 전해야 합니다. 사도들이 그렇게 전했지만 슬프게도 결과는 하찮았습니다. 이것이 진정으로 복음의 말씀입니다. 복음은 모든 사람에게 미치는 기쁜 소식입니다. 따라서 복음은 하늘 아래 모든 피조물에게 전해야 합니다. 어떤 특정한 대상에게만 말씀을 전하는 것은 복음적인 생각이 아닙니다. 가서 백성에게 전하라고 했는데, 그것은 모든 종류의 사람들, 곧 모든 사람에게 전하라는 것입니다. 할 수 있다면, 한 영혼도 놓치지 않도록 해야 합니다. 왜냐하면 여러분의 사명은 모든 인류에 대한 것이기 때문입니다. 복음의 어부들이여, 무수한 물고기들을 잡을 커다란 예인망을 던지고 그 물을 부지런히 바닷가로 끌어 올리십시오.

우리가 "백성"이라는 단어를 특별한 의미로 이해한다면, 그것은 하나님의 말씀을 가르치는 모든 사람에게 어떤 교훈을 줍니다. 어떤 사람들은 지적인 사람들을 겨냥합니다. 우리는 이 생명의 모든 말씀을 백성에게 전하도록 합시다. 교인수가 합해서 40명 정도 되는 교회의 목사는 교인수가 적은 것을 기뻐하였는데, 그는 교인수가 많은 것보다 적을 때 더 큰 일을 할 수 있다고 고백하였기 때문입니다. 그러자 한 친구가 그 말대로 한다면, 교인이 아예 없으면 더 큰 일을 할 수 있겠다고 말하였습니다. 이것은 터무니없는 가정을 말한 것입니다. 어떤 사람은 이렇게 말하였습니다. "나는 사람이 설교를 잘하면 할수록, 그 만큼 더 회중 수는 줄어들 것이라고 확신한다." 이 말대로 하자면 런던에 아주 탁월한 설교자들이 아주 많다는 얘기가 됩니다.

그러나 어쨌든 우리가 할 일은 사람들에게 가야 하는 것입니다. 본문의 말씀에 순종하기 위해, 우리는 "가서 백성에게 말해야" 합니다. 백성들은 하나님의 말씀을 필요로 합니다. 그들이 지식이 부족해서 죽어가고 있지 않습니까? 복음을 사람들의 필요와 역량에 맞게 전해야 합니다. 복음은 단순하고 적절하고 때에 맞게 사람을 구원합니다. 사람들이 복음을 받아들일 것입니다. 복음이 불쌍한 사람들에게 전해지면 그들이 복음을 들을 것입니다. 하나님께서는 무리의 마음을 움직여 복음에 귀를 기울이게 하십니다. 우리는 예수께 대해 "백성이 다 그에게 귀를 기울여 들었다"(눅 19:48)는 말을 듣습니다. 더구나 백성들은 진리를 받을 때 그대로 간직하였습니다.

이 사실을 역사에서 살펴봅시다. 스페인에서 종교개혁은 귀족들 사이에서 일어났습니다. 그것은 이탈리아에서도 마찬가지였습니다. 그리고 그 활동은 곧 잠잠해졌습니다. 영국에서는 일반 백성들이 위클리프에게서 진리를 받았고, 진리는 결코 소멸하지 않았습니다. 여러분이 건초더미를 불사르고자 한다면, 건초더미를 밑에서부터 똑바로 쌓아야 할 것입니다. 여러분이 온 민족이 복음의 능력을 느끼도록 하고 싶다면, 먼저 노동자와 기술자들이 복음을 받아야 합니다. 영국의 순교자들은 주로 직물공이나 그 같은 사람들에게서 나왔습니다. 사람들은 "백성 중에서 택함 받은"(시 89:19) 사람을 좋아합니다. 성경은 그들의 헌장이고, 복음은 그들의 재산입니다. 그래서 백성들이 복음을 알았을 때, 그들은 복음을 영웅적인 의지로 간직하려고 합니다. 더 나아가 백성들은 복음을 퍼트리려고 합니다. 그리스도의 첫 번째 설교자들은 백성 가운데서 나왔습니다. 오늘날 런던의 거리에서, 오늘날 영국의 주일학교에서 여러분은 일반 사람들이 거룩한 일의 전면에 있는 것을 발견하게 될 것입니다. 우리는 주께 헌신한 귀족들과 위인들, 부자들, 교양인들을 만나면 기쁩니다. 그러나 결국 우리의 큰 소망은 일반 백성들 가운데 있습니다.

천사는 심지어 그들이 가야 할 장소까지 언급하였습니다. "가서 성전에 서서." 성전은 예루살렘 전역에서, 가장 사람들이 많이 모이는 곳이었습니다. 그래서 개인 집보다, "가서 성전에 서라"고 하였습니다. 그곳은 사람들의 이목을 집중시키기에 가장 좋은 장소였습니다. 거기에는 양 파는 시장과 저잣거리의 소음이 없었을 것입니다. 일찍 온 사람들 가운데 지극히 경건한 사람들이 있었을 것입니다. "가서 성전에 서라." 그러나 사도들이 성전에 서라는 명령을 받았을 때, 그것은 청중이 모일 수 있는 곳이면 어디든지 서야 한다는 의미였습니다. 그래서 그들은 천사의 그 말을 이 장의 마지막 절의 말대로 이해하였습니다. "그들이 날마다 성전에 있든지 집에 있든지 예수는 그리스도라 가르치기와 전도하기를 그치지 아니하니라." 동료 사역자들이여, 우리의 일은 사람들에게 영생에 관하여 말하는 것입니다. 우리는 그 일을 해야 합니다. 이 큰 집에 너무 많은 사람이 모여서 내가 있는 힘껏 목소리를 높여야 한다면, 이곳이야말로 내가 설교할 곳입니다. 그러나 사람들이 이곳으로 오지 않는다면, 나는 사람들을 따라가야 합니다. 우리는 공회당과 강당을 빌려야 합니다. 심지어 극장이나 음악당을 빌려야 하고, 그렇지 않으면 거리에 서야 합니다. 우리는 일반 사람들에게 전해야 하기 때문입니다. 하늘로부터 빛을 받은 우리는, 그 빛을 사람들 눈에 비추어야 합니다. 배고픈 자들에게 떡을 주고, 병든 자를 고쳐 주어야 합니다. 말하는 한 가지 방식으로 하지 못한다면, 또 다른 방식을 써서라도 우리는 사람들이 들을 수 있도록 말해야 합니다. 빈 회중석을 보고 지루하게 이야기하거나, 맨 벽을 보고 장황한 이야기를 하는 것은 아무 소용이 없습니다. 우리는 사람들에게 가야 합니다. 이것이 천사가 우리에게 하라고 명령하는 것입니다. 그는 "가서 이 생명의 말씀을 다 백성에게 말하라"고 하였습니다.

3. 셋째로, 이 메시지를 설명하겠습니다.

"이 생명의 말씀을 다 백성에게 말하라." 우리가 그리스도께 진실하다면 우리의 가르침은 교리일 뿐만 아니라, 또한 생명입니다. 대제사장은 사도들이 교리를 전한다고 생각하였습니다. 그들이 "너희가 너희 교리를 예루살렘에 가득하게 하니"(개역개정은 "너희가 너희 가르침을")라고 말한 것을 보면, 그것을 알 수 있습니다. 그러나 사도들의 가르침은 진리일 뿐 아니라, 진실로 생명이라고 말할 수 있습니다. 기독교는 그리스도께서 말씀하셨듯이, 길이요 진리요 생명입니다. 우리는 "생명의 말씀"을 전해야 합니다. 진리는 생명을 가져다주고, 생명을 살지게 하고 완전하게 합니다.

그러면 "이 생명의 말씀"이란 무엇입니까? 이 생명의 말씀을 구성하는 내용들을 제시해야 한다면, 제일 먼저 이 생명의 말씀은 "예수 그리스도"라고 말하겠습니다. 왜냐하면 42절에 이 말씀이 나오기 때문입니다. "그들이 예수는 그리스도라고 가르치기와 전도하기를 그치지 아니하니라." 예수님께는 영생의 말씀이 있습니다. 우리는 그리스도의 신성과 인성, 그의 직무들, 그의 희생적 죽음, 그의 부활, 그리고 그에 관한 모든 것을 전합니다. 우리는 십자가에 못 박히신 그리스도를 전합니다. 만일 그것을 말하지 않는다면, 우리는 생명의 말씀을 전하지 않는 것입니다.

그 다음에 사용할 단어는 "속죄"일 것입니다. 우리가 하나님의 아들의 희생적 죽으심을 설교하지 않는다면, "생명의 말씀"을 전하는 일은 없는 것입니다. 사도들은 주님의 죽으심에 대해 담대히 전하였습니다. 그들은 공회에 "그를 너희가 나무에 달아 죽였다"고 말하였습니다. 사도들은 그리스도의 귀한 피를 말하였습니다. 대제사장들이 "너희가 이 사람의 피를 우리에게로 돌리고자 함이로다"고 말하였기 때문입니다. 그리스도께서 이루신 속죄를 설교에서 빼 보십시오. 실질적이고 효과적인 그리스도의 대속의 교리를 빼 보십시오. 그러면 여러분은 복음에서 "그 생명 되는 피"(창 9:4)를 제거한 것입니다. 십자가를 뒷전으로 치워버리는 곳에서는, "이 생명의 말씀"을 사람들에게 전할 수가 없습니다.

내 생각에, 그 다음 말씀은 "부활"일 것입니다. 사도들은 "하나님이 죽은 자 가운데서 그를 살리셨으니"(행 3:15)라고 하여, 부활을 아주 충분히 전하였습니다. 그리스도의 부활은 신자들의 의롭다 하심을 확보하였고, 또한 신자들이 그리스도와 연합됨으로 인해 죽은 자들 가운데 부활할 것을 보증하였습니다. 이 시대에 부활을 좀 더 충분히 전한다면, 나는 그 교훈이 회심의 강력한 수단이 될 것이라고 확신합니다.

사도들은 "중생"을 결코 잊을 수 없었을 것입니다. 사도들은 "네가 거듭나야 하겠다"(요 3:7)는 주님의 말씀을 그대로 반영할 것입니다. 이렇게 새롭게 태어나는 것이 당신에게 가능합니다. 그것은 "보좌에 앉으신 이가 이르시되 보라 내가 만물을 새롭게 하노라 하시기"(계 21:5) 때문입니다. 이 신생의 교리를 빼 보십시오. 그러면 "이 생명의 말씀"에서 핵심을 제거한 것이 됩니다.

그 다음에는 "믿음"이 옵니다. 이것은 참으로 놀라운 단어입니다! "믿음이 없이는 하나님을 기쁘시게 하지 못하나니"(히 11:6). 믿음으로 말미암아 의롭다 하심을 전하지 않는 사람은 "이 생명의 말씀"을 전하기를 시작조차 하지 않은 것입니다. 그리스도를 믿는 자에게는 영생이 있고, 믿음이 없으면 모든 것이 죽음입니다.

이 일곱 단어 가운데 여섯 번째는 "내주하심"입니다. 성령께서는 마음속에 들어오셔서 거하시며, 안으로는 성화를 일으키고, 밖으로는 거룩함을 내놓습니다. "거룩함을 따르라 이것이 없이는 아무도 주를 보지 못하리라"(히 12:14). 따라서 거룩함을 성령의 내주하심의 결과로 전하지 않는다면, "이 생명의 모든 말씀을 다" 사람들에게 전하지 않는 것입니다.

그 다음에 오는 것은, 영생의 교리입니다. 즉 성령께서 주신 이 생명은 결코 죽지 않는다는 것입니다. "내가 주는 물은 그 속에서 영생하도록 솟아나는 샘물이 되리라"(요 4:14). 이 영원한 생명이 이 세상에서는 성도의 견인(堅忍)에서 나타납니다. 그리고 내세에서는 신자들의 불멸과 끝없는 영광에서 나타납니다.

여러분이 또 다른 복음의 개요를 알고 싶다면, 나는 여러분에게 베드로가 공회에 한 짧은 연설을 보라고 하겠습니다. 29절을 읽어 봅시다. 이 생명의 원리가 여기 있습니다. "사람보다 하나님께 순종하는 것이 마땅하니라." 이 생명을 받는 자는 하나님의 법 아래 있게 될 것입니다. 그래서 그 법이 사람의 권위와 반대될 때, 사람의 법은 밀려날 것입니다. 하나님은 이 생명을 가진 사람 위에 지극히 높으신 분입니다. 그러므로 사람은 하나님의 순종하는 자녀로 살아야 합니다.

베드로가 언급한 그 다음 중요한 진리는, 이 생명의 원인입니다. 베드로는 그리스도의 죽음을 밝히 말하였습니다. "너희가 나무에 달아 죽인 예수를." 이 말 뒤에 그리스도의 부활이 따랐습니다. "예수를 우리 조상의 하나님이 살리시고."

이 말씀은 지극히 중요한 교리들을 담고 있는 역사적인 사실들입니다. 우리는 이 사실을 계속해서 반복하여 강조해야 합니다. 즉 예수께서 죽으셨고 부활하셨으며 하늘에 오르시어 우리를 위해 기도하신다는 것입니다. 이 모든 것으로 인하여 사람에게 생명이 있는 것입니다. 이 중요한 세 가지 사실이 하늘의 별처럼 밝게 타오르고 우리의 영생에 필수적인 것이 되지 않으면 "이 생명의 말씀을 다" 가르치는 것이 아닙니다.

그 다음은 우리가 이 생명을 받는 방식입니다. 즉 값없는 선물로 받는 것입니다. 예수께서 높이 되신 것은, "회개함을 주시기 위함"입니다. 하나님의 선물은 영생입니다. 구원은 값없는 은혜, 오직 값없는 은혜로 받을 뿐입니다. "이 생명"은 결코 진화의 산물이 아닙니다. 영적 생명이 죽은 자의 마음에 잠재되어 있는 것이 아닙니다. 이 생명은 하늘로부터 받는 것이고, 성령께서 심어주시는 것입니다. 우리는 성령의 기이한 역사로 말미암아 살아난 것입니다.

여기서 우리는 이 생명의 시작을 봅니다. 곧 회개, 죄의식, 죄를 미워하고 죄에서 돌이킴을 봅니다. 이것은 예수님의 선물이고 새 생명의 시작입니다.

그 다음에 이 생명의 특권, 곧 "죄 사함"을 봅니다. 그리스도 안에서 사는 자는, 그리스도의 의로 인해 죄책에서 자유로워졌습니다.

그 다음에는 이 생명의 증거를 봅니다. 사도는 이에 대해 "우리는 이 일에 증인이요"라고 말합니다. 우리는 그동안 우리가 경험해 온 생명에 대해 여러분에게 말하고 있는 것입니다. 우리는 머릿속으로 상상해 낸 것을 말씀드리는 것이 아닙니다. 우리가 그동안 관찰해 온 사실을, 아니 그보다는 우리가 경험해 온 사실을 말씀드리는 것입니다. 훨씬 더 큰 증인은 성령이십니다. 성령께서는 사람들을 회심시키고 거룩하게 하실 때 복음의 진리와 생명을 더할 수 없이 분명하게 증언하십니다.

또한 우리는 이 생명의 열매에 대해 설교해야 합니다. "하나님이 자기에게 순종하는 사람들에게 주신 성령." 그리스도께 순종하는 것 없이 그리스도 안에서 받을 수 있는 생명은 없습니다. 순종은 우리가 성령을 따라 살 때 반드시 따라오는 결과입니다. 이 점을 언제까지나 잊지 않아야 합니다.

지금까지 나는 여러분이 전해야 할 것에 대해 대략 말씀드렸습니다.

4. 이제 네 번째로,

하나님의 메시지의 전체를 전해야 합니다.

"성전에 서서 이 생명의 말씀을 다 백성에게 말하라." 형제 여러분, 우리는 복음의 어떤 부분도 빠트려서는 안 됩니다. 나는 이렇게 해야 한다는 것이 매우 기쁩니다. 만일 우리가 복음의 어떤 부분을 빠트려도 괜찮다고 한다면, 때로 우리는 복음 가운데 인기 없는 부분은 전하려고 하지 않을 것입니다. 그렇지만 복음의 어떤 부분이라도 빠트리는 것은 대단히 위험한 일입니다. 그렇지 않습니까? 그것은 마치 의사가 약사에게 처방전을 주었는데, 약사가 처방된 약들 가운데 하나를 빠트리는 것과 같습니다. 약사는 그 약을 빼먹음으로써 환자를 죽일 수도 있는 것입니다. 어떤 것이든 복음의 교훈을 숨기면 최악의 결과가 따릅니다. 우리는 그 결과를 보지 못할 수도 있지만, 그 결과는 반드시 따라올 것입니다. 어쩌면 어떤 진리를 숨기거나 부인함으로써 일어나는 해악이 다음 세대에 가서야 온전히 나타날지도 모릅니다. 우리 가운데 누가 되었든지, 그런 일을 하는 것은 두려운 일일 것입니다.

하나님 말씀을 빼먹는 것은 주제넘는 일이 아니겠습니까? 우리가 증언의 효과를 줄일지도 모른다면, 우리 가운데 누가 하나님 말씀에서 빼도 좋을 것을 알 만큼 지혜로울 수 있겠습니까?

빼야 할 말씀을 우리가 선택하도록 되어 있지 않은 것이 얼마나 다행한 일인지 모릅니다. 그 일을 우리가 해야 한다면 우리는 엄청난 책임을 지게 될 것이기 때문입니다. 그것은 우리가 손을 대기에는 너무도 책임이 큰 일입니다.

하나님 말씀 가운데 어떤 부분을 선택해서 전해야 할 자유를 주신다면, 그것이 우리에게 해가 되지 않겠습니까? 그로 인해 우리 마음이 교만해지지 않겠습니까? 우리가 이 거룩한 메시지 가운데 최상의 부분을 선택할 수 있게 된다면 우리가 스스로를 대단한 존재로 여기지 않겠습니까? 판단하는 자는 판단받는 자보다 높은 것이 확실합니다. 그렇게 되면 얼마 가지 않아, 우리는 자신을 성경보다 훨씬 더 오류가 없는 것으로 생각하게 될 것입니다.

그렇게 하는 것이 하나님의 명예를 크게 떨어트리는 일이 되지 않겠습니까? 그렇게 한다면 하나님의 복음에 없어도 좋을 것과 군더더기가 가득해서 복음을 온전하게 만드는데 우리의 지혜가 필요하다는 뜻을 나타내지 않겠습니까? 주님께서 그의 복음을 때에 맞게 전하기 위해 우리의 도움이 필요하다면, 주님은 우리만큼 지혜롭지 못하다고 결론을 내려야 하지 않습니까?

　그렇게 하는 것이 또 다른 복음이 나오기 아주 쉬운 길을 열어주는 것이라고 생각하지 않습니까? 우리가 복음의 어떤 부분을 뺄 수 있다면, 더할 수도 있을 것입니다. 틀림없이 얼마 있지 않아, 우리는 복음의 남아 있는 부분을 무력화시키고 마비시킬 많은 것들을 더하게 될 것입니다. 우리가 자유롭게 어떤 부분을 뺄 수 있다면, 자연스럽게 우리는 복음에서 거슬리는 부분을 뺄 것이고, 그러면 복음의 날카로운 부분은 사라질 것입니다. 그런데 복음에서 우리에게 거슬리는 부분이야말로 효과적인 것입니다. 사람들이 반대하는 것을 하나님께서 사용하시기 때문입니다. 십자가의 거슬리는 것이 그쳤다면, 십자가의 능력도 그쳤을 것입니다. 그리스도의 교훈을 자르고 손질하는 것은, 우리에게 맡겨진 일이 아닙니다. 우리는 "이 생명의 말씀을 다" 전해야 합니다.

　우리가 그렇게 해왔습니까? 그것이 문제입니다. 우리가 고의로 어떤 부분을 숨기려고 하지 않았습니까? 어떤 사람은 이렇게 말합니다. "글쎄요, 나는 일반 사람들에게 이 생명의 말씀을 다 전하지 않았습니다. 나는 특정한 무리에게 생명의 말씀을 전해 왔습니다." 그러나 당신은 이 생명의 말씀을 일반 사람들에게 다 전해야 합니다. 하나님 말씀을 제한하든지 말씀을 듣는 청중을 제한하든지 간에, 제한의 정책은 우리 개신교도들이 결코 용인해서는 안 됩니다. 우리는 비교적(秘敎的)이라는 것과 대중적이라는 추한 두 단어로 표현되는 철학적 구분을 해서는 안 됩니다. 이런 구분은 사람들에게 "이 생명의 말씀을 다" 전하라는 명령에 의해 폐지됩니다. 우리가 이런 예수회(Jesuit) 같은 생각에 기울어진다면, 우리는 끝없는 해악과 부정직에 빠지게 될 것입니다. 우리는 성경을 모든 사람에게 펼쳐 보이고, 모든 사람에게 복음을 전하는 사역을 해야 합니다. 우리는 "진리를, 온전한 진리를, 오직 진리만을" 전해야 하고, 이 진리를 사람들에게 공공연히 전해야 합니다.

　오늘날은 그리스도의 참된 신성에 대해 모호한 태도를 취하려는 큰 경향이 있습니다. 나는 우리의 사랑하는 친구 존 홀 박사(Dr. John Hall)가 방금 드린 기도의 시작 부분이 좋았습니다. 기도 전체도 좋았지만, 특별히 우리의 거룩한 주님께 겸손히 경배드리는 말에 크게 감동을 받았습니다. 그리스도의 신성을 부인하는 자들도 예수께서 거룩하다고 말합니다. 그러나 그들의 말이 예수께서 하나님이시라는 뜻은 아닙니다. 그들이 그리스도의 신격을 말하지만, 그리스도의 신성은 부인합니다. 이것은 교묘하게 말장난을 하는 것입니다. 나는 사람을 현혹

시키는 그런 표현들을 싫어합니다. 우리는 그리스도의 신성을 믿고 그리스도를 하나님으로 예배합니다. 그리스도 예수는 하나님이시든가, 아니면 사기꾼입니다. 이 둘 사이에 중간 지대란 없습니다. 예수께서는 자신이 하나님이라고 말씀하셨고, 그의 제자들이 예수님을 하나님이라고 생각하도록 허용하셨습니다. 예수께서는 성경에 수많은 사람들이 예수님을 하나님으로 믿게 만드는 말씀을 남겼습니다. 예수께서 단순히 사람이시라면 좋은 사람일 수 없었습니다. 예수께서 그런 인상을 남겼기 때문에 그런 인상을 제거하는 데는 큰 수고가 따르지 않았습니다.

또한 슬프게도 사람의 타락과 부패의 진리를 모호하게 하려는 경향이 있습니다. 여러분이 사람의 파멸을 전하지 않는다면 "이 생명의 말씀을 다" 전할 수 없습니다. 여러분은 사람의 영적 죽음에 대해 분명하게 말해야 합니다. 그렇지 않으면 여러분은 사람을 영적 생명에 이르게 하는 것에 대해 바르게 말할 수 없습니다. 여러분이 악한 자들의 두려운 파멸을 전하지 않으면, "영생의 말씀"이 있는 우리 주 예수께서 우리에게 가져오시는 구원의 위대함을 결코 보지 못할 것입니다.

많은 설교자들이 성령의 활동을 너무 뒷전에 둡니다. 여러분은 최근에 어린 아이들은 회심할 필요가 없다고, 신적 생명이 태어날 때부터 그들에게 있다는 말을 들어보지 못했습니까? 그들은 중생보다 교육을 전하고, 회심보다 진화를 설교하지 않았습니까? 이것은 "이 생명의 말씀을 다" 말하는 것이 아닙니다. 그것은 "허탄한 신화"(딤전 4:7)를 이야기하는 것입니다.

형제 여러분, 우리 가운데도 "모든 말씀을" 전하려고 하지 않는 사람들이 몇몇 있지 않습니까? 여러분이 새 생명의 열매로 거룩함을 전하면, 그들은 여러분이 율법적이라고 말합니다. 사람들에게 전해야 하는 말씀의 지극히 중요한 부분들 가운데, 진실로 이 생명의 결과들이 들어 있습니다. 우리로 죄를 미워하게 하지 않는 은혜는 거짓 은혜입니다. 우리는 죽은 행실에 대한 회개와 사랑으로 역사하는 믿음을 전해야 합니다. 그리스도께서 오셔서 사람들을 구원하신 것은, 죄 가운데 살도록 하기 위함이 아니라, 죄에서 나오도록 하기 위함이라는 것을 사람들에게 전해야 합니다. 이 점을 우리는 정오의 태양처럼 분명하게 가르쳐야 합니다.

진리 가운데서 숨겨진 다른 어떤 점이 있다면, 우리는 그것을 더욱더 전면

으로 끌어 내도록 합시다. 다른 사람들이 소홀히 하는 진리를 우리는 배나 강조
하도록 합시다. 복음 전체를 사람들이 알고, 그 능력을 경험할 수 있도록 사람들
앞에 제시해야 할 필요가 있습니다. 모든 복음을 전하려고 마음먹는다면, 여러
분은 싸우고 분투노력해야 할 것입니다. 두려워하지 마십시오. 주님께서 여러분
을 도우실 것입니다. 주님은 그의 천사를 통해 여러분에게 "가서 성전에 서서 이
생명의 말씀을 다 백성에게 말하라"고 말씀하십니다.

우리가 이 일에 관해 어떻게 하고 있는지 물었을 때 그것으로 끝이 났습니
까? 하나님의 백성인 우리는 이 문제에 대해 어떻게 하고 있습니까? 우리 가운데
어떤 이들이 설교하고 있는데, 우리는 모든 복음을 전하고 있습니까? 전하지 않
고 보류하고 있는 어떤 교훈은 없었습니까? 우리는 새것과 옛것을 다 전하고 아
무것도 숨기지 않도록 합시다. 우리의 건물이 수포로 돌아가지 않도록 아치 문
에 들어갈 돌을 하나도 빠짐없이 다 집어넣읍시다. 우리는 이 진리들을 생명의
말씀으로 전하였습니까? 이 진리들에 생명이 있는 것을 느꼈습니까? 이 진리들
로 말미암아 생명을 얻을 기대를 하였습니까? 우리의 설교는 우리가 믿는 바대
로 될 것입니다. 하나님께서 우리의 설교에 복을 주실 것이라고 믿지 않는다면,
하나님은 우리의 설교에 복을 베푸시지 않을 것입니다. 우리가 살아 있는 말씀
에 의해 새 생명이 태어나는 것을 볼 기대를 하지 않는다면, 우리는 들을 귀가 없
는 사람들에게 죽은 설교를 전하게 될 것입니다.

우리는 그동안 증인으로서 설교해 왔습니까? 설교자가 너무 자신의 개인적
인 경험을 이야기한다는 불평을 때로 듣습니다. 나는 설교자들이 그렇게 할 리
가 없다고 생각합니다. 왜냐하면 우리 설교자의 경험이 우리의 설교를 증언하는
것이기 때문입니다. 여러분이 자기본위적이어서 어느 것이 내 명예를 위한 것인
가를 말할 수 있는데, 그것은 비난받을 만한 일입니다. 그러나 여러분이 자기본
위적이면서도 어느 것이 하나님의 명예를 위한 것이냐를 말한다면 그것은 칭찬
할 만한 일이 됩니다. 여러분은 합법적으로 이렇게 말할 수 있습니다. "이것은
틀림없습니다. 내가 그것을 시험해 봤습니다!" 이것이 하나님께서 복음을 전하
는 일에 천사 대신에 사람을 쓰시는 한 가지 중요한 이유입니다. 사람들은 자기
가 전하는 메시지를 자기 경험에 의해 지지할 수 있지만 천사는 할 수 없기 때문
입니다.

사랑하는 친구 여러분, 여러분 가운데 아무에게도 "이 생명의 말씀"을 말하

지 않는 사람이 있습니까? 회중 가운데서, 여러분은 중생했다고 하면서도, 평생 동안 한 번도 하나님의 일들에 관해 서로에게 이야기해 본 적이 없는 사람을 한 두 명쯤은 찾아낼 수 있을 것입니다. 그런 사람이 중생한 사람입니까? 내가 우회적으로 여러분을 가리키려고 하는 것이 아닙니다. 여러분 가운데는 그리스도께 대한 믿음을 한 번도 고백한 적이 없는 분들이 있습니다. 여러분이 여러분 자신을 위한 중요한 명령에 순종하지 않았다면, 다른 사람들의 영혼을 위해서도 별로 무슨 일을 하지 않았을 것입니다. 여러분 가운데 어느 누구든지 하나님의 교회의 회원이 되었으니까 조용히 지내는 것으로 만족하십니까? 여러분 주변의 사람들이 지옥에 가게 내버려 두어도 좋습니까? 뭐라고요! 그리스도의 사랑을 전혀 말하지 않는다고요? 자기 자녀들과 하인들에게도 구원에 대해서 아무 말도 하지 않는다고요? 이게 올바른 일입니까?

하나님의 이름으로 명하노니, 깨어나십시오! 여러분이 이 땅에서 남아 있는 것은 무엇을 위해서입니까? 여러분이 해야 할 일이 아무것도 없다면, 왜 이 죄 많은 세상에 있는 것입니까? 여러분은 하나님을 찬양할 수 있는 천국으로 서둘러 가야 하는 것이 아닙니까? 아니, 아니, 내가 잘못 생각하지 않았나 싶습니다. 여러분은 천국에서 하나님을 찬송할 수 없을 것입니다. 여러분은 천국으로 가는 길을 배우지 못했기 때문입니다. 여러분은 구속받은 자들의 찬송에 합류할 수 없을 것입니다. 여러분은 한 번도 예행 연습을 해 본 적이 없기 때문입니다. 바로 시작하십시오. 어떤 누군가가 들을 수 있도록, 예수님을 찬송하기를 시작하십시오. 땅에 있는 죄인들에게 예수님과 그의 사랑을 이야기하십시오. 그렇지 않으면 어떻게 여러분이 그 점을 천사들과 정사들과 권세들에게 알릴 수 있겠습니까?

여러분, 여러분이 하고 있는 것 이상을 할 수 있는 분들은 없습니까? 거리 모퉁이에서나 시골 집회장에서 설교할 수 있는 젊은이들이 없습니까? 우리 복음주의 단체들 가운데서 몇 군데는 설교자들이 없어서 시들어가고 있습니다. 그렇게 되어서는 안 됩니다. 여러분은 지금 어디에 있습니까? 여러분이 사람들에게 복음을 전할 수 없다면, 아이들을 가르칠 수는 없습니까? 이 지역의 아주 많은 주일학교들이 교사가 없어 아주 큰 어려움을 겪고 있습니다. 주일 저녁에 운영되는 빈민학교들(Ragged-schools)에 아주 많은 아이들이, 교사가 없어서 돌아간다는 것을 말씀드립니다. 여러분은 지금 어디에 있습니까? 여러분은 여러분이 자신의 것이 아니고, 주 예수께서 값을 주고 사신 자라고 고백합니다. 그런데 왜 여러분은 주님을 섬기지 않습니까? 여러분 가운데 어떤 분들은 어디 있는지 찾아 헤매는데 상당히 성공했습니다. 주일 저녁에 여러분을 보고 싶습니다. 여러분이 어디 있는지 알기 때문에, 여러분이 주님을 섬기고 있지 않기 때문에 여러분이 정말 보고 싶습니다. 여러분은 아침에 식사를 하고, 그 후로는 다른 사람들을 먹여 살리는 일을 합니다. 주님께서 그 일에 여러분에게 복을 베푸시기 바랍니다. 여러분은 이 회중석에 앉아서 그냥 내 얘기를 듣기만 하라고 창조된 것이 아닙니다. 죽을 수밖에 없는 사람에게는 단지 듣기만 하는 것 이상의 할 일이 있습니다.

　여기 계신 모든 사람에게, 이제 제가 하려고 하는 말을 잘 들으시라고 말씀드립니다. 나는 천사가 아니지만, 주 예수의 이름으로 하늘의 사자가 전한 명령을 다시 한 번 반복합니다. 가서 담대하게 서서 백성들에게 이 생명의 말씀을 다 말하십시오. 하나님이 여러분을 축복하시기 바랍니다. 아멘.

제
8
장

—

임금과 구주

—

"이스라엘에게 회개함과 죄 사함을 주시려고
그를 오른손으로 높이사
임금과 구주로 삼으셨느니라." — 행 5:31

동일한 사실이 다른 사람들에게 아주 다르게 보입니다. 우리 주님께서는 죽은 자들 가운데서 부활하셔서 하나님의 오른손으로 높이 되셨습니다. 유대인 제사장들과 관리들에게는 이것은 두려운 발표였습니다. 그들은 자기들이 죽여 나무에 매단 예수가 아직 살아 있다는 말을 참고 들을 수 없었습니다. 살인자가, 자기가 죽인 사람의 유령이 나타나는 것을 보고 깜짝 놀라듯이, 이 관리들은 자기들이 십자가 못 박은 나사렛 예수가 무덤에서 살아났다는 생각에 아주 경악했습니다. 그들은 자기들이 궁리할 수 있는 모든 방법을 동원하여 수치스럽게 하며 사형에 처한 그가, 지극히 높은 하늘에까지 올려져서 하나님의 충만한 능력과 위엄을 갖추었다는 생각 자체에 깜짝 놀랐습니다. 그들은 마치 칼이 그들을 깊이 찔러 뼈까지 둘로 쪼갠 것처럼, 그 발표에 마음으로 큰 충격을 받았습니다. 분노가 가득 차서, 그들은 자기들에게 그런 악한 소식을 들려주는 자들을 어떻게 하면 죽일 수 있을지 의논했습니다.

이 사실이 사도들에게는 전혀 다른 효과를 끼쳤습니다. 그들은 예수님의 친구였고, 하나님 나라 임금의 증인들이었습니다. 비록 그들이 예수께서 무덤에 놓였던 것을 보았지만 예수께서 살아나셔서 하늘에 오르셨고, 지금은 하나님,

곧 성부 하나님 오른편에 앉아 계시다는 것을 확실히 알게 되었을 때, 지극히 큰 담대함과 위로가 마음에 가득 찼습니다. 그들이 예수의 이름으로 말하는 것은 당연합니다. 왜냐하면 그 이름은 확실히 신성한 이름이기 때문입니다. 죽음을 정복하고 하늘 문을 여신 분은 틀림없이 자기를 따르는 자들을 돌보실 수 있습니다. 그러므로 사도들은 적의 동굴에서 적들에게 기쁨과 용기를 가지고 증언하였습니다. 떨 필요가 전혀 없었습니다. 부끄러워할 것이 아무것도 없었습니다. 왜냐하면 그 이름은 승리를 거둔 대의였기 때문입니다. 사도들은 두려워하지 않았습니다. 두려워할 것이 전혀 없었습니다. 하늘과 땅과 지옥의 모든 이름보다 높은 그 이름이 모든 위험에서 그들을 확실히 보호할 것이기 때문입니다. 사도들에게는 용기를 주는 원인이었던 것이, 이 관리들에게는 경악의 원인이었습니다.

그리스도의 높아지신 이 사실이 여러분에게는 어떤 인상을 주는지 여러분 모두에게 묻습니다. 여러분은 그리스도를 어떻게 생각하십니까? 이제 시간 관계상 여기 모인 모든 분들에게 이 질문을 할 수 없을 것 같아서, 아직 하나님과 평화롭게 지내지 못하지만, 그리스도 안에 있는 구원을 얻기 위해, 높아지신 이분을 자기 앞에 모시고자 하는 분들에게만 질문을 드리겠습니다. 나는 오늘 아침 구원을 찾는 구도자들을 만나고자 합니다. 성령의 도움으로 그분들을 격려하고 지도하고자 합니다. 그래서 할 수 있는 한, 오늘이 구도자라는 말을 듣는 마지막 아침이 되고, 발견자가 되어 그리스도를 찾은 자에게 그리스도께서 얼마나 달콤한 분인지, 그분을 믿음으로 구원을 받는 사람들에게 그의 구원이 얼마나 귀한 것인지를 아는 첫날이 되기를 바랍니다.

오늘 아침 우리가 일을 잘 할 수 있으면 정말 기쁘겠습니다. 많이 듣는다고 해서 진지하게 듣는 것은 아닙니다. 그냥 귀로만 들을 수가 있습니다. 여러분들 가운데 아주 많은 분들은 그냥 귀로 듣기만 하고, 마음으로 듣지 않습니다. 하나님의 말씀이 여러분의 귀까지만 도달할 뿐 그 이상으로 들어가지 않습니다. 마음으로 듣고 진지하게 주의를 기울이지 않기 때문입니다. 많은 분들이 마치 연회장에서 발코니로 들어와, 아래에서 잔치를 벌이고 있는 사람들을 내려다보기만 하고, 음식을 한 입도 맛보지 않는 구경꾼들과 같습니다. 그런 사람들에게는 실제로 맛을 볼 진미는 아무것도 없는 것입니다. 그들은 차려진 음식을 보고, 연회의 손님들이 즐기는 것을 보며, 때로는 좋은 음식들 때문에 입에 군침이 도는 것을 느끼기도 하고, 연회를 즐기고 있는 사람들을 부러워하기까지 합니다. 그러나 그들은 음식이 차려진 상에 스스로 한 자리를 차지하려고 하지 않고, 언제까지나 구경꾼으로만 남아 있습니다. 오늘 아침 하나님께서 내 영혼의 소원을 들어주시기를 기도합니다. 여러분 모두가 이 순간 그리스도 안에 있는 하나님의 큰 은혜에 참여하는 자가 될 수 있게 해주시기를 구합니다. 지금까지 꼴을 먹어 온 여러분은 그리스도 안에서 잔치가 마련된 것을 보고 다시 그 음식을 맛보기를 바라며, 한 번도 "여호와의 선하심을 맛보아 알려고"(시 34:8) 하지 않은 여러분은 오늘 아침 사랑으로 준비한 이 자리로 가까이 오셔서 생명의 떡을 마음껏 드시기 바랍니다. 나는 이제 단지 바라고 소원하는 일은 끝내고, 실제적인 믿음이 시작되고 구원이 실현된 것을 기뻐하게 되었으면 좋겠습니다. 이제 더 이상 얘기하거나 끌지 말고, 본론으로 들어갑시다. 나는 여러분이 구원받되, 지금 당장 구원받기를 간절히 바랍니다. 그렇지 않으면 어쩌면 여러분은 결코 구원받지 못할 수도 있습니다.

구도자 여러분, 여러분이 진정으로 구원받기를 바란다면 여러분의 구원이 예수 그리스도 안에 있다는 것을 바로 아십시오. "다른 이로써는 구원을 받을 수 없나니 천하 사람 중에 구원 받을 만한 다른 이름을 우리에게 주신 일이 없음이라." 그것이 사실이라는 것을 아십시오. 핵심은, 그 이름에 있는 구원을 획득하고 그리스도를 굳게 붙잡으며, 그래서 그리스도 안에 있는 것이 여러분의 것이 되도록 하는 것입니다. 이제 성령께서 여러분에게 복을 베푸셔서 우리가 본문 말씀에 대해 이야기하는 동안, 여러분이 그 말씀을 듣고 그리스도 예수 안에 있는 참 구원에 이를 수 있기를 바랍니다.

1. 먼저, 이제 여러분은 예수 그리스도의 이름들에 주의하고, 그 이름들이 의미하는 바를 배우시기 바랍니다.

예수 그리스도를 "임금과 구주"라고 부릅니다. 여러분은 이 구주를 알아야 합니다. 그렇지 않으면 여러분은 구원받을 수 없습니다. 하나님께서 죄인들에게 유일한 구원으로 세우신 분의 본성과 인격을 아는 것이 여러분에게 중요합니다. 주 예수께서 여기서 많은 교훈을 담고 있는 두 가지 이름으로 묘사되는데, 이 이름들은 예수님의 직무와 관계들의 대부분을 포함하고 있습니다. 이제 예수님을 주의 깊게 살펴봅시다.

　　먼저 예수님은 임금이라고 불립니다. 이 명칭에서 우리는 이때 예수께서 지상에서 겪으신 그의 고난에 대한 보상으로 명예를 받고 계시다는 것을 알 수 있습니다. 여기 지상에 계시는 동안에, 예수님은 반역하는 그의 신민들에게 마치 중죄인처럼 취급받았습니다. 영국의 왕세자인 웨일스 공(Prince of Wales)이 외국 여행을 마치고 집으로 돌아올 때 얼마나 많은 선물을 가져왔는지 모릅니다. 그러나 이 영광의 임금께서는 여기 이 세상의 자기 땅에 방문하셨다가 본향으로 가실 때, 상처 외에 가져간 것이 무엇이 있었습니까? "그가 자기 땅에 오매 자기 백성이 영접하지 아니하였으나"(요 1:11). 수치와 반대는 이제 끝났습니다. 저기 영광의 하늘에서는 분명히 우리 주님께서 경배받고 순종받으며 명예로운 임금으로 계십니다. 하늘의 모든 천사가 이같이 기뻐하며 노래합니다. "그리스도시여 주는 영광의 왕이시나이다!" 영적 왕국의 지극히 높은 권세와 군주들이 그 앞에 절하고 그를 환호하여 맞이하며, 그리스도를 영원히 찬송받으실 만유의 주로 기쁘게 환호합니다. 그의 통치는 온 피조계에 미칩니다. 모든 것이 그에게 복종합니다. 그분은 세상의 열왕들의 임금이십니다. 그렇습니다. 그분은 만민의 주이십니다. 자, 구원을 찾는 죄인인 여러분, 이런 명예로운 신분에 계신 이분을 생각하십시오. 그리스도는 여러분이 그에게 드릴 수 있는 모든 명예와 경배를 받기에 합당하신 분인 것을 생각하십시오. 이런 진지한 생각과 신중한 존경심이 없이는 그분께 가까이 가지 않도록 하십시오. 그분이 겸손하고 온유하신 분이지만 그분은 명예와 존경을 드려야만 하는 임금이시기 때문입니다.

　　우리 주님의 경우에 "임금"이라는 호칭은 명예를 의미할 뿐만 아니라 실제적인 권력도 의미합니다. 그의 권세는 단지 명목상 임금의 권세가 아닙니다. 그에게는 영광과 힘이 다 있습니다. 그에게 하늘과 땅의 모든 권세를 지니는 중보자의 왕국이 주어졌습니다. 그래서 그분은 "복되시고 유일하신 주권자"(딤전 6:15)라고 불리는 것이 당연합니다.

> "그의 손은 틀림없는 솜씨로 자연을 운행하시며
> 넓게 뻗어나간 무수한 세계가 그의 주권적인 뜻에 복종하나이다."

　　옛적에 그분에 대해 이같이 말하였습니다. "그의 어깨에는 정사를 메었고 그의 이름은 기묘자라, 모사라, 전능하신 하나님이라, 영존하시는 아버지라, 평강의 왕이라 할 것임이라"(사 9:6). 그는 다윗 집의 임금이시고, 그가 열면 닫을 자가 없고, 닫으면 열 자가 없습니다. 그리스도의 권세에는 끝이 없습니다. 여러분이 그의 구원을 찾는다면, 그가 전능하신 분임을 생각하고, 자기를 의지하는 자들의 구원을 위해 능력을 다시 발휘하신다는 것을 기억하십시오. 그분은 높이 오르시어 임금이 되셔서, 회개함과 죄 사함을 주실 수 있습니다. 그래서 여러분이 그리스도 안에서 보는 그 능력을 여러분의 구원을 위해 모두 사용할 수 있습니다. 이 사실이 여러분에게 용기를 주지 않습니까? 이 사실을 생각할 때 여러분의 연약함 때문에 생기는 두려움이 사라지지 않습니까? 나는 여러분이 성령의 능력으로 말미암아 우리의 영광스러운 주님을 그의 명예에 합당한 공경심을 가지고 생각하고, 그의 권세가 요구하는 확신을 가지고 생각할 수 있기를 바랍니다.

임금이란 **통치권**이 있는 사람을 뜻한다는 것을 기억하십시오. 그래서 그리스도께서 오늘날 여러분의 임금이시라면, 그분이 여러분을 다스리시도록 해야 합니다. "그가 반드시 왕 노릇 하시리니"(고전 15:25). 그리스도께서는 자기에게서 구원을 구하는 자들에게, 자신이 주와 하나님이 되신다고 주장하셨습니다. 그 주장이 정당한 것이 아닙니까? 우리를 위해 종이 되신 주님 외에, 우리가 누구를 섬겨야 하겠습니까? 우리는 그리스도를 우리의 주와 임금으로 모셔야 합니다. 그렇지 않으면 구원은 불가능한 일입니다. 죄를 섬기는 자는 구원을 받지 못합니다. 그들이 하나님의 그리스도를 섬기지 않고는 구원받을 수 없습니다.

> "이것을 알고 불평하지 말라
> 예수께서 오실 때는 통치하기 위하여 오시나니
> 그는 통치하시되 공평으로 통치하시니
> 복종치 아니하는 정욕은 반드시 멸하여지리라."

여러분은 예수님을 여러분의 지도자요 대장으로 영접해야 합니다. 그렇지 않으면 여러분은 생명의 전투에서 이길 수 없습니다. 여러분은 예수께 사랑의 순종을 드려야 합니다. 그렇지 않으면 그분이 여러분의 영혼과 결합될 수 없을 것입니다. 그의 통치는 사랑으로 즐겁게 누그러집니다. 그래서 호세아 선지자가 쓰듯이 "네가 나를 내 남편이라 일컫고 다시는 내 주인이라 일컫지 아니하리라"

(호 2:16, 개역개정은 "내 바알이라"), 즉 딱딱하게 통치자의 직위를 나타내는 말로 부르지 않고 남편으로 부를 것이라는 것입니다. 이는 주께서 내 남편이시기 때문입니다. 그럴지라도 예수님은 우리의 머리이십니다. 그러나 그의 통치는 지극히 깊은 애정에서 나오는 통치입니다. 예수님을 믿는 믿음이 있다면, 반드시 예수께 순종을 드려야 합니다. 참된 믿음은 사랑으로 역사하기 때문입니다. 여러분은 그 순종을 드리겠습니까?

이렇게 우리의 임금 그리스도 예수께서는 명예로 관을 쓰시고, 권세로 옷을 입으십니다. 그러므로 그는 임금으로서 통치하십니다. 친애하는 여러분, 나는 여러분이 당장에 여러분의 임금이신 그 앞에 경의를 표할 수 있기를 기도합니다.

본문에 나오는 다른 호칭은 "주"이십니다. 내가 볼 때, 이 호칭은 구원을 바라는 모든 영혼에게 큰 기쁨이 될 것입니다. 빛으로 나오려고 애쓰고, 희망의 빛 하나라도 소중히 여길 때, 하나님의 아들이 분명히 임금이시지만 여전히 구주이시라는 것을 아는 것이 여러분에게 틀림없이 기쁨이 될 것입니다. 여기서 오래 참으시는 주님의 사랑을 봅시다. 예수께서는 여기 이 땅에 계실 때 구주이셨습니다. 이제는 보좌 위에 오르신 구주이십니다. 우리는 예수께서 땅에 계실 때, "인자가 온 것은 잃어버린 자를 찾아 구원하려 함이니라"(눅 19:10)고 말씀하신 것을 봅니다. 그리고 이제 예수께서 하늘로 가셨는데, 그분에 대해 여전히 이런 말씀을 듣습니다. "그러므로 자기를 힘입어 하나님께 나아가는 자들을 온전히 구원하실 수 있으니 이는 그가 항상 살아 계셔서 그들을 위하여 간구하심이라"(히 7:25). 주님은 사랑으로 행하시는 그의 복된 사역을 멈추지 않으셨습니다. "그가 바로 몸의 구주시니라"(엡 5:23). 예수께서 통으로 짠 옷을 입고 피곤한 몸으로 팔레스타인 땅을 걸어다니셨을 때, 구주이셨습니다. 허리에 금띠를 띠시고 보좌에 앉아 계시는 지금도, 예수께서는 구주이십니다. 예수께서는 재림 때 구주로 오실 것입니다. 그때 우리 하나님이시자 구주의 영광스러운 모습으로 오실 것을 볼 것이기 때문입니다. 예수께서 예루살렘을 보고 우셨을 때, 구주이셨습니다. 지금 그분의 눈이 불길처럼 타오르시지만, 여전히 구주이십니다. 그분의 눈길 앞에서 이 세상이 피하여 숨을 때에도, 그의 구속받은 자들에게 그분은 구주이실 것입니다. 그 면에서 주님을 바라봅시다.

주님을 구하는 여러분, 우리의 높이 되신 주께서 여기 이 땅에 계시는 동안 이루신 일로 인해 구주이시라는 것을 기억하시기 바랍니다. 여기 사람들 가운데 거하셨을 때 그분은 사람들을 구원하실 수 있었습니다만, 그 구원은 완전한 것이 아니었습니다. 그분이 아직 "다 이루었다"고 말씀하시지 않았기 때문입니다. 이제 그의 구원 사역이 마쳐졌기 때문에, 구원하는 일이 그분에게는 간단한 문제입니다. 예수께서 보좌에 오르셨을 때에야 비로소 구주라는 이름에 합당하게 일을 하실 수 있으셨습니다. 속전을 모두 치르셨습니다. 그래서 이제 예수님, 주는 진정으로 구주이십니다. 뱀의 머리가 당신의 발꿈치 아래서 부숴졌습니다. 진실로 당신은 구주이십니다. 무덤이 깨트려졌고, 그래서 무덤이 사로잡았던 자를 내놓고, 부활이 밝히 드러났습니다. 예수시여, "당신의 고통과 피 같은 땀을 인해서, 당신의 십자가와 고난을 인해서, 당신의 귀한 죽음과 장사됨을 인해서,"이제부터 당신은 온전히 구주이십니다. 주께서 구원을 다 이루셨으니, 이제 우리 영혼이 하나님, 우리 구주님을 기뻐합니다. 나는 주님을 찾는 여러분이 오늘 아침 구주의 빛을 받아, 이 구주께서 여전히 영혼을 구원하는 일을 하시되, 그의 죽음이 이루신 속죄를 적용하심으로써 구원하는 일을 하신다는 것을 아는 은혜를 받기 바랍니다. 세상 사방 끝에 있는 여러분이여, 구주이신 예수님을 보십시오. 예수님이 구주이시고, 다른 이는 없기 때문입니다.

예수께서 또한 구주시라면, 이 사실은 떨리는 가슴에 예수께서 참으로 가까이 하기 쉬운 분이라는 것을 알려줍니다. 여러분이 임금님에게 오기는 부끄러울 수 있지만, 구주에게 오는 일에는 용기를 낼 수 있을 것입니다. 죄를 없애고 싶은 당신은 임금님이 두려우십니까? 두렵게 여기는 것이 당연합니다. 임금님은 여러분을 형벌하실 수 있기 때문입니다. 죄로 병든 당신은 임금이신 그분 앞에 나올 자격이 없다고 생각하십니까? 그렇지만 그분은 임금이실 뿐 아니라, 또한 의사이십니다. 그러므로 여러분은 그분의 눈길이 닿고, 그분의 손길이 미쳐서 당신을 온전케 하실 곳으로 가야 합니다. 내가 여러분에게 내 주님을 최상의 말로 소개하고 지극히 아름답게 설명하여서 여러분이 주님과 사랑에 빠질 수 있기를 바랍니다. 진실로 나는 그분은 너무 아름다워서 내가 당신에게 그분을 조금이라도 알게 해준다면, 여러분이 선하고 아름다운 것을 사랑한다면, 틀림없이 그분에게 빠질 것이라고 믿습니다. 내가 그분을 설명하는 동안 나는 그분을 흐릿하게밖에 말하지 못하지만, 그분은 태양이시므로 그분이 구름 같은 내 말을 뚫고서 나와 여러분이 찬란한 영광 가운데 계신 그분을 보게 될 것이라고 믿습니다.

"임금과 구주이시라." 나는 이 두 단어를 하나로 합쳐서 임금이시며 구주이신 분이라고 말합니다. 즉 군주로서 왕으로서 구원을 가져오시고, 은혜를 무한히 나누어 주셔서 우리가 충만한 은혜를 받도록 하시는 분이라는 말입니다. 이 호칭들을 다른 방식으로, 그 순서를 뒤집어 봅시다. 진실로 그분은 구원하는 것이 그의 영광이고, 자기 백성을 파멸에서 구원하는 일을 달성하기 위해 자신의 나라와 권세와 통치를 다 쏟으시는 구주이시며 임금이신 분입니다. "임금과 구주이시라." 바로 이분이, 죄에서 구원받기를 원하시는 여러분이 그 앞으로 가야 하는 그리스도이십니다. 그분을 보고 사십시오.

2. 이 두 가지 신분을 지니신 이분께 가까이 가 봅시다.

여러분에게 임금이신 예수 그리스도께 가까이 가라고 권하는 동안 주님을 찾고 있는 여러분에게 바싹 다가가고 싶습니다. "그러면 우리가 그 일을 어떻게 할 것인가?" 하고 당신은 말합니다. 내 대답은 여러분이 당장에 그분께 와서, 과거에 그분께 반역했던 것을 고통스럽지만 고백하라는 것입니다. 나는 여러분이 지금까지 얼마 동안이나 회개하지 않은 채 예수께 합당한 존경을 표시하지 않고 지냈는지, 예수께 관해 알았지만 그에게 순종하지 않고 지냈는지 모릅니다. 이 순간까지 여러분은 예수님의 사랑을 거절하며 이렇게 말했습니다. "우리가 그들의 맨 것을 끊고 그의 결박을 벗어 버리자 하는도다"(시 2:3). 이 점을 고백하고 부끄럽게 여기도록 합시다. 그와 같은 그리스도의 사랑에 마음이 움직이지 않은 것은 큰 수치이기 때문입니다. 하나님의 아들이라는 분 안에서 밝게 빛나는, 도무지 흉내낼 수 없이 아름다운 그런 분을 사랑하지 않는 것은 큰 죄이기 때문입니다. 따라서 당장에 그리스도의 신민이 되려고 하지 않는 것은, 마음이 도덕적으로 크게 완고하고, 인식이 무디고, 영혼이 편견에 사로잡혀 있으며 무지함을 나타냅니다. 이렇게 살아온 날 동안, 여러분은 이렇게 말한 것입니다. "나는 이 사람이 나를 다스리도록 하지 않겠다." 온유하신 성령께서 이제 여러분이 그 행동의 어리석음과 죄를 보게 하시고, 그래서 여러분이 눈물을 흘리며 그 사실을 고백하고, 옛 시편 기자의 "그의 아들에게 입맞추라 그렇지 아니하면 진노하심으로 너희가 길에서 망하리라"(2:12)는 명령에 순종하게 되기를 바랍니다.

여러분이 이 임금 앞에서 자신의 과거를 고백하고 났으면, 여러분에게 그 임금의 큰 목적을 받아들이고 그의 통치에 순복하라고 권합니다. 그분은 임금이십니다. 그러므로 여러분은 그의 신하가 되어야 합니다. 여러분은 이분의 통치의 목적이 무엇인지 아십니까? 그것은 여러분이 하나님을 사랑하고 하나님을 닮도록 하려는 것입니다. 여러분은 창조되어서 존재의 바다에 진수된 것입니다. 여러분은 이 사실을 피하거나 변경할 수 없습니다. 여러분이 존재하도록 지어졌으므로 그 존재를 잃어버릴 수 없습니다. 이와 같이 여러분이 창조된 것이 어떻게 영원히 복이 될 수 있고, 그 창조가 영원한 저주가 되는 위험을 어떻게 제거할 수 있습니까? 그 답은 간단합니다. 여러분이 여러분의 창조주와 바른 관계에 있다면 다른 모든 것과도 바르게 지냅니다. 여러분이 그 창조주와 화목하게 된다면, 이 세상과 영원에서 행복할 것입니다. 그러나 여러분의 과거 죄책을 용서받고 죄를 버리며, 하나님의 순결하고 거룩한 마음에 어긋나는 모든 것을 사랑하고 죄를 사랑하는 마음을 없애기 전까지는, 여러분의 창조주와 바르게 지낼 수 없습니다.

자, 예수께서는 여러분 속에 있는, 하나님의 뜻에 어긋나는 모든 것을 죽이기 위해 오십니다. 여러분을 거룩하게 하기 위해, 여러분을 온전하게 하기 위해 오십니다. 여러분은 주님의 이 자비로운 목적에 복종하시겠습니까? 여러분은 성령께서 여러분을 거룩하게, 곧 여러분의 영과 혼과 몸을 거룩하게 하시는데 사용하실 주님의 교훈들을 순종할 준비가 되어 있습니까? 그분은 여러분을 죄에서 구원하실 수 있습니다. 그분의 이름은 예수시며, 그 뜻은 "이는 그가 자기 백성을 그들의 죄에서 구원할 자이심이라"(마 1:21)는 것입니다. 여러분은 정말로 죄에서 구원받기를 원하십니까? 예수께서 한 번은 어떤 병자에게 이렇게 물으셨습니다. "네가 낫고자 하느냐?"(요 5:6). 사랑하는 친구 여러분, 예수께서 오늘 여러분에게 묻는 것이 바로 그 질문입니다. 여러분은 지옥으로 갈 뻔 하다가 구원을 받으면 기쁠 것입니다. 그러나 구원은 그런 것이 아닙니다. 여러분은 지옥을 만든 것에서, 지옥의 꺼지지 않는 불의 연료가 되고 죽지 않는 구더기의 무는 것이 되는 것에서, 즉 불의를 사랑하고 죄를 사랑하는데서 구원받기를 원하십니까? 그리스도는 구주로서 죄에서 구원하시고, 여러분을 자신이 임금으로 계시는 의의 나라로 인도하십니다. 여러분은 그리스도께서 그렇게 해주시기를 정말로 원하십니까?

여러분이 이런 방식으로 주 예수께 가까이 가게 된 것을 당연하게 여긴다면, 그 다음에는 이렇게 말하고 싶습니다. 예수께서 임금이시므로 모든 것을 예수께 드리십시오. 여러분이 구원을 받은 것이 그리스도의 구속으로 말미암은 것이라면 이제부터 여러분은 그리스도의 것이라고, 주님은 여러분에 대해 주장하십니다. 예수께서 여러분을 구속하셨고 그래서 여러분이 그에게 속하게 되었다면 이제부터 여러분은 자신의 것이 아니고, 값으로 주께서 사신 것입니다. 여러분이 영원히 그리스도의 것이 되는 것은 예수의 피로 말미암아 죽음과 지옥으로부터 구속받은 필연적인 결과입니다. 여러분은 눈을 들어 하늘을 보고 이렇게 말할 수 있습니까? "주께서 나를 주의 것으로 삼고자 하신다면 나는 기쁘게 주의 것이 되겠습니다." 여러분은 오늘 아침 성령의 도우심을 받아 여러분의 몸과 영혼을 산 제물로 드릴 수 있습니까? 여러분은 지금 가지고 있는 모든 것과 여러분이 빚지고 있는 모든 것을 주께 드릴 수 있습니까? 여러분은 십자가 밑에 서서 이렇게 말할 수 있습니까?

> "내가 무엇인가를 뒤바꿀 수 있다면,
> 의무적으로 할 필요가 없을지라도
> 나는 내 하나님을 너무도 뜨겁게 사랑하여
> 모든 것을 하나님께 드리고 싶습니다."

하나님께서는 여러분에게 그렇게 하기를 원하십니다. 그렇게 하시겠습니까? 구원을 찾는 여러분, 그렇게 하시겠습니까? 여러분이 확실히 그렇게 한다면, 그리스도께서 참으로 여러분에게 임금과 구주가 되실 것입니다.

여러분이 그렇게 해서 예수께서 주님이 되신다면, 사랑과 충성을 담은 경의를 여러분의 임금께 표하도록 하십시오. 영광 가운데 계신 주님을 보십시오. 거기에서는 모든 천사가 주님 앞에 면류관을 던지고, 장로들은 향유가 가득한 옥합을 가져와 주님께 경배드립니다. 그리스도께서 여러분의 구주가 되신다면, 또한 마땅히 여러분의 임금이 되셔야 하고, 깊고 진실한 마음으로 주님을 충성스럽게 따라야 합니다. 이것이 여러분에게 요구하기 어려운 일입니까? 생각하건대, 왕이신 예수님의 신하가 되고 종이 되는 것은 내 일생의 기쁨입니다. 영국 군사는 여왕의 이름을 생각하면 마음이 설레이고, 종종 전투하는 중에도 자신의 군주와 나라를 생각하였고 기꺼이 자기 목숨을 바치고자 하였습니다. 그러나 예수께 대한 사랑은 그보다 훨씬 더 강렬하고, 예수 그리스도께 대한 선한 군사의 충성은 지상의 군주들에 대한 충성보다 훨씬 더 힘이 있습니다. 여러분은 이런 충성을 가져야 합니다. 여러분이 그런 충성을 마땅히 가져야 한다는 것이 참으로 옳다는 것을 아십니까? 예수님과 같은 분에 대해 물로 끌 수 없는 사랑, 죽음보다 강한 사랑을 품는 것을 우리는 자랑스럽게 생각합니다. 사랑하는 마음으로, 적어도 마음을 가지고 예수님께 가까이 가서, 여러분의 마음이 주님을 사랑하게 해 주시기를 구하십시오.

여러분은 또한 주 예수님을 구주로 알고 가까이 가야 합니다. 이 점에 대해 교만한 마음으로 불평하지 마십시오. 내가 아는 어떤 사람들은 그리스도를 기꺼이 자신의 모범이요 지도자로 삼았습니다. 그들은 예수님을 임금으로 인정하기까지 하였습니다. 그러나 그들은 자기들이 구주가 필요하다고 고백할 마음은 없었습니다. 그러나 여러분은 예수님을 임금일 뿐 아니라 구주로도 모셔야 합니다. 그렇지 않으면 여러분은 영원히 망할 것입니다. 자비를 구하는 죄인에게 애정을 가지고 권합니다. 자신에게 구주가 필요하다고 고백하고 그리스도 예수께 오십시오. 여러분의 죄를 보십시오. 온갖 죄를 범한 여러분의 과거를 생각해 보십시오. 여러분은 그 과거 생활이 부끄럽지 않습니까? 여러분이 지금까지 말한 모든 무익한 말에 대해 설명해야 하는 심판대 앞에 선다는 것이 두렵지 않습니까? 양심적으로 생각할 때 여러분은 떨리지 않습니까? 자, 와서 구주께 말하십시오. 모든 것을 그분께 말하십시오. 여러분의 마음을 그분 앞에 털어놓으십시오. 여러분이 구주께 불쌍히 여김을 받아 죄 용서함을 받을 수 없는 한, 여러분은 망하고 정죄받습니다. 이제 여러분은 실제로 그렇게 하시겠습니까? 앞에서 이야기한 대로 이제 본론으로 들어갑시다. 내가 이야기하고 있는 동안 여러분은 진심으로 고백하십시오.

그렇게 한다면, 그리스도는 구주이시므로 그리스도께서 여러분을 구원하실 수 있다는 것을 믿으십시오. 그리스도께서 골고다에서 하나님의 공의로 인해 상상할 수 없이 두려운 고난을 받으셨고, 십자가에서 지극히 고통스러운 죽음을 죽으셨으므로, 주님의 그 고난과 죽음에는 모든 죄를 제거할 능력이 충분히 있음이 분명합니다. 그리스도의 붉은 피여, 그 피는 주홍 같이 붉은 죄를 씻을 공로가 충분히 있습니다. 십자가에서 죽으신 그분은 온전한 사람이실 뿐 아니라 하나님이시며, 주께서 드린 제사는 죄를 없앨 무한한 능력과 효험이 충분히 있습니다. 여러분은 이 점을 또한 믿어야 합니다.

　　여러분이 그 사실을 믿었으면, 그 다음에는 여러분은 주께서 구원하시는 과정을 전적으로 따르십시오. 주님은 여러분을 구원하실 수 있습니다. 그러나 주님에게는 주님 나름의 방식이 있습니다. 주님은 여러분을 여러분의 방식으로 구원하시지 않고 주님 자신의 방식으로 구원하실 것입니다. 여러분을 구원하는 주님의 방식은, 여러분이 죄의 고통과 신랄함을 느끼고 죄를 싫어하고 역겨워하며, 그래서 죄에서 영원히 돌아서게 하는 것입니다. 이와 같은 방식으로 주님은 여러분을 구원하십니다. 여러분은 주께서 그런 식으로 여러분을 구원하시기를 바라십니까? 오늘 아침 여러분은 지금까지 그토록 사랑해 왔던 죄에 대해 "안녕"이라고 말할 수 있습니다. 여러분이 아버지의 재산을 다 갖다 바친 창기와 방탕한 사람들에게 아직도 매력을 느끼십니까? 여러분은 아직도 먼 나라에 애정을 가지고 있어서, 떠나지 못하고 우물쭈물합니까? 아니면 먼 나라 사람들에게 완전히 작별 인사를 할 수 있습니까? 여러분은 아직도 돼지에게 마음이 끌립니까? 여러분은 돼지들이 먹는 곡식 껍데기들을 동경하고, 그래서 그리스도께서 여러분을 이 더러운 쾌락과 타락시키는 즐거움들에서 끌어 내려고 하실 때 그리스도께 가기를 거절할 수 있습니까? 여러분은 이렇게 말할 수 있습니까? "나는 더 이상 여기서 머뭇거릴 수 없다. 여기는 소돔이고, 곧 불이 하늘에서 내릴 것이다. 나는 목숨을 건지기 위해 도망치고 뒤를 돌아보지 않아야 한다. 예수께서 내 손을 잡고 계속 인도하시기 때문에 그렇게 해야 하고, 그렇게 할 것이다."

　　여러분이 진심으로 이렇게 하였고, 또 기꺼이 모든 생활에서 철저히 죄와 결별하고자 하고, 그래서 죄와 여러분이 더 이상 친밀한 사이가 되지 않는다면, 여러분이 진정으로 그렇게 하려고 한다면, 여러분이 지금 해야 하는 일은 여러분의 **구주**를 의지하는 것뿐입니다. 여러분의 모든 짐을 예수께 맡기십시오. 온 영혼으로 그분을 의지하십시오. 여러분이 구주를 필요로 하고, 그분이 여러분을 구원하실 수 있다는 것을 아십시오. 그리고 구원받는다는 것은 죄의 세력에서 구출받는다는 것임을 아십시오. 이제 구주께서 여러분을 순결하게 해주실 것을 믿습니까? 그렇게 믿는다면, 여러분은 임금과 구주이신 그분께 온 것입니다. 주께서 "내게 오는 자는 내가 결코 내쫓지 아니하리라"(요 6:37)고 말씀하셨습니다. 그러므로 그분은 여러분을 내쫓지 않을 것이고 내쫓을 수도 없을 것입니다.

　　현재 여러분이 있는 곳에서, 그리고 바로 지금 이같이 주 예수께 가까이 가야 합니다. 다른 데 갈 필요가 없고 한 시간이라도 지체할 이유가 없습니다. 여러분이 아직 여기 있는 동안에 하나님의 성령께서 여러분이 그리스도를 여러분의 임금과 구주로 알고 그리스도께 오게 하실 수 있습니다.

나는 지금 진리를 아주 간단명료하게 이야기하고 있습니다. 나는 지금까지 설교하면서 다양한 비유를 들거나 다양한 설명을 해왔습니다. 그러나 이번에는 여러분에게 구원의 방식을 아주 단순하고 분명하게 말하였고, 더 이상 할 수 없이 간절하게 여러분에게 권하였습니다. 여러분은 이 임금이시자 구주이신 분을 모셔들이지 않겠습니까? 성령께서 여러분이 바른 답을 하도록 설득하여 주시기를 바랍니다.

3. 세 번째로, 주 예수님의 선물들을 살펴봅시다.

그는 "회개함과 죄 사함을 주시려고 높이 되어 하나님의 오른편에 앉으신"(개역 개정은 "그를 오른 손으로 높이사") 분입니다. 자, 친애하는 여러분, 오늘 아침 여러분이 죄의 짐으로 고통 가운데 있다면, 이 복된 말씀을 붙잡으시기를 기도합니다. 그 말씀에는 여러분 영혼을 고통스럽게 하는 것을 제거할 꿀이 있기 때문입니다. "나는 정말로 그리스도를 임금과 구주로 모시고 싶습니다. 나는 정말로 그렇게 할 마음이 있습니다. 그러나 이 완고한 마음, 이 반역하는 의지를 내가 어떻게 해야 합니까?" 내 말을 들으십시오. "그는 회개함을 주시려고 높이 되셨습니다." 이렇게 말한다고 해서 누군가가 말했듯이, 회개할 여지를 주신다는 뜻이 아닙니다. 우리는 성경 말씀에 한 마디도 보태서는 안 됩니다. 그렇다고 해서 회개를 받아들일 만하게 만든다는 뜻도 아닙니다. 본문을 보십시오. 여기에 그런 의미가 있다는 표시가 전혀 없습니다. 그냥 "회개를 주신다"고 했습니다. 회개 자체가, 회개에 따르는 죄 사함만큼이나 높이 되신 구주께서 주시는 선물로 의도되고 있습니다.

회개란 무엇입니까? 우리가 그 말의 문자적 의미에 매달린다면, 그것은 마음의 변화입니다. 그러나 그것은 매우 놀라운 마음의 변화입니다. 주님께서는 여러분이 과거 모든 것에 대해 스스로 마음을 변화시킬 수 있게 하시고, 그래서 과거에 여러분을 기쁘게 했던 것이 여러분을 슬프게 하고, 여러분을 매혹시켰던 것이 싫어지고, 여러분이 사랑하던 것을 미워하며, 간절히 바라던 것을 혐오하게 만들 것입니다. 이것이 주님이 자기의 택하신 자들에게 주시는 선물입니다. "내가 그들에게 한 마음을 주고 그 속에 새 영을 주며 그 몸에서 돌 같은 마음을 제거하고 살처럼 부드러운 마음을 주리라"(겔 11:19). 과거에 대한 마음의 이러한 변화는 참으로 놀라운 것입니다. 주님께서는 또한 현재와 미래에 대한 여러분의 마음도 변화시킬 수 있습니다. 그래서 여러분이 현재의 쾌락을 추구하기보다 믿음으로 깨닫는 미래의 영광에서 기쁨을 얻게 될 것입니다. 여러분은 내 말이 무슨 뜻인지 아시겠습니까? 여러분이 하나님 오른편에 있는 영원한 기쁨을 생각만 해도 충분히 기뻐하게 될 것입니다. 예수께서는, 한 시간 앞도 내다보지 못하고 주변에 있는 목초지에 만족한 채 도살장으로 걸어 들어가면서도, 거기에 자기를 위해 무엇이 준비되어 있는지도 거의 모르는 짐승 같은 삶에서 여러분을 구원하실 수 있습니다. 예수께서는 여러분이 그와 같이 짐승처럼 사는 데서 구원하실 수 있으며, 여러분이 지혜자의 눈을 가지고 영원한 미래를 바라볼 수 있게 하십니다. 여러분에게 좋은 소망을 주실 수 있으며, 여러분 앞에 있는 영원한 가치가 있는 좋은 것으로 여러분의 마음을 고무시킬 수 있습니다. 예수께서는 세상을 전혀 새롭게 보게 하고, 여러분 자신을 완전히 새롭게 변화시킬 그런 마음의 변화를 주실 수 있습니다.

　회개에는 아주 깊은 죄의식이 포함되는데, 구주께서는 성령으로 말미암아 이 죄의식을 여러분에게 주실 수 있습니다. 주님은 여러분의 마음이 죄로 인한 내적 고통으로 피를 흘릴 때까지 양심의 가책이라는 가시가 달린 화살을 여러분 영혼 속에 계속 쏘아대실 수 있습니다. 혹은 좀 더 부드럽게 일하시어, 사랑이라는 미소 아래 마음이 녹아내림으로써 여러분이 회개하도록 하실 수 있습니다. 주님은 여러분이 이같이 노래하게 만드실 수 있습니다.

　　"주의 자비는 내 마음의 생각보다 크나이다.
　　내 마음의 완고함이 떠나고 주의 선하심으로
　　내 마음이 녹으니 기이하나이다.
　　내가 엎드려, 얻은 자비를 눈물로 찬송하나이다."

　예수께서는 여러분 속에 거룩함을 추구하고자 하는 마음을 일으키고 모든 거짓된 길을 미워하는 마음을 일으킬 수 있습니다. 주님은 여러분 생활에서 죄를 제거하실 뿐 아니라 여러분 영혼에서 교활함을 제거하실 수 있습니다. 주님은 여러분이 주님 앞에 진실되고 올곧게 하시고, 속사람을 깨끗하게 하실 수 있습니다.

"회개"에 포함된 모든 것을 주시기 위해 예수 그리스도께서 높이 되셨습니다. 그래서 아무도 회개함을 얻지 못한다면 그리스도께서 높아지신 것이 아무 소용이 없는 것입니다. 그러나 누군가는 반드시 회개함을 얻습니다. 그리스도께서 헛되이 높아지신 것이 아니기 때문입니다. 그런데 왜 여러분이 회개함을 갖지 못해야 할 이유가 있겠습니까? 여러분에게는 회개함이 필요합니다. 여러분의 마음은 화강석처럼 단단하고 얼음덩이처럼 차갑습니다. 그럴지라도 여러분이 회개함을 원한다면, 회개함을 얻지 못할 이유가 있습니까? 사람이 궁핍한 자에게 자선을 베풀지 않습니까? 지혜자가 지혜를 필요로 하는 자들에게 자신의 지혜를 나누어주지 않겠습니까? 여러분이 지혜를 원한다면, 와서 값없이 가져가십시오. 회개함은 거듭나지 않은 마음에서 저절로 솟아나지 않습니다. 그러나 임금과 구주되신 예수께서 사람 속에 일으켜 주실 수 있습니다. 예수께 와서 회개함을 구하시기 바랍니다.

> "예수 그리스도께 와서 여러분 가까이에 있는
> 참된 믿음과 참된 회개와 참된 은혜를
> 돈 없이 사라."

여기서 나는 단지 회개한 죄인들에게 뿐 아니라 회개하지 않은 죄인들에게도 설교합니다. 바위 같이 단단한 마음이여, 이 막대기로 맞으십시오! 십자가는 돌 같은 마음에서 회개의 눈물을 자아낼 수 있습니다! 완고한 마음이 이 신성한 불에 녹을 수 있습니다! 예수님의 사랑의 불이, 강철같이 완고한 회개치 않는 마음을 녹일 수 있습니다.

주님의 두 번째 선물로 "죄 사함을 주시는" 일이 추가됩니다. 예수께서 주시는 죄 사함은 매우 복됩니다. 구도하는 여러분, 내가 지금 이 시간에 하는 말을 한 마디 한 마디 꼭 붙잡기를 바랍니다. 주님은 여러분의 모든 죄에 대해 대사면령(大赦免令)을 내릴 수 있습니다. 주님께서 여러분을 용서하신다면, 여러분의 모든 죄는 마치 그동안 결코 짓지 않은 것처럼 될 것입니다. 주님께서 죄의 활동을 깨끗이 치우고, 여러분의 죄에 대한 기록 하나하나를 깨끗이 지울 것입니다. 그래서 하나님의 책에서는 여러분이 죄인이었다는 것을 고통스럽게 기억하게 만들 것이 전혀 없게 될 것입니다. 사람들의 온갖 죄와 허물을 용서할 만큼 그리스도의 속죄하는 피는 강력한 것입니다. 성령을 거슬러 지은 죄, 그리스도의 사랑과 피를 거슬러 지은 죄, 양심을 어긴 죄, 율법을 어긴 죄, 복음을 어긴 죄, 젊은 시절부터 여러분 뼛속 깊이 들어 있는 죄, 중년에 지은 죄, 노년에 지은 죄, 악한 죄, 어두운 죄, 가증한 죄, 이 모든 죄가 주께서 "내가 네 허물을 빽빽한 구름 같이, 네 죄를 안개 같이 없이하였으니"(사 44:22)라고 말씀하셨을 때, 다 사라집니다. 예수께서 하늘에 오르신 것은 이 완전한 죄 사함을 주시기 위해서였습니다.

온전한 용서하심이 올 때는, 그와 함께 형벌이 영원히 제거된다는 점을 살펴봅시다. 용서받은 사람은 형벌 받지 않습니다. 그에게는 지옥이 없고, 죽지 않는 구더기도 없으며, 결코 꺼지지 않는 불도 없기 때문입니다. 하나님께서는 용서하시고 나서 다시 형벌하시는 일을 하시지 않습니다. 주님께서 동이 서에서 먼 것 같이 여러분의 죄를 제거하신다면 누가 나서서 어떤 것을 여러분의 책임으로 돌릴 수 있겠습니까? 여러분을 정죄할 수 있는 사람이 누가 있겠습니까? 여러분을 형벌할 사람이 누가 있겠습니까?

죄를 용서받으면 그와 함께 또한 모든 특권이 회복됩니다. 아담이 에덴 동산에서 가졌던 모든 것을 여러분의 것으로 가지게 될 것입니다. 그러나 그 모든 것을 바로 여기서 누리는 것은 아닙니다. 그 모든 것, 그리고 훨씬 그 이상의 것을 정말로 여러분이 누리게 될 것입니다. 그리스도의 의를 입고 사랑받는 자녀가 된 사람은, 이 땅에서 낙원을 가질 수 없고 그 낙원을 하늘에 두고 있기 때문입니다. 그 사람에게 에덴 동산의 금빛 사과는 갖지 못할 수 있지만, 그가 영원히 먹을 생명나무 과일이 있을 것입니다.

> "아담이 모든 사람을 대신해서 가졌다가 잃어버린 것을
> 실패하실 수 없고 실패하시지도 않는 그리스도께서 가지셨습니다."

예수 그리스도를 믿는 자는 더할 수 없는 복에 거하고, 주님의 선하심에 만족할 것입니다. 다시 한 번 여러분에게 말씀드립니다. 용서받으면 여러분의 마음이 평온해질 것입니다. 여러분이 용서를 받으면, 여러분 영혼의 모든 혼란이 아주 잔잔해질 것이기 때문입니다. 여러분은 "모든 지각에 뛰어난 하나님의 평강"

을 얻어 "그리스도 예수 안에서 여러분의 마음과 생각을 지키게 될"(빌 4:7) 것입니다. 어떤 사람은 이렇게 말합니다. "아, 나는 죄 사함을 보고 싶습니다." 여러분은 보지 않고 죄 사함을 받을 수 있습니다. 여러분의 마음을 주십시오. 아니, 죄 사함을 얻는 값으로 마음을 주는 것이 아닙니다. 그냥 그 복을 값없이 받으십시오. 복을 값없이 주시기 때문입니다. 예수께서는 큰 죄인들에게 값없이 죄 사함을 주시기 위해 높이 하늘에 오르셨습니다. 이제 앞에서 한 말을 다시 합니다. 그러므로 예수께서 어떤 사람에게 죄 사함을 주시지 않는다면, 예수님은 헛되이 하늘에 오르신 것입니다. 그러므로 예수님은 어떤 사람에게 죄 사함을 주셔야 합니다. 그러므로 예수님은 죄 사함을 구하는 사람에게 주십니다. 그렇다면 예수께서 죄 사함을 여러분에게 주시지 않을 이유가 있겠습니까?

본문에서는 "이스라엘에게 회개함을 주시려고"라고 말합니다. 여기서 이스라엘은 누구이고, 어떤 사람입니까? 우리 주님 시대에 이스라엘 백성은 확실히 아주 악한 죄인들이었습니다. 왜냐하면 주님께서 십자가에 못 박은 자들이 바로 그들이었기 때문입니다. "그를 십자가에 못 박게 하소서 그를 십자가에 못 박게 하소서" 하고 외친 자들이 유대인들이었습니다. 그렇다면 예수께서 높이 되신 것은 죄인들 가운데 괴수에게 회개함과 죄 사함을 주시기 위한 것이라는 뜻입니다. 그리고 내가 죄인 가운데 괴수라면, 유대인이나 로마 사람들을 비난하기보다 내 자신을 비난한다면, 그리스도의 죽으심을 내 잘못으로 인정하고,

> "나의 죄, 내 잔혹한 죄들이 주님을 괴롭게 하는 원수들이었고
> 내 죄악 하나하나가 못이 되고
> 불신앙이 창이 되어 주를 찔렀나이다"

하고 말한다면, 주께서 내게 회개함과 내 큰 죄들을 용서하심을 주기 위해 높이 되신 것입니다. 여러분은 이 두 가지 선물을 가지시겠느냐고 내가 물어볼 필요가 있습니까? 친구 여러분, 우리가 주님의 자비를 여러분에게 강권할 필요가 있다는 사실이, 인간 마음의 타락이 얼마나 깊은지를 보여줍니다. 죄가 미친 짓이 아니라면, 설교자가 와서 이 복된 복음을 말하고, 그러면 여러분은 이렇게 노래하기 시작하기만 하면 될 것입니다. "좋은 소식을 전하며 평화를 공포하며 복된 좋은 소식을 가져오며 구원을 공포하며 시온을 향하여 이르기를 네 하나님이 하

늘에서 임금과 구주로 통치하신다 하는 자의 산을 넘는 발이 어찌 그리 아름다운가"(사 52:7, "하늘에서 임금과 구주로"라는 구절은 저자가 삽입한 구절임). 그런데 여러분 가운데 어떤 분들은 주님을 기쁘게 영접하기보다는, 그 일을 구하고 호소하기 어려운 일로 생각할 것입니다. 내 주님께서 내가 이 일들을 여러분 앞에 설명할 수 있게 하시지만, 주님의 사랑이 여러분을 강요하지 않으면, 여러분은 이 말들을 받아들이지 않을 것이라고 생각합니다. 사람이 말을 물가로 끌어갈 수는 있지만 억지로 마시게 할 수는 없습니다. 우리는 그리스도를 여러분 앞에 모셔올 수 있지만 여러분이 그리스도를 영접하도록 만들 수는 없습니다. 바로 오늘 아침에 여러분의 영혼을 누그러뜨리고 부드럽게 녹이는 일이 있기를 기도합니다. "여러분에게 이 구원의 말씀이 보내졌기" 때문입니다.

　　친애하는 여러분, 내가 전에 여러분에게 한 번도 설교하지 않았을지도 모릅니다. 처음 한 번 공격에 여러분의 영혼을 우리 주님께로 인도한다면 정말 나는 행복할 것입니다. 혹은 내가 여러분에게 이전에 여러 차례 걸쳐서 말해서 이제는 내 목소리가 여러분에게 재미없고 맥 빠진 것이 되어가고 있는지도 모릅니다. 내가 설교를 망치고 있다면, 정말 미안합니다. 비록 내가 어눌한 말로 복음을 전할지라도 여러분이 그 말씀을 굳게 붙잡고 이같이 말한다면, 정말 잘하는 일입니다. "그렇습니다. 주님께서 회개함과 죄 사함을 주기 위해 높이 되셨다면, 여기 내 가슴이 있으니, 주님, 이 좋은 시간에 그 두 가지를 내 영혼에 부어주소서."

4. 내가 지금까지 이름들에 대해 말하였는데, 주 예수께서 그런 분이신 줄 알고 가까이 갑시다.

　　그리고 이제는 주님의 선물들에 대해서 말하니, 주님께 그 선물들을 구합시다. 지금 이 시간에 구합시다. 다시 한 번 말하지만, 이제 본론으로 들어가서 들을 뿐 아니라 행하도록 합시다. 내가 설교하는 동안 성령께서 여러분의 마음을 움직여 실제로 순종하게 하여 주시기를 바랍니다. 이 시간에 주 예수께 겸손히 회개함과 죄 사함을 구하십시오. 여러분이 이 선물들을 받을 자격이 있는 것은 아닙니다. 주님께서 여러분이 멸망하도록 내버려 두어도 주님은 공정하십니다. 주님은 자비를 보이고자 하는 자에게 자비를 베푸시고, 긍휼을 보이고자 하는 자에게 긍휼을 베푸십니다. 여러분은 주님의 사랑을 요구할 권리가 없고 어떤 것도 주장해서는 안 됩니다. 여러분의 마음이 완고하면 주님께서는 여러분을 불신앙 가운데 버려두실 수 있습니다. 여러분은 죄인이므로, 주님께서는 여러분이 형벌을 받게 하실지라도 정당하십니다. 그러므로 어떤 것도 당연히 요구할 수 있는 것처럼 주장하려고 하지 말고, 겸손히 구하고 하나님의 주권적인 은혜에 호소해야 합니다. 이렇게 노래하도록 하십시오.

> "주님이여, 죄인을 구원하소서
> 그는 여전히 주의 말씀에 소망을 품고 있으니
> 말씀에 담긴 기쁜 약속에 빛을 비추어 주소서
> 사람들이 좌절하지 않고 서도록 힘을 주소서."

끈질기게 구하십시오. 오늘 아침 자비의 문에 올 때, 냉랭한 마음과 경박한 태도로 나오지 마십시오. 이같은 결심을 가지고 오십시오. "내 죄가 나를 떠날 때까지 나는 십자가를 떠나지 않겠다." 나는 하나님의 은혜를 얻을 때까지 그 은혜를 호소할 것이다. 나는 이같이 말하면서 끈질기게 씨름할 것입니다.

"주여, 주께서 복을 주실 때까지 주를 보내드릴 수 없겠습니다."

천사가 오늘 아침 가까이 있으니, 그를 붙잡으십시오. 그를 놓치지 마십시오. 천사가 여러분을 떨쳐버리려고 할지라도, 그를 굳게 붙잡고 이렇게 말하십시오. "당신이 내게 복을 주시지 않으면 당신을 보내지 않겠으니 지금 내게 복을 주십시오." 여러분이 그와 같이 기도한다면, 복을 얻을 수 있을 것입니다. 여러분이 복을 받을 자격이 전혀 없기 때문에, 아주 겸손하게, 그러나 여러분이 몹시 두려운 위험에 처해 있기 때문에, 아주 끈질기게 구하십시오. 그러면 결코 복을 잃지 않을 것입니다.

그런데 여러분이 **믿음으로** 기도하기를 바랍니다. 이것이 문제의 핵심입니다. 그리스도께서 주실 수 있음을 믿고, 또 주실 수 있을 뿐 아니라 주실 마음이 있다는 것을 믿고, 죄 사함과 회개함을 구하십시오. 여러분이 죄인을 위하여 눈물을 흘리시는 주님의 눈을 볼 수 있다면, 죄인들을 위한 상처가 여전히 아물지 않고 있는 것을 볼 수 있다면, 예수께서 여전히 여러분을 부르시고 자기를 의지하라고 명하시는 것을 깨달을 수 있을 것입니다. 예수께서 용서하실 마음이 없으신 것처럼 생각하지 마십시오. 예수께서 죽으신 것을 본 후에도 그런 생각을 품는 것은, 아주 끔찍한 의심일 것입니다. 주님을 전적으로 믿으십시오. 오직 주님만을 진실하게 믿으십시오. 여러분은 그동안 곧잘 의지하였던 선행과 기도와 눈물을 가지고 무엇을 얻으려고 했습니다. 여러분이 지금까지 자신을 구원하기 위해 행한 모든 것은 실패할 수밖에 없습니다. 자연의 실타래는 다 풀리게 되어 있고, 무화과나무 잎은 시들게 되어 있습니다. 죄가 벌거벗은 듯이 드러나면, 그것을 가릴 더 나은 것이 필요합니다. 여러분의 유일한 소망은 임금이시요 구주이신 예수께 있습니다. 지금 당장 예수께 부르짖으십시오.

> "죄 많고 연약하고 무기력한 버러지 같은 제가
> 　주님의 자비하신 팔에 안기나이다.
> 　나의 예수시여 주님은 나의 힘이요 의요 내 모든 것이십니다."

　그리고 이제 마지막으로 말합니다. 지금 구하십시오. 오늘 아침 나를 기다리게 하지 마십시오. 여러분은 그렇지 않을지 모르지만 나는 진지하게 말씀드립니다. 지금 위험에 처해 있는 것은 내 영혼이 아니라, 여러분의 영혼입니다. 오, 여러분, 진심으로 구하시기 바랍니다. 지금 당장 구하시기 바랍니다. 어쩌면 이번 기회가 아니면, 여러분은 두 번 다시 이런 호소를 듣지 못할지도 모릅니다. 어쩌면 오늘이 여러분이 세상에서 보낼 마지막 안식일이 될지도 모릅니다. 여러분이 이 구주를 거절한다면 그때 여러분은 어디에 가 있을 것입니까? 거기는 안식일의 종소리가 행복한 소리를 울려 여러분을 부르는 일이 결코 없을 것입니다. 거기에서는 자비를 말하는 낭랑한 목소리가 다시는 여러분을 맞이하지 않을 것입니다. 또 다른 세계가 있습니다. 여러분이 개처럼 죽지 않을 것입니다. 다가오는 심판이 있습니다. 여러분은 여러분의 주님 앞에 서서 여러분 인생의 모든 것에 대해 계산을 해야 할 것입니다. 영원한 상급이 있는 것만큼 확실하게 영원한 형벌도 있습니다. 자, 이제 여러분에게 권합니다. 여러분에게 요구합니다. 이 질문에 답하기 전에는 가지 마십시오. 여러분은 자신의 영혼을 잃어버림으로써 무엇을 얻든지 상관 없이 잠깐 동안이라도 잃어버려도 좋다고 생각하십니까?

　로마인들은 동양의 전제군주와 어떤 일을 결론짓고자 할 때 대사를 보냈는데, 그 대사는 그 군주로부터 맞다든지 틀리다든지, 전쟁이든지 아니면 평화든지 답변을 가지고 오게 하였습니다. 여러분은 그 대사가 어떻게 했을 것 같습니까? 그 대사는 왕을 보고서, 그의 지팡이를 가지고 그 군주 주변의 땅에 둥그런 원을 그리고 나서 말했습니다. "이 원 밖으로 나가시오. 그러면 그것은 로마와 전쟁을 한다는 의미요. 당신이 그 원을 떠나기 전에 우리의 평화의 조건을 받아들여야 하오. 그렇지 않으면 로마는 총력을 기울여 당신과 싸울 것임을 아시오."

나는 여러분이 지금 이 회중석에 앉아 있든지 아니면 좌석 통로에 서 있는 동안 여러분 주위에 원을 그리고 여러분에게 답을 요구합니다. 죄인이여, 당신은 이제 구원을 받고자 합니까? 아닙니까? 지금은 은혜받을 만한 시간이요 지금은 구원받을 시간입니다. 성령이시여, 이제 이 죄인이 구하게 하시고 받게 하시며 믿게 하소서. 그가 구원받게 하여 주시옵소서. 아멘.

제
9
장

—

스데반의 죽음

—

"그들이 돌로 스데반을 치니 스데반이 부르짖어 이르되
주 예수여 내 영혼을 받으시옵소서 하고 무릎을 꿇고
크게 불러 이르되 주여 이 죄를 그들에게 돌리지
마옵소서 이 말을 하고 자니라." — 행 7:59-60

　　우리의 인생이 잠깐 동안 나타났다가 사라지는 수증기에 지나지 않는다는 것을 생각하는 것은, 우리 모두에게 아주 큰 유익이 됩니다. 이 사실을 망각하기 때문에, 세상 사람들이 편하게 살고, 그리스도인들도 조심성 없이 행합니다. 우리가 주의 오심을 지켜보지 않는다면, 병이 침투하듯이 세상적인 생각이 쉽게 우리 영혼에 파고듭니다. 신자여, 여러분에게 이 세상 부가 있다면, 그것이 여러분의 안식처가 아니니, 부가 주는 안락함을 중시하지 말아야 한다는 것을 기억하십시오. 반면에 여러분이 곤란 가운데 있고 가난으로 괴로움을 겪고 있다면, 그로 인해 너무 낙심하지 마십시오. 이 가벼운 고통은 잠깐뿐이고 우리 안에 나타날 영광에 비할 바가 못 되기 때문입니다. 그런 괴로움들을 볼 때, 마치 그런 것이 전혀 없는 것처럼 대하십시오. 여러분이 항상 지나가고 있는 긴 행렬의 한 부분이라는 것을 기억하십시오. 다른 사람들이 왔다가 여러분이 보는 앞에서 갑니다. 그들이 사라지는 것을 봅니다. 여러분 자신도 계속해서 앞으로 가고 있으며, 또 다른, 더 참된 세계로 가고 있는 것입니다. "우리의 마지막 남은 시간에 대해 이야기하는 것은 매우 지혜로운 일입니다." 우리가 세상 떠날 것에 대해 예행 연습을 하고, 대 심판대 앞에 설 것을 준비하는 것은 매우 지혜로운 일입니다. 우리의 의무는, 신랑이 올 시간에 대비해서 우리의 등잔을 손질하는 것입니다. 우리는 주님 예수 그리스도의 나타나심을 기다리며 항상 서서 준비하고 있어야 합니다. 그렇지 않으면 항아리가 샘 곁에서 깨지고, 바퀴가 우물 위에서 깨지고, 몸은 여전히 땅으로 돌아가고, 영은 그것을 주신 하나님께로 돌아가라는(전 12:6,7) 소집 명령이 우리에게 내려질 것입니다.

스데반의 이 죽는 장면이 우리의 묵상에 도움이 될 수 있습니다. 우리는 우리도 틀림없이 잠들 그때를 성령의 도우심으로 미리 생각해 볼 수 있을 것입니다. 이 사건은 신약 성경에서 자세히 기록된 유일한 순교입니다. 성령께서는 교회의 역사가 끝나기 전에 많은 순교가 있을 것을 예견하고 있고, 우리도 폭스(Fox)의 순교자 열전과, 그와 같은 유의 책들이 제시하는 많은 순교 기록들을 알고 있습니다. 이 사건이 신약 성경에서 주님의 죽으심을 제외하고 길게 묘사된 유일한 죽음 장면이라는 것 또한 주목할 만한 일입니다. 물론 우리는 다른 성도들의 죽음에 대한 소식도 듣고 거기에 관한 사실들도 언급됩니다. 그러나 그 성도들이 죽을 때 말한 것과, 그들이 세상을 떠나가면서 어떻게 느꼈는지는 전혀 기록되지 않았는데, 아마도 그것은 우리가 거룩한 임종과 승리의 죽음에 대한 지식이 부족하지 않다는 것을 성령께서 아셨기 때문일 것입니다. 성령께서 잘 알고 계시는 이와 같은 성도들의 죽음은, 하나님의 백성에게는 매일 일어나는 사실들일 것입니다.

게다가 우리는 성령께서 다른 성도들의 죽음에 대해 그같이 침묵하시는 것으로부터, 성령께서는 우리가 사람들의 죽는 방식보다는 사람들의 생활의 성격을 더 중히 여기도록 하신다는 것을 생각하게 됩니다. 예수님처럼 사는 것이, 우리가 가장 가까이 당면해 있는 과제입니다. 승리의 죽음은 면류관일 수 있습니다. 그러나 거룩한 생활은 그 면류관을 쓸 머리입니다. 우리가 사는 날 동안 우리 주님의 명령에 순종하는 것이 우리에게 가장 절실하게 요구되는 일입니다. 우리는 이 시간에 우리가 받은 죽음의 증언을 남길 수 있습니다. 우리는 죽는 순간에 임종의 은혜를 받을 것입니다. 지금 이 시간에 우리의 가장 중요한 일은, 우리가 모든 일에서 우리 하나님의 교훈을 빛나게 할 수 있는 은혜를 얻는 것입니다. 그러나 우리에게 주어진 이 스데반의 경우를 충분히 생각할 때, 우리는 그 사건을 훨씬 더 중요하게 생각하고, 훨씬 더 주의깊게 연구해야 할 것입니다. 신약 성경에 나오는 유일한 경우이기 때문입니다. 오늘 아침 이 사건을 생각해 봅시다.

나는 다음 세 가지 사실을 이야기하려고 합니다. 첫째는 스데반의 죽음의 일반적인 성격이고, 둘째는 그 죽음의 아주 주목할 만한 특징, 세 번째는 스데반의 죽음에 의해 우리에게 암시되는 죽음과 관련해서 생각할 바람직한 일들입니다.

1. 스데반의 죽음을 보고
그 죽음의 일반적인 성격을 살펴봅시다.

그의 죽음이 그가 한창 봉사하는 가운데 일어났다는 사실이 즉각 머리에 떠오릅니다. 스데반은 예루살렘 교회의 직원으로 임명되어서 가난한 사람들에게, 특별히 헬라파 과부들에게 구제가 제대로 돌아가는지 살피는 일을 맡았습니다. 그는 자신의 임무를 온 교회가 만족스럽게 여길 만큼 잘 이행하였고, 그로 인해 교회에 큰 유익을 끼쳤습니다. 왜냐하면 그의 그와 같은 봉사로 사도들이 자신들의 본연의 일, 곧 말씀을 전하는 것과 기도하는 일에 전념할 수 있었기 때문입니다. 우리가 어떤 사람의 짐을 대신 짊어짐으로써, 그로 인해 그 사람이 그 짐에서 자유롭게 되어 어떤 중요한 일을 우리 자신이 할 수 있는 것보다 더 잘 할 수 있게 된다면, 다른 사람의 짐을 대신 질 수 있다는 것은 결코 작은 문제가 아닙니다. 내 자신이 설교할 수 없게 될지라도, 내가 설교하는 사람의 무거운 짐을 대신 질 수 있다면, 그렇게 해서 그 사람이 더 많이 더 잘 설교할 수 있게 된다면, 사실상 내 자신이 설교하고 있는 것입니다. 스데반이 가난한 자들을 돌본 일이 불만과 분열을 막는데 기여하였는데, 이것은 결코 천하지 않은 직분의 결과였습니다. 그러나 집사로 지내는 것에 만족하지 않고, 스데반은 말씀을 전하는 거룩한 일을 아주 능력있게 시작하였습니다. 그는 믿음과 성령이 충만한 사람이었기 때문입니다. 스데반은 교회사의 페이지에서 당분간은 매우 유력한 지도자로 전면에 나옵니다. 그래서 복음의 원수들은 스데반이 교회의 매우 유용한 인물인 것을 깨닫고, 그를 맹렬히 반대할 대상으로 삼았습니다. 그들은 선을 행하는 사람들에 대해서는 대체로 몹시 분개하기 때문입니다. 스데반은 주님의 군대의 맨 앞줄에 섰다가 데려감을 당했습니다! 어떤 사람들은 "미스테리다!" 하고 말합니다. 그러나 나는 "큰 특권이라"고 말합니다. 형제 여러분, 다른 어느 때고, 이 세상에서 데려감을 당하기 원하는 분이 있습니까? 여러분이 유용할 때, 평소의 업무에 종사하다가 죽는 것이 좋지 않습니까? 다른 사람에게 도움이 되기보다는 짐이 될 때까지 오래 세상에 머물기를 바라는 분이 있습니까? 우리가 한창 봉사하는 중에 세상을 떠나라는 부름을 받는다면, 우리는 그 부름에 감사하는 마음으로 복종해야 합니다. 심지어 우리가 이런 말을 듣기를 바랍니다.

> "그는 몸과 함께 직무도 내려 놓았고
> 일하기를 그치자 곧 사는 것도 그쳤다."

그는 한창 유용하게 일하던 중에 데려감을 당했습니다. 많은 사람들이 그의 사역으로 회심하고 있었고, 그의 믿음으로 도처에서 기적들이 일어나고 있었으며, 그래서 그가 교회에 꼭 필요한 인물로 보이는 바로 그때 데려감을 당했습니다. 이렇게 된 것이 잘된 일이 아닙니까? 첫째로, 하나님께서 자기가 택하신 한 사람을 쓰셔서 얼마나 많은 일을 하실 수 있는지 백성들에게 가르치시게 된 점에서 잘 되었습니다. 다음으로 하나님은 어떤 사람도 의지하지 않으시고, 심지어는 자신의 포도원에서 가장 훌륭한 일꾼이 없이도 하나님의 일을 하실 수 있다는 것을 그의 백성들에게 보여주는 점에서 잘 된 것입니다. 우리의 삶이 한 가지 교훈을 줄 수 있다면, 그리고 우리의 죽음이 또 다른 교훈을 줄 수 있다면, 우리에게 사는 것도 좋고 죽는 것도 좋습니다. 오래 머물면서 영향력이 쇠퇴하는 음산한 겨울로 들어가는 것보다 훨씬 더 바람직한 일입니다. 내가 감히 때를 선택할 수 있다면, 내 사역이 동풍에 바싹 마른 이삭처럼 아무 열매를 내지 못한 때가 아니라, 바로의 꿈에 나오는 일곱 이삭이 충실하게 난 밀과 같은 때에 나를 거두어 가주시기를 바랍니다. 우리를 데려가심으로 하나님께서 영광을 받으신다면, 그것이 잘 된 일이 아닙니까? 하나님께서 자기 교회에 자신이 자기 종들이 없이 일하실 수 있거나, 그들 대신에 다른 사람들을 세우실 수 있다는 것을 알려주시기 위해 우리를 옆으로 치우실 때, 보통 때보다 더 영광을 받으실 수 있지 않습니까? 그가 있을 때뿐 아니라, 없음으로 인해 주님의 뜻을 성취하는 주님의 종은 복된 사람입니다.

그러나 스데반의 죽음은 고통스러웠고, 육신으로서는 두려워할 일이 많이 따랐습니다. 그는 우는 친구들에 둘러싸여 죽지 않았고, 이를 가는 원수들에 둘러싸여 죽었습니다. 거룩한 찬송을 들으며 기쁘게 임종을 맞이한 것이 아니라 미친 군중들이 외치는 고함과 야유를 들으며 죽었습니다. 그에게는 푹신한 베개가 아니라, 단단하고 무자비한 돌덩이가 주어졌고, 그는 빗발치는 돌멩이에 맞아 피를 흘리며 잠들었고, 주님의 품에서 깨어났습니다. 자, 형제 여러분, 이 점이 우리에게는 훨씬 더 많은 위로가 됩니다. 스데반이 아주 평화로운 가운데, 아니 기쁨과 승리 가운데 죽었다면 우리가 평화롭게 세상을 떠나기를 얼마나 더 바라겠습니까! 우리는 세상을 떠날 때에 이같이 무자비한 사람들을 곁에 두지 않을 것이기 때문에, 우리는 스데반처럼 우리 주님의 임재로 지지받고, 은혜가 우리의 약함 가운데 온전하게 될 것을 기대할 수 없습니까? 어떤 환경이든지 우리에게 위안이 될 수 있습니다. 스데반이 빗발치는 돌에 맞아 잠들었다면, 어떻게 우리가 성도들이 우리에게 작별을 고하려고 우리 침상 둘레에 모일 때, 예수께 대한 바로 그 믿음을 가지고 평안히 잠들기를 기대할 수 있겠습니까!

　　그러나 아주 특별하게 나는 여러분이 스데반이 죽는 순간에 조용하고 평화롭고 확신에 차 있었고 기뻐하였다는 사실에 주목하기를 바랍니다. 스데반은 맹렬한 분을 발하는 청중에게 말을 하는 동안에, 결코 겁을 먹지 않았습니다. 스데반은 마치 자기가 청중들을 즐거운 강연으로 기쁘게 하고 있는 것처럼 아주 침착하게 분명한 진리를 그들에게 말하였습니다. 청중들이 화를 내었을 때도 그는 두려워하지 않았습니다. 그의 입술은 떨지 않았고, 그는 단 한 마디도 취소하거나 표현을 부드럽게 하지 않고, 오히려 훨씬 더 충실하게 그들의 마음을 찌르는 말을 하였습니다. 하나님의 사람의 용기를 가지고, 스데반은 그들 앞에 굳세게 섰습니다. 스데반은 자신이 이제 마지막으로 복음을 전하고 있다는 것을 알고, 하나님의 말씀을 두 날 가진 날카로운 검으로 사용하여 그들의 영혼을 찔렀습니다. 그는 청중들이 얼굴을 찌푸리는 것에 전혀 개의치 않았습니다. 그들이 이를 갈 때에도 당혹스러워하지 않았습니다. 그는 그의 위에 열려 있는 하늘처럼 평온하였고, 청중들이 그를 붙잡아 급히 성 밖으로 나갈 때에도 여전히 평온하였습니다. 그들이 그를 성문 밖으로 끌어 내고 자신들의 옷을 벗어 그의 처형을 시행하려고 했을 때에도, 그는 단 한 마디도 겁먹은 말을 흘리거나 두려워 소리치는 일을 하지 않았습니다. 그는 서서 조용히 자신의 영혼을 하나님께 맡겼습니다. 첫 번째 살인적인 돌에 맞아 땅에 엎드러졌다가 무릎 꿇고 섰을 때, 그는 여전히 동정을 구하지도 않았고, 겁을 먹고 소리치지도 않았으며, 오히려 자신의 주님께 자기를 치는 자들에게 자비를 베풀어 주시기를 구하였습니다. 그 다음에 마치 긴 여름날 운동으로 피곤해진 아이가 어머니 무릎에서 잠들 듯이 눈을 감았습니다. "그가 자니라." 그리스도인이여, 당신이 그리스도 안에 거하고 있다면, 그와 같은 일이 여러분에게도 일어날 것을 믿기 바랍니다. 여러분은 죽음의 전조들에도 흔들리지 않아야 하고, 의사가 머리를 흔들 때 여러분의 마음이 약해지지 않아야 합니다. 친구들이 슬퍼 보일 때, 여러분이 그들의 슬픔을 나누지 못할 것입니다. 우리가 태어날 때 둘러선 사람들은 모두 웃음을 띠었어도, 우리는 울었습니다. 그와 같이 우리는 죽을 때 둘러선 사람들이 모두 울 때, 우리는 웃어야 할 것입니다. 죽어가는 그리스도인이 그가 떠나서 하늘로 올라갈 그 방을 가득 메우고 있는 모든 사람들 가운데 유일하게 평온하고 침착한 모습을 보이는 경우가 종종 있습니다. 그가 즐기고 기대하는 것을 이야기하면서, 미끄러지듯이 부드럽게 영광으로 들어갑니다. 우리가 죽음이 그와 다르기를 기대해야 하겠습니까? 스데반의 하나님은 우리 하나님이십니다. 스데반의 믿음을 우리는 이미 씨앗 형태로 가지고 있고, 같은 정도의 믿음을 가질 수도 있습니다. 성령께서 스데반 안에 거하셨듯이, 우리 안에 거하십니다. 성령께서 동일한 힘을 발휘하시지 못한다면, 우리의 불신앙 외에 성령을 방해할 것이 무엇이 있겠습니까? 믿음이 더욱더 생길수록, 우리는 정한 시간이 다가올 때, 그와 같이 평온한 영혼의 휴식을 즐길 것입니다. 형제 여러분, 죽음을 두려워하지 맙시다. 조금도 당황하지 말고 요단 강 언덕을 내려갑시다.

스데반의 죽음에 관한 그 밖의 몇 가지 점에 주목하라고 말씀드립니다. 그것은 그의 마음 상태에 관한 것들입니다. 그의 마음은 매우 고결한 상태에 있었습니다. 여기서 먼저 스데반이 하나님과 깊게 교감하고 있었던 것에 주목합시다. 여러분은 그의 긴 연설을 통해서 줄곧 스데반의 영혼이 하나님과 매우 친밀한 관계에 있었던 것과, 하나님께서 이스라엘로부터 받았던 대접을 봅니다. 스데반은 조금도 어떤 악의를 가지고 자기 동포를 헐뜯지 않습니다. 오히려 그는 자기 동포를 별로 고려하지 않는 것처럼 보입니다. 그는 생각이 온통 자기 하나님께 쏠려 있습니다. 자기 하나님이 요셉을 보내셨는데 오히려 그의 형제들이 그를 핍박하였다고 말하였습니다. 또 자기 하나님이 모세를 보내셨는데, 그들이 그를 대적하였고, 이제 자기 하나님이 예수님을 보내셨는데, 그들이 그를 배반하고 죽였다고 말하였습니다. 스데반은 마음으로 자기 동포를 불쌍히 여겼습니다. 그 점이, 그가 죽어가면서 그들을 위해 기도드린 데서 분명히 나타납니다. 그러나 그가 주로 느낀 감정은, 스데반이 불경건한 자들로부터 겪은 반역에 대해 하나님의 심정을 공감한 것입니다. 확실히 이것은 하늘의 성도들이 소유하는 마음입니다. 스데반의 연설을 읽을 때, 나는 그가 회개치 않는 죄인들을 볼 때 하늘에 있는 성도들의 관점에서 본다는 것을 압니다. 하늘에 있는 성도들은 하나님과 그의 의로운 통치에 완전히 공감할 것이고, 그래서 마지막까지 반역하는 자들의 파멸에 대해서 결코 동정하지 않을 것입니다. 고의적인 악에 대한 의의 승리, 지극히 더럽고 부정한 죄에 대한 거룩함의 승리, 구속하는 사랑을 멸시하는 배은망덕에 대한 정의의 승리를 볼 때, 영혼은 지극히 높으신 이의 모든 행위를 오직 기뻐할 뿐입니다. 그것은 하나님의 모든 행위가 의롭고 마땅히 의롭기 때문입니다. 이 말을 오해하기가 아주 쉽다는 것을 나는 압니다. 그럼에도 불구하고 그것은 사실이므로 그대로 주장해야 합니다.

또한 스데반의 마음이 순수하게 영적인 것만을 붙잡고 있었음에 유의해야 합니다. 모든 의식적인 행위는, 그에게서 깨끗이 사라졌습니다. 한때는 스데반이 성전에 대해 큰 경외심을 품었다고 말할 수 있습니다. 최초의 유대인 그리스도인들은, 이전에 유대인으로서 깊이 빠졌던 성전에 대해 그 후에도 여전히 어느 정도 경외심을 느끼고 있었습니다. 그러나 스데반은 이렇게 말합니다. "그러나 지극히 높으신 이는 손으로 지은 곳에 계시지 아니하시나니 선지자가 말한 바 주께서 이르시되 하늘은 나의 보좌요 땅은 나의 발등상이니 너희가 나를 위하여 무슨 집을 짓겠으며 나의 안식할 처소가 어디냐?"(행 7:48-49) 성도들이 죽음에 가까이 이르렀을 때, 다른 사람들이 대단하게 생각하는 것을 하찮게 보는 것은 주목할 만한 점입니다. 죽어가는 사람에게 의식(儀式)이 무슨 의미가 있겠습니까? 눈을 활짝 뜨고 미래를 바라보며, 이제 곧 하나님을 만나려고 하는 사람에게 무슨 대단한 의미가 있겠습니까? 죽어가는 시간에는 성례도 별 도움이 되지 않습니다. 갈대가 무거운 양심의 무게와 죽음과 심판이라는 두려운 현실에 눌려 딱하고 부러졌습니다. 사람이 건강할 때 고수하기 위해 싸웠던 특정한 예배 형태와 이전에 아주 중시했던 독특한 교리들이라는 것이, 그 영혼이 영원자의 알현실에 가까이 다가가고 있을 때 영적이고 본질적인 중요한 사실들에 비하면, 하찮게 보일 것입니다. 임종시에 성도는 더욱 영적이 됩니다. 이는 그가 영들의 땅에 가까이 가고 있고, 요한이 "내가 성전을 보지 못하였다"고 말한 도성에 가까이 가고 있기 때문입니다. 형제 여러분, 여러분이 형태라는 달걀 껍질을 깨고 떨어버릴 때까지 영적 신앙에서 자라는 것이 중요한 일입니다. 왜냐하면 의식들의 외적 형태, 심지어 지극히 단순한 형태라도 외적인 형태는, 종종 사람들에게 달걀껍질이 살아 있는 새를 가두고 있는 것과 같은 일을 합니다. 영혼이 깨어서 지극히 고귀한 삶의 형태에 이를 때, 우리는 껍질을 깨트리고 나와 이전에 우리를 속박하던 것에서 벗어납니다. 스데반은 여전히 많은 그리스도인들에게 어두운 그림자를 드리우고 있는 미신적인 공경심에서 바르게 벗어나 영이신 하나님을 영과 진리로 예배하였습니다.

스데반이 사람들의 모든 두려움을 넘어섰다는 것이 매우 분명하였습니다. 사람들이 그에게 이를 드러내며 악을 썼으나 그에게 무슨 문제가 됩니까? 그는 무자비한 사람들의 손에 끌려 성 밖에서 하나님을 모독한 자의 죽음에 처하여질 것입니다. 그럼에도 결코 그의 기세는 꺾이지 않습니다. 그의 얼굴은 말할 수 없는 기쁨으로 밝게 빛나고, 급히 처형장으로 끌려가는 사람 같지 않습니다. 오히려 결혼식장으로 가는 사람 같습니다. 그는 정죄받아 죽을 사람이라기보다는 죽지 않는 천사와 같이 보입니다. 형제 여러분, 신실한 모든 신자는 다 그와 같을 것입니다! 오늘날 우리는 버러지 같은 사람을 두려워합니다. 오늘날 우리는 너무도 약해서, 옆 사람들의 평가에 완전히 흔들립니다. 우리가 이 사람이나 저 사람의 마음을 아프게 하지 않도록 어떤 점들에서는 아주 목소리를 낮춰서 말하라고 충고하는 친절한 목소리에 귀를 기울입니다. 우리가 하늘에 적합하면 할수록 그만큼 더 우리는 모든 타협을 경멸하며, 진리를 위해서, 하나님을 위해서, 그리스도를 위해서 우리는 죽을지라도 큰 소리로 말해야 하는 것을 느낍니다. 우리가 죽을 사람을 두려워하고, 버러지 같은 사람의 아들을 두려워한다면, 우리가 어떤 사람이겠습니까? 이런 스데반의 상태를 우리가 점점 더 닮아간다면, 복된 일일 것입니다.

동시에 스데반은 아무런 근심이 없었습니다. 그는 집사이었지만 이렇게 말하지 않습니다. "이 가난한 사람들이 어떻게 할까? 이 과부들이 어떻게 먹고 살아갈까? 그 고아들을 누가 돌볼까?" 그는 이렇게 말하지도 않습니다. "내가 더 이상 사도들의 짐을 질 수 없으니 이제 사도들이 어떻게 할까?" 그런 것에 대해 단 한 마디도 하지 않습니다. 스데반은 교회를 온 마음으로 사랑하지만, 하늘이 열려 있는 것을 보고서, 아래에 있는 교회에 대해 별로 생각하지 않습니다. 그는 그 대장과 함께 있는 전투하는 교회를 믿습니다. 그는 부름을 받아 승리한 교회로 갑니다. 그는 "떠나서 위로 오라"는 승리의 소리를 듣습니다. 자, 그는 소환명령에 응답합니다. 이와 같이 자신의 걱정거리를 내려놓고 안식에 들어가는 사람은 복됩니다. 우리가 그와 같이 되지 말아야 할 이유가 있겠습니까? 왜 우리는 마르다처럼 스스로 많은 봉사 때문에 괴로워해야 합니까? 우리 주님께서는 우리가 태어나기 전부터도 당신의 교회를 잘 운영해 오셨습니다. 주님은 우리를 본향으로 불러들이셨다고 해서 당황하는 일이 결코 없을 것입니다. 그러므로 우리는 마치 우리가 지극히 중요한 사람인 것처럼 교회가 우리가 없으므로 파리해질 것처럼 걱정할 필요가 없습니다.

　　동시에 스데반은 분노가 전혀 없었습니다. 그 점은 그의 아름다운 기도에서 볼 수 있었습니다. "이 죄를 그들에게 돌리지 마옵소서." 마치 다니엘이 벨사살 앞에서 저울을 보았고, 벨사살이 저울에 달려 재었을 때 부족한 것을 보았을 때처럼, 스데반은 정의의 저울을 보았습니다. 자신의 이 죽음이 무거운 추처럼, 격노하는 유대인들을 잴 저울에 놓여질 것을 보고서 외쳤습니다. "주여, 이 죄를 저울에 달지 마소서." 그는 구주께서 말씀하셨듯이 "자기들이 하는 것을 알지 못함이니이다"(눅 23:34) 하고 말할 수 없었습니다. 왜냐하면 그들은 자기들이 하는 일을 알았고, 그의 연설을 듣고 마음이 괴롭게 되자, 귀를 틀어막고 더 이상 들으려 하지 않았기 때문입니다. 그러나 그는 진리가 허용하는 한, 그의 목숨이 붙어 있는 동안에, 그들을 위해서 호소합니다. 하나님의 모든 자녀는 모든 분노를 당장에 버려야 합니다. 그보다는 오히려 어떤 분노도 가져서는 안 됩니다. 우리는 마음속에 어떤 악한 생각도 품어서는 안 됩니다. 우리가 매일 값없이 용서함을 받듯이 값없이 용서하며 살아야 합니다. 우리가 하늘에 더 가까이 감에 따라 우리를 미워하는 사람들에 대한 사랑도 더 자라야 합니다. 왜냐하면 그렇게 할 때 우리가 하늘에 올라갈 준비가 되었음을 입증하기 때문입니다.

　　스데반의 죽음에 대한 설명을 매듭짓자면 스데반은 승리자처럼 죽었습니다. 그의 이름은 스데반, 즉 면류관이었습니다. 참으로 그날에 그는 면류관을 얻었을 뿐만 아니라 또한 교회의 최초의 순교자로서 교회의 영예가 되었습니다. 승리자는 그의 원수들이 아니라, 그였습니다. 그의 원수들은 그의 몸에 돌을 던졌지만 그는 그들에게 승리하였습니다. 그들은 그를 마음대로 움직일 수 없었습니다. 그의 조용한 얼굴은 그들의 분노를 무시하였습니다. 그는 자기 하나님께로 가서 이 말씀을 들었을 것입니다. "하나님의 종아 잘 하였도다." 그의 적들은 저편 길에서 그에게서 아무것도 빼앗지 못하였습니다. 그는 그를 사랑하신 하나님으로 인해 넉넉히 이겼습니다.

이런 것이 스데반의 죽음이 지닌 특징들 중 몇 가지입니다. 나는 그 특징들이 우리 분량만큼 우리의 것이 될 수 있다고 믿습니다. 하나님께서 그 특징들을 우리에게 주시면, 우리는 하나님께 그 모든 영광을 드릴 것입니다.

2. 이제 여러분에게 한 가지 흥미로운 점에 주의하라고 말씀드립니다. 그것은 스데반의 죽음의 가장 주목할 만한 특징입니다.

그것은 이 점, 곧 이 사건에는 예수께서 충만하였다는 점, 네 가지 면에서 예수께서 충만하였다는 점 때문에 주목할 만하였습니다. 즉 예수님을 보았고, 예수님께 호소하였으며, 예수님을 의지하였고, 예수님을 닮았습니다.

첫째로, 주 예수님을 보았습니다. 이 순교자는 확고한 자세로 하늘을 올려다 보았고, 하나님의 영광과 예수께서 그 우편에 서 계시는 것을 보았습니다. 처음에는 필시 스데반이 공회 회당에 있었을 것입니다. 그러나 공회당 지붕이 갈라지고 하늘이 말려 없어지자 하늘의 문이 열렸고, 그래서 구속받은 눈이 하늘의 가장 깊은 방을 응시할 수 있었습니다. 그가 인자를 보았다고 하였습니다. 성경에서 예수님을, 주님 자신이 아닌 다른 사람이 인자라고 부른 데는 이곳뿐입니다. 인자라는 이름은 사실 예수님께서 흔히 자신을 일컬을 때 쓰신 이름이었지만, 그의 제자들은 그렇게 부르지 않았습니다. 아마도 거절당하셨던 사람이신 메시야의 영광을 보고서 깊은 인상을 받았고, 멸시받은 주께서 마침내 승리하셨듯이 그의 핍박받는 종들도 승리할 것을 확신하게 되었던 것 같습니다. 높이 되어 하나님의 보좌에 앉으신 대표적인 사람을 보는 것은 항상 기쁜 일입니다. 그러나 이 경우에는 특별히 더 적합하였는데, 이는 우리 주님께서 친히 그 원수들에게 "이 후에 인자가 권능의 우편에 앉아 있는 것을 너희가 보리라"(마 26:64)고 경고하셨기 때문입니다. 지금 스데반이 그 말씀대로라고 증언하는 것을 듣는 바로 이 사람들에게, 예수께서 그런 말씀을 하셨습니다. 스데반은 주께서 서 계신 것을 보았습니다. 우리 주님은 대체로 앉아 계시는 것으로 묘사됩니다. 그런데 서 계셨다는 것은 마치 동정하시는 주님께서 일어서서서, 고난받는 종 가까이에 가서서 그를 지지하고 그 싸움이 끝날 때는 그를 영접하려고 하신 것처럼 보였습니다. 예수께서는 자신의 사랑하는 지체 가운데 한 사람 안에서 그 자신이 다시 고난받는 것을 보기 위해 보좌에서 일어서셨습니다. 주님께서 계신 곳은 "하나님 오른편"이었습니다. 스데반은 이루 말로 할 수 없이 찬란히 빛나는 영원한 영광을 보았습니다. 이 영광은 사람이 특별한 은혜를 입지 않고는 볼 수 없는 영광입니다. 그 영광 가운데서 스데반은 인자가 사랑과 권능과 명예의 자리에서 경배받으시는 것을 보았습니다. 사랑하는 친구 여러분, 우리가 죽게 될 때 우리는 스데반이 본 것을 우리 눈으로 보기를 기대할 수 없을 것입니다. 그러나 믿음에는 깨닫는 큰 능력이 있습니다. 예수께서 보좌에 앉아 계시다는 것은 언제나 동일한 사실입니다. 우리가 예수께서 하나님 오른편에 계시다는 것을 확실히 알고 있는 한, 우리가 주님을 우리 육신의 눈으로 보느냐 보지 못하느냐 하는 것은 별로 중요하지 않습니다. 왜냐하면 믿음은 바라는 것들의 실상이고, 보지 못하는 것들의 증거이기 때문입니다.

　형제 여러분, 여러분이 죽을 때 여러분의 믿음이 튼튼하다면, 예수께서 사람의 몸을 입으시고, 하나님 오른편에 계시는 것을 보고 느낄 것입니다. 그리고 그같이 믿음으로 예수님을 보고 느낄 때, 여러분은 죽음의 모든 두려움에서 실질적으로 벗어나게 될 것입니다. 왜냐하면 여러분이 이같은 점을 느끼게 될 것이기 때문입니다. "사람이신 그리스도께서 저기 계신다면, 주님께서 이미 나를 대신하여 저기 계시므로 나도 저기 있을 것이다. 내가 죽은 자들 가운데서 일어나서 아버지 하나님 오른편에 앉을 것이다. 그의 영원하신 능력과 신성이 나를 일으켜서 아버지께서 계시는 곳에 데려가실 것이다. 왜냐하면 주께서 '아버지여 내게 주신 자도 나 있는 곳에 나와 함께 있으리라'(요 17:24)고 말씀하셨기 때문이다."

　그러나 나는 그 이상의 것을 말하고 싶습니다. 내가 그동안 관찰한 바에 따를 때 죽어가는 성도들 가운데 소수가 아니라 많은 수가 믿음으로 깨닫는 것 이상의 것을 받았다고 나는 확신합니다. 우리가 생각하는 것보다 훨씬 많은 경우에 임종의 순간에 있는 성도들에게 하나님의 영광을 초자연적으로 한 번 잠깐 보는 은혜가 허락되었습니다. 나는, 전혀 지시받은 바도 없고 상상력이 없는 것이 분명한 사람들이, 마지막 순간에 자기가 본 바를 말하되, 그들이 책에서 읽은 표현을 갖다 쓰는 것이 아니라 자기들이 묘사하는 바를 실제로 본 것이 틀림없다고 생각하게 말하는 것을 종종 들었습니다. 자기들이 보았다고 내게 확언하는 것을 그들이 실제로 보았다고 믿게 만드는 그들의 묘사에는 신선함이 있었습니다. 게다가 그렇게 보는데서 오는 기쁨, 하나님의 뜻에 대한 조용한 복종, 그들이 고통을 견디는 데서 보여준 인내는 매우 특별해서 그들이 어떤 근거 없는 상상에 영향을 받은 것이 아니라, 그들이 정말로 휘장 속을 볼 수 있었다는 것을 입증할 만하였습니다. 연약한 그들의 육체가, 말하자면 공기와 같이 엷은 어떤 매개체가 되는 것입니다. 그래서 안개가 바람에 날려 흩어지고, 앞을 가리고 있던 휘장이 점점 더 엷어지고, 병이 육체에 틈을 만들고, 그 틈 사이로 하늘의 영광이 비치는 것입니다. 사람이 일찍이 모세가 올라갔던 것보다 더 나은 비스가 산에 올라가서 자기 영혼이 숨 쉴 것을 기대한다면 사람은 죽음을 별로 두려워하지 않고 고통에 별로 신경 쓰지 않을 것입니다! 우리가 방금 이렇게 찬송한 것은 잘한 일입니다. 나는 온 마음으로 이 찬송을 불렀습니다.

> "내 주님께서 오셔서 맞아주신다면
> 내 영혼은 속히 날개를 펼치고
> 두려움 없이 날아서 죽음의 철문을 지나갈 것이네
> 공포가 지나갔으니 아무 두려움이 없네."

성경에서 그리스도인의 죽음의 전형으로 제시되는 이 표본적인 죽음은 그리스도를 볼 수 있었다는 것을 특징으로 지니고 있습니다. 우리가 믿음으로 예수와 하나가 되어 있다면, 우리의 죽음의 특징도 그러할 것입니다. 그러므로 두려워하지 맙시다.

다음으로, 예수님께 기도드렸다는 점을 살펴봅시다. 본문이 의미하는 바가 바로 그것입니다. "그들이 돌로 스데반을 치니 스데반이 부르짖어," 즉 기도하여 "주 예수여 내 영혼을 받으시옵소서" 하였다고 말합니다. 죽어가는 그리스도인들은 그리스도의 신성에 관한 문제로 괴로워하지 않습니다. 사랑하는 교우 여러분, 그리스도를 믿지 않는 유니테리언파 사람들은 우리와 함께 살 수 있을지 모르지만 적어도 우리와 함께 죽을 수는 없을 것입니다. 그와 같이 임종의 순간에 우리에게는 전능하신 구주 하나님이 필요합니다. 우리는 엄숙한 그 순간에 우리를 구원하기 위해 오실 "만물 위에 계셔서 세세에 찬양을 받으실 하나님"(롬 9:5)이 필요합니다. 그래서 스데반은 예수께 부르짖었고, 예수께 경배드렸습니다. 스데반은 다른 어떤 중보자도 거론하지 않습니다. 그리스도의 순교자여, 왜 당신은 "아베 마리아! 복되신 동정녀여 나를 구하소서" 하고 외치지 않았습니까? 왜 당신은 성 미가엘과 모든 천사들에게 기도하지 않았습니까? 혐오스러운 성인 숭배와 천사 숭배는 스데반의 시대에는 고안되지 않았습니다. 그런 숭배가 있었더라면, 그는 지옥의 불결한 고안물의 하나로 알고 그 숭배를 경멸했을 것입니다. 하나님과 사람 사이에는 한 분 중보자, 곧 사람이신 예수 그리스도가 계십니다. 스데반은 예수 그리스도께 기도하였고, 다른 어느 누구에게도 기도하지 않았습니다.

우리는 스데반이 자신의 선한 행실이나 구제, 설교, 이적에 대해서 단 한 마디도 하지 않는 것을 봅니다. 오직 그는 주 예수께 기도하고 전적으로 주님만을 의지하였습니다. 형제 여러분, 전적으로 예수님만을 의지하여 살고 죽는 것이 마땅합니다. 여러분이 오늘 밤 누워서 조용히 여러분의 죽음을 생각하고 자신이 죽을 준비가 되어 있는지 자문한다면, 여러분은 마음으로 십자가 밑에 서서 올려다보며 구주님의 귀하신 피가 흐르는 것을 보고 구주께서 여러분을 하나님과 화목케 하셨다는 것을 겸손히 믿기 전까지는 마음이 편치 않을 것입니다. 그리스도께 기도하는 것을 떠나서는, 바르게 사는 일도, 기쁘게 죽는 일도 없습니다.

그 다음에 스데반은 어떻게 하였습니까? 그는 예수님을 의지했습니다. 오직 예수님만을 의지했습니다. 이렇게 말하는 것은 그가 "주 예수여 내 영혼을 받으시옵소서" 하고 말하는 것을 보기 때문입니다. 그는 자기 영이 이제 막 몸을 떠나서 알 수 없는 세계로 날아갈 것을 느꼈습니다. 우리가 몸이라는 친숙한 옷을 벗는 것을 생각만 해도 두려움이 오는 것처럼, 어쩌면 이 큰 비밀에 대한 본능적인 두려움에서 오는 떨림이 그에게 왔을지도 모릅니다. 그러나 그는 육신을 벗은 자신의 영혼을 예수님의 손에 맡겼고, 그러자 두려움과 근심이 사라졌습니다. 자, 스데반은 이제 그 일을 잘 끝냈습니다! 그는 더 이상 자신을 위해 기도하지 않고 자기 원수들을 위해 기도합니다. 그리고 나서 눈을 감고 잠이 듭니다. 이것은 단순하고 장엄한 죽음의 기술입니다. 다시 한 번 우리는 우리의 죄 많은 영혼을 지키실 수 있는 주님의 못 자국이 난 사랑하는 손에 우리 영혼을 맡깁시다. 그러면 모든 것이 안전하다는 것을 우리는 확실히 느낍니다. 하루의 일이 끝났고 문을 잠그고 보초들이 거리를 지키니, 자, 이제 우리는 잠을 잡시다. 예수님을 보고 기도하며 의지하였다면, 죽는 것도 즐거운 일입니다.

스데반이 예수님을 닮았다는 사실을 다시 한 번 살펴봅시다. 왜냐하면 스데반의 죽음은 예수님의 죽음을 본받는 것이기 때문입니다. 우리의 죽음도 그와 같기를 바랍시다. 예수께서 성문 밖에서 죽으셨는데, 스데반도 그랬습니다. 예수께서 기도하시고 나서 죽으셨는데, 스데반도 그랬습니다. 예수께서는 이같이 말하고 죽으셨습니다. "아버지여, 내 영혼을 아버지 손에 부탁하나이다"(눅 23:46). 스데반은 하나님께 절대적으로 가까이 갈 수 없습니다. 그러나 그는 중보자를 통해서 하나님께 가까이 가서 "주 예수여 내 영혼을 받으시옵소서" 하고 말합니다. 그리스도께서는 죽어가시면서 자기의 살인자들을 위해 기도하시는데, 스데반도 그렇게 합니다. "주여 이 죄를 그들에게 돌리지 마옵소서."

자, 우리의 죽음이 예수님의 죽음을 그대로 본받게 된다면, 우리가 두려워할 필요가 있습니까? 예수님을 닮는 것이 지금까지 즐거운 일이었는데, 앞으로도 즐거운 일이 될 것입니다. 심지어 주와 함께 고난받는 것도 기쁜 일로 알고 지냈는데, 주와 함께 죽는다면 확실히 기쁜 일이 될 것입니다. 우리는 기꺼이 예수님의 침상에 누울 것이고, 예수께서 땅 속에 누우셨듯이 우리도 누웠다가 부활 때에 그리스도와 같은 몸을 가지고 일어날 것입니다.

사랑하는 형제 여러분, 스데반의 죽음이 그의 주님의 찬란한 광채를 받아 빛났다는 것을 압니다. 그리스도께서 그에게서 영화롭게 되시고, 반영되어 나타나셨습니다. 스데반이 누구의 형상과 누구의 이름을 지녔는지 몰라서 물어볼 사람은 아무도 없을 것입니다. 우리의 삶이 바로 그런 질서를 따르는 것이 된다면, 우리의 죽음도 바로 그런 성격을 지닌 죽음이 될 것입니다. 여러분은 예수님을 보면서 살고 예수께 기도하고 예수님을 의지하며, 예수님을 본받으면서 사십시오. 그러면 여러분이 떠나는 순간에 예수님을 보게 되고 예수님의 죽으실 때의 행동을 본받게 될 것입니다. 여러분이 인생의 시련들 가운데서 예수님과 함께 하였듯이, 예수께서 죽음의 마지막 장면에서 여러분과 함께 계실 것입니다. 죽음의 자리에 예수님께서 함께 하시고, 예수님 안에서 죽으며, 예수께서 하나님 나라를 받으러 오실 때 예수님과 함께 올 자들은 복된 사람들입니다.

3. 스데반의 죽음에서 우리는 우리가 지혜롭게 바랄 수 있는 죽음의 종류에 관해 어떤 점을 생각해 보게 됩니다.

첫째로, 우리의 죽음이 우리의 삶과 일치한다는 것은 매우 바람직한 일입니다. 스데반은 살아 있을 때 믿음과 성령이 충만한 사람이었습니다. 그래서 그는 죽을 때에도 성령이 충만하였습니다. 스데반은 살았을 때 담대하고 용감하고 평온하고 침착하였습니다. 그는 빗발치는 돌 속에서도 그와 같았습니다. 어떤 사람의 죽음에 대한 설명이 그의 생전의 모습에 어울리지 않을 때는 매우 슬픕니다. 많은 장례식의 설교가 아첨하는 말로 인해 큰 해를 끼치지 않았나 하는 생각이 듭니다. 사람들이 아주 자연스럽게 이렇게 말하였기 때문입니다. "그것 참 이상한 일이다. 나는 작고한 사람의 임종 이야기를 듣기 전까지는 그 사람이 성도였다는 것을 전혀 몰랐으니 말이야. 그에 관한 놀라운 이야기를 들으니, 내가 잘못 생각한 모양이다." 아니, 갑작스럽게 병에 걸렸다가 며칠 만에 죽게 된 사람이 그런 경건에 이른다는 것이 전혀 있을 수 없는 일은 아니지만, 쉬운 일은 분명 아닙니다. 갑작스럽게 경련을 일으키며 죽는 것은 불운한 일입니다. 그보다는 믿음을 가지고 있고, 믿음으로 생활하다가 영광으로 가는 것이 좋은 일입니다. 우리는 매일 죽을 수 있습니다. 아침 밥을 먹으러 가다가도 죽을 수 있습니다. 그러므로 우리는 날마다 죽는 것을 예행 연습을 해서, 죽게 되었을 때는, 그것이 전혀 새로운 일이 되지 않도록 해야 한다는 것입니다. 죽음이 삶의 가장자리나 경계선일 수 있습니다. 그러나 죽음은 같은 부품에서 만들어지는 것임에 틀림없습니다. 하찮은 인생이 영광스러운 죽음에 이르기를 기대할 수 없을 것입니다. 우리는 세상과 저녁 식사를 하면서, 또한 하나님과도 저녁 식사를 하기를 기대할 수 없습니다. 우리는 날마다 여호와의 집에 거해야 합니다.

죽음이 우리의 전 인생 경력을 완성하는 일이 되는 것, 즉 건물에 초석을 놓는 일이 되는 것이 가장 바람직한 일입니다. 그래서 그 사람의 세상사를 완성하는데 더 이상 다른 것이 필요 없을 때 잠이 드는 것이 되어야 합니다. 사랑하는 형제 여러분, 여러분의 경우가 이와 같습니까? 오늘 아침 여러분이 교회에서 죽게 되어 있었다고 생각해 보십시오. 여러분의 인생은 완전한 인생이 되겠습니까? 아니면 갑작스럽게 가운데 딱 하고 부러지는 기둥 같겠습니까? 마땅히 해야 할 일조차 마치지 못한 일들이 많은 사람들이 있습니다. 예를 들면 아직 유서도 작성하지 못해놓아서, 아내와 자녀들에게 많은 고통을 가져다 줄 것입니다. 어떤 그리스도인들은 세상사를 질서 있게 정리하지 못하고, 느슨하고 무질서하고 단정치 못합니다. 그래서 그들은 자신들이 죽게 되면 많은 일들이 생길 것이기 때문에 죽는 것을 싫어합니다. 휫필드(Mr. Whitfield) 목사는 밤에 잠자리에 들 때 이같이 말하곤 하였습니다. "나는 장갑 한 켤레조차도 아무데나 놓지 않았다. 내가 오늘 밤 죽는다면, 내가 하던 모든 일은 지금과 영원히 가지런히 정돈되어 있을 것이다." 바로 그것이 최상으로 사는 방식입니다. 그래서 죽음이 온다면, 한밤중이든 새벽이든 혹은 한낮이든 언제든 와도 좋다고 말하는 것입니다. 그리고 그것이 우리가 이제 마지막을 장식하는 바람직한 결말이 될 것입니다. 우리는 달려갈 길을 마쳤고, 우리 세대에 봉사했습니다. 그래서 우리가 잠드는 것은 문제의 적합한 결론입니다.

우리의 죽음이, 당사자가 허겁지겁 성급하게 준비해야 하는 죽음이 되지 않기 바랍니다. 세상에는 자신이 기차로 떠난다는 것을 한 달 전에 알았으면서도, 출발하기 한 시간 전에서야 준비한다고 난리를 피우는 사람들이 있습니다. 그들은 기차가 출발하는 시각을 알고 있을지라도 도무지 몇 분 전에 미리 도착하지를 못하고, 기적 소리가 막 울릴 즈음에 역으로 뛰어들어 열차에 올라탐으로써 기차를 놓치는 일을 겨우 면할 뿐입니다. 어떤 사람들은 마치 할 일이 너무 많아서 그렇게 서둘러야 하고, 또한 불 가운데서 구원받는 것처럼 겨우 목숨이나 건지는 것처럼, 그런 식으로 죽습니다. 세상적인 그리스도인이 죽을 때에는, 떠날 준비를 하기 위해 꾸려야 할 짐들이 많이 있습니다. 그러나 참된 그리스도인은 허리에 띠를 띠고 섭니다. 그는 자기가 여행을 해야 한다는 것을 압니다. 그는 정확히 언제 떠나는지는 모르지만, 손에 지팡이를 들고 서 있습니다. 그는 신랑이 가까이 오고 있는 것을 압니다. 그래서 그는 등잔을 잘 손질하여 둡니다. 그것이 사는 방식이고 죽는 방식입니다. 성령께서 우리를 그런 상태 가운데 두셔서, 죽음의 천사가 생각지 못하던 때에 우리를 소환하거나 갑작스럽게 우리를 붙잡아 가는 일이 없게 해주시기를 구합니다. 그렇게 되면 본향으로 가는 것이 전혀 색다른 일이 아니라 간단한 문제가 될 것입니다.

유명한 주석가인 벵겔(Bengel)은 세상을 놀라게 하면서 영적인 과시를 하는 가운데 죽기를 원치 않았습니다. 한참 일하다가 누가 부르는 소리를 듣고 현관문으로 나가는 사람처럼 떠나기를 원하였습니다. 그의 기도는 들으심을 얻었습니다. 그는 그의 저술의 교정 인쇄지를 교정하고 있다가 갑자기 뇌졸중을 일으켜 죽었습니다. 이것이 잘 된 일이 아닙니까? 가경자(可敬者) 비드(the Venerable Bede: 영국의 수도사로, 신학자, 역사가, 연대기 학자 — 역주)의 마지막도 그와 같이 바람직했습니다. 그는 요한복음의 번역을 완성하고서 죽었습니다. 그는 "빨리 써라. 나를 지으신 분께로 돌아갈 시간이 되었다"고 말했습니다. 그러자 학생이 말했습니다. "한 문장이 아직도 부족합니다." 가경자가 말했습니다. "빨리 써라." 그 젊은이가 곧 "이제 마쳤습니다" 하고 대답하였습니다. 그러자 비드가 "네가 잘 말했다. 이제 모든 것이 마쳐졌다" 하고 말한 다음, 그는 잠이 들었습니다. 나는 그렇게 떠나고 싶습니다. 모든 그리스도인들도 그렇게 떠나고 싶을 것입니다. 우리는 매일의 거룩한 생활에 물의를 일으키고 싶지 않습니다. 우리는 장소를 바꿀 뿐이고 봉사를 바꾸고 싶지 않습니다. 방의 이 끝에서 우리 주님의 시중을 들다가 더 높은 곳에서 부르면 우리는 갑니다.

그리스도인이라고 하는 사람이 태만히 한 일과 낭비한 기회들 때문에 후회를 가득 품고 죽는다는 것은 확실히 두려운 일입니다. "내가 사랑하는 아이들에게 장차 올 진노를 피하라고 충분히 경고하기도 전에 주일학교를 떠나야 하다니" 하고 말하는 것은 슬픈 일입니다. 내가 오늘 본향에 가서 "내가 마지막 설교를 했는데, 그 설교가 진지하지 못했고 하나님을 영화롭게 하는 일에나 사람들을 유익하게 하는 일에나 다 적합하지 못했다"고 말한다면 불행한 일일 것입니다. 낭비한 인생의 끝이 불행하지 않을 수 있겠습니까? 일을 끝내지 못하고, 목적을 이루지 못한 채 불려가는 것이 고통스러운 일이 아니겠습니까? 사랑하는 형제 여러분, 죽는 것이 힘들어지는 그런 삶을 살지 않도록 하십시오.

나무에서 익지 않은 열매를 따듯이 마지못해 데려감을 당하는 것 또한 슬픈 일입니다. 익지 않은 사과는 가지에 단단히 붙어 있습니다. 그와 같이 많은 사람들이 자신의 부를 단단히 붙잡고 있고, 세상적인 일에 너무 애착을 가지고 있어서, 그들을 세상에서 떼어내려면 힘껏 잡아당기는 것이 필요합니다. 익은 열매는 가지에 가볍게 붙어 있어서, 손으로 부드럽게 한 번 잡아당기면 은광주리에 떨어지는 금사과처럼 마치 자발적으로 떨어지기라도 하듯이 쉽게 떨어집니다. 하나님께서는 여러분에게 세속에 물들지 말라고 하십니다. 여러분이 아래 것들에 너무 단단히 붙어 있어서 죽음이 폭력이 되고, 세상을 떠남이 공포가 되지 않게 하라고 명령하십니다.

형제 여러분, 우리는 어디로 가게 될지 몰라 궁금해하는 그런 죽음을 죽지 않기를 바랍니다. 그러나 여러분이 그런 방식으로 산다면 그렇게 죽을 것입니다. 여러분이 구원에 대해 확신이 없다면, 임종시에 여러분에게 구원이 올 것으로 기대할 수 있겠습니까? 사랑하는 형제 여러분, 고통이 심해지고 정신이 희미해질 때, 여러분은 우울증을 겪는 것처럼 되기가 아주 쉽습니다. 그러므로 그때는 여러분 자신의 위안을 위해 첫째로 굳센 믿음이 여러분에게 필요합니다. 여러분은 친구들이 여러분의 임종 자리를 떠나면서 "그가 구원받기를 바라지만 정말로 구원받았는지는 모르겠다"고 말하는 것을 듣고 싶습니까? 여러분은 살면서 그런 일이 일어나지 않도록 해야 합니다.

경건한 휫필드 목사는 어떤 사람이 "나는 당신이 임종시에 전하는 증거를 듣고 싶다"고 말하자 "안 돼오. 나는 아마도 임종시에는 증거하지 않을 거요" 하고 대답하였습니다. 그러나 다른 사람이 "왜 안하지요" 하고 물었습니다. "나는 살면서 매일 증거하고 있기 때문에, 죽을 때에는 그렇게 할 필요가 별로 없을 거요" 하고 말하였습니다. 이 천사와 같은 종은 마지막 날 오후까지 설교하였고, 그 다음에 침상에 올라가 죽었습니다. 그래서 아무도 "그분이 죽을 때 무슨 말을 했느냐"고 물어볼 필요가 없었습니다. 그럴 필요가 없었습니다. 사람들은 그가 살아 있을 때 무엇을 말했는지 알았고, 그것이 훨씬 더 나았습니다. 여러분은 살아 있을 때, 그렇게 증거하는 삶을 사십시오. 그러면 여러분이 마지막 순간에 말을 하든지 하지 않든 지간에, 여러분이 누구의 사람이며 여러분이 누구를 섬겼는지에 대해 아무도 묻지 않을 것입니다.

결론적으로 말해서, 사람들은 **죽음조차** 유익을 끼칠 수 있게 죽기를 바란다는 것입니다. 나는 스데반의 죽음이 사울의 회심과 많은 관계가 있다고 확신합니다. 여러분은 스데반이 바울에게 끼친 분명한 영향을 본 적이 있습니까? 아우구스티누스는 이렇게 말합니다. "스데반이 기도하지 않았더라면, 사울은 설교하지 못했을 것이다." 나는 스데반의 죽음이 사울을 회심시켰다고 말하지 않습니다. 절대로 그렇지 않습니다. 그 변화는 사울이 다메섹으로 가는 길에 있을 때 하나님의 개입에 의해 일어났습니다. 그러나 그가 스데반의 순교에서 본 것이, 좋은 씨를 받을 수 있는 좋은 토양을 마련했습니다. 이후의 삶에서 사울은, 내가 볼 때, 항상 스데반의 설교에서 자신의 본문을 취하고 있습니다. 집에서 스데반의 설교를 찬찬히 읽어보십시오. 그렇지 않은지 한 번 보십시오. 스데반은 할례의 언약에 대해 이야기하였는데, 그것은 바울이 아주 애용하는 주제였습니다. 바울이 아덴의 아레오바고 언덕에 서서 아덴 사람들에게 연설할 때 그들에게 이렇게 말했습니다. "천지를 지으신 하나님께서는 손으로 지은 전에 계시지 아니하시고"라고 하였는데, 이것은 스데반이 인용한 것과 거의 일치하는 말입니다. 따라서 산헤드린 앞에 섰던 스데반에 대한 생각이, 이 순간에 갑작스럽게 사도의 마음에 떠올랐던 것이 확실합니다. 그 외에도 또 다른 구절이 있습니다. 아마도 길게 두 구절을 대비시켜야 할지 모르겠습니다. 스데반이 "저희는 천사가 전한 율법을 받았다"고 말했을 때, 바울에게는 그것이 독특한 생각이었습니다. 바울은 스데반의 제자입니다. 스데반은 바울의 사상을 싹 틔운 씨입니다. 우리가 죽어서 우리의 재 속에서 불사조가 일어나게 된다면, 그것은 얼마나 큰 특권입니까! 우리가 능력에 맞게 유용하게 일하였다면, 죽을 때 우리보다 더 유능한 일꾼을 일으킬 수 있습니다. 우리의 꺼져가는 불꽃이 타오르는 횃불에 신성한 불길을 일으키고, 그래서 그 불길이 멀리 바다 건너까지 복음의 빛을 뿌리게 될 수 있을 것입니다. 그렇게 하지 못할 이유가 어디 있겠습니까? 하나님께서는 우리가 살아서나 죽어서나 하나님을 잘 섬기도록 허락하십니다. 나는 우리가 재가 되었어도 이전의 불길이 여전히 살아 있고, 죽었어도 여전히 말할 수 있기를 바랍니다.

　　그것은 한 성실한 목사의 행복한 생각이었습니다. 그 목사는 자기가 죽어서 관에 들어가 있을 때, 모든 교인들이 와서 보고 자기 가슴에는 이 교훈을 적은 종이가 놓여 있기를 원했습니다. "내가 여러분과 함께 있을 때 여러분에게 전한 말씀을 기억하시오." 그렇습니다. 하나님께서 우리를 그렇게 도와주신다면, 우리는 계속해서 예수에 대해서 말하고, 살아서나 죽어서나 영혼들을 구원할 것입니다. 사랑하는 신자 여러분, 사람들의 영혼을 사랑하고 그들을 구원해 주시기를 하나님께 기도하십시오. 아직 구원받지 못한 여러분에게 간절히 바랍니다. 여러분이 죽게 될 때, 여러분이 어떤 상태에 있을 것인지 생각해 보십시오. 혹은 마비된 양심 때문에 여러분이 평안히 죽게 된다면, 마비되었던 양심이 예민하게 될 심판 때 여러분들이 어떻게 할 것인지 생각해 보십시오. 사랑하시는 구속자께서 "저주를 받은 자들아 나를 떠나 영원한 지옥 불에 들어가라"(마 25:41)고 말씀하실 때 여러분은 어떻게 하시겠습니까?

> "여러분 죄인들이여, 하나님의 은혜를 구하십시오.
> 　그의 진노를 여러분은 감당할 수가 없습니다.
> 　죽어가는 구주의 얼굴을 보고
> 　거기에서 구원을 찾으십시오."

제
10
장

—

읽는 것을 깨닫느냐?

—

"빌립이 달려가서 선지자 이사야의 글 읽는 것을 듣고 말하되 읽는 것을 깨닫느냐 대답하되 지도해 주는 사람이 없으니 어찌 깨달을 수 있느냐 하고 빌립을 청하여 수레에 올라 같이 앉으라 하니라 읽는 성경 구절은 이것이니 일렀으되 그가 도살자에게로 가는 양과 같이 끌려갔고 털 깎는 자 앞에 있는 어린 양이 조용함과 같이 그의 입을 열지 아니하였도다 그가 굴욕을 당했을 때 공정한 재판도 받지 못하였으니 누가 그의 세대를 말하리요 그의 생명이 땅에서 빼앗김이로다 하였거늘." — 행 8:30-33

이 에티오피아 여왕의 흑인 장관이 어떻게 개종자가 되었는지 우리는 알 수 없습니다. 그가 즐겨 읽었던 책이 그를 아브라함의 하나님을 예배하도록 인도한 수단이 되었을 수 있습니다. 확실히 그 책은 지금까지 수도 없이 많이 그 목적을 이루어왔습니다. 아무튼 그는 자기에게 있는 빛을 따라갔고, 아직 기독교의 충만한 빛에 이르지는 못했지만 곧 그 빛에 이를 수 있게 될 것이었습니다. 그는 밝게 타오르는 기독교의 횃불이 어디로 비추든지, 진리를 따라갈 준비가 되어 있었던 것이 분명하기 때문입니다. 오늘날 사람들 사이에 그와 같은 솔직함이 더 있고, 지성의 눈을 가리는 편견이 더 적었으면 좋겠습니다.

진리가 여러분에게 올 때, 진리를 굳게 잡으십시오. 하나님께서 여러분에게 흔한 촛불 하나라도 주시면, 그것을 잘 사용하십시오. 하나님께서는 여러분의 등잔이 지성소의 일곱 금촛대처럼 빛을 내기까지 손질하실 것입니다. 자연이라는 달을 의지하여 하나님을 보려고 하는 사람들은, 머지않아 계시의 태양 빛을 받게 될 것입니다. 여러분에게 더 많은 빛이 없다고 불평할 것이 아니라, 여러분에게 있는 것을 잘 사용하십시오. 많은 사람들이 자신의 무능함에 대해 불평하지만, 사실 그들은 자신의 능력을 최대한 발휘해 본 적이 없습니다. 그것은 순전히 위선입니다.

　　이스라엘의 신앙으로 개종한 이 내시는 예루살렘으로 가는 길고 위험한 여행을 하였습니다. 그는 엄숙한 절기를 즐기고 나서 돌아갔습니다. 그가 여행을 하는 동안에 하나님의 말씀을 읽었습니다. 이사야서를 택해서 묵상하였습니다. 여러분은 빌립이라도 선택했을 아주 적절한 본문을, 이 내시가 그 순간에 읽고 있었다는 것이 아주 주목할 만한 점이라는 생각이 들지 않습니까? 그때 내시가 성경의 한 부분을 읽고 있었는데, 그 부분은 복음전도자가 예수님을 죽임당하시는 어린 양, 곧 죄인들을 위해 자기를 드리는 제물로 정확히 가르치는 말씀이었습니다. 회심에는 항상 섭리와 성령의 활동이 함께 일어납니다. 내시가 그때 이사야서에서 읽었던 것은, 설교자들이 종종 성령의 감동을 받아 강단에서 선포하는 것입니다. 하나님은 도처에 그 종들을 두시고, 하나님의 은밀한 지시들을 배포해 두셨습니다. 그래서 그 모든 종들은 그 지시를 잘 알지 못할지라도 하나님의 인도를 받아 예정된 목적을 이루는 일을 합니다. 젊은이들이 설교자가 있는 근처 길가에서 이야기하는 일들이 아주 흔하게 재현되었고, 그와 같이 독특한 동시발생이 그들의 주의를 사로잡았고 그들의 마음에 깊은 인상을 남기는 계기가 되었습니다! 하나님께서 오늘밤 그와 같은 일을 허락해 주시기를 바랍니다. 그런 일이 있을 것을 나는 압니다. 수년 전에 한 거친 젊은이가 길을 잘못 들어 우연히 이 집회장으로 들어왔습니다. 그는 내가 설교하는 것을 들었고, 예수님을 믿었으며, 도시 근교의 한 교회에서 오랫동안 충성스러운 집사로 봉사하고 있습니다. 이 자리에 그와 같이 구원에 이르게 된 사람이 또 없습니까?

　　이 신분이 높은 귀족이 책을 읽고 있습니다. 그것은 칭찬할 만한 일입니다. 책을 읽는다는 것 자체가 어느 정도 희망적인 표시입니다. 오늘날 우리는 젊은이들에게 책을 읽으라고 권할 필요가 거의 없습니다. 지혜로운 바울 사도는 디모데에게 "읽는 것에 전념하라"(딤전 4:13)고 하였는데, 그것은 탁월한 조언이었습니다. 그런데 빌립의 질문에 "당신이 읽는 것"이라는 말이 있습니다. 그리고 그것은 반드시 필요한 조사임을 나타냅니다. 오늘날 우리가 읽는 많은 것이, 읽지 않고 두는 것이 훨씬 더 나은 것이 아닌가 하는 생각이 듭니다. 많은 책들이 저주받은 나무에서 난 열매들입니다. 이 나무는 멸망의 강가에서 물을 공급받는 악한 지식의 나무입니다. 이 독이 든 나무의 열매는, 그것을 먹는 사람들에게 아무 유익을 주지 못하고 오히려 판단을 왜곡하고 상상력을 타락시킴으로써 심각한 해악을 많이 끼칩니다. 많은 영혼들이 악한 책을 읽음으로써 영원히 멸망하고 말았습니다. 나쁜 말을 들어온 것을 하찮게 생각해서는 안 됩니다. 그러나 여러분 영혼에 상처를 주고 그 흉터를 여러분 양심에 남겨둔 나쁜 책을 읽은 것은 더 심각한 악으로 생각해야 합니다. 나쁜 책을 쓰는 사람은 계획적으로 해독을 끼치는 사람입니다. 사람들이 마시는 우물물에 몰래 죽음을 타는 사람입니다. 그런 작품들을 인쇄하고 보급하는 사람들은 그 악의 공범자들입니다.

젊은이들이여, 여러분이 책을 읽을 것인데, 읽는 것에 주의하십시오! 대부분의 사람들보다 더 욕심 많게 거의 모든 종류의 책을 읽어온 사람으로서 나는 최상의 책읽기는 책들 가운데 명작을 읽는 것이라고 증언합니다. 성경과 성경을 이해하는데 도움이 되는 책들을 많이 읽으면 읽을수록 그만큼 더 우리에게 좋습니다. 나는 공공 도서관에서 온갖 소설들은 두세 번 이상 제본을 다시 해야 하고, 반면에 사실을 그대로 기록한 책들과 건전한 교훈을 담고 있는 책들은 한 번도 읽힌 적이 없는 것을 보면 기분이 좋지 않습니다. 나는 이것이 보편적인 규칙은 아니라 할지라도 널리 퍼진 현상이 아닐까 염려가 됩니다. "읽는 것을 깨닫느냐?"는 것은, 우리가 어떤 사람이 단지 쓰레기 같은 거짓된 글을 읽지 않고 정확하고 진실되고 경건하며 사람을 고상하게 하는 글을 주의 깊게 읽겠다고 결심하기 전까지는 던질 수 없는 질문입니다. 읽으십시오. 그런데 무엇을 읽을지 주의하십시오. 그리고 읽는 것을 깨달으려고 하십시오.

빌립이 이 신사에게 던진 것은 매우 날카로운 질문이었습니다. 빌립은 최고 위층에 있는 사람에게 다가갈 수 있는 흔치 않은 기회를 성실하게 잘 사용하였습니다. 우리는 가난한 사람에게 질문하는 것은 아주 쉽다는 것을 압니다. 그러나 부자에게는 어떻게 가까이 다가갈 수 있습니까? 우리는 노동 계층의 사람들에게 많이 설교합니다. 그런데 상원의원들에게 설교하고, 하원의원들에게 복음적인 연설을 한다는 것은 매우 유용한 일일 것입니다. 여러분은 어느 곳이든지 이 상하 의원들보다 더 큰 죄인들이 있다고 생각하십니까? 부자라고 해서 가난한 사람들보다 더 나은 것도, 더 악한 것도 아닙니다. 계층마다 다 똑같이 악한 사람들과 선한 사람들이 있습니다. 나는 훌륭한 귀족과 의원들 가운데 하나님 나라의 일들에 대해 조그만 가르침을 받으면 훨씬 더 훌륭해질 사람들이 있을 것이라고 확신합니다. 예를 들면, 그들 가운데 많은 사람들이 "네가 거듭나야 하겠다"는 분명한 설교를 들으면 도움이 될 것입니다. 우리가 노동자들에게는 솔직하게 말하면서도, 그들의 고용주들에게는 그렇지 못하는 경향이 있는 것은 무엇 때문입니까? 나는 빌립이 왕의 회계담당자에게 그처럼 거리낌 없이 말할 수 있는 것에 감탄합니다. 이 귀족은 마차를 부리고 다닙니다. 그의 수행원들과 화려한 모습을 보십시오. 그는 대단히 중요한 인물입니다. 그런데도 하나님 말씀을 전하는 볼품없는 설교자에 지나지 않을 뿐, 특별한 것이 없는 빌립은 마차로 달려가서 진지하게 묻습니다. "읽는 것을 깨닫느냐?" 젊은이들이여, 그리스도의 종이 묻는 분명한 질문들을 받고 짜증을 내지 마십시오. 그렇지 않으면 여러분은 이 에티오피아 장관처럼 고상한 사람이 될 수 없을 것입니다. 젊은이들이여, 여러분이 주님을 알고 있다면, 여러분이 다른 사람들에게 중요한 질문을 던지는 것을 부끄러워하지 마십시오. 많은 경우에 대담한 질문이 소심한 마음에 좀 더 점잖게 우회적으로 뜻을 전달하는 연설보다 오히려 사람을 덜 불쾌하게 합니다. 나는 교회가 너무 격렬하게 복음을 전한다는 비난을 세상으로부터 좀처럼 듣지 못하게 될까 염려스럽습니다. 불신자들이 우리에게 하는 것을 보십시오. 여러분은 런던의 거리에서, 특별히 이 지역에서 사람들이 밤에 방탕한 노래와 소음으로 시끄럽게 떠들어 대는 것을 듣지 않고 지낼 수 있는 곳이 어디에 있습니까?

　그들은 자신들의 무종교를 우리에게 강요합니다. 그러면 우리도 그 대가로 우리의 신앙을 소개할 수 있지 않겠습니까? 여러분이 어떤 사람에게 곧바로 가서 그리스도의 이름으로 그에게 말해 보십시오. 어쩌면 그 사람이 이렇게 말할지 모릅니다. "당신은 나를 강요하는군요." 그런데, 우리만 강요하는 사람들이 아닙니다. 우리가 길거리를 갈 때, 많은 사람들이 추잡한 말을 우리에게 강요하고, 매일 보는 인쇄물을 통해서 자신들의 불신앙을 우리에게 강요하기 때문입니다. 세상은 유행을 만들어 냅니다. 우리가 세상의 풍습을 따른다면 불평할 권리가 없습니다. 악인들이 아주 자상해져서 자기들이 자신들의 불신앙적인 말들 때문에 우리가 상처받을 것을 염려하게 되면, 우리도 어떻게 하면 조심스럽게 복음을 전할까를 고민할 수 있을 것입니다. 그러면서 또 한편, 하나님의 사람이 말하려는 것이 진리이고, 그가 자기 동료인 사람들을 구원하려는 간절한 마음이 있을지라도 말할 수 없는 것이 있다고 생각해야 하겠습니까?

이것이 "읽는 것을 깨닫느냐"는 질문이었습니다. 형제 여러분, 여러분과 나는 성경을 깨달을 필요가 있습니다. 나는 여러분이 성경을 읽고 지낸다고 생각합니다. 내가 잘못 알지 않았기를 바랍니다. 어쨌든 여러분이 성경을 읽을 때 무엇보다 그것을 깨달으려고 노력하십시오. 성경은 읽고 깨달으라고 쓰여졌습니다. 성경은 우리의 생명에 관해서, 영원한 복과 그 복을 얻는 길에 관해 이야기하는 책입니다. 성경이 깨닫도록 쓰여진 책인 것은 틀림없습니다. 왜냐하면 하나님께서 우리에게 도무지 알 수 없는 계시를 주셨다고 말하는 것은, 하나님을 조롱하는 일이 되기 때문입니다. 성경은 깨달으라고 쓰여진 책이며, 따라서 성경은 우리가 그 의미를 아는 만큼 우리에게 유익을 줍니다. 성경 말씀을 그냥 보거나 듣기만 해서는 우리에게 아무 유익을 주지 못합니다. 나는 예전에 어떤 사람이 성경에서 아주 분명하게 가르치는 것이라고 생각하는 중요한 교리에 관해 말하는 것을 들었습니다. 그는 성경 전체를 읽었다고, 무릎을 꿇고 여섯 번이나 읽었다고 들었습니다. 그런데 성경에서 그 교리를 찾을 수 없다는 것이었습니다. 나는 이렇게 대답하였습니다. "형제여, 그것은 성경을 읽는데 좋지 못한 자세입니다. 나라면 의자를 갖다 놓고 편하고 자연스런 자세로 성경의 페이지들을 연구했을 것입니다. 게다가, 당신은 틀림없이 성경의 장들을 달려가듯이 읽었을 것인데, 나라면 그런 방식으로 성경을 급히 읽고 지나가지 않았을 것입니다."

"읽는 것을 깨닫느냐?" 이것이 질문입니다. 어떤 사람은 말합니다. "나는 매일 아침 한 장씩 읽습니다." 잘하는 일입니다. 계속해서 그렇게 하십시오. 그런데 "당신이 읽는 것을 깨닫습니까?" "글쎄요, 나는 매일 성경 본문을 공부합니다." 좋습니다. 그런데 "당신은 읽는 것을 깨닫습니까?" 그것이 요점입니다. 나비가 정원 위를 훨훨 날아갑니다. 그런데 그렇게 날아가기만 해서는 아무것도 나오는 것이 없습니다. 그러나 벌을 보십시오. 어떻게 벌들이 꽃잎 속으로 날아들어가 다리에는 꽃가루를 묻히고, 배는 달콤한 꿀로 가득 채우고 나오는지를 보십시오. 이것이 성경을 읽는 방식입니다. 성경의 꽃들 속으로 들어가 그 내적 의미를 붙잡고, 주님께서 여러분의 영적 자양을 위해 넣어두신 은밀하고 달콤한 꿀을 빨아먹으십시오. 생각이 깊은 책은 그만큼 주의 깊게 읽어야 하고, 그렇게 읽을 만한 가치가 있습니다. 그 책의 저자가 오랜 시간이 걸려 썼고 또 많이 생각하여 썼다면, 여러분이 그의 작품을 신중하게 정독하는 것이 저자에게 합당한 태도일 것입니다. 사람들의 생각에 대해서도 이렇게 하는 것이 마땅하다면, 하나님께서 우리를 위해 이 성경 책에 쓰신 하나님의 최고의 생각들에 대해서는 어떻게 해야 하겠습니까? 우리는 성경에 열중합시다. 더 큰 능력을 달라고 구합시다. 그리고 이미 우리에게 있는 능력을 사용하여 하나님 말씀의 가장 깊은 핵심에 이르고, 우리가 그것을 깨닫고 그로 인해 살지도록 합시다. 성경은 깨달을 수 있습니다. 틀림없다고 당신에게 장담합니다. 여기 있는 누구든지 성경을 전부 다 깨닫는다고 말하지 않겠습니다. 그렇게 성경을 다 깨닫는 사람이 있다고 나는 믿지 않습니다. 내가 성경을 모두 깨달을 수 있을지라도, 그것을 믿을 수 없었습니다. 왜냐하면 그런 생각은 나와 같은 사람들에게서 오는 것이고, 하늘이 땅보다 높은 것 같이 그 생각이 확실히 우리의 생각보다 뛰어난 최고의 주님에게서 오는 생각은 아니라고 생각하기 때문입니다. 옳은 모든 것, 근본적인 모든 것, 우리 영혼의 영원한 선에 반드시 필요한 모든 것은, 우리가 그것을 깨닫고자 하면, 하나님의 도우심을 받아 다 깨달을 수 있습니다. 이 말뜻을 깊이 생각하시기 바랍니다. 이 질문에 답할 준비를 하시기 바랍니다. "읽는 것을 깨닫느냐?" 그 문제를 여러분에게 강조하기를 바라면서, 나는 이 문제들에 대해 다소 간단하게 이야기하려고 합니다. 첫 번째는 성경에서 깨달아야 할 가장 중요한 것이 무엇입니까? 둘째로, 사람이 그것을 깨달았음을 보여주는 시금석은 무엇입니까? 마지막으로, 그처럼 바라는 깨달음을 얻을 수 있으려면 어떻게 해야 하는가 입니다.

1. 그러면, 성경에서
깨달아야 할 가장 중요한 것은 무엇입니까?

이 내시가 읽고 있던 구절에 그것이 담겨 있다고 나는 확신합니다. 그것은 매우 독특한 성경 구절입니다. 성경의 한 부분이 이사야 53장에서 시작되어 여러 장에 걸쳐 진행됩니다. 그 내시가 이사야 선지자의 말을 계속해서 추적하였다면 이내 읽었을 부분에서 한두 구절을 읽도록 하겠습니다. 벌써 내시는 이 말씀부터 주목하였습니다. "우리는 다 양 같아서 그릇 행하여 각기 제 길로 갔거늘 여호와께서는 우리 모두의 죄악을 그에게 담당시키셨도다"(53:6). 여기에는 그를 위한 어떤 것이 있었습니다. 그는 곁길로 갔고, 그래서 자신이 길 잃은 상태에 있다는 것을 알았기 때문입니다. 이어서 54장 2절 말씀을 읽어봅시다. "이는 네가 좌우로 퍼지며 네 자손은 열방을 얻으며 황폐한 성읍들을 사람 살 곳이 되게 할 것임이라." 내시는 어쩌면 이런 생각을 했을지 모릅니다. '나는 이방인 중의 한 사람이다. 그러므로 나는 그 씨가 얻을 민족들에 속해 있다.' 그가 55장에 이르러 이 부분을 읽기 시작했을 때, 눈이 번쩍 뜨였을 것입니다. "오호라 너희 모든 목마른 자들아 물로 나아오라." 그리고 또 "너희는 여호와를 만날 만한 때에 찾으라 가까이 계실 때에 그를 부르라." 여기서 또한 그는 하나님께서 사람들에게 자신의 기름 부음 받은 자에게 오라고 부르는 소리를 들었을 것입니다. 그리고 "보라 네가 알지 못하는 나라를 네가 부를 것이며 너를 알지 못하는 나라가 네게로 달려올 것은 여호와 네 하나님으로 말미암음이니라." 내시는 에티오피아 사람들이 그리스도를 알지 못하지만, 그래도 그리스도께로 달려갈 자들 가운데 포함된다는 것을 알고 기뻐했을 것입니다.

여러분 56장 3절을 보십시다. 나는 내시가 이미 이 부분을 읽어보았을 것이라고 생각합니다. 그가 즐겨 읽었던 구절임에 틀림없을 것입니다. 왜냐하면 그 구절이 이렇기 때문입니다. "나는 마른 나무라 하지 말라 여호와께서 이와 같이 말씀하시기를 나의 안식일을 지키며 내가 기뻐하는 일을 선택하며 나의 언약을 굳게 잡는 고자들에게는 내가 내 집에서, 내 성 안에서 아들이나 딸보다 나은 기념물과 이름을 그들에게 주리라." 그 말씀이 그에게는 매우 직접적이고, 위로가 가득한 것이었지 않았겠습니까? 그가 일반적으로 사람들에게 멸시받는 자들을 향한 주님의 애정어린 동정을 보는 그런 최고의 약속을 가까이 두고 읽기 좋아했다는 것이 이상한 일은 아닐 것입니다.

빌립이 본문으로 취한 구절에는 모든 젊은이가 알아야 할 가장 중요한 사실이 포함되어 있습니다. 젊은이 여러분은 이사야 53장 6절의 말씀을 알고 깨닫도록 합시다. 그 구절은 "다"(all)로 시작해서 "모두"(all)로 끝이 납니다. 그러므로 그 말을 기억해 두십시오. "우리는 다 양 같아서 그릇 행하여 각기 제 길로 갔거늘 여호와께서는 우리 모두의 죄악을 그에게 담당시키셨도다." 필요한 것은 먼저 우리가 다 그릇 행하였다는 것을 깨닫는 것입니다. 자기가 그릇 행하였다는 것을 알지 못하는 사람은, 자기를 다시 데려가기 위해 오시는 목자에게 관심이 없을 것입니다. 하늘의 아버지께서 우리를 주 예수님과 그의 구원으로 인도하시도록 만드는 주요한 힘은, 우리가 주님을 떠나 방황하는 것을 보고 불쌍히 여기는 애끓는 마음입니다. 여기 있는 모든 젊은이가 이 진리를 알고 깨닫기를 바랍니다. 즉 구원은 죄 있는 사람들에게 베푸시는 하나님의 자비의 선물이지, 결코 사람의 공로에 대한 보상이 아니라는 것입니다. 여러분에게 공로가 있었다면 주님께서 여러분을 구원하기 위해 오시지 않았을 것입니다. 그가 오셔야 할 이유가 있겠습니까? 오실 필요가 전혀 없었을 것입니다. 나는 의사가 타고 다니는 마차가 빠른 속도로 거리를 덜커덕거리며 지나가는 소리를 듣습니다. 의사가 어디로 가고 있는지 궁금합니다. 나는 그가 강건하기 이를 데 없는 사람을 방문하기 위해 저렇게 서둘러 가고 있다고 전혀 생각하지 않습니다. 그는 틀림없이 아주 많이 아픈 사람, 어쩌면 죽어가고 있는 사람을 보려고 서둘러 가고 있을 것입니다. 그렇지 않다면 그가 저렇게 빨리 마차를 몰고 가지 않았을 것입니다. 예수 그리스도도 바로 그와 같으십니다. 예수께서 바람 날개를 타고 어떤 사람을 구하러 서둘러 가실 때, 그가 찾아가는 영혼은 죄라는 병에 걸려 있고, 그 병이 타락과 죽음으로 발전하고 있기 때문에 서두르고 있는 것이라고 확신합니다. 그는 "의인을 부르러 온 것이 아니요 죄인을 불러 회개시키러"(눅 5:32) 오셨습니다.

> "구제를 올바르게 하려는 사람은
> 가난한 사람들에게 베풀어야 합니다.
> 부상당한 환자가 아니면 아무도
> 치료의 위안을 모르기 때문입니다."

　　예수께서는 이미 좋은 것을 가지고 있는 사람들에게는 은혜를 헛되이 주시려고 하지 않습니다. "그는 주리는 자를 좋은 것으로 배불리셨으며 부자는 빈 손으로 보내셨도다"(눅 1:53).

　　여러분이 사 53장 6절 하반절의 말씀도 깨달았으면 좋겠습니다. "여호와께서는 우리 모두의 죄악을 그에게 담당시키셨도다." 이 말씀에는 아리스토텔레스의 모든 가르침보다 더 깊은 철학이 있습니다. 이 한 문장에는 알렉산드리아 도서관의 모든 책에서 알 수 있는 것보다 더 나은 진리가 있습니다. 주 여호와께서는 사람의 죄를 자기 아들에게 지우셨습니다. 그의 아들은 우리의 대리자로서 그 짐을 대신 지고 나무에 올라가셨고, 거기에서 죄의 모든 짐에 해당하는 것, 곧 어둠과 버림과 죽음의 형벌을 받으셨습니다. 그 징벌을 받으심으로써 하나님의 아들은 죄를 치우시고 자신의 무덤에 내던지셨고, 죄는 그 무덤에 영원히 매장되었습니다. 자, 예수님을 믿는 사람은 누구나, 자기 죄가 그리스도께 지워졌고, 그리스도께서 죄를 받아 없애버리셨음을 믿을 수 있습니다. 어떤 물건이 동시에 두 군데 있을 수 없습니다. 내 죄가 그리스도께 지워졌다면, 죄는 더 이상 내게 없는 것입니다. 하나님께서 동일한 범죄에 대해 이중으로 형벌을 시행하실 수 없습니다. 하나님께서 그리스도 예수를 내 대속물로 받으셨다면, 나를 형벌하실 수 없습니다. 하나님의 공의는 형벌을 이중으로 요구하지 않기 때문입니다. 즉 "먼저는 피흘리는 내 보증인에게, 그 다음에는 내게 형벌을 요구하지 않을 것입니다."

그런 부당한 요구는 사랑과 공의에 혼란과 파멸을 일으킬 것입니다. 그런 불의는 있을 수 없습니다. 이것이 여러분이 자신의 죄를 벗어나는 방식입니다. 여러분은 자신의 죄를 질 수 없습니다. 그런데 그리스도께서 여러분의 죄를 지셨습니다. 여러분은 그리스도를 여러분의 죄를 짊어지신 분으로 받아들여야 합니다. 그러면 여러분은 자신의 죄가 사라졌다는 것을, 그 죄가 깊은데 가려졌고, 그래서 죄가 하나도 남지 않았다는 것을 알 수 있을 것입니다. 나는 에든버러의 한 목사가 가난한 한 교인을 방문하기 위해 간 이야기를 들었습니다. 목사는 그 여자 교인이 몹시 가난하다는 말을 들었습니다. 그래서 그녀를 도와주러 갔습니다. 그녀의 집에 갔을 때 그는 문을 오랫동안 크게 두드려도 아무 기척을 들을 수 없었습니다. 그 일이 있고 얼마 후에, 목사가 그녀를 보고 말했습니다. "자넷, 당신을 도와주려고 당신 집 문을 두드렸는데, 내 소리를 못 들은 것 같아요." "목사님, 몇 시에 집에 오셨지요?" 하고 그녀가 물었습니다. "열두 시 경일 거요." "아, 저는 목사님이신 줄 몰랐습니다. 나는 집세 받으러 온 사람인 줄 알았어요." 하고 그녀는 말했습니다.

바로 그렇습니다. 사람들이 그리스도의 초청하는 목소리를 듣습니다. 그런데 그들은 그리스도께서 자기들에게 무언가를 시키시려고 한다고 생각해서 일부러 듣지 않습니다. 그러나 그리스도께서는 여러분에게 무엇인가를 원하지 않습니다. 예수께서는, 여러분이 그가 이미 행하신 것을 받기를 바라십니다. 주님은 자비를 가지고, 복을 손에 가득 들고 오셔서 여러분의 문을 두드리십니다. 여러분은 문을 열기만 하면 됩니다. 그러면 주님께서 들어오시고 주님과 함께 구원이 들어올 것입니다. 여러분, 이렇게 말하십시오. "들어오십시오, 알지 못하는 여행자여! 당신은 손에 무엇을 들고 계십니까? 당신이 가지고 오는 것을 기쁘게 받겠습니다." 여기 있는 젊은이 가운데 종교는 이행하기 힘든 부당한 요구라고 생각한 사람은, 이제 종교가 풍부한 은혜라는 것을 깨닫고서 마음을 바꾸지 않겠습니까? 구원은 선물입니다. 하나님의 값없는 선물입니다. "원하는 자는 값없이 생명수를 받으라"(계 22:17). 이 구주께서는 사람들에게서 죄를 취하시고 십자가 위에서 죽으심으로써 죄를 단번에 끝장내십니다. 여러분, 죄인들이여, 이 말을 들으십시오. 하나님의 말씀에는 여러분에게 주시는 완전한 구원이 있습니다. 온갖 악에서 구하는 구원입니다! 여러분은 모든 나쁜 열정을 극복하고, 모든 악한 습관을 이기며 자신의 마음을 통제하고 자기 영을 다스릴 수 있도록 도움을 받을 것입니다. 여러분이 주 예수 그리스도를 영접한다면, 그분이 여러분의 마음에 들어오셔서 그와 여러분의 원수를 몰아내실 것입니다. 여러분을 온전하게 하여, 영광 가운데 그와 함께 거하기에 적합하게 하실 때까지, 지금부터 영원히 여러분을 다스리실 것입니다. 여러분이 지극히 중요한 이 점을 깨닫기를 바랍니다. "우리는 다 양 같아서 그릇 행하여 각기 제 길로 갔거늘 여호와께서는 우리 모두의 죄악을 그에게 담당시키셨도다."

2. 사람이 성경을 깨달은 것을, 그리고 성경의 이 구절을 깨달은 것을 알 수 있는 시금석은 무엇입니까?

사람이 성경의 이 중요한 부분을 깨달은 것을 알 수 있는 시금석은 예수 그리스도가 그에게 모든 것이 되는 것이라고 나는 봅니다. 왜냐하면 그 사실을 깨달은 빌립이 그 구절을 설명할 때, 내시에게 예수 외에는 아무것도 전하지 않았기 때문입니다. 나는 모든 힘을 다해 나의 주님 예수 그리스도를 전하려고 합니다. 나는 이 주제를 기뻐하는 사람들을 만나는 것을 좋아합니다. 어떤 비평가들은 우리에게 새로운 것을 설교하라고 요구합니다. 나도 그렇게 하려고 합니다. 그래서 나는 예수님을 전하려고 합니다. 예수님은 늘 새로우신 분이기 때문입니다. 그분께는 케케묵은 것이 하나도 없습니다. 주님께는 영원히 아침 이슬 같은 주의 청년들이 있습니다.

사람들이 이렇게 말할지 모릅니다. "항상 새로운 학설들을 전해야 한다." 맞습니다. 그러나 새로운 학설들도 한 달 만 있으면, 묵은 것이 됩니다. 그런 것은 런던의 로열 오페라 하우스에서 공연되는 보잘것없는 작품들과 같아서 썩기 전에 빨리 치워버려야 할 것들입니다. 나는 그동안 살면서 수많은 현대 신학을 보았습니다. 그 신학들은 왔다 가지만, 예수 그리스도는 어제나 오늘이나 영원토록 동일하십니다.

여러분이 예수 그리스도를 모시고 있다면 모든 것을 가지고 있는 것입니다. 맨 위와 중간과 아래를 다 가지고 있는 것입니다. 그리스도를 모십시오. 오직 그리스도만을 모십시오. 여러분이 거룩한 구주이신 예수님을 굳게 붙잡지 않고 휴식을 취한다면, 여러분은 안전하지 못할 것입니다. 어떤 사람은 이렇게 말합니다. "그러면, 당신은 소치니파와 유니테리언파(삼위일체와 그리스도의 신성을 부인하는 종교사상 체계 — 역주)에 대해서는 어떻게 생각합니까?" 나는 나이든 한 침례교 목사가 말하였듯이 그들에 대해 같은 결론을 말씀드릴 수 있습니다. 그 목사는 자기 교회 맞은 편에 소치니파(그리스도의 신성을 부인하는 이단 — 역주) 예배당이 세워진 것을 보고 매우 근심하는 소리를 들었습니다. 그의 교회의 한 집사가 말했습니다. "이것 참 무서운 일입니다. 길 저편에 경쟁 상대가 문을 열었으니 말입니다!" "나는 거기를 경쟁 상대라고 전혀 생각지 않습니다" 하고 목사가 말했습니다. 그러자 집사가 소리쳤습니다. "아니, 저들은 유니테리언들이에요. 그리스도의 신성을 인정하지 않지 않습니까!" 늙은 목사가 말했습니다. "당신이 빵 가게를 운영하고 있는데 어떤 사람이 당신 가게 맞은 편에 철물점을 열려고 한다면, 거기는 경쟁 상대가 되지 않을 거에요. 거기는 전혀 다른 일을 하고 있기 때문이에요. 그리스도의 신성을 전하지 않는 자들은 전혀 다른 일을 하고 있는 것입니다. 당신이 철물점을 운영하려고 하면 저들에게 가세요. 그러나 당신이 하늘의 떡을 원한다면 지극히 높으신 분의 아들 주 예수님을 보아야 해요." 여러분이 성경을 깨닫고자 한다면, 이 말씀으로 자신을 조사해 보십시오. 예수 그리스도께서 여러분의 모든 것이 되십니까? "여러분이 그리스도를 바르게 생각하기 전에는 결코 제대로 쉴 수가 없습니다."

여러분이 주 예수 그리스도를 모든 것으로 삼으려면 성경을 깨달아야 합니다. 온 마음으로 예수님을 믿으려고 한다면, 그리고 주님의 방식대로 주님께 순종하고자 한다면 성경을 깨달아야 합니다.

젊은이 여러분, 예수님을 믿을 때는 예수님께 여러분 자신을, 마음과 영혼을 영원히 그분께 드려야 합니다. 어떤 사람이 이렇게 말했습니다. "그런 사람이 내 마음에 맞는 젊은이요. 예수 그리스도께 철저히 자기를 드린 젊은이 말이오.” 그런 사람이 오늘날에는 매우 귀합니다. 그렇습니다. 오빌의 금처럼 귀합니다. 예수님은 철저히 우리를 위하셨습니다. 주님은 우리를 사랑하셨고, 우리를 위하여 자신을 주셨습니다. 그러므로 주님을 대하는 우리 태도에, 마지못해 하는 것이 있어서는 안 됩니다. 우리가 성경을 제대로 읽었다면, 주일에는 우리를 거룩하게 만들고, 주중에는 내내 부정직하게 살게 하는 기독교를 받지 않을 것입니다. 참된 성도들이 가지고 있는 신앙은, 그들 핏속에 들어가 그들의 본성을 변화시키며, 그들의 존재에 침투해 들어가서 그들의 일부가 된 신앙입니다. 참된 기독교 신앙만이 실질적인 기독교입니다. 여러분의 종교를 버릴 수 있다면 버리라고 충고하고 싶습니다. 참된 기독교 신앙은 몸에서 머리를 뗄 수 없는 것처럼, 신자의 경건에서 제거할 수 없기 때문입니다.

　　나는 이 내시에게 세례를 받으라고 권하고 싶습니다. 그는 그런 조언을 받지 못하였습니다. 그러자 그 자신이 세례 받을 것을 직접 제안하였고, 그때 그 자리에서 주님의 명령을 이행할 수 있도록 하나님의 섭리로 물이 준비된 것을 보고, 즉시 주님께 복종하여 주의 명령을 행하였습니다. 젊은이여, 성경이 여러분에게 어떤 길을 명하든지 자신을 주님께 드리고, 그 일을 시작하되 당장에 하도록 하십시오. 무엇이 성경적인 길인지 알아보고, 전적으로 자신을 주님께 드리고 지체 없이 그 길을 따라가십시오. 즉 여러분이 그대로 행하지 않고는 성경을 읽고 깨달은 것이 아닙니다.

　　그 다음은, 여러분이 성경을 분명히 깨달았으면, 그로 인해 여러분이 기쁘게 됩니다. 이 내시도 “기쁘게 길을 갔기” 때문입니다. 성경을 읽고 일어서서 “나는 예수 믿는 신자다. 신자가 된다는 것은 참으로 엄숙한 일이다!” 하고 말하고 나서, 그날 내내 만나는 사람마다 아주 비참하게 만들어야 하겠다고 위선적인 결심을 하고 나가는 사람은 다시 회개해야 합니다. 성경적인 믿음은 기쁨을 끌어들이고 절망을 내쫓습니다. 참된 신앙은 언제나 주님을 항상 기뻐하도록 만드는 경향이 있습니다. 우리가 마땅히 기뻐해야 하는 대로 기쁘지 않을지라도, 그것은 우리 신앙의 잘못이 아니라 불신앙의 잘못입니다. 에덴동산의 아름다운 꽃은 믿음이 뿌리를 내릴 때 피어납니다. 그러나 의심이 거하면, 가시넝쿨이 자랍니다. 소화불량이나 다른 어떤 병으로 우리는 우울해질 수 있습니다. 그러나 믿음이 있으면, 광야를 지나는 여행길에도 우리는 노래를 부를 수 있게 될 것입니다.

"천상의 들판에 이르거나 황금길을 걷기" 전에도, 우리는 말할 수 없는 기쁨을 누릴 수 있습니다. 여러분이 예수님 안에 즐겁게 쉼으로써 행복해지는 것을 배우기 전에는, 성경을 읽고 온전히 깨달은 것이 아닙니다.

성경을 읽고서도 여러분이 다른 사람들의 구원에 관심을 갖지 않는다면, 성경을 깨달은 것이 아니라고 생각합니다. 왜냐하면 이 에티오피아 귀족은 고향으로 돌아가서 틀림없이 자기 고국 전역에 복음을 전파했을 것이기 때문입니다. 아마도 그는 아비시니아 교회의 창립자였을 것입니다. 젊은 사람이라면 누구든 성경을 바르게 읽으면, 그는 마음이 넓어집니다. 그는 편협하게 자기 속에 갇혀 있을 수 없습니다. 그의 큰 마음은 유익을 퍼트릴 수 있는 곳을 찾기 위해 둘러볼 것입니다. 여러분이 아무 노력도 기울이지 않고 다른 사람이 그냥 정죄받게 내버려 둘 수 있다면, 당신이 결국 정죄받게 되지 않을까 염려스럽습니다. 당신의 형제가 곧 영원한 파멸에 떨어지기 직전에 있다고 믿으면서도 조용히 있을 수 있다면, 당신 자신이 곧 파멸에 떨어지게 되지 않을까 두렵습니다. 회심한 사람 속에 생겨난 지극히 거룩한 본능 가운데 하나는, 다른 사람들을 구원하고자 하는 열망입니다. 구원을 받은 우리는, 구주의 은혜로운 사역에 구주께 협력하고자 하는 마음이 있습니다. 선교의 열정은 악한 자들이 누워 있는 세상에서 문제의 참된 상태를 분명하게 인식했을 때 오는 자연스러운 결과입니다. 이교도들은 소망 없이 죽습니다. 그들이 언제나 그렇게 죽어야 하겠습니까? 그들을 그런 멸망에서 구원하려고 하는 젊은이는 하나도 없습니까? 나는 정말 진심으로 여러분에게 말합니다. "제가 여기 있습니다. 나를 보내주십시오" 하고 외치지 않겠습니까?

여러분이 다른 사람들에게 전하는 메시지가 바로 여러분이 받았던 메시지라면, 여러분은 성경을 읽고 깨달은 것입니다. 그 메시지란 바로 그리스도, 그리스도, 그리스도입니다. 여러분이 좋은 것을 전할 수단으로 사용할 것은, 예수의 구원 외에는 아무것도 없습니다. 그 외에는 말할 만한 가치가 있는 것이 아무것도 없습니다. 나는 얼마 전에, 겨우 한 사람 정도나 설교를 들으러 왔다고 할 만큼, 교인이 거의 모이지 않았던 집회에 대한 이야기를 들었습니다. 그 목사는 자신을 탓하고 더 잘 설교를 하기보다는, 자기는 설교와 기도회로 사람들에게 별로 도움을 주고 있지 못하니, 클럽이나 조직해서 사람들이 오면 같이 맥주를 마시고 놀아주는 것이 그들에게 유익을 줄 수 있을 것 같다고 말했습니다. 지금 그와 같은 일이 얼마나 많이 시행되고 있습니까! 우리는 새로운 방식으로 영혼을 회심시키려고 합니다. 그렇지 않습니까? 우리는 떡을 대신할 것을 가져가고, 순수한 물보다 건강 음료를 찾아야 합니까? 예수 그리스도를 믿는 믿음으로 사람들을 구원할 수 없으니, 이제 우리 자신의 새로운 꾀를 가지고 구원하려고 하는 것처럼 보입니다. 그러면 우리는 그런 초라한 씨를 뿌려서는 형편없는 곡식단이나 한두 묶음 건질 것입니다. 여러분이 어쨌든 유익을 끼칠 수 있고 또 실제로 유익을 끼칠지라도, 예수 그리스도에게서 시작하고 예수 그리스도에게서 끝나는 것이 아닌, 어떤 교훈으로 죄인을 거룩함과 천국에 이르게 하기를 바란다는 것은 순전히 망상입니다. 그런 교훈으로 구원을 받을 수 있는 사람은 아무도 없습니다. 여러분이 매우 학식이 높고 교양 있는 사람들을 대해야 한다면, 그들에게 예수 그리스도를 전하는 것만큼 좋은 것은 없습니다. 사람들이 무식하고 저속하다면 그들에게 예수를 전하는 것만큼 좋은 것은 없습니다. 얼마 전에 한 젊은이가 내게 이렇게 물었습니다. "내가 지금 이러저러한 곳에 설교하러 가는 중인데, 그곳 사람들이 어떻습니까? 그 사람들에게 어떤 교리가 맞겠습니까?" 그 질문을 듣고 나는 이런 조언을 해주었습니다. "예수 그리스도를 전하게. 그것이 그들에게 맞을 것이라고 확신하네. 그들이 배운 사람들이라면 그 설교가 맞을 것이고, 못 배운 사람이라면 그들에게도 맞을 것이네. 하나님께서 그런 설교에 복을 주시니까 말일세."

위대한 성경 비평학자 벵겔(Bengel)이 죽어가고 있을 때, 그는 사람을 보내어 한 젊은 신학도를 데려오게 했습니다. 그 신학도에게 벵겔이 말했습니다. "나는 지금 기분이 몹시 가라앉아 있네. 기분좋게 할 무언가를 얘기 좀 해주게." 신학도가 말했습니다. "선생님, 저는 아주 하찮은 사람입니다. 저 같은 사람이 선생님처럼 위대한 분에게 무슨 말을 할 수 있겠습니까?" 그러자 벵겔이 말했습니다. "자네가 신학생이라면 죽어 가는 사람에게 해 줄 좋은 말을 가지고 있어야 하네. 두려움 없이 그 말을 하기 바라네." 그러자 신학생이 말했습니다. "그러면, 선생님, 저는 예수 그리스도의 피가 모든 죄를 깨끗이 씻는다는 것 외에는 드릴 말씀이 없습니다." 벵겔이 말했습니다. "젊은이, 손 좀 내밀어 보게. 내가 듣고 싶었던 것이 바로 그 말일세."

단순한 복음의 말씀이, 하나님의 진노를 두려워하는 모든 사람이 필요로 하는 말씀입니다. 하나님의 진노를 두려워하는 그 사람이 지금 이 순간 바로 옆 자리에 앉아 있는 사람일 수 있고, 혹은 직장에서 여러분과 함께 일하는 사람일 수 있습니다. 그는 여러분이 자기에게 그리스도에 관하여 말해주기를 원합니다. 그리스도에 대해 말함으로 그의 영혼이 복을 받게 하십시오. 여러분 모두 성경을 이렇게 깨닫기 바라며, 하나님께서 여러분을 통해서 주위 사람들에게 큰 복을 주시기를 구합니다.

3. 이제, 그와 같이 성경을 깨달으려면 어떻게 해야 하는가라는 질문에 대해 간단히 답을 하겠습니다.

"성경을 읽으세요. 머리가 아플 정도로 많이 읽으세요" 하고 어떤 사람은 말합니다. 성경에서 이해가 되지 않는 구절을 만나면, 이해될 때까지 읽으라고 나는 조언합니다. "자주 읽도록 하겠습니다." 그렇게 읽는다고 해서 여러분에게 손해가 되지는 않을 것입니다. "그러나 내가 전혀 그 구절을 깨닫지 못한다면 어떻게 합니까?" 그래도 계속 그 구절을 읽으십시오. "이해되지 않는 성경 구절을 읽는 것이 우리에게 어떤 유익을 줄 수 있습니까?" 그렇습니다. 그 말씀이 점차 여러분 영혼에 침투하게 됩니다. 그 구절들을 오래 생각하면, 거기에서 빛을 얻게 됩니다. 이야기할 때 전문적인 용어들을 아주 많이 사용하는, 뛰어난 장인을 아버지로 둔 꼬마 아이가 있습니다. 그는 아버지 직업의 도제가 되어서 그 일에 관한 모든 것을 알고 싶어합니다. 그래서 아버지의 말에 귀를 기울입니다. 하루가 끝나면, 아이는 스스로에게 이렇게 말합니다. "아버지가 많이 말씀하시는 것을 들었지만, 나는 별로 알아듣지를 못해." "그러나 조금은 알아들었지 않니?" "그래, 맞아." 아이는 그 조금 깨달은 것을 충실히 잘 지키고, 날마다 자신의 정보 창고에 조금씩 보태며, 자기가 이미 알고 있는 것에 도움을 받아 더 많이 배웁니다. 아이는 다음 날 아버지가 다시 이야기하는 것을 듣습니다. 여전히 많은 것을 깨닫지 못합니다. 그러나 그 용어들을 자주 듣고 곰곰이 생각하자, 마침내 그의 뇌리 속에 빛이 번쩍하고 비춥니다. 이제 아이는 자기 아버지처럼 말을 할 수 있고, 같은 용어를 충분히 알고서 사용할 수 있습니다.

그와 같이 나도 성경을 깨달았습니다. 내가 성경의 어떤 장을 이해하지 못할 때, 나는 이 장을 이해할 수 있을 거야 하고 스스로에게 말합니다. 그러므로 나는 하늘 아버지가 내게 이야기하시려는 것을 처음에는 깨닫지 못할지라도, 크신 나의 아버지가 말씀하시는 것을 들을 것입니다. 마침내 아버지의 말뜻을 깨달을 때까지, 나는 계속해서 아버지가 말씀하시는 것을 들을 것입니다. 우리가 어떤 구절을 이해하지 못하는 것이, 우리가 그 구절을 충분히 읽지 않았거나 아주 집중해서 생각지 않았기 때문일까봐 염려가 됩니다. 그 구절들이 한두 번 마음에 스치고 지나갈 때는 아무런 인상을 주지 않습니다. 그러면 우리는 다시 그 구절을 봅시다. 그러면 그 구절이 더 깊고 더 오래 영향을 끼칠 것입니다. 사진사가 영상의 초점을 뚜렷하게 잡을 때까지 피사체를 카메라 앞에 오래 두도록 할 때와 같이, 우리도 이해가 되지 않는 구절을 오래 생각하도록 합시다. 그 구절이 하나님의 빛을 받아 여러분 영혼에 사진을 찍을 때까지 마음에 오래 머물게 합시다.

다음으로 내가 드리고 싶은 조언은, 언제든지 깨달으려 하는 마음으로 성경을 읽으라는 것입니다. 즉 여러분이 호두를 깨서 그 알맹이를 먹을 수 있도록, 항상 호두까기를 가지고 있으라는 것입니다. 어떤 사람들은 이렇게 말할지 모릅니다. 성경을 읽을 때 "그것이 아주 복된 구절일지 모르지만 나는 그 구절이 무엇을 말하는지 도무지 모르겠다." 그렇다면 그런 상태로 그 본문을 덮고 일어나지 않도록 하십시오. 아무도 그 책을 열 수 없고 그 책의 일곱 인을 뗄 수 없다는 사실을 인해서 많이 우십시오. 그 말씀에 대해 기도하고, 여러분이 마침내 그 본문의 핵심을 이해하게 될 때까지 거듭거듭 연구하십시오. 그런 태도를 가지고 읽다 보면, 놀랍게도 여러분이 알고자 하는 의미를 아주 쉽게 깨닫게 될 것입니다.

다음으로, 반드시 성령께서 깨닫게 해 주시기를 기도하십시오. 여러분이 어떤 책을 이해하고자 하는데 어려운 점들이 많이 발견되면 내가 많은 경우에 주변 사람들에게 하였던 것처럼 해 보십시오. 그들에게 그 어려운 점들이 무슨 뜻인지 편지를 보내거나 묻는 것입니다. 그동안 나는 이렇게 해서 매우 유용한 정보를 얻었습니다. 그러면 성경에 대해서 그렇게 할 수 없습니까? 우리가 기도하는 법을 알고 있다면, 확실히 우리는 그렇게 할 수 있습니다. 성경의 저자이신 성령님은, 우리가 직접 그분께 가서 무슨 뜻으로 말씀하시는 것인지 묻는 것만큼 기뻐하시는 것이 없습니다. 어떤 사람은 이렇게 말합니다. "나는 학식있는 주석가에게 의견을 들었습니다." 그것도 아주 좋습니다. 그렇지만 어떤 책의 해설가에게 가는 것이 그 책의 저자에게 가는 것만큼 확실한 방법은 못 됩니다. 복되신 성령께 가르쳐 주시기를 겸손히 기도하십시오.

여러분이 또한 여러분의 마음을 지으신 분에게 가면, 그분이 여러분의 마음을 열어 진리를 받아들일 수 있게 하신다는 것을 기억하십시오. 여러분의 마음은 정상이 아닙니다. 마음이 타락으로 인해 받은 심각한 해악과, 이 악한 세상에서 마음을 둘러싸고 있는 죄의 분위기를 생각할 때, 이상한 일이 아닙니다. 나는 내 마음이 무질서한 상태에 있기가 쉽다는 것을 압니다. 내 마음은 지난 50년 동안 항상 작동해 왔습니다. 그래서 마음이 이때쯤에는 틀림없이 녹이 슬거나 먼지가 많이 쌓인 오래된 시계와 같을 것이라고 생각합니다. 나는 나의 뇌를 조금 비울 필요가 있다는 것을 깨닫습니다. 이 점은 여러분 젊은이들에게도 해당된다고 생각합니다. 여러분은 아주 바쁘거나 아니면 아주 태평합니다. 근심이나 태만의 먼지가 여러분 뇌에 퍼져 있습니다. 누가 여러분의 뇌를 정상으로 돌려놓을 수 있습니까? 뇌를 만드신 창조주 하나님이십니다. 성령께서는 지성을 깨끗이 청소할 수 있는 놀라운 능력이 있으십니다. 여러분이 한 달 동안 연구해도 조금도 진척을 볼 수 없는 때가 있을 것입니다. 그러나 어떤 영적 진리를 깨닫게 해주시기를 하나님께 구하면, 금방 그 진리가 여러분에게 선명하게 이해될 것입니다. 사람들이 깜깜한 문제를 거듭거듭 생각해도 도무지 자신의 지적 노력으로는 풀 수 없었는데, 하나님의 빛이 잠깐 한 번 비추자 모든 것이 대낮같이 밝아진 예는 무수히 많습니다. 그 다음에 성경의 저자를 찾아가십시오. 여러분 스스로 그분께 가서 이렇게 말하십시오. "주님, 주께서 성경을 여시듯이 내 총명을 여셔서 그 말씀의 뜻을 알게 하여 주옵소서."

　　나는 성경을 깨닫고자 하는 모든 사람에게, 이 시간 자신의 **본성적 상태**의 중요한 점과 거기에서 **구원받는 길**을 깊이 생각해 보라고 말씀드리고 싶습니다. 사랑하는 친구 여러분, 여러분은 지금 길을 잃은 사람입니다. 여러분이 회심하지 않았다면 길을 잃은 상태이고, 여러분 스스로를 구원할 수 없습니다. 여러분이 스스로 자신을 구원하려는 것은 불가능한 일입니다. 여러분은 이 철학자의 얘기를 들으셨는지 모르겠습니다. 그는 언제가 지붕 위에 있었는데, 갑자기 어떤 건장한 사람이 뒤에서 커다란 채찍을 가지고 와서 그에게 땅으로 뛰어내리라고 했습니다. 뛰어내리면 죽을 것이 분명했습니다. 그 남자는 미치광이였습니다. 그 철학자는 순간적으로 그 끔찍한 사실을 인식하였고, 그래서 아주 지혜롭게 말했습니다. "그런데 보세요, 바보는 누구든지 뛰어내릴 수 있어요. 그런데 중요한 것은 뛰어오르는 일이에요. 우리 함께 내려가서 뛰어올라옵시다." 두 사람은 걸어서 내려왔지만 뛰어오르는 일은 하지 않았습니다. 이렇게 해서 그 신사는 위험을 모면했습니다. 여기 계시는 분 가운데 뛰어내리실 분이 있습니까? 젊은이들 가운데 이 죄나 저 죄로 무모하게 뛰어내리려고 하는 사람이 있습니까? 바보라면 누구나 뛰어내릴 것입니다. 그런데 여러분 가운데 누가 되었든지 이미 땅에 내려와 있다면 다시 뛰어올라가 보라고 말씀드립니다. 올라갈 수 없을 것입니다. 여러분은 거룩한 산에 올라가려면, 먼저 여러분 자신의 능력보다 더 큰 능력이 필요합니다. 젊은이 여러분, 여러분이 그동안 뛰어올라가 보려고 했다면, 다시 떨어져서 자포자기했을 것을 나는 압니다. 지옥으로 내려가는 것은 쉽습니다. 우리 본성이라는 중력은 그 방향으로 가기 쉽습니다. 그런데 우리가 온 길로 다시 돌아가는 것은 큰 일이고, 어려운 일입니다. 여러분 마음속에서 그런 생각을 접고 이렇게 말하십시오. "받아야 할 구원이 있다면, 하나님의 은혜 없이는 내 자신의 구원을 이룰 수 없으니 내가 예수님을 의지하겠습니다." 여러분이 당장에 하나님의 은혜를 구하기를 바랍니다.

　나는 방금까지 복음을 전하고자 했습니다. 다시 한 번 간단하게 복음을 말씀드리겠습니다. 한 흑인이 복음을 이렇게 말했습니다. "그리스도께서 죽으시고 내가 죽지 않는다." 그것이 복음입니다. 여러분이 죽지 않도록 그리스도께서 죽으시는 것입니다. 오직 그리스도를 의지하십시오. 그러면 여러분은 구원을 받습니다.

　친구 여러분, 여러분이 구원받는 것에 관심이 있다면, 나는 여러분에게 그리스도를 철저히 의지하라고 말씀드립니다. 한 가지 수수한 예화를 들면, 내 말뜻을 이해하게 될 것입니다. 한 아버지가 어느 날 밤 바위가 많고 미끄러운 절벽 꼭대기를 따라 길을 가야 했다고 합니다. 두 아들이 아버지와 함께 있었는데, 아버지가 길을 떠나자 한 아들이 말했습니다. "아버지, 저한테 손을 주세요." 아이는 아버지의 손을 잡고 갔고, 그것은 매우 현명한 일처럼 보였습니다. 다른 아들이 말했습니다. "아버지, 제 손을 잡아 주세요." 그리고 나중에 판명되었듯이, 그것이 훨씬 더 분별 있는 방법이었습니다. 왜냐하면 첫째 아이는 지칠 때까지 아버지 손을 잡아끌고 갔습니다. 그래서 두 사람이 아주 무서운 곳에 이르렀을 때는 아이가 아버지의 손을 계속 붙잡고 있을 수가 없어서, 아이는 아버지의 손을 놓았습니다. 반면에 둘째 아이는 아버지 손에 끌려 즐겁게 터벅터벅 걸어갔습니다. 왜냐하면 이 아이는 자기가 아버지의 손을 끌고 가고 있지 않고, 아버지가 자기 손을 붙잡고 있는 것에 모든 것을 맡겼기 때문입니다.

자, 젊은이 여러분, 여러분이 하려고 마음먹은 대로 시작하십시오. 다만 주 예수께서 여러분을 보호하실 수 있도록 여러분의 손을 주님께 맡기십시오. 청년 시절에 나는 한 설교자가 그리스도께서 자기 양들에게 영생을 주시니 양들이 결코 죽지 아니할 것이라고 말하는 것을 들었습니다. 주께서 양들을 끝까지 보호하실 것이기 때문이라는 것이었습니다. 이 말에 나는 매혹당했습니다. 나는 이같이 확실한 구원을 얻기 바랐습니다. 어렸을 때의 일이 생각납니다. "김 아무개와 이 아무개라는 친구가 있었는데, 두 사람이 런던으로 올라갔습니다. 나보다 한 살 가량 많은 친구들이었습니다. 두 사람은 6년이 채 안 되어, 더할 수 없이 타락한 지경에 빠졌습니다. 두 사람은 학창 시절에 나보다 나은 학생들이었습니다. 그런데 타락하고 말았습니다. 내가 이 영원한 구원을 얻지 못했다면, 나도 그들이 한 것처럼 가서 똑같은 일을 했을 것입니다. 일자리를 잃어버릴 수도 있고, 혹은 좀도둑질을 하거나 그와 비슷한 일을 하였을 것입니다. 나도 그들과 똑같이 악한 마음을 갖고 있기 때문입니다."

나는 구원을, 내 성품을 보장할 영적 보험으로 보았습니다. 그래서 나는 그 약속을 믿기로 했고, 나이가 오십이 된 지금, 나는 열 다섯 살 때 그랬던 것처럼 여전히 주 예수님의 보호를 받고 있습니다. 그리고 내가 아무리 오래 살아도 주님께서 결코 나를 버리지 않으실 것이라고 믿습니다. 젊은이 여러분, 못 자국이 난 귀하신 주님의 손에 자신을 전적으로, 진심으로 맡기십시오! "오직 예수"를 여러분의 좌우명으로 삼으십시오. 그리스도를 조금 의지하고, 여러분 자신도 조금 의지해 보십시오. 그러면 여러분은 한 발은 바위에 걸치고, 한 발은 모래에 둔 사람처럼 가라앉을 것입니다. 오직 예수님만을 의지하십시오. 예수께서 여러분을 굳게 붙드실 것입니다. 예수께서 나를 구원하시지 않는다면, 나는 망할 것입니다. 왜냐하면 그분은 이름으로나 직무로나 예수, 곧 구주이시기 때문입니다. 나는 예수님 안에서 기쁘게 쉽니다.

우리는 천국에서 만날 때, 우리가 읽는 것을 깨닫게 해주신 것에 대해 주님을 찬양할 것입니다. 하나님께서 여러분 모두에게 복 주시기를 구합니다. 그리스도의 이름으로 기도합니다. 아멘.

제
11
장

—

깨어난 마음의 절박한 질문

—

"주여 누구시니이까 … 내게 무엇을 시키시려 하나이까?"
(개역개정에는 이 구절이 없음 - 역주) ― 행 9:5-6

바울은 한낮의 태양보다 더 밝은 찬란한 빛에 정신이 아득하여 땅에 엎드렸습니다. 엎드린 채로 소리쳤습니다. "주여 누구시니이까?" 자신의 첫 질문에 대한 답을 듣고 나서, 그가 겸손히 또 한 가지를 물었습니다. "주여 내게 무엇을 시키시려 하나이까?"

오늘 아침에 나는 모든 힘을 다 써버렸기 때문에, 이 저녁에는 힘이 거의 남아 있지 않습니다. 그러나 그 주제는 마지막 남은 힘까지 다 쓸 만한 가치가 충분한 것이었습니다. 우리가 하나님 나라를 어린아이처럼 받아들여야 하고, 그렇지 않으면 결코 하나님 나라에 들어갈 수 없다는 것을 설명하려고 했습니다. 할 수 있다면, 나는 마지막으로 그 주제에 실제적인 지침 같은 것을 덧붙이고 싶었습니다. 그것은 회심 때 오는 것이며, 마음에 작용하는 성령의 활동의 첫 표지이자 결과들 가운데 하나로, 절대적으로 필요한 어린아이 같은 심령을 훨씬 더 잘 설명할 수 있는 것이었습니다. 그리고 지금 우리가 본문에서 보는 예만큼, 어린아이 같은 심령을 잘 설명해 줄 수 있는 것은 없을 것입니다.

바울은 유명한 사람이었습니다. 다메섹으로 가는 길에 그는 틀림없이 키가 큰 말을 타고 갔을 것입니다. 그는 자신이 정말 하나님을 섬기고 있다고 생각했습니다. 그는 바리새인 중의 바리새인이었습니다. 그래서 자부심이 대단하였습니다. 그리고 지금 그는 대제사장으로부터 받은 편지를 지니고 있었기 때문에, 자신이 큰 권한을 부여받았고, 상당한 인물이라고 스스로 생각하였습니다. 다메섹에 있는 그리스도인들에게 그것을 알려주고 싶었습니다! 그는 그리스도인들을 그들의 광신에서 끌어내고 싶어 안달이 났습니다. 그들에게 다소의 사울이 나사렛 예수보다 위대하다는 것을 알려주려고 했습니다. 그러나 주님은 그 사람을 변화시키는데, 단 몇 초면 충분했습니다. 주님께서 얼마나 순식간에 그를 거꾸러트렸습니까! 예수 그리스도께서 친히 하늘로부터 나타나시자 이 큰 사람이 금방 납작해져서 어린아이가 되고 말았습니다. 왜냐하면 지금 본문에 나오는 두 질문은 아주 어린아이 같은 것이기 때문입니다. 사울은 거룩한 호기심에 사로잡혀서 묻습니다. "주여, 누구시니이까?" 그 다음에는 신중하게 생각하고서 이렇게 묻습니다. "내게 무엇을 시키시려 하나이까?" 그는 마치 이렇게 소리지르는 것 같습니다. "무기를 내려놓습니다. 나는 항복하고 당신의 종이 되겠습니다. 다만 내가 무엇을 해야 할지 가르쳐 주시기를 구합니다. 시키시는 대로 하겠습니다. 주께서 나를 이기셨습니다. 보십시오. 내가 당신의 발 앞에 엎드리니, 다만 나를 일으키시고 당신을 섬겨서 행할 일을 주십시오. 제가 기쁘게 그 일을 하겠습니다." 우리가 구원받기를 바란다면, 모두 이 심령을 가져야 합니다. 우리는 예수님을 간절히 알고 싶어 할 만큼, 예수님에 대해 생각해야 합니다. 그 다음에는 모든 일에 하나님의 뜻에 기꺼이 순종하려고 할 만큼, 예수님을 공경해야 합니다. 나는 오늘 밤 이 두 가지 점에 대해서 간단하게 말씀드리도록 하겠습니다.

우리가 첫 번째 생각할 것은 자신의 주님을 알기를 바라는 진지한 질문입니다. 두 번째는 주님께 지시를 구하는 순종하는 제자에 대해 생각할 것입니다.

**1. 그러면, 첫째로 우리 가운데 누구든지 구원을 받고자 하면,
그 사람은 하나님의 은혜를 받아 그리스도를 알고자
진지하게 묻는 사람이 되어야 합니다.
그는 이것을 물어야 합니다. "주여, 누구시니이까?"**

바울은 기꺼이 배우려고 했다는 것을 살펴봅시다. 그는 그리스도께서 자기 위에 계시므로 그리스도께 한 가지 질문을 합니다. 그는 기꺼이 배우려고 할 뿐만 아니라 간절히 배우기를 원합니다. "주여, 누구시니이까"라는 질문은 그의 깊은 영혼에서 나온 것입니다. 그는 알고 싶어합니다. 여러분은 알고 싶지 않습니까?

여러분이 구원받을 만한 이름은, 천하 사람 중에 한 이름밖에 없습니다. 그 이름을 가진 분에 대해 조금이라도 알고 싶은 생각이 있습니까? 여러분은 영혼의 일에 관심이 없고, 자신의 영원한 영혼이 어떻게 되어도 상관이 없습니까? 예수께서 죽으셨는데, 그 사실이 여러분에게 아무 의미가 없습니까? 여러분은 십자가 옆을 지나갈 때, 동네 시장을 지나가듯이 가십니까? 그리스도의 죽음에 대해 들을 때 마치 한 번 읽고 잊어버리는, 역사에서 흔히 일어나는 어떤 사건을 듣는 것처럼 들으십니까? 여러분은 그렇게 하시지 않기를 바랍니다. 여러분은 영원히 망하든지 아니면 구원받든지 해야 하므로, 와서 깊은 근심 가운데 이렇게 물으십시오. "주여, 누구십니까? 나를 구원하실 수 있는 주는 어떤 분이십니까? 주님은 구원하실 어떤 권세와 능력을 가지고 계십니까? 제게 이야기해 주십시오. 정말 알고 싶습니다." 많은 사람들이, 생각을 하지 않기 때문에 죽어갑니다. 사람들이 정말로 이 진리를 알고자 한다면, 오래지 않아 진리를 배우고 알게 될 것입니다. 베뢰아 사람들처럼 진리를 알고자 하여 성경을 살펴본다면, 혹은 루디아처럼 진리를 받기 위해 마음을 열어놓고 있다면, 그들은 금방 주님을 알게 될 것입니다. 바울처럼 우리는 기꺼이 배우려고 해야 합니다.

　다음으로, 바울이 지시를 받고자 했던 주제를 살펴봅시다. "주여, 누구시니이까?" 여러분이 그리스도께서 구주시라는 것을 들었으니, 이제 그리스도에 관한 모든 것을 알고자 하는 야망을 품으십시오. 여러분에게 한 가지를 말씀드리겠습니다. 그것은 땅에 있는 성도들과 심지어 하늘에 있는 성도들까지도 이 질문에 대해 좀 더 충분한 답을 듣고자 한다는 것입니다. "주여, 누구시니이까?" 주님을 가장 잘 아는 사람들도, 그리스도께는 여전히 자신의 모든 지식을 뛰어넘는 것이 있다고 말할 것입니다. 내 생각에는 우리가 주님을 얼굴로 직접 대면하고 볼 때에도, 비길 데 없는 그의 사랑과, 그때에도 우리가 다 헤아릴 수 없는 그의 깊은 인격에는 여전히 알 수 없는 신비가 있을 것입니다. "주여, 누구시니이까"라는 질문은, 구원을 찾는 영혼이라면 당연히 물을 수밖에 없는 것입니다. 이미 구원을 얻은 사람들에게도 여전히 그것은 묻지 않을 수 없는 질문입니다.

　"주여 누구시니이까?" 주님은 어떤 분이십니까? 주의 본성은 무엇입니까? 어떻게 주께서 우리를 구원하실 수 있습니까? 그리스도께서 신이시지만 또한 사람이시라는 것을 잘 배우도록 하십시오. 마리아의 아들이시면서, 또한 하나님의 아들이십니다. 그분은 여러분의 약함을 공감하시고 동정하시는 사람이요 여러분의 형제이십니다. 그러나 또한 그분은 확실히 신적 권능과 위엄이 충만한, 영원하고 무한하신 하나님이십니다. 여러분이 구원을 받고 싶다면 이것을 배우십시오. 주 예수께서 종의 형상을 입고 죄 있는 육신의 모양을 입으셨지만, 그분을 만물 위에 계셔서 세세에 찬양을 받으실 하나님으로 알고 공경하십시오.

"주여, 누구시니이까?" 주님의 직분은 무엇입니까? 눈으로 주님을 볼 수 있다면, 나는 주님께 이렇게 묻고 싶습니다. 주께서 쓰시는 호칭들은 무엇입니까? 주님은 어떤 직무들을 맡으셨습니까? 주님은 선지자이십니다. 그러므로 여러분은 주님께 배워야 하고, 주의 가르침을 믿어야 합니다. 주님은 제사장이십니다. 그러므로 여러분은 주님의 피로 씻어야 합니다. 주께서 여러분을 위해 제사를 드려야 합니다. 아니, 주께서는 그 제사를 이미 드리셨으니, 여러분은 그 제사가 여러분을 위해, 그리고 여러분 대신에 드려진 것으로 받아들여야 합니다. 그리스도는 또한 왕이십니다. 여러분이 그분의 구원을 받으려면, 그리스도께서 여러분을 다스리시게 해야 합니다. 여러분은 그분께 항복하고, 그의 종이 되어야 하며, 그의 십자가를 지고, 무거운 짐이 아니고 가볍고 쉬운 그의 멍에를 메야 합니다. 선지자, 제사장, 왕, 그리고 그 외에도 수많은 직책을 그리스도는 수행하십니다. 갈망하는 죄인이여, 물어보십시오. 그분께 관한 것 가운데 정확히 여러분 마음에 맞는 어떤 것을 발견할 때까지 "주여, 누구이십니까" 하고 물어보십시오. 그러면 여러분의 믿음이 그 질문에 빛을 비추어서 여러분의 마음이 이렇게 소리칠 것입니다. "주는 나의 모든 구원과 나의 모든 소원이시나이다"(삼하 23:5).

"주여, 누구시니이까?" 그것은 여러분이 주님의 관계에 대해 물을 수 있는 질문입니다. 주님은 누구십니까? 지극히 높으신 이의 아들이요 또한 지극히 낮은 자들의 형제이십니다. 그분은 누구십니까? 천사들의 왕이요 만왕의 왕이시며 또한 죄인들의 친구요 자기에게 오는 지극히 겸손한 자를 돕는 분이십니다. 그분은 만물 위에 교회의 머리로 서 계십니다. 교회의 남편이시고, 세상의 통치자이시고, 섭리의 주이시며, 하늘의 주권자이시고, 지옥을 정복하신 분입니다. 모든 권세가 그의 손에 있습니다. 하나님 아버지께서 모든 권세를 그에게 주셨습니다. 그래서 그는 지금 우리와 이 같은 관계에 계십니다. 즉 우리가 그를 믿으면, 그는 우리에게 영생을 주시고, 우리를 모든 악에서 보호하십니다. 주께서 우리에게 이렇게 말씀하셨기 때문입니다. "내가 내 양들에게 영생을 주노니 영원히 멸망하지 아니할 것이요 또 그들을 내 손에서 빼앗을 자가 없느니라"(요

10:28). 사랑하는 여러분, 구원을 받고 싶다면 이 질문을 깊이 생각하십시오. "주여, 누구시니이까?" 그리고 여러분이 그리스도를 알고, 여러분이 그리스도께 알려질 때까지, 여러분과 주님 자신 사이에 서로에 대한 지식이 있을 때까지는, 멈추지 마십시오. 그때에야 여러분이 구원을 받을 수 있기 때문입니다. 알지 못하는 그리스도는 여러분에게 그리스도가 될 수 없습니다. 여러분이 구주를 알지 못하면, 구주께서도 나타나실 때 여러분을 알지 못하실 것입니다.

"주여, 누구시니이까?" 자, 지금까지 말했듯이, 그리스도께 관한 그 질문을 우리 모두가 해야 합니다. 그러나 그것이 생각할 수 있는 모든 질문이 아닙니다. 그것은 모든 사람에게 실제로 매우 중요한 질문입니다. 사람이 그 질문에 대한 답을 아는 만큼, 그로 인해 실제적인 결과를 얻을 것입니다. 이 질문에 귀를 기울이고, 그 뜻을 깨달으십시오. "주여, 누구시니이까?" 이 질문에 처음으로 답을 들은 결과는 무엇이겠습니까?

자, 바울은 해보다 더 밝은 빛을 비춘 얼굴을 가진 분이 나사렛 예수시라는 것을 알았을 때, 말할 수 없이 깊은 회한에 사로잡혔습니다. 그는 마치 이렇게 말하는 것 같았습니다. "뭐라고! 내가 지금까지 하나님을 핍박해 왔단 말인가! 내가 그동안 이 보잘것없는 사람들을 박해해 온 것이 메시야를 박해한 것이란 말인가? 내가 하나님의 그리스도와 싸우고 있었던 것인가?" 그가 전에는 그 사실을 몰랐었지만 주님이 누구신지 알았을 때, 그의 마음은 깊은 죄의식으로 무너졌습니다. 자, 여러분 가운데 몇 분은 이리 오십시오. 여러분은 지금까지 오랫동안 참된 종교를 거부하고 무시하며 살아 왔습니다. 그런데 여러분은 자신이 하나님의 아들 예수 그리스도를 거부하고, 사랑 때문에 고난받기 위해 세상에 내려오신 하나님의 사랑하시는 자를 멸시했다고 생각해 본 적이 있습니까? 사람들이 예수님을 죽였을 때, 그분은 우리 시인이 묘사하였듯이, 우리의 아름다운 시가 표현하듯이 예수께서는 "넘치는 사랑을 베푼 죄가 있는 것으로 발견되었습니다." 주님의 귀중한 임무에 대해 줄 수 있는 것은 죽음이 전부였습니다. 그러나 주님은 넘치는 사랑 때문에 죽으셨습니다. 여러분은 그동안 주님을 거절해 왔습니다. 여러분은 이 십여 년 동안 가시관을 쓰신 그 머리, 상처난 이마, 깊이 베인 옆구리를 거부하였습니다! 여러분은 비할 데 없는 구주를 거절하였습니다. 이 구주가 없으면 여러분은 영원히 망합니다. 여러분은 이 사실을 알았습니까? 의도적으로 그 사실을 모른 체하였습니까? 나는 여러분이 이렇게 대답할 수 있기를 바랍니다. "그렇지 않고 나는 불신앙 때문에 그 사실을 몰랐다." 그래서 주님은 여러분의 악한 태도를 눈감아 주시고, 여러분에게 이제 자기에게 오라고 명령하십니다. 주께서 여러분을 기쁘게 받아주실 것입니다. 그는 결코 여러분을 내쫓지 않으실 것입니다.

그 다음에, 그리스도를 아는 것은 실천적인 지식입니다. 그 지식은 사람을 회개에 이르도록 하기 때문입니다. 그리스도를 몰랐을 때는, 계속해서 주님을 거부하고 박해하기까지 합니다. 그러나 우리가 거부하고 박해하였던 분이 바로 하나님의 아들이시고 피 흘리시는 하나님의 어린양이라는 것을 분명히 알게 되면, 우리 마음은 녹습니다. 우리는 주님께 용서해 주시기를 구하고, 그분의 발 앞에 엎드리게 됩니다.

두 번째 실제적인 결과는, 우리가 소망을 품을 용기를 얻게 된다는 것입니다. 바울이 주 예수님을 보고서 틀림없이 지독한 고통에 사로잡혔겠지만, 또한 예수님을 보았기 때문에, 후에 기운을 얻고 위로를 얻었습니다. 아! 주께서 하늘에서는 해보다 더 밝으신가요? 주님이 내가 그동안 핍박해왔던 그 나사렛 사람이신가요? 주님이 거부당하고 멸시당한 그분이십니까? 아, 찬란히 빛나는 당신께서 세리와 창기들이 가까이 하였던 그 그리스도이십니까? 주께서 잃어버린 자를 찾아 구원하기 위해 오신 그분이신가요? 주님은 이스라엘에게 회개함과 죄 사함을 주기 위해 높이 되셨습니까? 그렇다면 나에게 희망이 있습니다. 어린 아이들을 안고서 "어린 아이들을 용납하고 내게 오는 것을 금하지 말라"(마 19:14)고 말씀하신 분이, 바로 하늘에 있는 그 죄인, 곧 바울의 그리스도이십니다. 아, 그렇다면 나는 그리스도를 의지하겠습니다. 나는 의지할 수 있고, 또 의지해야 한다고 느낍니다. 나는 이제 그리스도를 알기 때문에 그분께 항복합니다. 전에는 그렇게 하지 않았습니다. 이 지식은 참으로 실제적입니다!

그리고 이 지식은 바울에게 또 한 가지 영향을 미쳤습니다. 그 지식으로 인해, 그는 완전히 복종하게 되었습니다. 바울은 이렇게 말했습니다. "내가 그동안 거부해왔던 이 그리스도가 만민의 주이시란 말인가? 그렇다면 내가 그 쇠꼬챙이를 발로 차기는 어려운 일입니다. 나는 더 이상 그렇게 하지 않겠습니다. 그리스도를 거절하시겠습니까? 나는 감히 그렇게 하지 못하겠습니다! 모든 권세가 그의 손에 있다면, 그를 반대하는 것은 악한 일일 뿐 아니라 가망 없는 일입니다. 보십시오. 나는 무조건 항복합니다. 오, 주 예수여, 내 왕이 되십시오. 나를 주의 신하로 받아주십시오. 나는 더 이상 주님을 반대하지 않습니다." 예수께서 여기 계신 분들 가운데, 전에는 결코 주님을 알지 못했던 사람들이 주님을 알게 해주시기를 바랍니다. 그래서 그들이 바로 이 시간에 주님께 항복하게 해주시기를 구합니다. 일단 그들이 주님을 안다면, 주님께 봉사하고자 하는 열정이 그들에게 불길처럼 일어날 것이기 때문입니다. 주님을 정말로 안 사람치고, 마음속에 열정이 가득해서 그리스도를 위해 살 수도 있고 죽을 수도 있다고 느끼지 않은 사람은 없습니다. 지도자들 가운데는 자기 병사들에게 특이한 영향력을 발휘해서, 그들이 명령을 내리면, 생명을 바쳐서라도 명령에 복종하게 만든 사람들이 있습니다. 하나님의 그리스도는 자기를 마음으로부터 아는 모든 사람들을 자유롭게 부리십니다. 바울이 어떻게 그리스도의 영향력을 느꼈는지, 그리스도의 잃어버린 자들을 구원하기 위해 온 세상을 얼마나 누비고 다녔는지 보십시오. 강도의 위험과 강의 위험을 겪고, 깊은 바다에 빠지고, 채찍에 맞고, 돌에 맞았습니다. 사도가 그리스도를 안 날로부터 이 모든 것이 그에게는 아무것도 아니었습니다. 그는 과거에 아주 격렬하게 그리스도를 반대하였지만, 이제는 그리스도를 위하는 열심으로 뜨겁게 불타오릅니다. 예수님을 아는 모든 사람도 그와 같을 것입니다. "주여, 누구시니이까?"라는 이 질문은 아주 실제적인 것입니다. 성령께서 사람마다 스스로에게 이 질문을 묻도록 인도해주시면 좋겠습니다.

바울은 기꺼이 배우고자 하였고, 그는 그리스도를 배우고자 하였기 때문에 그의 질문의 주제는 중요하고 매우 실제적이었습니다. 그 질문으로 바울은 모든 선한 것들을 알게 되었기 때문입니다. 바울이 최고의 선생님으로부터 가르침을 받고자 했다는 것은 주목할 만한 가치가 있습니다. 형제 여러분, 누가 참된 그리스도인지 말해 주실 수 있는 분은 그리스도밖에 안 계시기 때문입니다. 여기에 그리스도의 책이 있습니다. 이 책을 읽으십시오. 그 책은 거울입니다. 예수께서 저편에 계십니다. 그리스도께서 이 책을 들여다보십니다. 여러분이 반짝반짝 빛나는 눈으로 그 책을 들여다본다면, 이 거울 속에서 반사된 그분의 형상을 볼 수 있을 것입니다. 그러나 기껏해야 희미하게 볼 수 있을 것입니다. 그리스도의 신실한 종들이 설교하는 것을 들을 때에도, 그와 같이 희미하게 다소 그리스도를 볼 수 있습니다. 그러나 그리스도께서 성령을 통해서 친히 여러분 영혼에 오시는 것만큼 그리스도를 분명히 볼 수 있는 때는 없습니다. 이렇게 말한다고 해서 우리 가운데 누구든지 눈으로 그리스도를 볼 것이라는 뜻은 아닙니다. 우리가 그리스도를 본다고 할지라도, 그것이 우리에게 꼭 유익이 되는 것은 아닙니다. 왜냐하면 수많은 사람들이 그리스도를 보았는데, 그럼에도 "그를 십자가에 못 박게 하소서" 하고 외쳤기 때문입니다. 그보다는 내 말뜻은, 이 육신의 눈 속에 눈이 있다는 것입니다. 그리스도께서 친히 자신을 계시하시는 마음의 눈, 영혼의 눈이 있다는 것입니다. 나는 그리스도를 한 번도 보지 못해서 무릎을 꿇고서 "내게 주님을 보여주소서" 하고 외쳐본 적이 없는 여러분에게 말합니다. 여러분은 예수님을 직접 상대해야 합니다. 여러분은 오늘 밤 예수님을 만날 수 있습니다. 여러분이 예수님을 찾는다면 예수께서 즉시 여러분을 영접하실 것입니다. 그분은 자기에게 오는 자는 아무도 내쫓지 않겠다고 선언하셨습니다. 그분께 자신을 보여 달라고 구하지 않겠습니까? 예수님이 여러분을 거절할 것이라고 안다면, 여러분은 기도를 할 필요가 없을 것입니다. 그러나 예수께서 모든 회개하는 자, 겸손하게 구하는 영혼에게는 자신을 보여주실 것이므로, 여러분은 주님을 구해야 하지 않겠습니까? 여러분은 지금이라도 겸손하게 주님께 이 질문을 드려보지 않겠습니까? "주여, 누구시니이까?" 주께서 세상에는 자기를 나타내지 않으시나 주님을 찾는 영혼들에게는 자기를 계시하시듯이 제게도 주님을 나타내 주시옵소서.

이제 이 질문에 대해서는 이만큼 생각하고, 두 번째 질문으로 넘어가겠습니다. 두 번째 질문을 다루는 동안, 성령께서 우리를 도와주시기를 구합니다.

2. "주께서 내게 무엇을 시키시려 하나이까?"
우리는 여기서 지시해 주시기를 구하는 순종하는 제자를 봅니다.

주 예수 그리스도를 믿는 자는 누구든지 영생을 얻는다고, 우리는 항상 말합니다. 그러나 여러분이 주 예수 그리스도를 믿으면 여러분이 과거에 원하던 대로 살 수도 있다는 말은 한 번도 하지 않았다는 것을 생각해 주시기 바랍니다. 그런 것은 전혀 가르치지 않습니다. 진정으로 그리스도를 믿는 사람은, 그리스도께서 명하시는 대로 행하고, 믿은 다음부터는 그리스도의 구원받은 사람이 될 뿐 아니라 또한 그리스도의 종이자 제자가 됩니다. 그런 데서 "주여, 주께서 내게 무엇을 시키시려 하나이까?" 하는 질문이 나왔습니다.

여러분은 여기서 사도가 명령을 기다리는 군인의 입장에 서는 것을 볼 것입니다. 그는 상관의 명령을 접수할 때까지 움직이지 않을 것입니다. "주여, 주께서 내게 무엇을 시키시려 하나이까?" 그는 시키는 일을 즉시 할 준비를 하고 서 있습니다. 그는 어떤 명령을 내리실지 알기 원합니다. 그래서 그는 올려다보며 기도합니다. "주여, 지도해 주십시오. 주께서 내게 무엇을 시키려 하십니까?" 이전에 사도는 이렇게 묻곤 하였습니다. "모세는 나에게 무엇을 하라고 시키는가?" 그리고 지금 이 자리에 계시는 어떤 분들은 이렇게 묻곤 하였습니다. "내가 무엇을 해야 하지?" 내 영혼이 갈망하는 것은 무엇이든지 그것을 행했고, 새로운 쾌락이 아무리 죄악적인 것이라 할지라도 내가 붙잡을 수 있는 것이면, 그것을 탐욕스럽게 좇았습니다. 그러나 구원받으려고 하는 사람은 자기 뜻을 자신의 주님께 복종시켜야 합니다.

　　자, 사랑하는 여러분, 다른 누구가 아니라 그리스도를 여러분의 주님으로 모시도록 주의하십시오. 그리스도를 여러분의 주님으로 삼으면, 절대로 이런 말을 하지 않을 것입니다. "교회가 나에게 무엇을 하라고 시키는가?" 교회가 그리스도께서 가르치신 바를 가르치는 한 교회의 명령에 순종하십시오. 그러나 그 이상은 아닙니다. 이렇게 말하는 것도 옳지 않을 것입니다. "사도가 나에게 무엇을 하라고 시키는가?" 바울은 이렇게 말했습니다. "내가 그리스도를 본받는 자가 된 것 같이 너희는 나를 본받는 자가 되라"(고전 11:1). 그러나 바울이 그리스도를 따르지 않는다면, 우리는 바울을 따라서는 안 됩니다. 바울은 "우리나 혹은 하늘로부터 온 천사라도 우리가 너희에게 전한 복음 외에 다른 복음을 전하면 저주를 받을지어다"(갈 1:8)라고 말합니다. 그 원칙을 분명히 잡아야 합니다. 그리스도인이 지금 이 세상에 있는 죽을 수밖에 없는 어떤 사람이나, 심지어 하늘에 있는 어떤 사람을 자기의 지도자요 선생으로 삼는다면 그것은 그리스도인의 표준을 떨어트리는 슬픈 일이라고 생각합니다. "너희의 지도자는 한 분이시니 곧 그리스도시니라"(마 23:10). 그러므로 여러분은 이렇게 물어야 합니다. "주여, 주께서 내게 무엇을 시키시려 하나이까? 나는 기도서에서 내게 하라고 명령하는 바를 알고 있습니다. 학식 있고 경건한 사람들이 내게 하라고 하는 것을 나는 알고 있습니다. 그러나 이런 것들은 내 양심을 강요할 권한이 없습니다. 주여, 주께서는 내게 무엇을 시키시려 하십니까? 그것이 주의 뜻이요 주의 말씀이라는 것을 내가 모르면 거기에는 아무 빛이 없을 것입니다. 그러나 내가 모르는 것일지라도 주여 주께서 내게 가르쳐 주옵소서. "

　　그 다음에, 사도의 이 어린아이 같은 순종이 본인 스스로에 관한 것이라는 사실을 봅시다. 그것은 이런 말입니다. "주여, 주께서 내게 무엇을 시키시려 하나이까? 나는 내 이웃들에 대해서 별로 신경 쓰지 않습니다. 저들은 저들대로 의무와 소명이 있습니다. 주여, 주는 내게 무엇을 시키시려 하십니까? 다른 사람들은 자기들에게 있는 빛을 따라갈 것입니다. 주님, 주께서는 내게 무엇을 시키시고자 하시나이까? 내 아버지, 내 형제, 내 친구, 나는 이들에 대해 판단할 권리가 없습니다. 그러나 주님, 주께서는 내게 무엇을 시키시려 하나이까?"

그리스도에게 올 때 자신의 무능력을 보게 되는 여러분은, 자신의 믿음을 가지고 주님의 뜻을 행할 힘을 주시기를 구하면서 그리스도께 와야 합니다. 여러분이 주님의 뜻에 순종하자면 모든 가족과 헤어지게 될지라도, 주께 순종해야 합니다. 주님께 순종함으로 인해 가장 가까운 관계가 끊어지고, 과거의 친구들이 냉담하게 등을 돌리며 핍박을 받아 죽는 자리에까지 이르게 된다면 그렇게 되도록 하십시오. 여러분은 이런 결과들에 신경을 쓰지 마십시오. 여러분의 할 일은 이렇게 말하는 것입니다. "주께서 내게 시키실 일을 알려 주십시오. 내가 그대로 행하겠나이다."

내 자신이 겪은 작은 사건을 하나 말씀드리겠습니다. 이 일을 생각할 때마다, 깊은 감사를 드리지 않을 수 없습니다. 영적으로 오래 번민한 후에 회심하고 하나님께로 왔을 때, 나는 안식을 얻었습니다. 내가 그리스도 안에서 안식을 얻은 후에 첫 번째 한 일은, 내 스스로 신약성경을 읽고 주께서 내게 시키시려고 하는 일이 무엇인지 알아보는 것이었습니다. 나는 하나님 말씀에서 세례를 받는 것이 신자의 의무라는 것을 발견하였습니다. 나는 내 자신이 그 진리를 발견하기까지 살면서 침례교 교인을 한 사람도 만난 적이 없었습니다. 심지어 침례교인들이 있다는 사실조차 들은 적이 없었습니다. 그만큼 그들이 그 문제에 대한 자기들의 견해를 퍼트리는데 태만히 해온 것입니다. 나는 원어 사전을 가지고 신약성경을 보면서 세례를 베푼다는 단어가 물에 가라앉힌다는 것을 뜻한다는 것을 깨달았습니다. 성경을 읽으면서 나는 도처에서 신자들이 침례를 받았다는 것을 보았습니다. 처음에 나는 그 의견을 주장하는 또 다른 사람이 있는지 몰랐습니다. 그렇다고 해서 내 생각이 틀렸다고 보지 않았습니다. 다만 나는 나에게 침례를 베풀어줄 사람을 찾지 못할까 고민이었습니다. 그러나 나는 어떤 방식으로든 그 의무를 이행하려고 마음먹었습니다. 나는 성경을 살펴보고 나와 같은 결론에 이른 사람들이 많이 있다는 것을 후에 발견하였습니다. 그러나 그때에는 그 입장을 고수하는 것은, 내가 알고 있는 모든 그리스도인들을 떠나가는 것과 같은 것으로 여겨졌습니다. 그러면 내가 그 조처를 후회한 적이 있었을까요? 그렇지 않습니다. 어떤 사람들은 그것을 중요하지 않은 것으로 생각할지라도, 그 점은 내가 하나님께 마땅히 감사해야 할 기풍을 내 인생과 정신에 주었습니다. 나는 자주적으로 서서, 내 자신이 직접 성경을 읽었습니다. 나는 내 방식대로 내 주님께 순종하였습니다. 그날부터 나는 교리에서든지 교훈에서든지, 내게 하시는 주님의 명령을 의도적으로 벗어난 적이 없고, 배운 대로 믿음을 가르쳐 왔습니다. 밤에 내 방에 갈 때 고백해야 할 수많은 결점들이 여전히 있지만, 나는 정직하고 충성스럽게 내 주님을 좇아왔다는 것을 느낄 수 있습니다. 내가 잘못을 했다면, 그것은 빛이 부족해서였지 주님을 섬기고자 하는 의지가 부족했기 때문이 아닙니다. 그러나 내가 처음의 그 확신을 묵살하였다면, 처음에 양심의 소리를 따르지 않았다면, 내가 오늘 밤 여러분 모두 앞에 서서 내가 하나님의 모든 뜻을 행하고 전하는 일을 피하지 않았다고 말할 수 있었겠습니까?

　　나는 모든 젊은이에게 그리스도를 믿는 즉시 스스로 성경을 읽고 연구하며, "주께서 내게 무엇을 시키시려 하는지 알게 하여 주옵소서" 하고 말하라고 권합니다. 나는 온 세상을 따르며 틀리기보다는, 홀로 갈지라도 옳은 길에 있고 싶습니다. 정직한 그리스도인은 누구나 많은 사람들과 함께 전통을 따르기보다는, 두세 사람과 함께 할지라도 예수 그리스도를 따르겠다고 생각해야 합니다. 사랑하는 여러분, 여러분이 회심하는 대로 곧바로 철저히 순종하는 제자가 되어 하나님 말씀을 연구하면, 하나님께서 여러분을 도우실 것입니다. 나는 여러분의 연구의 결과보다는 연구 자체를 중요하게 여깁니다. 나는 여러분이 성경을 연구해서 이르게 되는 결과보다는 연구하는 과정에서 여러분이 제자로서 간절하게 주님을 따르고자 하고, 여러분이 크든 작든 주님의 뜻이라고 믿는 모든 것을 행하고자 하는 그 정신을 중요하게 생각합니다. 주님께서 우리가 결과를 두려워하지 않고 모든 일에서 주님의 뜻을 알고 행하는데, 마음을 쓰도록 도와주실 것입니다.

　　바울 사도가 그 질문을 개인적으로 던질 뿐만 아니라, 즉시 은혜 주시기를 구한다는 점을 살펴봅시다. "주여, 주께서 내게 무엇을 시키시려 하는지 보여주십시오"라고 말하는 것은, "내가 바로 행하겠습니다" 하고 말하는 것이나 같습니다. 사도는 주의 시키시는 일을 조금 있다가 할 수 있게 해달라고 구하지 않습니다. 그보다는 "주께서 내게 무엇을 시키시려 하나이까? 기꺼이 주의 뜻을 행할 당신의 종이 여기 있습니다" 하고 말합니다. 젊은이여, 구원을 얻고자 하면, 여러분은 오늘 밤 즉시 그리스도를 좇아야 합니다. 오늘 밤이 성령께서 여러분과 씨름하고 있는 때일지 모릅니다. 그렇게 씨름할 때 성령을 거부하면 성령께서 다시는 돌아오시지 않을지 모릅니다. 바로 지금 저울이 평평하게 놓여 있습니다. 이 저울이 어느 쪽으로 기울어질 것 같습니까? 오늘 밤이 생과 사가 갈리는 마지막 시간이 될 수 있습니다. 오, 하늘에 계신 복되신 예수여, 주께서 진정으로 우리를 구원하시고자 한다면, 우리가 주저해야 할 이유가 무엇입니까? 우리가 온전히 항복하고 "지금, 바로 지금 나는 주님의 깃발 아래 섭니다. 나는 기꺼이 주님의 뜻을 행하는 주님의 종입니다" 하고 말하는 것이 마땅합니다.

사도가 아무 조건을 붙이지 않는다는 점을 다시 한 번 봅시다. 주께서 내게 무엇을 시키시려 하나이까? 내가 그것을 행하겠습니다. 그 일이 내 육신에는 즐겁지 않을지라도 내 마음은 기뻐할 것입니다. 그 일이 힘들어 보일지라도 주께서 나를 도우시면 내가 행하겠나이다. "주께서 내게 무엇을 시키시려 하나이까?" 사울이 이 질문을 하였을 때, 주님의 뜻을 행하는데 어떤 일이 따를지 잘 알지 못하였습니다. 그러나 그때 그는 어떤 일이 따를지라도, 그 일을 감당할 준비가 되어 있었습니다. 그리스도인 여러분, 단지 어떤 것을 믿는 것, 곧 신조의 한 조항을 믿거나 의식을 행하는 것이 여러분을 구원할 것이라고 생각하지 마십시오. 여러분이 그리스도께 속한 사람이라면, 자신을 그리스도께 드려야 합니다. 주께서는 사람들을 어둡고 구부러진 길을 통해서 천국으로 인도하시려고 세상에 오시지 않았습니다. 사람들을 의의 길, 그 끝이 영원한 평강에 이르는 길로 인도하시고자 세상에 오셨습니다. 여러분은 어린아이처럼 주님을 따를 뜻이 있습니까? 여러분은 먼저 주님이 어떤 분이신지 알기 원하고, 그 다음에는, "물속이든 불속이든 주께서 인도하신다면 나는 주께서 가시는 길을 따라가겠나이다" 하고 외칠 어린아이 같은 마음을 갖겠습니까? 주님께서 우리에게 그같은 심령을 주시기를 바랍니다!

끝으로, 이 말씀만 하고 마치겠습니다. 즉 그것은 여러분이 그리스도를 순종하기를 배우는 것은, 그리스도를 앎으로써 되고, 그리스도를 순종하면 할수록 순종하는 것이 그 만큼 더 쉬워지며, 그리스도를 순종하는데서 여러분이 영광을 얻게 된다는 것입니다. 바울은 오늘날 하나님의 교회에서 지극히 명예로운 위치에 서 있습니다. 그것은 바울이 하나님의 뜻을 행하라고 부름을 받았을 때, 죽기까지 그 뜻을 충성스럽게 행했기 때문입니다. 바울이 예전에 가졌던 바리새주의를 한순간에 잊어버린 것처럼 행동하는 것이 아름답게 보이지 않습니다. 바울은 과거에 그리스도에 대해 말한 모든 완고한 말과 신랄하게 모독하는 말을 한순간에 다 버렸습니다. 어떤 사람들에게는 아주 기이한 변화가 순식간에 찾아옵니다. 내 학생 가운데 과거에 선원이었던 사람이 오랫동안 복음을 전했는데, 그의 영어는 문법이 엉망이었습니다. 그는 대학교에 얼마 동안 다니면서 말하는 것을 고치기 시작했는데, 갑자기 옛날 습관이 돌아왔습니다. 그는 통탄할 만한 대재해가 일어날 때 앨리스 공주 궁에 있었는데, 거의 기적적으로 그 재해를 피하였습니다. 얼마 후에 그 학생을 만나서 재해를 피한 것에 대해 축하한다고 말해줬더니, 그는 목숨을 건진 대신에 문법을 다 까먹어버렸다고 대답했습니다. 그는 한동안 이삼 년 전에 쓰던 말투를 사용하였습니다. 그런데 정신이 돌아온 지금도, 자기는 전에 배웠던 것을 회복할 수 없다고 말합니다. 그는 그 끔찍한 일을 당할 때 문법을 빠트려 죽게 한 것으로 보입니다.

　　우리가 거대한 파도처럼 우리의 마음에 휘몰아치거나 우리의 보물을 쓸어가 버리는 무서운 사건이나 일을 당하면, 좋은 어떤 것들을 잃어버릴 수 있듯이, 오늘 밤 그리스도께서 누구든 만나시면 복된 대 사건으로 말미암아 그 사람이 지금까지 소중히 여겨왔던 많은 것이 깨끗이 쓸려가 버릴 것입니다! 여러분은 밀랍에 글을 써서 기록을 선명하게 보존할 수 있습니다. 그런데 뜨거운 다리미를 가지고 밀랍판 위를 한 번 문지르면 기록이 깨끗이 다 사라집니다. 예수께서 바울의 마음에 행하신 일이 바로 그와 같은 것이라고 나는 생각합니다. 바울의 마음은 반역과 신성모독의 온갖 말이 기록되어 있었는데, 예수께서 불타는 사랑이라는 뜨거운 다리미로 그의 영혼을 문지르셨고, 그러자 거기에 새겨진 모든 악한 기록이 깨끗이 사라졌습니다. 그는 불경스러운 말을 그치고 찬양하기 시작하였습니다. 여기 계시는 많은 분들에게도 그런 일이 일어나 내 주님의 사랑과 능력을 찬송하고 영광을 돌리게 되기를 바랍니다. 아멘. 아멘.

제
12
장

—

그가 기도하는 중이니라

—

"유다의 집에서 다소 사람 사울이라 하는 사람을 찾으라
그가 기도하는 중이니라." — 행 9:11

본문의 이 말씀은 참된 회심을 보여주는 증명서입니다. "그가 기도하는 중이니라"는 말은, "그가 노래하는 중이니라" 혹은 "그가 성경을 읽는 중이니라" 또는 "그가 설교하는 중이니라"는 말보다, 사람이 정말로 회심하였음을 더 확실하게 보여주는 증거입니다. 중생하지 않은 사람들도 노래하거나 성경을 읽는 일, 혹은 설교하는 일을 감탄할 만하게 할 수 있습니다. 그러나 어떤 사람이, 기도한다는 말의 경건한 의미대로 기도한다면, 그가 사망에서 생명으로 옮겼다는 보증을 보이는 것입니다. 참된 기도는 영적 생명의 확실한 증거입니다. 성령께서 기도하는 사람의 마음에 영적 생명을 넣어주셨기 때문에, 기도하는 것입니다. 기도는 하늘의 생명의 호흡입니다. 기도는 새 생명으로부터 일어나는 필요 의식에서 나온 결과입니다. 사람이 주께서만 주실 수 있는 복이 절실하게 필요하다는 것을 느끼지 않으면, 기도하지 않을 것입니다. 자신의 필요를 알고, 하나님께 도움을 호소할 때, 기도하는 사람은 자신이 주님과 평화롭게 지내고, 자신의 본성적인 소외가 치유되었다는 증거를 보이는 것입니다. 기도하고 의지하는 자는, 그에게 구원 얻는 믿음이 있음을 나타냅니다. 어떤 기도는 큰 믿음이 있음을 보여줍니다. 그러나 진정한 모든 기도는, 큰 믿음이든 작은 믿음이든 간에, 믿음의 활동입니다. 어떤 사람이 하나님을 믿지 않는데 하나님께 자비를 베풀어 달라고

기도하겠습니까? 사람이, 자기가 바라는 것을 얻을 수 있으리라고 기대하지 않는데, 하나님의 보좌 앞에 무엇을 호소하겠습니까? 사랑하는 친구 여러분, 이와 같이 참된 기도는 하나님께로 향할 필요를 느끼는 의식과, 하나님을 믿는 믿음에 영적 생명이 있음을 보여주는 증거입니다. 기도는 중생한 마음에 성령께서 쓰신 친필입니다.

　　기도는 또한 하나님과의 훌륭한 교제입니다. 육적인 마음은 하나님과 교제를 가질 수 없듯이, 기도는 중생의 표지, 곧 양자됨의 증거입니다. 기도하는 사람은 하나님에 대한 지식이 있습니다. 즉 보이지 아니하시는 크신 분을 어느 정도 알고 있는 것입니다. 개인 기도의 습관과, 지극히 높으신 분과 끊임없이 마음으로 교제하는 생활은, 성령께서 그 사람의 마음에 작용하심을 가장 확실하게 보여주는 표시입니다. 어떤 사람이 "그가 기도하는 중이니라"는 말을 들을 수 있다면, 그에게 위대한 왕의 도장이 찍혀 있는 것이고, 그는 마음을 살피시는 이의 보증을 받아가지고 있는 것입니다. 그래서 하나님은 아나니아에게 "그가 기도하는 중이니라"는 말을 하심으로써, 다소 사람 사울이 회심하였다는 확실한 표지를 주신 것입니다.

　　사울의 경우에, 이 표시는 아주 남다른 것이었습니다. "보라, 그가 기도하는 중이니라"(개역개정에는 "보라"는 말이 없음 — 역주)는 말은, 이 회심한 바리새인에게 특별한 의미가 있었습니다. 이 점을 길게 설명해야 하겠습니다. 구약에서는 사울 왕이 예언한 것을 크게 이상한 일로 생각하였습니다. 그 사건은 전혀 예기치 않고 독특한 것이어서, 속담이 되었습니다. "사울도 선지자들 중에 있느냐"(삼상 10:11). 그러나 좀 더 현대적인 이 사울이 기도하는 모습을 사람들이 보는 것도 기이한 일이었습니다. 다소의 사울이 예수께 자비를 구하는 사람들 가운데 있단 말인가? 주님도 하늘에서 그것이 특이한 일이라고 언급하십니다. 주님은 그것을 보고서 이상하게 생각할 일이라고 지적하십니다. 예수께서 자기 종 아나니아에게 "보라 그가 기도하는 중이니라"고 말씀하시기 때문입니다.

1. 다소의 사울에 관한 이 표현이 주목할 만하다고 하는 말을 가지고, 설교를 시작하려고 합니다. 왜냐하면 그 말은 사울이 이전에는 기도한 적이 없다는 것을 암시하기 때문입니다.

　　"보라, 그가 기도하는 중이니라"는 말은 전부터 기도하는 일에 익숙한 사람에게는 거의 할 수 없을 것입니다.

이 점은 상당히 인상적입니다. 사울은 바리새인이었고, 따라서 습관적으로 기도를 되풀이하는 사람이었기 때문입니다. 바리새인들은 자신들이 규칙적으로 여러 차례, 길게 기도드린다는 것을 자랑했습니다. 사울의 생애에서 그가 의식(意識)이 있었던 때로부터, 자신이 기도하지 않고 지낸 날은 하루도 없었을 것입니다. 경건한 유대인들 가운데 많은 사람은 하루에 아홉 시간을 기도에 바쳤습니다. 이들은 실제로 기도하는데 한 시간을 쓰고, 기도하기 전에 한 시간, 기도한 후에 한 시간을 그대로 앉아 있었는데, 이런 일을 하루에 세 차례 행하였습니다. 바리새인들은 성전과 회당에서 기도하였을 뿐만 아니라, 사람들에게 보일 수 있는 거리 모퉁이에서도 기도하였습니다. 기도의 질은 상관 없이 많은 기도를 드렸습니다.

아무도 부인할 수 없을 만큼 공적으로 알려진 어떤 사실이 있다면, 그것은 다소의 사울이 기도를 많이 하였다는 것이었습니다. 그러므로 주님께서 친히 아나니아에게 항상 기도하는 이 경건한 바리새인에 대해 "보라, 그가 기도하는 중이니라"고 말씀하시는 것은 매우 특이한 일입니다. 주님께서 사람들의 판단을 어떻게 교정하시는지 봅시다. 다소의 사울을 안 모든 사람들의 생각에는 가말리엘의 제자인 사울은 기도를 많이 드리는 사람이었습니다. 그러나 마음을 살피시고 사울을 잘 알고 기도가 무엇인지 바르게 아시는 분은, 여기서 이제 드디어 사울이 기도하기 시작한다고 밝히십니다. 이전에 사람들에게 보란 듯이 행한 넘치는 모든 기도에도 불구하고, 사울은 일생 동안 결국 기도를 한 번도 한 적이 없었던 것입니다. 그의 친구들은 많은 기도라고 보았을 것을, 주님께서는 여기서 아무것도 아닌 것으로 취급하십니다.

나는 오늘 아침 우리와 함께 여기 있는 어떤 분들에게 이 사실을 적용하고 싶습니다. 나는 지금 이전 방식으로 항상 기도해 왔지만 영적으로는 한 번도 기도한 적이 없는 분들을 두고 말하는 것입니다. 여러분의 어머니는 여러분에게 어떤 형식의 기도를 가르쳐 주었습니다. 여러분은 어린 시절과 청년 시절에 늘 그 기도를 되풀이하였습니다. 지금도 아침 저녁으로 아주 규칙적으로 무릎을 꿇고 기도합니다. 그러나 여러분 마음에서 일어나 하나님의 마음으로 전달되는 기도는 한 번도 드린 적이 없을 수 있습니다. 여러분은 항상 예배당에 가고, 모든 기독교 의식들을 부지런히 지키고, 여러분 교회의 목사의 기도에 아멘이라고 화답하거나, 고개를 숙이고 말없이 듣습니다. 그래서 여러분은 자신이 기도한다고 생각합니다. 그러나 그것은 헛된 생각일 수 있습니다. 누군가가 당신이 이제까지 기도하지 않았다고 말한다면 여러분은 몹시 화를 낼 것입니다. 그렇지만 그 말이 정확하게 맞을 수가 있습니다. 나는 오늘 여러분이 처음으로 정말로 간절하게 주 하나님께 부르짖고, 그래서 하나님께서 여러분이 이제 정말로 기도한다고 증언할 수 있기를 참으로 바랍니다! 그렇게 되면 여러분은 열의 없이 반복하여 드린 모든 기도를 하찮게 생각하게 될 것입니다. 그리고 여러분은 우리가 마땅히 구해야 하는 대로 기도할 줄 알지 못하기 때문에 우리의 연약함을 도우시는 성령을 주시기를 하나님께 소리쳐 구하게 될 것입니다.

　　바리새인들이 기도하기로 유명하였다는 점은 앞에서 말씀드렸습니다. 그래서 주님께서 다소의 사울이 이제 기도하기 시작했다고 알리신다는 것이 그 만큼 더 특이하게 보입니다. 그렇지만 그것이 사실이었습니다. 사울은 이제 처음으로 진짜 기도를 드리고 있었던 것입니다. 누가복음 18장에 바리새인의 기도가 나오는데, 거기에는 기도의 요소가 전혀 없었습니다. 그는 아무것도 구하지 않았습니다. 그는 궁핍함을 고백하지 않았고 약속에 호소하지도 않았습니다. 그는 자비를 구하지 않았고, 속죄를 언급하지도 않았습니다. 그가 앞 부분에서 드린 감사는 오만한 자만심으로 얼룩져 있었고, 겸손히 구하는 것이라기보다 허영에 찬 자랑이었습니다. 그에게 있어서 기도의 절대 필요한 부분이라고 하는 것은 껍질이고, 알맹이가 아닙니다.

　　여러분이 지금까지 작성된 것 가운데 최상의 기도 형태를 가지고 아주 질서 정연하게 기도한다고 생각해 보십시오. 여러분은 그렇게 할 수 있고, 지난 칠십 년 동안 내내 계속 그렇게 하면서도 정말 간절하게 하나님께 한 번도 구한 적이 없을 수 있습니다. 여러분은 기도서를 따라 하기보다는, 스스로 기도하고 일생 동안 그렇게 할 수 있습니다. 그리고 탁월한 언어를 사용해서 기도하고, 아침 저녁으로 새로운 내용으로 기도할 수 있습니다. 그러면서도 전체적으로는 참으로 경건한 마음으로부터 진실한 간구는 한 번도 드린 적이 없을 수 있습니다. 아직도 여러분이 기도를 시작하지 않았다고 한다면 어떻겠습니까? 경건의 무릎에서 양육되었고 신앙의 옷을 입고 자란 여러분에게는 그것이 얼마나 엄숙한 말이겠습니까! 나는 이 말이 여러분의 폐부를 찌른다는 것을 이상하게 생각하지 않습니다. 마음을 살피는 이 질문을 마치 여러분에게는 해당되지 않은 것처럼 옆으로 제쳐 두어서는 안 됩니다. 여러분이 마음으로 하나님께 말씀드리지 않는 한, 여러분의 영혼이 영들의 아버지와 영적으로 만나지 않는 한, 여러분의 기도가 의식을 따르는 것이든 즉흥적인 것이든 그것은 아무 가치가 없습니다. 하나님은 죽은 자의 하나님이 아니시고 산 자의 하나님이십니다. 이 점은 사람들에게뿐 아니라 기도에도 적용됩니다.

> "하나님은 마음이 따르지 않는
> 제사는 몹시 싫어하십니다."

"하나님이여 불쌍히 여기옵소서 나는 죄인이로소이다"(눅 18:13)와 같은, 진정으로 마음을 울리는 한 마디가 단지 입에 발린 무성한 말보다 가치가 있습니다.

참된 기도는 영적이어야 하는데, 이전에 사울의 기도는 그렇지 못했습니다. 말은 경건을 표현하는 겉모습일 뿐입니다. 죄의 고백, 자비를 갈망함, 간절히 은혜를 구함, 이런 것들이 기도의 정신이고 핵심입니다. 어떤 사람이 고르고 고른 정선된 말을 반복해 왔는데, 그 사람의 마음이 말에 담겨서 나갔기 때문에 그의 말이 참된 기도를 나타내는 외적 표현이었을 수 있습니다. 반면에 그가 마찬가지로 정선된 표현을 사용해 왔지만 전혀 기도가 아니었을 수도 있습니다. 왜냐하면 그의 마음에 하나님을 향한 진정한 열망이 없었을 수 있기 때문입니다. 사람이 아무 말도 하지 않고 아주 조용히 앉아 있지만, 아주 효과적으로 기도하고 있을 수 있습니다. 모세는 한 마디도 하지 않으면서, 큰 소리로 부르짖었습니다. 한나는 성전에서 기도할 때 아무 소리도 내지 않고 입술만 달싹였을 뿐인데, 하나님께 들으심을 받았습니다. 나는 말로 표현할 수 없는 기도가 종종 아주 뜨겁고 깊은 기도가 된다고 생각합니다. 열망이 너무도 간절하여 도무지 말로 표현할 수 없을 때, 그 열망이 하나님께 아주 효력 있게 작용을 합니다. 영혼이 하나님의 마음에 이르고 하나님을 설득하기에 이르기까지 그 밑바닥에 흐르는 강한 열망과 함께 움직일 때 "입은 얼어 붙어 있지만 마음은 녹아 있는" 그 엄숙한 침묵에는 힘이 있습니다. 어쨌든, 영적이지 않은 기도는, 주님께서 전혀 기도로 생각하지 않으십니다. "하나님은 영이시기" 때문입니다. 그래서 하나님을 예배하는 자는 반드시 영과 진리로 예배해야 합니다.

　　여러분이 원한다면 잉글랜드 사람들이 하듯이 오르간에 맞춰 기도드릴 수 있고 혹은 타타르 사람들(Tartars)처럼 풍차가 돌아가는 것에 따라 기도할 수도 있습니다. 이 두 가지는 매우 흡사한 경우라고 생각합니다. 아무튼 그러나 여러분이 찬양이나 기도가 진정으로 이루어지고 있다는 것을, 오르간 소리나 풍차의 회전을 가지고 판단할 수 없습니다. 그것은 오직 여러분의 찬양과 기도에 진정으로 마음이 담겨 있느냐 하는 것으로만 판단할 수 있습니다. 그 영이 하나님과 교제하지 않는다면, 기도는 이루어지지 않은 것입니다. 음악이 동원되고 유창한 언어가 사용될 수 있지만, 그 사람의 영이 영들의 아버지이신 하나님과 말하지 않았다면, 그는 기도를 드리지 않은 것입니다. 다음으로, 우리가 영적인 생활을 시작할 때에야 비로소 기도하기 시작한다는 것을 살펴봅시다.

　　다음으로, 사울은 이제까지 하나님께서 받아들이실 수 있는 바른 기도를 한 번도 드린 적이 없었습니다. 사울은 지금까지 주 예수님을 알지 못하였습니다. 그래서 그는 하나님께서 중보자로 세우신 하나님의 아들로 말미암아 하나님 아버지에게 이르는 길을 알지 못하였습니다. 사울은 의식법을 따르는 진리의 글자는 알았지만, 예수 안에서 구체적으로 표현된 그 진리의 정신은 알지 못하였습니다. 그는 자신의 의를 세우는 데는 아주 열심이었지만, 그리스도의 의에는 순종하지 않았습니다. 그래서 그는 그동안 기도를 한다고 하였지만, 하나님의 마음에 이르는 길은 한 번도 걷지 않은 것입니다. 어떤 사람이 상이 걸린 사격 시합에서 총을 사용하고 있는데, 조준해야 할 과녁은 오른쪽에 있는 목표물이 아니라 왼쪽 목표물이라는 말을 듣고서도 그가 계속해서 오른쪽 목표물을 향하여 쏜다면, 아무리 그 목표물의 중앙을 맞춘다고 할지라도, 점수를 받지 못할 것입니다. 그것은 시합에서 정해준 목표물이 아니기 때문에, 그가 아무리 잘 맞추었다 할지라도 전혀 점수로 계산되지 않을 것입니다.

　　사람이 하나님께서 정하신 방식으로 기도하지 않고, 예수 그리스도의 이름을 부르지도 않고 성령을 의지하지도 않을 때, 그는 전혀 기도하지 않는 것입니다. 그의 기도가 아무리 훌륭하다 할지라도, 그것은 찬란한 죄에 불과할 뿐입니다. 여러분이 어떤 종을 고용해서 일을 시키는데 그 종이 아주 고집스럽게 다른 일을 한다면, 그 종은 임금을 받지 못할 것입니다. 여러분이 그에게 하라고 시키지 않은 일을 아무리 열심히 한다고 할지라도, 그는 여러분에게서 아무것도 받지 못할 것입니다. 그와 같이 여러분이 하나님께서 정해 주시지 않은 방식으로 하나님께 기도한다면, 여러분이 하나님께서 정해 주신 이름을 사용하지 않는다면, 하나님께서 유일하게 받으시는 거룩하고 겸손한 정신을 기르는 일을 소홀히 한다면, 여러분이 혀가 입천장에 달라붙을 때까지 간절히 기도할 수 있지만 하나님의 판단에는 여러분이 전혀 기도하지 않은 것이고, 따라서 주님에게서 아무것도 받지 못할 것입니다.

다소의 사울이 기도할 때 예수님의 이름을 한 번도 언급하지 않았고, 따라서 하나님께서 그가 전혀 기도하지 않았다고 보신다는 것이 확실합니다. 사울이 예수님에 대해서 들었지만, 주님의 주장을 거부하고 그의 백성들을 미워하였습니다. 우리 하늘 아버지께서는 사람들이 진심으로 예수님의 이름에 호소할 때는 결코 그 이름을 못 들은 체하시지 않습니다. 그러나 우리가 그 복된 이름을 멸시할 때는, 우리의 기도를 듣지 않으실 것입니다. "다른 이로써는 구원을 받을 수 없나니 천하 사람 중에 구원을 받을 만한 다른 이름을 우리에게 주신 일이 없음이라." 우리가 속죄소로 가까이 가는데 의지할 수 있는 다른 이름은 없습니다. 사울은 그 이름을 거부하였고 자신의 이름으로 갔으며, 그러므로 그는 결코 기도한 것이 아닙니다. 예를 들면, 어떤 왕이 자기에게 내는 모든 청원에는 왕의 대리인이 값없이 찍어주는 도장을 받아야 한다는 법을 정했다고 생각해 봅시다. 그런데 어떤 사람이 자기 청원서에 그와 같은 도장을 받는 것을 빼먹거나 거부한다면, 그의 청원이 적합치 않아서 아무 답변 없이 반송 처리된다고 해도 그는 놀랄 일이 아닙니다. 그 사람은 청원서를 낼 때 반드시 지켜야 하는 규정을 따르기를 거부했기 때문에 사실상 아무 청원서도 내지 않은 것이 됩니다.

친구 여러분, 우리는 기도할 때 겸손하게 그리고 진심으로 주 예수 그리스도의 보배로운 피에 호소하도록 합시다. 기도의 힘은 우리가 하나님의 사랑하시는 아들의 이름과 공로에 호소하는데 있기 때문입니다. 우리는 주 예수님 뒤에 숨어야 합니다. 왜냐하면 하나님의 사랑하시는 자 안에서, 곧 주 예수 그리스도 그분을 통해서 그의 공로와 희생과 항상 살아서 드리는 중보 기도를 통해서만, 하나님께서 우리와 우리의 기도를 받으실 수 있기 때문입니다. 예수의 이름으로 기도하지 않았다면, 우리는 전혀 기도하지 않은 것입니다.

다음으로, 나는 하나님의 뜻에 어긋나게 생활하는 사람에게서는 참된 기도가 나올 수 없다는 점을 주의하라고 말씀드리고 싶습니다. 자기 기도에 어긋나게 생활하는 사람은 기도하지 않은 것이나 같습니다. 그의 생활이 실제로는 자기가 한 말을 반박하고 있기 때문입니다. 다소의 사울은 하나님의 아들을 반대하였습니다. 그런 그가 어떻게 하나님의 마음에 들 수 있겠습니까? 그는 복음에 하나님의 도장이 찍혀 있음에도 불구하고 복음을 믿지 않았습니다. 그런데 어떻게 하나님께서 그의 기도를 받으실 수 있겠습니까? 우리가 하나님의 말씀에 귀를 기울이지 않으려고 한다면, 하나님께서 어떻게 우리를 받아들이려고 하시겠습니까? 우리가 주님의 복음에 반대한다면, 주의 자비를 얻을 수 있는 문을 스스로 닫는 것이 아니겠습니까? 우리가 하늘 문을 두드리고 있는 것 같지만, 사실은 그리로 들어가지 못하도록 스스로 그 문을 닫고 있는 것입니다. 사울은 단지 반대하는 정도가 아니라 핍박하는 자가 되었습니다. 핍박하는 자가 하나님의 은혜를 누릴 수 있습니까? 우리가 하나님의 백성에게 저주를 하고 있으면서 하나님의 복 받기를 기대할 수 있겠습니까? 하나님의 백성을 핍박하는 자가 어떻게 기도할 수 있겠습니까? 다소 사람 사울은 미움이 가득하고 행동이 무자비하였던 것이 분명합니다. 그런 그가 어떻게 기도할 수 있겠습니까? 사랑은 하나님의 자녀가 지녀야 할 중요한 요소입니다. "사랑하는 자마다 하나님으로부터 났습니다"(요일 4:7). 그런데 사울은 십자가에 못 박히신 분을 따르는 자들을 몹시 미워해서 그들을 끌어다가 옥에 가두고 죽이는데 찬성하였습니다.

　　형제 여러분, 우리는 어떤 사람이 가지고 있는 종교나 혹은 그가 종교가 없다고 해서 그를 박해할 권리가 없습니다. 그 사람이 가톨릭 신자이든 유대인이든 이슬람교도이든 무신론자이든 간에, 우리는 그에게 어떤 해도 끼쳐서는 안 되고, 그의 견해가 아무리 잘못되었을지라도, 그가 가지고 있는 권리는 어떤 것도 빼앗아서는 안 됩니다. 우리는 사람들이 어떤 종교적 신념을 가졌든지 혹은 아무 신앙도 갖지 않았든지, 모든 사람에 대해 의롭고 정당해야 합니다. 불의는 결코 진리의 친구가 될 수 없습니다. 우리는 악의를 가지고 하나님의 싸움을 싸워서는 안 됩니다. 우리가, 잘못 생각하고 있는 사람들을 미워하고 경멸하거나 그들이 나쁘게 되기를 바라거나 해를 끼치려고 하는 것은, 성령을 따르는 태도가 아닙니다. 여러분은 사탄을 동원해서 사탄을 내쫓을 수 없고, 폭력으로 오류를 바로잡거나 미움으로 미움을 극복할 수 없습니다. 그리스도인의 정복하는 무기는 사랑입니다. 만약에 바울이 자기가 틀린 것으로 생각한 것을 무너뜨리려고 할 때 사랑으로 하려고 했다면, 비록 그가 잘못하였을지라도 그토록 큰 죄를 짓게 되지 않았을 것입니다. 바울은 자기가 대하는 사람들이 의로운 사람이든지 악한 사람이든지 상관 없이 억지로 그들에게 예수의 이름을 모독하도록 시키려 하였습니다. 바울은 예수님을 사기꾼으로 생각하였습니다. 그는 그 사람들의 양심을 자기 마음대로 부리려 하고, 그들의 믿음 때문에 그들을 반대합니다. 형편이 이런데, 어떻게 하나님께서 그의 기도를 들으실 수 있겠습니까? 여러분이 마음에 미움을 품고 있다면, 여러분의 경건은 헛되고 여러분의 기도는 전혀 기도가 되지 않습니다. 기도의 핵심은 사랑에 있습니다. 기도는 사랑의 꽃과 면류관이 되어야 합니다. 내가 내 이웃들이 나와 다르다는 이유 때문에 그들을 미워하고, 내 교리를 다른 사람들에게 힘으로 강요하려는 마음을 가지고 세상을 살면, 나는 손을 들고 기도할 수 없습니다. 사람의 마음에 악의가 들어 있으면, 그가 드리는 제사를 오염시킵니다. 내가 기도로 하나님 앞에 나올 때 내가 하나님을 기쁘시게 하고 있다고 생각하면서도, 실상은 하나님을 불쾌하게 해드릴 수 있습니다.

친구 여러분, 여러분이 지금 믿음이 없이 살고 있다면, 나는 여러분이 아무리 규칙적으로 무릎을 꿇고 기도 비슷한 것을 하고 있다고 해도, 전혀 신경 쓰지 않습니다. 그런 기도에는 아무것도 없기 때문입니다. 여러분이 그리스도인이 마땅히 그래야 하는 대로 생활하고 있지 않다면, 여러분의 기도는 아무것도 아닙니다. 여러분의 아침 기도와 저녁 기도, 가정 예배 기도, 그리고 기도회들이 다 기도를 흉내내는 것에 지나지 않을 뿐입니다. 여러분이 세례를 받았고 자주 성찬을 받았을 수 있습니다. 그러나 여러분이 거룩하게 살려고 하고 하나님의 뜻에 맞춰 살려고 애쓰지 않는 한 기도는 경건을 조롱하고 풍자하는 것일 뿐입니다. 우리가 하나님의 말씀을 들을 때, 하나님께서도 우리의 기도를 들으실 것입니다. 우리가 하나님의 뜻을 행할 때 하나님께서도 우리의 뜻을 행하실 것입니다. 그러나 알면서도 계속 죄를 범하는 것, 특별히 적의와 미움을 품고 지내는 것은 기도에 아주 해롭습니다. 그래서 우리가 그런 일에서 자유롭게 되기 전에는 기도를 하지 못합니다. 모든 사람과 평화롭게 지내십시오. 그렇지 못하면 기도에 대해서 이야기하지 마십시오. 주 예수님의 복음에 대한 반대를 일체 그치십시오. 그렇지 않으면 여러분은 지옥의 마귀만큼도 기도할 수 없을 것입니다.

사울이 그동안 많은 기도를 드렸지만 바른 기도는 한 번도 드리지 못했습니다. 그의 기도에는 겸손이 없었기 때문입니다. 바로 이 점이 중요한 시금석입니다! 사울은 자신이 의로운 사람이라고 생각하고 세상을 돌아다녔습니다. 사울이 두 눈 사이에 성경 본문을 붙이고 다니지 않았겠습니까? 그는 참으로 경건한 사람이었습니다! 사울이 율법에서 명하는 대로 옷의 가장자리를 넓게 하지 않았겠습니까? 그는 참으로 성인 같았습니다! 사울이 일 주일에 세 번 금식하고, 박하와 회향과 근채의 십일조를 드리지 않았겠습니까? 가이사가 다스리는 땅에서 그 자신의 생각으로 볼 때, 이 사울만한 사람이 있었겠습니까? 그가 기도할 때는, 종교 활동에 있어서 자기의(自己義)라는 냄새가 강하였는데, 이것 때문에 그의 종교 활동이 지극히 높으신 이에게 역겨운 것이 되었습니다. 하나님은 겸손하고 통회하는 심령을 기뻐하시고 교만한 자를 물리치십니다. 그의 기도에는 죄의 고백이 없었고, 속죄로 말미암는 자비를 구하는 부르짖음도 없었습니다. 그의 기도는 다소 사람 사울이 율법에 흠이 없고 히브리인 중의 히브리인이라는 감사를 표현하는 것이었습니다. 외모는 아무것도 아니고 하나님께서 그 중심을 살피시는 하늘의 법정에서는, 그의 장황한 이야기를 전혀 기도로 여기지 않았습니다.

여러분이 자신의 기도를 아주 만족스럽게 여긴다면, 나는 여러분이 기도하지 않는 것이라고 말씀드리고 싶습니다. 바르게 기도드리는 사람으로서 자신의 기도에 만족하는 사람이 거의 없기 때문입니다. 자신이 아주 선하다고 여기는 사람들은 자신들이 아주 나쁜 사람이라는 것을 알게 될 것이고, 아주 선하다고 생각한 사람들이 천국에 들어가지 못할 것입니다. 여러분이 자신의 의를 의지해서 기도한다면 그 의를 버리십시오. 자기의는 주님께서 우리에게 버리라고 명하시는 누룩입니다. 주님께서 그 누룩을 싫어하시고, 그 누룩이 그의 유월절 양을 오염시킨다고 생각하시기 때문입니다. 여러분이 스스로 기도드릴 만한 자격이 있는 사람으로 생각하고 자신의 선행을 근거로 호소한다면, 여러분의 기도 밑바닥에는 여러분이 전혀 기도하지 않았다는 거짓이 놓여 있는 것입니다.

바로 이 점 때문에 외적인 신앙으로 자라온 아주 많은 사람들의 행실이 망쳐지고 만다는 것을 다시 한 번 말씀드립니다. 친구 여러분, 이 점이 여러분에게 해당되는 것처럼 보일지라도 짜증내거나 화내지 않기를 바랍니다. 여러분의 타작마당에 쌓여 있는 큰 더미가 눈앞에서 겨처럼 날려가 버릴지라도 알곡을 모을 시간이 있는 동안에 날아가 버린 것에 대해 하나님께 감사하기 바랍니다. 여러분이 이 슬픈 사실을 죽을 때나, 잘못을 고칠 소망이 없는 저 세상에서 깨어날 때가 아니라, 지금 발견하게 된 것은 잘된 일입니다. 오늘 아침 스스로 신자라고 생각하는 모든 사람이 이 점을 생각하시기 바랍니다. 그러면 여러분이 지금까지 수년 동안 기도를 해왔거나, 다소 사람 사울처럼 나이가 상당히 들기까지 기도의 모양은 갖추고 있었지만, 이제 처음으로 하나님께 기도하게 될 수가 있을 것입니다.

**2. 이제 두 번째 문제를 생각하게 되었는데,
그것은 이런 사람이 이제 기도한다는 것이
놀랄 만한 사실이라는 것이 본문에 함축되어 있다는 것입니다.**

그 말은 감탄사와 함께 표현되고 있습니다. "보라, 그가 기도하는 중이니라." 일생 동안 그릇되게 기도해 온 사람이 제대로 기도한다는 것은 아주 어려운 일이고 매우 놀라운 일입니다. 오만한 바리새인이 회개하는 세리처럼 자비를 구하는 기도를 드린다는 것은 기적 같은 은혜입니다. 종교가 없던 사람이 기도하기 시작하는 것은 스스로 신앙이 있다고 생각하는 자부심이 강한 사람이 기도하기 시작하는 것만큼 놀라운 일이 아닙니다. 오늘 여기서 일어날 수 있는 가장 놀라운 회심은 박수 엘루마 같은 사람의 회심이 아니라, 사울 같은 바리새인의 회심일 것입니다. 사도 시대에 가장 주목할 만한 회심은, 젊었을 때부터 자기의에 깊이 빠져 있었고 의식과 경건의 외형에 주의를 기울이는 자기 만족에 빠져서 자란 사람의 회심이었습니다. "보라, 그가 기도하는 중이니라."

사울은 오랫동안 형식주의자로 지내왔기 때문에, 그런 그가 진정으로 기도한다는 것은 어려운 일입니다. 그는 외형적인 기도의 습관에 깊이 뿌리를 박고 있으며, 그것에 만족하고 있었습니다. 그래서 그를 영적인 일에 주의하도록 만드는 것이 지극히 어려운 일입니다. 율법의 조문은 사람의 영혼의 많은 부분을 죽입니다. 그래서 그같이 죽은 사람은 영적인 일들에게 반응을 일으키지 않습니다. 그가 기도실에 올라가 한 시간 동안 지낸다면, 그는 아무런 감정이나 감흥이 없이 옛날 방식을 따라 기도드릴 뿐입니다. 그는 같은 말을 반복하는데, 알지 못하는 언어를 읽고 있는 것이나 같습니다. 그런 기도는 입술이 기계적으로 움직이고 영혼은 깊은 잠에 빠질 때까지 같은 말을 계속해서 반복하는 경향이 있습니다. 성경을 읽고 있지만, 머리는 졸고 있습니다. 설교를 듣고 있지만, 마음은 방황하고 있습니다. 이런 것이 무슨 유익이 있습니까? 그런데 그런 습관에서 사람을 끌어낸다는 것은 참으로 어렵습니다! 참된 기도를 한 번 드리는 것보다, 수많은 미사에 참석하는 것이나 일주일 동안 매일 예배당에 가는 것이 더 쉽습니다. 이름뿐인 경건에 풍성한 당신이, 하나님 나라에 들어가는 것은 매우 어려운 일입니다. 자기 옷이 충분히 좋다고 믿고, 그래서 자신의 누더기를 그토록 오랫동안 입었고 여전히 그 옷을 붙들고 있는 사람에게, 그리스도의 의라는 옷을 입힌다는 것은 어려운 일입니다. 그는 자부심이 너무 강해서 누구에게 무엇을 요청할 생각이 없습니다. 그는 아주 오랫동안 귀족처럼 자기 수입으로 살아왔기 때문입니다. 그는 오랫동안 부자로 살아왔고, 재물이 늘었기 때문에 아무것도 필요 없었습니다. 그는 자신의 외적이고 피상적인 종교의 방식에 맞춰 자랐기 때문에, 기적 같은 은혜가 없이는 그가 깊고 참된 것을 추구하게 만들 수 없을 것입니다.

다시 한 번 말하지만, 자기 의는 기도로 그리스도께 나오는데 아주 커다란 장애물입니다. 그리스도 당시에 세리와 창기들은 스스로 의롭다고 여긴 바리새인보다 먼저 하나님 나라에 들어갔습니다. 죄 많은 자아를 이기는 것은 큰 일입니다. 그러나 의로운 자아를 극복하는 것은 더 큰 일입니다. 노골적으로 나쁜 행동을 하고 자신도 그것을 아는 사람은 자비를 베풀어 주시기를 구합니다. 그러나 스스로 의롭다고 여기는 사람들은, 마음이 나쁜데 그것을 알지 **못합니다**. 그래서 그들은 주님을 찾으려 하지 않습니다. 그들은 자기들이 마땅히 해야 하는 것을 다 하며 살아왔다고 생각합니다. 그들은 그럴 듯한 의로 자신을 감싸고 있어서 자기들은 왕이 제공하는 혼인예식 의복을 입지 않고도 왕의 잔치에 충분히 들어갈 자격이 있다고 스스로 생각합니다. 자기를 의롭게 여기는 사람은 몸을 낮추어 기도해야 하는 큰 노력이 필요합니다. 그 사람이 자기의라는 것이 더러울 뿐이라는 것을 알기만 한다면, 그는 태도를 확 바꿀 것입니다. 성경은 이렇게 말합니다. "우리의 의는 다 더러운 옷 같으며"(사 64:6). 우리 의가 더러운 옷 같은 것을 알 때, 우리는 기쁘게 그 옷을 버립니다. 그 의는 그 자체로 역겹고, 교만이라는 더러운 질병이 실 하나하나에 해악을 끼치기 때문입니다.

마음이 없이 기도를 드리고, 회개함이 없이 경건 생활을 하는데 익숙한 사람은 진정으로 기도하기가 매우 어렵습니다. 그는 은혜의 방식에 편견을 갖고 있기 때문입니다. 그는 자신의 빛을 믿기 때문에 하나님의 빛을 보지 않으려고 마음먹은 것입니다. 여러분이 그에게 은혜로 말미암는 구원, 그리스도의 보혈에 의한 구속, 오직 믿음으로 의롭다하심에 대해 이야기하면, 그는 그런 주제들을 그대로 듣고 있을 수 없습니다. 그런 주제들이 악인들에게 적합한 것일 수 있지만 자기는 다른 종류의 사람이라고 생각합니다. 그는 자신의 영광의 그늘 아래 있기 때문에, 예수 그리스도의 얼굴에 나타난 하나님의 영광을 볼 수 없습니다. 한 번 형성된 외적이고 형식적인 종교 습관은, 에티오피아인들이 자기 피부를 바꾸기 어려운 것만큼 깨트리기 어려운 것입니다.

게다가 스스로 의롭게 여기는 사람은 모든 사람이 자기를 의롭게 생각한다는 것을 알기 때문에 일반 죄인에게나 적합한 그런 기도와 고백으로 자신의 품위를 떨어트릴 수 없습니다. 여러분이 그에게 회심에 대해서 말하는 것이 어떻겠는가 생각할지 모르겠지만, 그는 회심이 필요 없는 사람입니다. 그는 선하게 태어났기 때문입니다. 그는 처음부터 항상 그리스도인이었기 때문에, 그에게는 아무 변화가 필요 없습니다. 여러분은 그가 얼마나 훌륭한 신사인지 모릅니다! 그는 비통한 심정으로 이렇게 부르짖는 일이 결코 없습니다. "하나님이여 불쌍히 여기소서 나는 죄인이로소이다"(눅 18:13). 그가 왜 이렇게 부르짖어야 합니까? 그의 부모는 매우 착한 사람들이었고, 그는 태어날 때부터 거듭났고, 그 이래로 죽 신앙을 견지해오고 있습니다. 이런 그에게 여러분은 무엇을 더 바라십니까? 예수님의 피로 씻어야 한다고요! 글쎄요, 어쩌면 그도 다른 사람들처럼 그렇게 할 필요가 있을 것입니다. 그런데 그에게는 특별히 눈에 띄는 죄가 없습니다. 확실히 그는 죄를 지었다고 꼬투리 잡을 만한 것이 아무것도 없습니다. 이런 위치에 있는 사람들은 좀처럼 기도하게 되지 않습니다. 이런 사람들을 두고 버림받은 은화(銀貨)라고 부를 수 있습니다. 하나님께서 그들을 거절하셨기 때문입니다. 그런데 이런 사람들이 구원을 받는다면 사람들이 놀라고 천사들이 놀라며 주님께서도 "보라 그가 기도하는 중이니라" 하고 외치게 될 것입니다.

종교적 집중과 열정이 거짓된 믿음을 위한 것일 때는, 사람의 회심에 장애물이 될 수가 있습니다. 열심 있는 형식주의자가 철갑을 두르게 되면, 복음의 화살이 그에게서 빗겨나가게 됩니다. 이런 형식주의자들 가운데 어떤 이들은 예배당 입구에서부터 시작하여 예배당 구석구석마다 절을 합니다. 사제가 길을 건너면 그들은 사제가 걸어간 길에 엎드려 입맞춤이라도 할 것입니다. 이런 사람들이 어떻게 단순한 신앙에 이를 수 있겠습니까? 비국교도들 가운데는 하찮은 일들을 고집스럽게 주장하고 옛날 방식들을 고수하며 순전히 외적인 것들에 지나지 않는 습관에 집착하면서 영적인 생명은 갖고 있지 못한 사람들은 없습니까? 내적이고 영적인 은혜는 전혀 없는 사람들이, 외적이고 가시적인 표지에 대해서는 더욱더 맹렬한 태도를 보이는 경우가 많이 있습니다. 돈은 한 푼도 없으면서, 외모는 아주 까다롭게 챙기는 사람이 있습니다. 그것은 그 사람이 외모를 그렇게 유지하지 않으면, 금방 파산자로 관보에 고시되리라는 것을 나타냅니다. 아주 품위 있는 그리스도인은 외적인 것들을 지나치게 중요하게 생각하기보다는 너무 가볍게 생각하게 되기가 쉽습니다. 그는 내적 생명과 주 예수께 대한 믿음을 가장 가치 있게 여깁니다. 형제 여러분, 다시 한 번 말하지만, 외형적인 신앙만을 추구하는 사람이 진지하게 기도를 하기 시작한다는 것은 아주 놀라운 일입니다. 그래서 "보라, 그가 기도하는 중이니라" 하고 말할 만큼 놀라운 일로 기록되어 있습니다.

　사울의 경우에 그가 기도하기 위해서는 무엇이 필요했는지 봅시다. 주 예수께서 친히 나타나셔서 그를 무릎 꿇게 하셔야 했습니다. 하늘로부터 비치는 빛이 아니고서는 아무것도 그에게 자신의 수치스러움을 보여줄 수 없었습니다. 그러한 빛이 비치면 스스로를 의롭게 여기는 모든 영혼들이 무너지게 될 것입니다! 이 오만한 사람은 땅에 엎드러지고, 높은 곳에서 떨어져야 합니다. 그는 낮게 엎드리기 전까지는 자기 육신을 여전히 자랑할 것입니다. 그는 믿음으로 볼 수 있기 위해서는 충격을 받아 눈이 멀어야 합니다. 그는 땅의 젖을 떼고 하늘의 양식을 먹고 자라기 위해 삼일 동안 먹지도 마시지도 않아야 했습니다. 그의 영혼의 고통이 컸음에 틀림없습니다. 그토록 강하게 자기의를 확신하고 있었던 사람이 그리스도께로 불려오는데 고통이 없을 수 없기 때문입니다. 그처럼 오랫동안 그리고 철저히 자기를 신뢰하였던 사람이 육신적인 신뢰를 그치려면, 뿌리째 뽑혀 나가야 할 필요가 있습니다. 종교적인 신앙인이 영과 진리로 기도하려면, 말하자면 특별한 은혜의 개입이 필요합니다.

3. 세 번째로, 사울 같은 사람이 기도한다는 것이 놀라운 일이지만, 그가 기도하였다고 본문이 분명하게 밝히고 있는 점에 주목하시기 바랍니다.

　사람들이, 다소의 사울이 기도한다는 말을 듣고 좋아했을 것입니다. 이제 그를 봅시다! 사울은 훌륭하고 좋은 사람입니다! 사울이 참으로 겸손하고 자기를 낮춘 사람입니다! 그의 기도는 죄에 대한 아주 고통스런 고백으로 시작하였습니다. 그는 변명을 하지 않았고, 정상을 참작해 달라는 말도 하지 않았습니다.

그는 자기가 찌른 분을 보았고, 그분의 죽으심을 애통해하였습니다. 그는 "하나님의 교회를 박해하였으므로"(고전 15:9) 자기가 죄인 가운데 괴수라고 자백하였습니다. 그가 사과의 뜻을 말할 수 있는 것은 "내가 믿지 아니할 때에 알지 못하고 행하였음이라"(딤전 1:13)는 것뿐이었습니다. 그가 방에서 혼자 있으면서 눈은 떴으나 보지 못한 채 하나님 앞에서 울고 부르짖고 신음하며 자신을 낮추는 모습을 봅시다. 정말로 그는 기도합니다. 며칠 전에 그가 말을 타고 다메섹으로 갔을 때, 모든 사람이 그를 성인으로 보았습니다. 그러나 지금은 그는 자신이 지극히 사악한 죄인이라고 고백합니다. 그가 어떻게 자신을 책망하는지 보십시오. 그는 먼지와 재 가운데서 회개합니다. 하나님의 자비를 구하는 기도를 드립니다. 자신의 붉은 죄를 용서하여 주시기를 간구합니다. 그는 자신을 지옥에 보내더라도 그 일이 정당할 뿐이라고 인정합니다. 그러나 구주님을 인해서 자신을 용서해 주시고 하나님의 얼굴 빛을 볼 수 있게 해주시기를 간청합니다. 나는 그가 이렇게 슬픈 고백을 하는 것을 듣는 것 같습니다. 보라, 지금 그가 기도하는 중이니라!

여러분은 이제 사울이 자신이 큰 곤경에 빠졌음을 알게 된 것을 봅니다. 그는 말합니다. "주님, 저는 모든 것이 부족합니다. 내게 없는 것은 한 가지가 아닙니다. 가지고 있어야 할 것은 하나도 없습니다. 저는 새로운 마음과 의로운 심령이 필요합니다. 저는 중심에 진실함이 필요합니다. 그래서 제가 은밀하게 지혜를 알 수 있기를 원합니다." 그는 자랑할 것이 아무것도 없었습니다. 그는 오만한 백만장자에서 거지가 되고 말았습니다. 그는 이렇게 부르짖었을 것입니다. "주님, 내게 다시 시력을 주십시오. 특별히 영적 시력을 주십시오. 내 눈에서 뿐 아니라 내 마음에서도 비늘을 제거해 주십시오. 내 구주 예수님을 볼 수 있게 저를 도와주시옵소서! 내가 전에 주님을 핍박하기 위해 살았듯이, 이제는 주님의 영광을 위해 살도록 도와주시옵소서." 그는 그때 이렇게 기도했습니다. 아무도 그 점을 의심할 수 없을 것입니다.

나는 그가 지극히 겸손한 경배와 함께 그 기도를 드렸을 것이라고 생각합니다. 그는 이제 나사렛 예수에게 정복당했으므로 그분을 자기 하나님으로 예배했을 것입니다! 그는 이렇게 부르짖었을 것입니다. "나의 주, 나의 하나님, 내가 지금까지 주님을 핍박하지 않았습니까? 주님은 열두 지파가 고대한 메시야이신데, 내가 주님을 거절하였단 말입니까? 내가 주의 종 스데반이 돌에 맞는 것을 앉아서 보고 그에게 돌을 던진 자들의 옷을 맡았단 말입니까? 내 주여 내가 지금까지 주님을 위협해 왔단 말입니까?" 사울이 높이 되신 주님 앞에서 티끌 가운데 앉아 엎드렸을 때, 징계받은 그의 영혼이 확실히 주님 앞에 깊은 경의를 표하며 거듭 거듭 이렇게 말했을 것입니다. "내게는 우리 주 예수 그리스도의 십자가 외에 결코 자랑할 것이 없으니"(갈 6:14). "보라, 그가 기도하는 중이니라."

　　사울이 무엇에 호소하였는지 생각해 봅시다. 여러분은 사울이 틀림없이 어떤 점을 들어 간구하였을 것이라는 생각이 들지 않았습니까? 호소는 기도의 가장 진실되고 강력한 부분입니다. 자, 다소 사람 사울이 어떻게 호소하였습니까? 사울은 확실히 이 약속을 내세웠을 것입니다. "악인은 그의 길을, 불의한 자는 그의 생각을 버리고 여호와께로 돌아오라 그리하면 그가 긍휼히 여기시리라 우리 하나님께로 돌아오라 그가 너그럽게 용서하시리라"(사 55:7). 사울은 우리보다 구약성경을 잘 알았습니다. 그래서 그는 틀림없이 기도할 때 구약의 말씀들을 사용했을 것입니다. 나는 사울이 이렇게 부르짖는 것을 듣는 것 같습니다. "여호와여, 주께서는 이같이 말씀하셨나이다. '여호와께서 말씀하시되 오라 우리가 서로 변론하자 너희의 죄가 주홍 같을지라도 눈과 같이 희어질 것이요 진홍 같이 붉을지라도 양털 같이 희게 되리라.'" 또한 그는 틀림없이 시편 51편도 샅샅이 살펴보고, 그 시가 자신의 형편에 꼭 맞다는 것을 알았을 것입니다. "하나님이여 나의 구원의 하나님이여 피 흘린 죄에서 나를 건지소서 내 혀가 주의 의를 높이 노래하리이다"(51:14).

　　여러분은 사울이 이런 약속들을 자세히 조사하고 나서 그리스도에 관한 전형적인 의식법들에 호소하였을 것이라고 생각하십니까? 이사야 53장의 말씀은 틀림없이 그의 마음에 번쩍하고 빛을 비추어 주었을 것입니다! 그는 눈이 멀었습니다. 그러나 그가 질고를 아는 슬픔의 아들을 보고 선지자가 "그는 실로 우리의 질고를 지고 우리의 슬픔을 당하였거늘 … 그가 징계를 받으므로 우리는 평화를 누리고"(53:4,5)라고 말하는 것을 들었을 때 틀림없이 놀라운 빛이 그의 영혼에 비추었을 것입니다. 사울은 예수께 이같이 부르짖기 시작했을 것입니다. "하나님의 아들이시여, 나의 속죄양이 되어 주시고, 나의 속죄제가 되어주시며 아침 저녁으로 드리는 나의 상번제가 되어 주소서. 내게 피뿌림이 되어 주시고 유월절 어린양이 되어 주소서." 유대인 율법의 모든 예표들을 알고 있었으므로 그는 예수를 보는 가운데서 그 모든 것의 열쇠를 발견하였기 때문에, 그 모든 예표에 위로가 풍성하다는 것을 틀림없이 깨달았을 것입니다.

사랑하는 여러분, 사울은 놀라운 열정을 가지고 이 모든 사실에 깊이 몰두했을 것입니다. 우리가 문 밖에 서서 들을 수 있었다면, 주님께서 왜 "보라, 그가 기도하는 중이니라"고 말씀하셨는지 이유를 알 수 있었을 것입니다. 전에는 여러분이 사울이 같은 말을 되풀이하는 것을 들었을지 모르나, 이제는 그가 신음하고 울부짖고 흐느끼며 울었습니다. 전에는 여러분이 속으로 "그가 기도하고 있는 중인 모양이다" 하고 말했을지 모르나, 이때는 사람이 생명을 놓고 씨름하고 하나밖에 없는 자기 아들을 위하여 지독한 고통을 겪고 있는 때와 같았습니다. 이전의 기도는 다 가짜였지만 이번의 기도는 진정한 기도였습니다. 전의 모든 기도는 연기에 불과하였지만, 이제 그는 정말로 지극히 높으신 분과 교제하였습니다. "보라, 그가 기도하는 중이니라." 이제 그는 참된 이스라엘 사람입니다. 자, 그는 그에게 기도를 가르쳐 주신 이로 말미암아 넉넉히 이기게 되었습니다.

4. 우리는 그가 기도하자마자 하나님께서 그의 기도를 들으셨음을 분명하게 봅니다.

"보라, 그가 기도하는 중이니라"는 말씀에서 어떻게 이 사실을 알 수 있습니까? 나는 이 사실을 첫째로, 본문에서 압니다. 왜냐하면 하나님께서 사울이 기도하였다는 사실을 증언하시고 있기 때문입니다. 주님께서 기도회에 오셔서, 우리 가운데 십여 명이 자기 의견을 말하는 것을 듣고서 "보라, 그가 기도하는 중이니라" 하고 말씀하시지는 않지 않겠습니까? 그러나 하늘로부터 오는 목소리가 어떤 사람에 관해 "보라, 그가 기도하는 중이니라" 하고 말한다면, 우리는 그 사람을 주님께서 받으셨다는 것을 알 것입니다. 사울에 대해서도 그와 같았습니다. 처음에 그가 기도하였고, 하나님께서 그의 기도를 들으셨습니다. 친구 여러분, 기도해 보십시오. 기도해 보십시오. 이것이 오늘 아침 여러분이 처음 드리는 기도라면 겸손한 믿음을 가지고 기도드리면 하나님께서 여러분의 기도를 들으실 것입니다.

우리는 하나님께서 이 첫 번째 기도를 들으셨다는 것을 압니다. 하나님께서 막 그 기도에 응답하려고 하셨기 때문입니다. 하나님께서 가서 이 눈멀고 불쌍한 참회자를 위로하도록 아나니아를 준비시키셨습니다. 사랑하는 형제 여러분, 오늘 아침 여러분이 하나님께 부르짖었다면, 하나님께서는 곧 여러분의 기도에 응답하실 것입니다. 어쩌면 여러분이 이 집회 장소를 떠나기 전에 여러분에게 말할 사람이 나타나거나, 곧 누군가 여러분을 찾아가서 평화의 길을 좀 더 온전하게 설명해 줄 지 모릅니다. 여러분이 이제 자기의를 추구하는 길과 형식적인 경건을 버리고 살아 계신 하나님께 부르짖기 시작한다면, 그로 인해 하나님께서 여러분을 만나실 것입니다.

게다가 우리는 하나님께서 "보라"고 하여 그 기도에 주의를 기울이셨기 때문에, 처음으로 드리는 사울의 이 기도를 받으셨음을 확신합니다. 그것은 마치 하나님께서 천사들에게, 사람들에게, 모든 사람에게 "보라, 그가 기도하는 중이니라"고 말씀하신 것과 같습니다. 우리는 세계 7대 불가사의에 대해, 그리고 사람들이 "보라" 하고 부르짖는 기이한 일들에 대해 들어왔습니다. 그러나 하나님께 가장 큰 인상을 주는 것은 기도하는 사람, 곧 기도하는 죄인입니다. 하나님께서는 이런 말을 하시지 않습니다. "보라, 헤롯이 왕위에 있다" 혹은 "보라, 가이사가 왕궁에 있다." 그보다는 "보라, 그가 기도하는 중이니라" 하고 말씀하십니다. 마치 기도하는 사람이 관찰의 중심, 곧 관심의 초점인 것처럼, 그같이 말씀하십니다. 하나님의 마음은 참된 기도를 기뻐하십니다. 대적 마귀는 참된 기도를 주목하고, 사람이 무릎을 꿇을 때 두려워 떱니다. 그래서 하나님은 땅에서나 하늘에서나 그의 성도들을 두려고 하시고, 기도하는 사람을 내려다보십니다. 크신 아버지 하나님께는, 사울의 기도는 탕자가 돌아오는 것입니다. 주님께서 "보라, 그가 기도하는 중이니라"고 하셨는데, 이는 주님께서 이런 뜻으로 말씀하시는 것입니다. "보라, 그가 집으로 돌아오고 있다! 보라, 그가 아버지 하나님의 얼굴을 구하고 있다! 보라, 내가 잃어버렸던 내 아들을 찾았노라!" 기도는 하나님을 기쁘시게 하고, 하나님께 칭찬받는 일입니다.

사랑하는 여러분, 이것이 지금까지 여러분에게 해당되어 여러분이 크신 하나님의 주의를 끌 수 있었습니까? 나는 우리 가운데 "보라, 그는 기도하지 않는 사람이라!"는 말을 들었을 사람들이 많지 않을까 두렵습니다. 창조주에게 지음을 받았으면서도, 자기의 창조주께 결코 예배하지 않는 사람, 매일 하나님의 풍성한 손에서 받아먹으면서도, 하나님을 예배하지 않는 사람! 이 땅에서 보게 되는 참으로 놀라운 광경입니다! 여러분이 이런 사람이라면, 여러분은 괴물입니다. 여러분은 사람들 가운데서 가장 역겨운 피조물인 것입니다. 기도하지 않고 사는 사람은, 살아서는 안 됩니다. 우리 같이 천박한 자들을 땅이 입을 벌려 삼키지 않는 것이 이상한 일입니다. 그런데 그런 사람이 기도하면, 하나님께서 그 일을 놀랍게 여기십니다.

오늘 아침 그가 처음으로 기도드렸습니다. 나는 그가 보입니다. 설교가 끝났습니다. 그는 집에 도착했습니다. 그는 자기 방에 들어갑니다. 그는 누군가가 자기 방에 들어와서 방해할까봐 문을 잠급니다. 그는 그동안 거의 매일같이 기도하지 않고 잠자리에 들었던 침대 곁에서 무릎을 꿇고 부르짖습니다. "하나님이여, 뭐라고 말씀드려야 할지 모르겠습니다. 다만 죄인인 저를 불쌍히 여기시고 죄를 용서하여 주옵소서." 나는 천사들이 그 신성한 곳으로 몰려들 때 천사들의 날개 치는 소리가 들립니다. 이내 천사들이 위로 날아오르며 소리칩니다. "보라, 그가 기도하는 중이니라."

젊은이 여러분, 앞으로 몇 년의 세월이 여러분에게 지나갈 것이고, 그러면 여러분은 중년의 나이에 이르고, 여러분은 큰 시험에 닥치게 될 것입니다. 그때는 어떻게 할 것입니까? 선한 영들은 여러분이 길을 잃을까봐 지켜보고, 마귀는 여러분이 머뭇거리는 것을 지켜봅니다. 그때 여러분은 9월 중순 어느 날, 여러분이 처음으로 기도드렸던 때를 기억하고 스스로에게 이렇게 말할 것입니다. "내가 그동안 종종 그랬듯이 다시 주님께 부르짖어야겠다." 여러분은 방에 들어가 이같이 말합니다. "주님, 내가 주님께 기도드린 지 많은 시간이 지났지만 기도드리는 것을 그만둔 것은 아닙니다. 내가 지금 큰 곤경에 처해 있습니다. 주께 구하오니 저를 구원하여 주옵소서!" 하나님께서 여러분을 도와주실 것입니다. 섭리의 큰 바퀴가 여러분을 위하여 돌아갈 것입니다. 한편으로 천사도 마귀도 여러분을 찾아냈습니다. 천사들은 노래하고, 귀신들은 불평합니다. "보라, 그가 기도하는 중이니라."

그리고 또 얼마간 시간이 지나갔습니다. 젊은이는 노인이 되었고, 죽어야 할 시간이 왔습니다. 그는 마지막으로 다시 그 방에 들어갔습니다. 그 주변에는 우는 사람들과 지켜보는 사람들이 있습니다. 떠나가는 영혼의 기분 좋은 평온함을 주목하여 보기 바랍니다! 그는 두려움 없이 영원을 바라보고 있습니다. 그는 자기가 믿는 분을 알기 때문에 언제든지 떠날 준비가 되어 있습니다. 그는 임종의 순간에 무엇을 하겠습니까? "보라, 그가 기도하는 중이니라." 지금까지 오랫동안 그에게 생명에 필요한 호흡이고, 자연스러운 공기와 같았던 기도가 "죽음의 문을 지나가는 그의 암호입니다. 그는 기도로써 천국에 들어갑니다." 우리의 마지막 시간에 몰려드는 마귀들이, 박쥐가 횃불에 놀라 동굴에서 도망가듯이 도망갈 것입니다. 마귀들은 "보라, 그가 기도하는 중이니라"는 말을 듣고서 도망갈 것입니다. 빛나는 사람들이 "보라, 그가 기도하는 중이니라"는 소리를 들을 때 요단 강 언덕에 있는 영혼을 기쁘게 맞이할 것입니다. 그들은 강 이편에서 기도하는 영을 만날 것이고, 땅의 기도가 천국의 찬양 소리에 녹아들 때 미소지을 것입니다. 얼마 있지 않아 우리는 영원히 주님과 함께 지낼 것입니다. 하나님께서 우리에게 그 같은 은혜를 베풀어 주시기를 구합니다. 주님의 이름으로 기도합니다. 아멘.

제
13
장
—

애니아

—

"그 때에 베드로가 사방으로 두루 다니다가 룻다에 사는 성
도들에게도 내려갔더니 거기서 애니아라 하는 사람을 만나
매 그는 중풍병으로 침상 위에 누운 지 여덟 해라 베드로가
이르되 애니아야 예수 그리스도께서 너를 낫게 하시니 일어
나 네 자리를 정돈하라 한대 곧 일어나니 룻다와 사론에 사
는 사람들이 다 그를 보고 주께로 돌아오니라." — 행 9:32-
35

내가 다시 여러분을 보게 될지 기대할 수 없습니다. 그래서 나는 오직 한 번
여러분에게 설교할 수 있는 이 기회에, 할 수 있는 대로 처음부터 끝까지 복음의
핵심을 전해야 하겠습니다. 우리는 어떤 목사가 교도소에서 설교하면서 한 가지
주제를 선택하고, 그것을 두 가지 소제목으로 나누어 전하였다는 말을 들었습니
다. 첫 번째 부분은 본문에 나오는 이 죄인의 질병에 관한 것이었습니다. 그는
이 부분을 어느 주일의 설교 제목으로 삼았고, 그는 설교를 끝내면서 다음 주일
에는 그 죄인의 치유에 대해 설교하겠다고 말하였습니다. 그런데 옛날의 나쁜
관습에 따라 여러 명의 죄수가 월요일에 교수형에 처해졌습니다. 그래서 그들은
그 목사의 설교 가운데서 그들이 꼭 들었어야 할 부분을 듣지 못했습니다. 죽음
에 아주 가까이 있는 사람들에게 구원의 큰 소식을 한 번에 다 말해 주었더라면
좋았을 것입니다. 그래서 나는 설교자가 한 가지 주제만을 전하고, 자기가 다른

날에 예수로 말미암는 구원을 전할 것이라고 생각하여 복음의 핵심적인 진리를 빠트린다면, 그는 아주 지혜롭지 못한 사람이라고 생각합니다. 그의 회중 가운데 어떤 사람은 아주 크고 중요한 점, 곧 구원의 길을 들을 수 있는 기회를 갖기 전에 죽어서 세상을 떠날 수 있기 때문입니다. 그렇게 되면 슬프게도, 그들 가운데 어떤 사람들은 그렇게 해서 영원히 망하고 말 것입니다. 우리는 오늘 밤 그런 불운에 빠지지 않을 것입니다. 우리는 목표의 중앙을 겨냥하여 쏘고, 할 수 있는 대로 구원의 계획을 온전히 전할 것입니다. 하나님께서 이 설교에 복을 내려주시고, 성령께서 이 설교를 써 주시기를 바랍니다.

나는 여러분 가운데 어떤 분들에게는 이번 한 번만 설교하는 것이 될 것입니다. 그러므로 내가 두 번 다시 여러분에게 폐를 끼치는 일은 없을 것이므로, 이번 한 번은 오래 참고 설교를 들어주시기 바랍니다. 우리가 서로 딱 한 번만 교제를 갖게 된다면, 우리는 아주 실제적으로 일을 하고, 오늘 밤 시간을 낭비하지 않도록 합시다. 설교를 많이 듣는 것은 쓸데없는 일입니다. 우리는 이 시간 실질적인 설교를 하고, 제대로 설교를 듣도록 합시다. 나는 설교를 하는 것이 세련된 말놀이나 웅변적인 연설에 지나지 않고 영혼을 위한 고민은 없는 것이 될까 두렵습니다. 오늘 밤 우리는 일을 제대로 합시다. 나는 여기 이 자리에 그리스도 없이 온 많은 분들이, 그리스도의 속죄의 피로 구원받고서 저 계단을 내려가지 않는 한 만족할 수 없을 것입니다. 많은 사람들이 예수님을 붙잡고 "예수 그리스도께서 너를 낫게 하시니"라는 베드로의 말을 실감하지 않는다면 나는 뼈저리게 실망할 것입니다. 나는 위대한 의사이신 예수님을 믿습니다. 그래서 여러분 가운데 이 집에 들어올 때는 죄라는 병에 걸려 있었던 많은 분들이 오늘 밤 깨끗이 낫고 여기를 떠날 것입니다. 이 일을 위해 많은 기도가 하늘에 드려졌고, 하나님은 기도를 들으십니다. 그래서 나는 낫게 하시는 기적이 오늘 밤 이 집에 틀림없이 일어날 것이라고 생각합니다.

그러면 이제 요점을 이야기해 봅시다. 베드로가 룻다에 왔고, 거기에서 애니아라는 고전적인 이름을 지닌 사람을 만났습니다. 그런데 그는 위대한 전사가 아니고, 8년 동안이나 침상에서 꼼짝하지 못하고 지낸, 중풍병이 걸린 불쌍한 사람이었습니다. 그의 무력한 모습을 보고 마음이 움직인 베드로는 성령의 충동을 느끼고 누워 있는 그를 보고서 말했습니다. "애니아야, 예수 그리스도께서 너를 낫게 하시니 일어나 네 자리를 정돈하라." 사도를 감화시킨 바로 그 성령의 감화를 받자, 그 사람이 베드로의 말을 믿었습니다. 그리스도께서 낫게 하신다는 것을 믿고 일어나 침상을 정리하자, 그 순간 그가 완전히 건강이 회복되었습니다. 이제 이 사람에 관한 이야기를 듣도록 합시다. 누가가 이 사람과 그의 구주에 대해 이야기하는 것을 들어봅시다.

1. 첫째로, 이 사람이 정말 병들었다는 것은 매우 분명한 사실입니다.

그가 정말로 병들지 않았다면, 본문에 나오는 이 사건은 완전히 사기, 즉 처음부터 거짓이고 속임이었을 것입니다. 그러나 그는 실제로 절망적으로 약한 사람이었습니다. 그를 팔년 동안 친구들이 걱정을 하며 지켜보았지만, 그는 완전히 마비가 되어서 그 모든 세월 동안, 마치 그의 밑에 있는 돌처럼 몸이 딱딱하게 되어 침상을 떠나 본 적이 없었습니다. 큰 병이 없는 한, 기적적인 치료를 받을 여지가 없듯이, 큰 죄가 없는 한, 하나님의 큰 은혜를 받을 여지도 없습니다. 예수 그리스도는 거짓 죄인들을 구원하시기 위해 세상에 오신 것이 아니라 진짜 죄인들을 구원하시기 위해 오셨습니다. 죄의 병에 걸리지 않은 사람을 찾기 위해 하늘에서 내려오신 것이 아닙니다. 온전한 사람은 의사가 전혀 필요 없기 때문입니다. 주님은 깊이 병든 사람을 찾아 그들을 실제로 고쳐 주기 위해 오셨습니다. 이 사람의 병은 가상의 병이 아니었습니다. 그는 움직일 수 없었습니다. 그는 손과 발이 완전히 마비되어 있었습니다. 그의 팔다리가 조금이라도 움직였다면, 그것은 힘이 남아있다기보다는 점점 더 약해져 가고 있음을 보여주는 떨림뿐이었습니다.

친구 여러분, 여러분은 영적인 의미에서 날 때부터 그런 상태에 있지 않습니까? 확실히 여러분은 날 때부터 그런 상태에 있습니다. 그런데 그 사실을 그동안 알았습니까? 여러분은 성령을 떠나서는 아무것도 할 수 없고, 예수 그리스도께서 여러분을 구원하실 수 없다면, 완전히 망하고 마비될 수밖에 없다는 것을 성령으로 말미암아 알았습니까? 그렇다면 여러분의 영혼이 아주 끔찍하게 고통을 받고 있다는 것 때문에 실망하지 말고, 오히려 스스로에게 이렇게 말하십시오. "내게는 하나님의 자비를 받을 여지가 있다. 이제까지 영혼이 치료를 원했다면, 나는 병 낫기를 원한다. 하나님의 능력이 내 안에서 작용할 여지가 있다. 지금까지 영혼이 약하고 마비되어 있었다면, 내가 바로 그 영혼과 같다." 하나님께서는 여러분의 연약을 하나님의 능력을 보이실 발판으로 삼으시리라는 것을 소망하며 기운을 내십시오.

이 사람은 8년 동안 중풍병에 걸려 지냈습니다. 병이 지속되는 기간은 병에 있어서 끔찍한 요소입니다. 어쩌면 여러분의 병은 8년 동안 지속된 것이 아닐지 모릅니다. 오히려 28년 혹은 38년, 혹은 48년, 혹은 78년 어쩌면 88년 동안, 여러분은 병에 속박되어 있는지 모릅니다. 그런데 감사하게도, 우리가 죄 가운데 살아온 연수가 예수 그리스도 안에 있는 하나님의 자비로 우리가 온전케 되는 일을 막지 못합니다. 여러분에게는 갚아야 장기 어음이 있고, 그런가 하면 다른 사람은 단기 어음을 갖고 있어서 빚이 여러분보다 적은 사람도 있습니다. 채권자가 많은 액수의 어음 밑에다 "지급되었음"이라고 쓰는 일은 적은 액수의 어음에다 쓰는 것과 마찬가지로 쉬운 일입니다. 우리 주 예수 그리스도께서 완전한 속죄를 이루셨으므로 하나님께서 80년 간의 죄악을 용서하시는 것은, 어린아이가 지은 8년 간의 죄를 용서하시는 것만큼이나 쉬운 일입니다. 그러므로 낙망하지 마십시오. 여러분의 마음과 총명이 오랫동안 죄로 마비되었을지라도, 예수 그리스도께서는 여러분과 같은 사람을 온전케 하실 수 있습니다.

이 사람의 병은 그때 당시에도 그렇고, 지금도 전혀 고칠 수 없는 것이었습니다. 누가 중풍병자를 고칠 수 있습니까? 애니아는 스스로 회복할 수 없었고, 단지 사람일 뿐인 의사로서는 그에게 무엇인가 해줄 수 있는 능력이 없었습니다. 사랑하는 여러분, 여러분의 영혼의 상처가 도무지 치료할 수 없는 것이라고 느꼈습니까? 여러분의 마음은 병들어 있습니까? 여러분의 총명은 어두워져 있습니까? 여러분의 전 본성이 죄로 마비되었는데, 고칠 의사가 아무도 없다는 것을 느끼십니까? 사람들 가운데는 아무도 고칠 사람이 없고, 의사들 가운데도 아무도 고칠 의사가 없습니다. 그리고 오래 전에 상처를 고쳤을 사람은, 내 백성의 딸 외에는 아무도 없었습니다. 골고다를 떠나서는, 아무데서도 영혼의 의사를 찾을 수 없습니다. 구주의 상처에서 나온 피 외에는, 병을 치유할 향유는 아무것도 없습니다. 여러분의 영혼이 치료할 수 없을 정도로 깊이 병들었고, 무한한 자비가 개입되지 않는다면 그 상태가 절망적이라고 여러분이 느낀다면, 나는 여러분이 오늘 밤 이 자리에 있는 것이 기쁩니다. 여기에 애니아와 같은 분들이 있다는 것이 기쁩니다. 세상에서 가장 기쁜 일은 구주가 필요하다는 것을 알고 있는 사람들에게 설교하는 것임을 여러분은 아십니까? 휫필드 목사는 자기는 그리스도가 필요하다는 것을 정말로 알고 있는 사람들에게 밤낮으로 설교할 수 있으면 좋겠다고 말하곤 하였습니다. 우리는 모든 사람에게 복음을 전해야 합니다. 우리 주님께서 온 천하에 다니며 "만민에게 복음을 전파하라"고 말씀하셨기 때문입니다. 그러나 우리가 굶주린 영혼들을 만날 때는, 그들에게 하늘의 떡을 먹이는 것은 쉽고 기쁜 일입니다. 마음이 목말라 하고 있을 때는, 생수를 나눠주는 것은 즐거운 일입니다. 그들은 아주 열심히 생수를 받아 마시기 때문입니다. 여러분은 말을 물가로 데려갈 수 있으나 말이 목이 마르지 않다면 물을 마시게 할 수는 없습니다. 그와 같이 여러분이 사람들 앞에 예수 그리스도를 모셔올 수 있지만, 사람들이 예수 그리스도가 필요하다고 느끼지 않는다면, 그들은 예수님을 영접하지 않을 것입니다. 여러분이 우레와 같은 목소리로 설교하거나 깊은 애정을 가지고 호소할 수 있지만, 그들이 그리스도 예수 안에 있는 은혜를 필요로 하지 않는다면, 그들에게 그 은혜를 갈망하도록 만들 수는 없습니다.

나는 오늘 밤 이 자리 곳곳에 병든 애니아가 있다면, 더할 수 없이 기쁩니다. 그가 자신이 병들었다는 것을 안다면, 자신의 병이 고칠 수 없는 것이며 자신의 영혼이 마비되어서 아무것도 할 수 없다는 것을 알고 하나님의 능력으로 낫기를 갈망한다면, 나로서는 참으로 기쁜 일입니다. 그는 값없는 은혜를 전하는 복음의 기쁜 소식을 환영할 사람입니다. 그 사람은 정말로 병든 사람이었습니다. 청중 여러분, 여러분도 그와 같이 병든 사람입니다. 여러분의 죄는 크고, 여러분의 죄악된 본성은 통탄스러운 것이고, 여러분의 상태는 사람의 능력으로 도저히 고칠 수 없는 것입니다.

**2. 둘째로, 이 사람, 애니아는 예수께 관해
다소 알고 있었습니다.**

예수께 관해 아무것도 몰랐다면 베드로가 "예수 그리스도께서 너를 낫게 하신다"고 말했을 때, 애니아는 베드로가 무슨 의미로 그런 말을 했는지 진지하게 물었을 것이고, 이해할 수 없는 것을 지적으로 따라 행하지 못했을 것이기 때문입니다. 그렇게 애니아가 예수께 대해 아무것도 몰랐다는 베드로의 말뜻을 이해하지 못하였을 것이기 때문에 베드로가 한 말을 믿지 못하였을 것입니다. 단순히 말 자체는 그것이 이해되지 않는 한에는, 아무 소용이 없습니다. 말은 소리뿐 아니라 빛을 전달해야 합니다. 그렇지 않으면 말이 믿음을 일으키지 못합니다.

베드로가 "애니아야, 예수 그리스도께서 너를 낫게 하신다"고 말했을 때, 애니아는 틀림없이 자기가 전에 예수 그리스도께 관해, 그의 놀라운 생애와 죽음에 관해 들었던 것을 기억했을 것입니다. 자, 오늘 밤 여기 모인 분들 가운데서 예수 그리스도를 알지 못하고, 따라서 예수께서 어떻게 죄로 병든 영혼을 고치실 수 있는지 알지 못하는 사람이 한 사람도 없도록, 오래된, 그 옛날 이야기를 다시 한 번 간단히 말씀드리도록 하겠습니다.

"예수 그리스도"란 "기름 부음을 받은 구주"라는 뜻입니다. 그분은 누구입니까? 그분은 지극히 높으신 이의 아들, 곧 하나님이십니다. 우리가 죄로 망하게 되었을 때, 하나님의 아들이라고 불리는 그분께서 지극히 거룩한 영광을 버리고 이 땅에 오셔서 우리처럼 보잘것없는 육신을 입으셨고, 어린 아기로 구유에 누우셨으며, 연약한 아기로 어머니의 품에 안기셨습니다. 하늘을 장막처럼 펴서 거기 거하시고 땅의 깊은 기초를 파신 하나님께서, 우리 본성을 입고 여인에게서 태어나기 위해 이 땅에 오셨습니다. 무한하신 분이 어린 아기가 되고, 영원하신 하나님이 아기의 모습을 취하여 나타나신다는 것은 말할 수 없이 자기를 낮추시는 무한한 겸손의 행위인 것입니다. 우리를 구원하시기 위해 이 놀라운 일을 행하셨습니다. 천사들의 주께서 여기 이 땅에 30여 년을 계셨고 사람들 가운데서 지내셨습니다. 그분은 인생의 초기를 하나님 아버지의 뜻에 순종하여 목수의 아들로 지내셨고, 또한 그의 지상 사역 내내 아버지 하나님의 뜻에 순종하여 사셨습니다. 우리가 법을 어겼기 때문에 의가 없으므로, 그분은 우리를 위해 의가 되시기 위해 이 땅에 오셨고, 우리를 위해 의가 되셨습니다. 또한 우리는 죄를 지었고 하나님의 심판은 죄에 대해 형벌할 것을 요구하기 때문에, 우리에게 속죄가 필요하였습니다. 예수께서는 범죄한 사람들을 위한 보증과 대속물로 이 땅에 오신 것입니다. 예수께서는 공의의 채찍에 벗은 등을 맡겼고 공의의 창에 옆구리를 내놓았으며, 죄인들을 살리기 위해 죽으셨습니다. 의로운 자가 불의한 자를 대신하였고, 우리를 하나님께 데려가기 위해 그분이 죽으신 것입니다.

> "그분이 하나님의 의로운 분노를 감당하셨는데
> 이는 우리가 그 분노를 담당하지 않도록 하시기 위함이었습니다."

자, 그분이 이와 같이 살다가 죽으셨을 때, 사람들이 그의 몸을 무덤에 안치

하였으나 그분은 제 삼일에 다시 일어나셨습니다. 그분은 지금도 살아 계십니다. 이분, 곧 죽은 자들 가운데서 부활하신 예수 그리스도로 말미암아 모든 민족들에게 죄 사함이 전파됩니다. 죽고 장사되었다가 다시 살아나신 이 예수께서 40일 후에 제자들이 보는 앞에서 하늘로 올라가셨는데, 구름이 가리어 그를 더 이상 볼 수 없게 되었습니다. 그분은 지금 아버지 하나님 오른편에 앉아 계시며, 거기에서 자신의 피의 공로에 호소하며, 죄인들을 하나님과 화목시키기 위해 죄인들을 위해 중보 기도를 드리고 계십니다. 자, 형제 여러분, 이것이 우리가 여러분에게 전해야 하는 이야기이고, 한 마디 덧붙이자면 바로 이 예수께서 만민의 주이시기 때문에 산 자와 죽은 자를 심판하기 위해 다시 오시리라는 것입니다. 이 시간에도 그분은 무한히 영광스러우신 여호와께서 임명하신 중보자로 계시고, 여호와 하나님께서 그에게 주신 모든 자들에게 영원한 생명을 주시기 위해 모든 육체를 다스릴 권세를 가지고 계십니다. 그래서 우리는 그분이 심판장으로 오실 때 여러분이 그의 법정에서 정죄받지 않도록 이 사실을 생각해 보라고 여러분에게 전하는 것입니다. 애니아는 과거에 이 놀라운 사실들을 다소 간에 들었습니다. 성육신하신 하나님에 대한 이 이야기가 이런저런 사람을 통해서 그의 귀에 들렸습니다. 예수 그리스도께서 그 방에 계시지 않았고 거기에는 오직 베드로와 그의 몇몇 친구들밖에 없었고, 예수 그리스도께서 땅에 계시지 않고 하늘로 가셨을지라도, 애니아는 땅에서 행사하시던 예수님의 능력이 지금도 그대로 있다는 것을 알았습니다. 그는 예수께서 여기 이 땅에 계셨을 때와 같이, 지금도 하늘에서 기적을 일으키실 수 있다는 것을 알았습니다. 애니아는 땅에 계실 때 중풍병자를 고치셨던 그분이 하나님 보좌 우편에 오르신 지금도 중풍병자를 고치실 수 있다는 것을 알았습니다. 그래서 애니아는 자신이 그동안 들었던 말에 근거해서 예수 그리스도를 믿었고, 그분이 자기를 낫게 하실 것을 그냥 믿었습니다. 그 믿음으로 애니아는 온전케 되었습니다.

잠시 이 점을 집중적으로 생각해 보도록 하겠습니다. 나는 이 자리에 계신 여러분 모두가 십자가에 못 박히신 예수 그리스도의 이야기를 아신다고 믿습니다. 여러분은 안식일에 강단에서 그 이야기를 들어왔습니다. 여러분의 자녀들은 주일학교를 마치고 집으로 돌아올 때, 그 이야기를 노래로 부릅니다. 여러분은 가정마다 성경이 있습니다. 그래서 여러분은 우리 말로 잘 번역된 성경의 분명하고 장엄한 언어로 그 "옛날, 옛날 이야기를" 읽습니다. 그런데 여러분이 그 이

야기를 들었고 알았다면, 그 이야기에서 이 불쌍한 중풍병자가 끌어 낸 추론을
여러분은 끌어 내지 못한 것은 어떻게 된 일입니까? 여러분에게 믿음이 없는 것
은 어찌된 일입니까? 예수께서는 살아 계셔서 시온 산에 앉아 계시고 지금도 불
쌍한 죄인들을 받아들이십니다. 예수께서는 "이스라엘에게 회개함과 죄 사함을
주시려고 임금과 구주로 높이 되셔서"(행 5:31) 살아계십니다. 여러분도 알다시
피, 예수께서는 여러분이 길거리에서 주님을 만났거나 주님이 여러분의 문을 두
드리며 들어가시고자 하는 것을 알았을 때와 마찬가지로, 지금도 여러분을 고치
고 구원하실 수 있습니다. 하나님께서 여러분 모두가 바로 이런 생각을 추론할
수 있게 해주시기를 구합니다.

3. 우리는 지금까지 이 점을 살펴보았습니다.
즉 이 사람은 병들었고,
그리스도에 관해 어느 정도 알고 있었다는 것입니다.
이제 가장 중요한 점을 다루게 되었습니다. 즉 **이 사람은 주 예수님을 믿었**
습니다.
베드로가 그 사람에게 말했습니다. "애니아야, 예수 그리스도께서 너를 낫
게 하신다." 이 사람은 베드로가 자기를 낫게 할 분으로 믿지 않았습니다. 왜냐
하면 베드로가 자기 자신에 대해서는 한 마디도 하지 않는 것을 여러분도 보기
때문입니다. 베드로는 이렇게 말하지 않았습니다. "교회의 머리인 내가 내게 부
여된 권능으로 너를 낫게 한다." 베드로가 그 점에 대해 복음을 너무도 분명히
전하였기 때문에 그런 주장에 대한 암시가 전혀 없습니다. 베드로가 전한 것은
사람에 대한 이야기는 없고 오직 그리스도만을 이야기하는 지극히 순수한 복음
입니다. 형제 여러분에게 권합니다. 구주 앞에 사제를 세우거나 심지어 구주 곁
에라도 사제를 세우는 가르침에는 귀를 기울이지 마십시오. 그것은 거짓되고 사
람을 망하게 하는 교훈이기 때문입니다. 여러분의 선조들, 곧 영국 사람들이 한
때 청교도의 국가였던 이 땅의 기성 교회에서 유력한 집단이 지금 전파하고 있
는 그 악한 미신에 복종하지 않기 위해 피 흘리고 죽어 갔습니다! 하늘 아래 어떤
사람도, 여러분의 영혼을 구원하는 능력을 여러분 자신이 갖고 있지 못하듯이,
갖고 있지 않습니다. 어떤 뻔뻔스런 성직자가 자신이 그런 능력을 갖고 있다고
여러분에게 말한다면, 그를 믿지 말고 그의 주장을 무시하십시오. 어떤 나이 든

부인이 6펜스를 주면 내 앞날을 점쳐 주겠다고 말합니다. 나는 그런 말을 믿을 바보가 아닙니다. 자기에게 전혀 어울리지 않는 옷을 입은 어떤 사람이 빨간 망토가 할머니에게 하듯이 자신이 내 아이를 중생시킬 수 있다거나 내 죄를 용서할 수 있다고 말한다면, 간악한 노파를 대하듯이 나는 그를 멸시하고 동정합니다. 나는 이 사기꾼도 믿지 않고 저 사기꾼도 믿지 않습니다. 여러분이 구원받는 일이 있다면, 여러분은 오직 예수 그리스도를 믿는 여러분의 믿음으로 인해 예수 그리스도로 말미암아 구원을 받습니다. 어떤 한 사람이나 일단의 사람들, 이들이 어떤 교회의 출신이든지 상관 없이, 어떤 사람들의 개입으로는 절대로 구원을 받을 수 없습니다. 하나님께서 교황과 사제들과 그들의 모든 혐오스러운 속임들이 이 땅에서 잠잠해지고 그리스도께서 높임을 받으시도록 해주시기를 구합니다!

이 사람이 베드로에게서 어떤 능력이 나올 것으로 믿지 않았으므로, 더더군다나 그는 자신을 믿지 않았고 자기 속에서 어떤 소망이 있나 살피지 않았습니다. 그는 베드로에게 이렇게 말하지 않았습니다. "그런데 내가 충분히 나을 만한 힘이 느껴지지 않습니다." 이렇게 말하지도 않았습니다. "이 중풍병을 충분히 떨쳐버릴 수 있을 힘을 확실히 느낄 것이라고 생각합니다." 그 사람은 어떤 말도 하지 않았습니다. 베드로의 메시지는 이 병자가 자신에게서 관심을 돌리게 만들었습니다. 베드로의 메시지는 이것이었습니다. "애니아야, 예수 그리스도께서 너를 낫게 하신다. 네 몸 속에 네 병을 고칠 원기가 있다는 말이 아니다. 그렇지 않다. 애니아야, 네 몸은 마비되어 있다. 너는 아무것도 할 수 없다. 그러나 예수 그리스도께서 너를 낫게 하신다." 바로 이 말이, 이 사람이 믿어야 했던 것입니다. 여러분, 여러분이 믿어야 할 것도 바로 이것입니다.

애니아는 믿음을 가졌을 뿐 아니라, 낫고자 하는 강렬한 소원을 갖고 있었습니다. 그의 이 소원은 단순히 생각에 머문 것이 아니라 실제적인 믿음을 일으키는 강한 욕구였습니다. 죄인들이 구원받기를 간절히 소원하면 좋겠습니다! 저기 화를 잘 내는 분은, 그 못된 성질을 고치기를 바라면 좋겠습니다! 저쪽의 욕심이 가득한 분은, 그 탐욕을 고치기를 바라면 좋겠습니다! 저기 정욕이 가득한 분은 그 부정한 생활에서 깨끗이 치유받기를 소원하면 좋겠습니다! 저기 술꾼인 분은, 폭음을 고칠 수 있기를 바라면 좋겠습니다! 사람들이 죄를 버릴 수 있기를 진심으로 원했으면 좋겠습니다! 그런데 그렇게 하지 않습니다. 나는 암을 보석으로 생각하는 사람들이 있다는 말을 들어본 적이 없습니다. 그런데 많은 사람들이 자기들의 죄를 마치 보석처럼 생각합니다. 그들은 죄를 보석처럼 숨겨둡니다. 그래서 그들은 정욕적인 쾌락에서 손을 떼지 못하고, 천국을 잃고 말 것입니다. 애니아는 낫기를 원하였고, 그래서 베드로가 예수 그리스도에 대해 이야기하였을 때 즉시 믿었습니다.

그러면 애니아는 무엇을 믿었습니까? 여러분도 바로 그같이 믿기를 바라는데, 애니아는 첫째로 예수께서 자기를 고치실 수 있다는 것을 믿었습니다. 존 브라운 씨(John Brown), 당신은 예수 그리스도께서 당신을 고치실 수 있다는 것을 믿으십니까? 존, 나는, 당신이 당신 아내의 경우에 대해 어떤 믿음을 갖고 있는지에 대해서는 알 바가 아닙니다. 당신이 믿음이 필요한 것은 당신 자신에 대해서입니다. 예수 그리스도께서는 당신을 구원하실 수 있습니다. 애니아, 존 브라운, 토머스, 사라, 마리아, 당신을 예수께서는 구원하실 수 있습니다. 여러분은 이 사실을 붙잡고 "예, 주님은 나를 구원하실 수 있습니다" 하고 말할 수 있습니까?

애니아는 예수 그리스도께서 그때 그 자리에서 그 자신 그대로를 구원하실 수 있다고 믿었습니다. 그는 과거에 어떤 의술 과정을 거친 적이 없었습니다. 그는 그동안 신경조직과 근육을 강화하기 위해 전기 요법을 받아서 나을 준비를 해오지 않았습니다. 그는 자기가 그때 그 자리에서 즉시 구원을 받듯이, 예수 그리스도께서 아무 사전 준비 없이 자신을 고치실 수 있다는 것을 믿었습니다. 여러분이 그리스도께서 어떤 분이신지, 그리고 그리스도께서 어떤 일을 해 오셨는지를 생각하면, 여러분이 이 점을 믿는 것이 어렵지 않을 것입니다. 그러나 여러분이 이 구원을 믿으려면, 먼저 하나님의 능력이 계시되어야 합니다. 그런데 예수 그리스도께서 고치시되, 즉시 고치실 수 있다는 것은 참말입니다. 그 죄가 어떤 죄이든지 예수님은 죄를 고치실 수 있습니다. 나는 방금 모든 종류의 죄를 말한 것입니다. 붉은 열병 같은 교만, 역겨운 나병 같은 정욕, 몸을 떨게 하는 학질 같은 불신앙, 중풍병 같은 탐욕, 이런 모든 죄를 지금 당장 예수께서는 말씀 한 마디로, 즉시, 영원히, 온전히 치료하실 수 있습니다.

그렇습니다. 죄인이여, 예수께서는 지금 여러분을 고치실 수 있습니다. 애니아는 그 사실을 믿었습니다. 그는 그 사실을 믿었고, 그가 믿었기 때문에 예수께서 그를 낫게 하셨습니다. 나는 오늘 밤 내 주님께서 많은 불신자들이 주님을 믿게 하시도록 복음을 전할 수 있으면 좋겠습니다. 성령이시여, 이 말씀을 써 주시옵소서! 죄인이여, 여러분은 죄 용서받기를 원하십니까? 그리스도께서 그 일을 이루셨습니다. 여러분이 예수께서 여러분의 죄를 용서하실 것으로 믿으면, 여러분이 지금까지 지은 모든 죄를 그의 이름으로 용서받을 것입니다. 여러분은 여러분의 그 많은 죄가 여러분을 쫓아오고 있는 것이 보입니까? 여러분은 그 죄가 여러분을 곧 삼켜버릴 것이라고 생각하십니까? 여러분이 예수 그리스도를 믿는다면, 예수께서 여러분의 모든 죄를 끝장내실 것입니다. 여러분은 출애굽기에서 바로와 그의 군대가 이스라엘 열두 지파를 쫓아올 때 이스라엘 백성들이 몹시 겁을 집어먹었다는 이야기를 읽었을 것입니다. 그런데 이른 아침에 그들은 더 이상 무서워하지 않았습니다. 미리암이 탬버린을 들고, 이스라엘의 딸들이 미리암과 함께 나가서 춤을 추며 이같이 노래하였기 때문입니다. "너희는 여호와를 찬송하라 그는 높고 영화로우심이요. 말과 그 탄 자를 바다에 던지셨음이로다"(출 15:21). 이 놀라운 노래 가운데 가장 장엄한 가사는 "깊은 물이 그들을 덮으니 그들 가운데 한 사람도 남지 아니하였도다"(15:5, 개역개정에는 "그들이 돌처럼 깊음 속에 가라앉았도다")라는 것이었습니다. 처녀들이 후렴 부분을 받아서 이렇게 노래했습니다. "한 사람도, 한 사람도, 한 사람도 없었네! 깊음이 그들을 덮으니 그들 가운데 한 사람도 남지 않았네." 자, 여러분이 예수님을 믿는다면, 여러분의 죄의 모든 군대가 예수님의 피의 바다 아래 잠길 것이고 여러분의 영혼은 노래할 것입니다. "깊음이 죄들을 덮으니 죄 가운데 하나도 남지 아니하였도다." 여러분이 십자가에 못 박히신 하나님의 아들, 예수 그리스도를 믿을 수 있다면, 오늘 밤 여러분은 그와 같이 노래하게 될 것입니다.

그러나 우리가 단지 지나간 죄에 대한 용서만을 전한다고 생각하지 마십시오. 사람이 지나간 죄를 용서받고 전에 그랬듯이 계속해서 죄를 짓는다면, 그것은 훨씬 끔찍한 일이 될 것입니다. 죄의 세력에서는 구원받지 못하고 단지 지나간 죄만 용서받는 것은, 복이기보다는 오히려 저주가 될 것입니다. 그러나 하나님께서는 죄를 용서하실 때는 언제든지, 사람의 영혼 속에서 죄의 세력도 꺾으십니다. 예수 그리스도께서 과거를 용서하시지만 사람의 마음이 과거와 같은 생활을 하도록 내버려 두는 일을 하시지 않습니다. 사람에게 현재 병으로 있는 죄가 어떤 죄든지, 예수 그리스도께서는 여러분에게서 그 죄를 고치실 수 있습니다. 예수께서는 여러분을, 악한 것을 생각하고 행하는 습관과 세력에서 구원하실 수 있습니다. 이 문제를 세세하게 이야기하지는 않겠습니다. 평일에도 예배당에 나오는 이상한 사람들이 있습니다. 그런데 아마도 오늘 같은 날이 예배당에 나올 때라고 봅니다. 내가 "선생님, 혀를 내밀어 보세요. 아, 붉은 점과 검은 점들이 보이는데, 선생님은 거짓말쟁이고 욕쟁이군요" 하고 말할 수 있는 사람이 참으로 자주 들어왔습니다. 우리 주님께서는 그처럼 병든 혀를 고치실 수 있습니까? 그렇습니다. 여러분은 오늘 밤 그분을 의지하십시오. 그러면 그분께서 여러분을 진실되게 만드시고, 불경스런 언행을 여러분에게서 깨끗이 씻어주실 것입니다. 그런데 여기에 또 한 사람이 있습니다. 그 사람에 대해서는 설명하지 않겠습니다. 그 사람을 보십시오! 그는 지금까지 방탕한 생활을 해왔고, 그의 열정은 강렬합니다. 그는 말합니다. "내가 대체 나의 이 악한 욕망에서 구원받을 수 있겠습니까?" 아, 우리 주님은 당신의 뜨거운 마음에 손을 얹고서, 그 마음을 식혀 침착하고 정숙하게 만드실 수 있습니다. 타락한 거리의 여자여, 당신은 주님의 능력을 벗어나 있다고 생각지 마십시오. 주님은 "죄를 지은 여자"(눅 7:37)와 같은 사람을 구원할 수 있는 능력을 보이십니다. 여러분이 악한 죄의 종이 되어 있다면, 예수께서는 여러분이 그 악한 습성에서 완전히 풀려나게 해주실 수 있습니다.

저기 있는 젊은이, 당신은 자신이 감히 입에 올리기 어려운 많은 죄들을 범했음을 압니다. 그 죄들이 여러분의 마음을 칭칭 감고 있고, 여러분의 양심 속에서 기어다니는 뱀처럼 여러분의 생명에 독을 품어냅니다. 우리 주님은 여러분의 영혼에서 그 모든 죄를 제거하고, 맹렬한 독을 내뿜는 죄의 결과들에서 여러분을 구원하실 수 있습니다. 그렇습니다. 주님은 여러분을 새로운 피조물로 만드실 수 있고 여러분을 거듭나게 하실 수 있습니다. 예수께서는 여러분이 이전에 미워했던 것들을 사랑하게 만들고, 전에 사랑했던 것들을 미워하게 만드실 수 있으며, 생각의 흐름을 전혀 다른 길로 바꾸실 수 있습니다. 여러분은 나이아가라 폭포가 무시무시하게 높은 곳에서 떨어지는 것을 보고서 "누가 이 폭포를 그치게 할 수 있겠는가" 하고 말합니다. 정말로 그것을 멈추게 할 사람이 있겠습니까? 그러나 우리 주님은 하실 수 있습니다. 우리 주님께서 나이아가라 폭포와 같은 여러분의 정욕에게 "이제 그만 미친 듯이 날뛰어라" 하고 말하시면, 즉시 여러분의 욕정은 잠잠해질 것입니다. 그렇습니다. 주님께서 욕망의 바다에게 잠잠하라고 하기보다 뛰어오르라고 명령하시면, 여러분이 한때 죄에 대한 사랑으로 가득하였듯이 그리스도께 대한 사랑이 마음에 가득하게 될 것입니다. 주님께서는 태양이 그대로 서 있도록 하셨고, 달이 길르앗 언덕 위에 멈추어 있도록 하셨습니다. 주님께서는 아무것도 없는 데서 세상을 말씀으로 창조하시지 않았습니까? 그런 주님께서 악한 행실로 하나님에게서 아주 멀리 떠나 있던 사람들의 영혼 속에 새로운 마음과 바른 영을 창조하실 수 있지 않겠습니까? 주님은 그렇게 하실 수 있으시고, 감사하게도 주께서 그렇게 하시고자 합니다. 주께서는 물질의 세계만큼 마음의 세계도 완벽하게 통제하실 수 있습니다. 여러분이 이것을 믿으신다면, 나는 베드로가 애니아에게 하였듯이 여러분에게 같은 말을 할 수 있습니다. "예수 그리스도께서 너를 낫게 하신다."

4. 자, 이제는 그 사람이 나았다는 사실을 살펴보기로 합시다.

이 일에는 일체 속임이 없었습니다. 그 사람은 나았는데, 그때 그 자리에서 온전하게 되었습니다. 만약 그 사람이 낫지 않았다면 어떤 일이 벌어졌을 것인지, 잠깐 한 번 생각해 보십시오. 베드로는 말할 수 없이 부끄럽게 되었을 것입니다! 베드로가 "애니아야, 예수 그리스도께서 너를 낫게 하신다"고 말했는데, 애니아가 이전처럼 꼼짝못하고 그대로 누워 있습니다. 그러면 사람마다 "베드로는 거짓 증인이다" 하고 말했을 것입니다. 지금 나는 복음을 전하는 사람은 반드시 영원히 구원받는 것을 보아야 하고, 그렇지 않으면 그는 거짓 증인이라고 말하는 것이 아닙니다. 그런 뜻으로 말하는 것은 아닙니다. 그러나 정말로 내 사역이 하나님 아래에서 영혼들을 구원하지 못한다면, 나는 사역을 그만두겠다고 말할 것입니다. 왜냐하면 내가 생각할 때, 우리가 영혼들을 그리스도께로 인도하지 못한다면, 우리 설교자들은 아무 쓸데가 없기 때문입니다.

우리가 많은 사람을 의로 돌아오게 하지 못한다면, 우리가 무슨 소용이 있습니까? 아무것도 거두지 못하는 수확자, 한 번도 전투에 이기지 못하는 군인, 고기를 잡지 못하는 어부, 한 사람도 빛을 비추지 못하는 등불이 어디에 쓸데가 있겠습니까? 이것은 슬프지만 사실적인 비유입니다. 내가 성공하지 못한 목사에게 말하는 것입니까? 나는 그런 목회자에게 가혹하게 말하고 싶지 않습니다. 그러나 내가 그런 경우라면, 내 자신에게 대해서는 아주 엄격하게 말할 것입니다. 나는 어떤 목사의 꿈을 알고 있습니다. 그는 자신이 지옥에 있다고 생각했습니다. 그곳에 있으면서 그는 너무 고통스러워서 소리쳤습니다. "여기가 내가 영원히 있어야 할 곳입니까? 나는 목사에요.” 냉혹한 목소리가 들려왔습니다. “그렇지 않다. 성실하지 않은 목사는 더 낮은 곳에 간다. 이보다 훨씬 더 낮은 곳으로 내려간다.” 그리고 나서 그는 꿈에서 깨어났습니다. 영혼들을 그리스도께로 데려오기까지 우리가 고민하지 않는다면, 앞으로 영원히 고민해야 될 것입니다. 나는 이것을 분명히 믿습니다. 우리는 사람들이 구원을 받도록 해야 합니다. 그렇지 않으면 우리는 베드로가 “예수 그리스도께서 너를 낫게 하신다”고 말했는데, 그 사람이 전혀 낫지 않았을 경우에 베드로가 처했을 입장처럼 우리는 부끄러운 증인이 될 것입니다.

그 사람이 낫지 않았다면 예수의 이름에 얼마나 큰 불명예가 돌아갔겠습니까! 나와 같은 죄인인 여러분, 여러분이 예수 그리스도를 믿었는데 구원을 받지 못했다고 생각해 보십시오. 그러면 어떻게 되겠습니까? 나는 그런 것은 생각도 하고 싶지 않습니다. 그런 것을 생각하는 것조차, 거의 하나님을 욕되게 하는 것이기 때문입니다. 그러나 잠깐만 한 번 그 점을 생각해 봅시다. 예수를 믿으라, 그러면 구원을 받지 못한다! 그렇다면 예수님은 약속을 어기셨거나, 구원하는 능력을 잃어버리신 것입니다. 그 어떤 것이든, 우리는 잠시도 그런 것을 참을 수 없을 것입니다. 여러분이 예수 그리스도를 믿고 있다면, 여러분이 살아 있는 것처럼 확실히 예수 그리스도께서 여러분을 구원하신 것입니다. 여러분에게 한 가지를 말씀드리겠습니다. 여러분이 예수 그리스도를 믿는데 저주를 받는다면, 나도 여러분과 함께 저주를 받을 것입니다. 자! 여러분이 이 문제에서 여러분의 영혼을 거는 것만큼 확실하게, 나도 내 영혼을 걸겠습니다. 주 예수 그리스도께서 자기를 의지하는 한 영혼을 구원하시지 못한다면, 그분은 내 영혼도 잃어버리실 것이기 때문입니다. 그러나 그는 결코 한 영혼도 잃어버리시지 않고, 잃어버리실 수 없습니다.

> “자기 양 떼 가운데 지극히 하찮은 양을
> 구원하는 것은 주님의 명예가 달린 일입니다.
> 그래서 그의 하늘 아버지께서 주신 모든 것을
> 그의 손이 안전하게 지킵니다.”

주 예수 그리스도를 의지하십시오. 그러면 여러분을 구원하실 것입니다. 그렇지 않다면 그리스도의 이름이 부끄럽게 될 것입니다.

애니아처럼 여러분이 그리스도를 의지했는데, 여러분이 구원을 받지 못한다면 어떻게 될 것인가 생각해 보십시오. 물론, 그러면 복음은 틀린 것이 될 것입니다. 교회 문들을 닫고, 목사들을 추방하며 성경을 불태워야 할 것입니다. 사람이 예수를 믿었는데 구원을 받지 못한다면, 성경에는 진리가 일체 없는 것입니다. 불쌍한 어떤 죄인이 예수님을 신뢰했는데 그가 죄 씻음을 받을 수 없다면, 복음은 거짓이고 사기입니다. 왜냐하면 옛적에 주님께서 이같이 말씀하셨기 때문입니다. "내게 오는 자는 내가 결코 내쫓지 아니하리라"(요 6:37). 주께서 교회에 하신 마지막 말씀은 이것입니다. "너희는 온 천하에 다니며 만민에게 복음을 전파하라 믿고 세례를 받는 사람은 구원을 얻을 것이요 믿지 않는 사람은 정죄를 받으리라"(막 16:15,16). 믿는 사람들이 죄의 세력에서 구원받지 못한다면 복음은 거짓이고, 우리는 헛수고를 하기 위해 보냄을 받은 것입니다. 그러나 하나님의 이름을 찬양합시다. 믿는 자들은 **구원받습니다**. 그래서 복음은 바로 진리입니다.

청중 여러분, 나는 나와 다른 신자들이 지금까지 누려온 경험에 비추어서, 여러분에게 오늘 밤 예수 그리스도를 믿으라고 강권하고 싶습니다. 우리 가운데 어떤 이들이 그 구속자의 이름을 의지하였더니 구속자께서 그들을 구원하셨기 때문입니다. 우리는 결코 그날을 잊지 못할 것입니다. 우리가 자기의를 버리고 우리 영혼의 구원을 위해 그리스도를 믿은 그날을 잊지 못할 것입니다. 놀라운 일이 금세 벌어졌습니다. 그러나 그 변화는 너무 커서 우리가 그것을 다 설명할 수 없고, 그 일을 인해서 우리는 끊임없이 주님을 찬송하지 않을 수 없습니다.

"복된 날이도다! 복된 날이도다!
예수께서 내 죄를 씻으신 복된 날이도다!"

나는 구원이 내게 온 날 아침을 기억합니다. 나는 작은 감리교회 예배당의 발코니 아래에 앉아 있었습니다. 그날 설교자가 말했습니다. "저기 젊은이는 불행해 보이는군요." 그리고 이어서 이같이 말했습니다. "젊은이, 당신이 그리스도를 보지 않고는 결코 평안을 얻지 못할 것입니다." 그는 내게 큰 소리로 말했습니다. "보세요!" 천둥 같은 목소리로 외쳤습니다. "젊은이, 보세요! 지금 보세요!"

나는 보았습니다. 즉시 믿음의 눈으로 예수를 보았습니다. 내 짐이 사라졌고, 내 영혼이 새가 새장에서 풀려난 것처럼 즐거워졌습니다. 지금도 예수 그리스도의 그 복된 구원을 생각하면, 그때처럼 즐거워집니다. 우리는 정말 알고 있는 것을 이야기합니다. 우리가 말하는 것은 소문이 아니고 전해 들은 증거도 아닙니다. 우리는 느끼고 맛보고 만진 것을 전합니다. 우리는 여러분이 바로 그것을 알고 느끼기를 간절히 바랍니다. 청중 여러분, 복음을 바르게 사용하는 길은 이처럼 여러분 자신에게 복음을 적용하는 것임을 기억하시기 바랍니다. 여러분의 이름은 무엇입니까? 나는 "존 브라운"이라고 말했습니다. 방금 내가 그렇게 말하지 않았습니까? 그러면 존 브라운이라고 생각해 봅시다. 자, 복음은 말합니다. "주 예수 그리스도를 믿는 자에게는 영생이 있고"(요 3:36). 그렇다면 그 말은 이 뜻입니다. "존 브라운이 예수님을 믿으면 그에게는 영생이 있다." "믿고 세례를 받는 사람은 구원을 얻을 것이요."(막 16:16). "그렇다면, 나 존 브라운은 믿고 세례를 받았으니 구원받을 것이다." 복음을 그런 식으로 붙잡으십시오. 어쩌면 여러분은 이렇게 말할지 모릅니다. "그런데 내가 내 이름을 약속에다 갖다 붙여서, 약속을 그런 식으로 내것으로 삼아도 됩니까?" 그렇습니다. 그렇게 할 수 있습니다. 성경에서 여러분의 이름이 그 약속을 받는 사람들의 명단에서 빠져 있다고 말하는 곳은 아무데도 없기 때문입니다.

　　내가 길거리의 거지로 몹시 굶주려 있는데, 좋은 음식을 나눠주고 있는 어떤 신사가 있고, 그 신사가 거지는 아무나 와도 좋다고 말했다는 소식을 들었다면, "글쎄, 내 이름은 그 신사의 명단에서 빠져있을 거야" 하고 생각하지 않을 것입니다. 그 사람이 "찰스 스펄전은 내가 나눠주는 음식을 받을 수 없다"는 예외 조항을 집어넣었다는 것을 발견했을 때는, 가던 걸음을 멈추어야 할 것입니다. 그러나 그런 조항을 발견하기 전까지는 걸음을 멈추어서는 안 됩니다. 그가 나를 제외시켰다는 것을 적은 글을 읽기 전까지는, 나는 모험을 해야 하고 다른 굶주린 사람과 함께 그에게 달려가야 합니다. 그 사람이 나를 내쫓기 전에는 나는 갈 것입니다. 나를 잔치에 들어오지 못하게 하는 것은 그가 해야 할 일이지, 내가 할 일을 아닙니다.

　　때로 여러분은 이렇게 말합니다. "하지만 나는 그리스도께 가기에 적합하지 않아." 그리스도께 가는 가장 적합한 방법은, 현재 여러분의 모습 그대로 가는 것입니다. 여러분이 동냥하러 갈 때 입을 가장 적합한 옷은 어떤 것입니까? 오래 전에 어떤 일이 생각납니다. 내가 여기서 그리 멀지 않은 곳에 살고 있었을 때였습니다. 아주 어리숙한 시절이었는데, 문에서 구걸하는 사람에게 값비싼 가죽부츠를 주었습니다. 그 남자는 그 구두를 신더니 아주 고마워했습니다. 그런데 후에 그를 만났을 때, 나는 그가 그 구두를 벗어버린 것을 알고 깜짝 놀랐습니다. 그 구두는 구걸하러 다니는데는 전혀 맞지 않는 물건이었습니다. 사람들이 그를 보고 "뭐야! 당신 그렇게 멋진 부츠를 신고서 동전 몇 닢이 없단 말이야? 당신 말을 못 믿겠는데" 하고 말하곤 하였습니다. 거지는 좋은 신발을 신고 있을 때보다 벗은 발로 다닐 때가 훨씬 더 동냥을 잘 얻습니다. 누더기가 거지에 맞는 옷입니다. 여러분이 하나님께 가서 자비를 구걸할 때, 여러분 자신의 의라는 멋진 옷을 입고 가지 마십시오. 모든 죄와 비참, 공허함과 불쌍함을 가지고 가서 이렇게 말하십시오. "주님, 제가 왔습니다. 주님은 그리스도를 의지하여 하나님께 오는 자들을 그리스도께서 다 구원하실 수 있다고 말씀하셨습니다. 저는 온전한 구원이 필요한 영혼입니다. 제가 왔습니다. 주님, 저를 구원하여 주옵소서."

자, 모든 것을 요약하자면 이것입니다. 즉 죄인인 여러분이 오늘 밤 구원받기 위해 해야 할 일은, 그냥 예수 그리스도를 믿는 것입니다. 나는 조금 전에 교회 사무실에서 미국에서 온 한 젊은 여성을 보았습니다. 그 여성은 구원 얻는 길을 알고 싶어하는 간절한 열망을 가지고 왔습니다. 나는 그녀에게 말했습니다. "당신은 그 길을 모르십니까? 당신이 그리스도를 믿는다면 당신은 구원을 받았습니다." 나는 이 큰 진리를 가르치는 성경을 인용해서 그녀에게 분명하게 설명해 주었습니다. 마침내 성령께서 그녀의 눈을 열어주셨습니다. 순간적으로 얼굴이 밝아지면서 그녀가 말했습니다. "이제 그 길이 보여요. 나는 전심으로 그리스도를 의지합니다. 내가 예수님을 의지하기 때문에 내가 구원받았다는 것을 믿을 겁니다. 예수님께서 신자들을 구원한다고 약속하셨잖아요?" 그래서 내가 대답했습니다. "그래요. 이제 당신은 반석 위에 서게 된 거에요." 그녀가 말했습니다. "내 속에 깊은 평안이 시작되고 있는 것이 느껴져요. 그런데 어떻게 이런 일이 있을 수 있는지 모르겠어요. 우리 할아버지는 옛날 장로교회 교인이셨는데, 평안을 얻는데 6년이 걸렸다고 말했어요. 그 전에 할아버지는 너무 마음이 괴로워서 정신병원에 들어가 있어야 했대요."

아, 그렇습니다. 그런 일이 일어났을 것이라고 믿습니다. 어떤 사람은 그냥 길을 건너기 위해서 수만 킬로를 돌아서 갑니다. 그런데 그럴 필요가 전혀 없습니다. "말씀이 네게 가까워 네 입에 있으며 네 마음에 있다 하였으니 네가 만일 주 예수 그리스도를 네 마음으로 믿고 네 입으로 시인하면 구원을 받으리라"(롬 10:8,9). 구원을 받기 위해 할 일이 아무것도 없고, 느껴야 할 것도, 가져와야 할 것도 없습니다. 아무런 준비가 필요 없습니다. 그냥 현재 여러분의 모습 그대로 와서, 그리스도께서 오늘 밤 여러분을 구원하실 것을 믿으십시오. 그러면 여러분은 구원받을 것입니다. 하나님의 명예와 그리스도의 말씀이 그것을 보증합니다.

5. 이제 마지막 요점을 살펴봅시다.

애니아는 고침을 받았을 때 즉시 거기에 맞게 행동하였습니다.

"베드로가 이르되 애니아야 예수 그리스도께서 너를 낫게 하시니 일어나 네 자리를 정돈하라"고 말하자 그는 그대로 행했습니다. 그는 바로 일어나서 자기 자리를 정돈하였습니다.

그런데, 여러분 가운데 누가 오늘 밤 "나는 예수님을 믿었습니다" 하고 말한다면, 여러분은 그 믿음을 입증해 보여야 한다는 것을 기억하십시오. 그러면 그 믿음을 어떻게 입증해 보입니까? 자, 여러분이 예수를 믿었다면 여러분은 병이 나은 것입니다. 그래서 여러분은 집에 가서 여러분이 어떻게 병이 나았는지를 사람들에게 이야기해 주어야 합니다. 이 사람은 중풍병에 걸렸습니다. 8년 동안 꼼짝 못 하고 누워 지냈고, 자기 자리를 정리할 수도 없었습니다. 그런 그가 자기 자리를 정리함으로써 병이 나았다는 것을 입증하였습니다. 어쩌면 이 자리에, 집에 들어갈 때는 대체로 욕을 하면서 문을 여는 사람이 있을지 모르겠습니다. 그런 사람이 여기에 있다면, 그리스도께서 당신을 구원하십니다. 그리스도께서 당신의 입을 깨끗이 씻어 주실 것입니다. 당신은 불경스러운 언어를 사용하던 버릇을 영원히 끝내버릴 것입니다. 당신이 집에 가서 예전과 전혀 다르게 말하는 것을 듣고 깜짝 놀랄 것입니다.

어쩌면 당신은 직장에서 거친 동료들과 어울리면서 그들이 하는 방식대로 말해 왔을 것입니다. 예수 그리스도께서 당신을 낫게 하셨다면, 더 이상 더러운 언어는 사용하지 않습니다. 이제 당신은 은혜로운 말, 유쾌한 말, 깨끗한 말, 유익이 되는 말을 하게 될 것입니다. 예수 그리스도께서 당신을 낫게 하셨다면, 당신은 어린 양처럼 순하게 될 것입니다. 그런데 당신은 당신 속에서 옛 사자가 머리를 들고 예전과 같이 으르렁거리며 갈기를 흔드는 것을 보게 될 것입니다. 그러나 그 사자는 은혜의 사슬에 묶여 제지될 것이고, 반면에 새로운 본성이라는 순한 어린 양이 넓고 푸른 목장에서 꼴을 먹을 것입니다. 아, 주님께서 당신을 구원하셨다면 술집의 술꾼이 더 이상 당신의 친구가 되지 않을 것입니다. 당신은 술꾼들과 어울리는 데서 얻는 것보다 더 나은 사귐을 원할 것이기 때문입니다. 주님께서 당신을 구원하신다면, 당신은 주님을 위하여 무엇인가를 하고 싶어하고, 당신의 감사하는 사랑을 나타내고 싶어할 것입니다. 나는 오늘 밤 여러분이 자녀들에게, 친구들에게 예수 그리스도께서 여러분을 고치셨다는 것을 꼭 말하고 싶어하게 될 것을 압니다. 존 번연은 자기가 고침을 받았을 때, 쟁기로 갈아엎은 땅에 있는 까마귀들에게도 그 점에 대해 이야기하고 싶었다고 말을 합니다. 번연이 그런 마음이 들었다는 것이 나는 하나도 이상하지 않습니다. 만나는 사람마다, 모든 이에게 "예수 그리스도께서 나를 구원하셨다"고 말하십시오. 사람이 한 순간에 바로 새로운 피조물이 된다는 것은, 직접 경험하지 않는다면 도무지 생각할 수 없는 대사건입니다. 그 사건은 그것을 보는 사람마다 놀라게 하고, 사람들이 이상한 뉴스를 들으면 말하고 싶어 하듯이, 새로 태어난 사람도 다른 사람들에게 가서 "나는 거듭 났어요. 구주님을 만났어요" 하고 말하고 싶어 합니다.

자, 여러분은 단지 아주 정직한 생활로써만이 아니라, 정직하고 올바르며 견실하고 거룩한 생활로써 여러분이 구원을 받았다는 것을 입증해야 할 것입니다. 그리스도께서 여러분을 구원하셨다면, 여러분을 이기적인 생활에서도 구원하실 것입니다. 여러분은 이웃을 사랑하고 그들에게 선을 행하려고 할 것입니다. 여러분은 가난한 사람들을 도우려고 노력하고, 무지한 사람들을 가르치고자 할 것입니다. 진정으로 그리스도인이 되는 사람은, 그리스도인이 되는 바로 그날에 실질적인 박애주의자가 됩니다. 자신만을 위해 살고, 자신만을 위해 돈을 저축하거나 자신을 높이고자 하는 사람은, 곧 그리스도와 같지 않는 사람은 진정한 그리스도인이 아닙니다. 참된 그리스도인은 다른 사람들을 위해 삽니다. 한 마디로 그는 그리스도를 위해 삽니다. 그리스도께서 여러분을 고치셨다면, 너그러운 동정심이 고침을 받은 그 시간에 여러분의 영혼에 침투하여 영원히 지속될 것입니다. 주님이시여, 육체로 세상에 계실 때 사람들의 몸을 고치신 주께서 오늘 밤 사람들의 마음을 고쳐 주시기를 기도하나이다.

이 말씀을 한 마디 더 드리도록 하겠습니다. 어떤 사람은 말합니다. "아, 내가 그리스도를 모셨으면 좋겠는데!" 보세요, 왜 지금 당장 주님을 모시지 않습니까 "아, 그런데 나는 그분을 모실 만한 사람이 못 돼요." 여러분은 결코 그리스도를 모시기에 적합한 사람이 될 수 없을 것입니다. 여러분이 바로 지금이 적합하다는 의미를 제외하고는, 결코 적합한 사람이 될 수 없습니다. 씻기에 적합한 것은 무엇입니까? 물론, 더러운 것입니다. 구제를 받기에 적합한 것은 무엇입니까? 물론, 곤경에 처해 있는 것입니다. 의사를 부르기에 적합한 것은 무엇입니까? 물론 병들어 있는 것입니다. 바로 이런 것들이 사람이 그리스도께서 자기를 구원하실 것을 믿는데 필요한 적합한 상태입니다. 그리스도의 자비를 얻는 데는 아무것도 필요치 않습니다. 뇌물이나 구입 가격이 전혀 문제가 되지 않습니다.

나는 아이가 열병에 걸려서 포도가 필요했던 한 여인에 대한 이야기를 들은 적이 있습니다. 그 여인의 집 가까이에 공작이 살았습니다. 공작의 집에, 그때는 찾아보기가 힘든 아주 귀한 포도가 얼마 있었습니다. 여자는 자기가 번 얼마 되지 않은 돈을 싹싹 긁어모아 가지고 공작의 집 정원사에게 가서 공작의 포도 한 송이를 사고자 했습니다. 물론 그 정원사는 그녀의 청을 거절하면서, 돈 받고 팔 포도가 없다고 말했습니다. 그 여인이, 공작이 시장의 장사꾼처럼 팔기 위해 포도를 재배했다고 생각했겠습니까? 아무튼 그 정원사는 그녀를 몹시 상심한 채로 돌아가게 하였습니다. 그녀는 다시 갔습니다. 그녀는 여러 차례 갔습니다. 어머니의 끈질김은 대단하기 때문입니다. 그러나 그녀가 아무리 청해도 들어주지 않았습니다. 마침내 공작 부인이 그 이야기를 듣고 그 여인을 만나보고자 했습니다. 여인이 왔을 때, 공작 부인이 말했습니다. "공작께서는 정원의 열매를 팔지 않아요." 그러나 공작 부인은 포도 한 송이를 싹둑 잘라서 여인의 작은 자루에 넣어주면서 말했습니다. "공작은 가난한 사람들에게는 언제든지 포도송이를 나눠 줄 마음이 있어요."

자, 여기에 참 포도나무에서 열린 복음의 구원이라는 풍성한 포도송이가 있습니다. 우리 주님은 이 포도송이를 파시지 않습니다. 그러나 주님은 겸손히 그것을 구하는 사람에게는 누구나 언제든지 나누어 주십니다. 여러분이 그 포도송이를 원하면, 와서 받아가십시오. 지금 예수를 믿음으로 그 포도송이를 가져가십시오. 주님께서 여러분에게 복 주시기를 기도합니다. 아멘.

제
14
장

—

우리에게 교훈이 되는
베드로의 큰 실수

—

"베드로가 이르되 주여 그럴 수 없나이다
속되고 깨끗하지 아니한 것을
내가 결코 먹지 아니하였나이다 한대." — 행 10:14

"주여, 그럴 수 없나이다." 이것은 매우 호기심을 자아내는 표현입니다. 나는 여러분이 이 구절을 원문에서 어떻게 영어로 번역하는지에 대해서는 별 신경을 쓰지 않습니다. 그러나 이것은 매우 이상하고 복잡한 표현입니다. 베드로가 "그럴 수 없나이다" 하고 말했다면, 그의 말과 어조에 분명한 일관성이 있었을 것입니다. 그런데 "주여, 그럴 수 없나이다"라고 하는 말은 제 고집과 공경, 교만과 겸손, 부인과 경건이 이상하게 뒤섞여 있습니다. 여러분이 "그럴 수 없나이다"고 말한다면, 확실히 그런 말은 주님께는 해서는 안 되는 것입니다. 여러분이 "주님"이라고 말한다면, "그럴 수 없나이다"와 같은 표현을, 주님이라는 말 곁에 나란히 놓아서는 안 됩니다. 베드로는 젊은 시절에 언제나 실수를 저질렀는데, 성급하고 솔직한 옛 습관에서 아직 벗어나지 못했습니다. 베드로는 좋은 뜻으로 이같이 말했고, 그의 표현은 우리가 그 말을 가지고 쉽게 생각할 수 있는 그런 뜻을 전달하려는 의도가 없었습니다. 아무튼 우리는 그를 뭐라고 비난할 수 없습니다. 우리가 누구이기에 하나님의 성도를 재판할 수 있겠습니까? 게다가 우리는 부정확한 언어를 사용하는 문제에서 잘못이 없는 것이 아닙니다. 여러분과 나는 지금까지 살아오면서 아주 이상하고 복잡한 일들을 말했습니다. 우리가 말한 어떤 표현들은 아주 선해서 주님께서 받아들이실 만한 것이었습니다. 그러나 어떤 표현들은 아주 나빠서 주님의 무한한 자비가 없었다면 주님께서 용납하실 수 없으셨을 것입니다. 우리의 말은 신앙과 불신앙이 뒤섞여 있었고, 사랑이 있지만 순종이 부족하였고, 감사하는 마음과 함께 불신이 있었으며, 겸손이 있는가 하면 허영심도 풍겼으며, 용기가 비겁함으로 훼손되며, 열정과 무관심이 섞여 있었습니다. 우리는 느부갓네살이 꿈에서 본 형상처럼 기이한 존재들입니다. 무엇보다 우리가 본래 지음을 받았을 때, 우리는 "심히 기묘하였습니다"(시 139:14). 그런데 우리가 타락하여 죄로 말미암아 파괴되자 우리는 모순되는 것들이 뒤섞여 있는 괴물들이 되었습니다. 나는 이 점을 깊이 생각하지는 않겠습니다.

하나님의 등불이 마음속에서 빛을 비추고 있다면, 자기 속을 보는 사람은 누구나 종종 이렇게 부르짖지 않을 수 없습니다. "여호와여, 사람이 무엇이기에 주께서 그를 생각하시며 인자가 무엇이기에 주께서 그를 돌보시나이까?" 우리 자신의 이같이 혼합된 상태가 우리 말에서 아주 분명하게 나타납니다. 우리는 종종 자신이 한 말의 잘못을 인정하거나, 적어도 그 말을 취소할 수 있는 것처럼 느낍니다. 사람들에게 참된 성실과 경건에 대해 말을 했는데, 경우에 맞지 않는 표현 때문에 그 성실과 경건이 크게 훼손되었습니다. 우리가 언제나 선하고 받아들일 만한 것을 말하려면, 우리의 혀는 일곱 번의 정화(淨化)가 필요합니다. 그리고 그것은 우리의 바라는 바입니다.

이제, 베드로를 보고, 그의 이 독특한 표현, 즉 "주여, 그럴 수 없나이다" 하고 외친, 이상하게 말이 조합된 이 표현에서 무엇을 배울 수 있는지 봅시다.

1. 우리가 여기서 쉽게 배울 수 있는 첫 번째 진리는 이 나이 든 사람이 여전히 그리스도인으로 남아 있다는 것입니다.

우리가 그리스도 예수 안에서 새로운 피조물이 되었고, 우리 안에 있는 생명, 곧 지배적인 생명이 새롭고 거룩하며 천상적인 것이라 할지라도, 여전히 우리에게는 옛 본성이 남아 있습니다. 옛 본성은 십자가에 못 박혔지만, 죽는데 시간이 오래 걸리고 격렬하게 발버둥칩니다. 죄가 우리 속에 거하고 있습니다. 그래서 우리는 새 사람이 되었을지라도 여전히 사람이며, 하나님의 은혜가 우리 속에서 지배하지만 여전히 나라를 차지하려는 투쟁이 있으며, 우리 속에 있는 죄가 지배권을 얻으려고 애쓴다는 사실을 고통스럽게 깨닫습니다. 우리는 새로운 피조물이지만 여전히 죄인입니다. 우리의 마음과 손은 하나님의 은혜로 씻었지만, 다시 더럽혀지게 되는 슬픈 경향이 있습니다.

베드로는 여전히 베드로였습니다. 자, 사랑하는 친구 여러분, 내가 전에 사도행전의 이 구절을 보지 않았다면 어땠을까 하고 생각해 봅니다. 그런데 나는 사복음서의 글에서 보는 대로 베드로의 생애를 읽었고, 그리고 최근에 누군가 내게 이 본문을 보여주면서 "나는 사도의 이름을 빼버렸어요. 사도가 하나님으로부터 온 환상을 보고 하나님께서 자기에게 말씀하신다는 것을 알았는데도 '주여, 그럴 수 없나이다' 하고 말했을 때 사도들 가운데 누가 그랬겠습니까" 하고 말했습니다. 나는 두 번 생각할 필요도 없다고 확신했습니다. 그는 베드로였다고 확신했습니다. 여러분도 베드로는 하나님의 은혜로 새롭게 된 후에도 역시 베드로라는 것을 압니다. 우리도 자신에 대해서 그와 같이 말하지 않을 수 없다고 생각합니다.

도마, 당신은 한때 매우 생각이 깊고 신중하며 다소 까다롭고 신경질적인 사람이었는데, 이제 당신은 하나님의 자녀입니다. 그럴지라도 여전히 당신은 도마입니다. 나는 당신이 손가락으로 그 못 자국을 만져보고, 손으로 그 옆구리에 넣어보기를 원할 것이고, 그렇지 않으면 믿지 않으려고 하지 않을까 생각합니다. 그리고 요한, 당신은 언제나 애정이 많고 친절하며 또한 뜨거운 열정이 있는 사람입니다. 이제 당신이 그리스도의 제자가 되었으니 당신은 전보다 더욱 사랑이 많아질 것이라고 확신합니다. 그러나 지금이라도 당신이 "주님, 주님을 거절하는 저들에게 불을 내려 멸하소서"라고 말하는 것을 들을지라도 나는 이상하게 생각하지 않을 것입니다. 그 사람은 여전히 똑같은 사람입니다. 사람이 크게 바뀌었지만 그의 정체성이 상실된 것은 아닙니다. 그에게 어떤 변화가 일어났든 간에 베드로는 베드로입니다.

나는 여러분 젊은 회심자들에게 그 점을 기억하라고 말하고 싶습니다. 왜냐하면 어쩌면 여러분이 회심한 그날에 여러분의 옛 자아를 완전히 잃어버렸다고 생각할지 모르기 때문입니다. 그렇지 않다고 여러분에게 장담할 수 있습니다. 급한 성질, 느긋한 성격, 우울한 경향, 혹은 변덕스러운 기질은 여전히 그대로 있어서, 여러분이 이 땅에 있는 한 그것들과 계속해서 싸워야 합니다. 여러분은 새로운 자아, 더 나은 자아를 받았지만, 옛 자아가 그대로 있습니다. 여러분이 청년 시절에 집에서 생활한다면 여러분의 어머니는 여러분을 그대로 알아볼 수 있을 것입니다. 어머니는 당신의 과실은 아니라 할지라도, 당신의 결점과 약점을 보고서 당신이 그대로 예전의 존이고, 예전의 마리아인 것을 알 것입니다. 그러므로 여러분은 자신을 끊임없이 지켜보아야 합니다. 여러분은 크게 변하였습니다. 하나님께서 여러분에게 기사를 행하신 것입니다. 하나님께서 여러분 속에 새 마음을 주셨고, 여러분의 입에 새 노래를 넣어주셨습니다. 그러나 악으로 향하는 성향은 죽지 않았습니다. 여러분의 격정, 욕구, 욕망은 하나같이 다 경계선을 뛰어넘어 법을 어기려는 경향이 있습니다. 베드로는 성령이 임한 후에, 영혼들을 구원하는 놀라운 설교를 하였습니다. 그럴지라도 그는 여전히 베드로입니다. 그래서 여러분은 그가 같은 사람이라고 말할 수 있습니다. 그의 억양이 여전히 베드로라는 것을 나타내기 때문입니다.

베드로가 여기서 얼마나 쉽게 같은 죄가 아니라 같은 종류의 죄를 범하는지를 보여주는지를 살펴봅시다. 그의 성향은 여전히 어떤 방향에서는 그릇된 길을 가게 되어 있었습니다. "주여, 그럴 수 없나이다" 하고 말한 이 베드로는, 건방지게 주님을 책망하며 "주여 그리 마옵소서"(마 16:22) 하고 말한 그 베드로가 아닙니까? 나는 이런 그의 태도를 건방지다고 말합니다. 주님께서 "사탄아 내 뒤로 물러 가라"고 말씀하셨을 때, 베드로는 주제넘는 태도 때문에 책망을 받은 것입니다. 우리 주님은 베드로의 열정적인 의욕을 통해서 사탄이 주님을 시험하여 주께서 이 땅에 오셔서 이루려는 큰 일을 외면하게 만들려고 애쓰는 것을 간파하셨습니다. 다른 제자들이 베드로가 멀리 나간 것만큼 나갔을 것이라고는 생각지 않습니다. 다른 제자들은 다른 방면에서 잘못이 있었습니다. 그러나 주님을 비난하려고 한 것은 결국 베드로였습니다. 그런데 지금 우리는 베드로가 하늘로부터 내려온 짐승들을 잡아먹으라는 명령을 거절하는데서 다시 한 번 주님을 거의 비난하는 듯한 태도를 보게 됩니다. 그렇습니다. 베드로는 실제로 "주여, 그렇게 할 수 없습니다" 하고 말한 것입니다. 우리가 이와 같은 잘못을 범하고 우리 주님을 비난한 일로 책망을 받지 않도록, 우리는 하나님의 섭리에 의문을 품거나 계시에 반론을 제기하지 않기를 바랍니다!

이 사람이 저녁 식사 시간에 **주님을 거절했던** 바로 그 사람이 아닙니까? 주 예수께서 수건을 가져다가 허리에 두르시고 제자들의 발을 막 씻기 시작하셨을 때, 베드로가 말했습니다. "주께서 내 발을 씻으시나이까?"(요 13:6) 주님께서 그처럼 비천한 일을 하시는 것을 보고 깜짝 놀랐기 때문입니다. 주님께서 대야를 가지고 오셨을 때, 베드로가 말했습니다. "내 발을 절대로 씻지 못하시리이다." 그런데 주님께서 "내가 너를 씻어 주지 아니하면 네가 나와 상관이 없느니라" 하고 말씀하시자, 그의 태도가 어떻게 완전히 뒤바뀌었는지 여러분은 아십니다. 그때 베드로가 소리쳤습니다. "주여 내 발뿐 아니라 손과 머리도 씻어 주옵소서." 베드로는 언제나 충동적이었습니다. 바로 이런 성격 때문에, 그는 주님을 저지하고 거부합니다. 그는 마음으로는 그런 생각이 전혀 없었을지라도 마치 자기가 주님보다 더 잘 알고 있는 것처럼 행동하였습니다. 그렇습니다. 이 사람이 "주여, 그럴 수 없나이다" 하고 외친 바로 그 베드로입니다. 그는 주님께서 자기에게 내리시는 명령을 당장은 거부합니다. 자기 생각에 그것이 예법에 어긋난다고 보았기 때문입니다. 우리는 이런 큰 잘못에 빠지지 않기를 바랍니다!

그리고 이 사람은 또 다른 때 주님의 말씀에 단호하게 반박했던 사람입니다. 예수께서 제자들에게 "너희가 다 나를 버리리라"(마 26:31)고 말씀하셨을 때, 베드로가 이렇게 반박하였습니다. "모두 주를 버릴지라도 나는 결코 버리지 않겠나이다." 주님께서 그가 주님을 부인할 것이라고 말씀하셨는데, 여전히 그는 자기가 절대로 그렇게 하지 않을 것이라고 장담하였습니다. 나는 사람들이 베드로에 대해 내세우는 변명들을 다 알고 있습니다. 그리고 나도 그런 변명거리들을 언제든지 말할 수 있습니다. 그러나 또한 그것이 베드로의 방식이었고, 그의 약한 부분이었습니다. 베드로는 초기 시절에 이같이 행동하였습니다. 후에 성령이 그에게 임하시고, 성령의 능력으로 세례를 받고, 우리 주께서 땅에 계셨을 때 그가 처해 있었던 상태에서 아주 높은 위치로 올라갔습니다. 그러나 그는 과거에 넘어지곤 하던 자리에서 여전히 발이 걸려 넘어졌습니다. 그는 다시 주님을 저지하고 거부하며 반박하려는 것처럼 "주여, 그럴 수 없나이다" 하고 말했습니다.

그러므로 나는 다시 그 점을 말합니다. 회심 전에 여러분의 결점은 무엇이었습니까? 이제 그 결점들을 조심하십시오. 여러분이 회심한 이후로 여러분의 결점과 약점, 잘못은 어떤 것들이었습니까? 그 점들을 여전히 주의하십시오. 여러분이 이제 노련한 그리스도인이 되었고, 여러분의 장점들도 크게 발전하였으며, 하나님의 교회에서 여러분이 매우 유용한 사람이 되었을지 모릅니다. 그렇지만 사랑하는 형제 여러분, 여러분 성격의 특성들 때문에 시험에 빠지지 않으려면, 여러분이 본래부터 약하고 그동안 자주 실패를 한 점들을 배나 조심하고, 깨어서 기도해야 합니다. 내가 사랑에서 나온 염려 때문에 여러분에게 강조하는 이 진지한 조언에 진심으로 주의하기 바랍니다. 내가 여러분에게 빠지지 말라고 경고하는 주제넘는 태도의 결과들을 나는 많이 보아 왔습니다. 누군가가 여러분에게 옛 사람이 완전히 죽었다고 말한다면, 여러분은 이렇게 말해도 좋습니다. "옛 마귀 외에는 아무도 당신에게 내 귀에 그런 거짓말을 속삭이게 할 수 있는 사람은 없습니다. 진리가 당신 속에 없습니다." 여러분과 나는 타고난 죄가 우리에게 매일의 재앙이며, 우리 영혼에 온갖 의문을 일으킨다는 것이 사실임을 압니다. 우리가 진압했고 더 이상 복종해서는 안 된다고 생각하는 죄들이, 마치 전에 한 번도 정복된 적이 없는 것처럼 갑자기 무덤에서 일어나 우리와 싸운다는 것을 고통스럽게 느끼기 전에, 우리는 여행을 멀리 가서는 안 됩니다. 우리가 끊임없이 우리를 붙잡아 주시기를 하나님께 눈물을 흘리며 고통스럽게 부르짖지 않는다면, 우리는 수년 전에 빠졌던 똑같은 구덩이에 빠지게 될 것입니다.

　존경하는 친구 여러분, 여러분이 아주 안전하다고 느끼는 지점이 여러분이 가장 공격받기 쉬운 곳입니다. 내 말에 주의하고, 그 말이 맞지 않는지 보십시오. 여러분이 스스로에게 "나는 그 점에서는 위험이 지나갔어"라고 말하는 부분에서, 적은 여러분보다 유리한 위치에 있을 것입니다. "하지만 나는 강해"라고 당신은 말합니다. 터무니없는 생각입니다. 여러분은 물만큼이나 약합니다. 여러분은 완전을 꿈꾸지만, 여러분은 결핍과 약점과 자만 투성이입니다. 여러분을 사랑을 가지고 대하시는 하나님의 무한한 자비가 없다면, 여러분은 이내 그 사실을, 여러분 자신에게는 수치가 되고 여러분 주변의 형제들에게는 고통이 될 만큼, 아주 뼈저리게 알게 될 것입니다. 베드로는 큰 은혜를 받았음에도 불구하고 여전히 베드로입니다.

　여러분은 베드로에게 자신이 느끼는 바를 불쑥 말하는 이 점이 여전히 남아 있음을 봅니다. 좋은 것이든 나쁜 것이든 간에, 마음에 떠오르는 대로 즉시 말해 버리는 것은 여전히 베드로의 특징입니다. 베드로는 환상을 보았고, 하나님께서 그에게 "베드로야 일어나 잡아먹으라"고 말씀하시는 소리를 들었습니다. 조금도 깊이 생각하지 않고 베드로는 대답합니다. "주여, 그럴 수 없나이다." 그것은 베드로가 전에 하던 방식이었습니다. 그는 그처럼 서두르기 때문에 언제나 실수를 하였습니다. 그가 손으로 이마를 짚고 잠시 생각하였더라면 그가 내뱉었던 말 가운데 많은 부분을 하지 않았을 것입니다. 이 사람은 언제나 생각보다 행동과 말이 앞서는 사람이었습니다. 베드로에게 그가 실수하였다는 것을 말해 주는 것이 도움이 되었습니다. 그러나 그 말이 실수를 막을 만큼 충분히 손에까지는 전달되지 않았습니다. 오순절 후에 베드로는 그의 성격 가운데 이런 버릇이 사라졌습니다. 나는 여기 있는 젊은이들 가운데 매우 충동적이어서 나중에는 후회하게 될 것들을 아주 성급하게 이야기하는 사람들이 지금 내 설교를 들을지도 모른다고 생각합니다. 여러분이 나이가 더 들어도 계속해서 충동적으로 행동한다고 해도, 나는 이상하게 생각지 않습니다. 어쩌면 그것이 여러분이 일생 가지고 가는 올가미들 가운데 하나가 될 수도 있을 것입니다. 그 약점에 주의하십시오. 그 약점을 잘 관리한다면, 그것이 힘입니다. 좋은 일이라면 두 번 생각하지 않고 마음에 떠오르는 대로 즉시 행동하는 사람이 있으면, 얘기해 보십시오. 두 번 생각하면 마음이 식어지기 때문에 좋지 않고, 그리스도의 사랑으로 불붙은 마음에서 오는 것이 가장 좋은 생각이라고 아는 사람이 있으면 얘기해 보십시오. 희망도 별로 없는데 선두에 서서 돌진하는 최상의 그리스도인 일꾼들은 베드로와 같이 충동적이고 용감한 사람들이었습니다. 그러나 그 특성이라도 성령으로 잘 다듬지 않으면 그로 인해 여러분이 큰 해악에 빠질 수가 있습니다.

여러분이 할 말을 아주 급하게 뱉어버리면, 수년이 지나도 오랜 세월이 지나도 그 말을 취소할 수 없습니다. 여러분이 이제는 혀를 깨물고 싶을 만큼 후회하게 되는 말을 거두어들일 수가 없습니다. 여러분이 점점 더 화가 났습니다. 10분이 지나자 마음이 평온해진 것이 사실입니다. 그러자 여러분이 내뱉은 신랄한 모든 말에 대해 이루 말할 수 없이 미안한 생각이 들었습니다. 그러나 여러분이 신실한 친구에게 끼친 모욕을 취소할 수도, 지독한 상처를 치료할 수도 없을 것입니다. 여러분이 충동적인 사람이라면, 그 충동이 언제나 하나님께로부터 나오게 해달라고 하나님께 간절히 구해야 합니다. 하나님께서 매일 여러분을 지혜로운 길로 인도해 주시기를 구해야 합니다. 나는 여러분이 자주 검을 빼서 사람의 귀를 자르지 않기를 기도합니다. 예전에 주님께서 다행히 베드로 가까이 계셨듯이, 지금도 예수께서 여기 계셔서 기적적으로 잘린 귀를 낮게 해주시지 않기 때문입니다. 여러분이 누군가의 귀를 베어버리면, 그 귀를 다시 붙일 수 없습니다. 여러분이 한숨 돌리고 나서는 반드시 회개하게 될 악을 서둘러 행하지 않도록 하나님께서 계속해서 여러분을 막아 주시기를 구하십시오.

그러나 베드로는 여전히 베드로입니다. 그래서 새로워진 그는 그가 새롭게 되기 전에 그 속에 있었던 약점들을 무심코 드러냅니다. 그렇지만 베드로는 베드로로서 여전히 좋은 점들을 갖고 있습니다. 그에게는 약점과 장점 모두를 그대로 가지고 있기 때문입니다. 베드로가 이 사건을 누가에게 말하지 않았다면 다른 아무도 이것을 몰랐기 때문에, 누가는 사도행전에 이 사건을 기록할 수 없었을 것입니다. 그리고 다음 장에서 우리는 베드로가 그가 행한 일을 인하여 다른 사도들 앞에 불려갔을 때, 일 전체를 이야기하면서 "내가 이르되 주님 그럴 수 없나이다" 하고 말했다고 고백하는 것을 봅니다. 여러분도 아시다시피 베드로는 거리낌이 없고 솔직하고 대낮과 같이 분명하였습니다. 한때 그에게는 가장하는 흔적이 있었지만, 그에게는 어울리지 않는 일이었다고 생각합니다. 대체로 이 무뚝뚝한 어부는 처음에 생각나는 것을 말했고, 그에게는 잔꾀란 도무지 없었습니다. 이 점에서 우리는 그를 닮도록 합시다.

여러분이 성품 가운데 이런 특성을 가지고 은혜로운 일들을 하면 훨씬 더 나을 것입니다. 잔꾀에 능하면서 아주 "빈틈없는" 사람만큼 기독교적 성품에서 먼 그리스도인은 없습니다. 사람들이 종종 거기에 붙이는 이름이 있다고 생각합니다. 나는 그것을 "약삭빠르다"고 말합니다. 자기 마음을 무심코 입 밖에 내므로 그가 무슨 생각을 하는지 드러내는 사람은 많은 곤경에 빠질 수 있습니다. 그러나 그는 두 마음을 가진 사람들이 하듯이, 많은 사람을 곤경에 빠트리지는 않습니다. 그리고 하나님의 은혜로, 그의 솔직함, 순수함, 진실함이 합력해서 형제들 가운데 큰 복을 가져오는 일이 종종 일어납니다. 성령께서 우리의 특성들을 거룩하게 하셔서 그로 인해 우리가 더욱 유용한 사람들이 되게 하여 주시고, 우리의 본질적인 약점들에서 구원하여 그 약점들로 인해 우리가 죄를 범하는데 빠지지 않게 하여 주시기를 바랍니다!

첫 번째 제목이 있습니다. 그것은 중생한 사람에게도 여전히 옛 사람이 있다는 것입니다. 그것이 베드로에게서 분명히 나타났고, 우리에게서도 충분히 나타납니다.

2. 이제, 둘째로, 옛사람은 대체로 복음의 원칙들과 싸웁니다.

왜냐하면 이 복음의 원칙에서 베드로가 자기 주님과 의견이 달랐기 때문입니다. 예를 들면, 의식법의 폐지와 같이, 자기 앞에 제시된 복음의 큰 원칙에 대해 베드로는 "주여, 그럴 수 없나이다"라는 이 말을 하였습니다. 베드로는 이런저런 것을 먹는 것을 금하였던 의식법들이 이제는 폐지되어야 한다는 것을 알아야 했습니다. 여기 땅에 오셔서 스스로 육신의 몸을 입으심으로써 그리스도께서는 금지된 모든 고기들에 대한 금령을 제거하셨는데, 그 고기들이 종교적인 이유로 먹는 것이 금지된 한에서는 그같이 하셨습니다. 하나님께서 먹는 것을 금하였던 고기들을 깨끗하게 하셨는데, 베드로는 하나님께서 그같이 깨끗하게 하신 고기들을 일반적인 것으로 여기지 않으려고 하였습니다. 베드로는 처음에 주님의 그 말씀에 반감을 품고 이같이 말하였습니다. "주님, 그럴 수 없나이다. 속되고 깨끗하지 아니한 것을 내가 결코 먹지 아니하였나이다. 그럴 수 없나이다. 내가 일어나서 잡아먹을 수 없겠나이다." 오늘날까지도 많은 사람들이 의식법을 구실로 하나님의 영광스러운 복음과 싸웁니다.

사람은 믿음으로 구원받는다고 성경은 말합니다. 그러나 이 형식주의자들은 이렇게 말합니다. "반드시 사람들은 세례를 받고 거듭나야 합니다. 그 다음에는 복된 성찬에 참여하여 양육받아야 합니다." 마음에는 복음주의적인 생각을 갖고 있고 자기도 모르는 사이에 복음을 전하는 사람들이, 복음을 많은 외적 의식들과 뒤섞고, 그럼으로써 실제적으로는 "주님, 그럴 수 없나이다" 하고 말합니다. 의식주의는 사실상 그리스도를 믿는 믿음 안에 있고 의식에 있지 않는 복음, 외적인 이행을 요구하지 않고 영적 생활을 요구하는 복음과 싸우고 있는 것입니다. 우리는 모두 이런 식으로 잘못을 범하는 경향이 있습니다. 우리는 그 자체로는 적합하고 유용하지만, 구원에는 필수적이지 않은 문제들을 지나치게 중요하게 생각하는 경향이 있기 때문입니다. 어떤 사람은 순전히 사람의 의식인 견진 성사(confirmation, 堅振聖事)를 굉장히 중요하게 생각하고, 어떤 사람은 교육적인 관행이고 하나님께서 명령하신 제도가 아닌 속회(class meeting, 屬會)에 참석하는 것을 그만큼 중요하게 생각합니다. 예수께서 아무 규정도 세우지 않은 경우에, 우리는 어떤 규칙도 세워서는 안 됩니다. 우리는 그리스도께서 받으시는 자는 모두 받아야 합니다. 그리스도께서 깨끗하게 한 사람은, 누구도 부정하지 않습니다. 주님께서 사랑으로 받아들이시는 사람이라면, 누구도 제쳐놓아서는 안 됩니다. 그러나 의식을 까다롭게 따지는 사람들은 이 교훈을 쉽게 배우지 못합니다. 그들은 자기들을 따라 하지 않는 사람의 구원에 대해서 의문을 품고, 그런 사람들과 교제하라는 말을 들으면, 입으로 내뱉지는 않을지라도 마음속에서 "주님, 그럴 수 없나이다"라는 베드로의 외침이 일어나기 시작합니다.

　신분이 높은 사람들 외에는 아무도 교제한 적이 없다는 의미에서, 평범하거나 부정한 것을 먹어본 적이 없는 사람들도 이런 싸움을 벌입니다. 여기 이 싸움은 법 앞에 그리고 복음 아래에서 모든 사람이 평등하다는 원칙에 관한 것입니다. 복음전도자는 그 지역의 불쌍한 모든 사람을 회중으로 불러들입니다. 성품이 아주 못된 사람들이 그의 설교를 들으러 모입니다. 이 사실은 크게 기뻐해야 하는 것인데, 어떤 경우에는 그렇지 못합니다. 많은 사람들이 그것을 불쾌하게 생각하고, 그래서 사실상 이렇게 말합니다. "주님, 그럴 수 없나이다. 글쎄요, 사실 난, 나는, 나는 저렇게 형편 없는 옷을 입고 악취가 나는 사람 곁에 앉고 싶지 않습니다. 헤퍼 보이는 여자가 들어오는 것을 보았는데, 그만 자리를 일어나야 할 것 같습니다."

　아주 지체가 높은 여러분, 여러분은 자신의 마음 상태를 잘 아십니다. 우리가 여러분의 말을 들을 때, 여러분은 마음 상태에 대해서 별로 말하지 않습니다. 말해봐야 소용이 없다는 것을 알기 때문입니다. 말은 하지 않지만 여러분은 가난하고 궁핍한 사람들에게서 떨어져 앉기 위해 회중석 구석으로 갑니다. 여러분, 그렇지 않습니까? 작업복을 입은 사람이나 얼굴이 지저분한 사람이 여기에 들어오면, 아마도 여러분은 재빨리 좌석 맨 끝자리를 차지함으로써 그 사람이 여러분이 앉은 좌석 옆 통로 바닥에 앉게 할 것입니다. 많은 사람이 그런 심정을 갖고, 그것이 아주 자연스러운 일일 수 있습니다. 그러나 그런 태도는 그리스도인의 사랑이 부족한 것을 은연중에 드러내는 것임에 틀림없습니다. 사실, 깔끔한 사람들이 씻지 않은 사람들을 기피하는 것은 거의 본능적입니다. 그러나 새 생명의 본능은 영혼들의 구원을 기뻐하고, 그래서 그 구원을 위하여 타락한 사람들과의 접촉을 피하여 일어서기보다는, 큰 불편을 참습니다.

　야고보 사도의 시절에, 사도가, 부자들에게 자기들 가까이 앉으라고 손짓하는 사람들을 책망했을 때, 로마나 유대의 빈민은 오늘날 우리 가운데 있는 어떤 사람들과 같이 아주 악취가 났었는데, 사도는 그런 점을 전혀 고려하지 않습니다. 우리는 평범하고 깨끗지 않은 것들을 아주 높이 평가해서 그런 것들을 그 관점에서 보지 않도록 합시다. 우리는 특권계급이라는 전제정치를 세우지 말고,

우리 구주께서 무너뜨리기 위해 죽으신 분리의 중간 담을 다시 세우는 일을 하지 않도록 합시다. "하나님께서는 인류의 모든 족속을 한 혈통으로 만드사." 우리는 한 부모에게서 나왔고, 사람들에게는 한 분의 구주밖에 없습니다. 우리는 귀족이나 극빈자나 정숙한 부인이나 매춘부나 신사나 부랑자나 다 똑같이 구원받기를 간절히 바랍시다. 나는 어떤 사람들이 자기 이웃 사람들에 대해 이야기하는 것을 들으면 아주 역겹습니다. 그들은 마치 이웃 사람들이 조금이라도 고상하게 보아줄 가치가 없는 찌꺼기요 쓰레기인 것처럼 그들에 대해 말합니다. 그런 말을 들으면 화가 나기 때문에, 나는 좀처럼 그런 말을 참고 듣지 못합니다. 인근 지역의 어떤 목사는 자기 교인들에게 무디(Moody)나 생키(Sankey), 혹은 그와 같이 악한 사람들을 조심하라고 경고하곤 하였습니다. 그 사람들은 천한 사람들을 구원하는 일을 하기 때문이었습니다. 그 목사는 이렇게 말했습니다. "나는 이 구역에서 자기가 구원받았다고 고백하는 사람들을 봅니다. 그런데 그들은 이전에 예배당에 한 번도 간 적이 없습니다. 그래서 나는 그들이 구원받았다고 믿지 않습니다. 왜냐하면 하나님께서 아주 많은 사람을 구원하려고 하신다면, 무엇보다 지금까지 수년 동안 꾸준히 예배당에 다녔던 사람들을 구원하실 것이 분명하기 때문입니다." 그것은 어떤 점에서 베드로가 생각했던 것과 같이 의식법을 중요하게 여기는 것으로 "주여, 그럴 수 없나이다" 하고 말하는 것이었습니다. 아, 점잖은 양반들의 잔인한 처사입니다!

여러분 본성에 그와 같은 어떤 것이 남아 있다면, 그것을 쫓아내 달라고 하나님께 구하십시오. "아버지의 살림을 창녀들과 함께 삼켜 버린 이 아들이 돌아오매 이를 위하여 살진 송아지를 잡으셨나이다"(눅 15:30)라고 말한 큰 아들이 살았던 곳은 바로 아버지의 커다란 저택이었습니다. 큰 아들은 화가 나서 집에 들어가려고 하지 않았습니다. 그는 매우 뛰어난 사람이었고, 사실 매우 훌륭한 사람이었습니다. 그는 이 방탕한 동생 같은, 그런 하층민과 함께 집에 들어가려고 하지 않았습니다. 그는 그런 난봉꾼을 위해 그렇게 떠들썩하게 잔치를 벌이는 것이 싫었습니다. 친구 여러분, 교만은 옛사람의 특성입니다. 여러분에게서 그 성향이 나올 때마다, 그것은 여러분에게 아직 남아 있는 천한 부분이고, 죽어야 할 면입니다. 그리고 교만은 하나님의 은혜의 복음에 대해 이런 식으로 적의를 보입니다. 나는 하나님의 은혜의 역사에 있어서는, 모든 사람이 하나님 보시기에 완전히 똑같다는 것을 확실히 믿습니다. 사람들이 오직 주님을 찾고 주님만을 의지한다면 차별이 없습니다. 그리스도인으로서 우리 모두는 모든 계층의 사람들을 기쁘게 받아들임으로써 이 사실을 주장해야 합니다. 그렇게 하지 않으면 우리도 베드로가 "주여, 그럴 수 없나이다" 하고 말했을 때 있던 그 자리에 있게 될 것입니다. 베드로는 자기가 지금까지 속되거나 깨끗하지 아니한 것을 말했는데, 그것은 우리가 지금까지 빈민촌에 사는 사람하고는 누구하고도 교제한 적이 없다고 말하는 것이 되기 때문입니다.

우리의 옛사람이 값없이 주는 주권적인 은혜라는 복음의 큰 원칙에서 복음과 다른 입장을 주장할 때, 바로 이 같은 싸움이 벌어집니다. 여러분이 잘못을 범했다는 것을 알고 그러므로 하나님의 은혜를 의심할 때, 여러분은 스스로 복음과 싸우는 것입니다. 즉시 옛사람은 이렇게 말합니다. "당신은 죄를 범했다. 그래서 당신은 하나님의 은총을 잃어버렸다. 하나님께서 당신을 버리실 것이고, 당신은 멸망할 것이다." 그러나 복음의 원칙은 이것입니다.

> "하나님은 한 번 사랑하시는 자를 결코 떠나지 않으시고
> 끝까지 사랑하십니다."

우리에게는 자연스러운 율법주의는 값없는 은혜와 변치 않는 사랑이라는 영광스러운 교리를 차버립니다. 그리고 때로 우리는 이렇게 말합니다. "나는 착하지 못해서 기도할 수 없거나, 하나님의 은혜를 받기에 적합하지 못할까 두렵다." 마치 하나님께서 우리에게 은혜를 베풀어 주시기 전에, 우리에게서 어떤 선을 찾으시기라도 하는 것처럼 말합니다. 병든 사람은 치료받기에 적합하고, 가난한 사람은 구제받기에 적합하며, 물에 빠진 사람은 구조받기에 적합하며, 죄인은 구원받기에 적합합니다. 하나님께서는 우리가 아주 빈 손으로, 연약하고 죄 많고 잘못에 빠져 있는 채로 와서, 그리스도 예수 안에 있는 값없는 은혜를 그냥 받게 하려고, 우리에게는 하나님께서 인정하실 만한 것이 아무것도 없는데 하나님 편에서 자발적으로 주시는 그 은혜를 그냥 받게 하려고 하십니다. 아, 그 단어를 끊어서 "은혜, 은혜, 은혜" 하고 또박또박 말할 수 있다는 것은 큰 일입니다! 요전에 어떤 사람이 "값없는 은혜"라고 말하는 것은, 말을 쓸데없이 반복하는 것이라고 말하였습니다. 사실 그렇습니다. 그러나 우리가 은혜에 관해 말을 할 때, 반복적인 표현을 쓰는 것을 개의치 않는 은혜에는 그처럼 넘치는 것이 있

습니다. 우리는 여전히 "값없는 은혜"라는 말을 쓰려고 합니다. 이는 어떤 사람들이 은혜가 값없이 주어진다는 것을 믿지 않으려고 하기 때문에, 은혜가 값이 없다는 것을 아주 분명히 할 필요가 있어서 단지 "은혜"라고만 하지 않고, "값없는 은혜"라고 말하는 것입니다. 그리스도께서는 성인(聖人)들을 위해 죽지 않으시고 죄인들을 위해 죽으셨습니다. 그리스도께서 세상에 오신 것은 우리의 의 때문이 아닙니다. 그는 우리의 죄를 위해서 죽으셨습니다. 하나님의 사역은 구원받을 자격이 있는 사람들을 구원하는 것이 아니라, 전혀 자격이 없는 사람을 구원하는 것입니다. 하나님의 자비의 큰 홍수가 넘쳐흐르고 우리의 모든 죄를 물속에 빠트리고, 그 후에도 계속해서 물이 불어 마침내 우리 죄악의 모든 산꼭대기들이 물에 덮이고 다시는 보이지 않게 됩니다. "죄 사함을 믿으라." 이것은 참으로 위대한 신조의 조항입니다! 그런데 우리는 그 사실을 믿는데 왜 그렇게 더딥니까? 베드로에게서 그랬듯이 "주여, 그럴 수 없나이다" 하는 말로 값없는 은혜와 싸움을 벌이는 것은 우리 옛사람이 일어나고 있는 것이 아닙니까?

3. 셋째로, 옛 본성은 여러 면에서 나타나 언제나 하나님을 대항하여 싸운다는 것을, 할 수 있는 대로 간단히 설명하도록 하겠습니다.

"주여, 그럴 수 없나이다"는 말은 종종 우리 속의 중생하지 못한 부분에서 나오는 외침입니다.

그것은 복음의 교리에 반대하는 외침입니다. 어떤 사람들을 복음을 믿고 싶지 않기 때문에, 믿지 않습니다. 그들은 성경 가운데서 그들의 마음을 밝혀줄 그런 부분이 나오면, 의도적으로 그런 부분을 읽지 않고 지나갑니다. 그들은 진리는 어떠해야 한다고 이미 스스로 확신하고 있는 것이 있기 때문에 설득되지 않습니다. "주여, 그럴 수 없나이다"라는 것이 그들의 외침입니다. 사랑하는 여러분, 절대로 그런 마음을 품지 마십시오. 어디에서든 하나님의 말씀을 따르고, 성령께서 말씀하시는 것을 믿고, 성령께서 여러분에게 가르칠 것을 가르치시게 하십시오. 여러분이 하나님의 말씀에서 분명한 진술을 만날 때는 그동안 여러분이 어떻게 생각해왔든지 간에 여러분의 생각을 그 진술에 복종시키고, 그 진술의 교훈을 받아들이십시오. 여러분이 어떤 생각을 해왔을지라도 성경의 그 진술이 참이기 때문입니다. 내가 할 일은 성경이 가르치는 바를 믿는 것입니다. 반대하고 "주여, 그럴 수 없나이다" 하고 소리치는 것이 할 일이 아닙니다.

　　우리의 옛 본성이 때로 의무의 문제에서 하나님께 소리칩니다. 우리는 당면한 의무 외에 어떤 것이든 할 수 있고, 그 한 가지 일에 대해 "주여, 그럴 수 없나이다" 하고 말할 수 있습니다. 저기 있는 젊은 여자 청년은 하나님의 말씀에 따를 때, 자신이 그 젊은 청년과 결혼해서는 안 된다는 것을 알고 있습니다. 왜냐하면 그 여자 청년은 불신자와 멍에를 같이 멜 수 없기 때문입니다. 자, 그녀는 정말로 세례를 받으려고 했고, 지금은 진심으로 주님께 헌금을 드리고 싶어합니다. 사실 그녀는 자기가 좋아하는 애정 관계를 그만두기 위해서 필요한 극기(자기부인)라는 한 가지 행동을 제외하고는, 무엇이든 하고 싶어합니다. 그러나 친구 여러분, 여러분이 그 유익한 규칙을 깨트린다면, 여러분 스스로 어떤 큰 슬픔을 가져올지 나는 모릅니다. 나는 불신자와의 결혼을 많이 보아왔습니다. 말로 다할 수 없는 비참함을 가져올 것을 알기 때문에, 거의 그들 모두에 대해 슬퍼하지 않을 수 없었습니다. 그 교훈을 받아들이시기 바랍니다. 그것이 여러분에 관한 하나님의 뜻임을 알고, 한순간도 망설이지 말고 받아들이시기 바랍니다. "너희에게 무슨 말씀을 하시든지 그대로 하라"(요 2:5). 결코 "주여, 그럴 수 없나이다"라는 말을 하지 마십시오. 주 하나님의 명령에 이의를 다는 것은 불순종이기 때문입니다.

　　이 점이 여러분의 습관에 적용되듯이 다른 모든 일에도 그대로 적용하시기 바랍니다. 우리의 타락한 본성은 감히 성화의 과정에도 트집을 잡으려고 합니다. 우리는 불순물에서 구원받는 것은 좋아하지만, 불로써 연단받는 것은 좋아하지 않습니다. 책망을 경시하고, 진리를 추구하는 것을 피하며 신실한 친구를 멀리하고, 마음을 일깨우는 성경을 소홀히 합니다. 육체적 안락은 방종을 갈구하고, 육신은 "주여, 그럴 수 없나이다" 하고 투덜대기 때문입니다.

　　심지어 하나님 나라의 통치에서도 완고함이 끼어듭니다. 우리는 하나님께서 우리가 속해 있지 않은 교파를 통해서 사람들에게 복을 주시는 것을 좋아하지 않습니다. 우리는 규칙을 따르지 않는 엘닷과 메닷 같은 사람들이 우리의 모세의 명성을 가릴까봐 시기심을 냅니다. 나는 예전에 어떤 사람들이 주님께서 다소 주제넘게 나서는 젊은 여인과 너무 앞서 나가는 젊은이, 열심이 지나친 어떤 사람에게 복 주시는 것을 반대한 것을 알고 있습니다. 정말로 하나님께서 우리에게 복을 베푸시도록 하되, 못마땅한 사람들을 통해서 복을 베푸시는 일은 하지 않도록 하려고 합니다. 많은 사람들이 나사렛 출신의 사도들보다는 아테네에서 온 사도들을 좋아할 것입니다. 사람들은 갈릴리 고깃배의 냄새보다 서재의 등잔 기름 냄새를 더 좋아할 것입니다. 우리는 회심을 위하여 기도하지만, 어떤 사람들은 그 회심이 통상적인 방식을 벗어나서 일어난다면 회심을 믿지 않을 것입니다. 우리는 너무 오만해서 종을 우리의 적합한 위치로 전혀 받아들이지 않을 것입니다. 베드로의 그런 태도가 우리 몸에 아주 많이 배어 있어서, 우리는 걸핏하면 "주여, 그럴 수 없나이다" 하고 소리칩니다.

타락한 본성 때문에 우리는 당하는 고난에 대해 주님과 말다툼을 하는 경향이 있습니다. 이 점을 또한 항상 주의하도록 하십시오. 여러분이 고난을 견뎌야 하게 될 때는, 언제든지 그 고난의 특별한 형태에 대해 불평하지 않도록 하십시오. 그 고난이 큰 육체적인 고통의 형태로 오면 여러분은 "이것 말고 다른 고난이 오면 내가 잘 견딜 수 있을 텐데" 하고 말할지 모릅니다. 그것은 잘못된 생각입니다. 하나님께서는 무엇이 자기 자녀에게 가장 적합한지 아십니다. "그럴 수 없나이다" 하고 말하지 마십시오. 어떤 사람은 "아, 차라리 병이라면 잘 견딜 수 있겠는데, 비방을 받다니! 내 평판이 형편 없어지니 견딜 수가 없겠네" 하고 말합니다. 이와 같이 우리 의지는 자기 뜻을 주장하고, 우리 자신이 하나님과 통치자가 되기를 갈망합니다. 그렇게 해서는 안 됩니다.

사랑하는 친구 여러분, 여러분은 하나님께서 정해 주시는 것을 견뎌야 합니다. 그렇지 않으면 여러분은 문제를 훨씬 더 악화시킬 것입니다. 여러분이 어떤 일을 잘하기를 바란다면, 여러분 자신이 그 일을 하되 이 점은 예외로 두기 바랍니다. 즉 여러분이 자신의 평판을 변호하고 싶다면, 언제든지 그 일을 내버려 두도록 하십시오. 다른 누군가가 여러분을 대신해서 그 문제를 해결할 것입니다. 비방이 여러분의 마음을 상하게 하는 막대기라면 우리 가운데 많은 사람들이 여러분보다 먼저 그 일을 경험했으니, 여러분은 마치 이상한 일을 당한 것처럼 너무 심하게 불평할 필요가 없습니다. "주여, 그럴 수 없나이다" 하고 외치지 마십시오. 그보다는 근심이든 비방이든 질병이든 중상이든 주님께서 여러분에게 정해 주시도록 하십시오. 주님께서 여러분에게 최선이 되는 것을 아시기 때문입니다.

"하지만 나는 아내나 사랑하는 아이를 잃을까봐 두렵습니다. 그것 말고 다른 것은 무엇이든지 참을 수 있을 것 같습니다." 그렇습니다. 당신도 알다시피,

거역하는 영은 이런저런 방식으로 하나님과 다투기 때문에 조용히 잠재울 수 없습니다. 나는 어저께 어떤 자매가 내게 해준 이야기에 아주 깊은 인상을 받았습니다. 그 자매는 거의 교회를 떠날 지경에 이르렀습니다. 그녀는 주님께서 남편을 데려가신 것에 대해 주님과 싸웠습니다. 그녀는 예배당은 아무 데도 가려고 하지 않았고, 남편을 잃은 것에 대해 몹시 화가 나 있었습니다. 그런데 그 자매의 어린아이가 어느 날 아침에 와서 말했습니다. "엄마, 엄마는 요나가 '내가 성내어 죽기까지 할지라도 옳으니이다'(욘 4:9) 하고 말한 것이 잘했다고 생각해?" 그녀는 "얘야, 엄마한테 말 시키지 마" 하고 말하고, 아이를 비키게 하였습니다. 그러나 그녀는 아이의 말에서 책망을 느꼈습니다. 그리고 그 말 때문에 그녀는 다시 자신의 하나님께로, 자기 교회로 돌아오게 되었고, 아이의 말을 사용하여 자신을 하나님 앞에 바로 서게 하신 하나님께 겸손히 감사드렸습니다.

　　친구 여러분, 우리는 주님 앞에서 잠잠히 있고 주님의 길을 더 이상 판단하지 맙시다. 주님의 길을 판단하는 것이 우리 자신에게나 다른 사람에게 아무 유익이 없기 때문입니다. "그럴 수 없나이다" 하고 말하지 말고, "이는 주이시니 선하신 대로 하실 것이니라"(삼상 3:18)고 말하십시오. 야곱이 하나님의 뜻을 따라 요셉의 두 아들에게 나이 든 손을 엇갈려 얹고서 축복하자, 요셉이 "아버지여, 그리 마옵소서"(창 48:18) 하고 말했지만 아버지의 행동을 바꿀 수 없었습니다. 야곱은 알고서 팔을 그렇게 뻗었고, 그래서 하나님이 하고자 하시는 대로 복이 임했습니다. 어쩌면 큰 복이 팔을 엇바꾸는 방식으로 여러분에게 임하고 있는 것인지도 모릅니다. 야곱은 그와 같이 예기치 않은 방식으로 복이 임하는 것을 그 자신이 많이 경험했습니다. 그래서 그는 자신이 무엇을 하려고 하는지 알고 있었습니다.

> "전혀 뜻밖의 복이
> 야곱의 흰 머리에 내렸으니
> 이는 요셉의 피 묻은 겉옷을 보았을 때
> 죽은 자와 같이 되었기 때문이라."

　　놀라운 많은 복이 그와 같이 팔을 엇바꾸는 방식으로 우리에게 왔습니다. 그러므로 고개를 숙이고 잠잠하십시오. 여러분의 작은 심판자리 앞에 여러분의 창조주를 불러다 놓고 심문하는 일을 영원히 끝내도록 하십시오. 하늘 아버지께서 옳고 선한 일을 행하시지 않겠습니까?

때로 우리의 타락한 본성은 우리의 봉사에 관하여 하나님과 다툽니다. 주님께서는 "주일학교에 가라"고 말씀하십니다. 젊은이는 "설교했으면 좋겠습니다" 하고 말합니다. "주일학교에 가라." "주여, 그럴 수 없나이다" 하고 말하고 그는 가려고 하지 않습니다. 이렇게 해서 그는 일생의 사역을 놓치고 맙니다. 무슨 일을 할 것인지 우리가 선택하는 것이 도움이 되지 않을 것입니다. 이 일을 하라, 혹은 저리로 가라는 말을 듣고서 "싫습니다. 주인님. 나는 다른 일을 하고 싶습니다" 하고 말하는 종들을 누가 고용하려고 하겠습니까? 그런 종들은 토요일 밤에 품삯을 받으면서 새 주인을 찾아보라는 말을 들을 것입니다. 우리가 그동안 우리의 할 일을 스스로 결정해 왔다면 "주님, 내게서 주의 봉사를 거두지 마소서" 하고 기도하는 것이 마땅합니다. 주님께서 여러분에게 명령하시는 한, 명령하실 때 명령하시는 곳에서 주께서 명하시는 것을 하되, 당장에 하십시오. "주여, 그럴 수 없나이다" 하는 말을 절대로 하지 마십시오.

당신은 말합니다. "그런데 주님의 섭리는 참으로 이상합니다. 나는 그동안 마음으로 정착해 있던 곳에서 불려나왔습니다. 하나님은 나를 끔찍하게 다루십니다." 정말로 주님의 길은 폭풍우 속에 있습니다. 그렇지만 여러분은 "주여, 그럴 수 없나이다" 하고 말하지 마십시오. 크신 아버지 하나님의 정하신 바를 고쳐보려고 하는 것은 하나님의 자녀로서 적합한 태도가 아닙니다. 전지하신 분께서 우리에게 최선이 되는 것을 아십니다. 그렇게 생각하지 않으십니까? 여러분이 마치 그 반대를 생각했던 것처럼 행동하지 마십시오.

형제 자매 여러분, 순종하는 마음, 순복하는 정신, 온순한 지성, 하나님의 뜻에 대한 동의가 행복의 필수 요소들입니다. "주여, 그럴 수 없나이다"라고 말하는 정신은 우리의 길을 어둡게 하는 모든 안개의 어머니입니다. 여러분이 하나님과 반대 방향으로 걸으려고 하면 하나님께서도 여러분과 반대로 행하실 것입니다. "완고한 자에게는 하나님께서 완고하게 나타나실 것입니다." 그러나 겸손하고 통회하며 복종하고 순종하는 자들에게는 하나님께서 더할 수 없이 자비롭게 나타나실 것입니다. 여러분이 몸을 구부리면 이길 것입니다. 여러분이 순복하면 원하는 바를 얻을 것입니다. 여러분이 자신을 아무것도 아닌 것으로 낮추면 하나님께서 여러분을 높이실 것입니다. 그러나 여러분이 여러분의 주님에 대해 끝까지 저항하면 주님은 여러분을 사랑하시기 때문에 여러분을 바로잡으실 것이고, 여러분을 버리시기보다는 더 나은 예절을 가르치실 것입니다.

4. 그 점은 이 만큼 다루고 네 번째 요점을 살펴봅시다.
이런 고집 때문에 유익을 얻지 못한다는 것은
매우 안타까운 일이라는 것입니다.

주님께서 베드로를 이긴 그 과정을 쓰시지 않았다면, 베드로가 그와 같이 되었을 것입니다. 베드로는 "주여, 그럴 수 없나이다" 하고 말했습니다. 즉, "주님, 그럴 수 없습니다. 나는 지금까지 속되거나 더러운 것은 어떤 것도 먹은 적이 없기 때문입니다"라고 말한 것입니다. 어떤 일들에 있어서 베드로는 지나치게 보수적이었습니다. 베드로가 "주여, 그럴 수 없나이다" 하고 말하였는데, 어떤 사람들은 그 말을 이렇게 읽습니다. "안 됩니다. 주님, 안 됩니다. 한 번도 그런 것을 먹은 적이 없습니다." 즉 "나는 한 번도 해 본 적이 없는 일은 결코 하지 않습니다" 하고 말하는 것입니다. 많은 사람들이 이런 생각을 가지고 있습니다. 그래서 그들은 조금도 앞으로 나가지 못합니다. 그들이 아침 식사 전에 노래하는 찬송은 이것입니다. "태초에 세상이 있었듯이 지금도 세상이 있고, 앞으로도 세상은 끝없이 지속될 것이네. 아멘." 그들이 밤에 잠자리에 들기까지 언제든지 그들이 계속해서 그 곡조를 부릅니다. "태초에 세상이 있었듯이, 태초에 세상이 있었듯이." 이들은 그동안 하지 않은 일은 결코 하지 않고, 그동안 배우지 않은 것은 배우려 하지 않습니다. 많은 사람이 다른 사람들이 하는 대로만 따라 하려고 합니다. 그들은 그런 식으로 하려고 합니다.

자, 이것은 내가 받아들이지 않은 규칙입니다. 언제나 그것은 내 앞에 아무도 하지 않은 일을 내가 해야 되는 것처럼 보였기 때문입니다. 내가 어떤 점들에서는 다른 모든 사람과 다르지 않았습니까? 사람은 둘러보고 이제까지 시도하지 않은 유익한 방법들을 찾기 좋아합니다. 왜냐하면 새로운 형태의 노동은, 그토록 오랫동안 물이 빠진 채로 지낸 내 경작지보다 더 나은 곡물을 낼 미개간지와 같을 것이기 때문입니다. 그리스도인들은 자기들 방식으로 굳어지는 경향이 있다고 여러분은 생각하십니까? 여러분은 언제나 많은 구절들을 노래하고 그 이상은 하지 않아야 합니다. 여러분은 어떤 시간에 기도를 하는데, 기도를 끝내기 전에 마음속으로는 유럽, 아시아, 아프리카, 아메리카 등 온 세상을 돌아다닙니다.

어떤 사람들은 자기들이 그동안 한 일을 언제나 해야 합니다. 비록 그 일을 하다가 조는 일이 있더라도 말입니다. 이와 같은 기계적인 습관 때문에 유용한 일을 확대하지 못하고, 특이한 사람들을 알아보지 못하며 모든 열심에 트집을 잡습니다. 우리는 우리의 손발을 묶는 정신에 대항하여 싸우도록 합시다. 주의 영이 계시는 곳에 자유함이 있습니다. 우리는 "주님, 안 됩니다. 나는 한 번도 해 본 적이 없습니다"라고 말하지 말고, 그 반대로 말합시다. "이 유용한 일을 적당히 빠르게 시작해 보겠습니다. 내가 그 일을 아주 오랫동안 잊고 지냈기 때문입니다. 내가 주의 계명을 서둘러 행하고 더 이상 미루지 않겠습니다."

예의바름이 많은 사람들에게 방해가 됩니다. 그들에게 예법은 죽음과 같은 것입니다. 나는 이 말의 정확한 의미를 모르겠습니다. 그런데 세상에서 가장 훌륭한 것은 "예의바름"이라고 생각하는 점잖은 사람들이 있습니다. 로울랜드 힐 씨(Rowland Hill)는 모든 질서와 예법을 철저히 지켰다는 말을 들었습니다. 그는 이렇게 말했습니다. "그렇지 않아요. 나는 한 번에 두 마리 말을 타고 다닐 수 없습니다. 그러나 나는 할 수 있는 대로 바른 평판을 듣기 위해 두 말로 내 마차를 끌게 하는데, 두 말 중의 한 마리를 '질서'라 불렀고 다른 말은 '예법'이라 불렀습니다." 질서와 예법이, 로울랜드 씨를 끌고 이 마을 저 마을로 복음을 전파하러 다닌 때만큼 잘 사용된 적은 없습니다. 한편으로 나는 로울랜드 씨가 두 말을 끌고 강단으로 가지 않은 것이 기쁩니다. 그는 또한 그리스도인이 마땅히 그래야 하는 만큼 무질서하고 예의가 없었습니다. 말하자면 그는 아주 자연스러웠고 마음으로부터 진리를 말하였습니다. 그래서 그의 설교를 들은 사람들은 그 말의 힘을 느꼈으며, 그는 런던의 이쪽 지역에, 실로 온 세상에 복이 되었습니다. 형제 여러분, 자신을 좀 흔들어 깨우십시오. 여러분이 너무 엄밀한 사람이라면 주님께서 여러분에게 불을 붙여 형식에 매여 있는 여러분의 뼈를 불태워 주시기를 바랍니다! 여러분이 지나치게 예의가 발라서 약간의 버릇없음도 허용할 수 없을 정도라면, 하나님께서 여러분이 적당히 예의바를 수 있게 도와주시기를 기도합니다. 여러분이 예의바름에 집착해 있는 동안에 여러분의 도움을 받아 구원받지 못할 사람이 많기 때문입니다.

다시 한 번 이야기하지만, 어떤 사람들은 자신들의 높은 위엄 때문에 쓸모 있는 일을 하는데 방해를 받는다는 것을 나는 의심치 않습니다. 사람들을 그대로 내버려 두면 사람들이 얼마나 고귀한 존재가 될 수 있는지 놀랍습니다. 느부갓네살은 "이 큰 바벨론은 내가 건설하였다"(단 4:30)고 외칩니다. 이 사람은 후에 소처럼 풀을 먹었고, 그 손톱이 새의 발톱처럼 자란 그 신사입니다. 우리는 아주 아주 아주 큰 사람은 거의 보지 못했고, 한껏 뽐을 낸 아주 아주 아주 작은 사람들은 많이 보아왔습니다. 그러나 사람들의 위대함에서 어떤 선한 것이 나오는 것을 한 번도 보지 못했습니다. 이 훌륭한 사람들 때문에 복을 받은 사람들은 거의 없습니다. 하나님께서는 엘리야와 같은 자신의 종들에게 공작새를 시켜서 떡과 고기를 가져다주시는 일은 좀처럼 하시지 않습니다. 여러분이 옷을 아주 잘 차려 입고 가난한 집을 방문하여 그 집 사람들에게 "생색을 내면," 그들은 더 이상 당신을 보고 싶어하지 않을 것입니다. 여러분 자신을 덜 사랑하고, 하나님을 더 사랑하십시오. 모든 사람의 영혼을 전심을 다해 사랑하십시오. 죄인들을 구주의 발 앞에 데려오려고 애쓰고 고민하십시오. 하나님께서 여러분을 도와주실 것입니다. 그러나 여러분이 점잔을 빼고서 "주여, 그럴 수 없나이다. 나는 속되거나 깨끗지 아니한 것을 지금까지 먹어 본 적이 없나이다"고 말한다면, 그것이 여러분에게 심각한 해가 될 것입니다. 내가 한 속회(屬會)에 가서 "나는 점점 아주 작아지고 예수님은 지극히 커지게 하자"고 말했는데, 형제들이 아무 설명 없이도 그 말을 알아들었습니다. 우리가 우리 주 예수님을 지극히 사랑하여 더 이상 점잔빼기를 그치고, 주님을 위해서라면 기꺼이 아무것도 아닌 자가 될 수 있기를 바랍니다!

　　이 자리에 아직까지 예수님을 믿지 않은 사람이 있습니까? 그런 분들은 즉시 영혼을 예수님께 맡기시기를 바랍니다. 그리고 자기 영혼을 예수께 맡겼으면 지체없이 앞으로 나와 예수님의 이름을 고백하고 성삼위 하나님의 이름으로 세례 받으시기 바랍니다. 그 다음에 그분들은 더욱더 낮은 데로 내려가서, 자신들은 아무것도 아니고 그리스도께서 모든 것의 모든 것이 되도록 하시기 바랍니다.

제
15
장
—

위대한 순회 설교자

—

"그가 두루 다니시며 선한 일을 행하시고." ― 행 10:38

본문을 읽어보면 베드로의 설교가 짧고 매우 요령 있다는 것을 알게 될 것입니다. 베드로는 고넬료에게 즉시, 그리고 분명하게 복음을 전했습니다. 베드로는 예수님의 생애를 간략하지만 아주 탁월하게 묘사했습니다. 그는 자신이 예수님의 생애를 직접 목격한 증인이라고 확언하였고, 우리가 기쁘게 전하는 단순한 복음을 설교 끝부분에 배치하였습니다. "그에 대하여 모든 선지자도 증언하되 그를 믿는 사람들이 다 그의 이름을 힘입어 죄 사함을 받는다 하였느니라." 복음을 전하는 모든 목사들은 이 설교를 교훈적인 본보기로 삼아야 할 것입니다. 우리가 주 예수께 관해 많이 이야기하려고 한다면 다른 문제들에 대해서는 적게 말할수록 손해가 적을 것입니다. 우리가 어떤 가르침을 생략한다고 할지라도, 우리 사역에서 주 예수 그리스도의 이름과 인격의 향기가 많이 있었다면, 그런 생략은 용납할 수 있을 것입니다. 사람들이 하나님의 보내심을 받았다고 주장하면서, 자신이 보냄을 받아 전하게 되어 있는 위대한 메시지는 놔두고, 다른 모든 것에 대해 이야기한다는 것이 이상한 일입니다. 목사로서 내 임무는 그리스도를 전하는 것입니다. 그래서 내가 십자가에 못 박히신 그리스도를 말하는데 소홀하였다면, 다른 점들을 열심히 분명하게 전했다는 것이 내게 별 유익이 되지 못할 것입니다. 예수님 대신에 교리나 도덕적 생활에 대한 내 견해를 말하는 것은, 해를 치우고 대신에 희미한 빛을 내놓는 것이며, 아이에게서 빵을 빼앗고 돌을 주는 것입니다. 우리는 길거리에서든 병실에서든, 혹은 기도처에서든 설교하거나 가르치는 모든 사람에게 베드로의 예를 본보기로 추천합니다. 베드로가 한 대로 하십시오. 여러분의 사역의 핵심으로 바로 가서 십자가에 못 박히신 그리스도를 분명하고 단순한 언어로 전하십시오. 십자가에 못 박히신 그리스도라는 그 주제를 청중에 맞게 고쳐야 한다고 누군가가 주장한다면, 우리는 그리스도의 역사에는 이 경우에 적용될 수 있는 어떤 것이 확실히 있는 것을 그 기사에서 봅니다. 베드로는 주님의 역사에서 고넬료가 아주 공감할 수 있을 어떤 점들을 의도적으로 부각시켜 말하였습니다. 베드로는 고넬료에게 "그는 만민의 주이시라"고 말합니다. 이것은 마치 이렇게 말하는 것이나 같습니다. "예수님은 유대인들의 주이실 뿐만 아니라 이방인의 주이시기도 합니다. 고넬료여, 예수님의 통치가 당신에게 미쳤습니다. 그를 예배하고 경배하십시오. 그는 이스라엘 군대뿐 아니라 이탈리아 군대에게도 복이 되고 속죄제물이 되게 되어 있습니다. 그러므로 백부장이여 용기를 내십시오."

　　베드로가 그리스도께 관하여 전하면서 본문의 말을 한 것은 아마도 본문의 말씀이 "경건하여 온 집안과 더불어 하나님을 경외하며 백성을 많이 구제하고 하나님께 항상 기도하는" 사람의 주의를 확실히 끌 수 있기 때문이었을 것입니다. 베드로는 마치 이와 같이 말한 것입니다. "고넬료, 당신은 두루 다니며 선한 일을 행합니다. 궁핍한 자를 돕고 굶주린 자를 먹이며 헐벗은 자에게 옷을 입히는 것이 당신 생활의 정신입니다. 예수께서도 더 높은 의미에서 두루 다니시며 선한 일을 하셨습니다. 경건하고 관대한 마음을 지닌 모든 사람이 사랑해야 할 분으로 예수님을 당신에게 높이 세웁니다."

　　베드로의 설교에는 이 외에도 살펴볼 다른 요점들이 있습니다. 그 요점들은 이 경우에 분명하게 적용될 뿐만 아니라, 예수님의 이야기에는 그 수가 많든 적든 간에 회중의 마음을 붙잡고 주의를 끌 만한 것이 있음을 입증하기 위해 우리가 그동안 충분히 말해온 것들입니다. 오직 성령의 도우심을 받아 주 예수의 복음을 상세히 전하도록 합시다. 우리는 관계 없는 주제들을 가지고 이리저리 방황할 필요가 없습니다. 십자가 밑에 앉을 때, 거기에서 영구히 유익을 끼칠 수 있는 주제를 찾을 수 있습니다. 우리는 과학의 다발들이나 향기로운 시의 꽃들을 모을 필요가 없습니다. 예수 그리스도가 우리의 과학이고 우리의 시입니다. 목사로서 우리는 그리스도 안에서 완전합니다. 우리가 나가서 그리스도를 전하고 그리스도를 높이 들 때, 우리는 머리끝에서 발끝까지 무장을 하고 영적 전투를 위하여 무기를 충분히 갖춘 것입니다. 우리의 갑주를 준비하는데 있어서 학문과 예술을 갖추지 못했을지라도 우리는 이런 하늘의 무기에 저항할 수 있는 적을 한 사람이라도 만나지 않을까 두려워할 필요가 없습니다. 하나님은 예수 그리스도를 떠나지 않는 우리의 모든 가르침에 은혜를 베푸십니다. 왜냐하면 하나님의 사랑이야말로 모든 경우에 가장 잘 맞는 주제이고, 모든 시대에 적용될 가장 아름다운 주제이기 때문입니다.

우리가 본문으로 삼은 몇 마디 말씀은 주 예수 그리스도를 개략적으로 탁월하게 묘사하고 있습니다. "그가 두루 다니시며 선한 일을 행하시고." 몇 마디 안 되는 문장이지만 대가의 필치가 보입니다. 이 묘사가 예수님 외에 다른 누군가를 그린다고 잘못 생각할 수가 없습니다. 강력하기 이를 데 없는 정복자들이 이 묘사의 아름다움을 황홀한 듯이 쳐다볼 수는 있지만, 이 글이 자신의 생애를 묘사하는 것이라고 주장할 수는 없습니다. 알렉산더, 가이사, 나폴레옹, 이들은 두루 다니며 정복하고 불태우며 파괴하고 학살하였습니다. 그들은 두루 다니며 선한 일을 행하지 않았습니다. 하나님의 보내심을 받았다고 주장한 선지자들도 바다와 땅을 두루 다니며 개종자들을 만들어 냈지만, 그들이 선한 일을 했다고 볼 수 없습니다. 마호메트의 생애는 이루 헤아릴 수 없는 많은 악으로 가득 찼습니다. 하워드(Howard)처럼 세상을 두루 다니며 인류의 궁핍을 해소하는데 봉사한, 몇 되지 않는 선하고 진실된 사람들도 이 천상의 묘사를 보고 한탄하며 자기들은 그와 같지 않다고 한숨을 쉬었습니다. 이 묘사는 그들이 도달하고자 추구하던 것이었으며, 그들이 이 모습을 모방한 한에서, 이것은 그들의 모습이었습니다. 그러나 그들은 원형에 미치지 못하였고, 자신들의 부족을 고백하기를 주저하지 않았습니다. 베드로가 여기서 말로 묘사하는 것을 하나님께서는 거룩한 은혜로 하워드와 나사렛 예수의 다른 제자들의 생애라는 선으로써 어느 정도 그렸습니다. 그러나 지극히 고귀하고 지극히 완전한 의미에서, 이 말은 주님 외에 아무에게도 적용될 수 없습니다. 주님을 따르는 자들은 주님이 행하신 것만큼 선한 일을 할 수 없었습니다. 주님은 원형이었고 그들은 보잘것없는 모방이었습니다. 주님은 최고의 표본이었고 그들은 수수한 모조품이었습니다. 주께서는 선한 일을 행하셨고, 오직 선한 일만을 하셨습니다. 그러나 사람들 가운데 최고의 사람일지라도 기껏해야 사람일 뿐이고, 섞여 있는 씨를 뿌릴 뿐입니다. 그래서 사람들이 밀을 한 줌 뿌리면, 여기저기에 독보리가 섞여서 뿌려집니다. 사람들이 아무리 조심스럽게 곡물을 골라낼지라도 사람들의 손에서는 하나님 나라의 좋은 씨앗뿐 아니라 잡초와 독당근의 씨앗도 떨어질 것입니다. "그가 두루 다니시며 선한 일을 행하시고"라는 말씀은 지극히 충만하고 넓고 마음 놓고 말할 수 있는 의미에서 주님에게, 오직 주님에게만 적용됩니다.

오늘 아침 두 가지를 말씀드리겠습니다. 첫째로, 형제 여러분, 주님을 생각해 보시기 바랍니다. 그 다음에, 두 번째로는 여러분 자신을 생각해 보시기 바랍니다.

1. 첫 번째 일은 유익할 뿐 아니라 즐겁기도 할 것입니다.
이제 주님을 생각해 봅시다.

(1) 주님을 생각하되, 주님의 목적을 생각해 봅시다. 주님은 두루 다니셨지만, 그의 여행은 한가하게 몸을 놀리거나 목적 없이 여기저기를 돌아다니는 것이 아니었습니다. "그가 두루 다니시며 선한 일을 행하시고." 하나님의 사람이여, 목적을 세우십시오. 그리고 거기에 여러분의 전 생애를 바치십시오! 어린아이들이 놀 때 그렇듯이 화살을 아무렇게나 쏘지 마십시오. 목표를 선택하고, 총알이 표적을 향하여 윙하고 날아가듯이 여러분 생애의 큰 목적과 목표를 향하여 빠르게 날아가십시오. 그리스도의 목적은 "선한 일을 행하시고"라는 이 말로 묘사됩니다. 이 묘사에 대해 우리는 이것이 주님의 영원한 목적이었다고 말할 수 있을 것입니다. 주께서 사람의 본성을 취하시기 오래 전에, 심지어 사람이 땅의 티끌로 지어지기도 전에 예수 그리스도의 마음은 선한 일을 행하는 것에 기울어져 있었습니다. 거룩한 삼위 하나님께서 은혜로운 언약의 약정을 맺으신 그 영원한 회의에서, 예수 그리스도께서 그 언약의 보증이 되기로 하셨습니다. 이는 그리스도께서 지극히 고귀한 의미에서 선한 일을 하시기 위함이었습니다. 그의 백성을 죄로 말미암아 그들에게 덮칠 비참함으로부터 건져내시는 선한 일을 행하시고, 죄가 없었다면 가려지지 않았을 하나님의 영광스러운 속성들을 찬란하게 나타내는 선한 일을 행하시기 위함이었습니다.

옛적부터 주님의 기쁨은 사람들에게 있었습니다. 이는 사람들이 주님께서 달리는 선한 일을 할 수 없었을 기회를 주님께 드렸기 때문입니다. 주님은 선한 일을 하셨습니다. 이것은 천사들 가운데서도 적용되는 사실입니다. 이는 천상의 하프가 울려내는 모든 음악이 모두가 주님의 임재로 인해서 나오기 때문입니다.

마귀들 사이에는 적극적으로 선한 일을 행할 여지가 없었습니다. 마귀들은 악을 행하는데 몰두하였습니다. 그러나 그런 가운데서도 그들의 해악이 만연하지 않도록 그들을 쇠사슬로 묶는 데서 억제시키는 선한 일이 이루어졌습니다. 그러나 땅에서는 가장 넓은 의미에서 선한 일이 아주 광범위하고 충만하게 행해질 여지가 있었습니다. 단지 악을 억제하고 덕을 보상하는 선만이 아니라, 죄로 인해 망한 죽을 수밖에 없는 사람들에게로 내려와서 그들을 비참한 타락의 거름더미에서 일으켜 영광의 보좌에 올리는 더 큰 선이 이루어졌습니다. 예수께서 선한 일을 하시려고 한 것은, 하늘의 등불이 켜지기 전에, 혹은 별들이 밤의 궁창에서 반짝이기 전에 주 예수 그리스도께서 가지셨던 영원한 목적이었습니다.

주님께서 찬란한 보좌로부터 가난한 구유로 내려오셨을 때, 선을 행하는 이것이 주님의 실제적인 목적이었습니다. 천사들이 베들레헴에서 "지극히 높은 곳에서는 하나님께 영광이요 땅에서는 하나님이 기뻐하신 사람들 중에 평화로다"(눅 2:14) 하고 노래하는 것은 당연한 일입니다. 왜냐하면 예수 그리스도께서 오신 것은 세상을 정죄하기 위함이 아니라 선한 일을 행하시기 위함이었기 때문입니다. 예수께서 구유에 계심은 부유한 박사들과 가난한 목자들, 학식이 있는 자들과 무식한 자들, 시므온과 안나를 기쁘게 하였듯이, 하나님께서 사람들에게 내려오셨다는 지식으로써 선한 일을 행한 것입니다. 이후에 주님은 어린 시절에 선한 일을 행하셨습니다. 주님의 어린 시절이 별로 눈에 띄지 않고 불분명해서, 그것을 설명하는데 몇 마디밖에 필요치 않지만, 오늘날 어린아이들의 공손한 순종의 귀감이 되기에 충분하였습니다. 이후의 주님의 생애가, 주께서 영광의 보좌를 떠나 죄 많은 사람들의 거처로 내려오시게 만들었던 그 유일한 목적을 실제적으로 이루시는 삶이었다는 것을 여러분이 압니다. 주님은 "두루 다니시며 선한 일을 행하셨습니다." 이것은 단지 주님의 목적이고 사명만이 아니라 주님의 공적인 특권이었습니다. 주님은 태어나실 때 예수라는 이름을 받으셨는데, "이는 그가 자기 백성을 그들의 죄에서 구원할 자이심이라"(마 1:21)는 뜻입니다. 주님은 "그리스도"라고 불리셨는데, 이는 성령이 그 위에 계셨고 온유한 자들에게 복음을 전하고 갇혀 있는 자들을 풀어주기 위해 기름 부음을 받으셨기 때문입니다. 예수 그리스도란 선을 행하는 직무를 가진 사람임을 나타내는 호칭입니다. 구주께 속한 이름 가운데 여러분이 좋아하는 아무 이름이나 이야기해 보십시오. 그러면 그 이름이 직권상 두루 다니며 선을 행하는 일을 주님께 지운다는 사실을 알게 될 것입니다. 주님은 목자이십니까? 주님은 자기 양 떼에 선한 일을 행하시는 분임에 틀림없습니다. 주님이 남편이십니까? 주님은 자기 교회를 사랑하시고 교회를 깨끗하게 하고, 온전케 하기 위해 자신을 교회에 주시는 분임에 틀림없습니다. 주님이 친구이십니까? 주님은 "형제보다 친밀하여"(잠 18:24) 선을 행합니다. 주님이 "유다 지파의 사자"이십니까? 주님이 사자이신 것은 무죄하고 약한 자들에게 손해나 악을 끼치시려는 것이 아닙니다. 그러나 주께서 진리와 선의 적들을 찢으실 때는 먹이를 찢는 사자처럼 강하십니다. 주님이 어린 양이십니까? 이 사실에서 주님의 선하심이 아주 온전하게 나타납니다. 멸망시키는 천사가 애굽을 칠 때, 주의 백성 이스라엘이 죽음을 면할 수 있도록 주께서 자기 목숨을 내놓으시기 때문입니다. 주님의 이름이 있는 곳은 어디에서든지 두루 다니며 선한 일을 행하는 것이, 주님의 특권이고 특별한 사업이었습니다.

　　그러나 그뿐 아니라, 두루 다니며 선한 일을 행하는 것이 주님의 뜻이고 사명이며 특전이었을 뿐만 아니라, 또한 실제로 그대로 이행하신 바였습니다. 주님은 모든 의미에서 선한 일을 행하셨습니다. 예수 그리스도는 사람들 사이에서 물리적인 유익을 끼치셨습니다. 얼마나 많은 맹인들이 주께서 손으로 만져주심으로 처음으로 빛을 보았습니까! 얼마나 많은 귀머거리들이 주께서 "열려라" 하고 말씀하신 후에, 애정어린 즐거운 목소리를 들었습니까! 심지어 죽음의 문도 주님의 선한 일을 행하시는 사명을 막지 못했습니다. 나인 성의 과부는 죽은 아들이 살아났을 때 기쁨으로 가슴이 마구 뛰는 것을 느꼈습니다. 마리아와 마르다는 나사로가 무덤에서 돌아왔을 때 기뻤습니다. 주님은 육체적으로 선한 일을 행하셨습니다. 우리 주께서 이렇게 하신 것은, 단지 주님의 능력과 모든 사람에게 자비를 베푸심을 보여주고 몸으로 실천한 비유들을 통해 영적 진리를 가르치시기 위해서만이 아니라, 또한 오늘날 우리에게 이 말씀을 하시기 위해서라고 생각합니다. "예수를 따르는 자들이여, 모든 방법을 동원하여 선을 행하라. 너희들은 영혼의 양식을 먹이는 것을 너희의 특별한 소명으로 생각할지 모른다. 그러나 너희 주께서는 굶주린 육체들에게 떡과 물고기를 떼어 주셨다는 것을 기억하라. 너희는 무지한 자들을 가르치는 것을 너희의 주요 목표로 생각할지 모른다. 그러나 주께서는 병든 자를 고치셨다는 것을 기억하라. 너희는 병든 영혼의 치유를 위해 기도하는 것을 큰 기쁨으로 생각할지 모른다. 그러나 주께서는 불치병으로부터 많은 육신을 구원하셨다는 점을 기억하라." 특별히 믿음의 식구들에게, 그리고 특별히 영적인 의미에서 선한 일을 행해야 하지만, 우리는 힘이 있는 대로 모든 사람에게, 온갖 사람들에게 선한 일을 행하도록 합시다. 두루 다니며 선한 일을 행하신 분을 따르는 사람이라면, 어떤 자비의 행동도 도외시하지 않도록 합시다. 지나친 영성의 옷을 입고 있는, 매우 위험한 생각이 우리들 가운데서 나타나고 있습니다. 그 영성은 비실용적이고 비기독교적인 생각으로 이렇게 말하는 것입니다. "사람의 아들들은 세상을 개선하고 더 낫게 만들려고 노력하였다. 그런데 하나님의 아들인 에녹에 대해서 말하자면, 그는 세상이 너무 악해져서 세상을 더 낮게 만들려는 노력이 아무 쓸데없다는 것을 알았다. 그래서 그는 세상을 그대로 내버려 두고 하나님과 동행했다." 그래서 이들은 이렇게 말합니다. 우리 가운데 어떤 이들과 같이 세속적인 그리스도인들이 사회를 개선하고 더 나은 도덕을 말하려고 애쓰는 것은 당연한 일입니다. 그러나 영적인 형제들은 거룩한 일들에 깊은 관심이 있고 자신들의 사명은 천상적인 성격을 지니고 있다고 확신해서, 그들은 인류를 복되게 하는 일에는 전혀 관심이 없고 자신과 서로를 복되게 하는 일에 아주 몰두해 있다고 말합니다. 나는 하나님께서 그들의 높다고 하는 경건을 의심해 볼 수밖에 없는 어떤 형제들의 비현실적인 사색과 분리에 우리가 떨어지지 않게 해주시기를 기도합니다.

주 예수 그리스도의 넓은 마음은 주님의 성품의 영광스러운 특성 중 하나입니다. 주님은 모든 곳에 온갖 선행을 베푸셨습니다. 자신이 그리스도의 제자라고 고백한다면, 우리는 거짓 영성 때문에 마음이 좁아지지 않도록 합시다. "할 수 있는 대로" 즉 여러분의 힘을 다해서 선을 행하되, 온갖 선을 행하십시오. 주 예수께서 도덕적인 선행도 많이 행하셨다는 것이 내게는 인상적입니다. 예수께서는 영적으로 구원하는 일을 하시지 않은 곳에서도 사람의 도덕을 향상시키는 일을 하셨습니다. 간음하다 붙잡힌 그 불쌍한 여인이 진정으로 회심했는지 확실히 알지 못합니다. 그러나 예수께서 "나도 너를 정죄하지 아니하노니 가서 다시는 죄를 범하지 말라"(요 8:31)고 말씀하신 것은 압니다. 이 점에서 적어도 그녀가 더 이상 죄를 지으려고 하지 않았을 것이라고 믿을 수 있습니다. 바리새인들이 이 나사렛 사람의 제자가 된 적이 있는지 모르겠습니다. 그러나 그들이 자신들의 위선에 대한 예수님의 엄한 책망을 들었을 때, 깨닫지는 못했을지라도 조금이라도 겸손해지지 않았다고 생각할 수 없습니다. 혹은 그들이 그만한 정도의 사람이 아니었다면 사람들이 그들의 말을 그렇게 쉽게 받아들이지 않았을 것입니다. 사회는 주님의 날카롭고 쓰디쓴 말씀으로부터, 말하자면 강장제를 얻어서 아주 강하고 튼튼해져서, 경건한 체하는 자들의 거들먹거리는 자랑을 더 이상 받아들일 수 없게 될 것입니다. 예수 그리스도께서는 산에 앉으셨을 때 일반적으로 영적인 설교라고 분류되는 그런 설교를 하시지 않았습니다. 산 위에서 하신 그 설교는 대체로 도덕적인 것입니다. 이제까지 어느 선생도 도달하지 못한 선하고 높고 천상적인 도덕을 가르치셨습니다. 그러나 그 설교에는 믿음으로 말미암아 의롭다하심을 얻는 것이나 속죄에 관한 것은 거의 없고 선택이나 성령의 사역, 혹은 궁극적 견인(堅忍)에 대한 가르침은 거의 없습니다. 사실 주님은 영적 선뿐 아니라 도덕적 선도 행하고 계셨던 것입니다. 빛을 어둠으로, 어둠을 빛으로, 쓴 것을 단 것으로, 단 것을 쓴 것으로 바꾼 타락한 사람들 가운데 오셨을 때 주님은 그들에게 그의 강림과 구원 같은 고귀한 주제에 대해서 뿐 아니라 도덕적 주제에 대한 진리를 전하는 것이 자기 사명의 일부라고 생각하셨습니다.

사랑하는 교우 여러분, 이 사실에서 우리는 주위 사람들의 도덕적 선을 추구해야 한다는 교훈을 배웁니다. 기독교 목사는 자신의 사역이 단순한 도덕 강연자가 되도록 버려두어서는 안 됩니다. 그러나 그는 도덕에 대해 강연할 수 있고 또 해야 하며, 설교에서 말할 수 없었던 것들을 강연에서 말할 수 있습니다. 목사가 정말로 사회에 봉사할 수 있다면, 때때로 목사는 반드시 강단을 떠나서 강연도 해야 합니다. 목사는 모든 형태, 모든 방식으로 선한 일을 하도록 해야 합니다. 단지 십자가의 높고 영광스러운 교리만 설교하는 것이 아니라, 옛적에 선지자들이 하였듯이, 오늘날 인류의 죄들을 다루어야 하고, 과거 시대에 하나님이 보내신 사람들이 그랬듯이, 나라에 지극히 필요한 미덕들을 거듭 가르치는 것이 기독교 목사의 역할이라고 나는 생각합니다. 예수 그리스도께서 두루 다니시며 선한 일을 하시되 영적인 차원뿐 아니라 도덕적 차원의 선한 일도 행하셨다고 우리가 말하지만, 그래도 구주께서 행하신 큰 선은 영적인 것이었습니다. 이것이 예수께서 이루려고 노력하셨던 큰 목적이었습니다. 곧 사람들이 주님과 주님의 구원을 받도록 준비시키려고 하셨던 것입니다. 주님은 오셔서 은혜와 평강을 전하셨습니다. 주님의 큰 목적은 사람들의 속박된 영혼을 영적으로 해방시키시는 것이었습니다. 사랑하는 여러분, 주님께서 얼마나 이 일을 이루려고 애쓰셨는지 모릅니다! 황량한 산꼭대기에서 이 일을 위하여 얼마나 많은 눈물과 간구로 하나님께 기도하셨는지 모릅니다! 주님께서 사람들에게 회개와 믿음에 대해 말씀하실 때, 얼마나 간절히 기도하며 사람들에게 호소하셨는지 모릅니다! "화 있을진저 고라신아 화 있을진저 벳새다야"(마 11:21)라는 말은 눈물 한 방울 흘리지 않는 사람이 한 것이 아닙니다. "화 있을진저 가버나움아"라는 말은 동정심은 전혀 없는 완고한 마음의 소유자가 퍼부은, 우울한 저주가 아니었습니다. 예루살렘을 보고 슬퍼하셨을 때, 구주께서는 하나님 앞에서 공생애 동안 내내 하셨던 일을 딱 한 번 사람들 앞에서 행하고 계셨던 것일 뿐입니다. 주님은 죄인들을 위해 우셨습니다. 죄인들의 구원을 간절히 바라셨습니다. "그 사람이 말하는 것처럼 말한 사람은 이 때까지 없었나이다"(요 7:46). 왜냐하면 주님은 지극히 고귀한 진리를 가지고 계셨으므로 아주 고귀한 방식을 따라 그 진리를 말씀하셨기 때문입니다. 주님께는 능숙한 화술을 과시하는 것도 화려한 언사를 좋아하는 것도 없었습니다. 그보다는 "상한 갈대를 꺾지 아니하며 꺼져가는 심지를 끄지 아니하는"(마 12:20), 작지만 진지하고 조용한 호소하는 목소리를 항상 내셨습니다. 주님은 매일 두루 다니시며 사람들에게 복음을 전하며 가르치셨습니다. 이는 주께서 사람들이 목자 없는 양 같음을 아셨기 때문이고, 그래서 "예수께서 여러 가지를 가르치시셨습니다"(막 4:2). 물리적 선, 도덕적 선, 영적 선, 말하자면 온갖 선을 구주께서 행하신 것입니다.

주님의 일생의 목적에 대해 이것으로 말을 마치면서, 주님은 이 모든 것 이상의 일을 행하셨다고 말씀드리지 않을 수 없습니다. 즉 주님은 지금 우리에게도 지속되는 영구한 선을 행하셨습니다. 거룩한 사람들이 행하는 선은 사라지지 않습니다. 성경은 "그들의 행한 일이 따름이라"(계 14:13)고 말합니다. 죽을 때까지만 지속되는 것이 아니라 그들의 행한 일이 위로 올라간다는 것입니다. 우리의 행실이 우리의 몸을 따라간다면, 무덤 속에서 썩고 말 것입니다. 그러나 우리의 행실은 영혼을 따라가므로 영원에까지 이릅니다. 여러분은 이제 세상을 보고, 예수 그리스도께서 영으로 두루 다니시며 선한 일을 행하고 계시지 않은지 보십시오. 예수께서 영광의 보좌로 올라가셨지만, 그의 삶과 교훈의 정신은 지금도 우리 가운데 있습니다. 그러면 주님의 종교는 지금 무엇을 하고 있습니까? 여러분의 아버지들에게 물어보십시오. 그러면 그들은 여러분에게 어떻게 이 땅이 야만인의 지역에서 평안과 기쁨이 거하는 땅으로 바뀌었는지를 말해 줄 것입니다. 오늘날 멀리 있는 남쪽의 섬들을 보면, 어떻게 그 섬들이 피에 굶주린 식인종들의 소굴에서 문명화된 사람들의 거처로 바뀌었는지 알게 될 것입니다. 예수 그리스도의 복음은 천사들처럼 하늘의 한가운데를 지나며 사람들에게 기쁜 소식을 전달합니다. 그래서 복음이 잠시라도 머문 곳은 어디든지, 광야를 에덴으로 바꾸고 황무지를 장미꽃처럼 피어나게 만듭니다. 구주께서 우리가 죽을 때 무덤 저편에서 피어날 씨를 뿌려 놓았을 수 있도록 살게 해주시기를 구합니다.

이와 같이 해서 우리는 주님의 선을 행하신 일을 개략적으로 살펴보았습니다. 여기 계시는 분들 가운데 주님을 찾고 있는 분에게 위로가 되도록 이 한 마디만 덧붙이도록 하겠습니다. 선한 일을 행하는 것이 주님의 영원한 목적이고 일생의 사명이었다면, 그리고 주께서 그 선을 행할 대상을 찾기 위해 두루 다니셨다면, 주님께서 여러분에게 선을 행하시지 않을 이유가 있겠습니까? 주님께서 맹인을 고치셨다면, 영적인 시력을 주셨다면, 여러분에게 영적 시력을 주시지 않을 이유가 있겠습니까? 여러분은 이 소원을 품기 바랍니다. 주님께 대하여 희망을 가지고 진지하게 이 소원을 품으시기 바랍니다. "육체로 계실 때 온갖 비참과 불쌍함을 동정하셨던 주님 저를 불쌍히 여겨 주옵소서. 주의 큰 구원으로 저를 구원하여 주옵소서." 사랑하는 청중 여러분, 기도가 헛되이 하늘로 올라가지 않는다는 것을 확신하십시오. 주님의 귀는 여전히 열려 있어서 고뇌의 탄식을 들으시고, 주님의 손은 지금도 언제든지 치료의 손길을 뻗으시며, 주님의 목소리는 "내가 원하노니 깨끗함을 받으라"(막 1:41)고 말씀하십니다. 오늘 아침 주님께서 여러분에게 선한 일을 행하시기 바랍니다.

(2) 이 목적을 수행한 방식에 대해 잠깐 생각해 보는 것이 유익한 시간이 될 것입니다. 우리는 주님께서 "두루 다니시며 선한 일을 행하셨다"는 말을 듣습니다. 이 말은 여러 가지 시사하는 바가 있습니다. 무엇보다 주님은 몸소 선한 일을 행하셨다는 것입니다. 주님은 "두루 다니시며 선한 일을 행하셨습니다." 주께서 선택하셨다면 주님은 주님의 본래 자리에 그대로 앉아 계시는 것을 원하셨을지 모릅니다. 사도들을 대사로 보내어 자기 대신 선한 일을 하도록 하셨을지 모릅니다. 그러나 주님께서 사도들을 보내셨을 때, 그들이 대리인이 아니라 선구자의 역할을 하도록 보내셨다는 것을 여러분은 아실 것입니다. 주님은 자신이 가려고 하신 모든 곳에 사도들을 둘씩 보내셨습니다. 이들은 세례자 요한이 주님께서 처음에 오실 때 했던 역할을 주님께 대해 하게 되어 있었습니다. 예수 그리스도께서는 노동의 현장에 친히 들어오신 것입니다. 주님께서 나병환자를 손으로 만지신 일, 열병에 걸린 사람의 침상 곁으로 찾아가신 일, 멀리서 와서 말씀만

해주시라는 청을 받았을 때 주님은 보통 그런 요청을 승낙하지 않으셨지만, 병자에게는 직접 가서서 몸소 치료하신 일을 복음서 기자들이 끊임없이 우리에게 이야기하고 있는 것은 주목할 만한 사실입니다. 우리가 선한 일을 잘 행하려고 한다면, 우리에게 주시는 교훈은 우리가 직접 선한 일을 행하라는 것입니다. 우리가 직접 할 수 없는 일들이 있습니다. 예를 들면, 우리는 영국에서 가족들과 함께 머물면서 갠지스 강 유역에 있는 힌두스탄(Hindustan)에서 복음을 전할 수는 없습니다. 우리는 오늘 아침 하나님 말씀을 듣고 있으면서 동시에 뒷골목의 하숙집이나 매춘굴을 방문할 수 없습니다. 다른 사람들이 할 때 가장 잘 할 수 있는 자비의 일들이 있습니다. 그러나 우리는 그 일을 하는 사람을 돌아보고 그에게 깊은 관심을 가지며 기도로 그를 도움으로써, 그런 일을 좀 더 우리 자신의 일로 만들 수 있습니다.

　　나는 훨씬 더 많은 구제의 일을 사람들이 직접 하였으면 좋겠습니다. 나는 사회 단체들에 욕하고 싶은 생각이 없습니다. 그러나 내가 남에게 줄 수 있는 돈이 21실링이 있는데, 그 돈을 받을 만한 가족에게 내가 직접 줄 수가 없고, 그 돈을 국립 단체나 사회단체에 주고, 그러면 그 돈이 15실링 정도로 줄어서 우회적인 방법을 통해 처리되어서 정신은 전혀 담기지 않은 채 그냥 가난한 사람들에게 전달되고, 가난한 사람도 자비의 선물로 받는 것이 아니라 기금을 쓸 자리가 필요한 비서가 가져온 익명의 기부금으로서 받게 된다는 것이 아주 이상한 일입니다. 왜 여러분은 직접 가서 애정을 가지고 21실링을 전부 주지 않으십니까? 그렇게 하는 것이 다른 누군가가 그 돈을 15실링으로 줄여서 공식적인 태도로 냉담하게 전달하는 것보다 나을 것입니다. 아주 많은 것이, 선을 행하는 방식에 따라 달라집니다. 과부에게는 여러분이 준 2실링 6펜스짜리 은화보다 따뜻한 눈길, 말 한 마디, 기도, 눈물이 더 가치 있을 때가 많습니다. 나는 언젠가 어떤 가난한 사람이 이렇게 말하는 것을 들었습니다. "선생님, 나는 도움을 청하러 아무개에게 갔는데 그 사람이 내 청을 거절하였습니다. 그런데 나는 그 사람이 나를 거부하였기 때문에 그의 돈을 받고 싶지 않았습니다." 그 사람은 누군가를 시켜서 돈을 주었는데 그 사람이 이런 식의 말을 했다는 것이었습니다. "글쎄, 당신도 알다시피 나는 당신 같은 사람들에게는 아무것도 주고 싶지 않아. 그렇지만 이 돈을 받아요. 당신은 이 돈이라도 받아야 떠날 것 같으니까." 여러분이 직접 의연금을 전해 주십시오. 그렇게 함으로써 여러분이 기독교의 미덕을 발휘할 수 있게 된다는 것을 배우게 될 것입니다. 여러분은 잃어버려서는 안 될 기쁨을 얻게 될 것이고, 여러분은 자선을 베풀 뿐 아니라 여러분을 대신하는 사람이 줄 수 없는 복을 주게 될 것입니다. 주님은 두루 다니시며 선한 일을 하였습니다. 주님은 그 일을 직접 하셨습니다. 아, 여러분 가운데 어떤 분들은 직접 복음을 전하기를 바랍니다! 주일학교 어린아이들에게 직접 말씀하십시오! 전도지를 나누어 주십시오. 여러분이 말을 할 수 없다면 그렇게만 해도 좋습니다. 그러나 여러분이 직접 말하도록 하십시오. 여러분 친구의 어깨에 얹은 손과 친구를 보는 여러분의 눈은 사실상 이렇게 말하는 것이나 같습니다. "친구야, 나는 네가 회심했으면 좋겠다. 네가 구원받기를 간절히 원한다." 이런 영향력은 모든 전도책자보다 더 큽니다. 여러분 자신이 영혼을 구원하려고 하십시오. 여러분이 직접 고기를 낚으십시오. 여러분이 주님을 본받아 성령으로 힘으로 **직접** 선을 행한다면 성공하지 않을 수 없습니다.

　구주께서 친히 "두루 다니시며 선한 일을 행하셨을" 뿐만 아니라, 주께서 이 땅에 계신 것 자체가 선을 행하였습니다. 주께서 주신 복을 제쳐 놓고라도 구주의 임재 자체가 선이었습니다. 주님을 보면 용기가 되살아나고, 힘없는 믿음이 굳세어지며, 소망이 얼굴에서 눈물을 닦아내고 웃음을 지었습니다. 예수 그리스도의 임재는 일찍이 파도를 잔잔케 하고 바람을 잠잠하게 하였듯이, 사람들의 영혼 속에서 그와 같은 일을 수없이 많이 하셨습니다. 악한 마귀들이 예수님을 보았을 때는, 소리치며 떨었습니다. 죄인들은 예수님의 불쌍히 여기시는 선을 대하고서 울었습니다. 귀한 향유 옥합을 깨트린 그 여인은, 그 옥합을 깨트리기에 적합한 곳은 예수님 가까이 밖에 없다고 느꼈습니다. 주님의 임재로 말미암아 그녀의 신성한 행동이 훨씬 더 즐겁게 되었습니다. 그리스도께서 계시면, 사람이 할 수 없는 것이 무엇입니까? 사랑하는 형제 여러분, 우리가 주님과 같은 어떤 존재가 된다면 우리의 임재도 어떤 가치가 있을 것입니다. 내 형제들 가운데는 그를 보기만 해도 힘이 나는 사람들이 있습니다. 여러분이 작은 어떤 기도 모임에 갔는데 사람이 별로 없습니다. 그러나 거기에 훌륭한 성도가 한 사람 있으면 여러분은 이렇게 느낍니다. "물론, 그분이 거기 있다면, 당장 기도 모임이 되지." 여러분에게 할 일이 있습니다. 그것은 아주 어렵고 힘든 일인데, 여러분은 그 일을 잘 해낼 수 없습니다. 한 형제가 어느 날 불쑥 여러분의 작은 주일학교나 여러분의 속회에 올 때 여러분이 보고, "물론 저분의 공감을 얻는다면 내가 다시 계속 할 수 있다"고 느낍니다. 그러므로 온갖 선한 일을 하기 위해서는 여러분이 할 수 있는 대로 많은 곳에 사람을 찾아가도록 주의하고, 실제로 사랑의 수고에 종사하고 있는 사람들과 떨어져 지내지 않도록 주의하십시오.

우리 주께서 두루 다니며 선한 일을 행하신 것은 주님의 **끊임없는 활동**을 보여주지 않습니까? 주님은 주님 주변에서, 주님 가까운 곳에서 선을 행하셨습니다. 그런가 하면 사람들을 침상에 뉘어 주님 발 앞에 내렸을 때처럼 주님께 데려온 사람들에게 선을 행하셨습니다. 그러나 그뿐 아니라 주님은 "두루 다니셨습니다." 주님은 가만히 계시는 것으로 만족하실 수 없었습니다. 온 유대 땅, 곧 단에서부터 브엘세바까지 주님은 피곤한 걸음을 이끌고 다니셨습니다. 주님을 보는 기쁨을 누리지 못한 마을이나 작은 촌락이 거의 없었습니다. 심지어 옛적에 사람들의 저주를 받은 여리고까지도 주님의 임재를 맞이하는 복을 받았고, 그곳에서 큰 죄인이 큰 성도가 되었습니다. 가시는 곳마다 주님은 쓴 물에 소금을 던지셨고, 슬픔이 거주하는 곳에 햇빛을 뿌리셨습니다. 주님은 하나님의 봉사로 항상 바쁘게 움직이셨습니다. 아, 어떤 사람들은 마지못해서 슬금슬금 걷거나 구물구물 기어가듯이 주님을 섬깁니다. 그것은, 종교적인 활동을 하면서 중얼거리는 사람을 괴롭게 만들기에 충분하고, 종교의 엄숙한 직무는 그처럼 활기 없는 사람들에게 맡겨야 한다고 생각하게 만들기에 충분합니다. 옛적에 하나님께서 라오디게아 교회에 대해 그 교회를 입에서 토해내겠다고 말씀하셨다면, 오늘날 신자라고 하는 사람들 가운데 아주 예의바른 멋쟁이이지만 하늘로부터 오는 불을 한 번도 받은 적이 없고, "열심"이라는 단어가 무슨 뜻인지도 모르는 사람들에 대해서 하나님께서 어떻게 하시겠습니까? 우리 주님께서는 여기에도 계셨고 저기에도 계셨으며, 온갖 곳에 계셨습니다. 우리는 마음의 허리를 동이고 선을 행하는 일에 지치지 말고 "견실하며 흔들리지 말고 항상 주의 일에 더욱 힘쓰는 자들이" 되도록 합시다.

본문은 또한 예수 그리스도께서 선한 일을 행하려 각별히 노력하셨다는 것을 함축하고 있지 않습니까? "그가 두루 다니시며 선한 일을 행하시고." 주께서는 지름길을 취하려고 하시지 않았습니다. 주님께서 만나셔야 할 사람들이 돌아가는 길에 있었기 때문입니다. "예수께서 사마리아를 통과하여야 하겠는지라"(요 4:4). 사마리아 성은 예루살렘으로 가는 직선 길에 있었다고 합니다. 사실은 그랬지만 적합한 길은 아니었습니다. 사마리아 사람들은 예루살렘으로 가는 사람들을 아주 미워해서 기회가 있을 때마다 그리로 가는 사람들을 학대하였기 때문입니다. 그러나 주님께서는 길에 숨었다가 공격하는 적들에 개의치 않으셨습니다. 주님은 아주 평탄하거나 지극히 안전한 길을 택하지 않고, 선을 베푸실 수 있는 여인이 있는 길을 택하셨습니다. 주님은 우물 곁에 앉으십니다. 주님께서 거기에 앉으신 것은 단지 피곤함 때문만이 아니었음을 나는 압니다. 예수께서 "내가 목 마르니 물을 좀 달라"(4:7)고 말씀하셨을 때, 그것이 단지 예수께서 목마르셨기 때문만이 아니었습니다. 주님께는 또 한 가지 피곤한 점이 있었습니다. 주님은 그 여인의 죄에 대해 참으셨고, 그 여인에게 자신을 계시하기를 간절히 바라셨습니다. 주님께서 "내게 물을 좀 달라"고 하셨을 때, 단지 "이 우물에서 물을 좀 달라"고 하신 뜻이 아니었습니다. 주님은 이런 뜻으로 말씀하신 것입니다. "내게 네 마음의 사랑을 다오. 내 마음이 간절히 그것을 원한다. 나는 간음한 불쌍한 죄인인 네가 죄에서 구원받는 것을 보고 싶다." 주께서 그 여인과 이야기하는 것을 보고 제자들이 이상히 여겼을 때 제자들에게 하신 말씀을 이와 다른 어떤 뜻으로 이해할 수 있겠습니까? 주께서는 이렇게 말씀하셨습니다. "내게는 너희가 알지 못하는 먹을 양식이 있느니라 예수께서 이르시되 나의 양식은 나를 보내신 이의 뜻을 행하는 이것이니라"(4:32,34). 예수께서는 그 여인이 물동이를 내려두고 가서 자기와 같은 죄인들에게 "내가 행한 모든 일을 내게 말한 사람을 와서 보라 이는 그리스도가 아니냐"(4:29)고 말하는 것을 보는데서 양식을 얻으셨던 것입니다. 주님은 자신의 자비로운 소원을 이룰 대상을 찾아 두루 다니셨습니다. 그리스도인은 그와 같이 해야 합니다.

　여러분은 여러분이 늘 일정하게 활동하는 범위 안에서 선을 행하는 것으로 만족해서는 안 됩니다. 거기까지는 좋습니다. 그러나 여러분의 오래된 경계를 넘어가야 합니다. 때때로 예의바름이라는 영역을 헤치고 나가서 뜻밖의 일을 행하십시오. 때로 이런 뜻밖의 행동들이 통상적인 방법보다 더 많은 것을 성취한다고 나는 믿습니다. 그것은 지붕을 뚫고 중풍병자를 달아내려서 예수께서 그를 고치실 수 있도록 한 사람들이 쓴 색다른 방법이었습니다. 어떤 사람들은 그것이 지붕이 아니라 차일 같은 것이었다고 생각합니다. 오늘 아침 우리는 "저들이 기와지붕을 벗겨냈다"는 옛날 번역 성경을 고수하려고 합니다. 그렇게 했으면 틀림없이 밑에 있는 사람들에게는 아주 나쁜 광경이 벌어졌을 것입니다. 아마도 위에 있는 사람들은 이렇게 주장했을 것입니다. "글쎄, 거기에 구주께서 계시니까 누구라도 기와 한두 장에 맞아 다친다면 주님께서 그 사람을 쉽게 고쳐 줄 수 있을 겁니다. 어쨌든 우리는 이 사람을 예수님 앞으로 데려갈 것입니다. 우리에게는 그것이 가장 큰 관심사이기 때문입니다." 아, 사랑하는 여러분, 많은 사람들은 먼지를 조금 일으키거나 기와 몇 장을 깨트리는 일에 특별히 더 관심을 가집니다. 그러나 우리는 그런 일에 조금도 신경을 쓰지 않습니다. 영혼을 구원하고 나서 고칠 시간이 있을 것이기 때문입니다. 구원이 참으로 큰 목적이기 때문에, 우리는 한두 가지 까다로운 점이나 격식을 무시할 수 있고, 무엇보다 우리는 선을 행할 수 있기를 간절히 열망해야 할 것입니다.

우리는 아직 본문을 완전히 끝내지 못했습니다. 본문의 말씀은 예수 그리스도께서 아주 멀리까지 가서 선을 행하셨음을 뜻합니다. 팔레스타인 구역은 아주 넓지 않았습니다. 그러나 주님은 그 경계까지 가셨음을 보게 됩니다. 말하자면 주님은 거룩한 땅의 감독이셨습니다. 그래서 주님은 주교 관구를 벗어나신 적이 없으셨습니다. 주님은 이스라엘 집의 잃어버린 양에게 보냄을 받았다고 하였기 때문입니다. 그러나 주님은 이스라엘의 경계에까지 가셨습니다. 두로와 시돈의 해안까지 가셨습니다. 주님은 그 경계선을 넘어갈 수 없을지라도 그 경계선까지는 가려고 하십니다. 그와 같이 여러분이 선을 행하는 일에 있어서 어떤 특정 지역에서는 제한을 두어야 한다면, 적어도 그 한계의 마지막까지는 가도록 해야 합니다. 그러나 나는 로울랜드 힐(Rowland Hill: 영국의 유명한 부흥전도자 — 역주)처럼 생각하고 싶습니다. 로울랜드 힐은 그가 자신의 교구를 벗어나서 복음을 전한다고 비난받았을 때, 그는 자기는 교구를 벗어나서 설교한 적이 없다고 주장했습니다. 온 세상이 그의 교구였기 때문입니다. "밭은 세상이요"(마 13:38)라는 비유에 따라, 온 세상을 여러분 사역의 영역으로 삼으십시오. 나는 주님께서 두루 다니셨을 때 단지 많은 거리를 여행하신 것만이 아니라, 사람의 인물됨을 개의치 않고 다니신 점에서 감탄하게 됩니다. 주님은 "두루 다니셨습니다." 주께서 두로와 시돈까지 가신 것은 놀라운 일이 아닙니다. 주께서 세리와 죄인들에게까지 가셨다는 것이 놀라운 점입니다. 주님께서 은혜로 창기들을 구원하기 위해 거기까지 가신 것은 전혀 이상한 일이 아닙니다. 이런 의미에서 우리는 바다를 건너 여행하지 않아도 두루 다니며 선을 행할 수 있습니다.

어떤 목사가 주일 아침에 자기 교인들에게 이렇게 알렸습니다. "나는 이제 이교도들에게 선교하러 갈 것입니다." 그런데 그 목사는 그 일에 대해 이전에 집사들에게 말한 적이 없었습니다. 그래서 집사들은 서로 쳐다보았습니다. 교인 가운데 많은 사람들이 주머니에서 손수건을 꺼내기 시작하였습니다. 그들은 목사가 자기들을 떠나갈 것으로 생각하였습니다. 목사가 그들에게는 매우 훌륭하였고 꼭 필요한 분이었기 때문에, 그를 잃을 것을 생각하니 슬펐습니다. 이때 목사가 말을 덧붙였습니다. "그러나 나는 마을 밖을 나가지 않을 것입니다." 이와 같이 여러분은 우리의 이 큰 마을을 벗어나지 않고서 이교도들에게 선교하러 갈 수 있습니다. 여러분은 런던 안에서도, 말 그대로 정말 온갖 이교도들에게 복음을 전할 수 있을 것입니다. 바대인과 메대인과 엘람인, 또 메소보다미아 사람들에게(행 2:9) 복음을 전할 수 있을 것입니다. 지금 런던에는 온갖 피부 새깔의 사람들과 온갖 언어를 쓰는 사람들이 살고 있습니다. 여러분이 이슬람교 사람들, 터키 인들, 중국 사람들, 벵골 출신 사람들, 자바 인들, 보르네오 사람들을 회심시키고 싶다면, 런던 곳곳에서 그들을 찾을 수 있습니다. 온갖 민족을 대표하는 사람들이 언제나 우리 집 문 가까이에 있습니다. 여러분이 죄에서 아주 멀리 간 사람, 그런 외국인을 찾는다면 그를 찾기 위해 여러분이 런던을 떠날 필요가 없는 것은 확실합니다. 죄로 썩고 썩어서 하나님의 코에 아주 악취를 풍기는 사람들을 런던에서 찾을 수 있을 것입니다. 여러분이 선을 행하기 위해 두루 다니는 일에 교통비로 돈 천원도 들지 않을 것입니다. 본문에는 그리스도의 인내를 보여 주려는 의도가 있는 것이 분명합니다. 주님께서 한 곳에서 거절당하시면 다른 곳으로 가셨기 때문입니다. 이 사람이 복음을 듣지 않으면 다른 사람이 들을 것입니다. 본문에는 또한 그리스도의 일관된 목적이 암시됩니다. 주님은 두루 다니실 때 두 가지 목적을 갖지 않으셨습니다. 이 한 가지 목적, 곧 "선한 일을 행하시는 것"이 그의 마음을 온통 사로잡고 있었습니다. 또한 주께서 자신의 목적을 이루셨음이 본문에서 나타납니다. 주님은 두루 다니셨는데 단지 선한 일을 행해 보려고 하신 것이 아니라 실제로 두루 다니시며 선한 일을 행하셨습니다. 주께서 아버지 하나님께 올라가실 때 세상을 그 전보다 더 낫게 만드셨습니다.

　　(3) 그리스도께서 선한 일을 행하신 동기에 관한 점. 주께서 선한 일을 행하신 것은 부분적으로 주님이 그렇게 하시지 않을 수 없었기 때문입니다. 선한 일을 행하시는 것이 주님의 본성이었습니다. 주님은 지극히 선하신 분이었습니다. 비가 가득 들어있는 구름이 땅에 자신을 비우듯이 주님께서 바로 그처럼 자기 안에 있는 선을 비우셨습니다. 여러분은 하나님께서 행하신 모든 선한 일들이 널리 퍼

지는 것을 보았을 것입니다. 빛이 있습니다. 빛은 좁은 공간 안에 잡아둘 수 없습니다. 우리가 아주 고집불통에다 자만심도 강해서, 이 장막 안에 세상의 모든 빛을 가지고 있다고 생각한다고 쳐봅시다. 우리는 철문을 만들어서 빛을 가두려고 할지 모릅니다. 그러나 필시 빛은 우리의 편협한 생각에 동의하지 않고 장막 속에 들어와 있으려 하지 않으며, 빛을 가두어 둘 수 없기 때문에, 오히려 우리를 어둠 속에 남겨놓을 것입니다. 여러분은 번쩍이는 거울과 터키 양탄자, 보석, 명화, 희귀한 조각상을 가지고 빛을 구슬러 궁전에 들어오게 할 수 있을지 모릅니다. 빛이 옵니다. 진짜 빛입니다. 그런데 빛은 들어오면 이같이 속삭입니다. "나는 방금 전에 감옥의 쇠창살 문을 지나왔어. 초가지붕 밑에 사는 가난한 사람을 비추었고, 반쯤 유리창이 깨진 창문으로 흘러들어갔고 이 대리석 궁전에서만큼 가난한 누더기 옷에도 기쁘고 즐겁게 빛을 비추었다." 여러분은 아침 날개를 잘라 내거나 태양의 금빛 광선을 독점할 수 없습니다. 빛은 온 천하를 누비고 다니며 선한 일을 행하였습니다. 빛은 태양으로부터 수백만 마일을 지나와서 빛을 비추며, 또한 더욱더 멀리까지 빛을 비춥니다. 빛이여! 어찌하여 너는 네 자신의 영역에만 머무는 것으로 만족할 수 없는가? 어째서 네 고향에서 그토록 멀리까지 여행을 하는가? 선교의 빛은 아주 먼 거리에서 우리에게 이릅니다. 그 빛이 우리에게 이르기까지 수백 년이 걸렸지만, 그 선교가 끝나지 않는 것이 분명합니다. 그 빛이 여전히 더 먼 세계에 빛을 비추기 때문입니다. 공기도 그와 같습니다. 세상에서 공기는 가장 깊은 탄광의 갱도를 따라 내려가고, 가장 높은 알프스 꼭대기까지 올라갑니다. 사람들이 공기를 차단하려고 발버둥칠지라도 공기는 열병에 걸린 사람 속에 들어가 콜레라로 뜨거워진 이마를 식힐 것입니다. 물도 그와 같습니다. 비는 구름 낀 하늘 구석구석에서 떨어져, 거리에 넘쳐흐르고 더러운 하수구에 쏟아져 들어가며 마른 땅에 스며듭니다. 비가 오는 곳에서는 어디든지 비는 닿는 곳마다 영향을 미칩니다. 불도 마찬가지입니다. 불의 거대한 손을 묶을 수 있는 사람이 있습니까? 왕이라고 해서 불을 자신의 특권이라고 주장할 수가 없습니다. 빨간 망토를 걸친 과부가 숲에서 그동안 모아들인 나뭇가지들은, 왕의 궁정에 있는 나뭇가지만큼이나 빨리 불이 붙습니다.

자신을 퍼트리는 것이 예수님의 본성입니다. 주님의 생명은 선한 일을 행하는 것입니다. 주님의 큰 동기는 하나님의 영광스러운 속성을 나타내시는 것임이 분명합니다. 예수께서는 경배하는 사람들의 눈에 여호와가 찬란히 계시되도록 하기 위해 두루 다니며 선한 일을 행하셨습니다. 주님은 신성을 가지신 분이시고, 아버지 하나님의 분명한 형상이십니다. "그 안에는 신성의 모든 충만이 육체로 거하십니다"(골 2:9). 하늘과 땅과 태양과 별들이 모두 하나님의 선하심을 다소간 나타내지만, 예수님의 생애야말로 언제나 사람들에게 신성을 가장 충만하고 분명하게 나타내 보여줄 것입니다. 주님께서 선을 행하기 위해 사람들 가운데 오셨을 때, 그리스도께서 하나님 앞에 세우는 그런 사람들에게 자신을 나타내는 이것이 하나님께 어울리는 목표입니다.

　나는 그동안 구주에 대해서 충분히 이야기하지 않았습니다. 시간이 허락하는 한, 이 한 가지 점을 이야기하고 마치겠습니다. 예수 그리스도께서 두루 다니며 선한 일을 행하셨다면, 그의 동기가 단순히 하나님을 영화롭게 하시는 것이었다면, 괴로워하는 불쌍한 죄인이여, 그리스도께서 여러분 안에서 하나님을 영화롭게 할 수 없겠습니까? 여러분은 죄 사함이 필요합니다. 그리스도께서 여러분을 구원하신다면, 여러분이 하나님의 은혜를 보여주는 현저한 예가 될 것입니다. 예수 그리스도께서 두루 다니신다면 여러분은 그분에게서 멀리 떨어져 있지 않는 것입니다. 희망을 가지십시오. 여러분이 지극히 불쌍한 사람을 본다면, 여러분도 너무 절망적인 곤경에 처해 있는 것이 아닙니다. 여러분의 영혼이 짓눌려 있을 때 주님께 오십시오. 여러분보다 높이 계시는 반석을 바라보십시오. "하나님이여, 땅 끝에서부터 주께 부르짖으오니"(시 61:2). "내게 응답하셨사오니"(119:26). 여러분이 오늘 여러분의 친구이신 "두루 다니며 선한 일을 행하신" 분을 만나는 기쁨을 누리시기를 바랍니다.

2. 둘째로 우리는 우리 자신을 생각해 보게 되어 있었습니다.
이것이 주제를 적용하는 일입니다.

　그렇다면 과거에 대해서 슬픔과 부끄러움을 느끼며 우리 자신을 생각해 봅시다. 우리는 두루 다니며 선한 일을 행한 적이 있습니까? 나는 여기 계신 분들 가운데 영적 유익을 조금도 끼치지 못한 분들이 있을까 걱정입니다. 나무가 썩어 있으면 좋은 열매를 내놓을 수 없습니다. 샘 근원이 쓰면, 단 물을 낼 수 없습니다. 여러분이 두루 다니며 선을 행하려면 먼저 거듭나야 합니다. 여러분의 본성이 조상 아담이 느낀 것과 같은 것인 한에는, 여러분에게서 선한 것이 나올 수 없습니다. "선을 행하는 자는 없나니 하나도 없도다"(롬 3:12). 어떤 사람들에게는 그들 자신의 입으로 증명하듯이, 이 말씀이 맞다는 것이 아주 분명하게 나타납니다. 어떤 사람들은 자기들은 선을 행할 것을 기대할 수 없다고 고백합니다. 모든 직업에는, 적극적으로 해악을 끼치거나 아무튼 조금이라도 선을 행할 것을 생각할 수 없는 사람들이 있습니다. 그런 사람들은 스스로 회개하도록 합시다. "아름다운 열매를 맺지 아니하는 나무마다 찍혀 불에 던져지느니라"(마 7:19). 하나님께서는 우리의 인물됨도 우리의 직업도 우리가 선한 일을 행하는 것을 방해할 수 없음을 인정하십니다. 그런데 새 마음과 새 영을 가졌으며 예수의 귀한 피를 믿는 믿음으로 구원받은 여러분, 여러분은 할 수 있는 대로 모든 선을 행했습니까? 나는 그렇다고 감히 말하지 못하고 그렇게 할 수 있기를 바랍니다. 아닙니다, 주님, 내가 선을 행하지 못하였지만 주님을 섬겼을 수도 있는 때가 많이 있었을 것입니다. 나는 그동안 무익한 종이었습니다. 나는 마땅히 했어야 할 일을 하지 못했습니다. 아, 여러분 가운데는 지극히 적은 선을 행하는 가운데 기쁨의 세상을 놓친 사람들도 있습니다. 여러분은 아낌없이 베풀지 않았고, 그래서 소유가 늘지 않았습니다. 여러분은 다른 사람들에게 많은 것을 주지 않았고, 그래서 그들이 충만하게, 짜부러질 정도로 넘쳐흐르게 여러분에게 되돌려 주지 않았습니다. 여러분은 다른 사람들의 짐을 져 본 적이 없습니다. 그래서 여러분의 짐이 견딜 수 없을 정도로 무거워졌습니다. 그리스도인 여러분, 과거를 돌아볼 때 후회의 눈물을 흘리게 되지 않습니까? 그리고 여전히 여러분의 뒤를 좇는 보존하시는 사랑, 즉 여러분이 전혀 열매를 맺지 못함에도 불구하고 계속해서 여러분에게 작용하여 마침내 여러분이 하나님의 전에서 밤낮없이 하나님을 섬기는 빛나는 성도의 기업에 참여하게 만드는 보존하시는 사랑을 찬송하게 되지 않습니까?

미래에 대해 생각해 봅시다. 여기서 오래된 문제가 등장합니다. 오늘날 어떤 사람이 "나는 두루 다니며 선한 일을 할 결심이다"라고 말한다면, 그 사람이 그렇게 할 수 있습니까? 이제 그에 대한 답변이 나옵니다. 우리는 먼저 선한 사람이 되어야 합니다. 그렇지 않으면 우리는 선을 행할 수 없습니다. 선한 사람이 되는 길은, 선한 분이신 선한 주님을 닮고자 애쓰는 것밖에 없습니다. 여러분에게 새 마음과 바른 영이 있다면 가서 여러분 방식대로 주님을 섬기십시오. 그러나 새 마음과 바른 영이 없다면 잠시 기다리십시오. 악한 자들에게 하나님은 이렇게 말씀하십니다. "네가 어찌하여 내 율례를 전하느냐?"(시 50:16). 하나님께서는 손이 깨끗한 사람들에게 자기 일을 시키실 것입니다. 여러분이 제사장이 되고 싶으면 먼저 놋대야에 손을 씻으십시오. 하나님은 거룩한 곳을 더럽힐 사람들을 자기 종으로 삼지 않으실 것입니다. "여호와의 기구를 메는 자들이여 스스로 정결하게 할지어다"(사 52:11). 하나님께서는 우리가 살아 있는 믿음으로 주 예수 그리스도를 절대적으로 의지하고, 그렇게 함으로써 그리스도의 귀한 피로 씻음을 받도록 하십니다. 그러면 우리는 나가서 하나님을 위하여 살 결심을 할 수 있습니다. 우리가 지금 당장에 시작할 수 있는 어떤 일이 있습니까? 그런 일이 있다면, 우리 손으로 할 무슨 일이든지 간에 그 일을 하도록 합시다. 우리에게 지금 있는 것보다 더 큰 능력을 구하지 않도록 합시다. 우리에게 더 큰 능력들을 얻을 수 있다면 그렇게 합시다. 그러나 더 큰 능력을 얻기 전에는 이미 우리에게 있는 것을 사용하도록 합시다. 주부 여러분, 여러분 가정으로 가십시오. 제일 낮은 방에서 다락방까지 두루 다니며 선한 일을 행하십시오. 여러분이 얼마든지 선을 행할 영역이 여기에 있습니다. 교사 여러분, 여러분의 작은 교실로, 여러분의 학생들에게로 가십시오. 여러분의 모범으로 그들을 가르치십시오. 여러분이 얼마든지 선을 행할 영역이 거기에 있습니다. 노동자 여러분, 여러분의 작은 가게로 가며 동료 노동자들에게 가십시오. 거기에서 그리스도를 위하여 말씀을 뿌리십시오. 무엇보다 여러분의 모범이 빛을 발하고 여러분을 대신하여 일하게 하십시오. 여러분 하녀들이여, 부엌은 여러분이 얼마든지 선을 행할 수 있는 영역입니다. 찬장에서 난로에 이르기까지 두루 다니며 선을 행하십시오. 그곳이면 얼마든지 하나님께 바치는 나라를 만들 영역을 얻을 것입니다.

여러분 가운데 어느 누구도 여러분의 지위를 떠날 필요가 없고, 쟁기나 구두장이의 무릎돌을 버릴 필요가 없으며 바늘이나 대패, 혹은 톱을 버릴 필요가 없이, 즉 일을 그만 둘 필요가 없습니다. 여러분 가운데 누구도 수녀가 되거나 수도사가 될 필요가 없이, 현재 자기 직업에서 두루 다니며 선을 행하도록 합시다. 그렇게 하기 위한 가장 좋은 준비는, 여러분 자신을 새롭게 그리스도께 바치는 것입니다. 간절히 기도하고 성령의 거룩하게 하시는 능력을 구하십시오. 그 다음에 "그가 두루 다니며 선한 일을 행하셨다"는 주님에 대한 묘사가 여러분에 대한 묘사가 되게 하겠다는 결심을 가지고, 주님의 힘을 의지하여 나가십시오. 하나님께서 주님을 위하여 복을 내려 주시기를 구합니다. 아멘.

제
16
장

—

회심을 바람

—

**"주의 손이 그들과 함께 하시매
수많은 사람들이 믿고 주께 돌아오더라."** — 행 11:21

예루살렘 교회에 함께 모였던 형제들이 스데반에 대하여 일어난 박해로 사방팔방으로 흩어졌습니다. 일찍이 그들의 주께서 그들이 한 성에서 핍박을 받으면 다른 성으로 도망가라고 말씀하셨습니다. 그들은 주님의 명령에 순종하여 박해를 피하는 과정에서 아주 먼 여행을 하였습니다. 이동하기가 아주 어려웠던 그 시대의 세계를 생각할 때, 그것은 정말로 먼 여행이었습니다. 그러나 그들은 있을 자리를 찾은 곳에서는 어디든지, 즉시 예수 그리스도를 전하기 시작하였습니다. 그래서 제자들의 흩어짐은 또한 더 넓은 밭에 좋은 씨를 뿌리는 것이었습니다. 사탄의 악의가 하나님의 자비를 퍼트리는 도구가 된 것입니다. 사랑하는 형제 여러분, 여기서 이 점을 배웁시다. 여러분 모두가 어디로 가도록 부름을 받든지 간에, 가는 곳마다 예수의 이름과 복음을 알리도록 해야 합니다. 이것을 여러분의 소명과 직업으로 생각하시기 바랍니다. 여러분은 지금 박해 때문에 흩어질 일이 없을 것입니다. 그러나 사업상 다른 나라에 가게 될 때, 선교 목적을 위해 먼 여행을 하도록 하십시오. 때로 하나님의 섭리에 의해 여러분이 거처를 옮기게 될 때, 어느 곳에 거처를 정하든지 간에 그곳에서 예수를 증거하도록 주의하십시오. 때로 건강상 이유로 휴양과 기분 전환이 필요하고, 이 일로 여러분이 다른 휴양지에 갈 수가 있습니다. 그러면 기회가 있는 대로 예배 출석과 후원을 통해 그 지역 교회들을 격려하고, 하나님의 인도로 만나게 되는 사람들에게 예수에 대한 지식을 전파하도록 노력하십시오. 사회에서 여러분이 차지하고 있는 위치가 우연한 것이 아닙니다. 맹목적이고 무의미한 운명에 의해 여러분이 그 자리에 이른 것이 아닙니다. 거기에는 하나님의 예정이 있으며, 하나님의 예정은 지혜롭고 자비로운 목적이 담겨 있습니다. 여러분이 현재의 위치에 처하게 된 것은 주변 사람들에게 보존하는 소금 노릇을 하도록 하기 위함이며, 여러분을 아는 모든 사람에게 그리스도의 아름다운 향기를 풍기도록 하기 위함입니다. 여러분과 여러분이 교제하는 사람들 사이에는 하나님의 은혜로운 섭리에 의해 복된 관계가 형성된 것입니다.

여러분은 그들에게 자비의 사신, 기쁜 소식의 선구자, 그리스도의 편지입니다. 주변의 어둠이 여러분을 필요로 합니다. 그래서 "세상에서 그들 가운데 빛들로 나타나라"(빌 2:15)고 기록되어 있습니다. 여러분은 어떤 사람들에 대해서는 경고하고 책망하며, 또 어떤 사람들에 대해서는 강권하고 격려해야 합니다. 우는 자들은 여러분에게서 위로를 찾고, 무지한 자들은 여러분에게서 교훈을 찾도록 해야 합니다. 사람들의 진실한 친구가 되고, 하나님 앞에서 그들의 상태를 주의하여 보고, 그들이 방황을 끝내고 회심하도록 도우십시오. 요셉이 애굽으로 팔려간 것이 자기 아버지 집을 구원하여 살도록 하기 위함이었다면, 여러분도 현재 있는 곳에 보내진 것은 주님의 택하신 가족 가운데 숨어 있는 자들을 구원하기 위함입니다. 에스더가 이교도 왕의 궁정에 있는 것이 자기 민족의 구원을 위함이었다면, 자매 여러분, 여러분도 그리스도 교회의 유익을 위하여 현재 여러분의 자리로 부름을 받은 것입니다. 형제 여러분, 여러분이 생의 목적을 놓치고 헛되이 살지 않도록 이 점에 유의하십시오. 자신이 그리스도께 속했다고 고백하는 여러분이 오늘이라 하는 날 동안에 일하지 않음으로써 "세상의 더러운 것과 만물의 찌끼"(고전 4:13)가 된다면 참으로 슬픈 일일 것입니다.

그러나 초대교회의 이같이 뜨거운 열심을 지닌 선한 사람들은 다소 마음이 좁았고, 그들의 민족적 편견 때문에 어려움을 겪었습니다. 왜냐하면 그들이 처음에는 유대인에게만 복음을 전했고, 그래서 복음이 유대인뿐 아니라 이방인도 위한 것임을, 즉 온 인류를 위한 것임을 그들이 알도록 하는 것이 매우 어려운 일이었기 때문입니다. 일찍이 그들의 주님은 이렇게 말씀하셨습니다. "너희는 온 천하에 다니며 만민에게 복음을 전파하라"(막 16:15). 그렇지만 그들은 유대인들에게만 복음을 전하기 시작하였습니다. 주님의 말씀은 더할 수 없이 분명하였지만, 그들은 그 말의 의미를 깨닫지 못하였습니다. 이 초대 교회 성도들이 이 교훈을 얼마나 더디게 배웠는가를 볼 때, 오늘날도 어떤 사람들이 여전히 모든 사람들에게 복음을 전하지 못하는 것을 이상하게 생각할 일이 아닙니다. 형제 여러분, 우리 정신에 어떤 편협함이 있다면 주께서 그것을 제거해 주시기를 기도합시다. 물론 우리는 이 유대인들이 자신들의 국적을 자랑함으로써 거기에 속박되었듯이 우리 스스로에 족쇄를 채워서는 안 될 것입니다. 그러나 어쩌면 우리가 단념하고 그래서 복음 전할 노력을 기울이지 않을 사회 계층이 있을 수 있습니다. 우리는 이렇게 말합니다. "그런 사람들을 회심시키려고 하는 것은 소용 없는 일입니다. 나는 다른 사람들에게는 얼마든지 말할 수 있을 것 같습니다. 그런데 내가 이런 사람들 가운데 있다고 할지라도 그들에게 영적인 일들에 대해 이야기할 마음이 생기지 않습니다. 도무지 성공할 것 같지 않기 때문입니다."

사랑하는 여러분, 여러분이 이 올무에서 구원을 받고, 모든 물가에 씨를 뿌리는 법을 배우시기 바랍니다. 이방인들이, 이 형제들에게 잠깐 동안 무시당하였지만, 결국 모든 계층의 사람들로부터 가장 기대를 받게 되었습니다. 이방인의 밭에서, 형제들은 유대에서는 거두어 본 적이 없는 풍성한 수확을 거두었습니다. 헬라인들이 사는 안디옥은 그리스도 교회들 가운데서 유명하게 되었습니다. 거기에서 그리스도의 교회가, 많은 사람이 믿고 주께 돌아오는 종교의 부흥을 맞이하는 가운데서 처음으로 그리스도 교회라는 이름을 얻었습니다. 하나님께서는 옛적부터 은혜로 택하신 대다수의 사람들을, 사도들조차 좀처럼 말을 걸려 하지 않았던 바로 이 이방인들 가운데서 모으려고 작정하셨습니다. 형제 여러분, 자 그러면 이 사건에서 교훈을 받아, 여러분이 아직까지 아무것도 하지 않은 곳에서 일을 시작하십시오. 지금까지 낙망했던 곳에서 희망을 품기 시작하고, 가장 곤란을 겪었다고 느낀 그 방향으로 있는 힘껏 에너지를 쏟아 부으십시오. 거기에 아주 놀랍게도 여러분에게 충분히 보답해 줄 성공이 기다리고 있기 때문입니다. 쟁기질에 익숙한 땅에만 머물 필요가 없습니다. 원시림으로 들어가 고목들을 쓰러뜨리고 넓은 땅을 개간하십시오. 그 처녀지가 다른 사람들이 앞서서 일군 땅에서는 여러분이 결코 얻지 못할 수확물을 수백 배나 내놓을 것입니다. 여러분의 영적 채광이 실패하였다면 귀금속이 묻힌 새로운 광맥을 뚫으십시오. 채굴하지 않은 땅에 보물의 광맥이 숨겨져 있기 때문입니다. 깊은 곳으로 가서 고기를 잡기 위해 그물을 내리십시오. 많은 물고기가 그물에 가득할 것입니다. 내가 볼 때, 본문의 분명한 가르침은 우리가 어디로 던져지든지 간에, 그곳에서 선을 행해야 하고, 사회에서 가장 무시당하고 있는 계층들에서 가장 큰 성공을 기대할 수 있다는 것입니다.

　　본문을 면밀히 살펴볼 때, 나는 오늘 아침 여러분에게 사람들이 회심해야 할 필요가 있다는 것과, 여기에서 우리가 많은 회심자를 얻어야 한다는 것을 아주 진지하게 말씀드리고 싶습니다. 그리고 그 결과를 얻기 위해서 우리가 할 수 있는 일이 무엇인지를 알려드리고 싶습니다. 이 모든 일을 성령께서 도와주시기를 기도합니다. 성령의 도우심이 없다면, 나는 내 약점만 드러내고, 일으키려고 하는 에너지를 죽일 뿐입니다. 우리가 살펴볼 제목들은 이것입니다. 첫째는, 우리가 겨냥하는 목적, 곧 많은 사람이 믿고 주께로 돌아오게 하는 것입니다. 둘째는, 이 목적을 달성할 수 있는 능력입니다. "주의 손이 그들과 함께 하시매." 셋째는, 우리 목적의 바람직함입니다. 넷째는, 우리가 이 목적 달성을 진척시킬 수 있는 방법입니다.

1. 우리가 바라는 목적에 대해 이야기해 봅시다.

　　그 목적은 매우 흔해 빠진 것처럼 보일 수 있습니다. 그러나 그것은 사실 하늘 아래 가장 웅대한 계획 가운데 하나입니다. 그 목적을 잘 생각하는 사람은 철학자나 개혁가 혹은 애국자보다 고귀한 목표를 갖습니다. 그는 하나님의 아들께서 위하여 사시고 죽으신 일을 겨냥합니다. 우리는 사람들이 믿기를 바랍니다. 말하자면, 첫째로, 사람들이 예수 그리스도의 증거가 참인 것을 믿게 되기를 바랍니다. 그리스도의 증거를 듣고도 믿지 않은 사람들이 있기 때문입니다. 그들은 영감된 말씀을 완전히 물리칩니다. 그들에게는 성육신, 구속, 부활, 영광, 재림이 할머니들의 흔해 빠진 옛날 이야기에 지나지 않습니다. 이 진리들이 삶의 빛으로 작용하고 있는 여러분은 이 같은 불신앙의 힘을 좀처럼 알지 못할 것입니다. 그러나 어떤 사람들은 그 어둠 속에서 살고 죽습니다. 우리는 이 사람들이 더 잘 배울 수 있기를 기도하고, 이 위대한 사실들의 증거가 그들의 마음을 깊이 찌를 수 있기를 기도합니다. 슬프게도 이런 사실들을 믿는다고 고백하는 사람들 가운데 그렇게 믿는 이유가, 오직 어렸을 때부터 그 사실들을 배웠고 그것이 나라의 현행 종교이기 때문인 사람들이 많이 있습니다. 그들은 성경의 영감이나 쓸데없이 고민하고 싶지 않은 문제들을 존중합니다. 그들은 이 방법이 되었든 저 방법이 되었든 개의치 않습니다. 복음의 진리를 인정하고 거기에 대해서 더 이상 생각하지 않는 것이 더 쉽고 존경받는 길이라는 것을 압니다. 그와 같이 아첨하는 식의 헛된 믿음은 기뻐할 것이 아니라 우리의 거룩한 신앙에 오히려 모욕이 되는 것입니다. 그러나 형제 여러분, 우리는 부정직한 불신앙보다 별로 낫지 않은 이런 무관심한 신앙 이상의 것이 필요합니다. 우리는 예수 그리스도의 구원하시는 능력을 개인적으로 확신하고 몸소 느꼈기 때문에, 스스로의 의지로 믿는 사람들을 원합니다. 우리는 명목상의 신자들이 계시의 교리를 교의가 아니라 사실로 받기를, 견해가 아니라 진리로 받기를 기도하고, 역사의 사건들만큼이나 확실한 사실로, 일상생활의 실제 사건들만큼이나 진실된 것으로 대하기를 기도합니다. 슬프게도, 영원한 진리인 위대한 교리들이 종종 유서 깊은 허구로 다루어지고, 그 교리를 받아들인다고 말하는 사람들의 행동에 아무런 영향을 끼치지 않습니다. 이는 사람들이 그 교리들을 사실의 문제로 인식하지 않고 자신들의 엄숙한 태도로도 보지 않기 때문입니다. 어떤 사람들에게는, 날씨의 변화가 천국과 지옥의 두려운 선택보다도 더 큰 영향을 끼친다는 것을 생각하면 충격적입니다. 그런 사람들에게는 여인의 눈짓이 하나님의 눈길보다 큰 영향을 미칩니다. 그러므로 우리는 사람들이 복음의 사실들을 정직하고 실제로 진심으로 믿는 것을 보고 싶습니다.

그러나 우리는 여기에 만족할 수 없습니다. 우리는 주변 사람들이 주 예수 그리스도를 의지함으로써 구원 얻는 믿음을 가질 수 있도록 노력해야 합니다. 이것이 사람을 구원하는 위대한 행동입니다. 그 사람은, 영혼을 가지고 와서 안전하게 지켜 주시도록 그리스도께 맡깁니다. 그렇게 영혼을 예수께 맡기는 행위가 그를 구원합니다. 그는 구주님을 자기 영적 자산의 수탁자로 삼고, 일찍이 십자가에 못 박히신 분의 손에 자신과 자신의 모든 영원한 이익을 맡깁니다. 아, 우리는 성령께서 사람들을 여기로 데려오시기를, 곧 그들이 예수 그리스도를 의지하고 신뢰함으로써 예수님을 믿게 하시기를 간절히 보고자 합니다. 많은 사람이 믿도록 하는 이것을 위해 우리가 살고, 이것을 위해 우리는 기꺼이 죽을 수도 있을 것입니다.

우리가 겨냥하는 목적은 사람들이 그와 같이 예수님을 믿어, 그들이 하나님에 대한 관계에서 완전히 변화되도록 하는 것입니다. "수많은 사람들이 믿고 주께 돌아왔기" 때문입니다. 이 말이 의미하는 바가 무엇입니까? 그것은 이 이교도들이 자기들 우상을 버리고 사시고 참되신 한 분 하나님을 예배하기 시작하였다는 의미입니다. 청중 여러분, 우리는 여러분이 맹목적인 사랑을 바쳐 숭배하던 대상들, 곧 여러분 자신과 돈, 쾌락, 세상, 육신, 마귀를 주 예수님을 믿는 믿음으로 인해 버리기를 바랍니다. 자기 배를 하나님으로 삼고, 부끄러움을 자기 영광으로 삼아 지내는 사람들이 있기 때문입니다. 사람이 예수 그리스도를 믿으면 그는 거짓 신들을 버리고 크신 아버지 하나님을 예배합니다. 그는 열등한 대상을 자기 인생의 목적으로 삼지 않고, 이후부터는 하나님의 영광을 위해 삽니다. 이것이 영광스러운 전향이며, 사람의 마음과 영혼의 완전한 회심입니다.

　　하나님께로 돌이킨다는 것은 단지 참 신을 얻기 위해 거짓 신을 버리는 것만이 아니라, 죄를 사랑하는 데서 돌이키는 것입니다. 죄는 이쪽 길에 있고, 하나님의 영광은 반대 길에 있습니다. 죄를 바라보는 사람은 하나님께 등을 돌리고 있는 것입니다. 하나님을 바라보는 사람은 죄에 등을 돌리고 있는 것입니다. 사람이 죄의 어리석음에서 돌이켜 하나님의 영광을 추구하면, 그것은 복된 회심입니다. 사람들은 자신의 잘못을 고백하고 자신의 죄를 한탄하며 악한 정욕을 미워하고, 죄사함을 구하며 자기 본성이 새롭게 되기를 소망하며, 울고 간구하면서 그와 같이 돌이킵니다. 회개의 눈물과 통회하는 마음의 탄식을 주님은 귀하게 보십니다. 사람이 믿음으로 하나님을 향하여 진심으로 회개하고, 자기 죄를 몹시 미워하며 실제로 죄를 버리지 않는 한, 우리는 자신의 사역의 결과에 만족할 수 없습니다.

　　하나님께로 돌이킨다는 것은 이후부터는 기도로 하나님을 찾을 것이라는 의미입니다. "저가 기도하는 중이니라"는 말은 참된 회심을 보여주는 표시들 가운데 하나입니다. 기도 없이 사는 사람은 하나님 없이 사는 사람입니다. 그러나 하나님께로 돌이킨 사람은 시은좌를 친숙하게 생각합니다. 하나님 외에 아무도 가까이 없을 때 눈을 들어 진지한 마음으로 주님을 찾게 된다면 참으로 놀라운 전환입니다. 하나님께로 돌이킨다는 것은 하나님의 뜻에 고분고분하게 순종하고, 하나님의 명하시는 바를 기꺼이 행하며, 하나님이 가르치는 것을 생각하고, 하나님이 명령하시는 그런 사람이 된다는 것을 뜻합니다. 의도적인 거역은 불신앙의 자녀이고, 진실한 순종은 겸손한 믿음의 자손입니다. "사람들이 믿고 주께 돌아오더라." 우리는 사람들이 정말로 돌이켜서 그들의 전 생애가 하나님을 향하여 가고, 점점 더 하나님을 닮고, 더욱 하나님과 친밀한 교제를 나누며 하나님이 계시는 곳에 영원히 거하기를 바랍니다.

자, 사랑하는 친구 여러분, 믿고 하나님께로 돌이키는 것을 이와 같이 말하면 어떤 사람들은 이렇게 말할 것입니다. "글쎄, 그것 아주 쉬운 일이겠군요. 믿고 돌이키기만 하면 되니까." 그렇습니다. 형제들이여, 그것이 간단해 보이지만, 참으로 지극히 중요한 일입니다. "아들을 믿는 자에게는 영생이 있고 믿지 아니하는 자는 하나님의 독생자의 이름을 믿지 아니하므로 벌써 심판을 받은 것이니라"(요 3:18,36). 그러면 여러분은 말합니다. "어째서 그로 인해 이 모든 큰 변화가 일어나는 것입니까?" 그것은 사소하게 보이는 이 작은 문제에 따라 죄인의 현재와 영원의 상태가 좌우되기 때문입니다. 믿고 하나님께로 돌이키는 것은 현재 죄의 지배에서 해방되는 것이고, 장차 죄로 인한 형벌에서 벗어나는 것입니다. 믿음 없이, 하나님 없이 지내는 것은, 이 세상에서 기쁨 없이 지내고 내세에 대해서는 소망 없이 지내는 것입니다. 그리스도 안에서 형제 자매 된 여러분, 바로 이것이 여러분과 내가 우리 이웃들에게 영향을 끼치려고 하는 모든 시도에서 목표로 삼아야 할 것입니다. 사람을 개혁하는 일이 유익할 수 있습니다. 그러나 은혜로 거듭나게 하는 것이 훨씬 더 나은 일입니다. 하나님은 모든 노력을 기울여 절제, 순결, 검약, 정직, 도덕을 증진시키려 하십니다. 그러나 여러분과 나는 그 이상의 일을 하도록 보냄을 받았습니다. 우리가 할 일은 더 깊이 들어가고, 더 어렵습니다. 우리의 할 일은 흑인을 씻는 것이 아니라 그의 피부를 바꾸려는 것입니다. 우리가 기도하는 것은 사자를 길들일 수 있기를 구하는 것이 아니라 사자가 양이 되기를 구하는 것입니다. 죄의 나무의 가지를 잘라내는 것은 잘하는 일일 수 있습니다. 그러나 우리의 할 일은 사람들을 인도하여 하나님께 돌아오도록 함으로써, 그 나무의 뿌리를 도끼로 잘라내는 것입니다. 이것은 변화입니다. 단지 외적 행동의 변화가 아니라 마음의 변화입니다. 우리가 이 결과를 보지 못한다면, 사람들이 믿고 하나님께로 돌이키지 않는다면 우리는 헛되이 수고한 것이고 힘만 쓰고 아무것도 거두지 못한 것입니다. 믿고 하나님께 돌이키는 일이 없다면, 우리는 은밀한 방으로 가서 하나님 앞에서 몹시 슬퍼해야 할 것입니다. 아무도 우리의 보고(報告)를 믿지 않았고 여호와의 팔이 나타나지 않았기 때문입니다. 목표가 있습니다. 그 목표를 겨냥하고 이렇게 말합시다. "이 한 가지 일을 나는 한다." 성령으로 기도하고 성령의 능력을 의지하며, 오직 이 한 가지 목적을 품고 힘차게 나아갑시다. 주일학교 교사들이여, 이 목적을 추구합시다. 아이들을 가르치는 것으로 만족하지 말고 아이들을 회심시키도록 노력합시다. 설교자 여러분, 이 목적을 추구합시다. 여러분이 교인들을 가르치고 났을 때 할 일을 다했다고 생각하지 마십시오. 교인들이 예수 그리스도를 믿을 때까지 결코 쉬어서는 안 됩니다. 주일 설교에서는 항상 이 목적을 이루려고 노력하십시오. 여러분의 설교는 외적인 도덕만 냉랭하게 반복하여 가르치는 것이 되어서는 안 됩니다. 뜨거운 열정을 가지고 내적 중생을 가르쳐야 합니다. 여러분은 사람들을 데려다가 자신을 믿게 하여 자수성가한 사람이 되도록 해서는 안 되고, 예수를 믿고 그리스도 안에서 새로운 피조물이 되도록 인도해야 합니다. 우리의 목적과 목표가 여기에 있습니다. 우리 모두 이 목적을 위해서 살아가고 있습니까?

2. 둘째로 이 목적을 달성할 수 있는 능력에 대해 생각해 봅시다.

"주의 손이 그들과 함께 하시매." 하나님께서 그 팔을 나타내 보여주신 사람들 외에는 아무도 예수님을 믿지 않습니다. 예수께서 이같이 말씀하시기 때문입니다. "나를 보내신 아버지께서 이끌지 아니하시면 아무도 내게 올 수 없으니"(요 6:44). 그러나 형제 여러분, 기도의 응답으로 능력이 주의 백성들에게 나타났고, 지금도 그들과 함께 있습니다. 주님의 손이 짧아 주의 백성을 구원할 수 없지 않고, 주께서 그 손을 자기 교회에서 거두시지도 않았습니다. 내가 몇 가지 생각을 말씀드리는 동안 힘을 내시기 바랍니다. 하나님의 손은 우리가 친구들에게 말하기 전에 그들 위에 있습니다. 나는 묻는 사람들을 보고 있으면서, 어떻게 하나님께서 내 말을 듣는 사람들의 마음을 준비시키는지를 보는 것이 아주 큰 즐거움입니다. 나는 지금 어떤 주제에 대해 연구하고 있고, 그 주제에 복을 주시기를 하나님께 기도하고 있습니다. 그리고 내가 지금까지 보지 못한 2층 방으로 올라가보니, 내 말을 듣는 사람들 가운데 하나가 내 말을 받을 준비가 되어 있습니다. 그는 죄의식으로 괴로워하거나 불편한 생각들로 당황스러워하거나, 더 나은 것들에 대해 기대에 부풀어 있습니다. 이렇게 해서 그는 내가 그에게 전할 그리스도를 받아들일 준비를 하게 됩니다. 어떤 여인이 병상에서 자신의 죄 많은 생활을 슬프게 기억하면서 괴로워하고 있는데, 이는 그 여인이 하나님의 집에 올 때 듣는 말씀마다 그녀에게 영향을 미치도록 하기 위해서입니다. 질병과 고통, 부끄러움과 가난이 종종 복음을 받아들일 것을 아주 기대하게 되는 마음의 상태를 만드는 때가 종종 있습니다. 사업에 실패를 한 사람은 이 세상의 행복에 절망합니다. 그래서 그가 와서 복음을 들으면 기꺼이 위에 있는 행복을 추구할 마음을 갖게 됩니다. 또 어떤 사람은 최근에 몸의 힘이 약해진 것을 느꼈고, 인생이 덧없다는 경고를 받았습니다. 이렇게 해서 그는 영원을 이야기하는 교훈에 귀를 기울일 준비를 하게 됩니다. 하나님의 종이여 용기를 내십시오. 여러분은 아무것도 아니지만 전능하신 하나님께서 여러분과 함께 계십니다. 여러분이 손을 들어 하나님의 집을 세울 때, 전능하신 능력이 여러분과 함께 하고, 여러분의 수고가 성공하게 만드십니다. 너무 무거워서 선지자조차도 "바퀴여"(개역개정은 "그 바퀴들을 도는 것이라 부르며") 하고 말한 이 두려운 바퀴들은, 돌 때마다 여러분이 마음으로 품고 있는 그 목적을 이루도록 작용하고 있는 것입니다. 궤도를 따라 도는 별들은 여러분을 위해 싸웁니다. 들판의 돌들은 여러분과 동맹하고 있는 존재들입니다. 영원한 지혜가 여러분을 위해 계획을 세우고, 무한한 능력이 여러분과 함께 일하며, 끝없는 인내가 여러분에게 지속되고, 전능하신 사랑이 여러분으로 말미암아 승리할 것입니다. "주의 손이 그들과 함께 하시매." 우리가 이 이상 무엇을 바라겠습니까? 형제 여러분, 하나님께서 쟁기로 갈아엎으셨으니 씨를 뿌리십시오. 올라가서 하나님의 전을 세우십시오. 하나님께서 돌을 준비하고 토대를 마련해 놓으셨습니다.

더 나아가서, 설교자들과 교사들을 도우시는 데서, 주의 손이 그 백성들과 함께 하십니다. 때로 우리에게 일어나는 묘한 충동들이 있습니다. 이 충동들로 말미암아 우리가 그렇지 않았다면, 결코 마음에 떠오르지 않았을 것을 생각하고 말하게 되는데, 이것들이 사람들의 마음에 영향을 끼칩니다. 여러분이 영혼을 구원하고자 하면, 바로 그 시간에 여러분이 말할 것을 받게 될 것입니다. 여러분은 묻는 사람에게 여러분이 사전에 말하려고 준비하지 않았을 것을 말하는 일이 종종 있을 것입니다. 이는 질문자의 마음을 여러분보다 더 잘 아시는 하나님께서 여러분에게 맡겨두셨다면 여러분이 말했을 것이고, 후에 가서는 실수라고 판단했을 것을 말하지 못하도록 막으신 것입니다. 우리가 일을 형편없이 했다고 느꼈을 때 가장 잘한 경우가 흔히 있습니다. 우리가 하나님을 의지하고 전심으로 영혼을 구원하려고 한다면, 세상에서 가장 뛰어난 웅변가도 알지 못하는 말을 할 수 있도록 우리를 돕는 능력을 얻게 될 것입니다. 어떤 정당을 위해 하원에서 이야기한다고 합시다. 여러분은 도움을 얻기 위해서는 청중을 보아야 할 것입니다. 그러나 주님의 전에서 설교할 때 여러분은 영적 도움을 얻기 위해 위를 볼 수 있습니다. 시인은 우화에 나오는 뮤즈 신들에게 빕니다. 그러나 주님의 종인 여러분에게는 더 높은 원천으로부터 오는 실제적인 도움이 있습니다. 사역자 여러분, 이것을 생각하고 힘을 내십시오.

선한 사람들이 말을 할 때 힘을 얻는 섭리와 은혜로운 도움 외에, 복음이 전파되는 곳에서 사람들의 마음에 작용하는 성령의 분명한 역사가 있습니다. 전하여지는 말씀에 성령이 계십니다. 뿐만 아니라 그 위에 하나님의 택하신 자 안에서 하나님은 매우 효과적으로 일하십니다. 그래서 진리가 그에게 저항할 수 없는 것이 됩니다. 우리의 큰 힘이 어디에 있는지 잊지 맙시다. 이 문제에서 우리는 오직 하나님의 **성령**만을 의지해야 합니다. 하나님께서는 사람들이 말씀의 위엄을 느끼게 함으로써 그의 은혜의 능력이 작용하도록 하신 일이 참으로 많습니다. 어쩌면 사람들이 한가하기 짝이 없는 호기심을 가지고 와서 설교자의 말을 듣습니다. 그들은 자기들을 재미있게 해줄 무엇인가를 찾을 것입니다. 그런데 진리가 그들을 정곡으로 찌르고 그들의 마음을 수색합니다. 듣는 말이 단순하지만, "마치 천사가 말하는 것처럼 그들은 엄숙한 소리를 듣습니다." 그 말이 던지는 창처럼 그들을 관통합니다. 그래서 그들은 "확실히 하나님이 거기 계셔서 내게 말씀하셨다"고 느끼지 않을 수 없습니다.

성령께서는 사람들에게 자기들의 죄를 기억하게 하십니다. 사람들은 그것을 잊으려고 하지만 때로는 잊을 수 없습니다. 슬픈 기억이 슬그머니 그에게 들어오고, 그러면 유익한 후회로 그들의 영혼이 떨게 됩니다. 경솔하고 조심성이 없으며 잘 잊어버리며 지낸 사람들이, 갑자기 옛날 일기장을 뒤적이며 과거를 깊이 생각하며 돌아보게 됩니다. 그리고 이 일로 인해 회개와 믿음에 이르게 됩니다. 바로 그 성령께서 사람들로 거룩한 아름다움을 보게 만듭니다. 사람들은 자기들이 거기에서 멀리 떨어져 있지만 그것에 감탄하지 않을 수 없습니다. 사람들은 예수라는 분의 사랑스러움에 매혹당하여, 거기에는 자기들이 닮고 싶은 것이 있다는 것을 느끼기 시작합니다. 설교자가 구원의 길을 선포할 때, 바로 그 성령께서 역사하여 그들이 거기에 감복하고 속으로 이렇게 말하도록 만드십니다. '여기에는 사람의 지혜로는 도저히 고안해 낼 수 없었을 무언가가 있다.' 그리고 그들은 그 길을 자기도 얻기를 바라기 시작합니다. 마치 알지 못하는 어떤 나라에서 온 기이한 새가 영혼으로 날아들어 새 노래로 놀라게 만든 것처럼, 한 가지 소원이 그들의 마음을 사로잡습니다. 그들은 그 소원이 어디에서부터 왔는지 알지 못하지만, 이상하게도 그 소원을 마음에 품지 않을 수 없는 것을 느낍니다. 때로는 성령께서 마치 태풍처럼 사람의 마음에 휘몰아치기도 합니다. 그러면 사람들은 저항할 생각을 하지 못하고 그 힘을 그대로 받았습니다. 폭풍우가 바다로 돌진하여서 앞을 막고 있는 약한 배를 마구 몰아갈 때처럼, 성령께서 자기의(自己義)를 붙들고 있는 영혼에게서 평안과 고요함을 쓸어가 버리며, 마음 속에 깊은 근심을 일으키고 그 영혼이 술취한 사람처럼 이리저리 비틀거리게 하고 자기 절망이라는 바위투성이 해안으로 마음을 몰아갑니다. 이제까지 모든 거짓된 희망과, 허영심이 강한 신뢰가 이 해안선에 부딪혀 영원히 파멸되고 말았습니다. 이것이 자신의 현재의 실정이라면 하나님께 감사드리십시오. 영혼이 예수께 매달리도록 쫓겨가고 있는 것이기 때문입니다.

그렇습니다. 형제들이여, 세상을 지을 때 사용되었던 것과 같이 힘있는 능력은, 설교자가 아니고 설교자가 말하는 것도 아닙니다. 그 능력은 우리 밖에 있습니다. 불신자들은 때로 이렇게 말합니다. "너희 하나님이 어디 있느냐?" 아, 여러분, 여러분이 한 번 크신 성령님의 능력을 맛본다면, 다시는 그런 질문을 하지 않을 것입니다. 그들은 이렇게 말합니다. "조상들이 잔 후로부터 만물이 처음 창조될 때와 같이 그냥 있다"(벧후 3:4). 그러나 그들은 다음의 사실에 대해서는 의도적으로 모릅니다. 즉 날마다 새로운 창조가 일어나고 있다는 것과, 이 세상에는 거짓말쟁이도 광신도도 아니지만, 영원하신 능력과 신성이 자기 영혼에 작용하여 자신을 정복하여 변화시켰으며, 그 후부터는 자기들을 최고의 위엄에 기꺼이 복종하도록 붙잡고 있다고 말하는 사람들이 있다는 사실을 모른 체합니다. 그렇습니다. 형제들이여, 주의 손이 있고, 주의 손은 여전히 그의 백성들과 함께 있습니다. 그렇지 않다면 우리는 믿고 주님께 돌아오는 일을 전혀 보지 못할 것입니다. 그러나 주의 손이 여전히 우리 가운데서 활동하므로 우리도 계속해서 일하도록 합시다. 우리가 살아 있는 것만큼 확실히 많은 수가 회심하여 하나님께 돌아오고 하나님을 영화롭게 하는 것을 보게 될 것입니다.

3. 이제는 회심의 바람직함에 대해서 생각해 봅시다.
많은 사람이 믿고 하나님께 돌아오는 것을 보는 일이 여러분과 내게는 전혀 새로운 일이 아닙니다. 지난 22년 동안 주님께서는 항상 손을 뻗으셨습니다. 즉 그동안 우리에게는 부흥운동이 일어난 적이 없었고, 신앙의 열정이 맹렬하게 일어났다가 갑자기 잠잠해지는 현상이 교대로 일어나지도 않았습니다. 그러나 다달이 나는 안식일에 설교를 하면, 영혼들이 구원을 받았고 교회가 점점 크게 자라며 하나님께서 영광을 받으셨다고 나는 생각합니다. 우리가 그동안 누렸던 것을 그대로 간직하고 싶습니다. 그렇습니다. 사실 더 많은 것을 가지고 싶습니다. 주님께서는 빌라델비아 교회에 하신 말씀을 우리에게도 하십니다. "네가 가진 것을 굳게 잡아 아무도 네 면류관을 빼앗지 못하게 하라"(계 3:11). 그리고 우리의 면류관은 영혼을 그리스도께로 인도한 면류관입니다. 우리는 이 면류관을 굳게 붙들어야 합니다. 이것을 잃는다면, 견딜 수 없기 때문입니다. 우리가 목사나 교인들이나 다같이 복음을 전했고, 우리 모두가 영혼을 그리스도께 인도한 사람들이었다는 이것이 우리의 면류관이 될 것입니다. 우리는 이것을 바랍니다. 우리는 무엇보다 진리, 경건, 덕, 거룩함이 뻗어나가는 것을 보기 원하기 때문입니다. 여러분 가운데서 이것을 원하지 않는 사람이 있습니까? 선한 사람이라면 누구나 다른 사람들이 선하게 되기를 바라고, 정직한 사람은 누구나 다른 사람이 정직하게 되기를 바라지 않습니까? 가족을 사랑하는 사람은 누구나 다른 가족이 단정하게 생활하기를 바라지 않겠습니까? 그렇다면 이보다 고귀한 이유가 없다면, 여러분은 사람들이 회심하기를 바라야 합니다. 회심은 순수하고 사랑스럽고 평판 좋은 모든 것의 뿌리가 되기 때문입니다.

　여러분은 또한 여러분의 이웃들이 행복하기를 바랍니다. 그런데 하나님과 화목한 데서 오는 것만큼 좋은 행복은 없습니다. 여러분이 죄 사함을 통해서 직접 평화를 누리면 그로 말미암아 여러분은 다른 사람들도 같은 평안을 얻게 되기를 틀림없이 바랄 것입니다. 정말로 신앙이 여러분에게 끊임없는 기쁨의 원천이라면, 다른 사람들이 그 기쁨을 맛보기를 바라지 않는다면 여러분은 인정 없는 사람입니다. 형제 여러분, 여러분이 눈에 생기가 있기를 바라듯이, 여러분의 얼굴이 기쁨으로 빛나기를 바라듯이, 내가 아는 대로 여러분이 사방에 기쁨을 퍼트리기를 바라듯이, 무엇보다 여러분의 자녀가, 여러분의 친척들이, 여러분의 이웃이, 여러분의 친구들이 하나님께로 돌아오기를 바라십시오. 그같이 하면 가시와 찔레 대신에, 도금양과 장미가 피어나고, 황무지가 여호와의 동산처럼 변할 것입니다.

여러분도 회심을 바란다고 확신합니다. 여러분이 회심하지 않은 사람들의 두려운 위험을 느끼기 때문입니다. 여러분은, 주변 사람들은 발이 두 개뿐인 돌연변이 고양이와 개와 말이어서, 결국에는 죽고 더 이상 존재하지 않을 것이라고 하는 현대의 교리에 아직까지 동의하지 않았습니다. 여러분은 하나님이 주신 인간 영혼의 불멸을 믿습니다. 이것은 아무도 피할 수 없는 유산이고, 인간이 부여받은 모든 것 가운데 가장 고귀한 것이며, 비록 죄 때문에 지극히 비참하게 왜곡될 수 있지만 그 자체로는 지극히 고귀한 은혜입니다. 여러분이 또 다른 영원한 상태가 있다는 것을 믿지 않는다면, 사람들의 회심을 바라는 동기가 아주 빈약할 것입니다. 그러나 사람들이 내세에서 살고 영원히 존재한다는 것을 믿는다면, 여러분은 틀림없이 사람들이 장차 올 진노에서 피하기를 간절히 바랄 것입니다. 여호와의 두려우심을 안다면 여러분은 사람들을 설득할 것입니다.

사람들 모두에게는 다음 둘 중의 하나가 있을 것입니다. "그들은 영벌에" 처하든지, 아니면, "의인들은 영생에 들어가게"(마 25:46) 될 것입니다. 이것을 알기 때문에 주변에 있는 사람들이 영원한 생명을 받은 사람이 되었다고 확신하기 전에는 결코 쉬지 못할 것입니다. 회심하지 않은 사람을 보십시오. 여러분 마음에서 동정심이 일어나지 않을 수 없을 것입니다. 내가 사랑하는 사람의 얼굴에서 열이 나거나 초췌한 모습을 보면 깜짝 놀랄 것입니다. 그렇다면 내가 보는 대로, 모든 불신자의 얼굴에서 영원한 파멸을 본다면 어떻게 느낄 수밖에 없겠습니까? 사람들이 죄 가운데서 멸망하고 있을 때, 지금처럼 괴로워하지 않는다면 어떻게 되겠습니까? 형제 여러분, 왜 우리는 사람들의 회심에 대해 더 마음을 쓰고 있지 않습니까? 이런 질문 앞에서 우리는 겸손하게 마음을 깊이 살펴야 할 것입니다. 그리스도의 마음을 별로 갖지 못하고 사람들의 영혼을 별로 동정하지 않는 것은 우리에게 부끄러운 일입니다.

게다가 형제들이여, 자기 보존 본능은 자연의 법칙입니다. 그런데 교회는 회심에 의해 세상으로부터 수가 불어나는 길을 제외하고는 스스로를 보존할 수 없습니다. 다음 세대를 위한 설교자들은 어디에 있습니까? 오늘 그들은 불경건한 자들 가운데 있으니, 우리는 그들을 하나님께 데려오도록 노력해야 합니다. 우리 시온 성벽에서 다음 층을 쌓을 돌들은 어디에 있습니까? 그 돌들은 아직 캐내지 않았습니다. 그러므로 우리는 하나님의 은혜로 그 돌들을 캐내야 합니다. 지금 주님을 위해 일하고 있는 우리는 얼마 있지 않아 떠날 것입니다. 우리의 보좌와 면류관이 우리를 기다리고 있으며, 천사들이 우리에게 오라고 손짓하고 있습니다. 그러면 누가 우리의 자리를 채울 것입니까? 누가 깃발을 들고 서 있을 것입니까? 누가 나팔을 불 것입니까? 누가 칼을 휘두를 것입니까? 우리는 적의 대열에서 새로운 전사들을 찾아야 합니다. 그들이 하나님께로 와야 합니다. 이 일이 우리를 사용하여서 이루어지도록 우리는 기도해야 합니다.

그리스도를 위하여 회심을 구해야 합니다. 여러분은 고뇌와 피 같은 땀을 압니다. 이것들을 헛되이 써야 하겠습니까? 여러분은 그리스도께서 십자가에서 못 박히심과 "어찌하여 나를 버리셨나이까" 하는 부르짖음을 압니다. 이런 것들이 보답이 되어야 하지 않겠습니까? 여러분은 여러분 구속자의 죽음의 지독한 고통에 대해 생각하고 믿었습니다. 그리스도께서 자기 영혼의 수고한 결과를 보시지 않겠습니까? 그리스도께서 만족하셔야 하지 않겠습니까? 이 잃어버린 양들이 주님의 양입니다. 이 양 떼를 위해 주께서 귀한 피를 흘리셨습니다. 잃어버린 드라크마는 주님의 돈입니다. 거기에는 주님의 형상과 글이 쓰여 있습니다. 이것들을 주께서 찾지 않으시겠습니까? 멀리 가서 방탕하게 산, 잃어버린 아들들은 주님의 형제들이고 아버지의 자녀들입니다. 여러분은 주님을 위하여 그들을 집으로 데려오기를 바라십니까?

친구 여러분, 사람들이 여러분의 도움으로 믿고 주님께로 돌아온다면, 여러분에게 참으로 큰 기쁨이 될 것입니다. 나는 그 동기를 뒤로 놓으면 그 동기가 가장 강한 것이 되지 않을 것이지만 아주 생생한 것 가운데 하나가 될 수 있습니다. 많은 사람이 회심하는 것을 본다면, 여러분에게 참으로 큰 기쁨이 될 것입니다. 어떤 사람은 이렇게 물었습니다. "이교도들에게 복음을 전하지 않으면 그들은 어떻게 되겠습니까?" 나는 훨씬 더 실제적인 또 다른 질문을 해보겠습니다. "여러분이 이교도들에게 복음을 전하려고 하지 않는다면, 여러분은 어떻게 되겠습니까?" 여러분이 그들의 구원에 대해 전혀 관심이 없다면, 여러분은 그들의 운명에 대해 묻기보다 여러분 자신의 운명에 대해 염려하시기 바랍니다. 다른 사람의 회심을 추구하지 않는 사람은, 그 자신이 정죄받을 절박한 위험에 있습니다. 나는 자아에 감싸여 있는 사람의 구원을 믿지 않습니다. 그는 이기심에서 구원받지 못한 것이 확실합니다. 다른 사람의 상태에 무관심한 사람이 성령을 받았다는 것을 나는 믿지 못합니다. 성령의 첫 열매들 가운데 하나가 사랑이기 때문입니다. 꽃들이 막 피어날 때 향기를 피워내듯이 구원받은 사람들은 은혜를 받은 초기 시절에는 다른 사람들의 선을 바랍니다. 내가 처음 그리스도를 보고 나의 죄의 짐을 벗어버렸을 때, 처음에 드는 충동들 가운데 한 가지는, 주변 모든 사람에게 내가 받은 복에 대해 이야기하는 것이었음을 나는 압니다. 다른 사람들도 나와 같이 행복하기를 간절히 원했기 때문입니다. 영혼들을 그리스도께로 인도하려는 생각이 전혀 없는 여러분이 그리스도인의 요소 가운데 핵심적인 부분이 없는 것이 아닐까 걱정이 됩니다. 그 문제는 여러분의 양심에 맡깁니다.

4. 넷째로, 회심을 일으키기 위해서
우리가 할 수 있는 일이 무엇인지 알아봅시다.

회심은 하나님의 일입니다. 그러므로 하나님의 손이 없이 이루어질 수 없습니다. 하나님 없이 우리는 아무것도 할 수 없습니다. 그런 일을 하기에 우리의 손은 너무나 미약합니다. 주님의 첫 제자들과 우리의 능력은 본문에 언급된 사실에 있습니다. "주의 손이 그들과 함께 하시매." 주님의 손이 일할 환경이 여전히 있습니다. 그리고 주님의 손을 막는 장애물들이 있습니다. 그것을 잠시 생각해 봅시다. 첫째로, 죄인들이 회심하려면 우리는 분명하게 그 목표를 바라보아야 합니다. 대체로 사람은 자기가 하려고 하는 일을 하고, 단지 부수적인 연기에 지나지 않는 것은 하지 않습니다. 죄인들의 회심은, 사람이 그것을 의도하지 않고는 이룰 수 있는 일이 아닙니다. 때로 설교자가 회심을 겨냥하지 않았음에도 하나님의 주권으로 그가 쓰일 수 있습니다. 하나님은 자기가 원하시는 대로 일하시기 때문입니다. 그러나 대체로, 사람들은 그렇게 하기를 간절히 바라지 않는다면, 영혼을 그리스도께로 인도하지 못합니다. 사람을 낚는 일은 고기가 잡히든지 잡히지 않든지 개의치 않는다 할지라도 어쨌든 그물을 던지지 않고는 이루어질 수 없습니다.

어떤 장사꾼은 우연히 부자가 됩니다. 그러나 장사꾼들은 일반적으로 돈을 벌기 위해서는 끈기있게 일하고 열심히 일해야 합니다. 구원받은 영혼들의 보화로 부하려면, 여러분은 그 일을 목표로 삼고 이루기 위해 애써야 합니다. 참으로 많은 설교가 전해지고, 주일학교에서 참으로 많은 말씀이 가르쳐지고, 신앙 서적들이 숱하게 많이 쓰여지지만, 이런 것들의 의도가 직접적인 회심이 아니었다는 것을 생각할 때 깜짝 놀라지 않을 수 없습니다. 이런 좋은 것들이 알 수 없는 어떤 방식으로 우연히 사람들의 구원에 기여할지도 모릅니다. 그러나 그런 것들은 사람들의 구원을 당면한 목표로 삼지 않습니다. 형제 여러분, 사람들을 그리스도께 데려오려고 하면, 여러분은 그들에게 온 마음으로, 그리고 그들이 즉시 그리스도를 만나고 바로 자신들의 마음을 그리스도께 드리게 하려는 의도를 가지고 그리스도를 전해야 합니다. 그렇습니다. 여러분이 지금 사람들의 유익을 위해 애쓰고 있는 현재의 노력을 통해서 그들이 그런 자리에 이를 수 있기를 기도해야 합니다. 저기에 과녁이 있습니다. 여러분이 계속해서 아주 오랫동안 공중으로 화살을 쏜다면, 어쩌면 화살이 과녁을 맞힐 수도 있습니다. 그러나 여러분이 상을 얻으려면 과녁에 시선을 집중하고, 목표를 분명히 하고, 기술적으로 겨냥하는 것이 좋습니다. 개인이 영혼을 인도하려면 그는 그 일에 온 영혼을 기울이고, 온 에너지를 쏟아서 목표를 이루어야 합니다.

　　다음으로, 우리는 영혼을 인도하려면 하나님께서 보통 복 주시는 진리들을 그들에게 강조해야 합니다. 본문에 나오는 구절을 읽도록 하겠습니다. "그들이 헬라인에게도 말하여 주 예수를 전파하니 주의 손이 그들과 함께 하시매." 자, 우리가 예수 그리스도를 전파하지 않으면, 영혼이 구원받는 것을 우리는 보지 못할 것입니다. 스스로 소멸됨으로써 스스로를 정죄하는 교리 같은 것들이 있습니다. 설교가 일신론 쪽으로 기울어지자 조만간에 회중이 줄어들기 시작했다는 어떤 목사에 대한 이야기를 들어보았습니까? 그러한 설교를 하는 사람들이 큰 능력을 가졌을지라도 그들은 그 의미 없는 일을 계속 진행시킬 수 없었습니다. 여러분이 우리 작은 도시에 들어가 보십시오. 한때 독립교회였거나 장로교회였던 예배당을 볼 수 있을 것입니다. 아니면 침례교회 예배당일 수도 있습니다. 그런데 예배당 문에 "유니테리언교"라는 팻말이 있는 것을 본다면, 여러분은 대체로 거기에 있는 모든 것을 본 셈입니다. 거기에는 그 이름에 걸맞는 교회도 회중도 없습니다. 흔히 그곳은 문이 열리지 않고, 문에 이르는 길에는 풀이 무릎만큼 자라 있습니다. 이 작은 예배당들이 사용될 때에라도, 여러분은 거기에 지성과 문화에 관해 자신들을 평범하게 생각하는 이름 없는 사람들이 열 명도 채 되지 않는 것을 대체로 발견할 것입니다. 그것은 거미들에게나 지극히 가치 있는 종교입니다. 그런 곤충들이나 두려움 없이 교회당에서 거미집을 지을 수 있기 때문입니다. 여러분 가운데 그리스도 없는 복음을 듣도록 2만 여명을 모으는 유니테리언교의 휫필드나 소치니파의 무디에 대해 들어본 사람이 있습니까? 앞으로도 그런 사람에 대해 들어볼 수 있겠습니까? 그것은 이제까지 본 적이 없고, 앞으로도 볼 수 없을 현상입니다. 괴로워하는 영혼을 위로할 수 있는 것을 거의 담고 있지 못한 신조에 대해서는, 사람들은 본능적으로 외면하기 마련입니다.

영혼들을 구원하기 원한다면, 우리는 모든 면에서 현대의 지적 체계도 마찬가지로 피해야 합니다. 어떤 사람은 이렇게 소리칩니다. "당신은 위대한 허풍씨의 말을 들어야 합니다. 아, 그것이 무엇인지 말할 수는 없지만 아주 굉장한 것입니다. 그것은 지적인 특별한 기쁨입니다." 물론 그렇습니다. 그런데 이처럼 놀라운 천재성의 발휘로 몇 명이나 회심을 했습니까? 세련된 웅변으로 얼마나 많은 마음이 깨어졌습니까? 상처받은 마음들이 철학으로 얼마나 많이 치유받았습니까? 지금까지 내가 지켜본 바로는 하나님께서는 지적인 기쁨을 통해 영혼을 구원하시지 않는다는 것입니다.

여러분이 회심의 도구가 되고자 한다면 사람의 미래에 대한 어떤 견해들도 피해야 합니다. 하나님의 진노와 지옥의 공포에 대한 생각을 줄여보십시오. 그러면 그만큼 여러분의 사역의 결과도 줄어들 것입니다. 나는 번연이나 백스터(Baxter) 혹은 영혼을 구원하는 다른 위대한 사람이 이런 생각에 빠진다는 것은 상상도 할 수 없습니다. 혹은 그런 생각에 빠진다면 그들의 성공은 거기에서 끝이 날 것입니다. 그 밖의 별난 생각들과 새로운 학설들도 피해야 합니다. 그런 것들은 여러분의 목표를 이루는데 도움이 되지 않고, 오히려 사람들의 주의를 아주 중요한 점에서 다른 데로 돌리기 십상일 것이기 때문입니다. 형제 자매 여러분, 추수하기를 원한다면, 여러분이 뿌리는 씨를 주의해서 보십시오. 채소를 기르는 사람들이 씨를 뿌리기 위해 작은 감자들을 한쪽으로 다 옮기던 때가 있었습니다. 그때는 수확물을 별로 거두지 못했습니다. 그런데 이제는 그 사람들이 가장 좋은 것을 골라서 한쪽으로 모아두는 것을 보았습니다. "우리는 좋은 씨를 얻어야 합니다" 하고 그들은 말합니다. 내 밭에 밀을 뿌려야 한다면, 나는 시원치 않은 밀은 버릴 것입니다. 씨에 관해서는 비용을 아끼고 싶지 않습니다. 가장 좋은 것이 아닌 다른 어떤 것을 구입하는 것은 그릇된 절약법이기 때문입니다. 가서 전하고 가르치고 교훈하되 최상의 교리로, 곧 하나님 말씀의 교리로 하십시오. 결과가 여러분 손에 있는 것은 아니지만 여러분이 무엇을 가르치느냐에 따라 결과가 크게 달라질 것이 틀림없기 때문입니다. 항상 찬송 받으실 영원한 성령이시여, 주의 종들을 모든 진리 가운데로 인도하소서!

다음으로, 여러분이 영혼들을 그리스도께로 인도하고 싶다면 영혼들에 대한 심각한 경고를 느끼시기 바랍니다. 여러분 자신이 그것을 느끼지 못한다면 영혼들에게 그들의 위험을 느끼게 만들 수 없습니다. 그들이 위험에 처해 있다는 것을 믿으십시오. 그들이 스스로 어찌할 수 없다는 것을 믿으십시오. 오직 그리스도만이 그들을 구원하실 수 있다는 것을 믿고, 여러분이 그들을 구원하기로 작정한 것처럼 그들에게 말하십시오. 성령께서 먼저 여러분을 감동시키심으로써 그들을 감동시킬 것입니다. 그들이 구원받지 않을지라도 여러분이 편히 쉴 수 있다면 그들도 마찬가지로 편히 지낼 것입니다. 여러분이 그들 때문에 몹시 괴로워한다면, 그들이 망하게 되는 것을 견딜 수 없어 한다면, 그들도 마음이 편치 못하다는 것을 곧 알게 될 것입니다. 여러분이 그런 상태에 깊이 빠지게 되어 여러분의 자녀나 여러분의 설교를 듣는 사람이 그리스도가 없어 멸망하는 꿈을 꾸고서 갑자기 일어나 "하나님이여, 제게 회심자를 주십시오. 제가 죽겠나이다" 하고 외치기 시작하기를 바랍니다. 그러면 여러분은 회심자들을 얻을 것입니다. 그 점에 관해 아무 두려움이 없습니다. 하나님께서 자기 종들에게 산고의 고통을 주실 때에는, 언제나 그들로 영적인 자녀들을 풍성히 얻게 하십니다. 여러분이 영혼들을 위해 괴로워하면, 하나님께 돌아오는 새로운 생명들이 탄생할 것입니다.

　그런데 한 마디 덧붙이자면, 그러기 위해서는 기도를 많이 해야 한다는 것입니다. 나는 형제들이 모여서 주께서 자기들에게 복을 주시기 전에는 결코 주님을 그냥 보내드리려 하지 않고, 한 형제가 기도할 때는 목이 메어 말하고 사람들에게 자비를 베풀어 주시기를 하나님께 간절히 호소하면서 눈물을 흘리는 수요 기도회에 참석하는 것이 매우 기쁩니다. 나는 성도들이 이렇게 죄인들을 위해 간구하지 않을 수 없는 자리에 있는 것을 볼 때, 죄인들이 복을 받게 될 것임을 언제나 확신하게 됩니다. 여러분의 골방에서, 여러분의 가정예배 자리에서, 기도회 모임에서 끈질기게 기도하십시오. 주의 손이 반드시 여러분과 함께 할 것입니다. 큰 소리로 기도하십시오. 여러분의 생명을 위해 호소하듯이 목소리를 아끼지 말고 강하게 주장하십시오. 여러분이 하나님을 설득할 때에야 비로소 그들을 설득할 수 있을 것이기 때문입니다.

　그 다음에 여러분 모두가 개인적으로 직접 기도해야 합니다. 성령께서 내 설교에 복을 주신다면 내 설교로 많은 사람들이 구원받을 수 있습니다. 그러나 여러분 모두가 설교자가 된다면, 여기에 있는 모든 형제 자매가 그리스도의 증인이 된다면, 나는 아주 많은 수의 회심자를 기대할 수 있을 것입니다. 여러분은 그냥 빈둥거리며 지냅니까? 여러분 가운데 어떤 사람은 잠자기 시작합니까? 여러분에게 말합니다. 일어나십시오. 사랑으로 예수님께 나아가십시오. 사랑으로 이웃들에게 가서 주변 사람들 가운데서 회심할 사람을 찾기 시작하십시오. 사랑하는 여러분, 미지근한 사람이 되지 마십시오. 그것은 생각만 해도 싫습니다. 여러분이 성실하다면 기쁜 일입니다. 그런데 여러분이 게을러진다면 낙망이 되지 않을 수 없습니다.

끝으로, 여러분이 많은 사람들이 회심하는 것을 보고 싶으면, 그렇게 될 것을 기대하십시오. "너희 믿음대로 되라"(마 9:29). 회심할 사람들을 찾으십시오. 하나님께서 설교마다 복 주실 것을 믿으십시오. 설교 후에는 회심자가 있는지 살펴보십시오. 부대 주변의 상인과 민간인들이, 대체로 부대마다 따라 다니며 전투 후에는 올라가서 시체들의 옷을 벗기듯이, 여러분이 설교를 할 수 없다면, 여러분은 전사들의 뒤를 따르며 전리품을 거두는 일을 하라고 말씀드리고 싶습니다. 탐욕스러운 약탈자들에게는 아무도 세당(Sedan) 전투나 그라벨로(Gravelotte) 전투와 같은 대규모 전투가 벌어진 곳에 가 보라고 권할 필요가 없었습니다. 그러나 이제 여러분에게는 훨씬 더 고귀한 전리품을 모으러 가라고 설득할 필요가 있는 것 같습니다.

오십시오. 여러분 여호와의 종들이여, 와서 강한 자와 함께 전리품을 나누십시오. 그리스도께서 여러분의 싸움을 싸우셨고, 그의 화살이 그리스도의 적들의 심장을 꿰뚫었으며, 양날 가진 검이 좌우를 베었으니, 야곱의 아들들이여, 와서 전리품을 취하고, 회심자들을 여러분의 전리품으로 모으십시오. 어린 회심자들과 이야기하고, 그들의 상한 마음을 어루만지고 구도자들을 위로하며, 주님을 위하여 전리품들을 그의 궁전으로 가져오십시오. 진실로 여러분에게 말합니다. 여러분이 회심자를 찾지 않는다면, 회심자를 얻지 못할 것입니다. 그러나 그 책임을 주님께 돌리지 마십시오. 여러분은 주님 안에서 괴로워하지 않고 스스로 괴로워할 뿐입니다. 사랑하는 여러분, 하나님께서 여러분에게 복 주시기를 바랍니다. 그래서 다음 한 달 동안에, 과거 수년 동안 얻었던 것보다 더 많은 회심자가 이 교회에 더해져서 우리 하나님이 크게 찬양 받으시기를 바랍니다.

제
17
장
—

환상이 아님

—

"베드로가 나와서 따라갈새 천사가 하는 것이
생시인 줄 알지 못하고 환상을 보는가 하니라." — 행 12:9

　사실이 아니라 공상이다! 꿈이다! 망상이다! 그것이 그리스도인의 지극히 복된 경험에 대한 세상의 평가일 것입니다. 세상 사람들이 그리스도인의 그런 경험을 두고 부르는 이름이 "광신"(狂信)입니다. 그러나 사람들이 그것을 무엇이라고 부르든지 간에, 개입하여서 죄인을 율법의 위협에서, 사탄의 학대에서, 사람들의 악의에서, 그리고 자기 마음의 두려움에서 구원하는 은혜는 지극히 기쁜 것입니다. 따라서 우리는 원칙에서 벗어나지 않는 생활과 하나님께 대한 경건한 봉사로써 그 사실의 참됨을 증거하도록 해야 합니다. 그러면 그 복된 경험이 고귀한 승리라는 사실을 누가 비웃거나 의심할 수 있겠습니까? 우리 가운데는 그런 은혜의 승리들이 있습니다. 그것을 증거할 수 있는 사람들이 충분히 있습니다. 친구 여러분, 지금도 그런 승리가 드물지 않게 일어납니다. 여러분의 구원이 우리에게는 기쁨이기에, 아주 큰 확신을 가지고 여러분에게 말합니다. 여러분은 지금 곤경에 처해 있습니다. 밖에는 싸움이 있고, 안에는 두려움이 있으며, 여러분 스스로는 양심을 만족시킬 수 없습니다. 그것은 하나님이 하실 일입니다. 베드로가 큰 기적에 의해 감옥에서 나온 것을 이제 살펴봅시다. 그런데 베드로는 아직도 그것을 꿈으로 생각했습니다. 내가 그때의 상황을 되풀이할 필요는 없을 것입니다. 조금 전에 본문을 읽어드렸습니다. 이제 다음과 같은 점을 말씀드리도록 하겠습니다.

1. 첫째, 이 이야기에서 몇 가지 생각할 점을 끌어내도록 하겠습니다.

그 다음에, 둘째로, 나는 본문을 가지고 여러분이 어떻게 생각하든지 간에 주님의 강력한 활동에는 망상이 없다는 것을 보여드리도록 하겠습니다.

우선 우리가 생각할 첫 번째 점은, 우리가 의롭다함을 받는다는 이것입니다. 우리의 적들이 우리를 붙잡을 수 있다면, 틀림없이 있는 힘껏 우리를 굳게 붙잡을 것입니다. 헤롯은 베드로를 붙잡을 수 있었을 때, 일반적으로 하듯이 그를 구금해 두는 것으로 만족하지 않았습니다. 헤롯은 베드로를 예루살렘에 있는 가장 튼튼한 감옥에 집어넣었습니다. 그리고 주의를 거듭해서, 베드로를 병사 한 사람이 아니라 두 사람에게 쇠사슬로 묶어두었습니다. 베드로는 너무도 큰 노획물이어서 쉽게 잃어버릴 수 없는 것이었습니다. 헤롯은 야고보와 같이 유명한 그리스도의 종을 처형한 일로 인해서 백성의 갈채를 받고 크게 만족하였기 때문에, 먹이를 또 얻을 수 있는 기회를 놓칠 수 없었습니다. 그래서 그는 교회에서 기둥처럼 여기는 베드로를 아주 탐욕스럽게 움켜쥡니다.

형제 여러분, 자신의 어떤 과실로 인해, 우리가 원수들의 손에 떨어지기라도 한다면, 그들에게서 어떤 자비도 기대할 수 없을 것입니다. 과실이 없음에도, 우리가 잠시 동안 원수들의 손에 넘겨지게 된다면, 우리는 하나님께 큰 소리로 부르짖을 수 있습니다. 그들이 다른 사람은 봐줄 수 있을지 몰라도, 그리스도인은 결코 봐주지 않기 때문입니다. 사람들이 다른 사람들의 수천 가지 잘못은 용서하면서도 예수님의 참된 제자의 지극히 하찮은 과실은 부풀려서 이야기하려고 합니다. 나는 이 점을 별로 유감스럽게 생각지 않습니다. 그들이 그렇게 한다면, 그렇게 하도록 내버려 두십시오. 우리는 그 점을, 산 자의 땅에서는 하나님 앞에서 매우 주의해서 행하라는 경고로 삼도록 합시다. 교회의 젊은이 여러분, 여러분은 많은 경우에 세속적 직업에 종사하고 있는데, 그곳에는 많은 사람들이 여러분이 머뭇거리는 것을 지켜보고 있습니다. 이 점을 생각하고 여러분은 하나님 앞에서 매우 겸손하게 행하도록 하십시오. 여러분이 조심성 없이 행동하면, 눈치 빠른 세상은 금방 그것을 알아보고, 그 다음에는 수많은 사람들의 입을 통해서 그 이야기가 곧 널리 퍼질 것을 생각하십시오. 여러분은 이렇게 말할지 모릅니다. "이 일을 가드에도 알리지 말며 아스글론 거리에도 전파하지 말지어다 블레셋 사람들의 딸들이 즐거워할까 염려로다"(삼하 1:20). 그러나 사람들은 그 일을 말할 것입니다. 자신들이 지어낸 말을 많이 붙여서, 그 이야기를 하고 또 할 것입니다. 여러분은 그들이 이렇게 하는 말을 들을 것입니다. "아하, 아하, 그러면 그렇지! 이 그리스도인이라는 사람들은 다 앞뒤가 맞지 않아. 그들의 신앙고백은 다 말뿐이야. 그들은 하나같이 다 위선자들이야."

이렇게 해서 우리의 선한 대의명분이 많은 해를 겪고, 우리 주 예수 그리스도의 십자가에 많은 욕이 끼쳐지게 될 것입니다. 그리스도의 십자가는 그 자체로 세상에는 불쾌한 것입니다. 우리는 여기에 조금이라도 우리 자신의 과실을 보태지 않도록 주의합시다. 그리스도의 십자가가 "유대인에게는 거리끼는 것"(고전 1:23)입니다. 거리끼는 것이 이미 충분히 있는 곳에, 거리끼는 것을 더 놓지 않도록 조심합시다. 그리스도의 십자가가 "이방인에게는 미련한 것"입니다. 세상 지혜가 복음을 조롱하는 일에 더 의기양양해지도록 어리석은 짓을 보태는 일을 하지 않도록 합시다. 이 일에 우리가 얼마나 질투심이 많아야 하는지 모릅니다! 이는 우리가 질투하시는 하나님을 섬기고 있기 때문입니다. 우리가 자신의 양심에 대해 얼마나 엄격해야 하는지 모릅니다! 이는 우리가 그 이름이 "거룩하다, 거룩하다, 거룩하다!" 하시는 분을 섬기고 있기 때문입니다. 그렇습니다. 우리의 적들은 우리의 최선의 행위도 그릇되게 말하고, 우리의 선한 노력도 이기적인 것으로 곡해해서 말하며, 우리의 행동을 비난할 수 없는 경우에는 우리의 동기를 비난하려고 합니다. 그러므로 이런 적들 앞에서 우리는 얼마나 조심해야 하겠습니까!

우리 순례자들은 혐의 받는 사람으로 세상을 지나가는 여행을 합니다. 우리는 감시를 받고 있을 뿐만 아니라 우리를 감시하는 정탐꾼은 우리가 생각하는 것보다 많습니다. 집안에도, 집밖에도 도처에 정탐꾼들이 있습니다. 우리가 세상 그들의 손에 떨어지면, 세상 사람들에게 우리의 약점을 참아주기를 바라거나, 하나님께 대한 불신앙에다 하나님 백성들에 대한 비방을 조미료처럼 곁들이는 사람들에게서 우리의 죄악을 숨겨주기를 바라기보다는, 늑대에게 관대함을, 마귀에게 자비를 기대하는 것이 빠를 것입니다. 세상은 자기 아버지의 벌거벗은 것을 지적한 저주받은 가나안 사람들과 아주 흡사합니다. 우리는 우리 형제들에게서만 셈과 야벳의 행동을 기대할 수 있을 것입니다. 그들은 뒷걸음질로 와서 우리를 외투로 덮어줄 것입니다. 그러나 우리는 이 자비의 외투가 필요 없고, 오히려 아주 겸손하지만 거룩한 용기를 가지고 이렇게 말할 수 있을 정도로 행동하고 사는 것이 훨씬 더 나은 일입니다. "주님, 주께서는 내가 이 일에 범죄하지 않았고 주의 길에서 의롭게 행한 것을 아시나이다." 이것이 내가 반복해서 가르치지 않을 수 없다고 느끼는 첫 번째 교훈입니다. "죄가 있어 매를 맞고 참으면 무슨 칭찬이 있으리요"(벧전 2:20).

두 번째 교훈은 이것입니다. 하나님의 손에 빠지는 경우에는, 하나님께서 그 문제를 잘 처리하실 것이 틀림없습니다. 적절한 시간에 개입하시어 자신의 종들을 곤경에서 이끌어 내실 것입니다. 베드로의 경우는 하나님의 손에 떨어진 것이었습니다. 마가의 어머니 마리아의 집에 모였던 사람들은 큰 대언자이신 그리스도께 호소하고 있었습니다. 누가 감옥에 있을지라도 "아버지 앞에서 우리에게 대언자가 있으니 곧 의로우신 예수 그리스도"(요일 2:1)이십니다. 그들은 자기들의 형제를 위하여 겸손하게 눈물을 흘리며 간구하고 있었습니다. 이들은 이 형제의 귀한 생명을 아끼지 않을 수 없었는데, 이는 어린 교회로서는 적어도 한 동안은 사도들이 필요했기 때문입니다. 나는 이 사람들이 차례차례 돌아가며 기도하는 것이 들리는 것 같습니다. "주님, 베드로 사도를 기억하여 주옵소서! 우리가 그를 얼마나 사랑하는지 주께서 아십니다. 우리가 그를 간절히 기다립니다. 야고보 사도는 죽었습니다. 아, 우리가 그의 시신을 받고 그의 죽음을 슬퍼하였습니다! 베드로 사도가 처형되지 않게 해 주십시오! 우리에게서 기둥 같은 이 사도를 데려가지 마시옵소서! 담에서 기둥을 옮기지 마시고, 돌을 있는 자리에서 빼가지 마시옵소서." 주님께서 그들의 부르짖는 기도를 들으셨습니다. 베드로의 대의가 곧 주님의 대의입니다. 그래서 주께서 때가 되면 개입하실 것입니다. 기도를 하나님께서 들으셨다는 확신은 그 기도가 응답될 것이라는 전조입니다. 아직 아무런 응답을 받지 못했을지라도, 그 간구가 받아들여진 것입니다. 그러면 우리는 그 기도를 손에서 놓을 수 있습니다.

그러나 형제 여러분, 보십시오. 베드로는 그 주간 내내 감옥에 있었습니다. 무교절의 잔치는 끝났습니다. 이제 마지막 밤입니다. 마지막 밤이란 말입니다! 저녁이 슬금슬금 기어들어왔습니다. 어둠의 시간이 시작되었습니다. 한밤중입니다. 몇 시간만 지나면 곧 해가 뜰 것입니다. 그러면 베드로는 어디에 있습니까? 주님, 주께서 개입하시지 않는다면 베드로는 어떻게 됩니까? 주께서 지금 오서서 베드로를 돕지 않으시면 그의 피를 보고, 예루살렘 사람들은 기뻐하며, 그를 죽인 도살자를 흡족한 듯이 보고 좋아할 것입니다! 그러나 밤이 가장 어두운 바로 그 마지막 순간, 사람이 파멸하기 직전에 하나님께서 개입하셨습니다. 지하 감옥에 빛이 비쳤습니다. 베드로를 깨우셨습니다. 하나님은 정하신 때보다 결코 이르지도, 늦지도 않으십니다. 하나님은 사람들이 자기를 필요로 하는 바로 그때 오십니다. 그런데 보십시오. 베드로는 자고 있습니다! 베드로는 자고 있습니다. 아무것도 하지 않는 채, 아무것도 하지 않는 채 말입니다! 물론 베드로로서도 그것이 최선이었습니다. 자기 사정을 하나님 손에 맡겼기 때문입니다.

　친구 여러분, 베드로가 이때 깨어 있었다면 무엇을 했겠습니까? 그가 초조해하고 걱정했더라면 무슨 유익이 있었겠습니까? 그래서 자기가 할 일이 아무것도 없다는 것을 깨닫고서, 베드로는 단지 자신을 하나님의 자비에 맡기고 마치 그가 내일이면 처형장이 아니라 결혼식에 가는 것처럼 평안히 눈을 감습니다! 복되게 잠자는 자여, 계속 자도록 하십시오! 헤롯도 그의 왕위가 가져다 줄 수 없었던 그 평안을 보았다면, 당연히 베드로를 부러워했을 것입니다. 베드로, 당신은 손이 사슬에 묶여 있을지라도 잠을 잡니다. 당신의 영혼이 자유롭기 때문입니다. 당신은 꿈속에서 "말할 수 없는 영광스러운 즐거움으로"(벧전 1:8) 기뻐하고 있는지도 모릅니다.

　자신의 사정을 하나님의 손에 맡기고 여러분과 내가 할 수 있는 것이 아무것도 없다고 느낄 때, 아주 평온하게 잠잘 수 있습니다. 하나님께서 자기의 사랑하는 자에게 잠을 주시기 때문입니다. 우리가 자고 있는 동안, 하나님은 빈틈없는 눈길로 우리를 계속해서 지켜보며 보호하십니다. 예수께서 어느 때 잠드신 것처럼 보인 때가 있었는데, 어디에서 주무셨는지 아십니까? 배의 뒤쪽이었습니다. 왜 거기에서 주무셨습니까? 아마도 주님은 배의 키를 잡고서 주무셨던 것 같습니다. 그래서 깨시자마자 바로 주님은 배를 조정하실 수 있었을 것입니다.

> "바람과 파도가 주님의 무릎에 부딪힐지라도
> 주님은 배를 보호하시네.
> 배가 몹시 위태롭게 흔들릴 때에도
> 배의 키를 굳게 잡고 계시네."

"폭풍우는 주님의 놀라운 솜씨이며
그래서 주님은 눈을 감으실 수 있지만 마음은 잠들지 않으시네."

하나님은 결코 주무시지 않습니다. 하나님은 항상 자기 백성을 지켜보십니다. 어떤 사람은 이렇게 말합니다. "그렇지만 주님은 이보다 먼저 개입했어야 옳습니다. 베드로는 자고 있을 뿐만 아니라 묶여 있는데, 군사 두 사람에게 묶여 있기 때문입니다. 그런 그가 어떻게 도망칠 수 있겠습니까?" 아! 바로 그 "어떻게"라는 말이 중요합니다. "어떻게"라는 그 말, 말입니다. 그 말이 믿음에 끼친 해악이 얼마나 큰지 모릅니다! 그러나 참된 믿음은, 사전에 그런 단어가 없다는 것을 아십니까? 믿음은 결코 "어떻게"라는 말을 하지 않습니다. 하나님께서는 "그대로 되니라"고 말씀하셨습니다. 믿는 대로 될 것입니다. 어떻게, 곧 방법에 대해서는 그대로 될 것입니다. 그것은 하나님이 정하실 일이지 내 일이 아닙니다. "어떻게?"라고 말하는 것은 불신앙입니다. 나는 그 방법을 모릅니다. 어떻게? 어떻게? 어떻게 그 일이 가능하지? 쉿! 그렇게 말하는 것은 불신앙입니다! 차꼬가 떨어져 나갈 것이고, 옥문이 저절로 열릴 것입니다.

사람이여, 사정은 하나님의 손에 있습니다. 사정이 사람의 손에 있다면, 실패할 것입니다. 사람을 의지하고 육신을 무기로 삼는 자는 망하기 때문입니다. 육신의 팔은 아무리 튼튼해도 반드시 부러지고 맙니다. 사람에게는 불가능한 일이 반드시 있지만, 하나님께 불가능한 일이란 아무것도 없습니다. 잠잠하십시오. 사정이 주님께 달려 있기 때문입니다. 그때가 마지막 순간일 수 있고, 사도가 잠들어 있을 수 있으며 묶여 있을 수도 있습니다. 그러나 베드로는 틀림없이 밖으로 나올 것입니다. 하나님께서 기도를 들으셨기 때문에 베드로는 풀려날 것입니다.

이제 생각해 볼 세 번째 요점은 이 이야기의 겉면에 보석처럼 있습니다. 그것은 하나님께서 자기 백성을 구원하기 위해 오실 때는, 백성의 구원에 불리하게 돌아가는 것처럼 보이는 모든 상황이 하나님의 영광을 더욱더 나타내는데 이바지하게 될 뿐이라는 것입니다. 하나님은 쇠사슬과 감옥, 줄, 철문, 안팎의 보초들을 참으로 우습게 보십니다. 하나님께서 어떻게 차꼬를 깨트리고 그 결박을 벗어던지시는지 보십시오. 그리스도의 부활만큼 사람의 잔꾀를 뒤엎는 하나님의 찬란한 승리를 생생하게 보여주는 예는 없다고 생각합니다. "그의 제자들이 밤에 와서 우리가 잘 때에 그를 도둑질하여 갔다"(마 28:13). 빌라도는 말합니다. "글쎄, 당신들에게 파수꾼이 있으니, 가서 일을 확실히 해두시오." 그러자 예수를 미워한 사람들, 그들이 가서 잘 지키고 큰 돌을 굴려 무덤을 단단히 막고 집으로 가서 잡니다. 아, 오만한 제사장들, 산헤드린 사람들이여! 당신들은 일을 끝냈으니 이제 가서 쉬고 이렇게 말합니다. "이 속이는 자가 다시는 세상을 흔들지 못하고 우리를 짖지 못하는 개라고 말하지도, 맹인의 안내자라고 말하지도 못할 것이다. 그는 장사되었고 그의 무덤은 봉인이 되어 있다."

> "파수꾼도, 돌도, 봉인도 헛되도다
> 그리스도께서 지옥 문을 깨트리셨도다."

그리스도께서 일어나시는 것을 보십시오! 천사가 무덤 입구를 막은 돌에 앉을 때 제사장들에게, 세상에, 지옥에 이같은 말로 조용히 풍자하는 것처럼 보입니다. "할 수 있으면 다시 한 번 돌을 굴려보라. 다시 한 번 무덤을 막아 보라. 그가 부활하셨고 사람들의 간계를 이기셨다." 그러니 그리스도인이여, 안심하십시오. 지금 여러분의 눈에 어둡게 보이는 모든 것이 그리스도께서 여러분을 구원하실 때는 더 밝게 빛나게 될 것입니다. 어둡고 구부러져 있는 선마다 그리스도의 사랑의 중심에 이르게 될 것이고, 여러분의 마음에 그리스도의 능력과 지혜, 신실하심, 그의 진리를 더 분명하게 보여줄 것입니다.

그 다음에 전체 이야기는 하나님께서 그의 팔을 보이실 때 해결하지 못할 어려움이란 일어날 수 없음을 우리에게 가르치는 것 같습니다. 쇠사슬이 사라졌고, 지키는 사람들도 지나갔습니다. 그런데 철문이 있습니다. 아, 철문이 있습니다! 오늘날 여러분 가운데는 그 철문에 대해 걱정하는 사람들이 있는 것 같습니다. 하나님은 지금까지 여러분을 내내 도우셨습니다. 그리고 여러분은 지금까지 믿음을 가지고 왔습니다. 그런데 철문을 만나게 되었습니다. 이제 성읍으로 나가는 그 철문만 지나갈 수 있다면 모든 것이 잘 될 것입니다. 그런데 철문이 있습니다! 여러분 가운데 어떤 분들은 철문에 이르기 한 달 전부터 철문을 두려워합니다. 여러분 자신도 철문에 대해서 아마도 석달 동안은 초조해하며 걱정할 것입니다. 새벽에 무덤으로 가던 거룩한 여자들이 몇 시간 동안 그랬듯이, 그들이 가면서 "누가 우리를 위하여 무덤 문에서 돌을 굴려 주리요"(막 16:3) 하고 말했듯이, 여러분은 여러 달 동안 걱정할 것입니다. 그런데 굴려낼 돌이 없었습니다! 여러분이 그곳에 이르면 철문이 없거나, 있다고 할지라도 철문이 저절로 열리는 것을 발견하게 될 것입니다.

아, 우리가 자신의 어리석음에 놀라면서 이렇게 말한 적이 얼마나 많았습니까. "아, 두 번 다시 그렇게 하지 않겠어. 더 이상 고통을 빌려오는 일은 하지 않겠어. 그날 괴로움은 그날로 족하다. 나가서 내일 괴로움을 미리 갖다 쓰는 일은 하지 않겠어." 그러나 슬프게도, 우리는 다음날 그 어리석은 일을 또 합니다. 잠깐, 그리스도인이여, 주님을 모시고, 철문에 대한 모든 염려를 주님께 맡기십시오. 여러분이 주님을 믿고 기도로 여러분의 영혼을 주님의 손에 맡긴 날로부터, 그것은 여러분의 뜻이 아니라 주님의 뜻이 되었습니다. 여러분을 구원하는 것이 여러분의 일이 아니라 하나님의 일이 된 것입니다.

> "놋문도 주님 앞에서 깨어지고
> 쇠 차꼬도 구부러집니다."

이야기할 요점이 아직 한 가지 더 있습니다. 자, 사랑하는 여러분, 분명히 보십시오. 기도의 전능함을 확연히 보십시오. 그 모든 제자들이 자기들이 베드로를 풀어놓겠다고 맹세를 했을지라도, 그들은 그 일을 이룰 수 없었을 것입니다. 그들이 무엇을 할 수 있었겠습니까? 헤롯에게는 군대가 있고, 감옥은 튼튼하며, 보초들은 뇌물로 매수할 수 없습니다. 마지막 밤이 왔습니다. 그들이 무엇을 할 수 있습니까? 그들이 사용할 수 있는 무기는 하나밖에 없습니다. 그것은 그들의 허리춤에 있는데, 모든 기도라는 무기입니다. 그들은 예수님께 그 점을 말씀드렸습니다. 다른 모든 문이 닫혔을 때, 하늘로 열린 문이 있었습니다. 그래서 그들은 죄수들을 풀어줄 수 있는 분에게 메시지를 보냈습니다. 그랬더니 놀랍게도 베드로가 풀려났습니다. 우리는 이 교회에서 종종 기도의 능력을 느껴보지 않았습니까? 사랑하는 여러분, 때로 나는 우리가 지금 여기서 늘어져 있지 않은지, 기도에 시들해 있지 않은지 걱정입니다. 여러분들 가운데 많은 경우에 수요 기도회 때 보고 싶은데 보이지 않는 분들이 있다는 것을 말씀드립니다. 지금이 일 년 중 바쁜 때인 것을 압니다. 그래서 여러분의 사정을 충분히 이해합니다. 그러나 그렇게 바쁘지 않은 때에도 여러분을 보지 못했습니다!

　　그 다음에, 사실을 점점 더 잘 기억하지 못하는 분들이 있습니다. 파크 스트리트 교회(Park Street Church: 스펄전이 목회한 교회 — 역주)에서 우리는 "실로 하나님이 이곳에 계시도다" 하고 생각했기 때문에, 말을 할 수 없었지만 우리 속이 뜨거웠던 때들이 있지 않았습니까? 이곳이 우리에게 두렵게 느껴졌습니다. 우리가 하나님을 설복하고 있었고, 그래서 복을 끌어 내고 있었습니다. 그 복은 간절한 기도의 결과로 지금까지 계속되어 왔습니다. 그것은 참으로 단순한 기도였습니다! 여기에 오는 외부 사람들은 많은 잘못을 보았지만, 주님은 그렇게 하시지 않았습니다. 그 외에도 문법적으로 전혀 맞지 않다는 말을 듣는 것들도 있었습니다. 그러나 거기에 마음이 담겨 있다면, 그것이 뭐 그리 중요하였겠습니까? 우리는 천국 문 앞으로 몰려 들어갔고, 많은 자비가 우리에게 내렸습니다. 우리는 더 기도하고, 더 기도해야 합니다. 나는 여러분의 특별 기도 모임과 일반 기도 모임에 사람들이 잘 참석한다는 말을 듣거나, 교인들 가운데서 그런 기도 모임이 더 자주 있으면 좋겠다는 말을 들을 때는 언제나 기쁩니다. 교회의 장로님들도 나와 함께 그런 기도 모임을 지지하고 격려하리라 생각합니다. 우리는 더 자주 함께 모이고 더 자주 은혜의 보좌에 간구를 드리면 복이 내려올 것을 확신하고서, 이 태버네클 교회(Tabernacle Church: 스펄전이 목회한 교회 — 역주)에 있는 방들을 기도 모임을 위해 빌려드리겠습니다. 지난 4,5년 동안 매일 아침 기도 모임을 가져온 분들이 몇 분 계십니다. 이분들은 비가 오나 안 오나, 겨울이든지 여름이든지 상관 없이 지금도 아침마다 파크 스트리트 예배당에 모여서 언제나 우리의 부흥을 위해 기도하고 있습니다. 그 수는 전에 비해서 극히 적습니다. 나는 우리가 일찍이 가졌던 뜨거운 열정이 이제는 없지 않은가 걱정입니다. 주님께서 타다 남은 것들을 모아, 주님의 숨결을 불어넣어 다시 타오르게 해 주시기를 바랍니다. 그래서 우리의 사역에 하늘로부터 보냄을 받으신 성령이 함께 하시고, 많은 사람들이 마음속으로 성령의 말씀을 들을 수 있게 해주시기를 바랍니다.

　　형제 여러분, 우리를 위해 기도하십시오. 여러분의 자녀를 위해, 식구들을 위해 기도하십시오. 아무리 어렵고 아무리 복잡하며 아무리 까다로운 문제라도, 모든 것을 기도로 하나님께 가져가십시오. 여러분이 풀 수 없는 매듭이 있다면, 기도로 그 매듭을 자르십시오. 여러분이 스스로 빠져나올 수 없을 때, 하나님은 여러분을 구원하시는 방법을 알고 계십니다. 많이 기도하십시오. 그러면 여러분이 힘이 있게 되고, 여러분이 사람들의 주를 설득하면 사람들을 더욱 쉽게 설득할 수 있게 되기 때문입니다. 이 기사를 볼 때 우리는 그런 점들을 생각해 보게 됩니다.

2. 그 다음에 이제 우리는 본문을 좀 더 면밀히 살펴봅시다.

베드로가 감옥에서 나왔을 때, 그는 자신이 구출받은 것이 너무 놀라워서 그것이 현실인지 환상인지 몰랐습니다. "여호와께서 시온의 포로를 돌려 보내실 때에 우리는 꿈꾸는 것 같았도다"(시 126:1)고 말하는 시인과 같았습니다. 이렇게 죄인이 구원받고 용서받으며 의롭다함을 받을 때, 그는 너무 놀랍니다. 너무 좋아서 그것이 현실일 리가 없다고 생각합니다. 놀라움이 너무 커서 이렇게 말하게 됩니다. "내가! 내가! 내가 구원을 받다니 사실일 리가 없어. 세상의 다른 모든 사람들이 구원받았다면 믿을 수 있겠는데, 내가 구원을 받다니, 있을 수 있는 일인가? 어떻게 주께서 나 같은 자에게 자비를 베푸셨단 말인가? 최근까지 차꼬에 매여 있었고, 한 주 전까지만 해도 하나님을 모욕하는 말을 할 수 있었으며, 하루 이틀 전까지만 해도 온갖 실없는 농담을 하고, 세상의 지극히 추한 쾌락을 추구하며 살았던 내가, 그런 내가 구원을 받다니, 그처럼 더러웠음에도 죄에서 구원을 받고, 그처럼 단단히 묶여 있었음에도 해방을 받다니!"

이 특별한 생각, 마치 꿈꾸는 것처럼 느끼는 이 점을 설명해드려야 하겠습니다. 하나님의 자비의 현실은 오직 믿음으로만 이해할 수 있습니다. 믿음은 보이지 않는 것들과 관계가 있기 때문에, 여러분은 믿음의 증거에 대해 의심하는 경향이 있습니다. 여러분은 그런 큰 일을 할 수 있는 확실한 다른 수단을 볼 수 없습니다. 어떤 의미에서, 우리의 파멸은 점차로 이루어졌습니다. 우리는 악이 어떤 길을 지나왔는지 추적할 수 있습니다. 사람의 영혼은 파괴된 성전과 같습니다. 하나님을 위해 지은 전이 더러운 영들의 거처가 되었습니다. 하나님께서 갑자기 그 전을 떠나셨습니다. 그러나 그 전은 점차로 무너져 오늘날과 같이 황폐해지고 더러워지게 되었습니다. 한때 빛과 사랑으로 번쩍이는 등불과 같았던 눈이 어두워지게 되었고, 그래서 이제 그 눈은 빛보다 어둠을 사랑하게 되었습니다. 일찍이 달고 깨끗하고 기운을 솟게 하는 물을 내는 샘과 같았던 혀가, 쓴 물을 내는 해로운 샘처럼 되어 하나님께 대한 적의와 형제들에 대한 시기를 내품습니다. 일찍이 우리 모든 존재의 거룩한 장소로서 아름다운 거룩함이 천상의 평안 가운데 쉬고 있던 마음은, 이제 우상의 전이 되었고, 역겨운 것들이 은밀하게 숨어 있는 곳이 되어버렸습니다. 하나님께서 받으실 만한 신성한 향기를 아주 풍부하게 품어내던 숨은, 이제 아주 더러워져서 치명적인 독과 더러운 불순물들을 품어냅니다. 실로 하나님께서 세상에서 이런 인간과 함께 거하시겠습니까? 하나님께서 우리에게 오셔서 거하시겠습니까? 눈 깜짝할 사이에 변화가 일어나겠습니까? 약한 가운데 뿌려진 말씀이 성령의 능력으로 싹을 틔우는 것이 가능합니까? 타락한 사람은 우리를 곤란하게 만들 수 있습니다. 그러나 구속받은 사람은 우리가 그 깊이를 헤아릴 수 없는 신비입니다. 단지 죽을 수밖에 없는 사람의 의식에는 그것이 언제나 환상처럼, 시인들의 꿈이나 상상의 산물처럼 보입니다.

그런데 형제 여러분, 그것을 왜 그렇게 이상하게 여기십니까? 언약의 천사가 하늘에서 땅에 내려왔습니다. 그런데 여러분은 그가 여러분의 차꼬를 풀어주고 길을 열어주거나 그의 허리춤에 있는 열쇠로 모든 문을 열고, 죄 사함으로 말미암은 여러분의 구원을 알게 하기 전까지는, 그가 바로 그리스도이셨다는 것을 알지 못합니다. 그때는 그것이 환상이라고 생각했습니다. 여러분의 영혼이 구원을 받았기는 했으나, 여러분이 구속을 알지 못했기 때문입니다. 여러분 자신이 구원을 받았기는 했으나 여러분이 구원을 이해하지 못하였기 때문입니다. 신생(新生)이라는 비할 데 없는 비밀이, 여러분 마음에서 신생이 일어난 바로 그 시간에, 여러분의 지각 속에 침투하기는 했지만, 구원을 이해하지 못하였기 때문입니다. 형제 여러분, 이것이 대체로 우리에게 일어나는 모습입니다. 우리가 죄 가운데 죽어 있을 때 우리의 행실을 타락시킨 과정을, 우리는 주요한 사실로 봅니다. 그러나 우리가 처음 믿은 순간, 우리가 어둠의 나라에서 하나님의 사랑의 아들의 나라로 옮겨졌던, 그 복된 때가 우리에게는 환상처럼 보입니다.

그 순간이 우리에게 환상처럼 보이는 또 한 가지 이유는, 우리 자신이 도움을 받고 은혜를 받으리라는 것을 전혀 예상하거나 의도하지 않았기 때문이라는 것입니다. 자, 이 점은 한 가지 면에서 이 자리의 어떤 분들에게 해당됩니다. 여러분의 목적은, 하나님께서 여러분을 찾으셨을 때 못지않게 하나님을 찾고 싶어 하는 것이었습니다. 여러분의 계획이 깨어져버렸지만, 후에 가서야 여러분은 그것을 알았습니다. 천사가 여러분의 방에 들어왔을 때 여러분은 자고 있었습니다. 그리고 여러분을 위해 준비되어 있는 것이 아닌 다른 것들을 꿈꾸고 있었습니다. 혹시는 여러분이 빗장이 무겁지 않고 창살이 두껍지 않아 원할 때는 언제든지 일어나서 자유롭게 나갈 수도 있는 것을 꿈꾸었을지 모릅니다. 그런데 여러분은 구출받은 뒤에 가서야 그동안 자신이 얼마나 단단히 묶여 있었는지 알게 되었습니다. 구원받은 영혼만이 어떻게 "사탄이 포로된 우리 마음을 노예의 사슬로 단단히 묶고 있는지" 알 수 있습니다. 어떤 사람들은 또 다른 방식으로 그 사실을 입증하였습니다. 우리는 도망칠 계획을 여러 번 세웠고, 고통스러운 많은 날 동안 그 계획을 헛되이 시도했습니다. 그러다 마침내 우리는 완전히 절망한 채 잠들었고, 두려운 파멸만을 꿈꾸었습니다. 그때 전혀 뜻밖의 방식으로 구원이 왔습니다. 그래서 우리는 그것이 사실이라고 좀처럼 믿을 수 없었습니다. 형제 여러분, 그래서 우리 눈으로 직접 보고 손으로 직접 만지는 것만큼 현실적인 것은 없다고 믿습니다. 그것이 사람의 육신이 하나님의 일을 이해하는 자연스러운 생각이라고 봅니다. 그래서 하나님의 일이, 힘있는 손과 뻗은 팔의 역사보다는 환상처럼 보이는 것입니다.

우리는 이 문제를 아직 완전히 바닥까지 살피지 못했다고 봅니다. 은혜를 베푸시는 하나님의 방법의 단순함은 지금도 우리에게 놀라움을 안겨 줍니다. 유대인들은 표적을 구합니다. 우리 모두에게도 유대인과 같은 점이 있습니다. 적어도 나는 지금도 표적을 구하는데 열심인 사람들을 만납니다. 그런데, 헬라인들, 곧 불신자들 가운데 점잖은 사람들은 지혜를 추구합니다. 그들은 탁월한 어떤 것을 받기를 원합니다. 이 열망은 지금까지 우리 가운데서 사라지지 않았습니다. 첫째로, 나는 이렇게 말하는 소리를 듣습니다. "목사님, 나는 내 경험이 한낱 꿈이 아닐까 두렵습니다. 나는 확신을 줄 표적이 필요합니다." 단순한 믿음이, 여러분의 마음을 사로잡을 수 있는 어떤 공상보다 분명한 증거를 제공한다고 말씀드립니다. 여러분은 아직도 죄의 사슬에 묶여 있습니까? 여러분은 지금도 불신앙의 요새에 갇혀 있습니까? 문을 열어 여러분을 자유롭게 풀어준 열쇠가 주님의 손에 있는 것을 보지 못했습니까? 여러분은 말합니다. "아, 보았습니다. 그러나 그것이 환상이 아니었는지 걱정입니다. 어쨌든 나는 불쌍하고 무력한 피조물에 지나지 않으니까요." 그러면 여러분은 다른 어떤 존재가 되고 싶습니까? 여러분이 자신에 대한 모든 신뢰를 비웠을 때만큼 안전한 때는 없습니다. 바울은 특별한 계시를 받은 것을 자랑할 수 있었습니다. 그러나 주께서는 바울이 받은 계시로 인해 우쭐거리지 않도록 하기 위해 그에게 육신의 가시를 주셨습니다. 그 다음에, 은혜보다는 은사를 더 열망하는 사람들이 있습니다. 그들에게는 자기들이 그동안 받은 모든 자비가 환상처럼 보입니다. 그것은 자기들이 일반 사람들보다 높이 오르지 않았기 때문입니다. 베드로가 이렇게 특별히 구출받은 뒤로, 여러분은 그가 자랑하는 것을 전혀 보지 못합니다. 사도는 두려워 떠는, 보잘것없는 신자일 뿐이었습니다. 그는 마리아나 로데라는 계집아이에게 큰 소리로 떠들지 않도록, 혹은 너무 기쁜 표시를 하지 않도록 하였습니다. 사도는 그들에게 손짓하여 잠잠하도록 했습니다. 그는 단지 어떻게 주님께서 자기를 이끌어 내셨는지를 밝히고 나서는, 떠나 다른 곳으로 갔을 뿐입니다.

형제 여러분, 나는 여러분이 주님을 자랑하고, 주께서 여러분의 영혼을 위해 행하신 일을 말했으면 좋겠습니다. 나는 여러분이 자신의 경험을 자랑하거나 우리 가운데 누구든지 마치 우리 안에 자랑할 만한 거리가 있는 것처럼 자신을 과장하려 하지 말라고 경고하고 싶습니다. 하나님께서 은혜를 베푸시는 방법 자체를 생각할 때, 우리가 교만한 마음을 가질 수가 없습니다. 그 사실이 너무도 분명합니다. 천사가 우리를 위해 나타나 힘을 보였다가 사라짐으로써 우리가 자신의 약함을 느끼지 않을 수 없기 때문입니다.

다시 한 번 말하지만, 이 구원의 갑작스러움에 여러분은 놀랄 것입니다. "그처럼 갑작스럽게도!" 그것은 환상처럼 보입니다. 우리는 사람들이 너무 갑작스럽게 마음이 완전히 변하여서 믿기 어려운 경우를 종종 경험하였습니다. 사람들은 자기가 구원받은 것을 알았습니다. 그러나 마치 그것이 사실일 수가 없는 것처럼, 그 사실을 두고 곰곰이 생각합니다. 그들은 자기가 잠을 자면서 꿈을 꾸고 있는 것이 아닌지, 다시 한 번 눈을 비비며 봅니다. 그것은 너무 좋아서 사실이라고 믿기 어려운 것처럼, 모든 것이 이렇게 갑작스럽게 일어났습니다. 받은 자비가 너무 크다 보니, 사람들이 주저하였던 것입니다. 하나님께서 사람들을 그냥 용서하시고 천국에 들어가게 하신다는 사실이 놀라웠을 것입니다. 그러나 하나님께서 사람들을 하나님의 자녀요 하나님의 상속자, 그리스도와 함께 한 상속자로 삼으신다는 사실은 모든 생각을 뛰어넘는 것이었습니다. 두려움이 사람들을 너무 굳게 붙잡고 있어서, 그들은 곧 죽을 것만 같았고 도무지 구원받을 길이 없었습니다. 그들의 죄의식은 너무 끔찍하였습니다. 그런데 이제는 기쁨이 너무 크다 보니, 모두가 꿈이라고 밖에 생각할 수가 없습니다. 지금까지 목사에게 와서 이렇게 말한 사람들이 너무도 많았습니다. "아, 너무도 큰 기쁨이 있었어요! 나는 그리스도를 믿었어요. 내가 믿었다는 것을 알아요. 전적으로 주님을 의지하였고, 그런 변화를 느꼈어요. 나는 예전과는 너무도 다른 사람이 되었습니다. 그런데 이제 와서 돌아보니 그것이 사실이 아니었던 것 같아요. 환상이었던 것이 틀림없습니다. 사실일 리가 없습니다."

자, 친구 여러분, 여러분이 이런 걱정에 너무 사로잡히지 않도록, 이것이 큰 일이므로, 이 일이 하나님에게서 나왔다는 것이 훨씬 더 나은 증거라는 것을 여러분에게 말씀드립니다. 아주 거대한 강에 빠른 조류가 있다는 것은 당연한 일입니다. 아주 이글거리는 태양이 찬란한 광채를 비추는 것은 당연한 일입니다. 크신 하나님께서 하찮은 은혜의 행위들을 행하시지 않습니다. 하나님의 행사는 아주 크고, 그를 경외하는 모든 자들이 구하는 바입니다. 여러분이 자신이 죄인이라고 고백하는 한, 그리고 이것이 놀라운 일이므로, 이것이 하나님께서 큰 죄인들에게 자비를 베풀기 위해 행하시는 일반적인 방식이라는 점을 말씀드립니다. 하나님께서는 자기가 하나님의 은총을 받을 자격이 있다고 생각하는 사람들에게 은총을 베푸시지 않습니다. 하나님께서는 잠깐 한 번 훑어보시면 사람의 마음을 알아차릴 수 있으시며, 교만한 자들을 싫어하십니다. 그러나 자기 안에 선한 것이 아무것도 없다고 생각하고, 의지할 것이 자기에게는 전혀 없기 때문에 하나님의 은혜를 의지하는 사람들에게 하나님의 자비가 임하며, 죄인들이 풀려납니다.

친구 여러분, 여러분은 우리가 전하는 복음이 아주 위대한 복음이라는 것이 생각나지 않습니까? 이 복음이 성경에서 "큰 구원"이라고 불리지 않습니까? 자, 여러분이 받은 구원이 크다는 것을 알게 될 때, 뒤로 물러나서 "아, 이 구원은 너무도 커서 사실일 리가 없다"고 말하지 마시기 바랍니다. 여러분의 구원이 하찮은 것이라면, 그것이 참된 복음일 리가 없습니다. 그것이 깜짝 놀랄 만큼 굉장한 것이 아니라면, 지극히 놀라운 것이 아니라면, 복음일 리가 없습니다. "이는 내 생각이 너희의 생각과 다르며 내 길은 너희의 길과 다름이니라 여호와의 말씀이니라 이는 하늘이 땅보다 높음 같이 내 길은 너희의 길보다 높으며 내 생각은 너희의 생각보다 높음이니라"(사 55:8,9).

게다가, 형제 여러분, 예수께서 십자가에서 말로 다할 수 없는 고통 가운데서 죽으셨음을 기억하시기 바랍니다. 예수께서 하찮은 자비를 얻기 위해, 대수

롭지 않은 죄인들을 위한 사소한 은총을 구하기 위해 십자가에서 죽으셨겠습니까? 황소와 염소의 피는 그런 작은 일을 성취할 수 있겠지만, 하나님의 독생자이신 그분의 피가 그런 하찮은 일들을 위해 쏟아질 수 없었습니다. 그렇다면 오히려 그 일이 너무 크고 너무 기이하며, 여러분의 모든 생각을 초월하는 것이기 때문에, 그것이 사실임에 틀림없다고 생각하십시오. 하나님께서는 여러분이 베드로 사도와 같이 "내가 이제야 참으로 주께서 그의 천사를 보내신 줄 알겠노라"고 말할 수 있도록 도우십니다. "이같이 하여 네가 여호와께서 그의 천사를 보내어 너를 네 원수들의 손에서와 네 모든 염려와 두려움에서 건지신 것을 알게 될 것이라." 그것이 사실임을 입증하는 방법을 여러분께 말씀드리도록 하겠습니다. 여러분이 자신의 느낌이 완전히 꿈이 아니었나 염려가 된다면, 나와 함께 손잡고 가서 십자가에서 우리 믿음의 증거를 찾아보도록 합시다. 머리부터 발끝까지 온통 죄의 나병이 퍼진, 죄 많은 당신과 내가 가서 골고다 십자가 앞에 섭시다. 십자가에 그리스도께서 달려 계십니다! 그의 손과 발은 못에 박혀 있고, 그의 피가 흐르고 있습니다. 예수시여! 당신은 누구를 위해 죽으십니까? "죄인들을 위해서 죽는다" 하고 그분은 말씀하십니다. 지극히 은혜로우신 주님이시여, 여기 우리 두 사람이 있습니다. 주께서 당신의 나라에 임하실 때 우리를 기억하여 주옵소서! 나는 예수께서 "너희가 나와 함께 낙원에 있으리라"(눅 23:43) 하고 말씀하시는 것이 들리는 것 같습니다. 겸손한 신앙으로 드린 기도가 응답되지 않은 적은 한 번도 없기 때문입니다. 예수님, 우리가 당신의 상처를 봅니다. 그 상처는 비둘기가 날아 들어가는 바위틈과 같은 것입니다. 우리가 자신을 비둘기에 비유할 수 없다면, 우리는 까마귀처럼 날아서 폭풍우가 지날 때까지 거기에 숨을 것입니다. 우리를 구속하는 당신의 피를 의지하고, 머리부터 발끝까지 우리를 덮는 당신의 공로를, 우리를 보호하는 당신의 간구를, 우리를 지키는 당신의 굳센 팔을, 우리에게 지금과 영원히 생명을 주는 당신의 사랑을 의지합니다!

　이제, 말을 마치기 전에 그 그림을 뒤바꿀 수 있다는 점을 말씀드리겠습니다. 현실이 꿈처럼 보이는 사람들이 있다면, 반대로 단지 꿈일 뿐인 것을 현실이고 사실처럼 보는 사람들이 허다하게 많습니다. 아, 그런 꿈은 참으로 슬프기 짝이 없는 일입니다. 그런 식으로 잠들어 있는 사람을 그들의 망상에서 깨우는 것은 이제까지 내가 해 보았던 일 가운데서 가장 어려운 일에 속하는 것 같습니다. 내 말을 들으십시오. 스스로 꾸며낸 것들을 추구하는 여러분, 아직도 하나님의 의를 받아들이지 않으십니까? 여러분은 하나님을 믿으십니까? 아, 그렇다면 여러분이 믿는 하나님은 천지를 창조하신 하나님이 아니라 여러분이 상상으로 만들어낸 하나님입니다. 여러분은 그리스도를 믿는다고 고백합니까? 그렇다면 여러분이 고백하는 그리스도는 하나님의 아들이 아니라 여러분 자신의 공상의 산물입니다. 여러분은 자신의 경험을 이야기합니까? 그렇다면 슬프게도 그것은 성령의 증거가 아니라 흥분한 뇌의 종잡을 수 없는 작용일 뿐입니다. 미혹된 불쌍한 영혼들이여, 여러분은 하나님의 지혜를 여러분의 생각으로, 하나님의 명령을 여러분의 고안으로, 하나님의 개입을 여러분의 노력으로 대치하였습니다. 그래서 여러분은 "꿈 같이, 밤의 환상 같이 될(사 29:7) 것입니다. 마치 배고픈 사람이 꿈을 꾸면 자기가 무엇을 먹는 것 같은데, 그러나 깨고 나면 여전히 배고픈 채로 있는 것과 같습니다. 혹은 목마른 사람이 꿈을 꾸면 무엇을 마시는 것 같은데, 그러나 깨고 나면 기운이 없고 갈증을 느끼는 것과 같습니다."

오늘날 여러분은 자신을 그리스도인이라 부르지만, 어느 날 그리스도께서는 여러분에게 "내가 너희를 도무지 모른다"(마 7:23)고 하실 것입니다. 슬프게도 그것은 사실입니다. 여러분이 주님을 전혀 몰랐기 때문입니다. 여러분은 평안을 꿈꿉니까? 죄 사함이 없다면 그것은 꿈입니다. 여러분이 천국을 꿈꿉니까? 거룩함이 없다면 그것은 꿈입니다. 여러분이 하나님 우편에 있는 즐거움을 꿈꿉니까? 그런데 여러분은 하나님의 백성이 아닙니다. 여러분은 세상을 포기한 적이 없고, 악한 자를 이긴 일도, 믿음을 고백한 일도, 거듭나서 주님을 따른 적도 없기 때문입니다. 거듭나는 것은 복된 부활의 보증입니다. 아, 여러분께 권합니다. 이 말씀을 생각해 보십시오. "주여 사람이 깬 후에는 꿈을 무시함 같이 주께서 깨신 후에는 그들의 형상을 멸시하시리이다"(시 73:20).

여기에는 내가 지금까지 말한 것을 이해하지 못하는 사람들이 많이 있을 것입니다. 하나님께서 그들에게 총명을 주시기 바랍니다. 죄인이여, 여러분은 반드시 그리스도 안에 있어야 합니다. 그렇지 않으면 여러분은 망합니다. 여러분 기억하십시오. 여러분에게는 둘 중의 하나, 곧 지옥의 감옥에 갇혀 있든지, 아니면 죄의 감옥에서 구출 받든지 둘 중의 하나만 있습니다. 여러분의 운명은 여기서 구원이냐 정죄냐, 생명이냐 죽음이냐 하는 기로에 놓여 있습니다. 죄인이여, 당신은 죽으려 하십니까? 정녕 죽으려고 하십니까? 여러분은 목에 맷돌을 단 사람처럼 자신의 죄를 지고 죽으려고 하십니까? 정녕 죽으려고 하십니까? 그렇지 않습니다. 여러분이 죽을 때가 오면, 여러분은 이렇게 말할 것입니다. "이제 나는 살 수 없어. 나는 살아서는 안 돼. 그런데 죽을 수가 없네." 죄인이여, 여러분은 평안하게 죽고 기쁘게 살아나서 이후로 영원히 통치할 수 있게 되기를 바라십니까? 온 마음으로 그리스도를 의지하십시오. 그리스도께서 여러분을 구원하실 것입니다. 아버지에게서 난 하나님의 아들이신 그분, 성령으로 잉태되고 동정녀 마리아에게서 태어나신 나사렛 사람이신 그분, 만물 위에 계셔서 영원히 찬송받으실 하나님이시고, 여러분의 죄를 담당하기 위해 태어나신 여러분의 형제이신 그분이 여러분에게 말씀하십니다. "나를 믿으라. 내가 너를 구원하리라." 하나님의 택하신 사랑이 효력 있는 은혜의 손을 뻗어 여러분이 주님을 믿도록 해 주시기를 바랍니다. 그 일이 이루어지면, 여러분은 합법적으로 해방된 포로로서 이 집에서 나갈 수 있습니다. 그럴지라도 여러분은 그것이 무엇인지 잘 모르고, 여러분에게 된 일이 사실인지 모를 수가 있습니다. 그러나 그 모든 것은 사실입니다. 그리스도를 믿는 자는 정죄받지 않습니다. 그리고 믿지 않는 자는 하나님의 아들을 믿지 않았기 때문에 이미 정죄를 받았습니다.

　　여러분 가운데 어쩌면 두 번 다시 내 목소리를 듣지 못할 수도 있는 분들에게 하나님의 이름으로 말씀드리고 싶습니다. 나는 언젠가 여러분을 만날 것입니다. 여러분 각 사람을 만날 것입니다. 여러분이 주님을 믿지 않은 채 살고 죽는다면, 내가 지금까지 여러분이 생생하게 볼 수 있도록 설명하였듯이 그 몸에 벌어진 상처가 있고 심장에서 생명의 피를 흘리는 그분 없이 죽는다면, 여러분은 스스로 파멸을 초래할 것입니다. 여러분은 복음을 들었습니다. 복음의 책망을 들었으니 돌이키십시오! 그리스도를 믿으십시오! 그의 옷깃만이라도 만지고 그를 보십시오. 그러면 여러분은 온전해집니다. 모세가 광야에서 놋뱀을 든 것 같이, 우리는 십자가를 높이 들 수 있습니다. 그리스도를 아는 형제 여러분, 그리스도를 높이 드십시오. 그리스도인들이여, 여러분의 가정에서 그리스도를 높이 드십시오. 이 자리에서 그리스도를 높이 들고, 히브리 선지자 모세와 같이 "보라, 보라, 그리고 살아라" 하고 외치는 것이 내가 할 일입니다. 죄에 물리고 온 영혼에 죄의 상처를 입은 여러분, 보십시오. 주님이 요구하시는 것은 그것뿐입니다. "보라 그리고 살아라"라는 말씀이 성경에 기록되었는데, 천국의 빛에 의해서만 읽을 수 있는 글씨가 천국의 구름에 쓰여 있듯이, "믿고 살아라"는, 영혼을 소생시키는 말씀이 있습니다. 여러분의 행함을 버리고 그리스도의 행함을 붙잡으며,

여러분의 눈물이 아니라 그리스도의 눈물을, 여러분의 피가 아니라 그리스도의 피를, 여러분의 참회가 아니라 그리스도의 고통을 붙잡으십시오. 와서 그리스도를 믿으십시오. 그리고 나와 함께 진심으로 이렇게 말하십시오.

> "내 믿음은 손을 뻗어
> 당신의 귀한 머리를 만지네
> 회개하는 자로 서서
> 내 죄를 고백하는 동안.
>
> 내 영혼은 돌아서서 보네
> 당신이 지신 짐을
> 저주 받은 나무에 달리셨을 때
> 내 죄도 거기 달린 것을.
>
> 믿고, 우리는 기뻐하네
> 저주가 물러간 것을 보고
> 기쁜 목소리로 어린 양을 찬송하네
> 그의 피 흘리신 사랑을 노래하네."

하나님께서 여러분에게 복 주시기를 바랍니다. 천지의 하나님께서 지금부터 영원까지 여러분에게 복 주시기를 바랍니다. 아멘.

제
18
장

—

루스드라의 발을 쓰지 못하는 사람

—

"바울이 말하는 것을 듣거늘 바울이 주목하여
구원 받을 만한 믿음이 그에게 있는 것을 보고
큰 소리로 이르되 네 발로 바로 일어서라 하니
그 사람이 일어나 걷는지라." — 행 14:9-10

　　나는 바울과 바나바가 루스드라 성에서 복음을 전한 이야기를 방금 읽어드
렸습니다. 이곳에서는 그리스도라는 이름이 전혀 알려져 있지 않았습니다. 이들
은 반은 목축업을 하고, 반은 농사일을 하는 일종의 시골 사람들이었습니다. 이
들은 미신에 깊이 빠져 있었던 것으로 보입니다. 이 성의 입구에는 제우스에게
바친 큰 신전이 서 있었던 것을 보아, 이들은 제우스의 열렬한 숭배자들이었던
것 같습니다. 산기슭에서 내려온 바울과 바나바는 성읍으로 들어갔습니다. 적당
한 때가 되었을 때, 두 사람은 시장이나 거리에 서서 하나님의 아들 예수에 관하
여 말하기 시작하였습니다. 예수는 하늘에서 내려왔고, 고난을 당하고 죽었으
며, 다시 살아나 하늘로 올라갔다고 하였습니다. 사람들이 그들 주위에 몰려들
었습니다. 그들 가운데서 발을 쓰지 못하는 사람이 아주 유심히 귀를 기울여 듣
고 있습니다. 두 사람은 다시 복음을 전합니다. 사람들이 더 많이 모입니다. 바
울은 설교를 한참 하는 가운데 모든 설교자들이 하듯이 천장을 보거나 맨 윗층
앞줄을 보지 않고, 청중을 한 번 훑어보다가 발을 쓰지 못하는 이 사람을 발견하
고, 그를 뚫어지게 보며 그의 얼굴을 진지하게 살펴봅니다. 그의 판단에 의해서

든 아니면 계시를 받아서든 간에, 사도는 이 사람이 믿음이 있다는 것, 곧 치료받을 믿음이 있다는 것을 알아차립니다. 사람들의 이목을 집중시키고, 그리스도의 이름을 영화롭게 하며, 그의 영광스러운 이름을 널리 퍼뜨리고 그 기적을 잘 알리기 위해, 바울은 설교를 중단하고 큰 소리로 이렇게 외칩니다. "네 발로 바로 일어서라." 그 절름발이가 뛰며 하나님을 찬양합니다. 주민들이 몹시 놀랍니다. 제우스와 헤르메스가 일찍이 자기 성읍에 나타났다는 전설이 있다는 것을 생각해내고, 그들은 즉시 제우스와 헤르메스가 다시 한 번 온 것이 틀림없다고 결론을 내립니다. 그 전설은 오늘날까지도 오비디우스의 「변신 이야기」(*the Metamorphoses*)에 보존되어 있습니다. 그들은 아마도 나이가 더 많고 더 기품 있게 보였던 듯 싶은 바나바를 제우스로 생각하였습니다. 제우스에게는 항상 그의 사자인 헤르메스가 따라다녔고, 헤르메스는 웅변의 신이었기 때문에, 사람들은 바울이 틀림없이 헤르메스라고 결론을 짓습니다. 이들은 신전으로 달려가 제사장들에게 신들이 내려왔다고 말합니다. 남의 말을 쉽사리 믿는 대중들의 성향을 기회만 있으면 부추기고 거기에 영합하는 제사장들이, 신성한 황소와 화환을 가지고 가서 바울과 바나바 앞에 제사를 드리려고 합니다.

그런데 이 하나님의 사람들은 그런 경의에 대해 분을 내며 거부합니다. 그들은 옷을 찢으며 사람들에게, 자기들은 사람에 불과하니 그런 일을 하지 말라고 부탁합니다. 그러나 간절한 말로도 사람들을 막는데 적지 않은 어려움을 겪습니다. 그런데 다음 날, 어떤 유대인들이 와서 이 단순한 사람들을 부추겨서 이제는 화가 나게 만들었습니다. 미숙한 광신이 군중에게 야만적인 격정을 일으킬 때는, 하지 못할 일이 없습니다. 그런 군중은, 충분한 박수 갈채를 받든 조롱을 받든 상관 없이 사납게 날뛰게 되어 있습니다. 따라서 바울은 큰 위험에 처하게 되었습니다. 그는 거리를 지나면서 어제까지만 해도 그를 신으로 숭배하였던 바로 그 사람들에게 돌을 맞았고 죽은 자처럼 끌려갔고, 악인으로 죽은 것처럼 성문 밖에 버려졌습니다. 그러나 바울의 복음 전파는 헛되지 않았습니다. 거기에 믿음을 갖게 된 소수의 제자들이 있었습니다. 그의 사역은 보상을 받았고, 하나님의 인정을 받았습니다.

이 이야기에는 발을 쓰지 못하는 사람이 그림의 중심을 이루긴 하지만, 오늘 밤 여러분이 주의해야 할 점이 두세 가지 있습니다. 첫째로, 우리는 이 절름발이의 믿음에 앞서 무엇이 있었는지 살펴볼 것입니다. 둘째로, 어떤 점에 병 고침을 받을 만한 그의 믿음이 있었는지, 셋째로 이 기적이 가르치는 교훈과, 이 절름발이가 믿음으로 얻은 복은 무엇인지 살펴봅시다.

1. 이 절름발이의 믿음에 앞서 무엇이 있었습니까?

"믿음은 들음에서 나며 들음은 하나님의 말씀으로 말미암았느니라"(롬 10:17)는 것이 일반적인 큰 원칙입니다. 그러면 무엇을 듣습니까? 복음을 듣는다는 뜻이 분명합니다. 성경으로 가서 찾아보면, 이렇게 기록된 것을 볼 수 있을 것입니다. "거기서 복음을 전하니라"(행 14:7). 바울, 당신은 목소리를 바꾼 것이 아닙니까? 당신은 이고니온과 안디옥에서도 복음을 전했고, 그곳에서는 듣는 사람들 가운데, 깨이고 지식이 있는 사람들이 있었습니다. 복음이 그들에게는 맞았을지라도, 이 잔인한 시골뜨기들한테는 맞지 않는 것이 확실합니다! 왜 당신은 이 보잘것없고 무지하며 미신적인 광신자들에게 가서 당신의 깨인 유대인 형제들에게 말한 바로 그 진리를 전합니까?

그런데 친구들이여, 바울은 그렇게 합니다. 바울은 다메섹 회당에서 전했던 그 복음을 여기 루스드라 시장에서도 전합니다. 바울은 장소가 달라질지라도 청중들을 가르치는 데는 아무 차별을 두지 않습니다. 그는 다른 곳에 있는 청중들에게 다같이 같은 복음을 전합니다. 여러분은 바울이 에베소에 갔던 일을 압니다. 도시였던 에베소는 마술에 대한 신앙에 완전히 절어 있었습니다. 사람들은 마술을 행하는 일에 정신이 팔렸습니다. 에베소에서 어떻게 시작하는 것이 복음을 전하는 바른 방법입니까? 그런 미신의 불가능과 불합리에 대해 일련의 강의를 시작해야 하겠습니까? 아닙니다. 그런 것은 아무 소용이 없습니다. 그리스도를 전하십시오. 복음을 전하십시오. 예수 그리스도를 높이자, 사람들이 마술책들을 광장으로 가져와서 불태웁니다. 그런데 서기오 바울이라는 세련된 총독이 재판자리에 앉아 있습니다. 그에게는 무엇을 전파해야 하겠습니까? 정치에 대한 논문을 가지고 시작하며, 기독교가 고유 정치와 충돌되지 않고 무정부 상태를 추구하도록 사람들을 충동질하지 않는다고 주장하는 것이 좋지 않겠습니까? 아닙니다. 그런 것은 아무 소용이 없습니다. 서기오 바울에게나 박수 엘루마에게나, 예수 그리스도의 복음을 전하는 것 외에는 아무것도 소용이 없습니다.

바울은 아덴으로 갑니다. 자, 아덴 사람들은 모든 인류 가운데서 가장 학식이 있고 철학적입니다. 바울은 거기서 무엇을 전하려고 합니까? 복음을, 모든 복음을, 오직 복음만을 전합니다. 바울이 어조는 바꿀 수 있지만, 내용은 결코 바꾸지 않습니다. 사람이 어떤 사람이든 간에, 같은 질병에 대해서 같은 처방을 내리는 것입니다. 바울이 고린도에 갑니다. 여기서는 세련된 예법뿐만 아니라 아주 교묘한 악도 봅니다. 고린도는 도시이고 거대한 상업 중심지이며, 죄의 중앙 창고와 같은 곳입니다. 그게 어떻다는 것입니까? 이제 바울이 다른 말씨를 써서 장사꾼들을 기쁘게 하려고 합니까? 그렇지 않습니다. 아덴 사람들에게 그리스도를 전하였듯이, 고린도 사람들에게도 그리스도를 전합니다. 자, 바울을 봅시다. 바울은 루가오니아에 왔고 루스드라에서 복음을 전하고 있습니다. 여기에는 우상을 숭배하는 무지한 사람들이 있습니다. 왜 바울은 처음 시작할 때 신에 대한 이야기를 하지 않습니까? 왜 그들에게 삼위일체에 대해 말하지 않습니까? 왜 바울은 우상에 대한 그들의 생각을 논박하지 않습니까? 아닙니다. 여러분, 바울은 그런 일은 결코 하지 않을 것입니다. 부수적으로 그런 말을 할 수 있을지는 몰라도, 바울은 루스드라에서 그런 일은 결코 하지 않고 복음을 전할 것입니다. 찬양받으실 하나님의 영광스런 복음을 전할 것입니다!

복음은 어디로 가져가든지, 그곳 사람들의 필요에 적합합니다. 복음을 온갖 보석으로 장식된 페르시아로 가져가면, 복음은 보좌 위에 있는 군주에게 어울립니다. 복음을 지극히 가난하고 지저분한 야만인에게 가져가면, 그 사람에게도 적합합니다. 복음은 하나님의 지극히 영광스런 지혜이므로 사람들 가운데 지극히 지혜로운 자들에게도 전할 수 있습니다. 그러나 복음은 너무 큰 신비가 아니라서 어리석은 자들과 어린아이들까지도 알고 믿을 수 있는 것입니다. 형제 여러분, 복음의 능력에 대해서 결코 낙담하지 마십시오. 사람들 가운데는 복음이 적합하지 않은 사람이 있다는 말을 믿지 마십시오. 어디로 가든지 복음을 자르거나 손질하고 모양을 만들며 바꾸는 일을 하지 마십시오. 하나님께서 여러분에게 가르쳐 주신 진리를 그대로 다 가져가십시오. 그러면 여러분이 모든 곳에서 구원을 받는 자에게나 멸망을 받는 자에게나 하나님을 위한 그리스도의 향기가 될 것입니다.

그러면 사도가 모든 곳에서 전한 이 복음은 무엇이었습니까? 그것은 세 가지 점, 곧 사실, 교리, 명령이 들어 있는 복음이었습니다.

그것은 사실의 복음이었습니다. 바울은 서서 복음을 전할 때마다, 다음에 있는 그대로의 이야기를 전했습니다. 하나님께서 사람들을 보실 때 사람들은 타락하였고 멸망하였습니다. 이런 사람들을 사랑하여서 하나님은 자기의 독생자 주 예수 그리스도를 보내셨습니다. 그리스도는 마리아에게서 나셨고 삼십 이, 삼년 동안 한 점 흠없이 하나님께 온전히 순종하시는 삶을 사셨습니다. 예수 그리스도는 하나님이셨고 사람이셨습니다. 때가 되어 예수께서 배반자 유다에 의해 원수들에게 넘겨졌습니다. 예수님은 십자가에 못 박혔고 실제로 죽었습니다. 예수께서 생명과 영광의 주이셨고, 그에게만 영원이 있는 분이셨지만, 그는 머리를 숙이시고 영혼이 떠나셨습니다. 삼일 후에 예수께서 부활하셨고 많은 제자들에게 나타나셨습니다. 그래서 제자들은 그분이 무덤에 묻히셨던 바로 그분이라는 것을 확실히 알았습니다. 사십 일이 지난 후, 예수께서 모든 제자들이 보는 앞에서 하늘로 올라가셨고, 하늘에서 하나님 우편에 앉아 계시며 오래지 않아 산 자와 죽은 자를 심판하시기 위해 두 번째로 다시 오실 것입니다.

이것이 바울이 진술하곤 하였던 사실들입니다. 하나님이 육신이 되어 우리 가운데 거하셨고, 그래서 우리가 그의 영광을 보았는데 아버지의 독생자의 영광으로 은혜와 진리가 충만하였습니다. "미쁘다 모든 사람이 받을 만한 이 말이여 그리스도 예수께서 죄인을 구원하시려고 세상에 임하셨다 하였도다 죄인 중에 내가 괴수니라"(딤전 1:15). 간단히 말해서, 이런 것들이 바울이 전하고자 하였던 사실들이었습니다. 따라서 이 사실들 가운데 어느 하나든지 의심스럽게 말하거나 복음 전파에서 빼먹는다면, 복음을 전한 것이 아닙니다. 복음이 서 있는 기초들이 제거된 것인데, 그렇다면 의인이 무엇을 할 수 있겠습니까?

이 사실들에 바로 뒤이어서 바울은 **어떤 교리들**, 곧 이 사실들에서 나오는 교리들을 전하였습니다. 즉 바울은 예수 그리스도께서 자기 백성의 죄를 위하여 하나님의 진노를 달래는 충분한 속죄를 드렸고, 그래서 그리스도를 믿고 의지하는 사람은 누구든지 구원을 받는다고 전하였습니다. 속죄의 교리는, 사도 바울의 복음에서 가장 두드러진 특징을 형성하곤 하였습니다. 그리스도께서는 또한 우리를 하나님께로 데려오기 위해 우리를 위해 고난을 받으셨는데, 의로운 자가 불의한 자를 대신하여 고난을 받으신 것입니다. "우리가 아직 죄인 되었을 때에 그리스도께서 우리를 위하여 죽으심으로 하나님께서 우리에 대한 자기의 사랑을 확증하셨느니라"(롬 5:8). 그 다음에 사죄의 교리가 오곤 하였습니다. 바울은 어떻게 하나님께서 하나님이 의로우시고 또 믿는 자를 의롭게 하시는지를, 그리고 사람이 그리스도를 믿는다는 단순한 사실을 조건으로 어떻게 사람들에게서 모든 죄와 불의를 용서하시는지, 그리고 이것이 사람 자신의 행위가 아니라 성령의 선물이라는 것을 열렬하게 말하곤 하였습니다. 어디를 가든지 바울은 이 점만큼은 틀림없이 전하였습니다. "여러분 죄인들이여, 예수의 상처를 보라. 그러면 여러분의 죄가 사해질 것이다." 바울은 칭의의 교리도 마찬가지로 분명하게 전하곤 하였습니다. 그는 이렇게 말하곤 하였습니다. "그리스도께서 여러분을 씻을 것이다. 아니 그냥 씻기만 하시는 것이 아니라 여러분에게 옷을 입혀 주실 것이다. 그의 인격의 완전한 거룩함이 여러분에게 전가되어 의롭게 될 것이고, 그래서 여러분이 하나님과 화평을 누릴 것이고, 여러분이 예수 그리스도 안에 있기 때문에 결코 정죄받지 않을 것이다." 나는 사도의 빛나는 눈을 보는 것 같습니다. 나는 바울이 사람들에게 영원한 생명을 붙잡으라고, 예수 그리스도를 보라고, 즉 율법의 행위를 버리고 사람에게서 나오는 것은 아무것도 의지하지 말고 예수를 보라고, 오직 예수만 보라고 호소하는 간절한 그의 목소리를 듣는 것 같습니다. 이 위대한 진리들, 곧 속죄, 죄 사함, 칭의 그리고 그와 관련된 다른 교리들, 지금 이 교리들을 구체적으로 설명할 수는 없는데, 아무튼 이 교리들이 바로 사도 바울이 전했던 복음입니다.

이 교리들에서 어떤 명령들이 나온다고 우리는 말했습니다. 그 명령들은 이런 것이었습니다. "주 예수 그리스도를 믿으라 그리하면 네가 구원을 얻으리라." 사도는 잠시도 지체하지 않고 다른 명령을 전했다고 생각합니다. "일어나 세례를 받으라." 바울은 복음을 절반만 전하지 않고, 전체를 다 전하였습니다. "믿고 세례를 받는 사람은 구원을 얻을 것이요 믿지 않는 사람은 정죄를 받으리라"(막 16:16). 종종 그의 말을 들은 사람들이 "내가 어떻게 하여야 구원을 받으리이까"(행 16:30) 하고 외친 뒤에, 그들은 그리스도를 믿었고, 바울에게 "보라 물이 있으니 내가 세례를 받음에 무슨 거리낌이 있느냐"(8:36) 하고 말하곤 하였습니다.

그렇다면 바울 사도는 믿을 만한 어떤 사실들로 구성된 복음을 전한 것입니다. 이 사실들에서 지극히 은혜로운 복음 교리들이 나왔고, 이 교리들이 그리스도 자신의 명령에 의해 신적 권위를 가지고 시행되고 전해졌습니다. 어떤 사람은 이렇게 말합니다. "글쎄, 당신은 세상이 이 복음으로 뒤집어질 것이라고 생각합니까?" 자, 보십시오. 세상은 이미 한 번 뒤집어졌고, 다시 한 번 뒤집어질 것입니다. 학문을 추구하는 사람들과, 위로부터 온 우수한 가르침보다는 꿈 같은 정서나 그럴 듯한 과학을 목표로 하는 사람들은 더 고귀한 도구를 찾지만 헛수고

일 뿐입니다. 이 복음이야말로 오류의 요새를 깨트릴 대단한 공성(攻城) 망치입니다. 복음은 검, 진정한 검입니다. 누구든지 이 검을 휘두르는 법을 안다면, 관절과 골수를 찔러 쪼갤 것이고, 그는 넉넉히 이기는 사람이 될 것입니다. 그리스도의 복음을 쥐고 있고, 그 복음을 사용하는 법을 아는 사람은 귀신들이 그 앞에서 떨며, 천사들도 그 앞에서 경배하고 그룹들도 보기를 간절히 바라며, 하나님께서도 자신의 가장 고귀한 작품으로 알고 웃음 지으시는 것을 갖고 있는 것입니다. 우리가 선포하는 진리는, 우리가 발견한 것이 아니라 우리에게 전달된 것입니다. 그러면 여러분은 이 사람의 믿음이 어디에서 왔느냐고 물으십니까? 그것은 바울의 복음 전파에서 왔습니다.

2. 자, 이 사람의 믿음은 어디에 있었습니까?

우리는 바울이 그 사람을 보니 "구원 받을 만한 믿음이 그에게 있는 것이" 보였다는 말을 듣습니다. 이 사람의 경우는, 이랬던 것 같습니다. 불쌍한 사람입니다! 바울의 복음 전도를 들으면서 아마도 그는 이렇게 생각했을 것입니다. '글쎄, 이 사람 말이 맞는 것 같아. 진리인 것 같아. 이것은 진리다. 진리인 것이 확실해. 예수 그리스도가 그처럼 위대한 구주라는 것이 사실이라면, 나는 치료받을 수 있을 거야. 나를 아무 데도 데려가지 못하는 이 절뚝거리는 다리가 똑바로 펴질 거야. 그럴 수 있을 것 같아. 그렇게 되기를 바래. 그렇게 될 것이라고 믿어. 바울이 그리스도가 어떤 분이신지 말할 때부터, 나는 그리스도께서 틀림없이 기꺼이 그렇게 해주실 것이라는 생각이 들었어. 사도에게 구해야 하겠다. 적당한 때가 오면 바로 소리 높이 외쳐야겠어. 이 구주께서 나를 고쳐주실 수 있다는 것을 믿어. 사도도 주님도 기꺼이 그렇게 해주실 마음이 있다고 생각해. 그렇게 해주실 거야. 나는 이제 똑바로 설 거야.'

그때 바울이 그에게 말했습니다. "네 발로 바로 일어서라." 그러자 그는 즉시 일어나 걸었습니다. "구원 받을 만한 믿음이 그에게 있었기" 때문입니다.

여러분은 내가 이 경우의 개연성을 지나치게 과장하고 있다고 생각하십니까? 어쩌면 여러분은 이렇게 말할지 모릅니다. "이 기적이 일어나기 전에 바울이 이 불쌍한 절름발이와 아무런 대화를 나누지 않은 것 같습니다." 이제 나는 정반대의 추론을 끌어 내보겠습니다. 내 자신의 경험에 비추어 볼 때, 어떤 한 개인이 설교자의 주의를 끄는 것이 특이한 일이 아닌 것을 압니다. 오늘 같이 큰 집회에 모인 사람들 가운데 상당수의 얼굴들은 경험 없는 사람이 한 번 잠깐 훑어 볼 때는 마치 중국어를 모르는 사람들에게 중국 문법을 들려주는 것처럼 당황스러워하며 납득할 수 없는 듯한 표정을 보게 될 수 있습니다. 그러나 숙련된 사람은 이 사람뿐 아니라 저 사람의 표정도 읽을 수 있다는 것을 여러분은 의심할 필요가 없습니다. 어떤 사람들은 권태롭고 무관심한 표정을 띠고 있고, 그런가 하면 어떤 사람들은 호기심에 차서 탐구하는 듯한 표정을 띱니다. 상당수의 사람들은 냉담하고 비판적인 태도로 봅니다. 그런가 하면 마음속에 이제 막 깨어난 어떤 일련의 생각에 깊이 몰두해 있는 사람들의 표정이 있습니다. 이들은 아주 특별한 인상을 남기고 아름다운 모습을 보여주는데, 이들의 모습은 종종 우리에게 영향을 미치고, 짧은 한 시간 동안 우리 입술만을 바라보고 있는 이들의 영혼에 다가가고 싶다는 강렬한 열망을 우리 가슴속에 불러일으킵니다. 그런가 하면, 때로는 무엇에 빠진 듯이 눈이 고정되어 있고, 그 사람이 설교자에게 마음을 빼앗긴 것처럼 설교자가 그에게 마음을 빼앗기게 될 만큼 설교자의 말 한 마디 한 마디를 조금도 놓치지 않고 그대로 흡수하기 때문에, 그 눈에 빛이 날 정도의 믿음을 갖고 있는 사람도 있을 것입니다. 설교자는 설교를 해나가면서 사람들과 자유롭게 대화하는 가운데 강단의 격식에 개의치 않을 만큼, 단계마다 자유롭게 이야기하는 동안에, 마침내 이 사람이 자기 경우에 딱 들어맞는 진리를 들었다는 것을 깨닫게 됩니다. 그것은 결코 숨길 수가 없습니다. 그의 얼굴 표정이 갑자기 편안해집니다. 그는 여전히 귀를 기울여 듣지만, 그에게는 더 이상 고통스런 근심이 없습니다. 이제 그의 얼굴에 조용한 만족감이 뚜렷하게 나타납니다. 눈 속에 비치는 친밀한 교제의 영이 그 비밀을 풀어버린 것입니다. 나머지 청중들은 알지 못하지만, 설교자와 그 청중이 서로 은밀하게 인사를 하였고, 생명의 원천을 이루는 믿음이라는 공통의 토대에서 만난 것입니다. 열망하는 사람은 그 일이 있을 수 있다고 생각합니다. 사도는, 그 사람이 사도의 귀에 작은 소리로 말하였다면 알아들었을 것보다 더 확실하게 그 느낌을 인지하였다고, 나는 쉽게 결론을 내릴 수 있습니다. 그래서 나는, 그 자리에서 약을 바르면 즉시 병이 나을 시점에 이른 어떤 사람의 갈등하는 양심을 향하여 믿으라는 권고를 적극적인 명령으로 말하게 된 때들이 있었습니다.

구원 받을 만한 믿음이라는 것이 있는 것은 아주 확실합니다. 이 자리에 계신 분들 가운데 얼마나 많은 사람이 그런 믿음을 가졌는지 모르겠습니다. 그러나 감사하게도 이 자리에는 자신이 구원받은 사람이라는 믿음을 가지고 계신 분들이 아주 많이 있습니다. 그것은 아주 성숙한 믿음입니다. 자신이 구원 받은 것을 알고, 하나님의 영광을 바라며 즐거워하는 믿음입니다. 그런데 슬프게도 믿음이 전혀 없는 사람들도 있습니다. 그런데 이 시간 내가 특별히 관심을 갖는 것은, 믿음이 있는데 자신이 구원받았다는 믿음이 아니라 구원 받을 만한 믿음만을 가지고 있는 사람들입니다.

이것을 "구원 받을 만한 믿음"이라고 말해볼까요? 왜냐하면 이 자리에는 바로 지금 자기 발로 똑바로 설 수 있는 분들이 있고, 또 자기가 구원받았는데 몰랐다가 알게 되어 이 시간에 기뻐 뛸 사람들도 있을 수 있기 때문입니다. 여러분은 "믿음"이 있습니다. 그런데 그동안 믿음을 충분히 발휘하지 않은 것입니다. 자, 여러분은 예수 그리스도께서 하나님의 아들이시라는 것을 믿으십니까? "예." 예수께서 자기 백성을 위하여 충분한 속죄를 이루셨습니까? "예." 그를 믿는 자들이 그의 백성인 것을 믿으십니까? "예." 여러분은 그리스도 외에 달리 의지하는 것이 없습니까? "없습니다." 여러분은 이제까지 여러분이 느꼈거나 생각하였거나 행한 어떤 것도 의지하지 않습니까? "않습니다. 나는 오직 그리스도만을 의지합니다." 그리고 여러분은 어느 정도 그리스도를 의지합니다. 여러분은 언젠가 그리스도께서 여러분을 구원해 주실 것을 기대합니다. 그리고 그가 구원하실 것이라고 생각하고 때로는 거의 그렇게 알고 있습니다. 여러분은 언제든지 그리스도를 믿을 준비가 되어 있습니다. 여러분은 예수께서 여러분을 구원하실 수 있는 능력이 있다고 믿지만, 기꺼이 여러분을 구원하시려고 할 것이라고 생각하지는 못합니다. 여러분은 그의 능력에 대한 믿음이 있습니다. 그리고 그의 구원하시려는 뜻에 대해서도 거의 믿음을 가지고 있습니다. 때로는 속으로 어느 정도 이렇게 생각해 보기도 합니다. '나는 하나님의 자녀다.' 그런데 그 다음에 "하지만"이라는 추한 단어가 떠오릅니다. 또다시 다리를 절룩거리게 됩니다. 다시 다리를 절룩거리게 됩니다. 여러분은 여전히 두렵습니다. 여러분에게는 "구원 받을 만한 믿음"이 있습니다. "보라 하나님은 나의 구원이시라 내가 신뢰하고 두려움이 없으리니 주 여호와는 나의 힘이시며 나의 노래시며 나의 구원이 되셨음이라"(사 12:2, 개역개정은 "나의 구원이심이라").

자, 내가 여러분의 마음을 제대로 집어냈는지, 내가 여러분을 바르게 설명했는지 모르겠습니다. 내가 그런 상태에 있었던 때가 떠오릅니다. 나는 그리스도를 의심하지 않았다고 정직하게 말씀드릴 수 있습니다. 나는 그리스도께서 나를 구원하실 것이라고 믿었습니다. 그분은 내가 신뢰할 만한 분이라는 것을 알았고, 그래서 이 정도만큼은 예수님을 믿었습니다. 내가 죽는다면 나는 죽으면서 예수께 소리쳐야 하겠다고 결심하였고, 내가 떠내려간다면 십자가를 단단히 붙들겠다고 결심하였습니다. 그때 내게 "구원 받을 만한 믿음"이 있었지만 몇 달 동안 속박되어 있었습니다. 사실 그때 나는 속박되어 있어야 할 필요가 전혀 없었습니다. 왜냐하면 "구원 받을 만한 믿음"이 있을 때는 사람에게 필요한 것은 "네 발로 바로 일어서라"는 은혜로운 말씀뿐이며, 그러면 그는 즉시 허약한 데서 뛰어일어나서 자기 마음대로 자유롭게 걷기 때문입니다.

3. 이 점을 더 길게 설명하지 않겠습니다.
이 기적과, 여기서 추론할 수 있는 복의 영적 교훈을
생각하고 싶기 때문입니다.

"구원 받을 만한 믿음"이 있지만, 여전히 다리를 완전히 절뚝거리거나 고통스럽게 남을 의존하여 살고 있는 사람들이 많이 있지 않습니까? 그 이유들은 여러 경우에 각기 다를 수 있을 것입니다. 지금까지 죄 때문에 겪은 슬픔과 이때까지 경험한 두려운 죄의식으로 아주 어안이 벙벙해져서, 그리스도께서 자신을 구원하실 능력이 있고 그럴 뜻도 가지고 계신다고 믿으면서도, 자신이 구원받았다는 사실을 붙잡을 수 없는 사람들이 있습니다. 그것은 오랜 기간의 절망 때문에 영혼이 약해지고 정신이 초췌해진 것입니다. 떨고 있는 죄인이여, "네 발로 바로 일어서라." 여러분이 예수를 믿는다면, 여러분이 무엇을 두려워하든지 간에, 그렇게 두려워할 이유는 아무것도 없습니다. 여러분의 죄에 대해서 말하자면, 여러분의 죄는 그 하나하나를 예수께서 다 지셨습니다. 여러분들이 원수들의 땅에서 철저히 파산해 있지만 주께서 여러분에게 이렇게 말씀하셨습니다. "내가 네 죄를 사하였나니 네가 죽지 아니할 것이라"(삼하 12:13). "내가 네 허물을 빽빽한 구름 같이, 네 죄를 안개 같이 없이하였으니"(사 44:22). 그러니 기뻐하고 즐거워하십시오. 여러분이 정말로 그리스도를 믿는다면, 여러분은 구원을 받았습니다. 다만 그것은 아직 도착하지 않은 구원의 기쁜 소식을 예고하는 믿음처럼 보일 뿐입니다. 그러나 여러분을 믿을 수 있게 한 것은, 바로 구원을 가져오는 하나님의 은혜인 것입니다. 그리고 하나님의 아들을 믿는 자에게는 영생이 있습니다.

이 환영의 메시지를 받아들이십시오. 이 말을 듣고 일어서십시오. 여러분의 발로 바로 일어서서 기뻐하십시오.

어떤 사람들은 믿음이 있으면서도 무지로 인해서 여전히 발을 쓰지 못합니다. 그들은 구원 받는다는 것이 무엇인지 모릅니다. 그들은 잘못된 기대를 품고 있습니다. 그들은 그리스도를 믿고 있지만 놀라운 어떤 감정을 느끼지 못합니다. 그들은 지금까지 주목할 만한 어떤 꿈이나 환상을 받은 적이 없고 이루 말할 수 없는 기쁨이 마구 솟구친 적도 없습니다. 그래서 "구원 받을 만한 믿음"은 있지만 현재 구원 받았다는 믿음은 없습니다. 그들은 자신들의 믿음을 아름답게 꾸미거나 표적과 기사로 믿음을 강화할 무엇인가를 기다리고 있으면서도, 그것이 무엇인지 거의 알지 못합니다. 자, 불쌍한 영혼이여, 무엇 때문에 기다리고 있습니까? 그런 것들은 구원에 필요하지 않습니다. 내가 볼 때는 사실, 그런 것들 특별히 환상과 같은 것들은 여러분이 적게 알면 알수록 그만큼 더 좋습니다. 나는 감각적인 증거들에 대해 많은 이야기를 하는 사람들이 더 염려가 됩니다. 그런 증거들이라는 것이 불안정한 마음에서 나오는 쓸데없는 생각들인 경우가 아주 허다합니다.

사랑하는 여러분, 여러분이 무아경과 같은 기쁨을 맛보지 못했거나 마음에 깊은 우울을 경험했을지라도, 여러분이 그리스도를 믿고 있다면, 여러분의 느낌이 그동안 어떠했느냐 혹은 어떠하지 않았느냐 하는 것은 전혀 중요하지 않습니다. 여러분은 전격적인 충격을 받거나 어떤 신비한 작용을 경험하기를 기대하십니까? 그 작용은 신비합니다. 너무 신비해서 여러분은 그것을 깨닫지 못합니다. 그러나 여러분과 관계가 있는 것은 이것뿐입니다. "내가 예수님을 믿는가? 내가 모든 것에 대해 정말 예수님을 의지하고 있는가?" 그렇다면 여러분은 구원받은 것입니다. 여러분이 이 사실을 믿기를 바랍니다. 여러분 발로 바로 서서 기뻐 뛰십시오. 여러분이 믿든지 안 믿든지 간에, 여러분이 지금 그리스도를 의지하고 있다면 여러분은 죄 사함을 받은 것입니다. 여러분은 하나님의 자녀이고 천국의 상속자입니다.

자기 기만의 두려움 때문에 계속해서 발을 쓰지 못하고 있는 사람들이 참으로 많습니다. "나는 정말로 그리스도를 믿습니다. 그렇지만 나는 내가 자신을 속이고 있는 것이 아닐까 두렵습니다. 내가 확신을 가졌던 것으로 생각한다면 그것은 그렇게 추정하는 것일 뿐입니다! 내 자신이 구원 받은 것으로 생각해야 한다면 현재 나는 구원 받지 못한 것입니다!" 자, 여러분, 여러분이 자신을 정직하게 대하고 있다면, 그런 추정을 두려워할 이유가 있을 것입니다. 그러나 여러분의 믿음은 여러분을 속일 수 없는 하나님과 관계가 있고, 여러분을 시험하여 사기 꾼으로 만드는 일을 결코 하시지 않을 그리스도와 관계가 있습니다. 여러분이 그리스도를 믿으면 구원을 받는다고 주 예수 그리스도께서 친히 말씀하시지 않 습니까? 여러분은 그것을 믿습니다. 그렇지 않습니까? 여러분이 그리스도를 믿 는다면, "내가 구원을 받았다"고 말하는 것은 사실이 아닌데 그러는 체하는 것이 아닙니다. 겸손한 체하는 모든 말을 버리십시오. 많은 사람들이 "그러기를 바란 다" "기대한다" "그런 의심이 든다, 그런 두려움이 있다, 그런 염려가 있다"고 말 하는 것을 아주 좋게 생각하는데, 여러분, 그렇게 말하는 것은 겸손이 아닙니다. 그것은 적절치 못하게, 헛되이 하나님을 의심하는 말입니다. 하나님, 우리 주 예 수 그리스도의 아버지께서 여러분에게 말씀하십니다. 그리스도께서는 그 점에 대해 아주 명료한 단어로 직접 말씀하십니다. 여러분이 그리스도를 의지한다면, 그것은 바위를 기대는 것입니다. 여러분이 그리스도를 믿는다면, 정죄를 받지 않습니다. 여러분이 하나님의 진실성이나 그리스도의 약속의 신실성을 의심한 다는 것은 여러분의 마음이 비천함을 보여주는 증거입니다. 확실히 이런 태도는 온유한 지혜의 열매가 아닙니다. 사랑하는 여러분, 그런 태도는 잘못된 것입니 다. 너무 좋다 보니 사실이 아닌 것처럼 보일 수는 있습니다. 너무 좋아서 여러 분이 받을 수 없을 수는 있을지 몰라도, 너무 좋아서 하나님이 주실 수 없는 것이 있다고 생각할 수는 없습니다. 여러분은 그 점에 대해 하나님의 약속이 있습니 다. 여러분이 하나님의 아들이 여러분을 구원하실 것을 믿고 그를 의지하되 오 직 그만을 신뢰한다면, 설사 하늘의 기둥들이 흔들릴지라도 여러분은 구원 받을 것입니다. 땅의 기초가 비틀거리고 온 땅이 환상처럼 사라질지라도, 하나님의 이 영원한 약속과 맹세는 반드시 굳게 설 것입니다.

그런가 하면 자신들이 믿기 시작은 했지만 다시 돌아가서 그리스도께 불명예를 가 져다 드릴 것이 두려워서 자기 발로 서지 못하는 사람들이 있습니다. 여러분이 자 신을 지키는 것에 조금이라도 관심이 있다면 이것은 매우 합당한 두려움이 될 것입니다. 여러분이 스스로 천국에 이르려고 했다면 여러분이 그 일에 낙망을 하는 것은 아주 온당한 일일 것입니다. 여러분 자신의 무능력 때문에 여러분은 그에 대해 깊은 확신을 가질 수 없습니다. 그리스도께서 끝까지 여러분을 보호하시겠다는 약속을 주시는 것 외에는, 여러분이 할 수 있는 것은 아무것도 없습니다. 여러분이 그리스도를 믿으면 구원을 받을 것입니다. 여러분이 일년 동안 혹은 이십 년 동안 구원 받아 지내다가 그 다음에는 결국 망하고 말 수도 있다고 주님은 말씀하시지 않습니다. 그렇지 않습니다. "믿고 세례를 받는 사람은 구원을 얻을 것이요"(막 16:16). 그리스도를 믿는 한 사람이 버림을 받는다면, 그리스도의 약속은 참되지 않은 것입니다. 형제 여러분, 그리스도의 약속은 참됩니다. 그 약속은 반드시 이루어집니다. 그 약속의 영광스러운 진리를 여러분은 친숙히 알도록 하십시오. 여러분이 그리스도께 자기 영혼을 드리고, 그가 하나님의 아들이신 것과 하나님과 사람 사이의 중보자로서 그의 하신 일을 진실되게 믿으면, 여러분은 오늘 밤 나를 보는 것처럼 확실히 진주 문 안에서 그의 얼굴을 볼 것입니다. 여러분이 나를 보는 것이 참인지 아닌지 의심할 수 있을지 몰라도, 그리스도께서 자신의 약속을 이행하고 말씀을 지키시는 일에 대해서는 조금도 의심할 수 없습니다. 의심하고 슬퍼하고 떠는 죄인이여, 이제 더 이상 티끌 가운데 앉아 있지 마십시오. 바울이 하였듯이 큰 목소리로 여러분에게 말합니다. "네 발로 바로 일어서라." 무엇 때문에 여러분은 한탄합니까? 슬퍼할 것이 아무것도 없습니다. 여러분은 죄를 용서받았고, 영원한 구원을 얻었습니다. 하늘에서 면류관이 여러분을 위해 준비되어 있고, 금으로 만든 비파가 여러분을 기다리고 있습니다. 여러분이 예수님을 믿으면, 아무도 무엇을 여러분의 책임으로 돌릴 수 없습니다. 어둠의 정사들조차도 여러분을 이길 수 없을 것입니다. 영원한 사랑이 지옥의 악의로부터 여러분을 안전하게 지킵니다. 그러므로 여러분의 발로 바로 일어서십시오. 여러분이 믿는다면, 여러분이 구원을 받되 완전하게 구원받았고, 때를 맞춰 그리고 영원히 주님 안에서 영원한 구원으로 구원받았기 때문입니다.

　　그 다음에, 이 자리에는 **자신의 많은 죄 때문에** 바로 설 수 없는 사람이 있습니다. 아, 내가 지금까지 그리스도에 관해 이야기해 오는 동안, 그것은 내가 여러분 마음에 무엇인가를 말해온 것일 수가 있습니다. "아, 그게 무엇입니까? 그리스도께서 사람들의 죄를 지고 사람들 대신에 고통을 받았다는 것입니까? 그거 마음에 듭니다. 하나님이 지금 이렇게 행하고 있습니까? 아, 그렇다면, 하나님은 틀림없이 나를 구원하실 수 있습니다. 그를 믿는 자마다 멸망치 않을 것이라는 말을 들었습니다. 그렇습니까? 자, 내가 여기 있습니다. 나는 지난 몇 달 동안, 몇 년 동안 예배를 드리지 않았습니다. 그러나 오늘 밤 이 자리에 있었습니다. 이 사람이 말하는 것이 참이라면, 그렇다면 나는 내 영혼을 걸고 그 말을 믿어 보겠습니다. 내가 가진 것이 아무것도 없는 것을 압니다. 그러나 그가 말하기를 아무 것도 필요없다고 합니다. 나는 그리스도를 믿을 준비가 되어 있지 않습니다. 그런데 이 사람이 말하기를 아무 준비가 필요치 않다고 합니다. 내가 현재 이 모습 그대로 예수 그리스도를 믿으면 그리스도께서 나를 구원하실 것이라고 합니다. 그렇다면 나는 믿겠습니다. 하나님의 은혜로 그것을 믿겠습니다. 그리스도께서 나를 구원하실 수 있겠지요?" 이때 고통스런 생각이 떠오릅니다. "그동안 내가 어떤 죄인이었는지 생각해 봐라! 내가 그동안 얼마나 어리석은 죄를 범했는지 말하기가 부끄럽다. 그리스도는 틀림없이 나를 내쫓을 거야. 나는 그동안 너무도 큰 죄를 지었고 악한 일을 해왔어. 나는 불경스런 욕도 많이 했어. 내가 그리스도를 믿으면 나를 구원하실 것이라고 생각할 수 없어. 그리스도께서 나를 구원하실 수 있다는 것을 믿어. 그 계획이 적합하고 탁월하다는 것을 안다. 그것을 믿지만 내가 얼마나 큰 죄인인지 보라!"

아, 정말이지 나는 마음이 우울해 있을 때, 누군가 와서 내게 예수 그리스도의 이 단순한 복음에 대해 이야기해 주었더라면 좋았을 때가 참으로 많았습니다. 나는 좀 더 일찍 내 발로 바로 섰어야 하는데, 슬프게도 그렇지 못했습니다. 나는 사람들이 믿기 전에 무엇을 느꼈는지에 대한 말을 많이 들었습니다. 그런데 나는 그런 것을 느끼지 못한 것이 불안하였습니다. 물론 지금은 내가 그런 것을 느꼈다는 것을 압니다. 나는 그리스도인들은 어떤 사람이 되어야 한다는 말을 많이 들었습니다. 그리고 하나님의 선택자들에 대해서, 하나님의 평가에서 그들이 어떤 사람인가에 대한 이야기는 더 많이 들었습니다. 나는 내가 하나님의 선택자인지 몰랐고, 마땅히 어떠해야 하는 그런 사람이 아니라는 것은 알았습니다. 무덤 속에 죽어 있는 자들을 깨울 목소리처럼 큰 소리로 대천사의 나팔이 "믿고 살아라"는 말을 울렸더라면 좋았을 것입니다! 영을 살리는 성령이 대천사의 나팔소리와 함께 갈 때, 무덤이 열리고 죽은 자들이 일어나는 것처럼 성령이 소리쳐 말하였더라면 좋았을 것입니다! 복음을 아는 여러분, 가십시오. 가는 곳마다 복음을 말하십시오. 진정으로 그리스도를 찾고 있으며 그 속에 성령이 계시지만 이사야 선지자가 말하였듯이 "아이를 낳으려 하나 해산할 힘이 없음 같은"(37:3) 사람들이 많이 있다고 나는 확신합니다. 그들이 빛의 가장자리까지

왔기 때문에, 누군가가 손을 내밀어 그들을 한낮으로 끌고 오기만 하면 됩니다. 그들은 낙망의 구렁텅이에서 발을 헛딛고 있습니다. 그들이 그 구렁텅이를 거의 벗어나고 있어서 누가 손을 내밀어 그들을 당겨주기만 하면 됩니다. 그들에게 이렇게 분명하게 말하면, 도움의 손길을 뻗는 것입니다. 그들의 도움은 예수님에게서 찾을 수 있습니다. 그리스도를 믿고 의지하면, 그들은 결코 멸망하지 않고 아무도 그리스도의 손에서 그들을 빼앗을 수 없을 것입니다.

　　여러분 가운데는 오랫동안 내 이야기를 들어 온 분도 이 자리에 있을 것이라고 생각합니다. 나는 최근에 내 귀에 들린 슬픈 일들 때문에 마음이 몹시 낙망이 되었습니다. 이 자리에도 몇몇 분이 계시고, 내 집회에 참석하는 분들이 언제나 있어 왔습니다. 그분들은 나에 대해 개인적인 애정을 가지고 있고, 하나님의 말씀을 아주 주의깊게 듣고, 더군다나 하나님 말씀에 크게 감동을 받습니다. 그런데 그분들에게 따라다니는 어떤 죄가 있는데, 그분들은 그 죄를 버리지도 못하고 버리려고도 하지 않습니다. 그들은 잠시 그 죄를 버립니다. 그러나 나쁜 친구들이든지 그들의 강렬한 열정이 그들을 다시 데려가고 맙니다. 여러분, 여기서 교훈을 얻으시기 바랍니다. 설교를 잘 듣는, 그래서 다소 기대를 가진 사람이 있었습니다. 그에게 어떤 고비가 왔습니다. 죄를 버리든지 아니면 교회에 오는 것을 포기하든지 해야 했습니다. 아, 어떻게 되었겠습니까? 그 사람이 앉았던 자리를 가리킬 수 있었습니다. 그는 **알콜 중독에 의한 섬망증(譫妄症)으로 죽었습니다! 나는 그것을 의아하게 생각지 않습니다.

　　여러분이 안식일마다 전파되는 복음을 들어왔다면, 여러분이 그동안 진지하게 들었던 엄숙한 호소에 대한 여러분의 반응이 겨우 그리스도를 거절하고 영원한 생명을 거부하는 것이었다면, 여러분이 스스로 파멸을 선택하는 가운데서, 이성이 여러분 행동의 감독으로서 자리를 물러나고 여러분의 완고한 의지를 억제하기를 그치고, 미친 열정이 마구 날뛰며 돌진하도록 내버려 두고, 그래서 자신의 파멸을 빨리 재촉하게 되는 것이 조금이라도 이상한 일이겠습니까? 나는 그들의 피에 대해 깨끗한가? 나는 이 질문을 내 자신에게 물었습니다. 나는 어떤 일들에서는 깨끗하지 않을 수 있습니다. 그러나 나는 내 복음 사역에 관해서는 깨끗하다고 생각합니다. 나는 지금까지 여러분 가운데 누구에게든지 하나님의 모든 뜻을 선포하는 일을 피하지 않았습니다. 내가 여러분 가운데서 어떤 악이나 어리석음을 알았을 때, 그에 대해 내가 두려워하였거나 그 앞에서 내가 떨었습니까? 하나님이 나의 증인이십니다. 나는 하나님을 영으로 섬겨 왔습니다. 이 사람들이 고개를 돌려 비뚤어진 길을 간다면, 그 결과를 잘 모른 채 그런 일을 하지 않았습니다. 아니, 그렇게 하기 전에 경고를 받지 않거나, 예수 그리스도를 보라고 권함을 받거나 설득을 받지 않은 적이 없습니다. 그리고 나는 여러분 가운데 어떤 분들, 내가 누구를 가리키는지 여러분은 아실 것입니다. 양심이 화인 맞지는 않았지만, 그럴지라도 계속해서 죄를 짓는 분들에게 하나님의 사랑으로 권합니다. 여러분에게 마지막으로 부탁합니다. 여러분이 스스로 파멸을 선택한다면, 내가 여러분에게 그 점을 경고하는데 주저하지 않았다는 것을 나를 위해 증언해 주시기 바랍니다. 그러나 그보다는 여러분이 자신의 영혼을 사랑하여, 여러분 자신에게 이 큰 은혜를 베푸시기를 간절히 바랍니다. 여러분에게 불 속에 던져 넣어야 할 것이 있다면 던져 넣으십시오. 그러나 여러분의 영혼을 던져 넣지 않도록 하십시오. 여러분에게 버릴 것이 있다면 그렇게 하십시오. 그러나 여러분의 영혼을 버리지는 않도록 하십시오. 여러분, 여러분이 바보짓을 해야 한다면, 이보다 하찮은 일에 대해서나 그렇게 하십시오. 여러분이 죄를 지을 가치가 있는 것으로 생각한다면, 여러분이 영혼을 그 대가로 치르지 않고, 그보다 값싼 것을 치르기를 바랍니다. 이 자리에 아주 잠깐 있다가 가버리는 여러분이 여전히 영원한 기쁨보다 현재의 덧없는 기쁨을 좋아하고, 일시적인 환락을 위해 영원한 고통을 무릅쓴다는 것이 내게는 너무도 애처롭고 슬픈 일이기 때문입니다.

예루살렘을 보시고 우신 예수님의 눈물로, 죄인들을 위해 흘리신 예수님의 피로, 죄인이 죽는 것을 기뻐하지 않으시고 그가 하나님께로 돌이켜 살기를 바라시는 영원하신 아버지의 마음으로 여러분이 현명해지고 여러분의 길을 깊이 생각해 보기를 기도합니다. 여러분이 누구를 섬길 것인지 오늘 선택하십시오. 주님께서 여러분의 선택을 지도하여 주시기 바랍니다. 여러분이 하나님의 자비의 손에 빠져서 이렇게 말하기 바랍니다. "예수여, 주께서 나를 도와주시기 바랍니다. 제가 여기 왔습니다. 나를 주님께 드립니다." 내가 단순하고 부드러운 말, 아주 쉽게 알아들을 수 있지만 설득력이 있는 말을 모를지라도, 여러분에게 설교하는 법을 가르쳐 주시기를 바랍니다. 어떤 언어든지 여러분의 마음을 녹일 수 있는 말이 있다면, 주님께서 이 혀를 마음대로 쓰셔서 그 말을 전할 수 있기를 바랍니다. 내가 탁월한 연설을 하지 못해서, 그로 인해 내가 저속하다는 말을 듣고, 한때 겪었던 조롱과 수치를 받을지라도, 용광로가 지금보다 일곱 배나 뜨거워진다 할지라도, 영혼을 구원할 수만 있다면 그런 일을 조금도 개의치 않을 것입니다.

여러분, 내가 어떻게 설명하면 좋겠는지 말씀해 주십시오. 여러분의 주장을 펴시겠습니까? 내가 여러분을 설득할 수 있으면 좋겠습니다. 눈물을 흘리고 싶으십니까? 그러면 눈물을 흘리도록 하십시오. 메마른 눈들이여, 이 죽어가는 영혼들을 위해 왜 더 많이 울지 않습니까? 내 말이 아니라 하나님의 말씀을 듣고 싶습니까? 그러면 나는 성경 말씀을 읽겠습니다. 하나님의 말씀이 여러분을 가르친다면 나는 기꺼이 입을 다물고 있겠습니다. 내가 죽으면 여러분이 구원을 받겠습니까? 은밀한 가운데 보시는 하나님께서는 오늘 밤 안식에 들어가는 것이 내게는 기쁨이고, 여러분을 위해 기꺼이 생명을 내준다고 말하는 것이 내게는 작은 일이고, 정말로 하찮은 일이라는 것을 하나님은 아십니다. 아, 왜 여러분은 멸망하려고 하십니까? 내가 이렇게 여러분에게 호소하는데 여러분은 왜 자신에 대해 그렇게 관심이 없습니까? 여러분을 따라다니는 것이 무엇입니까? 하잘것없는 나방들입니다! 여러분들은 불꽃을 보면 눈이 어지럽습니까? 여러분들은 날개를 태워버린 것으로 만족하지 않습니까? 여러분은 몸과 영혼도 태워버려야 합니까? 여러분은 어떻게 지옥에서 잠자리를 펼 수 있겠습니까? 여러분은 어떻게 영원한 불 속에서 지낼 수 있겠습니까? 나사렛 예수의 이름으로 여러분에게 명령하지 않을 수 없습니다. 여러분은 그리스도께로 돌아와 사십시오. 그리스도를 믿으십시오. 그러면 구원을 받을 것입니다. 그러나 여러분이 오늘 밤 이 메시지를 거절한다면 큰 위험에 처하게 된다는 것을 기억하십시오. 이 메시지를 던져버린다면, 이것이 여러분의 영혼에 강력하게 전달될 마지막 메시지가 될 수도 있습니다.

> "이 사랑의 속박을 무시하는 사람들이
> 얼마나 많은 앙갚음을 당하겠습니까?"

나는 여러분이 지금 당장 구원받도록 하고 싶습니다. 나는 내일을 이야기할 수 없습니다. 나는 여러분이 당장에 결심하도록 하고 싶습니다. 아, 여러분이 지금까지 스무 번을 왔는데, 또다시 그냥 돌아가시겠습니까? 여러분은 지금까지 여러 차례 일어나서 서약을 했는데 그것을 깨트렸고, 결심을 했지만 어겼습니다. 아, 여러분, 전능하신 하나님께 거짓말하지 마십시오. 자, 이번에는 진실하십시오. 여러분이 악해서 "나는 하나님의 아들에게 복종하지 않겠어"라고 말하지 않을 수 없는 때에라도 성령께서 여러분이 진리를 말하게 해주시기를 바랍니다. 진실을 말하십시오. 꾸물거리지 마십시오. 엘리야가 "너희가 어느 때까지 둘 사이에서 머뭇머뭇하려느냐"(왕상 18:21) 하고 말하였듯이, 나도 말합니다. 하나님이 하나님이시라면 하나님을 섬기고, 바알이 하나님이라면 바알을 섬기십시오. 계속해서 예배당에 왔다가, 그 다음에는 술집에 갔다 하지 마십시오. 오늘 여기 와서 앉았다가, 다음에는 창녀 집에 가는 일을 하지 마십시오. 여러분, 제발 여러분을 위하여 추잡하고 부끄러운 일을 하지 마십시오. 여러분이 마귀를 섬기려면 섬기십시오. 그의 충실한 종이 되십시오. 그러나 여러분이 영원한 생명과 장차 올 기쁨을 얻으려면, 이 모든 일을 버리십시오. 그런 일들을 단념하십시오. 왜 독도 마시고, 약도 마시고 합니까? 이것을 끊든지, 저것을 끊든지 하십시오. 솔직하십시오. 자신의 영혼에 정직하십시오. 주님께서 오늘 밤 어떤 분들에게 "구원 받을 만한 믿음" 뿐만 아니라 또한 구원하는 믿음을 주시기 바랍니다. 그리스도의 이름으로 기도합니다. 아멘.

제
19
장

—

은혜, 유일한 구원의 길

—

**"우리가 저희와 동일하게 주 예수의 은혜로
구원 받는 줄을 믿노라."** — 행 15:11

성경을 잘 알고 있는 여러분은 이것이 베드로 사도의 말인 것을 기억하실
것입니다. 바울과 바나바는 그동안 이방인들 가운데 복음을 전하여 큰 성공을
거두었습니다. 그러나 "바리새파 중에 믿는 어떤 사람들은" 유대인의 오래된 편
협한 생각을 벗어나지 못하고, 회심한 이방인들이 할례를 받아야 하고, 그렇지
않으면 그들이 구원받을 수 없다고 맹렬히 주장하였습니다. 그들이 이에 대해
큰 소리로 떠들어댔기 때문에, 적지 않은 불화와 논쟁이 있었습니다. 영광스러
운 자유의 전사들이 전투를 위하여 대오를 갖추는 동안에, 여종의 자식들이 자
기들의 세력을 불러 모았습니다. 십자가의 용감한 군사들인 바울과 바나바는 의
식주의적인 형제들에게 단호히 맞서서, 할례의 의식이 이방인들에게는 전혀 해
당되지 않으므로 그들에게 그 의식을 강요해서는 안 된다고 말하였습니다. 이
두 사람은 유대화주의자들의 지시를 따라 그들의 자유로운 원칙을 포기하려 하
지 않고, 속박의 멍에를 메는 것을 비웃었습니다. 그들은 이 문제를 사도들과 장
로들 앞에서 예루살렘 회의의 결정에 붙이기로 합의하였습니다. 모든 형제들이
모였을 때, 그들 가운데 상당한 논쟁이 있었던 것으로 보입니다. 형제들 가운데
서 베드로가 일어서서 평상시 대로 담대하고 분명한 말로 자기 세대의 유대인들
과 그들의 조상들도 메지 못했던 무거운 멍에를 이방인들의 목에 메는 것은 잘

못이라고 밝히고, 사실 이와 같은 말로 연설의 결론을 지었습니다. "이 사람들이 할례를 받지 않았고 또 받을 필요가 없을지라도 유대인과 이방인 사이에 아무 차별이 없고, 우리도 저들과 같이 우리 주 예수 그리스도의 은혜로 구원을 얻을 것으로 믿는다." 이 점에서 베드로가 비난을 받지 않고 크게 칭찬을 받았는데, 이는 그가 성령의 감화를 받아 말하였기 때문입니다.

**1. 중요한 세 가지 목적을 위해 할 수 있는 대로
간결하게 본문을 살펴보겠습니다.
첫째로, 우리는 본문을 사도의 신앙고백으로 보려고 합니다.**

여러분은 본문이 "우리가 믿노라"는 말로 시작되는 것을 봅니다. 그래서 우리는 본문을 "베드로 사도의 신경"이라고 부르려고 합니다. 우리는 본문이 보통 "니케아 신조 혹은 사도 신경"이라고 불리는, 높이 존중되는 그 저술만큼 그 명칭을 받을 만한 권리가 충분히 있다고 확신할 수 있습니다. 베드로는 지금 나머지 사람들을 대신해서 말하고 있는데, "우리가 믿노라"고 합니다. 그럼, 베드로 사도여, 당신은 무엇을 믿습니까? 우리는 당신의 말에 귀를 기울이겠습니다. 베드로의 답변은 이것입니다. "우리는 그들이 우리와 동일하게 주 예수의 은혜로 구원 받는 줄을 믿노라."

우리가 생각할 때 오늘날은 사도적 계승에 대해 많은 이야기가 있습니다. 어리석고 허영심이 강하고 미련하고 몰상식한 논의일 뿐입니다. 어떤 사람들은 자기들에게는 사도들로부터 자기들 발 앞으로 곧장 이어지는 직통선이 있다고 생각합니다. 그런가 하면 그 직통선을 아주 크게 자랑하는 사람들이 그 직통선을 주장할 자격이 가장 적다고 생각합니다. 성직자들 가운데는 자기들이 어쩌다 보니 국가와 공적으로 연합되어 있는 교회에 있기 때문에, 자기들은 반드시 그리스도께서 "내 나라는 이 세상에 속한 것이 아니니라"(요 18:36)고 말씀하신 그 교회의 목사가 되어야 한다고 생각하는 사람들이 있습니다. 이제 우리는 목사들이 국가와 연합되어 있다는 사실 자체가, 사도적 계승에 대한 그런 모든 주장에 대한 결정적인 답변이라고 생각합니다. 게다가 우리는 사도들과 사도의 뒤를 잇는다고 주장하는 사람들 사이에 매우 중요한 많은 차이점들을 봅니다. 도대체 언제 베드로나 바울이 정부에서 급료를 받는 목사가 되었습니까? 그들이 어떤 국가 교회에 등록하였습니까? 그들이 무슨 십일조를 받았습니까? 그들이 무슨

세금을 할당받았습니까? 그들이 유대인들과 이방인들에 대해 무슨 동산을 압류한 적이 있습니까? 그들이 교구세를 받거나 봉급만 받는 교구 목사였거나, 아니면 성직록(聖職綠)을 받는 목사나 교구의 지방부감독, 혹은 성당참사회원이나 목사보(牧師補)였습니까? 그들이 시장에서 성직록을 구입했습니까? 그들이 주교의 옷을 입고 로마 교황청에 앉았었습니까? 그들이 하나님 안에 있는 주교 신부들(Right Reverend Fathers in God)이라고 불렸습니까? 그들이 당시의 총독에게 임명을 받았습니까? 그들이 주교의 의복을 입고, 책에서 기도문을 낭독하였습니까? 그들이 어린아이들에게 세례를 주며 거듭났다고 말하며, 하나님께 버림받은 악한 자들이 복된 부활에 이를 것을 확실히 기대하고서 그들을 장사지냈습니까? 빛이 어둠과 반대가 되듯이, 사도들은 사도의 뒤를 잇도록 하나님께 임명받은 체하는 자들과 정반대가 됩니다. 사람들이 거들먹거리는 오만한 표정 짓기를 언제나 그치겠습니까? 우리나라의 종교에 대해서는 말할 것도 없고, 사람들이 상식적으로 생각해서도 그들의 뻔뻔스러움을 비난할 때가 돼서야 그런 일이 그칠 것입니다.

　　지금 우리 앞에 있는 이 "베드로 사도의 신경"을 볼 때 한 가지 분명한 점이 있습니다. 즉 확실히 사도들은 의식주의를 믿지 않았다는 것입니다. 베드로, 그를 사람들은 교회의 머리라고 주장합니다. 사람들은 베드로가 첫 번째 교황이고, 또 뭐라고 뭐라고 하지 않습니까? 베드로가 이 자리에 있었다면, 그는 그들이 자신의 명예를 그렇게 수치스럽게 훼손한 것에 대해 몹시 화를 냈을 것입니다. 그의 서신에서 베드로는 하나님의 백성 위에 군림하려고 하는 사람들에게 분명하게 경고하였고, 베드로 자신이 그 죄에 빠지지 않았음을 여러분이 확신할 수 있기 때문입니다. 그는 신앙을 고백하기를 요구받자 일어서서 자기는 오직 은혜로 구원받는 것을 믿는다고 밝힙니다. "우리가 믿노라." 아, 용감한 사도여, 당신은 무엇을 믿습니까? 어떤 사람들은, 베드로는 아마 이렇게 말할 것이라고 주장합니다. "우리는 할례를 믿습니다. 우리는 세례로 거듭남을 믿습니다. 우리는 주의 만찬의 성례적 효력을 믿습니다. 우리는 화려한 의식을 믿습니다. 우리는 사제와 제단과 의복과 예식법을 믿습니다!" 그렇지 않습니다. 베드로는 그런 말은 단 한 마디도 입 밖에 내지 않습니다.

　　베드로 사도는 이렇게 말합니다. "할례받은 우리는 할례받지 않은 사람들이 구원받는 것과 꼭 마찬가지로 우리 주 예수 그리스도의 은혜로 말미암아 구원을 받을 것을 믿습니다. 우리는 그들이 우리와 동일하게 주 예수의 은혜로 구원 받는 줄을 믿습니다." 베드로는 구원 문제에서 의식을 별로 중시하지 않는 것으로 보입니다. 그는 자신의 분명한 신앙 고백이, 성찬중시주의적 생각 때문에 조금이라도 훼손되지 않도록 주의합니다. 그는 교회의 의식과 의례를 전혀 자랑하지도, 의지하지도 않습니다. 그의 증거는 오직 주 예수 그리스도의 은혜에 관한 것뿐입니다. 베드로는 의식과 의례, 사도적 은사 혹은 고위 성직자의 기름 부음 등에 대해서는 일체 아무것도 말하지 않습니다. 그의 주제는 은혜이고, 오직 은혜입니다.

형제 여러분, 여러분이 하나님의 값없이 공로 없이 받는 은혜와 자비로 구원을 받는다고 가르치며, 베드로와 똑같이 "우리는 우리 주 예수 그리스도의 은혜로 말미암아 구원받는다고 믿는다"고 증거하는 사람들이 사도들의 진정한 계승자들입니다. 이들은 여러분에게 예수의 피와 의로 말미암는 구원의 복음을 전하는 사람들입니다. 그러나 자신들의 사제직을 자랑하며 성직자인 체하는 사람들은 다른 복음을 전하는 자들입니다. 그런데 사실 "다른 복음은 없나니 다만 어떤 사람들이 여러분을 교란하게 하려는"(갈 1:7) 것일 뿐입니다. 미혹받은 영혼들의 피가 그들의 머리에 돌아갈 것입니다. 그들은 다른 사람들을 회심시킨다고 주장하지만, 그들은 스스로 파멸할 것입니다. 그들이 성례의 은혜를 말하지만, 영원한 멸망을 받을 것입니다. 그들은 속이는 자들이니, 그들에게 화가 있을 것입니다. 주께서 그들의 미신에서 이 나라를 구원하여 주시기를 바랍니다.

또 한 가지 사실을 여기서 아주 분명히 알 수 있습니다. 베드로 사도는 자신의 의를 믿지 않았습니다. 세상의 신조는 "최선을 다하라. 그러면 모든 것이 잘 될 것이라"는 것입니다. 이 신조에 의문을 품는 것은, 항상 자신의 공로에 의지하여 구원을 붙드는 오만한 인간 본성에 반기를 드는 것입니다. 사람은 모두 바리새인으로 태어납니다. 자기 과신이 뼛속까지 배어 있고, 그 과신은 의례 그 육신에서 나오기 마련입니다. 어떤 사람은 이렇게 말합니다. "뭐라구요, 당신은 사람이 최선을 다하면 다음 세상에서 편하게 살아가게 된다는 것을 믿지 않습니까? 아니, 당신도 알다시피 우리 모두는 할 수 있는 대로 잘 살아야 하고, 사람마다 자기 자신의 빛을 따라 살 수밖에 없습니다. 사람마다 할 수 있는 대로 자기 양심을 철저히 따라가면 틀림없이 우리는 잘 될 것이요, 그렇지 않습니까?"

베드로는 그렇게 말하지 않았습니다. 베드로는 "우리는 최선을 다하면 다른 사람들과 같이 구원받을 것이라"고 말하지 않았습니다. 또 이렇게 말하지도 않았습니다. "우리가 자신의 빛을 따라 행동하면, 하나님께서 그 작은 빛을 있는 그대로 받으실 것이라고 믿는다." 아닙니다. 사도는 그와는 전혀 다른 길을 가며 이렇게 엄숙하게 확언합니다. "우리는 우리 주 예수 그리스도의 은혜로 구원받을 것을 믿는다." 우리의 선한 행실이나 우리가 행하는 그 어떤 것으로, 우리가 느끼거나 수행하거나 이행하겠다고 약속하는 그 어떤 것의 공로로 구원받는 것이 아니라, 은혜로, 말하자면 하나님의 값없는 은혜로 구원받을 것을 믿는다고 단언합니다.

> "사람의 교만한 생각은 하나같이 다 망하고
> 　하나님만 찬송을 받으셔야 합니다."

어떻든 우리가 구원을 받는다면, 우리는 값없이 구원을 받을 수밖에 없음을 우리는 믿습니다. 즉 우리는 풍성하신 하나님의 무상의 행동으로 구원을 받습니다. 삯이 아니라 선물로, 우리 자신의 행위나 공로가 아니라, 하나님의 사랑으로 구원을 받습니다. 이것이 사도의 신경입니다. 구원은 처음부터 마지막까지 철저히 다 은혜입니다. 우리를 사랑하셔서 우리의 구원을 위해 살고, 죽고, 다시 살아나신 주 예수 그리스도께서 그 은혜의 통로이십니다. 단순히 도덕을 전하거나 그리스도 예수로 말미암은 하나님의 은혜를 믿는 것이 아닌, 어떤 길을 제시하는 사람들은 다른 복음을 전하는 것입니다. 따라서 그들은 비록 천사의 말로 설득력있게 전할지라도 저주를 받을 것입니다. 주께서 오셔서 의인과 악인을 구별하시는 날에 그들의 행위는 나무와 건초, 그루터기와 같이 불타 없어질 것입니다. 그러나 예수 그리스도로 말미암아 은혜로 받는 구원을 전하는 자들은, 그들의 행위가 은과 금과 보석과 같아 불에 견디는 것을 보게 될 것이고 큰 상급을 받을 것입니다.

다시 한 번 말하지만, 본문을 볼 때 사도가 자유의지라는 본성적인 힘으로 구원받는다고 믿지 않았음이 아주 분명합니다. 나는 여기서 사도가 자유의지의 영화(榮華)를 말한 흔적을 도무지 보지 못합니다. 베드로는 "우리는 구원 받는 줄을 믿노라"고 말합니다. 그러면 어떻게 구원받는다는 말입니까? 우리 자신의 치우치지 않은 의지로 구원받습니까? 우리 자신의 잘 균형 잡힌 의지로 구원받습니까? 전혀 그렇지 않습니다. 다만 "우리는 주 예수의 은혜로 구원 받는 줄을 믿노라." 베드로는 모든 면에서 사람의 머리에서 왕관을 치워버리고, 모든 영광을 하나님의 은혜에 돌립니다. 그는 자비를 베푸시고자 하는 자에게 자비를 베푸시고 동정할 자를 동정하시는 은혜로운 주권자이신 하나님을 찬송합니다. 나는 런던의 모든 거리에서 "너희는 그 은혜에 의하여 믿음으로 말미암아 구원을 받았으니 이것은 너희에게서 난 것이 아니요 하나님의 선물이라 행위에서 난 것이 아니니 이는 누구든지 자랑하지 못하게 함이라"(엡 2:8)는 이 영광스러운 교리를 우레와 같은 목소리로 선포했으면 좋겠습니다. 이것은 오래된 종교개혁의 교리입니다. 이것은 충실하게 전파하기만 한다면, 지옥의 문들을 깨트릴 교리입니다. 주권적이고 전능하며 충만한 은혜의 복음을 널리 퍼뜨릴 증인들의 군대가 있었으면 좋겠습니다. 청중 여러분, 정말로 위로를 받고 싶다면 내 말을 믿으십시오. 값없는 은혜로 말미암는 이 구원의 교리를 마음의 기쁨과 위로로 영혼에 받아들이십시오. 이것은 살아 계시는 하나님의 살아 있는 진리이기 때문입니다. 의식에 의해서, 선한 행실에 의해서, 우리 자신의 독자적인 자유의지에 의해서가 아니라, 오직 하나님의 은혜로 우리는 구원받습니다.

> "우리가 지금까지 행했거나
> 내세에서 행할 행실들을 인해서
> 하나님이 죄많은 버러지 같은 사람들에게
> 구원을 베푸시기로 작정하신 것이 아닙니다.
>
> 주님, 처음부터 끝까지 영광은
> 오직 주님만 받으시기에 합당합니다.
> 우리 자신은 감히 주님의 면류관을
> 가져오거나 빼앗으려 해서는 안 됩니다."

우리가 이 사도의 신경을 하나하나 풀어서 자세히 들여다본다면, 이 신경이 중요한 진리들을 많이 담고 있다는 것을 쉽게 알 수 있을 것입니다. 여기에는 인간 멸망의 교리가 포함되어 있음이 아주 분명합니다. "우리는 구원 받는 줄을 믿노라." 이 진술은 우리가 구원받아야 할 필요가 있음을 함축하고 있음이 확실합니다. 그의 동료 사도 바울뿐 아니라 베드로 사도도 인간 본성의 전적 타락에 관한 믿음에 견고하였습니다. 그는 사람을, 파멸한 피조물로 보았고, 그래서 은혜로 구원받을 필요가 있다고 생각하였습니다. 베드로는 로울랜드 힐(Rowland Hill) 목사가 이야기한 파멸, 구속, 중생이라는 중요한 세 교리를 믿었습니다. 그는 인간의 파멸을 아주 뚜렷하게 보았습니다. 그렇지 않았다면 그가 인간의 구원에 대해 그렇게 분명하게 말하지 않았을 것입니다. 베드로가 오늘 밤 이 자리에서 설교를 하였다면, 우리에게 사람은 약간 타락하긴 했지만 여전히 고귀한 존재이므로 약간의 도움만 받으면 얼마든지 원상으로 돌아갈 수 있다고 말하지 않았을 것입니다. 아, 우리는 두려운 이 아첨의 말을 여러 강단으로부터 들어왔습니다! 그것은 타락을 위선의 기름 부음으로 성별하는 것이며, 우리의 혐오스러운 타락을 구역질나는 찬사로 덕지덕지 바르는 일입니다! 베드로는 그런 거짓 선지자들을 결코 지지하지 않을 것입니다. 그렇게 하지 않을 것입니다. 사람은 죄로 죽었고, 그래서 생명은 선물이며, 사람은 파멸하였다고, 완전히 타락하고 망하였다는 것을 충실하게 증거할 것입니다. 베드로는 그의 첫 번째 편지에서 우리의 무지한 정욕에 대해서, 우리 조상들의 전통을 통해서 받은 헛된 논의에 대해서, 정욕으로 말미암은 세상의 타락에 대해서 말합니다. 본문에서 베드로는 자신이나 다른 사도들과 같이 지극히 훌륭한 사람들도 구원 받아야 했고, 따라서 그들도 본래는 멸망한 자들 가운데 있었고 다른 사람들같이 진노를 받을 사람들이었다고 말합니다. 베드로 자신이 하나님의 은혜를 보여주는 빛나는 우승배이며 영구한 기념물이었듯이, "은혜의 교리"라고 불리는 것을 굳게 믿은 신자였다고 나는 확신합니다. 은혜라는 말에는 놀라운 울림이 있습니다! 이 단어는 말하고 듣기만 해도 좋습니다. 이 말은 참으로 "듣기에 정다운 매력적인 소리"입니다. 사람이 이 말의 힘을 느낀다면, 영혼이 기뻐서 몸 밖으로 뛰어나올 만큼 될 것입니다.

> "은혜입니다! 참으로 좋고 참으로 값싸고 참으로 값이 없는,
> 은혜입니다, 참으로 얻기 쉬운!
> 당신의 사역이
> 오직 구주의 피에 흠뻑 적셔지도록 하십시오!"

죄인에게 참으로 적합한 말씀입니다! 하나님을 떠나서 의지할 데 없이 방황하는 불쌍한 사람에게 참으로 격려가 되는 말씀입니다! 은혜입니다! 베드로는 이 점에 대해 희미하지 않았습니다. 그의 증언은 수정처럼 분명했고, 재판장의 판결처럼 확고했습니다. 구원은 하나님의 값없는 은총이며, 하나님의 전능하신 능력이라고 그는 믿었습니다. 그는 대장부처럼 큰 소리로 말합니다. "우리는 은혜로 구원 받는 줄을 믿노라."

베드로 사도는 속죄에 관해서도 태도가 아주 단호하고 분명하였습니다. 여러분은 속죄의 교리가 본문에서 잘 만든 반지에 박혀 있는 보석처럼 빛나는 것을 보지 못하십니까? 우리는 "우리 주 예수 그리스도의 은혜로" 구원을 받습니다. 사도가 이 말을 할 때는, 구주께서 십자가에 달리셨을 때 다섯 군데의 상처로부터 흘러나온 그 은혜 말고 다른 무엇을 의미하겠습니까? 우리가 그로 말미암아 하나님의 진노로부터 구원 받도록 우리의 죄를 가져가시고 우리의 슬픔을 지신, 피 흘리며 고난당하신 주님 안에서 우리에게 계시된 그 은혜 말고 다른 무엇을 의미하겠습니까? 모든 사람이 속죄에 대해 베드로 사도만큼 분명하게 알았으면 좋겠습니다! 베드로는 주님을 보았습니다. 아니, 그보다 주님께서 그를 보셨고 그의 마음이 비탄에 젖게 하셨으며, 후에 그의 마음을 감싸시고 많은 은혜를 주셨습니다. 이제 베드로는 단지 "우리는 은혜로 구원 받는 줄을 믿노라"고만 말할 수 없습니다. 그는 신중하게 단어를 골라서 말을 합니다. "우리는 우리 주 예수 그리스도의 은혜로 구원 받는 줄을 믿노라"(개역개정은 "주 예수의 은혜로"라고만 되어 있음 ─ 역주).

청중 여러분, 피로 말미암는 구속이라는 중요한 점에 일체 의심을 갖지 마십시오. 이것은 근본적인 진리입니다. 이 주제에 대해 깜깜한 사람은 그 속에 빛이 없습니다. 해가 하늘에서 온 세상을 비추듯이 이 대속의 교리가 신학 전체를 비추고 있습니다. 속죄야말로 기독교 신앙의 뇌이며 척수입니다. 죄를 깨끗하게 하는 피를 제거하면, 죄인들에게 무엇이 남겠습니까? 예수의 대속의 교리를 부인하면, 신약의 귀한 모든 가르침을 부인한 것입니다. 지극히 중요한 이 진리에 흔들리고 의심하는 생각을 품는 일은 절대로 하지 않도록 합시다.

본문을 억지로 해석하지 않고도, 베드로가 성도의 **궁극적 견인** 교리를 믿었다는 것을 나는 쉽게 증명할 수 있다고 봅니다. 베드로가 말했을 때, 어떤 의미에서 성도들은 완전히 구원을 받지 않은 것처럼 보입니다. 그러나 그는 "우리는 구원 받을 것을 믿노라"고 말합니다. 그러면 베드로 사도여, 당신은 떨어져서 멸망할 수 있지 않습니까? "그렇지 않다, 우리는 우리 주 예수 그리스도의 은혜로 구원 받을 것을 믿노라"(개역개정은 "구원 받는 줄을") 하고 그는 말합니다. 베드로는 그 점을 아주 확실하게 말합니다! 친구 여러분, 나는 여러분이 신자의 안전에 대한 이 교리를 잘 이해하고 굳게 붙잡기를 바랍니다. 이 교리는 성경에서 대낮처럼 분명합니다. 대체로 여러분은 이 교리를 잘 배웠고 그래서 잘 변호할 수 있는 줄로 압니다. 그러나 여러분 모두는 마음속에 품고 있는 그 소망의 이유를 댈 수 있어야 합니다. 나는 우리 교인 가운데 한 분이 이 교리를 믿지 않는 사람들을 만나서 한 이야기를 알고 있습니다. 그들이 우리 교우에게 이같이 말했습니다. "당신은 믿음에서 떨어질 거요. 당신 자신의 약함과 죄를 짓는 경향을 보세요." 우리 교우가 말했습니다. "그렇지 않습니다. 내가 나 혼자 남겨진다면 그럴 수밖에 없다는 것을 압니다. 그러나 그리스도께서 나를 떠나지 않고 버리지도 않으시겠다고 약속하셨습니다."

그런데 때로 사람들이 이런 말을 합니다. "당신이 오늘은 그리스도 안에서 신자로 살지만 내일은 망할 수 있습니다." 이에 대해 우리 친구들은 대체로 이렇게 대답합니다. "거짓말하지 마시오. 하나님의 성도들은 결코 망하지 않고, 아무도 예수님의 손에서 성도들을 빼앗아갈 수도 없습니다. 주께서 피로 값주고 사신 자들이 마침내 넘어지고 만다는 당신의 교리에 대해서 말하건대, 그것이 복음이라면, 가서 당신이나 그 복음을 간직하세요. 우리는 그 복음을 조금도 들을 생각이 없습니다. 거기에는 붙잡을 것이 아무것도 없어요. 그것은 골수가 없는 뼈입니다. 거기에는 영혼을 위한 힘이나 위로가 전혀 없습니다."

그리스도를 의지할 때 그리스도께서 마침내 나를 구원하실 것이라고 믿는다면, 내게는 의지할 것이 있고, 위해서 살 만한 것이 있는 것입니다. 그러나 그 복음이라는 것이 내 자신에 대해서나 그리스도에 대해서 단지 "할지라도" 혹은 "그러나" 혹은 "아마도" 혹은 "어쩌면"이라고 밖에 말하지 못한다면 나는 정말 불쌍한 처지에 있는 것입니다. 불확실한 구원을 전파하는 복음은 비참한 속임입니다. 그런 복음은 던져 버리십시오. 그런 복음은 던져 버리십시오. 그런 복음은 그리스도께 불명예가 되며 하나님의 백성들에게는 수치가 됩니다. 그것은 진리의 성경에서 오지 않았고, 하나님께 영광을 돌리지도 않습니다.

자, 이렇게 해서 지금까지 나는 "우리는 그들이 우리와 동일하게 주 예수의 은혜로 구원 받는 줄을 믿노라"는 베드로 사도의 신경을 설명하려고 하였습니다.

2. 본문을 베드로 사도의 신앙고백으로 사용했는데, 이제 나는 본문을 회심한 도덕적인 사람의 진술로 살펴보려고 합니다.

내가 무슨 뜻으로 이 말을 하는지 말씀드리도록 하겠습니다. 베드로가 이 경우를 설명하는 방식을 보면 감탄하게 됩니다. 어떤 중요한 문제를 논의하기 위해 유대인들이 모였습니다. 그들 중 어떤 이들은 매우 지혜로워 보이는데, 상당히 중요한 의견들을 제시합니다. 그들을 말합니다. "글쎄요, 어쩌면 이 이방인 개들이 구원받을 수 있을지도 모릅니다. 그렇습니다. 예수 그리스도께서 우리에게 가서 만민에게 복음을 전하라고 말씀하셨습니다. 그러므로 우리는 이 이방인 개들을 싫어하지만 예수께서 이들도 포함시키신 것은 틀림없습니다. 하지만 우리는 할 수 있는 대로 이들이 우리의 규칙과 규례를 반드시 지키도록 해야 합니다. 우리는 이들이 할례 받도록 요구해야 하고, 율법을 아주 엄격하게 지키도록 해야 합니다. 우리는 속박의 멍에를 메는 일을 그들에게 면제해 줄 수 없습니다." 즉시 베드로가 일어나서 말합니다. 여러분은 사도가 이 신사들에게 이렇게 말할 것으로 기대합니다. "자, 여러분이 부르는 대로 이 이방인 개들은 바로 여러분과 동일하게 구원받을 수 있습니다." 아닙니다. 베드로 사도는 전혀 다른 어조로 말을 합니다. 그는 형세를 역전시켜서 이렇게 그들에게 말합니다. "우리는 여러분이 바로 그들과 동일하게 구원받을 수 있다고 믿습니다."

그것은 마치 이렇게 말하는 것과 같았습니다. 오늘 이 자리에는 아주 나쁘고 악했던 사람, 아주 죄에 깊이 빠졌는데 하나님의 은혜로 예수 그리스도 안에서 새로운 피조물이 된 사람들이 있습니다. 교회에 집회가 있어서 이 사람들을 교회 앞으로 데려오자, 교인들 가운데는 이렇게 말하는 사람이 있을 것입니다. "그래요, 우리는 술주정뱅이가 구원 받을 수 있다고 믿어요. 그리고 매춘부였던 사람도 어쩌면 구원 받을지 몰라요." 그런데 내가 일어서서 이렇게 대꾸한다고 생각해 보십시오. "자, 사랑하는 형제 여러분, 나는 여러분도 이 사람들과 같이 구원 받을 수 있다고 믿습니다." 그렇다면 이 말이 여러분을 얼마나 책망하는 것이 되겠습니까! 바로 이것이 베드로가 했던 말의 의미입니다. 그는 이렇게 말한 것입니다. "아, 이 사람들이 구원 받을 수 있는지에 대해서는 의문을 갖지 마십시오. 문제는 그런 의문을 제기한 여러분이 구원받을 것인가 하는 것입니다. 우리는 우리 주 예수 그리스도의 은혜로 말미암아 우리도 그들과 동일하게 구원받을 것이라고 믿습니다." 이렇게 베드로는 이 논쟁에서 반대자들을 뒤로 물러서게 하고, 이방인들을 앞에 세움으로써 악하고 교만하고 마귀적인 자기의(自己義)의 정신을 던져버리는 것 같습니다.

자, 형제 여러분, 우리 가운데 어떤 분들은 하나님의 섭리로 믿는 부모를 둔 큰 특권을 받았고, 그래서 다른 많은 사람들이 빠진 공공연한 죄를 많이 알지 못한 은혜를 받았습니다. 우리 가운데 어떤 분들은 살면서 극장 안에 들어가 본 적이 없고 연극을 본 적도 없어서 그것이 무엇인지도 모릅니다. 이 자리에는 아마도 술집에 별로 가보지 않았고, 그래서 외설적인 노래를 모르며 불경한 욕을 해 본 적이 없는 분들도 있을 것입니다. 이것은 크게 감사할 일입니다. 정말로 크게 감사할 일입니다. 그러나 도덕적으로 탁월한 여러분들이여, 마음속으로 이렇게 말하지 않도록 조심하십시오. "우리는 확실히 구원받게 되어 있다." 여러분께 말씀드리지만, 여러분이 하나님 앞에서 외형적인 범죄자보다 어떤 이점이 있어서 좀 더 쉽게 구원받을 수 있는 자격이 있는 것이 아닙니다.

여러분이 구원을 받는다면, 여러분은 지극히 난폭한 죄에 뛰어들도록 허용된 사람들과 같은 방식으로 구원 받아야 할 것입니다. 여러분이 공공연한 죄를 범하지 않도록 억제받은 것은 감사해야 할 은혜이지, 여러분이 의지할 덕이 아닙니다. 그것을 하나님의 섭리 가운데서 나온 미덕으로 돌리고, 그것을 마치 혼인 예복이나 되는 것처럼 그것으로 자신을 감싸려고 하지 마십시오. 만일 여러분이 그렇게 한다면, 여러분의 자기의는 어떤 사람들의 공공연한 죄가 그들에게 위험스러운 것보다 훨씬 더 여러분에게 위험한 것이 될 것이기 때문입니다. 성경에서 자기의에 대해 어떻게 말하는지 여러분이 모르기 때문입니다. "내가 진실로 너희에게 이르노니 세리들과 창녀들이 너희보다 먼저 하나님의 나라에 들어가리라"(마 21:31). 도덕적인 여러분, 여러분도 반드시 그들과 동일하게, 곧 사회에서 내쫓긴 자들, 부랑자들과 동일하게 우리 주 예수 그리스도의 은혜로 구원을 받습니다. 여러분은 다른 어떤 방식으로 구원 받지 않을 것이고 구원 받을 수도 없습니다. 그러므로 여러분이 이 방식을 따르지 않는다면 결코 구원 받을 수 없습니다. 여러분이 자신을 선하다고 생각할지라도 하나님이 주권적인 은혜로 정하신 이 조건에 따르지 않는 한, 즉 여러분이 그리스도를 믿고 "그들과 동일하게" 은혜로 구원을 받지 않는 한, 여러분은 천국에 들어갈 수 없을 것입니다.

친구 여러분, 이것이 틀림없는 사실임을 여러분에게 입증하기 위해 여러분이 젊었을 때부터 도덕적인 의미에서 훌륭했던 사람 스무 명을 꼽았다고 생각해 보겠습니다. 자, 이 사람들은 아주 어렸을 때부터 못되기로 소문난 저쪽에 앉은 스무 사람과 똑같이 구원받은 것이 틀림없습니다. 그 이유를 말씀드리겠습니다. 선량한 이 사람들은 부랑자들과 꼭 마찬가지로 아담 안에서 타락했습니다. 이 사람들도 믿지 않는 술주정뱅이처럼 타락으로 인한 저주를 그대로 다 받았습니다. 이들은 난봉꾼들과 부정직한 사람들과 똑같이 죄 가운데 잉태되었고, 죄악 중에 출생하였습니다. 사람의 피에는 아무 차별이 없습니다. 그 피는 오염된 한 샘에서 흘러나오며, 피가 전달되는 모든 도관이 다 오염되었습니다. 인간 본성의 타락이 단지 더러운 뒷마당과 뒷골목에서 태어난 사람들에게만 있는 것이 아닙니다. 이 타락은 여러분 가운데 런던에서 가장 좋은 지역에서 태어난 사람들에게도 분명하게 나타납니다. 벨그레이비어(Belgravia: 런던의 Hyde Park 남쪽의 상류 주택 구역 − 역주)에 사는 여러분들은 지저분하기 짝이 없는 베스날 그린(Bethnal Green)에 사는 사람들과 아주 똑같이 죄 가운데 출생하였습니다. 런던의 서쪽 지역은 동쪽 지역과 마찬가지로 세속적입니다. 하이드 파크(Hyde Park: 런던의 유명한 공원)가 세븐 다이얼즈(Seven Dials: 런던에서 살인사건이 많이 일어난 지역)보다 태생적으로 우수한 본성을 지니고 있는 것이 아닙니다. 윈저 궁에서 태어난 사람들의 타락은 소년원에 있는 아이들의 타락만큼이나 깊습니다.

신사 숙녀 여러분, 여러분은 지극히 볼품없는 사람들과 똑같이 악하고 검은 마음을 가지고 태어났습니다. 그리스도인 부모의 자녀들 여러분, 여러분은 자신이 경건한 조상의 후손이기 때문에 여러분의 본성은 다른 아이들처럼 오염되지 않았다고 생각하지 마십시오. 이 점에서 우리는 모두 똑같습니다. 우리는 모두 죄 가운데 출생하였고, 다 같이 날 때부터 허물과 죄로 죽었고, 다른 사람들과 똑같이 진노의 자식들입니다. 여러분이 다른 사람들과 달리 공공연하게 죄를 짓지 않았을지라도 여러분은 마음으로 죄를 지었고, 마음으로 지은 죄로 인해 심판을 받을 것임을 기억하시기 바랍니다. 사람들은 손을 가만히 내려뜨리고 있는 동안에도 얼마든지 마음으로 간음을 범하고 도둑질을 할 수 있기 때문입니다! 사람을 보는 것 속에 부정한 행위의 본질이 들어 있을 수 있고, 손뿐 아니라 사람의 생각도 살인할 수 있다는 것을 모르십니까? 하나님은 손으로 지은 죄뿐 아니라 마음으로 지은 죄도 주목하십니다. 여러분이 외형적으로 도덕적인 생활을 해왔다면 감사한 일입니다. 여러분도 그 점에 대해 감사하게 생각하시기를 바랍니다. 그러나 여러분은 그 점이 여러분을 의롭게 줄 것으로 믿어서는 안 됩니다. 여러분이 생활에서는 그렇지 않다 할지라도, 마음속으로는 지극히 악한 범죄자들과 똑같이 악하기 때문에 그 악한 자들이 구원받는 것과 똑같이 구원받아야 한다는 것을 안다면, 그렇게 생각할 수가 없습니다.

　　죄 사함의 방법은 모든 경우에 똑같습니다. 여러분 도덕가들이 몸을 씻어야 한다면, 깨끗하게 씻을 욕탕을 어디에 가서 찾아야 하겠습니까? 나는 단 한 군데의 샘밖에 들은 것이 없습니다.

　　　"그 샘은 임마누엘의 정맥에서 흘러나온
　　　　피로 가득 찼네."

　　그 샘은 여러분만큼 죽어가는 도둑도 씻어주며, 그 도둑만큼 여러분도 씻어줍니다. 신자라고 하는 사람들 가운데 훌륭한 생활을 하는 사람들을 덮어줄 의의 옷이 있는데, 바로 그 옷이 잔인한 핍박자 다소의 사울도 덮어주었습니다. 외형적으로 흠잡을 데 없는 성품을 지닌 여러분이 의의 옷을 입으려고 한다면, 다소의 사울이 입었던 바로 그 옷을 입어야 합니다. 그 외에 다른 옷이 있을 수 없고, 그보다 나은 옷도 있을 수 없습니다. 자신이 외적으로 깨끗하다고 생각하는 여러분, 여러분은 정말로 십자가 밑에서 겸손하고 겸손해야 합니다. 마치 여러분이 외적으로 악인 중의 악인이었던 것처럼 순전히 빈손으로, 오로지 상한 마음으로 예수께 오십시오. 그러면 여러분도 그들과 동일하게 우리 주 예수 그리스도의 은혜로 구원받을 것입니다. 성령께서 여러분에게 이것을 깨닫게 해주시기를 바랍니다.

　　나는 이 자리에 있는 어느 누가, 내가 알고 있는 어떤 사람처럼 그처럼 어리석은 생각에 빠졌는지 모릅니다. 나는 요 며칠 전에서야 비로소 그런 경우를 보았습니다. 아주 훌륭하고 상냥한 한 젊은 여성이 하나님께 돌아온 다음에 내게 말했습니다. "목사님도 아시겠지만, 저는 목사님께서 그렇게 자주 말씀하시고, 예수께 나오라고 초대한 아주 나쁜 죄인들 중의 한 사람이었으면 좋겠다는 생각을 하곤 했습니다. 그때는 내가 나의 곤경을 더 많이 느껴야 한다고 생각했는데, 문제는 그렇게 느낄 수 없었던 것입니다." 그러나 보십시오. 친구 여러분, 그런 악한 죄에 빠지지 않은 우리가 그런 악에 빠졌던 사람들과 똑같이 우리 주 예수 그리스도의 은혜로 구원을 받으리라는 것을 우리는 믿습니다. 여러분은 이 점에 대해 불평하지 마십시오. 다른 사람들은 그 반대의 입장에서 불평을 합니다. 그들은 말합니다. "아! 내가 죄를 범하지 않도록 보호를 받았다면 그리스도를 믿을 수 있었을 겁니다." 그러나 사실, 믿지 않는 여러분들은 어느 쪽에서 살아왔든지 간에, 믿지 않을 이유를 찾을 것입니다. 그러나 성령께서 여러분에게 믿음을 주시면 큰 죄인들인 여러분은, 공공연하게 그런 큰 죄를 짓지 않은 사람들처럼 쉽게 그리스도를 믿게 될 것입니다. 그리고 내놓고 죄를 짓지 않도록 보호를 받아온 여러분은, 큰 죄인들이 그러듯이 기쁘게 그리스도를 의지할 것입니다. 오십시오, 오십시오, 여러분, 병든 영혼들이여, 오십시오. 내 주님께로 오십시오! "우리가 이보다 악한 사람이었다면 갈 텐데"라고 말하지 마십시오. "우리가 이보다 더 나은 사람이었다면 갈 텐데"라고 말하지 마십시오. 현재 여러분 모습 그대로 오십시오. 지금 있는 모습 그대로 오십시오. 아, 여러분이 죄인이라면, 그리스도께서 여러분을 초대하십니다. 여러분이 그냥 길 잃은 사람이라면, 그리스도께서 길 잃은 자들을 구원하기 위해 오셨다는 것을 기억하십시오. 여러분의 경우를 끄집어내어 다른 사람들과 다르다고 말하지 마십시오. 오십시오. 환영합니다. 무거운 짐을 멘 지친 죄인이여, 오십시오. 환영합니다. 바로 지금 오십시오!

> "여러분이 사랑이나 기쁨, 내적 은혜
> 혹은 천국에 들어가기에 합당한 흔적이 전혀 없이
> 현재 있는 모습 그대로, 죄인이여 오십시오!
>
> 오십시오, 당신의 불길한 두려움과
> 아픈 마음, 터져 나오는 눈물을 이리로 가져 오십시오.
> 자비로운 목소리가 여러분을 맞이합니다.
> 떨고 있는 죄인이여, 오십시오.
>
> 성령과 신부가 오라고 합니다.

기뻐하는 성도들이 오라고 화답합니다.

약한 자나 목마른 자, 원하는 자는 올 수 있습니다.

여러분의 구주가 오라고 명령하십니다.”

3. 내가 본문을 외형적으로 큰 죄인이 회심하였을 때 한, 신앙 고백으로 보지 않는다면 제대로 다루지 못한 것일 것입니다.

나는 이제 여기 계신 분들 가운데 회심 전에 큰 죄에 빠졌던 분들에게 이야기하겠습니다. 그런 분들이 여기 계십니다. 놀랍게도 그런 분들이 이 자리에 있습니다! 그 분들은 씻음을 받았습니다. 깨끗이 씻겨졌습니다. 사랑하는 형제 자매 여러분, 나는 여러분을 인해 기뻐할 수 있습니다. 내 눈에는 여러분이 왕들이 좋아하는 모든 귀한 보석들보다 훨씬 더 귀합니다. 여러분이 나의 영원한 즐거움이고 기쁨의 면류관이기 때문입니다. 여러분은 거룩한 변화를 겪었습니다. 여러분은 과거의 여러분이 아닙니다. 여러분은 예수 그리스도 안에서 새로운 피조물입니다. 이제 여러분을 대신해서 말하겠습니다. “우리는 그들이 우리와 동일하게 주 예수의 은혜로 구원 받는 줄을 믿노라.” 우리는 무슨 뜻으로 이 말을 합니까? 자, 우리는 최상의 사람들이 구원 받는 것과 동일하게 우리도 구원 받으리라고 믿습니다. 나는 이 생각을 개별적인 예들로 나누어 보겠습니다.

저쪽에 아주 가난한 신자가 한 사람 앉아 있습니다. 우리는 저분을 태버내클 교회에서 보게 되어 아주 기쁩니다. 나는 저분이 자기 차림새가 여기 들어오기에 전혀 어울리지 않는다는 생각을 가졌던 것을 압니다. 그러나 이 자리에 있는 분들 가운데 아무도 당신의 옷 때문에 가던 걸음을 멈추고 당신을 볼 사람은 없을 것이라고 생각합니다. 오십시오, 어쨌든 오십시오. 나는 언제나 당신을 만나는 것이 기쁩니다. 다른 사람들은 어떨지 몰라도 적어도 나는 기쁩니다. 그런데 이 나의 친구는 정말로 어렵게 지냅니다. 이 사람은 아무에게도 자기가 살고 있는 방을 보여주고 싶어하지 않을 것입니다. 그렇습니다, 나의 형제여, 당신은 가난한 사람이 구원받을 것이라고 기대하십니까? 당신은 천국에 가서도 극빈자로 한 구석에서 지낼 것으로 생각하십니까? 당신은 예수 그리스도께서 겨우 상에서 떨어지는 부스러기나 여러분에게 주실 것으로 생각하십니까? “아, 아니오! 그렇지 않습니다. 그렇지 않아요. 우리는 영광에 이를 때 우리의 가난은 놓고 갈 것이라”고 말하는 소리가 들리는 것 같군요. 우리 교우들 가운데 어떤 분들은 부자입니다. 그분들은 세상 재물이 풍부합니다. 우리는 그분들이 그런 재물을 가지고 있는 것을 기쁘게 생각합니다. 그리고 그 힘을 적절하게 사용할 덕이 그분들에게 있기를 바랍니다.

그러나 우리 가난한 교인들은 부자 형제들과 동일하게 구원 받을 것을 믿습니다. 우리가 가난 때문에 하나님의 은혜를 받는 일에 어떤 차별을 받을 것으로 생각지 않습니다. 우리는 부자들과 동일하게 하나님의 사랑을 받고, 부자들이 부유한 가운데서 복을 받은 만큼, 우리도 가난한 가운데서 복을 받았습니다. 또 부자들이 그러듯이 가난한 우리도 가난한 가운데 자기 영역에서 하나님의 은혜로 하나님을 영화롭게 할 수 있습니다. 우리는 부유한 교인들을 부러워하지 않습니다. 그 반대로 우리가, 주머니는 가난할지라도 믿음에는 부자이며, 그들과 동일하게 구원 받으리라는 것을 느낄 수 있도록 하나님께 은혜를 구합니다.

여러분 가운데 어떤 분들은 돈이 없어 가난하기보다는 유용한 은사가 없어 가난한 사람들이 있습니다. 여러분은 예배당에 와서 자리를 차지하고 앉는데, 그것이 여러분이 할 수 있는 전부입니다. 여러분은 매주일 헌금 바구니에 헌금을 넣는데, 그 일이 끝나면 여러분은 할 일을 다 했거나 여러분이 힘을 쓸 수 있는 일은 거의 다 한 것으로 생각합니다. 여러분은 설교를 할 수 없습니다. 기도회를 인도하지 못할 것입니다. 전도지를 나누어줄 만한 용기를 갖고 있지 않습니다. 자, 사랑하는 교우 여러분, 소심한 사람이고, 작은 베냐민 지파 가운데 한 사람이며, 그런 사람들이 많이 있습니다. 자, 여러분은 예수 그리스도께서 주님의 혼인 잔치에서 입을 옷으로, 입던 헌옷을 주실 것이라고 생각하십니까? 잔치 자리에 앉아 있을 때 예수께서 여러분에게 식어빠진 별 볼일 없는 음식을 대접하실 것으로 생각합니까? 여러분은 이렇게 말할 것입니다. "아니, 아니오! 그렇지 않아요. 우리 형제들 가운데 어떤 분들은 대단한 은사를 갖고 있어요. 그 점이 우리는 기뻐요. 그분들의 은사를 기쁘게 생각해요. 그러나 우리는 그들과 동일하게 구원 받을 것으로 믿습니다. 우리의 능력 정도 때문에 하나님께서 인자를 베푸시는 일에 차별을 둘 것이라고 생각지 않습니다."

여기 세상에서는 부자와 가난한 자 사이에, 배움이 있는 사람과 배움이 없는 사람 사이에 뚜렷한 차이가 있습니다. 그러나 구원의 문제에서는 아무 차이가 없습니다. 우리는 그들과 동일하게 구원을 받을 것입니다. 여러분 가운데 많은 사람들이 혀가 풀려서 느끼는 바를 자유롭게 말할 수만 있다면 나보다 열배나 더 잘 설교할 수 있을 것입니다. 아, 여러분이라면 아주 열정적인 설교를 할 것이고, 매우 진지하게 복음을 전할 것입니다. 자, 여러분이 전하지 못했고 전할 수 없었던 설교는 여러분의 몫으로 셈하게 될 것입니다. 반면에 어쩌면 내 설교는 내가 순수한 동기와 열정적인 마음으로 전했어야 하는 대로 전하지 못했을 수 있기 때문에 실패가 될 것입니다. 하나님은 여러분이 할 수 있었다면 어떻게 했을 것인지를 아십니다. 하나님은 여러분이 현재 무엇을 하느냐에 따라 판단하시기보다는, 그 일을 하려는 여러분의 의지에 따라 판단하십니다. 이 경우에 하나님은 행위보다는 그 의도를 높이 사십니다. 여러분은 불 같은 혀로 진리를 선포하는 사람들과 동일하게 구원받을 것입니다.

　이 자리에는 틀림없이 의심하는 형제가 있을 것입니다. 그 형제는 찬송가(Our Own Hymn Book)를 펼칠 때마다 영적 교제를 위한 찬송(The Golden Book of Commnuion)은 좀처럼 보지 않고 대체로 590쪽이나 그 근방의 찬송들을 펼치고 "회개하는 자가 부르짖나이다"(Contrite Cries) 하고 찬송을 시작합니다. 형제여, 당신은 약한 사람입니다. 겁이 많고 믿음이 적은 사람입니다. 그러나 당신의 마음은 어떠합니까? 여러분은 장래를 어떻게 전망하십니까? 여러분에게는 2등급의 구원이 주어질 것이고, 여러분은 천국에 들어갈 때 진주문을 통과하지 않고 뒷문으로 들어가도록 허용받을 것이라고 믿습니까? 그러면 여러분은 이렇게 말할 것입니다. "아니오, 그렇지 않아요. 나는 예수님의 양 우리 가운데서 가장 약한 어린 양입니다. 그러나 나는 그들과 동일하게 구원 받을 것을, 즉 아주 큰 은혜를 받았고 매우 유익한 수고를 하며 믿음이 지극히 굳센 그들과 동일하게 구원 받을 것을 믿습니다."

　사랑하는 교우 여러분, 나는 몇 시간 있지 않으면 바다를 건너갈 것입니다. 거센 바람이 불 것이고, 그러면 배가 항로에서 벗어나 위험에 처하게 될 것으로 생각합니다. 나는 갑판을 거닐다가 한 불쌍한 여자 아이가 배에 있는 것을 봅니다. 여자 아이는 매우 약하고 몸이 아픕니다. 여자 아이 옆에 서서 소금기 있는 물보라와 거친 바람을 즐기고 있는 것이 분명한 튼튼하고 건장한 승객과 뚜렷한 대조를 이룹니다. 자, 이때 폭풍이 온다고 생각해 봅시다. 이 두 사람 가운데 누가 더 안전하겠습니까? 글쎄요, 나는 아무 차이가 없다고 생각합니다. 배가 밑으로 가라앉으면 두 사람 다 가라앉습니다. 배가 해협의 저편에 도착하면 두 사람 모두 안전하게 육지에 내릴 것입니다. 의존하고 있는 사실이 같을 때, 그로 말미암은 안전도 거기에 똑같이 영향을 받습니다. 그와 같이 지극히 약한 그리스도인이라도 구원의 배에 있다면, 즉 그가 그리스도를 의지한다면, 그는 믿음이 지극히 굳센 그리스도인만큼 안전한 것입니다. 그리스도께서 약한 그리스도인을 구원하지 못하신다면 강한 사람도 구원하지 못하실 것이기 때문입니다. 예수를 믿는 지극히 작은 자가 천국에 이르지 못한다면, 베드로도 천국에 이르지 못할 것입니다. 예수님께서 불을 붙이신 별 가운데 가장 작은 별이 영원히 빛을 내지 못한다면, 예수께서 밝히신 가장 밝은 별도 영원히 빛나지 못할 것임을 확신합니다. 예수님을 의지한 여러분 가운데 누구든지 버림을 받는다면, 예수님은 구원할 능력이 없고 따라서 우리 모두도 틀림없이 망하고 말 것입니다. 그렇습니다. "우리는 그들과 동일하게 주 예수의 은혜로 구원 받는 줄을 믿습니다."

이제 내 이야기를 거의 마쳐갑니다. 괜찮다면, 콜드 배스 필즈(Cold Bath Fields) 감옥에서 있었던 은혜의 사역에 대해 잠깐 생각해 보겠습니다. 이 감옥에 여섯 명의 악당들이 있었는데, 정말로 악인 중의 악인들이었습니다. 그런데 하나님의 은혜로 이들이 새 사람이 되었습니다. 그들이 눈에 선합니다. 그 사람들이 본문의 말씀을 이해하였다면, 눈을 들어 방 저편으로 여섯 명의 사도들, 곧 베드로, 야고보, 요한, 마태, 바울, 바돌로매를 보면서 이렇게 말할지 모릅니다. "우리는 그들과 동일하게, 이 사도들과 동일하게 우리가 주 예수의 은혜로 구원 받는 줄을 믿습니다." 여러분은 이 생각을 자신에게 적용해 볼 수 있습니까? 과거에 화가들은 사도들을 그릴 때 사도들 머리 둘레에, 놋 프라이팬이나 그와 비슷한 것을 그렸는데, 마치 그들이 특별한 성도들이었다는 것을 나타내려 했던 것 같습니다. 그러나 사실 사도들에게 그런 후광은 없었습니다. 화가가 사실과 전혀 다르게 그린 것입니다. 인간쓰레기라고 할 수 있는 사람들이지만 그리스도를 바라보는 열두 영혼은 이 열두 사도가 구원 받는 것과 똑같이 구원 받을 것이며, 이들에게 후광은 전혀 없지만 사도들과 똑같이 하나님과 어린 양에게 찬송을 드리게 될 것이라고 우리는 진심으로 말합니다.

거룩한 여인들 세 명을 뽑아보겠습니다. 그 여인들은 우리가 복음서들에서 보는 세 사람의 마리아입니다. 이들 마리아는 예수께서 사랑하셨고, 이들도 예수님을 사랑한 여인들입니다. 우리는 이 거룩한 여인들이 구원 받을 것이라고 믿습니다. 그런데 소년원에 가보면 한때 악명이 높았던 여자아이들이 세 명 있습니다. 그들에게 하나님의 은혜가 임했습니다. 이제 그 아이들은 죄 때문에 회개하며 우는 막달라 마리아와 같은 사람들이 되었습니다. 이 세 여자 아이들은 겸손하지만 확신을 가지고 이렇게 말할 수 있을 것입니다. "우리는 그들과 동일하게, 곧 그리스도 가까이에서 살았고 그리스도께 기쁨을 주었던 거룩한 세 부인들과 동일하게 우리가 주 예수의 은혜로 구원 받는 줄을 믿습니다." 어떤 사람은 이렇게 말합니다. "야, 참으로 이것은 은혜입니다! 우리가 그리스도로 말미암아 하나님께 올 때, 하나님께서 이 죄인이나 저 죄인이나 아무 차별을 하시지 않는다는 이것은 분명한 가르침이고 놀라운 교리입니다."

　청중 여러분, 여러분이 아주 분명한 이 말을 이해하였다면, 즉시 마음으로 예수님께 가십시오. 하나님께서 여러분이 지금 이 시간에 완전한 구원을 얻을 수 있게 해주시기를 바랍니다. 여러분이 믿음으로 십자가 앞으로 오기를 기도합니다. 내 주님의 은혜로 여러분이 예수님을 전적으로 의지하지 않을 수 없고, 그래서 구원에 이르게 되기를 기도합니다. 여러분이 지금 주 예수 그리스도를 믿을 마음이 생긴다면, 여러분의 과거가 아무리 사악했을지라도 "그 아들 예수의 피가 우리를 모든 죄에서 깨끗하게 하실 것입니다"(요일 1:7).

> "자, 지난 죄를 용서해 주십니다.
> 그 죄가 아무리 사악할지라도,
> 아, 앞으로 지을 죄도 용서받는 것을 보고
> 내 영혼이 놀랍니다."

제
20
장
—

루디아의 회심에서 얻는 교훈

—

"안식일에 우리가 기도할 곳이 있을까 하여 문 밖 강가에 나가 거기 앉아서 모인 여자들에게 말하는데 두아디라 시에 있는 자색 옷감 장사로서 하나님을 섬기는 루디아라 하는 한 여자가 말을 듣고 있을 때 주께서 그 마음을 열어 바울의 말을 따르게 하신지라." — 행 16:13-14

빌립보는 고대 역사에서 옥타비아누스가 브루투스와 카시우스를 만나 치열하게 싸움을 벌일 때 세계의 미래가 불안하게 흔들렸던 곳으로 유명합니다. 두 명의 공화정 장군이 여기서 폭풍 같았던 인생을 마감하였고, 온 제국이 가이사의 발 앞에 엎드렸습니다. 시간이 지속되는 한, 혹은 인간 살육이 기록될 가치가 있는 것으로 생각되는 한, 빌립보는 전쟁의 역사에서 가장 위대한 한 이름으로 기억될 것입니다. 그러나 시간이 끝나고 인간 죄에 대한 기록들이 망각되었을 때에도 빌립보는 십자가의 첫 선구자가 "유럽을 예수께" 하고 외치며, 악한 마귀에게 첫 일격을 가하고 세계의 사분의 일에서 최초의 승리를 거둔 곳으로서 이름을 여전히 지닐 것입니다. 한 여인의 마음을 정복한 것이 인류에게는 옥타비아누스가 유혈이 낭자한 전장터에서 획득한 월계수보다 더 충만한 복을 가져다 주었습니다. 바울이 모든 어둠의 세력에 도전장을 내던지고, 나사렛 예수의 이름으로 아름다운 우리 대륙에 침공하였을 때, 천사들이 보고 있었습니다. 우리는 이 작은 일행, 곧 서구 세계에서 주님의 택하신 군대의 선봉장들이었던 바울 사도와 그의 몇몇 동행들의 용감한 이 전진을 돌아볼 때 감탄하지 않을 수 없습니다. 빌립보는 이 평화의 전쟁들에 대한 기록에 영원히 등록되어 있습니다.

기독교를 유럽에 소개하는 것은 아주 시시한 일입니다. 예수님을 처음으로 전한 집은 건축적으로 아무 볼품이 없습니다. 사실, 그때 건물이라는 것이 있었다는 증거조차도 없습니다. 아마도 그것은 강가의 야외에서 드린 예배였을 것입니다. 그것은 이후에 시행된 옥외 전도의 결과들을 보여주는 행복한 조짐이었습니다! 빌립보라는 군사 도시에 회당을 세울 만큼 유대인들이 많지 않았습니다. 그래서 강가에 소수의 여인들이 모이는 조용한 장소가 있었습니다. 나그네라면 빌립보를 수백 번 지나다녀도 유대인들의 집회 장소가 있는지조차 몰랐을 것입니다. 그곳은 아주 소수의 사람들만 드나드는 아주 한적하고 외진 곳이었습니다. 일반 사람의 눈에는 이교가 온 세상에 퍼져 있는 것처럼 보일 것입니다. 외진 곳에서 모여 이스라엘의 지극히 높으신 하나님께 기도드리는 힘없는 사람들에게 누가 눈길을 주려고 하겠습니까? 우리는 오늘 아침 그 집회 장소로 가서 뜨거운 어조로 말을 하고 있는 저 낯선 사람의 말에 귀를 기울이고, 두아디라 성에서 물건을 가지고 온, 저기에 있는 자주 장사의 마음에 일어난 결과에 주목하도록 하겠습니다.

첫째로, 우리는 루디아의 회심 자체를 생각해 보겠습니다. 둘째로, 그 일을 이 장에 기록된 다른 사람과 대조해서 생각해 보고, 셋째로, 그 사람과 비교해서 보며, 마지막으로, 오늘날 우리 시대의 수많은 회심의 전형과 모범으로서 생각해 보겠습니다.

1. 첫째로, 루디아의 회심에는
흥미로운 점이 많이 있습니다.

이 일이 섭리적인 환경에 의해 일어났음을 살펴봅시다. 루디아는 두아디라 성 출신으로 자주 옷감을 파는 사람이었습니다. 두아디라는 호메로스 시대 이래로 그곳에서 번성하였던 염색업으로 유명하였습니다. 아주 섬세하고 우아한 자줏빛을 만들어내는 방식이 두아디라의 여자들에게 알려졌던 것 같습니다. 루디아가 여행차 빌립보에 왔었거나, 아니면 두아디라에서 제품을 만들고 있는 동안에 물건을 처분하기 위해 일년 중 얼마 동안을 빌립보에서 지냈을 수 있습니다. 두 지역 간의 왕래는 아주 손쉬운 일이었고, 그래서 루디아는 자주 여행을 했을 수 있습니다. 아무튼 그녀가 회심할 때가 되자, 섭리에 의해 루디아가 그곳으로 왔습니다. 두아디라는 바울이 가서 복음을 전하려고 하는 것을 성령이 막으신 나라에 자리잡고 있었다는 것을 여러분은 아실 것입니다. 그래서 루디아가 고향에 있었더라면, 진리를 듣지 못했을 것입니다. "믿음은 들음에서 나며 들음은 하나님의 말씀으로 말미암기"(롬 10:17) 때문에 루디아는 틀림없이 회심하지 못한 채로 지냈을 것입니다. 그러나 **섭리**에 의해 루디아는 때에 맞춰 빌립보에 오게 되었습니다. 사슬의 첫 번째 고리가 여기 있습니다.

그러면 바울은 어떻게 거기에 오게 되었습니까? 무엇보다 먼저 바울은 비두니아에서 밀려나지 않으면 안 되었습니다. 그는 잠잠히 무시아를 지나가야 했고, 바닷가에 바싹 붙어서 드로아로 가야 했고, 푸른 바다 건너를 보며, 유럽의 곤경을 깊이 생각해야 했습니다. 그는 잠이 들고, 밤에 환상을 보고서 마게도냐로 건너갈 마음이 생겨야 했습니다. 그는 배를 구했는데, 그 배는 다른 곳이 아니라 사모드라게로 가는 배입니다. 그는 네압볼리에 내려야 했고, 직감적으로 빌립보로 가야 했습니다. 그는 다른 어떤 방향으로 갈 수 없었고, 루디아가 빌립보에 있는 바로 그 시간에 그리로 가야 했고, 강가 둑에서 작은 기도처를 찾아내야 했습니다. 하나님께서 그때 그곳에서 루디아를 구원하시기로 정하셨기 때문입니다. 섭리에 의한 루디아의 회심이라는 천을 만들기 위해 얼마나 많은 다른 실들이 여기에서 짜여졌는지요! 이 경우에 하나님은 만사를 지배하고 다스려서 이 여인과 사도를 같은 장소에 데려오십니다.

사랑하는 여러분, 모든 일이 하나님의 섭리 안에서 택하신 자들의 구원을 위해 협력합니다. 하나님께서 내 설교를 듣고 회심하도록 미리 정하신 택한 영혼이 있다면, 하나님이 그에게는 운이 나쁜 어떤 사고에 의해 오스트레일리아에 있는 그를 붙잡아다 오늘 이 자리로 데려오셨을 수도 있습니다. 혹은 그가 미국으로 가는 배를 탔는데, 배가 표류하다가 돌아왔을 수도 있습니다. 그러나 나는 이 점을 알고 있습니다. 하나님께서는 하늘과 땅을 흔들어서라도 그의 택하신 한 영혼이 예정된 순간을 놓치지 않도록 하시리라는 것입니다. 하나님의 영원하신 지혜가 움직일 때, 곧 사람이 주권적인 은혜에 의해 사로잡히고 하나님의 권능에 의해 자원하여 나서는 그런 날에, 무슨 일이 일어나든 어떤 일이 벌어지든지, 하나님의 뜻이 이루어질 것이고, 하나님께서 자기의 기뻐하시는 모든 일을 행하실 것입니다. 우리가 회심하기 전에, 하나님께서 자신을 우리에게 나타내시기를 기뻐하신 그 지점에 우리를 데려오기 위해 행하신 이전의 섭리들을 잊어버린다면 잘하는 일이 아닙니다.

다음으로, 루디아의 경우에 인도하는 섭리만 있었던 것이 아니라, 영혼을 준비시키는 어떤 방식에서 보게 되는 은혜도 있었다는 것을 주목할 필요가 있습니다. 이 여인은 구주를 몰랐습니다. 평안을 얻기 위한 일들을 알지 못하였지만, 예수님을 아는 데 이르게 하는, 뛰어난 디딤돌과 같은 진리들을 많이 알고 있었습니다. 유대인 여성으로 태어나지는 않았지만 유대교로 개종하였습니다. 그래서 하나님의 계시를 잘 알고 있었습니다. 루디아는 하나님을 예배하는 사람이었습니다. 아니, 그녀는 유대인들 가운데서 하나님을 예배하는 아주 경건한 사람이었습니다. 어떤 사람들은 외국 땅을 여행할 때는 안식일을 잊고 지내는데, 루디아는 회당에서 멀리 떨어져 있었지만 안식일이 돌아오자 강가에 있는 기도처에서 작은 무리들과 함께 있었습니다. 루디아는 틀림없이 이사야 선지자의 글을 읽었을 것이고, "그는 멸시를 받아 사람들에게 버림 받았으며 간고를 많이 겪었으며 질고를 아는 자라 … 마치 도수장으로 끌려 가는 어린 양과 털 깎는 자 앞에서 잠잠한 양 같이 그의 입을 열지 아니하였도다"(53:3, 7)는 구절과 같은 말씀을 마음에 담고 다니며 종종 기억에 떠올렸을 것이라고 생각합니다. 에디오피아 내시의 경우에서와 같이, 그녀도 성경을 읽었지만 지도해 줄 사람이 없어서 이해하지를 못하였는데, 그로 인해 마음이 준비되었던 것입니다. 쟁기질을 하여 좋은 씨를 뿌릴 수 있도록 땅이 준비된 것입니다. 그 간수의 경우와 같이, 마음이 단단한 돌밭이 아니었습니다. 루디아는 하나님을 예배하였는데, 진심으로 예배하였고, 이스라엘의 위로인 메시야를 바라면서 하나님을 예배하였습니다. 이렇게 해서 복음을 받아들일 수 있도록 그녀의 마음이 준비되었습니다.

사랑하는 교우 여러분, 틀림없이 우리 중 많은 사람들의 경우에 그리스도께서 우리에게 소생시키는 은혜를 가지고 오시기 전에, 우리를 준비시키는 과정이 있었을 것입니다. 내가 알기로, 우리 중 어떤 사람들의 경우에는 독실한 아버지의 경건한 모범과 자애로운 어머니의 애정어린 교훈이 우리를 부드럽게 하여서, 우리가 아직 구원받지 못했고 여전히 그리스도 밖에 있었지만, 베데스다 연못가에 있었던 사람처럼 우리가 치료하는 샘물가 가까이에 있었습니다. 우리의 경우에는 다른 사람들에게서 보아왔던 급격하고 놀라운 변화가 없었습니다. 교우 여러분, 우리는 이 모든 준비 활동이 주권적인 은혜에서 나온 것으로 생각해야 합니다. 값없는 은혜가, 실제적인 구원의 은혜와는 직접적으로 관련이 전혀 없는 많은 일을 합니다. 내 말뜻은 은혜가 마음을 새롭게 하기 전에, 우리가 은혜를 받도록 준비시키는 은혜가 있다는 것입니다. 은혜가 마음이 활동하도록 하고, 우리에게서 선입견을 제거하고, 무신론적이고 회의론적인 수많은 생각들을 치워버림으로써 하나님의 은혜가 우리를 인도하여 새 생명의 영역으로 들어가게 할 기반을 형성할 수 있습니다. 루디아의 경우가 그러했고, 많은 사람의 경우가 그러했습니다. 효과적인 때가 이르기 전에, 섭리와 은혜가 협력하는 것입니다.

세 번째로, 루디아의 회심에서 그 일이 수단을 사용하여 일어났다는 점을 살펴봅시다. 안식일에 그녀는 자기가 아는 사람들이 모이는 곳에 갔습니다. 하나님께서 큰 일을 행하시고 사람들을 부르시는데 사람들이 하나님의 말씀을 듣고 있지 않을지라도, 대체로 그 길에 있다면 하나님께서 그들을 만나실 것이라고 우리는 생각해야 합니다. 유럽의 첫 번째 개종자가 작은 기도처에서 회심하였다는 것은 다소 특이한 일입니다. 거기에는 몇 명의 여자만 있었을 뿐입니다. 그 자리에 바울과 그의 친구 누가 외에 다른 남자가 더 있었다고 생각할 이유가 전혀 없습니다. 바울과 누가, 이 두 사람은 사람들이 우연히 라고 말하듯이, 어쩌다 거기에 들르게 되었고, 그 기도처에서 복음을 전하게 되었으며, 그 연설이 하나님께서 루디아의 마음을 여시는 수단이 되었던 것입니다.

사랑하는 교우 여러분, 은혜의 수단들을 소홀히 하지 맙시다. 우리가 어디에 있든지, 어떤 사람들의 습관처럼 함께 모이는 일을 잊지 않도록 합시다. 다시 한 번 말하지만, 우리가 비록 하나님의 제대로 된 전에 있지 않을지라도, 하나님의 성도들과 교제를 나누고 있어서 하나님께서 복 주시리라고 얼마든지 기대할 수 있게 되기를 바랍니다. 아, 수많은 사람들이 끊임없이 우리 기도처로 몰려오는 것을 보는 것은 참으로 큰 기쁨입니다. 구원의 하나님께서 그들을 만나실 것을 충분히 기대할 수 있기 때문입니다. 아니, 그것은 단순한 희망이 아니라 확실한 기대입니다. 왜냐하면 이 전에서 전해지는 설교치고, 사람들을 회심시키는 수단으로 작용하지 않는 설교는 없다고 생각하기 때문입니다. 여기에서 그리스도를 높일 때마다, 진(陣) 안에서 부상당한 사람들이 죽지 않는 경우를 본 많은 증거들이 우리에게 있습니다. 여러분이 아직 회심하지 않았을지라도 여호와의 전의 마당과, 하나님의 백성들이 모이는 곳에 대한 사랑을 가질 수 있기를 바랍니다. 기도처를 사랑하십시오. "기도처에 지나지 않을 뿐이야"라고 말하지 마십시오. 하나님은 기도를 즐겨 존중하시며, 하나님의 백성들이 직접 예배를 드리기 위해 모이는 집회를 존중하십니다. 그래서 친구 여러분, 설교에서 유익을 얻지 못했을지라도, 안식일의 일반 예배에서 복을 받지 못했을지라도, 어쩌면 월요일 저녁에, 여자 몇 명밖에 참석하지 않은 작은 움막에서, 여러분이 좀 더 큰 집회에서는 여러분에게 나타나지 않으셨던 하나님을 만날 수 있다고 기대할 수 있습니다. 부지런히 수단들을 사용하십시오. 문이 열려 있는 한, 여러분이 참석할 수 있는 한, 자주 계속해서 하나님의 전에 나가도록 하십시오. 루디아의 회심이 수단들을 사용하는 가운데 이루어졌기 때문입니다.

우리는 이런 점들을 깊이 생각하기보다는 넌지시 말하는 것으로 그치려고 합니다. "주께서 그 마음을 열었다"고 분명히 말하는 것을 볼 때, 그것이 확실히 은혜의 활동이었다는 것을 다시 한 번 살펴봅시다. 루디아가 자신의 마음을 연 것이 아닙니다. 루디아가 기도해서 마음을 연 것이 아니고, 바울이 그렇게 한 것도 아닙니다. 주께서 우리에게 평안을 가져다주는 일들을 받아들이도록 마음을 여셔야 했습니다. 구원을 얻도록 사람의 마음에 작용을 하는 것은 하나님만 하실 수 있는 일입니다. 우리가 사람의 머리는 빌릴 수 있지만, 사람의 마음을 움직이는 일은 하나님만 하실 수 있습니다. 우리는 자연스럽고 평범한 방식으로 사람의 감정을 움직일 수 있지만, 하나님의 원수가 하나님의 친구가 되도록 하고, 돌 같은 마음을 살처럼 부드럽게 변화시키는 일은 은혜의 활동이고, 하나님의 능력이 아니고는 아무것도 그 일을 이룰 수 없습니다.

형제 여러분, 이 점을 결코 잊지 않기를 바랍니다. 성경의 보증과 예를 따라서 여러분에게 그리스도께서 생명을 주실 수 있도록 죽은 자들로부터 일어서라고 말하고 권하는 것이 합당하다고 생각합니다. 그러나 우리는 이 모든 일이 언제나 성령에게서 나오고, 오직 성령에게서만 나오게 되어 있다는 것을 결코 잊지 말라고 당부합니다. 나는 복음을 전할 때 여러분에게 "주 예수 그리스도를 믿으라 그러면 네가 구원을 얻으리라"고 명령을 하라는 말을 듣습니다. 그러나 믿음은 하나님의 선물이라는 것을 내가 잘 알고 있고, 여러분도 잘 알 것입니다. 성경은 우리에게 "너희는 스스로 씻으며 스스로 깨끗하게 하여 내 목전에서 너희 악한 행실을 버리며 행악을 그치라"(사 1:16)고 명령합니다. "악인은 그의 길을, 불의한 자는 그의 생각을 버리고 여호와께로 돌아오라 그리하면 그가 긍휼히 여기시리라"(55:7)고 외칩니다. 우리 주님께서도 친히 말씀하셨습니다. "좁은 문으로 들어가기를 힘쓰라"(눅 13:24). "썩을 양식을 위하여 일하지 말고 영생하도록 있는 양식을 위하여 하라"(요 6:27). 그러나 구원은 여러분의 노력으로도, 수고로도 얻을 수 없고, 여러분의 개혁과 개선으로도 얻을 수 없으며, 이 모든 것은 오직 성령께서 이루실 수 있는 마음속의 신비한 활동의 결과라는 것을 우리는 압니다. 여러분이 회심하였다면, 영광을 하나님께 돌리고 오직 하나님만을 찬송하십시오. "만군의 여호와께서 말씀하시되 이는 힘으로 되지 아니하며 능력으로 되지 아니하고 오직 나의 영으로 되느니라"(슥 4:6). 하나님만이 마음을 묶고 있는 끈을 자르실 수 있습니다. 하나님만이 문구멍에 열쇠를 넣고 돌려, 문을 열고 들어가실 수 있습니다. 하나님은 마음을 지으신 분이실 뿐 아니라, 마음을 지배하는 분이시기도 합니다. 회심시키는 일은 모든 경우에 주님만의 활동입니다.

그러나 한 진리는 항상 또 다른 진리와 함께 가기 때문에, 사람이 단지 한 진리만을 파악해서는 생각을 바르게 할 수 없습니다. 사람에게 눈이 둘이고 손이 둘이면, 사람은 그 두 가지를 모두 쓰도록 해야 합니다. 마음을 여신 분은 주님이시지만, 바울이 전한 말씀이 루디아를 회심시키는데 도구로 쓰였습니다. 마음이 열렸고 받아들일 뜻도 있지만 진리가 들어가지 않는다면 열린 문이 무슨 소용이 있습니까? 그러나 하나님께서는 정확하게 자비의 메시지가 도달하는 때에 마음을 열어서 마음이 하나님을 들어오시도록 하게 만드십니다. 밭을 쟁기질해 놓으면, "씨 뿌리는 사람 어디 있나" 하고 소리치는 일이 없을 것입니다. 쟁기질이 끝나면 이어서 씨 뿌리는 자가 와서 씨를 흩뿌리기 시작하기 때문입니다. 바울은 하나님께서 마음을 여시는 것과 마찬가지로 하나님 말씀을 전합니다. 목사를 헐뜯지 마십시오. 마치 목사들이 사람을 찬미하고 있는 것처럼, 마치 설교자의 말에 귀를 기울이는 것이 창조주를 제쳐두고 피조물에게 영광을 돌리는 것처럼 언제나 이야기하는 것이 현대의 시험입니다. 나는 하나님의 은혜의 보물들을 질그릇으로부터 즐거이 받는 것만큼 겸손한 자세를 보이고, 하나님을 영화롭게 하는 것은 세상에 없다고 믿습니다. 설교자의 약점은 하나님의 영광을 나타내는, 보석의 뒤쪽에 대는 금속의 박편과 같으며, 주님께 마땅히 돌려야 하는 명예를 결코 훼손시키지 않는다고 봅니다. 하나님께서는 수단을 사용하시되, 성령을 부어 주신 택하신 사람들을 쓰셔서 일을 해오셨고, 언제나 일을 하실 것입니다. 주님을 섬길 사람들이 부족할 때, 교회는 언제나 약한 상태에 있습니다. 교회에 복음을 전할 바울이 있을지라도 마음을 여실 하나님이 없으면 교회는 그 말씀을 사람들이 받아들이게 할 수 없을 것입니다.

이제, 루디아의 회심에 관해 한 가지만 더 생각해 보겠습니다. 즉 루디아의 회심은 그 뒤에 따른 표시로 분명하게 알 수 있었다는 것입니다. 루디아는 세례를 받았습니다. 그녀는 예수님을 믿자마자, 가족들과 함께 그리스도 예수를 믿는 믿음을 고백하였습니다. 루디아는 행복하게도 가족이 예수님을 믿었습니다! 루디아는 행복하게도 가족이 모두 자기와 함께 세례 받는 것을 보았습니다! 자, 어떤 교파들에서는, 세례에 의한 중생이라고 하여 세례를 중생과 연결시킴으로써 세례를 너무 중요하게 보는 위험이 있습니다. 그런데 침례교도라고 불리는 우리들 가운데는 세례를 너무 가볍게 보는 위험이 있습니다. 우리는 세례를 지나치게 중요하게 생각할 수 없습니다. 이미 거듭난 사람 외에는 세례를 받아서는 안 된다는 우리 믿음이 세례를 너무 중요하게 생각하는 것을 항상 건전하게 제지하고 있기 때문입니다. 그러나 우리는 세례를 너무 가볍게 볼 수가 있습니다.

구주를 발견한 신자는 모두 두 번째 복음의 명령을 순종해야 하는 의무를 우리는 아주 강조해야 합니다. "믿고 세례를 받는 사람은 구원을 얻을 것"이기 (막 16:16) 때문입니다. 믿는 자는 모두 구원 받으리라는 것을 우리는 의심하지 않습니다. 그러나 세례가 믿는 것과 그처럼 밀접하게 연결되어 있는 것을 볼 때, 우리로서는 주님의 명령에 불순종하려고 하지 않을 것입니다. 하나님의 자녀가 구원에 필수적인 것이 아니고, 정죄에 대한 이기적인 두려움 때문에 억지로 지켜야 하는 것이 아닌 계명에 기꺼이 순종하려고 할 때, 우리는 그것을 겸손하고 상한 심령이라고 생각합니다. 젊은 회심자가 세상에 대하여 죽고 새 생명으로 부활함에 있어서, 주님께 순종하고 주님과 교제하는 것을 나타내는 단순한 행동으로서 기꺼이 세례를 받을 때, 그것은 은혜를 나타내는 보잘것없는 표시가 아닙니다. 루디아는 세례를 받았습니다. 그러나 그녀의 선한 행실은 거기에서 끝나지 않았습니다. 루디아는 사도를 자기 집으로 오게 하려고 했습니다. 그녀는 자기가 사람들에게 십자가에 못 박힌 유대인의 제자라, 멸시받는 유대인 사도의 친구라, 배반자라, 변절자로 생각되는 수치를 기꺼이 당하려고 합니다. 루디아는 사도를 자기 집에 머물게 하려고 합니다. 사도가 조금이라도 무엇을 받는 것을 부끄럽게 생각하여 "안 된다"고 말했을지라도 그녀는 사도에게 강권합니다. 그녀의 마음에 사랑이 있고, 후하게 대접하고자 하는 정신이 있기 때문입니다.

그녀에게 딱딱한 껍질이 있었는데, 자신을 그리스도께 데려간 사람에 대해서는 그 껍질을 깨려고 합니다. 그녀는 선지자의 이름으로 냉수 한 그릇을 대접하려고 할 뿐만 아니라, 또한 자기 집을 숙소로 제공하려고 합니다.

형제 여러분, 나는 사람의 본질을 변화시키지 않는 회심은 별로 중요하게 보지 않습니다. 그리스도의 사람인 체하면서도, 자신만을 위해서 살고, 그리스도와 그리스도의 교회를 위해서는 아무것도 하지 않는 사람들은 거듭났다는 증거가 별로 없습니다. 하나님의 백성에 대한 사랑이 참된 회심자의 뚜렷한 표지로 지금까지 인식되어 왔습니다. 자, 루디아를 보십시오. 루디아가 많은 사람의 표본이라는 것을 생각하고, 그녀를 본받도록 합시다. 그리고 이 기도를 드리도록 합시다. "주님, 주의 크신 은혜에 따라 오늘 아침 루디아를 데려와 주십시오."

2. 이제 우리는 이 경우를
대조를 통해서 보도록 하겠습니다.

이 장에는 또 한 가지 이야기가 나옵니다. 우리는 그 이야기를 주의 깊게 읽어야 합니다. 두 이야기가 뚜렷이 대조되기 때문입니다. 간수의 경우에는 하나님의 말씀을 받도록 하기 위한 사전 준비 같은 것이 아무것도 보이지 않습니다. 간수는 상스럽고 거칠고 잔인했던 것 같습니다. 간수가 바울을 아주 모질게 다루었을 때 그는 상관들이 그에게 명령한 대로 하였을 것입니다. "그가 이러한 명령을 받아 그들을 깊은 옥에 가두었다"(행 16:24)고 기록된 것을 볼 때 그렇습니다. 그러나 아마도 간수는 자진해서 기꺼이 그렇게 했을 것입니다. 스스로 이 고난에 뛰어든 두 광신자들을 아주 멸시하였을 것이기 때문에, 그는 이 얼간이들을 조금이라도 편하게 다루거나 대할 생각이 전혀 없었을 것입니다. 그는 아마도 퇴역한 로마 군인으로 간수직에 오른 거친 사람이었을 것입니다. 그는 잠이 들었고, 잠을 자고 있었기 때문에 하나님의 말씀을 받아들일 아무런 준비가 없었던 것이 확실합니다! 지진이 일어났습니다. 이 사람이 자다가 두려워서 벌떡 일어났습니다. 그는 칼을 뽑아 자결하려고 하였습니다. 그가 이제 막 자살을 하려고 하는데, 그때 "네 몸을 상하지 말라 우리가 다 여기 있노라"는 목소리가 들렸습니다. 자, 우리는 여기서 이 사람의 회심을 위한 사전 준비를 조금도 찾아볼 수 없습니다. 그는 사람으로서 더 이상 갈 수 없을 만큼 소망에서 멀리 떨어져 있고, 파멸의 끝자락에 있으며, 손에 피를 가득 묻힌 채로 자기 창조주의 재판정 앞으로 가까이 달려오고 있는 중입니다.

　사랑하는 여러분, 이와 같은 회심도 있습니다. 이런 회심이 아주 많지는 않지만 분명히 있고, 이 교회에서도 그런 경우들이 있어왔습니다. 사람들이 비웃고 멸시할 마음을 가지고 와서 하나님의 말씀을 들었습니다. 그들은 마음에 악의와 적의를 가득 품고서 왔습니다. 그들은 설교자를 비웃었고 진리를 멸시하였습니다. 그들은 아주 더러운 죄의 소굴에서 이제 막 왔는데, 깊은 죄악에 더 깊이 뛰어들려고 하고 있었습니다. 그들은 악한 행실로 인해 하나님의 원수 노릇을 하였고, 마음을 철석같이 완고하게 하였습니다. 그런데 갑자기 하나님 말씀이라는 아주 무거운 망치가 그들을 내리쳤고, 단단한 돌이 수많은 조각으로 깨져 흩어져버렸습니다. 교만하던 죄인이 어린아이처럼 겸손해졌습니다. 바울의 경우는 이 간수의 경우와 다소 비슷합니다. 여러분은 그의 경우를 기억하실 것입니다. 오늘 이 자리에는, 간수의 이야기를 읽고서 "나도 한때 저랬지. 간수처럼 하나님을 멀리 떠난 사람이었고, 그처럼 은혜로 부름받을 가능성이 거의 없었는데, 은혜가 옴으로 그리스도 예수 안에서 새로운 피조물이 되었어" 하고 말할 수 있는 분들이 있습니다. 루디아의 경우에는 하나님의 은혜를 받아들일 수 있도록 길을 준비하는 일이 많이 있었는데, 여기에는 그런 준비가 전혀 없었습니다.

　하나님의 은혜가 루디아를 만날 수 있을 것 같은 **길**에 그녀가 있었다는 사실에서 또 한 가지 대비를 보게 됩니다. 루디아는 하나님의 전에 있었습니다. 적어도 하나님을 예배하는 일에 바쳐진 곳에 있었습니다. 루디아는 기도를 하는 사람이었는데, 그녀의 기도는 형식적이지 않았습니다. 그녀가 깨닫고 있는 한에서, 그 기도는 하나님께서 받으실 만한 기도였고, 아무튼 마음으로부터 나오는 진실한 기도였습니다. 그러나 간수는 그런 사람이 아닙니다. 그는 복음이 전혀 들어가지 않을 것 같은 곳에서 지냅니다. 그는 직무상 중죄인, 살인자들, 온갖 범죄자들 가운데서 늘 지내야 합니다. 은혜가 감옥에 오게 된다면 정말로 버림받은 곳에 오는 일이 될 것입니다. 이 간수의 직업은, 종교적인 생각은 눈곱만큼이라도 길러줄 수 없을 것이었습니다. 그는 틀림없이 미신적인 사람이었을 것입니다. 그리고 로마 사람에게는 지진만큼 미신적으로 생각할 만한 일이 없었습니다. 지진은 로마 군인의 억센 마음을 한순간에 떨게 만드는 것들 중의 하나였습니다. 우리 구주님의 무덤 앞에 있던 보초들을, 두려움 때문에 기절하여 거의 죽은 것처럼 만든 것이 지진이었습니다. 이때의 지진도 간수에게 그와 똑같은 효과를 내었습니다. 그는 하나님을 찾고 있지 않았고, 하나님에 대한 생각이 없었습니다. 그의 생각은 지옥을 향했고, 그의 걸음은 나락을 향한 것이었습니다. 그러나 한순간, 하나님의 목소리에 그의 생각의 흐름이 방향을 바꾸어, 이전에 한 번도 간 적이 없는 곳으로 흐릅니다. 나는 영원한 정죄를 물려받을 결심으로 굳세고 자유로운 의지로 온 힘을 다해 어둠의 영역을 향해 가고 있었던 사람들을 보아 왔습니다. 그러나 시간이 되자 주권적인 자비가 임하였고, 그들은, 모든 사람이 놀라지만 무엇보다 그 스스로가 가장 놀랍게도 갑자기 하나님의 상속자가 되고, 지극히 높으신 하나님의 자녀가 되었습니다. 그런 놀라운 일들이 지금도 계속해서 일어나기를 바랍니다.

그런데 루디아의 경우에서는 지진과 같은 일이 있었다는 것을 보지 못합니다. 큰 떨림과 놀람이 전혀 없었습니다. 그것은 "세미한 소리"(왕상 19:12)였습니다. 간수는 벌떡 일어났고 몸이 떨렸습니다. 우리는 루디아가 구주가 필요하다는 것을 느끼고, 그래서 "내가 어떻게 하여야 구원을 받으리이까" 하고 외쳤겠지만, 그녀가 떨었다거나 양심의 두려움에 짓눌리지는 않았을 것이라고 생각합니다. 루디아는 영원하신 아버지의 지시로 부드럽게 인도를 받은 것입니다. 빛이 그녀에게 새벽처럼 밝아져서 어둠을 점점 더 밝게 비추었습니다. 그녀에게는 은혜가 처음에는 안개로 시작하고, 그 다음에는 굵은 이슬방울이 되었다가 부드럽게 비를 뿌리다가, 나중에는 구름을 비우고 땅을 흠뻑 적시는 소나기처럼 왔습니다. 간수에게는 은혜가 마치 처음부터 굵은 빗방울을 뿌리며 순식간에 몰아쳐 급류를 이루는 여름 날의 폭우와 같았습니다. 간수에게는 은혜가 마치 태양이 한 순간에 떠올라 깜깜한 밤을 밝은 대낮으로 바꾸는 것과 같았습니다. 루디아의 경우는 그렇지 않았습니다. 교우 여러분, 이제 이 차이점들을 살펴봅시다. 이 점들이 여러분이 겪고 있는 많은 어려움을 해결하는데 도움이 될 수 있을 것입니다. 모든 사람이 똑같은 방식으로 회심할 것으로 생각지 마십시오. 여러분은 모든 사람이 간수처럼 똑같이 공포를 경험하거나 루디아처럼 부드러운 방식으로 인도 받을 것이라고 생각하시면 안 됩니다. 우리 하나님은 다양성의 하나님이십니다. 창조와 섭리에서 하나도 똑같은 것이 없습니다. 은혜의 활동이라는 면에서, 우리는 그리스도인들을 어떤 틀에 집어넣거나 사진을 찍듯이, 모든 사람을 똑같은 모양으로 만들려고 해서는 안 됩니다. 모든 회심에는 서로와 다른 구별된 어떤 점이 있기 마련입니다. 사람은 누구나 다른 어떤 사람의 회심과 다른, 자신의 회심의 특징을 자기 경험이라는 안경을 통해서 볼 수밖에 없습니다. 자, 여러분은 루디아를 회심시켰던 수단들이 간수에게는 조금도 도움이 되지 않았을 것이라고 생각지 않습니까? 간수는 강가에 가려고 하지 않았을 것이고, 몇몇 여자들과 함께 앉아 있는다는 생각 자체를 비웃었을 것입니다. 그가 바울의 말에 귀를 기울이는 모습을 여러분은 보지 못할 것이고, 간수는 그런 생각 자체를 비웃었을 것입니다. "내가 가서, 자기 민족이 버린, 유대인 변절자의 말에 귀를 기울인다고? 그런 일은 절대로 없어." 반면에 지진이 루디아의 성품에 맞지 않았을 것입니다. 선량하고 온유한 영혼인 루디아는 지진을 겪었더라면, 아주 놀라 정신을 잃고, "내가 어떻게 하여야 구원을 받으리이까"하고 외치기보다는 아주 죽은 것처럼 되지는 않을지라도, 거의 기절했을 가능성이 많습니다. 똑같이 놀라운 일을 당할 때, 강한 남자는 정신이 번쩍 들지만 여자는 아주 정신을 잃게 될 것입니다. 온유한 루디아와 거친 간수는 전혀 다른 사람들입니다. 두 사람은 우선 성별부터 다릅니다. 여자는 부드럽게 감정에 호소하는 것에 남자보다 더 쉽게 마음이 움직입니다. 게다가 루디아는 품행이 단정하고 훌륭한 여자였습니다. 아마도 간수는 죄에 길들여져 있었을 것입니다. 방법도 다르고 기질도 다를 수밖에 없습니다. 농부가 각기 다른 알곡을 탈곡할 때 똑같은 기계를 씁니까? 모든 씨를 똑같은 방식으로 심습니까? 우리 자녀들에 대해서 어떤 아이에게는 날카로운 말을 해도 그 아이는 별로 느끼지 못하는 반면에, 다른 아이는 마음에 상처를 받는다는 것을 알지 않습니까? 어떤 아이는 매가 필요하지만, 매가 오히려 해를 끼치는 아이들도 있습니다. 확실히 그것은 영혼의 특성을 따라 이루어져야 합니다. 그러므로 하나님은 우리 각 사람을 각기 다르게 대하십니다. 우리는 우리의 회심이 우리가 좋아하는 방식과 꼭 같지 않다고 해서, 회심의 진실성에 의문을 가질 필요는 없습니다. 그보다 우리는 회심의 결과가 같은지, 그 회심이 하나님에게서 나온 것인지, 그리스도에게로 인도하는 것인지 보아야 합니다. 그 회심이 이 모든 것에 유익이 된다면, 회심이 어떤 방식으로 이루어지느냐 하는 것은 중요하지 않습니다.

3. 그 점에 대해서는 이 만큼 하기로 하겠습니다.

여기서는 내가 보통 할 수 있으면 그렇게 하듯이,

두 진리를 나란히 비교해 보겠습니다.

우리가 살펴볼 세 번째 요점은, 이 두 경우의 비교입니다.

이 두 경우는 상황은 다르지만 본질적으로 같기 때문입니다.

교우 여러분, 두 경우에 모두 섭리가 은혜와 협력하였습니다. 섭리에 의해 루디아는 빌립보로 왔습니다. 섭리에 의해 감옥이 흔들렸습니다. 하나님께서는 이 두 경우에 자연의 영역이 하나님의 뜻에 이바지하도록 만드십니다. 빌립보에 자주 옷감에 대한 수요가 있습니다. 그 일이 어떻게 일어났는지 나는 모릅니다. 그 당시 빌립보에 사는 부인들 사이에 새로운 유행이 있었는지, 혹은 그것이 어떤 것인지 나는 알지 못합니다. 그러나 그곳에 그녀의 자주 옷감에 대한 큰 시장이 있기 때문에, 이런저런 이유로 루디아는 빌립보에 왔습니다. 자, 그것이 루디아를 그곳으로 데려온 섭리입니다. 그리고 똑같은 섭리는 그 바퀴를 다르게 돌려, 그 간수가 그 감옥을 맡도록 하였습니다. 왜 그가 그 감옥의 간수가 되어야 했습니까? 왜 바울이 대체 빌립보로 가게 되었습니까? 귀신들린 여종을 고쳐준 우연한 사건을 통해서 바울이 매를 맞고 그 감옥에 갇히게 된 것이 어떻게 일어난 것입니까? 그 다음에 지진이 일어난 것은 어떻게 된 일입니까? 일이 얽히고 설키면서 섭리는 제 길을 갑니다. 모든 경우가 그와 같습니다. 그것이 천둥과 번개에 의한 회심이든지, 아니면 "세미한 소리"에 의한 회심이든지 말입니다.

두 경우에 모두 하나님의 뚜렷한 활동이 있었습니다. 우리는 루디아의 경우에 하나님의 활동을 보는데, 그 점을 생각한 바 있습니다. 우리는 간수의 경우에 그 점을 훨씬 더 분명하게 볼 수 있습니다. 저항할 수 없는 은혜가 아니고서는 그가 "내가 어떻게 하여야 구원을 받으리이까" 하고 부르짖게 만들 수 있는 것은 없기 때문입니다.

두 경우에서 모두 하나님의 말씀이 필수적입니다. 루디아의 경우에서 우리가 보았듯이, 간수에 관해서도 "주의 말씀을 그 사람과 그 집에 있는 모든 사람에게 전하더라"는 기록을 읽을 수 있기 때문입니다. 지진이 있다고 해서 목사가 필요 없게 되는 것은 아닙니다. 하나님의 큰 권능이 모든 죄인에게서 육신적인 속박을 제거할 수 있지만, 하나님께서 말씀을 선포하는 일이 없이, 어느 한 영혼이든지 그에게서 영혼의 속박을 제거하는 일을 하시지는 않습니다. 하나님께서는 "전도의 미련한 것으로 믿는 자들을 구원하시기를"(고전 1:21) 기뻐하시기 때문입니다.

또한 두 경우에 모두, 똑같은 표지들이 뒤따랐습니다. 간수는 집안 모든 사람과 함께 세례를 받았습니다. 온 집안이 하나님을 믿었다는 말을 우리는 듣습니다. 루디아가 바울 일행을 대접하였듯이, 간수는 바울 일행의 맞은 자리를 씻어 줍니다. 이렇게 간수는 온통 검고 푸르며 필시 형 집행관의 단단한 몽둥이에 맞아 피가 흘렀을 그들의 가엾은 등을 씻기 시작합니다. 간수는 바울 일행 앞에 음식을 차려놓고, 할 수 있는 최선을 다해 대접을 합니다. 그리고 아침에 바울 일행을 더 이상 악하게 감금해 둘 필요가 없고 길을 갈 수 있게 되었다는 것을 알고 아주 기뻐합니다. 여기서 우리는 동일한 결과를 봅니다. 즉 형제에 대한 사랑, "일어나 세례를 받으라"는 하나님의 명령에 대한 순종을 봅니다. 모든 하나님의 백성들 간에는 틀림없이 같은 점이 있습니다. 자녀들은 모두 아버지의 특징들을 갖고 있습니다. 그러나 자녀들이 어느 하나도 자기 형제와 똑같은 사람은 없습니다. 루디아와 간수 모두 은혜로 구원의 자리에 이르렀습니다. 은혜가 동일한 방식으로 작용합니다. 그러나 그들의 회심의 세부적인 면에서는 극과 극이 다른 만큼 차이가 납니다.

**4. 우리는 루디아의 회심을,
현재 그리고 하나님께서 지금 역사하고 계시는 다른 교회들에서
우리 가운데서 진행되고 있는 많은 회심의 모범으로 봅니다.**

여기에서 사용된 표현은 "주께서 루디아의 마음을 열어 바울의 말을 따르게 하신지라"는 것입니다. 자, 이 말의 뜻은 무엇입니까? 나는 이것이 성령의 활동을 요약한 말씀이라고 생각합니다. 자, 여기에는 여러 가지 의미가 있습니다. 그 의미 각각을 간단히 살펴봅시다. 주님께서 편견을 제거하신 것이 분명합니다. 이 편견은 우리가 아주 많은 경우에 맞서 싸워야 하는 악입니다. 루디아의 경우에 그것은 유대인에 대한 편견이었을 것입니다. 어쩌면 그녀도 소문을 들었을 것입니다. 그것은 주로 유대인들에 대한 것인데, 나사렛 예수에 관한 것이었습니다. 루디아는 자기 민족이 그를 박해하여 죽게 했으며, 심지어는 "그 피를 우리와 우리 자손에게 돌릴지어다"(마 27:25)는 말까지 했다는 것을 알았습니다. 바울 사도는 유대인들 가운데서 이 편견을 많이 받고 있는 장본인이었습니다. 여러분이 보면 알겠지만 히브리서를 썼을 때, 바울은 다른 모든 서신에서 그러듯이 자기 이름을 밝히지 않고 시작할 정도였습니다. 이는 그가 뛰어난 바리새인이었다가

그리스도인이 된 사실로 인해 히브리인들이 "바울"이라는 이름 자체를 싫어한다는 것을 느꼈기 때문입니다. 그런데 하나님께서 이 모든 편견을 루디아의 마음에서 제거해 주셨습니다. 루디아는 마음먹고 앉아서 바울의 말에 귀를 기울였고, 그의 말을 사심 없이 듣고 그 문제를 판단하고, 들은 말들이 과연 그러한가 살폈습니다. 마치 마음을 열고, 들은 바 말씀이 과연 그러한가 하여 성경을 살핀 옛적의 베뢰아 사람들과 같은 태도였습니다. 마귀는 종종 사람들을 머리부터 발끝까지 갑옷으로 덮습니다. 그러면 그들이 하나님의 화살이 날아다니는 곳에 와도 부상을 당할 가능성이 별로 없습니다. 갑옷에 이음매가 거의 없어서 마귀가 편견이라는 쇠못 때문에 부상을 당할 일이 없기 때문입니다. 여러분은 오늘날 마귀가 어떻게 그 일을 하려고 하는지 압니다. 목사에 대해 어리석은 이야기들이 널리 퍼져 있습니다. 그 이야기들 가운데 어떤 것은 멍청한 머리로 꾸며 낸 것이며, 또 어떤 것들은 100년 전에 죽은 괴상한 사람들에게나 맞는 옛날 이야기들입니다. 이 모든 이야기가 설교자에게 따라다니면 설교자가 우스꽝스런 모습으로 보이게 되는데, 이는 마귀가 생각하는 대로 목사의 입에서 나오는 말씀에 편견이 생기게 하려는 것입니다.

어떤 사람은 이렇게 말합니다. "물론, 나는 목사한테서 아무 유익도 얻을 수 없소. 나는 그저 교회만 다닐 뿐이요." 그런가 하면 어떤 사람은 이렇게 말합니다. "나는 내가 목사에게서 복을 받을 것이라고 기대할 수 없었소. 나는 아르미니우스주의자요." 이렇게 해서 이런 일들이 편견을 일으키고, 그래서 많은 사람들이 미리 설교를 듣지 않겠다고 마음을 먹습니다. 그러면 그들은 말하자면 귀를 솜으로 틀어막고서 예배당에 들어가기 때문에, 여러분은 한 마디도 그 귀에 집어넣을 수 없습니다. 그들은 마음을 이미 어떤 생각으로 꽉 채우고 있어서 하늘로부터 온 천사라도 진리를 전할 수 없을 것입니다. 그래서 진리가 들어갈 수 있기 위해서는 간수에게 지진이 필요했을 것입니다. 루디아의 경우에는 이런 것이 전혀 없었습니다. 그녀는 기꺼이 들으려고 했고, 설교자의 말을 경청하였습니다. 그렇게 하여 많은 것을 얻었습니다.

다음에, 루디아의 마음이 열렸을 때, 그녀의 욕구가 깨어났습니다. 루디아는 이제 이 문제를 알고 싶은 마음이 들었습니다. 사도가 지금 영원한 구원에 관해 말하고 있는 것에 어떤 것이 있다면, "창세 전부터 죽임 당하신 어린 양"이셨던 분의 피로 말미암은 완전한 사죄에 관해 어떤 것이 있다면, "이것을 알고 싶어.

이것이 진리이면 좋겠어. 이것들에 흥미를 가졌으면 좋겠어” 하고 루디아는 스스로에게 말했습니다. 그래서 그녀는 하나님 말씀에 깊은 인상을 받기를 몹시 바라며 귀를 기울입니다. 그녀에게는 굶주림과 갈증이 있습니다. 이런 굶주림과 갈증이 있는 사람들은 복이 있습니다. “그들이 배부를 것입니다”(마 5:6). 우리의 설교를 듣는 사람들이 하나님의 은혜로 굶주림과 갈증이 있는 것을 보면, 우리는 이것이 사람의 마음을 연다고 아주 감사하게 이야기합니다. 조개가 조수가 밀려오면 껍질을 벌리듯이, 은혜의 조수가 올 때 하나님은 종종 사람들이 마음을 열게 하시고, 그렇게 해서 영적 공급품을 받도록 합니다.

　　자, 욕구가 깨어났습니다. 그러나 이것이 전부가 아니었습니다. 또 다른 것이 열리게 되었습니다. 그녀의 이해가 이제 깨어난 것입니다. 사도가 한 요점에서 다른 요점으로 갔듯이, “그렇습니다. 하나님께서 모세와 같은 선지자를 약속하셨다는 것을 나는 압니다. 이 사람 예수는 모세와 같으신 분입니다. 왜냐하면 그분은 말과 일에 능하신 선지자인데, 모세 외에 어떤 선지자도 그와 같은 분이 없었습니다.” 루디아는 이렇게 말했습니다. “그렇습니다. 이사야 선지자는 그에 대해 말하기를 ‘멸시를 받아 사람들에게 버림 받았다’고 합니다. 그 말이 옳습니다. 다윗은 말합니다. ‘그들이 내 수족을 찔렀고 내 겉옷을 나누며 속옷을 제비 뽑나이다’(시 22:16,18).” 루디아는 말했습니다. “그렇습니다. 나는 바울이 전하는 그리스도 예수라는 분에게서 그것을 봅니다. 나는 율법과 선지자들이 말한 그 메시야이신 것을 알겠습니다.” 그리고 바울이 이어서, 나무에 달리신 이 그리스도 예수께 대한 믿음이 모든 죄를 거두어갈 것인데, 그것은 바로 이 그리스도 예수께서 모든 신자들의 죄를 그 복된 어깨에 짊어지셨기 때문이라고 말하였습니다. 이 말을 듣고 루디아는 말했습니다. “그렇습니다. 나는 이것, 곧 대속의 교리가 이치에 맞는 교리라는 것을 압니다. 하나님이 참으로 의로우시다는 것을 알 수 있습니다. 왜냐하면 하나님께서는 그리스도 안에서 죄를 형벌하시기 때문입니다. 또한 하나님께서 지극히 은혜로우시다는 것을 알 수 있습니다. 하나님은 자신의 마음을 값없이 충만히 주실 수 있는데, 그것은 참으로 불쌍한 죄인들이 바라는 그런 은혜입니다.” 이렇게 해서 루디아의 깨달음이 열렸습니다. 복음을 분명하게 보게 된 것입니다. 그녀는 복음의 높이와 깊이와 길이를 볼 수 있었는데, 그것이야말로 그녀의 영혼이 원하던 것이었습니다.

　　그 다음에, 다른 어떤 것이 왔습니다. 이제 그녀의 감정이 고무되었습니다. 루디아는, 하나님과 동등이시지만 스스로 종의 형체를 입으신 그분에 대한 사랑이 자기 속에서 점점 더 커지는 것을 느꼈습니다. 그녀는 바울이 그분의 고난을 설명하는 것을 들었을 때, 십자가의 정경을 마음속에 그려보았을 때, 죽음의 비명 소리를 듣는 것 같았고 흐르는 피를 보는 것 같았습니다. 루디아는 이렇게 생각했을 듯 싶습니다. '그래, 나는 이분을 사랑해. 나는 이 하나님을 사랑해. 내 마음이 이분을 따라가. 이분이 내 하나님이시라면!' 루디아는 말했습니다. "그래, 나는 이 설교가 좋아. 이 자비의 교리는 참으로 듣기 아름다워." 그녀는 벌써부터 마음이 기뻤습니다. "즐겁게 소리칠 줄 아는 백성은 복이 있나니"(시 89:15). 사람들이 아직 하나님의 얼굴 빛 가운데서 다니지 않을지라도, 약속이 있으니 앞으로는 그렇게 다닐 것이기 때문입니다. 이 모든 것이 "그 마음이 열렸다"(개역개정에는 "그 마음을 열어" — 역주)는 말에 다 포함되어 있다고 나는 생각합니다. 이제 그녀의 마음은 신성한 것들을 향하여 타오르고 있었습니다.

그때 믿음이 왔습니다. 그녀는 기록된 모든 것을 믿었습니다. 루디아는 바울이 말한 대로 그것이 절대적으로 진리라고 여겼습니다. 메시야가 계셨는데, 성경 말씀에 따를 때, 그분은 하나님의 아들이시고 또한 사람의 아들이셨으며, 의로운 자로서 불의한 자를 대신하여 고난을 당하셨다는 것입니다. 루디아는 그분을 믿었고 자신의 죄를 용서받았습니다. 이렇게 믿음은 들음에서 왔습니다. 그녀는 하나님 말씀을 듣고 하나님을 붙잡았습니다. 그녀는 피가 떨어지고 있는 십자가 앞에 솔직하고 겸손하게 자기 영혼을 내려놓았고, 그 피가 하늘로부터 떨어졌으므로 그녀를 위해 호소하고, 그 피가 그녀에게 떨어졌으므로 예수 그리스도로 말미암아 하나님과의 평화를 그녀에게 준다고 믿었습니다.

믿음을 받자, 모든 은혜가 뒤따라왔습니다. 이제 그녀는 자신의 죄를 미워하고, 회개하였습니다. 이제 의를 사랑하고 거룩함을 추구하였습니다. 이제 그녀는 아버지의 집에 있는 많은 처소를 기쁘게 소망할 수 있었습니다. 이제 그녀는 그리스도의 명령에 거룩하고 기쁜 마음으로 즐거이 순종하는 길을 시작하였습니다. 그녀는 단지 기독교의 요소들을 믿는 신자가 된 것이 아닙니다. 온전함을 향하여 계속 나아간 것입니다. 즉 믿음에 용기를 더하고, 용기에 경험을 더하며, 경험에 형제 우애를, 형제 우애에 사랑을 더하여 나간 것입니다. 그녀는 자기 하나님의 길에서 계속 앞으로 나갔습니다. 주님께서는 그녀의 마음을 열어 바울이 말하는 것들에 귀를 기울이게 함으로써 이 모든 일을 행하셨습니다.

자, 사랑하는 여러분, 여기에는 실제적인 교훈이 있습니다. 우리는 주변에 있는 사람들을 위해 기도합시다. 희망이 있는 사람들을 하나님께서 루디아처럼 만들어 주시기를 기도합시다. 우리는 우리 자녀들을 위해 이 기도를 드립시다. 그들을 은혜의 수단들을 접할 수 있는 자리에 놓으셨고, 그래서 어느 정도 진리를 받아들일 수 있도록 그들의 마음을 준비해 놓으신 하나님께서 효과적으로 구원에 이르도록 활동하여, 그들이 구주님을 받아들일 수 있게 해주시기를 기도합시다.

하나님께서 이렇게 그 안에서 일하시는 사람들이 내가 오늘 아침에 전하는 말씀을 듣고 예수님을 굳게 붙잡도록 인도하여 주셨으면 좋겠습니다. 여러분이 할 일이 아무것도 없다는 것을 기억하시기 바랍니다. 다만 예수님을 의지하기만 하십시오. 그러면 여러분은 구원을 받습니다. 이것이 여러분에게 보증이 되니, 그렇게 하십시오. 선한 행실을 요구하지 않고, 좋은 감정, 깊은 경험도 요구하지 않습니다. 여러분은 지금 있는 그대로, 그리스도께서 여러분을 구원하실 수 있다는 것을 믿고, 구주이신 그분께 여러분 자신을 맡겨야 합니다. 그러면 그리스도께서 여러분을 구원하실 것입니다. 크고 온전한 구원으로 지금 여러분을 구원하실 것입니다. 여러분이 그렇게 믿도록 주님께서 도우십니다. 주님께 찬송을 드립시다. 아멘.

제
21
장

—

그리스도의 대로가 열리고 닫힘

—

**"이르되 주 예수를 믿으라 그리하면 너와 네 집이
구원을 받으리라 하고."** — 행 16:31

여러분은, 이스라엘 백성이 가나안에 정착하였을 때, 하나님께서 어떤 성들을 따로 구별하여 도피성이라 부르고, 살인자가 안전을 위하여 이 성들로 피하도록 정하신 것을 기억하실 것입니다. 살인자가 부지중에 어떤 사람을 죽였는데, 사전에 악의가 전혀 없었다면, 그는 즉시 이 도피성으로 도망할 수 있었습니다. 피의 복수자가 그를 덮치기 전에, 그가 그 성문에 들어갈 수 있으면 그는 안전할 것입니다. 이에 대해 랍비들이 전하는 말이 있습니다. 도피성이 있는 지역의 지사들은 일 년에 한 차례 이상, 도피성에 이르는 길들을 점검하곤 하였습니다. 그들은 돌들을 다 모아 치워버림으로써, 할 수 있는 대로 불쌍한 도망자가 길에서 걸려 넘어지게 되거나, 급히 가는 길에 방해가 될 만한 것을 세심하게 없애버렸다고 합니다. 그리고 우리는 이 전통이 다음의 사실에 근거해 있다는 것을 듣고 믿습니다. 도피성에 이르는 길에는 알게 쉽게 쓴 "도피성"이라는 이정표들이 내내 세워져 있었습니다. 그래서 도망자가 네거리에 이르렀을 때 한순간도 머뭇거리지 않고 어느 길이 도피성으로 가는 길인지 알 수 있게 하였습니다. "도피성"이라는 잘 아는 글자를 보고 그는 숨을 헐떡거리며 앞으로 곤두박질치듯이 계속 달려서 마침내 도피성의 구역에 들어서면, 그는 즉시 아주 안전하게 되었습니다.

　　자, 형제 자매 여러분, 하나님께서는 사람들을 위하여 도피성을 준비하셨고, 그 성에 이르는 길은 그리스도 예수를 믿는 믿음으로 갈 수 있습니다. 그러나 그리스도의 사역자들은 불쌍한 죄인이 오는 이 길에 어떤 장애물이나 있지 않은지 아주 수시로 점검해 볼 필요가 있습니다. 나는 오늘 아침 이 길을 따라가며, 사탄이 이 길에 놓았을 수 있는 장애물들을 하나님의 은혜로 제거해 보려고 합니다. 하나님께서 나를 도우서서 내가 이렇게 점검하는 것이 모든 영혼들에게 영적 유익이 되도록 해주시고, 여러분 가운데 믿음의 길에서 넘어진 적이 있는 사람은, 이제 용기를 내고 여러분의 죄의 맹렬한 복수자를 피할 수 있을 것이라고 기대하고서 즐거이 앞으로 달려갈 수 있게 해주시기를 바랍니다.

　　목회자는 구도하는 죄인을 위해 항상 믿음의 길을 깨끗이 치워 두는 일에 신경을 쓸 수 있기를 바랍니다. 확실히 죄인은 무거운 마음을 안고 있어서, 우리는 할 수 있는 대로 그 길을 깨끗하고 평탄하게 해놓아야 합니다. 길을 가다 밤을 맞은 이 불쌍한 영혼들이 넘어지지 않도록 길을 곧게 다듬어야 합니다. 길을 따라 난 진창길마다 약속들을 채워 넣어서 왕의 대로가 되어, 그처럼 무거운 마음을 지고 가야 하는 피곤한 발이 여행하기에 안전하고 편안하도록 만드는 것이 우리 사역자들의 할 일입니다. 그뿐 아니라 우리는 죄인은 스스로가 많은 장애물들을 만들기 때문에, 우리는 그 길에 자연스럽게 놓일 수 있는 그밖의 장애물들을 제거하는데 아주 빈틈없는 주의와 관심을 기울여야 한다는 것을 기억해야 합니다. 죄인이 스스로 길을 망친다는 이것이, 풀이 죽은 이 불쌍한 영혼이 저지르는 슬픈 어리석음 가운데 하나이기 때문입니다.

　　아마도 여러분은 새로 발명된 기관차, 곧 스스로 길을 내고 또 그 길을 깨끗이 정리하는 기관차를 때로 보았을 것입니다. 그런데 죄인은 그와 정반대입니다. 죄인은 자기 앞에 있는 길을 망가트리고, 그 뒤에는 온갖 진창과 쓰레기 같은 재난이 뒤따르게 합니다. 불쌍한 영혼이여! 죄인은 자기 앞에 돌을 던져서 골짜기를 막고, 가는 길에 산을 쌓아올립니다. 그러므로 목사들은 이 길을 언제든지 깨끗이 치워 두는 일에 신경을 써야 합니다. 한 마디 덧붙이자면, 여기에는 중요한 또 한 가지 이유가 있습니다. 죄인의 뒤에는 성난 피의 복수자가 따라 온다는 것입니다. 그 복수자는 얼마나 빠른지 모릅니다! 모세의 율법에는 하나님의 모든 진노가 담겨 있고, 창백한 말을 타고서 죄인을 맹렬히 쫓는 죽음이 있습니다. 죽음 뒤에는 사탄의 모든 권세와 군대를 거느린 지옥이 피에 굶주린 채 어서 빨리 죽이려고 옵니다. 그리스도의 사역자들이여, 길을 곧게 하고, 산을 평탄 케 하며 골짜기를 돋우십시오. 이것은 필사적인 도망이기 때문입니다. 죄인이 무서운 원수를 피해 유일한 도피성, 곧 예수 그리스도의 속죄를 향하여 달려가 는 필사적인 도주이기 때문입니다.

이렇게 나는 오늘 아침 이런 점검을 하지 않을 수 없는 이유들을 말씀드렸 습니다. 보혜사 성령이시여, 이제 오셔서 천국에 이르는 대로에서 거치는 모든 돌을 던져버릴 수 있도록 도와주시옵소서.

형제 여러분, 천국에 이르는 길은 그리스도 예수에 대한 믿음으로 갈 수 있 습니다. 여러분이 그리스도를 의지하지 않는다면 악행 때문에 정죄 받지만, 여 러분이 구원받을 수 있는 것은 여러분의 선행으로 되지 않습니다. 여러분이 할 수 있는 그 무엇으로도 여러분을 구원할 수 없습니다. 여러분이 구원 받은 후에 는, 하나님의 길에 행하고 하나님의 계명을 지키는 것이 여러분의 즐거운 특권 이 될 것이지만, 믿기 전에는 계명을 지키려고 애쓸 때마다, 여러분은 더 깊은 수 렁에 빠지고, 결코 여러분의 구원에 조금이라도 가까이 가지 못할 것입니다. 천 국에 이르는 길은 그리스도를 믿는 믿음뿐입니다. 혹은 어떤 시골 사람이 말하 였듯이, 그것을 좀 더 평이하게 말하자면 이렇게 말할 수 있습니다. 천국에 이르 는 단계는 두 단계밖에 없다. 자신에게서 나와 그리스도에게로 들어가고, 그리 스도에게서 나와 천국으로 들어가는 것입니다.

믿음이란 간단히 말해서 그리스도를 의지하는 것이라 할 수 있습니다. 나는 그리스도께서 자기를 믿으라고, 즉 자기를 의지하라고 명령하시는 것을 봅니다. 내가 그리스도를 의지할 수 있도록 허락을 받을 이유가 내게는 전혀 없다는 것 을 압니다. 그러나 그리스도께서 내게 믿으라고, 의지하라고 **명령하십니다**. 그러 므로 나는 내 자신의 됨됨이나 내가 갖추고 있다고 생각하는 어떤 준비를 완전 히 버려두고, 그 명령에 순종합니다. 흥하든 망하든 하나님께 맡기고 나는 그리 스도를 의지합니다. 자, 그것이 믿음입니다. 우리 자신을 신뢰할 수 있는 것처럼 보여주는 모든 증거에 눈을 감고, 어둠 가운데서 곧바로 전능하신 구속자의 팔 로 뛰어드는 것입니다. 성경에서 믿음을, 때로 그리스도를 의지하는 것으로, 그 리스도께 자기를 던지는 것으로 말합니다. 혹은 옛날 청교도들이 말하곤 하였듯 이 (다소 딱딱한 표현을 사용하여) 믿음은 그리스도께 기대는 것, 모든 짐을 그 리스도의 십자가에 기대는 것입니다. 자신이 사용할 수 있는 힘으로 서기를 그치고, 영원한 반석을 전적으로 의지하는 것입니다. 믿음은 그리스도를 비어 있는 우리 마음에 모셔들이는 것입니다. 자기 영혼을 예수님의 손에 맡기는 것이 믿음의 본질입니다. 그리스도는 시장의 샘과 같습니다. 물이 관을 통해서 흐르듯이, 은혜가 끊임없이 그리스도로부터 흘러나옵니다. 나는 믿음으로 나의 빈 주전자를 물이 흐르는 곳에 가져가서 가득 차도록 은혜 위에 은혜를 받습니다. 내 갈증을 식혀 주는 것은 내 빈 주전자의 아름다움이 아니고 깨끗함도 아닙니다. 그것은 단지 빈 주전자를 가져다가 물이 흐르는 곳에 댔기 때문입니다. 바로 그와 같이 나는 빈 주전자에 불과하고, 빈 주전자를 흐르는 물에 가져가는 손이 믿음입니다. 영혼을 구원하는 것은 은혜이지, 은혜를 받는 사람의 자격이 아닙니다. 내가 주전자를 떨리는 손으로 들고 있어서 내가 바라는 만큼 많은 물을 얻을 수 없을지라도, 내 영혼을 샘으로 가져가서 한 방울이라도 주전자에 받는다면, 내 영혼은 구원을 받습니다.

믿음은 그리스도를 지식과 의지로 받아들이고, 모든 것을 그리스도께 맡기며, 그리스도를 나의 모든 것의 모든 것으로 삼고, 이후로는 다른 어떤 것도 따르지 않는 것입니다. 믿음은 피조물을 떠나서 창조주에게 가는 것입니다. 믿음은 자신을 떠나 그리스도를 바라보는 것이고, 내 안에 있는 어떤 선한 것에서도 완전히 눈을 돌려 그리스도께로 향하는 것입니다. 하나님께서 "우리 죄를 위한 화목제물이니 우리만 위할 뿐 아니요 온 세상의 죄를 위한"(요일 2:2) 화목제물로 보내신 그분의 벌어진 핏줄에서, 피 흘리시는 가엾은 심장에서, 가시관을 쓰신 그 머리에서 모든 복을 찾는 것입니다.

자, 지금까지 천국에 이르는 길에 대해 설명했으니, 이제는 본격적으로 그 길에 있는 돌들을 제거하는 일을 해봅시다.

1. 구원받기를 바라는 영혼이 가는 길에 흔히 놓여 있는 방해물은 자신의 과거 생활에 대한 기억입니다.

죄인은 이렇게 말합니다. "아, 나는 감히 그리스도를 의지하지 못해요. 내 지난 죄가 너무도 검게 찍혀 있기 때문이에요. 나는 보통 죄인이 아니었어요. 무리들 가운데서도 유별났고, 죄에 있어서 아주 괴물 같은 사람이었습니다. 나는 마귀의 대학에서 최고의 학위를 땄고 벨리알의 대가가 되었습니다. 비웃는 자들의 중심 자리에 앉는 법을 배웠고, 다른 사람들에게 하나님을 반역하도록 가르쳤요." 여러분, 이 장애물이 무엇인지 나는 아주 잘 압니다. 한때 그 장애물이 내 길에도 있었고, 그 때문에 내가 몹시 괴로움을 겪었기 때문입니다. 내 영혼의 구원에 대해 생각하기 전에, 나는 내 죄가 거의 없다고 생각했습니다. 내가 상상하였듯이, 내 모든 죄는 죽어버렸고, 망각이라는 무덤 속에 장사되었습니다. 그런데 내 영혼으로 영원한 것들을 생각하게 만드는 양심의 가책이라는 나팔이 내 모든 죄에 대해 부활의 선율을 불어댔습니다. 그러자, 아, 어떻게 내 모든 죄들이 바닷가의 모래보다도 많게 무수하게 일어나는지! 자, 생각만으로도 내가 자신을 정죄하기에 충분하였고, 내 말이 지옥보다도 낮게 나를 가라앉히리라는 것을 알았습니다. 내 죄의 행동들을 생각하자, 내 코에 악취가 풍기기 시작해서 도무지 그것을 견딜 수 없었습니다. 내가 사람으로 지어지기보다는 차라리 개구리나 두꺼비로 지어졌더라면 좋았겠다고 생각하던 때가 생각납니다. 지극히 더러운 피조물, 아주 역겹고 멸시할 만한 것도 내 자신보다는 낫다고 생각하던 시기가 생각납니다. 내가 전능하신 하나님께 무지막지하고 통탄스러운 죄들을 범했기 때문입니다.

아, 형제 여러분, 오늘 아침 여러분의 옛 서약이 기억의 벽에 부딪혀서 메아리치고 있을지 모릅니다. 여러분이 자신이 어떻게 하나님께 욕설을 퍼부었는지가 생각이 나서 "내가 그렇게 욕설을 퍼부은 분을 감히 의지할 수 있겠는가" 하고 말할지도 모릅니다. 여러분의 옛 정욕들이 지금 여러분 앞에 떠오르고 있습니다. 깜깜한 밤의 죄들이 여러분의 얼굴을 노려봅니다. 확신을 가진 여러분의 가엾은 양심에 외설적인 노래들이 한바탕 울려 퍼집니다. 여러분의 모든 죄가 일어나서 소리칩니다. "너 저주받은 자여, 떠나라! 너는 정죄받은 자다! 떠나라! 너는 스스로 죄를 지어 은혜에서 떠난 자다! 너는 정죄받은 자다! 떠나라! 네게는 아무 희망도, 아무 자비도 없다!"

자, 이제 나는 하나님의 이름으로 하나님께 힘을 얻어 여러분의 길에서 이 장애물을 제거하도록 하겠습니다. 죄인이여! 여러분의 죄가 아무리 많을지라도, 여러분이 주 예수 그리스도를 참으로 믿는다면 여러분을 파멸할 수 없다는 것을 말씀드립니다. 이제 여러분이 자신을 그저 예수님의 공로에 맡긴다면, "여러분의 죄가 진홍 같이 붉을지라도 양털 같이 희게 될"(사 1:18) 것입니다. 믿기만 하십시오. 그리스도께서 자기를 의지하여 하나님께 나오는 자들을 온전히 구원하실 수 있다는 것을 믿으십시오. 그리스도의 말씀을 듣고 그를 붙잡고 의지하십시오. 그렇게 할 만한 보증이 있습니다. "그 아들 예수의 피가 우리를 모든 죄에서 깨끗하게 하실 것이요"(요일 1:7)라는 말씀이 있음을 기억하십시오. 여러분은 믿으라는 명령을 받았습니다. 그러므로 여러분이 아무리 악한 죄인이라도, 그 명령이 여러분에게 보증이 됩니다. 아, 하나님께서 여러분이 그 명령에 순종하도록 도우시기를 바랍니다. 자, 현재 여러분 모습 그대로 그리스도를 의지하십시오. 문제는 죄의 많음이 아니라, 죄인의 마음의 완고함입니다. 현재 여러분이 자신의 두려운 죄책을 의식할지라도, 일단 하나님께서 여러분에게 뿌려진 그리스도의 피를 보실 때, 그 죄책은 하나님 보시기에 아무것도 아닌 것이 됩니다. 한 가지 더 말씀드리자면, 여러분의 죄가 지금보다 만 배나 많아질지라도, 그리스도의 피는 그 모든 죄를 능히 속죄할 수 있습니다. 오직 그 사실을 믿도록 하십시오. 자, 담대한 믿음으로 그리스도를 의지하십시오. 여러분이 일찍이 이 거룩한 의사이신 그리스도께서 치료하시고자 했던 모든 비천한 사람들에게 넌더리가 난다면, 그만큼 더 그리스도께 영광을 돌리게 되는 것입니다. 의사가 손가락의 작은 통증이나 가벼운 병을 고치기만 해도 그에게 어떤 영예가 돌아갑니까? 그런데 의사가 온 몸에 병이 들어서 악취가 나는 시체에 불과한 사람을 고치면, 의사에게 크나큰 영광이 돌아갑니다. 그와 같이 그리스도께서 여러분을 구원하실 때, 그에게 영광이 돌아갈 것입니다. 그러나 그렇게 하려면, 그 길에서 장애물을 단번에 제거해야 합니다.

　　죄인이여, 이 점을 기억하십시오. 여러분은 그리스도를 믿지 않는 동안에 내내, 여러분의 죄에 세상에서 가장 큰 죄인 믿지 않는 이 큰 죄를 더하고 보태고 있다는 것입니다. 그러나 여러분이 그리스도를 믿는 이 문제에서 하나님께 순종한다면, 여러분의 믿음이 보답을 받을 것이라고 하나님 말씀이 보증하며, 많은 여러분의 죄를 다 용서받는다는 것을 알게 될 것입니다. 어느 날 여러분은 다소의 사울과 일곱 귀신이 쫓겨나간 여인 곁에 서게 될 것입니다. 여러분은 도둑과 함께 거룩한 사랑을 노래할 것이고, 지극히 더러운 죄를 씻어주실 수 있는 분을 므낫세와 함께 노래할 것입니다. 아, 오늘 이 많은 사람들 가운데 지금 마음속으로, "목사님, 목사님께서는 바로 내 얘기를 하셨습니다. 나는 내가 지극히 악한 죄인이라고 느낍니다. 그러나 용기를 내어 그리스도를, 오직 그리스도만을 의지하겠습니다" 하고 말하는 분이 있게 해주시기를 하나님께 구합니다. 아, 영혼이여, 하나님께서 당신에게 복을 주십니다. 당신은 하나님께서 받으신 사람입니다. 여러분이 오늘 아침 이렇게 할 수 있다면, 장담하건대, 하나님께서 여러분에게 약속을 지키실 것이고, 그리스도께서도 지키실 것입니다. 그리스도의 귀한 피를 의지한 죄인은 결코 망하지 않았기 때문입니다.

2. 자, 이제 나는 또 한 가지 장애물을 버리겠습니다.

정신이 깨어난 많은 죄인이 그 마음의 완고함 때문에 그리고 참된 회개에 대한 이해의 부족 때문에 어려움을 겪습니다. 그 사람은 말합니다. "아, 나는 내 죄가 아무리 클지라도 용서받을 수 있다는 것을 믿을 수 있겠는데, 내 죄가 악한 것을 느껴야 하는데, 그렇게 느껴지지가 않아."

> "내 마음이 얼마나 무서울 정도로 완고한지
> 내 마음이 얼마나 무겁게 누워 있는지
> 마치 얼음덩어리처럼
> 내 가슴속에서 무겁고 차게 누워 있습니다."

사람은 말합니다. "느껴지지가 않아. 눈물이 나지 않아. 다른 사람들의 회개에 대한 말을 들었는데, 나는 마치 돌덩어리 같아. 내 마음은 돌같이 굳어져서 율법의 천둥소리에도 꿈적하지 않고, 그리스도의 사랑의 모든 호소에도 움직이지 않을 거야." 불쌍한 마음이여, 이것이 진심으로 그리스도를 찾고 있는 사람들의 길에 흔히 놓여 있는 장애물입니다. 여러분에게 한 가지 물어보겠습니다. 여러분은 하나님 말씀 어디에서, 마음이 완고한 사람은 믿으라는 명령을 받지 않는다는 것을 봅니까? 만일 여러분이 그런 구절을 찾을 수 있다면, 나는 여러분이 "나는 마음이 완고해서 그리스도를 믿을 수 없다"고 말하는 것을 용납할 수 있겠습니다. 여러분은 성경이 이렇게 말하고 있는 것을 알지 않습니까? "그를 믿는 자마다 멸망하지 않고 영생을 얻게 하려 하심이라"(요 3:16).

자, 여러분이 믿는다면, 비록 여러분의 마음이 완고할지라도, 여러분의 믿음이 여러분을 구원합니다. 게다가 여러분의 믿음이 곧 마음을 부드럽게 해줄 것입니다. 여러분이 구주가 필요하다는 것을 느낄 수 없다면, 여러분이 구주를 모시게 되면 구주를 더욱 더 절실하게 필요로 하는 것을 느끼기 시작한다는 것을 아십시오. 자, 많은 경우에 사람들은 공급품을 받을 때 자신의 필요를 알게 된다고 믿습니다. 여러분은 길을 가면서 진열장 안에 있는 어떤 물건을 보고 "아, 바로 저거 나한테 필요한 거네" 하고 말해 본 적이 없습니까? 전에는 그것을 몰랐지 않습니까? 불쌍한 영혼이여, 몰랐습니다. 그리스도를 알기 전까지는 그리스도가 필요한 줄 몰랐습니다. 나는 지금 그리스도를 만나기 전보다 열 배나 더 그리스도가 필요한 것을 느낍니다. 나는 여러 가지 좋은 것들을 위해서 그리스도가 필요하다고 **생각했습니다.** 그러나 이제는 모든 것을 위해서 그리스도가 필요한 것을 압니다. 전에는 그리스도가 없으면 할 수 없는 일들이 몇 가지가 있다고 생각했습니다. 그런데 지금은 그리스도가 없으면 아무것도 할 수 없다는 것을 압니다. 그런데 여러분은 이렇게 말합니다. "목사님, 나는 그리스도께 가기 전에 회개해야 합니다." 할 수 있다면 성경에서 그런 구절을 찾아보십시오. 하나님의 말씀이 "이스라엘에게 회개함과 죄 사함을 주시려고 그를 오른손으로 높이사 임금과 구주로 삼으셨느니라"(행 5:31)고 말하지 않습니까? 우리 찬송가 가운데 하나도 이 구절을 이렇게 노래하지 않습니까?

> "참된 믿음과 참된 회개,
>   우리를 가까이 이끄는 모든 은혜,
>   예수 그리스도께 와서
>   돈 없이 사라."

이 은혜들은, 자연이 돌아가는데서 저절로 나오는 것이 아닙니다. 우리는 이 은혜들을 피조물의 베틀을 돌려 짜낼 수 없습니다. 여러분이 그리스도가 필요한지 알고자 한다면, 지금 믿음으로 그리스도를 받아들이십시오. 그러면 의식과 감각이 그 뒤를 따라갈 것입니다. 지금 모든 것에 대해 그리스도를 의지하십시오. 용기를 내어 그를 믿으십시오. 여러분의 마음이 완고할지라도, 이렇게 말하십시오. "현재 제 모습이 이런 것에 아무 핑계를 대지 않겠습니다. 그러나 주께서 내게 명하시니, 내게 오라고 명하시니, 내가 주께로 갑니다!" 여러분의 마음은 그리스도를 보면 부드러워질 것입니다. 하나님의 사랑에 아주 즐겁게 끌릴 것입니다. 공포가 움직일 수 없었던 마음이, 사랑에 녹아내릴 것입니다.

청중 여러분, 제 말을 정말로 알아들으십시오. 나는 오직 믿음으로 의롭다 함을 받는다는 이 교리를 오늘 아침 할 수 있는 대로 아주 널리 전파하고 싶습니다. 사람은 믿으라고 명령을 받았고, 사람은 그 안에 있는 어떤 것과 상관 없이 믿을 권리가 있다는 것을 널리 전하고 싶습니다. 사람은 아무런 준비를 하지 못하였어도, 자기에게서 선한 것을 전혀 보지 못해도 단지 믿으라고 명령을 받았기 때문에, 믿을 권리가 있습니다. 자기가 명령받았다는 사실을 의지하므로 성령 하나님께서 그가 믿을 수 있게 하신다면, 그 믿음이 확실히 그 영혼을 구원하고 장차 올 진노에서 그를 구원할 것입니다. 그러면 마음의 완고함에 대한 장애물을 치우겠습니다. 영혼이여, 그리스도를 믿으십시오. 그러면 여러분의 마음이 부드러워질 것입니다. 성령 하나님께서 여러분이 그리스도를 믿을 수 있게 해주시기를 바랍니다. 그러면 여러분의 완고한 마음이 살처럼 부드러워질 것이고, 여러분을 사랑하신 그리스도를 여러분이 사랑하게 될 것입니다.

3. 자, 이제 세 번째 장애물에 대해 이야기해 봅시다.

불쌍한 어떤 영혼은 이렇게 말합니다. "목사님, 나는 내가 믿는지 믿지 않는지 모르겠어요. 때로 나는 정말로 믿습니다. 그런데 믿음이 너무 약해서 그리스도께서 나를 구원하실 수 있다는 생각이 들지 않아요." 아, 당신은 다시 당신 자신을 보고 있군요. 바로 이 생각 때문에 많은 사람이 실족하여 넘어졌습니다. 내가 당신의 길에서 이 장애물을 제거할 수 있게 해주시기를 하나님께 구합니다. 불쌍한 죄인이여, 여러분을 구원하는 것은 여러분의 믿음의 힘이 아니라, 믿음의 실재입니다. 더 나아가서, 여러분을 구원하는 것은 믿음의 실재가 아니라 여러분 믿음의 대상입니다. 여러분의 믿음이 그리스도 위에 세워진 것이라면, 그 믿음이 거미줄보다 가는 것처럼 보일지라도 여러분의 영혼을 지금과 영원히 붙들 것입니다. 밧줄에 힘을 주어서 배가 무서운 폭풍우 가운데서도 배를 굳게 붙잡는 것은 믿음이라는 줄의 두께가 아니라, 닻의 힘입니다. 사람을 구원하는 믿음이 때로는 아주 보잘것없어서, 그 사람 자신도 믿음이 있는지 알 수 없을 수가 있습니다. 겨자씨 한 알은 모든 씨 가운데서 가장 작습니다. 그러나 여러분에게 그만한 정도의 믿음밖에 없어도, 여러분은 구원받은 사람입니다.

불쌍한 여인이 했던 일을 기억하시기 바랍니다. 그녀는 와서 그리스도를 손으로 붙잡지 않았고, 그리스도의 무릎을 부둥켜안지도 않았습니다. 다만 손가락을 뻗었을 뿐입니다. 그런데 손가락으로 주님의 발을 만지지 않았고 심지어 옷을 만지지도 않았습니다. 겨우 주님의 옷자락 끝의 풀려나온 실을 만졌을 뿐인데, 그녀는 병이 깨끗이 나았습니다. 여러분의 믿음이 그처럼 적은 것이라면, 믿음을 더 갖도록 노력하십시오. 그러나 적은 믿음이 여러분을 구원할 것이라는 사실은 여전히 기억하시기 바랍니다. 예수 그리스도께서 친히 적은 믿음을, 꺼져가는 심지(마 12:20)에 비유하십니다. 꺼져가는 심지가 불이 타오릅니까? 거기에 불이 조금이라도 붙어 있습니까? 아닙니다. 연기만 조금 날 뿐 불기는 전혀 없습니다. 매캐한 냄새가 코를 진동시킵니다. 그런데 예수께서는 이렇게 말씀하십니다. "그렇다. 그러나 나는 그 심지를 끄지 않을 것이다." 그 다음에 예수님은 또 적은 믿음을 상한 갈대에 비유하십니다. 상한 갈대가 어디에 쓸 데가 있습니까? 갈대는 꺾어졌습니다. 꺾어진 갈대에서는 음악소리를 들을 수 없습니다. 그것이 온전했을 때에도 갈대에 불과합니다. 그런데 이제 그것은 꺾어진 갈대입니다. 그러면 그것을 완전히 꺾어서 던져버려야 합니까? 예수께서 말씀하십니다. "그렇지 않다. 나는 꺾어진 갈대도 부러트리지 않을 것이다."

　　자, 여러분이 가지고 있는 믿음이 그렇게 적은 믿음이라도, 즉 꺼져가는 심지와 같고 상한 갈대와 같은 믿음이라도, 여러분은 구원을 받았습니다. 여러분의 믿음이 그처럼 적으면 천국을 향해 가는 길에 많은 시련과 고난을 겪게 될 것입니다. 바람이 적게 불면 노를 젓는데 힘이 많이 들 것이지만, 그 바람은 여러분을 영광스럽게 육지로 데려다 주기에 충분할 것입니다. 그와 같이 여러분이 단순한 마음으로 그리스도를 믿으면, 그 믿음은 여러분을 구원하는데 결코 약하지 않을 것입니다. 작은 아이도 거대한 거인과 마찬가지로 똑같이 사람이라는 사실을 잊지 마십시오. 그와 같이 은혜 안에서 어린아이도 가는 길에 모든 거인들과 싸울 수 있는 믿음의 용사와 같이 진정으로 하나님의 자녀인 것입니다. 여러분은 완전히 성숙한 그리스도인이 되고, 그리스도 예수 안에서 온전한 사람이 되었을 때와 마찬가지로 은혜 안에서 미숙하고 유아와 같은 때에도 천국의 상속자가 될 수 있는 것입니다. 여러분에게 다시 한 번 말씀드립니다. 여러분을 구원하는 것은 여러분의 믿음의 힘이 아니라 여러분의 믿음의 대상입니다. 하나님이 보응하시는 날에 이스라엘을 안전하게 지키는 것은 우슬초가 아니라 피이며, 문인방에 피를 바르는 손이 아니라, 바로 피인 것입니다. 이 장애물을 우리 길에서 뽑아버리도록 합시다.

4. 또 어떤 사람은 이렇게 말합니다.

"하지만 때때로 나는 믿음이 적고 의심과 두려움이 너무 많은 것 같습니다. 나는 예수 그리스도께서 나를 위해 돌아가시지 않으신 것이 아닌가, 혹은 내 믿음이 가짜가 아닌가, 또는 거듭나게 하시는 성령의 능력을 내가 경험하지 못한 것이 아닌가 하는 생각이 매일 듭니다. 말씀해 주세요. 목사님, 이렇게 의심과 두려움이 많은데, 내가 참된 신자일 수 있습니까?" 내 답변은 간단합니다. 성경에서 "믿는 자가 그 믿음에 의심이 섞여 있으면 정죄를 받을 것이라"고 말하는 데가 없다는 것입니다. 믿음이 아주 적고, 심지어 믿음에 많은 의심과 두려움이 뒤섞여 있을지라도 "믿는 자는 구원을 받을 것입니다." 여러분은 우리 구주께서 제자들과 함께 배를 타고 계셨던 때의 잊지 못할 이야기를 기억하실 것입니다. 바람이 크게 일자 배가 이리저리 요동하였으며, 돛대가 팽팽해졌고 돛이 찢어졌습니다. 가엾은 제자들이 잔뜩 겁을 먹었습니다. "주여 구원하소서 우리가 죽겠나이다"(마 8:25). 여기에 의심이 있었습니다. 예수님께서 제자들을 꾸짖으실 때 뭐라고 책망하셨습니까? "어찌하여 무서워하느냐 믿음이 없는 자들아"(개역개정은 "믿음이 적은 자들아"). "믿음이 적은 자들아" 하고 말씀하신 것이 아닙니다. 이와 같이 큰 의심이 있는 곳에는 적은 믿음이 있을 수 있습니다. 저녁 무렵에 대기에는 빛이 있습니다. 전반적으로 어둠이 깔려 있을지라도 빛이 있습니다. 여러분의 믿음이 한낮에 이르지 않을지라도, 겨우 저녁 무렵의 빛 같을지라도, 여러분은 구원받은 사람인 것입니다. 아니, 그 이상으로, 여러분의 믿음이 저녁 무렵의 빛에도 이르지 못하고, 별빛에 불과할지라도, 아니 그보다 못하게 촛불에 지나지 않을지라도, 아니 불똥에 불과할지라도, 반딧불의 빛에 지나지 않을지라도, 여러분은 구원 받은 것입니다.

여러분의 모든 의심, 모든 두려움, 모든 고민이 끔찍한 것일지라도, 여러분을 먼지 구덩이 속에서 짓밟고 여러분의 영혼을 파멸시킬 수 없습니다. 하나님의 자녀들 가운데 가장 훌륭한 사람들도 마지막까지 의심과 두려움으로 괴로워했다는 것을 모르십니까? 존 녹스(John Knox) 같은 사람을 보십시오. 세상의 찌푸린 얼굴을 마주할 수 있고, 왕들에게 왕처럼 말할 수 있으며 어떤 사람도 두려워하지 않는 사람이 있었습니다. 그렇지만 임종시에 그 사람은 자기의의 문제로 시험을 받고 있었기 때문에 그리스도 안에서 자기의 관계에 관해 괴로워하였습니다. 그런 사람도 의심이 있다면, 여러분은 아무런 의심 없이 살기를 기대하십니까? 하나님의 지극히 빛나는 성도들도 단련을 받는다면, 바울 자신도 버림을 받지 않기 위해 그리스도에게 자신을 복종시켜야 한다면, 여러분이 구름 한 점 없는 세상을 살기를 기대할 수 있겠습니까? 사랑하는 여러분, 여러분의 의심이 커진다고 해서 약속의 진실성이 사라진다는 생각을 하지 마십시오. 다시 믿으십시오. 모든 의심을 버리십시오. 흥하든 망하든 자신을 주님께 던지십시오. 여러분은 결코 망할 수 없습니다. 자기를 의지하는 모든 영혼을 구원하는 것에 주님의 명예가 달렸기 때문입니다.

5. 또 다른 사람은 말합니다.

"아, 하지만 목사님은 아직 내 두려움에 대해서는 알지 못하시는군요." 나는 처음으로 구주를 알게 되었을 때, 어떤 방식으로 내 자신을 시험하곤 하였습니다. 그리고 종종 그 시험을 통해서 내 길에 장애물을 놓았습니다. 그래서 여러분 가운데 똑같은 일을 하고 있는 사람을 큰 애정을 가지고 말할 수 있습니다. 때로 나는 방에 들어가서 자기반성을 해볼 요량으로 스스로에게 이 질문을 던지곤 하였습니다. 나는 죽는 게 두려운가? 내가 방에서 쓰러져 죽는다면, 즐겁게 눈을 감겠다고 말할 수 있겠는가? 사실, 솔직하게 그렇다고 말할 수 없는 때가 많았습니다. 죽음이 매우 엄숙한 일이라는 것을 느끼곤 하였습니다. 그때 나는 말했습니다. "나는 그리스도를 믿지 않았어. 주 예수님을 믿었다면 나는 죽는 것이 두렵지 않고 아주 자신감이 있었을 거야." 이 자리에 이렇게 말할 사람들이 틀림없이 많을 것입니다. "목사님, 나는 죽는 것이 두려워서 그리스도를 따를 수 없습니다. 죽음을 생각하면 떨리는 것을 볼 때, 예수 그리스도께서 나를 구원하실 것 같지 않습니다."

가엾은 영혼이여, 하나님께 복 받은 사람들 가운데에도 죽음에 대한 두려움 때문에, 일생 오랫동안 속박되어 지낸 사람이 많이 있습니다. 나는 지금은 하나님의 귀한 자녀들을 알고 있습니다. 그 사람들은 죽을 때 당당하게 죽음을 맞이할 것이라고 믿습니다. 그러나 죽음을 생각하는 것이 그들에게 결코 기쁜 일이 아니라는 것을 압니다. 그것은 하나님께서 사람의 본성에 이 법칙, 곧 생명에 대한 사랑과 자기 보존 본능을 심어주셨기 때문입니다. 다시 한 번 말하지만, 친척과 친구들이 있는 사람이 그처럼 소중한 사람들을 남겨두고 떠나는 것을 좀처럼 좋아하지 않는 것은 지극히 당연한 일입니다. 나는 사람이 은혜를 더 얻으면, 죽음에 대한 생각을 즐겁게 하게 되리라는 것을 압니다. 그러나 죽음을 당당하게 맞이할 수 있었던 사람들 가운데 지금 죽음을 내다볼 경우에 죽음을 두려워하지 않을 사람이 얼마나 많을지 모르겠습니다. 나는 나이 많은 우리 할아버지께서 한 번은 지금도 기억하고 있는 설교를 하신 것이 생각납니다. 할아버지는 "모든 하나님의 은혜"라는 본문을 가지고 설교를 하고 계셨습니다. 할아버지는 하나님이 우리에게 주신 각기 다른 은혜에 대해 설명하신 후에, 각 은혜에 대한 설명을 끝낼 때마다, "그러나 여러분이 원하지 않는 한 가지 은혜가 있습니다"라는 말을 하심으로써 다소 회중의 흥미를 자아냈습니다. 한 문장을 끝낼 때마다 "그러나 여러분이 원하지 않는 한 가지 은혜가 있습니다"라는 말을 했습니다. 할아버지는 그렇게 계속하다가 이 말로 끝을 맺었습니다. "여러분은 살아 있는 순간에는 임종의 은혜를 원하지 않습니다. 그러나 그것을 원할 때는 여러분이 임종의 은혜를 받게 될 것입니다."

지금, 여러분은 아직 처해 있지 않은 상태를 가지고 자신을 시험하고 있습니다. 여러분이 그 상태에 들어가면, 그리스도를 의지하면 여러분은 충분한 은혜를 받을 것입니다. 친구들의 모임에서 우리는 순교의 시대가 온다면 화형당할 준비를 해야 하는지에 대한 문제를 이야기하고 있었습니다. 자, 솔직히 말해야 하겠지요. 내가 오늘 느끼는 바대로 말하자면 나는 화형당할 준비가 되어 있지 않습니다. 그러나 스미스필드에 화형기둥이 세워져 있고, 내가 한 시에 화형당하게 되어 있다면, 나는 한 시에 화형당할 은혜를 받으리라는 것은 확실하게 믿습니다. 그런데 시간이 아직 12시 15분이 되지 않았으면, 때가 아직 오지 않은 것입니다. 여러분이 원할 때까지는 임종의 은혜를 받을 생각을 하지 마시기 바랍니다. 그리고 때가 오면 여러분은 죽음을 견딜 충분한 은혜를 받으리라는 것을 확실히 알 수 있을 것입니다. 그러나 그런 장애물은 던져버리십시오. 그리스도를 의지하십시오. 살아 계신 그리스도께서 임종의 시간에 여러분을 도우실 것을 믿으십시오.

**6. 구원을 찾는 많은 영혼을 당혹스럽게 만드는,
아주 통탄할 만한 또 한 일은 이것입니다.**

"아, 나는 그리스도를 믿고 싶은데, 전혀 기쁘지가 않아요. 나는 하나님의 자녀들이 자기들이 받은 특별한 은혜들에 대해 즐거이 노래하는 것을 듣습니다. 그들은 비스가 산 꼭대기에 가보았고, 약속의 땅도 보았으며, 장차 올 세상도 즐겁게 내다보았다고 말하는 것을 듣습니다. 아, 그런데 내 믿음은 전혀 기쁨을 주지 않아요. 나도 정말 믿고 싶습니다. 그런데 그와 동시에 그런 희열이 전혀 없어요. 내 세상적인 근심이 심하게 나를 누르고, 때로는 영적인 고민조차 내가 감당할 수 없을 만큼 큽니다." 아, 가엾은 영혼이여, 내가 당신의 길에서 그 돌을 치워드리겠습니다. 하나님의 말씀이 "기뻐하는 자는 구원을 얻을 것이요"라고 쓰여 있지 않고 "믿는 자는 구원을 얻을 것이요"(막 16:16)라고 쓰여 있다는 사실을 기억하십시오. 당신의 믿음은 장차 당신을 기쁘게 해줄 것입니다. 그러나 믿음은 당신을 기쁘게 하지 못할 때에도, 당신을 구원할 만큼 강력한 것입니다. 우리는 많은 하나님의 백성들을 볼 때, 그들은 아주 슬프고 고통스럽게 지내왔습니다! 나는 그들이 그렇게 살아서는 안 된다는 것을 압니다. 이것은 그들의 죄입니다. 그러나 그런 죄일지라도 그것이 믿음의 효력을 파괴하지 못합니다. 성도의 모든 슬픔에도 불구하고 믿음은 여전히 살아 있고, 하나님께서는 여전히 자기 약속에 신실하십니다. 기억하십시오. 여러분을 구원하는 것은 여러분이 무엇을 느끼느냐가 아니라, 무엇을 믿느냐라는 것입니다. 여러분을 구원하는 것은 느낌이 아니라 믿음입니다. "우리가 믿음으로 행하고 보는 것으로 행하지 아니함이로라"(고후 5:7). 내 영혼이 빙산처럼 차갑고 바위처럼 단단하며, 사탄처럼 죄 많게 느껴지는 그 때에도, 믿음은 우리를 의롭다하는 일을 그치지 않습니다. 믿음은 우리가 행복한 가운데 있을 때만큼이나 슬픈 가운데 있을 때에도 효력을 발휘합니다. 믿음은 환경에 상관 없이 홀로 서서 자신의 그 장엄한 힘을 입증하기 때문입니다. 하나님의 아들이여, 하나님을 믿으십시오. 자신에게서는 무엇이든지 찾으려고 하지 마십시오.

**7. 그 다음에, 불경한 생각들을 하는 것 때문에
괴로워하는 사람들이 많이 있습니다.**

이 점에서도 나는 진심으로 그들을 동정할 수 있습니다. 어떤 시골 마을의 좁고 구불구불한 길이 생각납니다. 어느 날 나는 마음으로 구주를 찾으면서 그 길을 따라 걷고 있었습니다. 여러분 가운데 누구든지 생각해 볼 수 있는 아주 지독한 욕설이 갑자기 마음속에 떠올랐습니다. 나는 그 욕설이 입 밖으로 튀어나오지 못하도록 손으로 입을 막았습니다. 내가 아는 한, 나는 그런 말을 들어본 적이 없었습니다. 나는 젊어서부터 일생 동안 그런 욕설은 한 마디도 사용해 본

적이 없다는 것을 분명히 압니다. 나는 불경스런 말을 한 번도 쓴 적이 없었습니다. 그런데 이런 말들이 괴롭게 나를 따라다녔습니다. 한 30분 동안 아주 지독한 욕설들이 내 머릿속에 마구 일어나곤 하였습니다. 아, 하나님 앞에서 얼마나 괴로워하며 부르짖었는지 모릅니다! 그 시험이 사라졌습니다. 그런데 며칠이 가지 않아 또다시 그런 일이 발생하였습니다. 내가 기도하고 있을 때나 성경을 읽고 있을 때, 이런 불경스런 생각들이 다른 어떤 때보다도 심하게 마음속에 마구 밀어닥치곤 하였습니다. 나는 이 문제로 나이 드신 경건한 신자 한 분과 상담하였습니다. 그분이 내게 말하였습니다. "아, 하나님의 백성들 가운데 많은 사람들이 당신보다 앞서 이 모든 일을 경험했습니다." 그리고 나서 그분이 말했습니다. "당신은 그런 생각들을 미워합니까?" "예, 미워합니다" 하고 나는 진심으로 말했습니다. 그러자 그분이 말했습니다. "그렇다면, 그것은 당신 생각이 아니오. 옛날에 교구민들이 부랑자들을 대했던 것과 같이 하세요. 채찍으로 그 사람들을 후려치며 자기 구역으로 돌려보냈는데, 그 생각들에 대해 그와 같이 하세요. 그런 생각들에 대해 괴로워하고 회개하며, 그들의 아비인 마귀에게 돌려보내세요. 그 생각들은 마귀에게 속한 것이지 당신 생각이 아니에요."

당신은 존 번연이 그 모습을 어떻게 묘사하고 있는지 생각나지 않습니까? 존 번연은 이렇게 말합니다. 크리스천이 사망의 음침한 골짜기를 지나가고 있을 때 "한 사람이 그에게 걸어오더니 그의 귀에 대고 불경스런 생각들을 속삭였습니다. 그러자 불쌍한 크리스천은 그것이 자기 생각이라고 여겼습니다. 그러나 그것은 전혀 그의 생각이 아니었고 불경스런 영이 그의 머릿속에 주입한 것이었습니다." 이와 같이 여러분이 이제 막 그리스도를 잡으려고 할 때, 사탄은 자신의 모든 수단을 사용하여 여러분을 멸망시키려고 합니다. 그는 자기 노에 중 하나라도 잃어버리려고 하지 않습니다. 사탄은 각 신자를 넘어트릴 새로운 시험을 고안하여, 그가 그리스도를 의지하지 못하게 만들려고 합니다. 자, 불쌍한 영혼이여, 오십시오. 여러분 마음속에 떠오르는 이 모든 불경한 생각에도 불구하고, 와서 그리스도를 의지하십시오. 이런 생각들이 여러분이 이제까지 들었던 것보다 더 불경한 것이라 할지라도 와서 그리스도를 의지하고 자신을 그리스도께 맡기십시오. 코끼리는 다리를 건너갈 때 그 다리가 자기 몸무게를 견딜 수 있는지 알아보려고 발로 다리를 두드려 본다는 말을 들은 적이 있습니다. 자, 자신을 코끼리 같은 죄인으로 생각하는 여러분, 오십시오. 여기에 당신의 그런 모든 생각에도 불구하고 당신을 충분히 지탱할 튼튼한 다리가 있습니다. "사람에 대한 모든 죄와 모독은 사하심을 얻되"(마 12:31). 그런 생각은 사탄의 얼굴에 집어던지고, 여러분은 그리스도를 의지하십시오.

8. 다른 한 가지 장애물이 있는데,
이것도 제거하도록 하겠습니다.

이렇게 말하는 사람들이 있을 것입니다. "아, 목사님, 내 믿음이 열매를 냈다는 것을 볼 수 있다면, 그리스도께서 나를 구원하신다는 것을 믿고 싶습니다. 그런데 목사님, 나는 선을 하려고 할 때 악이 함께 있습니다." 내가 언제나 내 자신의 경우를 예로 드는 것을 양해해 주시기 바랍니다. 그러나 나는 시험을 겪고 있는 죄인들에게는 일반적으로 찾을 수 있는 다른 어떤 예보다, 자신의 경험에서 나온 증거가 대체로 더 효과가 있다고 생각합니다. 내 말을 믿으십시오. 내 자신이 느낀 바를 말하는 것은 내 자신을 과시하려는 것이 아니라, 순전히 여러분의 가슴에 와 닿게 말하려는 것뿐입니다. 그리스도께 온 후 첫 주일에, 나는 감리교 예배당에 갔습니다. 그때 들은 설교는 이 본문에 대한 것이었습니다. "오호라 나는 곤고한 사람이로다 이 사망의 몸에서 누가 나를 건져내랴"(롬 7:24). 나는 그 주일에 바로 그런 상태까지 갔습니다. 나는 내가 그리스도를 의지했다는 것을 알고 있었습니다. 내가 예배당에 앉아 있었을 때, 내 믿음이 구주의 속죄만을 진심으로 의지했다는 것을 알고 있었습니다. 그러나 내가 원하는 대로 거룩한 생활을 할 수 없었기 때문에 마음에 무거운 짐이 있었습니다. 나는 죄를 짓지 않고 살 수가 없었습니다. 아침에 일어났을 때, 나는 거친 말은 한 마디도 하지 않고 생각과 모양에서 악한 것은 일체 삼가야겠다고 생각했습니다. 그런데 예배당에 왔을 때는 "선을 행하기 원하는 나에게 악이 함께 있었기"(7:21) 때문에 괴로워서 끙끙거렸습니다. 그때 목사님은, 바울이 내가 인용한 그 말을 쓸 때는 그리스도인이 아니었다고 말했습니다. 이것은 바울이 그리스도를 알기 전의 경험이라고 하였습니다. 참으로 그릇된 가르침입니다! 이때 바울은 그리스도인이었다는 것을 나는 압니다. 그리스도인들이 자신을 보면 볼수록 그만큼 더 괴로워하게 되는데, 이는 자신이 원하는 바대로 거룩한 사람이 될 수 없기 때문이라는 것을 나는 압니다. 그 목사님의 말씀대로라면, 여러분은 완전해지기 전에는 그리스도를 믿지 못한다는 것이 아닙니까? 그렇다면 여러분은 절대로 그리스도를 믿지 못할 것입니다. 여러분이 그리스도께 넘겨드릴 죄가 없다면, 귀하신 예수님을 믿지 않을 것입니다! 그러면 여러분은 결코 그리스도를 의지하지 않을 것입니다. 여러분은 하늘에서 하나님의 얼굴을 뵙기 전에는 결코 완전해지지 않을 것입니다.

내가 아는 한 사람은 자신을 완전한 사람이라고 생각하였습니다. 그런데 그는 등이 굽었습니다. 그래서 나는 그의 교만에 대해 이렇게 책망했습니다. "주님께서 당신에게 완전한 영혼을 주셨다면 틀림없이 주님은 그 영혼을 짊어지고 다닐 완전한 육체를 주셨을 것이오." 무덤 이편에 있는 동안에는 우리는 완전에 이르지 못할 것입니다. 여러분이 할 일은 그리스도를 의지하는 것입니다. 여러분은 오직 그리스도의 피만을 의지해야 합니다. 그리스도를 믿으십시오. 그러면 여러분은 안전합니다. "아들을 믿는 자에게는 영생이 있고"(요 3:36). 죄와 싸우는 것이 우리의 의무입니다. 죄를 이기는 것이 우리의 특권입니다. 우리가 죄와 싸우고 있다고 느낀다면, 그것은 명예로운 일입니다. 어느 날 우리가 죄를 밟고 있다면 그것은 우리의 영광이 될 것입니다. 그러나 이 세상에서 완전한 승리를 기대해서는 안 됩니다. 여러분이 죄를 의식하고 있다는 것은 여러분이 살아있다는 증거입니다. 여러분이 원하는 바대로 살고 있지 못하다는 사실은, 여러분에게 높고 고귀한 생각들이 있는데 그것은 날 때부터 가지고 나온 것이 아님을 증거합니다. 여러분은 한두 달 전에는 자신에 대해 만족하지 않았습니까? 그런데 지금은 자신이 불만스럽다는 사실은, 하나님께서 여러분에게 새로운 생명을 주셨고, 그 생명이 더 낫고 높은 것을 숨쉬고 싶어한다는 것을 증거하는 것입니다. 여러분은 이 땅에서 원하는 사람이 되면, 그 다음에는 절망합니다. 율법으로 말미암아 의롭다함을 얻는다면, 그러면 여러분은 은혜에서 떨어진 것입니다. 바울이 "율법 안에서 의롭다 함을 얻으려 하는 너희는 그리스도에게서 끊어지고 은혜에서 떨어진 자로다"(갈 5:4)고 말했기 때문입니다. 그러나 율법이 나를 정죄한다고 느끼고 있을 때는, 내가 그리스도를 믿고 있음을 아는 것이 기쁨입니다. "그러므로 이제 그리스도 예수 안에 있는 자에게, 곧 육신을 따르지 않고 그 영을 따라 행하는 우리에게는 결코 정죄함이 없나니"(롬 8:1,4).

지금까지 길을 깨끗이 치우려고 노력해 왔지만 내 자신은 아마 그 길에서 돌을 하나나 둘 정도밖에 치우지 못했던 것으로 생각합니다. 그것은 태만의 죄입니다. 하나님께서 용서해 주시기를 구합니다. 나는 도시와 도시를 연결하는 고속도로처럼 이 길을 곧고 깨끗하게 만들고 싶습니다. 죄인이여, 여러분에게서 그리스도를 믿을 권리를 빼앗을 것은 아무것도 없습니다. 여러분은 혼인 잔치에 참석하도록 값없이 초대를 받았습니다. 그 문에는 여러분을 내쫓을 문지기가 없습니다. 여러분에게 입장권을 보여달라고 할 사람이 아무도 없습니다.

> "양심 때문에 우물쭈물하지 않도록 하십시오.
> 분별없이 자신의 적합함을 꿈꾸지도 마십시오.
> 주님께서 요구하시는 모든 적합함은
> 여러분에게 그리스도가 필요함을 느끼도록 하시려는 것입니다.
> 이것을 주께서는 여러분에게 주시는데,
> 그것은 성령의 떠오르는 빛입니다."

지금 여러분의 모습 그대로 예수께 오십시오. 그런데, 사실 우리가 서재에 앉아 있을 때는, 복음을 전하고 사람들을 그리스도를 믿도록 만드는 일이 쉬운 것처럼 보입니다. 그런데 실제로 복음을 전해 보면, 그것이야말로 세상에서 가장 어려운 일임을 느낍니다. 내가 여러분에게 어떤 중대한 일을 하라고 말을 한다면, 여러분은 그 일을 할 것입니다. 그런데 단지 "믿으라, 씻으라, 깨끗게 하라"고 말을 할 때는, 여러분은 그 일을 하려고 하지 않습니다. "내게 일만 파운드를 주십시오" 하고 말했다면 여러분은 내게 그 돈을 줄 것입니다. 여러분은 천 마일을 엎드려서 무릎으로 기어가야 한다거나 이제까지 제조된 것 가운데 가장 쓴 약을 먹어야 한다면 그렇게 할 것입니다. 그런데 이렇게 그리스도를 의지하는 것은 여러분의 교만한 심령으로서는 지극히 어려운 일입니다. 죄인이여, 여러분은 구원받을 수 없을 만큼 교만합니까? 자, 여러분, 그리스도의 사랑을 인해서, 여러분 자신의 사랑을 가지고 나와 함께 갑시다. 함께 그리스도의 십자가 밑에 갑시다. 십자가에 달려 고난을 받으시는 주님을 믿으십시오. 죽은 자 가운데서 일어나셨고, 포로된 자를 풀어주신 그분을 의지하십시오. 불쌍한 죄인이여, 그리스도를 의지하면 여러분은 실망하지 않을 것입니다. 그것은 잘못된 대상을 신뢰하는 것이 되지 않을 것입니다.

다시 한 번 말씀드리지만 여러분이 그리스도를 의지하였는데, 망한다면 나도 기꺼이 망하겠습니다. 여러분이 정직하게 그리스도를 의지했는데 하나님께서 여러분을 거절하신다면, 나는 여러분과 함께 지옥에 내 잠자리를 펴겠습니다. 나는 감히 그 점을 말씀드리며, 담대하게 그 사실을 바라봅니다. 만약 그 말대로 된다면, 여러분은 예수님을 믿고서 버림을 받은 최초의 죄인이 될 것이기 때문입니다. 어떤 사람은 이렇게 말합니다. "그처럼 비참한 내가 믿을 권리를 가질 수 있다는 것은 생각할 수도 없는 일입니다." 여러분, 여러분이 아주 형편없는 사람이냐 아니냐 하는 것이 문제가 되지 않습니다. 여러분에게 보증이 되는 것은 믿으라는 **명령**입니다. 여러분은 믿으라고 명령을 받았습니다. 명령이 힘있게 올 때, 그 힘은 명령과 함께 오는 것입니다. 그래서 명령을 받은 사람이 자발적으로 그리스도를 의지하고 믿으면, 그 사람은 구원을 받습니다.

오늘 아침 나는 이 교리를 할 수 있는 대로 분명히 전하려고 애썼습니다. 누구든지 구원을 받으면, 그것은 처음부터 끝까지 전적으로 성령 하나님의 사역인 것을 나는 압니다. 누군가가 거듭났다면, 그것은 "혈통으로나 육정으로나 사람의 뜻으로 나지 아니하고 오직 하나님께로부터 난 것"(요 1:13)입니다. 그러나 나는 이 큰 진리가, "그리스도를 믿는 사람은 구원을 얻을 것이요"(막 16:16)라는 다른 진리와 충돌된다고 보지 않습니다. 나는 마치 하나님께서 나를 통해서 여러분에게 권고하시는 것처럼 무릎을 꿇고서라도 다시 한번 여러분에게 "그리스도를 대신하여 하나님과 화목하라"(고후 5:20)고 말하고 싶습니다. 그리고 여러분이 "하나님께서 보내신 이를 믿는 것"(요 6:29), 즉 그리스도를 믿는 이것이 바로 화목입니다. 내 말을 이해하시겠습니까? 여러분이 그리스도를 의지하는 것, 그리스도께서 행하신 것 외에는 아무것도 의지하지 않는 것을 말합니다. 여러분이 전적으로 그리스도를 의지하고 여러분의 모든 짐, 곧 죄와 의심과 두려움과 염려의 모든 짐을 맡긴다면, 여러분은 반드시 구원을 받고 결코 망하는 일이 없습니다. 자, 이것이 값없는 은혜의 교리를 전파하는 것입니다. 여러분 가운데서 누구라도 어떻게 칼빈주의자가 이렇게 설교할 수 있느냐고 생각한다면, 이 말씀을 드리겠습니다. 이것이 칼빈이 설교했던 가르침이고, 그보다 더 중요한 사실은 이것이 우리 주 예수 그리스도와 그의 사도들이 전파했던 복음이라는 것입니다. 우리가 "믿고 세례를 받는 사람은 구원을 얻을 것이요 믿지 않는 사람은 정죄를 받으리라"(막 16:16)고 말할 때 우리는 하나님의 보증을 말하는 것입니다.

제
22
장

—

하나님은 우리 가까이에 계신다

—

**"그는 우리 각 사람에게서
멀리 계시지 아니하도다."** — 행 17:27

　　사람이 자기 하나님께 불순종하였을 때, 그는 영적으로 죽은 것입니다. 그리고 그 죽음은, 그의 영혼이 하나님과 분리되어 있다는 데 있습니다. 영적으로 죽은 순간부터 사람은, 하나님이 아주 멀리 계시다고 생각하기 시작하였고, 그 이후로 이 생각이 모든 시대에 사람의 종교 속에 있어 왔습니다. 그래서 사람은 "하나님이 없다"고 말하거나, 보이는 피조물을 하나님이라고 믿어왔습니다. 이것은 하나님이 없다고 생각하는 것과 같습니다. 그렇지 않으면 하나님을 멀리 떨어져 계시며, 사람에 대해 전혀 주의를 기울이지 않는 신비스러운 존재라고 생각하였습니다. 하나님을 더 바르게 알게 된 후에라도, 사람은 하나님을 만나기가 어렵고, 그분께 무엇을 간구하는 것이 어렵다고 생각하였습니다. 자신의 마음이 하나님에게서 멀리 떠나 있기 때문에 사람은 하나님이 자신을 전혀 고려하지 않는다고 생각합니다. 그러나 그렇지 않습니다. 살아 계신 하나님은 우리 각 사람에게서 멀리 계시지 않습니다. "우리가 그를 힘입어 살며 기동하며 존재하기"(17:28) 때문입니다.

　　하나님께서 사람에게 가까이 계시다는 것이 하나님의 계시가 가르치는 바입니다. 에덴 동산에 관한 기록을 보면, 거기에서 하나님이 사람 가까이에 계셨다는 증거가 나타납니다. 아담이 범죄한 후에 동산 나무들 사이에 숨었습니다.

그러나 하나님께서 그의 숨은 곳을 찾아내셨고, 하나님의 음성이 들렸습니다. 하나님께서 동산 나무들 사이를 다니시면서 말씀하셨습니다. "아담아, 네가 어디 있느냐?" 사람이 하나님을 찾으려 한 것이 아니라 하나님께서 사람을 찾으십니다. "내 하나님 어디 계십니까?"라는 사람의 음성은 없을지라도, "아담아, 네가 어디 있느냐?" 하고 찾으시는 하나님의 음성이 있습니다. 역사를 통하여 내내 하나님은 사람과 가까이 지내셨습니다. 하나님께서 다양한 방식으로 사람에게 말씀하셨지만, 주로 택하신 사람들을 통해서 말씀하셨습니다. 하나님은 선지자들을 계속 이어서 일으키셨고, 그들의 경고하는 목소리를 통해 사람들에게 말씀하시고, 자기의 얼굴을 구하라고 권유하셨습니다. 하나님께서 친히 말씀하시면, 사람들이 아주 놀라고 멀리하였습니다. 그래서 하나님께서 사람의 목소리를 사용하셨는데, 이는 사람들의 마음에 더 가까이 가시기 위함이었습니다.

우리가 구약에서 보는 대로 택한 민족의 모든 역사를 보면, 여호와께서 가까이 계셨음이 드러납니다. 구약 성경의 어디를 보든지 간에, 우리는 하나님께서 성경의 그 페이지 안에, 위에 혹은 뒤에 가까이 계심을, 심지어 하나님께서 숨으신 것처럼 보이는 때에도 가까이 계신다는 것을 알 수 있습니다. 그 후에 하나님께서 우리에게 더 가까이 오셨는데, 이는 하나님께서 그 아들을 통해서 말씀하셨기 때문입니다. 하나님의 아들이 죄인의 친구가 되셨습니다. 하나님께서 이보다 더 우리에게 가까이 오실 수 있습니까? 말씀이 육신이 되어 우리 가운데 거하셨습니다. 그래서 사람들이 하나님의 영광을 보았습니다. 그리스도께서 우리와 같은 뼈와 살을 입고서 오신 것입니다. 그렇지만 그리스도는 바로 하나님이십니다. 그리스도 안에서 하나님께서 사람에게 가장 가까운 친척이 되셨고, 사람을 영원한 보좌 가까이로 부르셨습니다. 그리스도는 하나님과 사람이 한 분으로 계시는 분입니다. 이렇게 하나님과 사람 사이에 가장 친밀한 연합이 이루어진 것입니다. 진실로, 진실로, 여호와 하나님은 그의 사랑하시는 아들 안에서 우리 각 사람에게서 결코 멀리 계시지 않습니다.

오늘날은 예수께서 하늘에 오르셨지만, 하나님의 성령께서 교회 가운데 계시므로, 다시 하나님이 우리 가까이 계십니다. 그 보혜사께서 여전히 일하고 계십니다. 죄를 깨닫게 하시는 그분께서 여전히 사람의 양심에 대고 죄와 의와 장차 올 심판에 대하여 이야기하십니다. 성령께서는 지금도 하나님의 말씀과 더불어 일하시고, 그의 사역자들을 지도하여 청중들이 사역자가 전하는 말씀이 자신에게 예리하게 적용되는 것을 느끼도록 하십니다. 복음을 듣는 여러분은 하나님의 나라가 특별한 의미로 여러분에게 가까이 왔다는 것을 확실히 알기를 바랍니다! 나는 여러분에게 이렇게 강조해서 말할 수 있습니다. "하나님은 여러분 각 사람에게서 멀리 계시지 않고, 여러분은 하나님 나라에서 멀리 있지 않습니다."

　　하나님께서 그의 편재하심에 의해, 그리고 사람에 대한 하나님의 은혜로운 처사에 의해 우리 가까이 계시다는 것이, 영감된 말씀의 분명한 가르침입니다. 깨달은 사람은 자연의 활동에서 하나님이 가까이 계시는 것을 뚜렷하게 봅니다. 우리가 지난 밤에 머리 위에서 울리는 천둥소리에서 들은 것은 누구의 목소리였습니까? 들판을 새롭게 하는 빗방울은 누가 만들었습니까? 시들어가는 꽃을 시원하게 하고 기운을 북돋우는 부드러운 미풍은 누가 분 것입니까? 오늘 우리에게 이처럼 깨끗하고 평온하며 밝은 "땅과 하늘의 결혼식"을 가져다준 분이 누구입니까? 우리를 위해 추수기를 마련하시고, 사람과 짐승을 위해 음식을 준비하고 계시는 분은 누구입니까? 이 일을 행하시되 우리의 생각을 뛰어넘는 방식으로 행하시며, 우리가 보는 앞에서 행하시는 분은 하나님이십니다. 이 우주에서 하나님에게서 파생된 것 외에 다른 어떤 힘은 없습니다. 영원하신 자존자로부터 나온 생명 외에 다른 생명은 없습니다. 하나님이 모든 것 안에 계십니다. 우리 위에 있는 별들 가운데 하나님은 빛을 비추십니다. 그러나 하나님은 우리 발 밑에 있는 풀 속에서도 활동하십니다. 이슬방울 하나하나에서 하나님의 영광이 번쩍이고, 먼지 알갱이마다 하나님의 흔적을 지니고 있습니다. 하나님은 우리 안에 계시면서 계속해서 우리의 심장이 뛰게 하시며, 우리 둘레에 공기를 공급하시어 우리가 생명을 유지하도록 대기의 힘을 호흡하게 하십니다.

　　이와 같이 하나님은 섭리 가운데서 우리에게 아주 가까이 계십니다. 아마도 불경건한 이 시대는 하나님을 추방하려고 애쓰지만, 하나님께서 매일의 활동 속에 임재해 계십니다. 크고 작은 모든 일이 하나님에게서 나옵니다. 하나님은 만사를 정하시고 다스리시며 혹은 파기하십니다. 전염병과 기근, 지진과 태풍은 하나님의 무거운 발걸음이고, 낮과 밤, 추수와 만조(滿潮)는 하나님의 가벼운 발걸음입니다. 크고 작은 역사의 사건들은 하나님의 분명한 계획과 조정이 있음을 은연중에 드러냅니다. 모든 일들이 아주 빈틈없이 정확하게 협력하여서 고귀한 목적을 이룹니다. 오늘날은 이런 것들을 일컬어 **동시발생**이라고 말하는 것이 유행입니다. 그것은 남자 아이들이 가지고 장난하기에 좋은 단어입니다. 우리 가운데 어떤 이들은 하나님의 섭리를 지켜봅니다. 우리는 결코 하나님의 섭리를 벗어나 있지 않습니다. 우리는 매일의 생활에서 하나님의 섭리를 봅니다. 우리는 어리석은 바보라고 비웃음을 당할지라도, 그렇게 보기를 기뻐합니다. 볼 수 있는 사람들은 맹인들의 조롱을 얼마든지 받아낼 수 있습니다. 내 개인적으로는 하나님께서 섭리 가운데 역사하신다는 것을 보여주는 특별한 표지들을 아주 많이 경험하였습니다. 그 가운데 어떤 경험들은 도무지 믿을 수 없는 것처럼 보여서 가급적 말하려고 하지 않았습니다. 핼리팩스(Halifax)에 복음 전도의 목적으로 세워진 거대한 목조 건물에서 말씀을 전하던 일이 생각납니다. 전날에 눈이 아주 많이 내려서 땅에 높이 쌓였습니다. 그럼에도 사람들이 엄청나게 와서, 그 큰 건물이 미어터지다시피 하였습니다. 그 많은 사람들이 안전하게 집으로 돌아간 것을 생각하면 지금도 감사한 마음이 듭니다. 사람들이 마지막 한 사람까지 빠져나가 건물을 비우자마자, 그 큰 건물이 폭삭 가라앉고 말았습니다. 왜 사람들이 모여 있었을 때는 그 건물이 무너지지 않았습니까? 한 사람도 다치지 않은 것을 보았을 때, 나는 거기에 하나님이 계셨음을 생각하고 하나님의 거룩한 이름을 찬양하였습니다. 그것이 미신과 같은 일이었겠습니까?

또 한 가지 예를 들어보겠습니다. 나는 어느 날 하나님의 대의를 위하는 아주 중요한 어떤 문제로 큰 어려움을 겪고 있었습니다. 나는 기도 중에 그 문제를 하나님 앞에 내놓았습니다. 그래도 길이 보이지 않았습니다. 나는 아무런 인도나 지시를 받을 수 없었습니다. 북 런던에 가서 복음을 전해야 했는데 한 친구가 친절하게 마차로 나를 그곳에 데려다 주었습니다. 후에 나는 그 친구에게 우리 교인 가운데 보고 싶은 한 사람의 집에 데려다 달라고 부탁하였습니다. 나는 가는 길을 거의 주의하지 않고 가다가 문득 보니, 내가 전혀 알지 못하는 거리를 지나고 있었습니다. 그래서 그에게 말했습니다. "길을 잘못 가고 있는 것이 틀림없네." 그러자 그 친구가 "아니야, 확실히 제대로 가고 있어" 하고 말하였습니다. 그 친구는 내가 이름을 댄 그 사람의 가정집으로 가고 있는 중이었습니다. 나는 그 사람이 그 시간에 사무실에 있으리라는 것을 알았습니다. 그래서 그 친구를 따라 그리로 가려고 생각했던 것입니다. 우리는 길을 잘못 들어섰고, 그래서 마차가 내가 알지 못하는 골목길로 가고 있었습니다. 그 길을 따라 가다가 나는 이 세상에서 나를 도와 곤경에서 구출해 줄 수 있는 단 한 사람을 보았습니다. 어떻게 그가 거기에 왔는지 알 수 없습니다. 내가 어떻게 거기에 왔는지는 이미 말씀드렸습니다. 기이하게 주님께서 나를 인도하셨습니다. 그 정보 때문에 일이 행복하게 끝이 났습니다. 하나님께서 내 가까이에 계셨던 것입니다. 사람들은 말합니다. 그것은 단순한 동시발생이다! 우연한 동시발생이다! 한 가지 사실을 말씀드리겠습니다.

얼마 전에 나는 "우연한 동시발생"과 같은 일들을 연달아 만났습니다. 나는 어떤 도시로 가려고 기차를 탔습니다. 기차는 계속 가다가 갈아타는 역에 이르러서 나는 기차를 바꿔 타라는 지시를 받았습니다. 그때 묘한 동시발생으로 또 한 기차가 서 있었는데 내가 가려고 하는 방향에 있었습니다. 나는 플랫폼을 가로질러 가서 자리를 잡았고, 기차는 곧 떠났습니다. 몇 마일을 가고 나서 나는 "여기서 갈아 타십시오!"라는 말을 한 번 더 들었습니다. 나는 두 번째 기차를 갈아 탔고, 또 한 번의 동시발생으로 기차가 막 내 목적지를 향하여 출발하고 있었습니다. 내 철도 여행의 마지막에 이르렀을 때, 또 한 번의 동시발생이 나를 위해 준비되어 있었습니다. 잘 아는 친구가 마차를 가지고 와서 나를 기다리고 있었고, 그 친구는 또 한 번의 동시발생에 의해 저녁이 준비된 그의 집으로 데려갔습니다. 저녁 식사에는 고기를 먹지 않는 사람을 위한 음식이 우연히도 준비되어 있었습니다. 이것은 나를 위한 특별한 동시발생이 아니었습니까? 나는 설교하러 예배당에 갔습니다. 가보니 예배당이 설교를 들으러 모인 사람들로 꽉 찼습니다. 이것 또한 또 한 가지의 동시발생입니다! 어떤 사람들은 이 말을 듣고 이렇게 소리칩니다. "터무니없는 이야기 하시는군요. 그 모든 일은 미리 조정되었던 것이겠지요." 나도 그렇게 생각했다고 말씀드립니다.

여러분이 조정하는 손을 인정하시니 기쁩니다. 그런데 죄송하게도 나는 다른 경우들에서도 조정하는 손을 보았습니다. 조정하는 그 손이 이 경우에서처럼 다른 경우들에서도 분명히 있었다고 생각합니다. 내 여행의 이야기에 대해 여러분은 사전의 조정에서 실마리를 찾습니다. 그런데 민족들의 역사에서, 각 사람의 생활의 이야기에서, 나는 모든 것을 조정하시는 하나님의 뜻의 존재에서 실마리를 찾습니다. 일련의 사건들이 일어나는 것은, 사람들이 사전에 그렇게 정해 놓았기 때문이라고 생각할 때, 여러분은 그 점을 의심 없이 인정하는 것입니다. 그렇다면 왜 하나님의 조정은 인정하지 않습니까? 하나님의 조정이 역사의 중대한 사건들을 마찬가지로 잘 설명하지 않습니까? 여러분은 내 말에 반대하십니까? 여러분이 다른 경우에서는 주장할 이론이 없지만 자신의 본성적인 상식을 따르면서도, 한 경우에서는 믿지 않기로 결심하는 것은 아닌지 모르겠습니다.

하나님은 우리에게 아주 가까이 계셔서 자기 백성의 기도를 들으시고, 그 기도에 맞게 사건들을 조정하십니다. 이 점을 믿지 못하십니까? 여러분은 우리가 즐거이 이야기하는 많은 기도 응답이 단순한 **동시발생**이라고 생각하십니까? 그 점에 대해서 지체없이 말씀드리겠습니다. 어저께 내게 일어난 이상한 몇 가지 사건들을 말씀드리겠습니다. 아침에 내 서재에 들어왔을 때, 나는 금식을 그쳐야 할 필요가 있었습니다. 아침 식사가 차려지기 전에는 별로 그럴 생각이 없었습니다. 낮 동안에 나는 물 한 잔이 마시고 싶었습니다. 몇 분 안 되어서 내 곁으로 물 한 잔이 왔습니다. 나는 누군가 나를 대신해서 우체국에 가서 전보를 쳐 주기를 바랐습니다. 아, 그런데 참, 적당한 심부름꾼이 나타났습니다. 이것이 마술이었습니까? 저녁이 되었습니다. 나는 불을 키고 커튼을 치고 싶었습니다. 조금 있으니까 내 바람이 이루어졌습니다. 이런 문제들이 "단순한 동시발생"이었습니까? 어떤 사람은 소리칠 것입니다. "그렇지 않습니다. 목사님이 사람에게 시키려고 종을 울렸겠지요." 이제 그 점을 생각해 보니, 누군가가 손잡이를 잡아당겼습니다. 나는 종은 전혀 보지 못했습니다. 그렇지만 여러분은 종을 울렸기 때문에, 그 모든 일이 되었다는 것을 나에게 납득시키려고 합니다. 그 문제로 여러분과 논쟁을 하지 않겠습니다.

내가 여러분의 의견을 따른다면 여러분도 우리가 주 우리 하나님께 기도하면 우리가 기도의 응답을 받는다고 여러분에게 말할 때, 내 말을 믿어주면 좋겠습니다. 우리는 주 우리 하나님께서 매일 기도에 응답하신다는 것을 경험합니다. 하나님이 가까이 계셔서 자신의 약속을 이행하시고 자기를 의뢰하는 자들의 간구를 들어주시기 때문입니다. 여러분은 종소리의 위력을 믿습니다. 그런데 우리는 기도의 위력을 믿습니다. 우리가 살아 계신 하나님께 말씀드리는 것은, 종을 울리는 것이 여러분에게 사실이고 실재이듯이, 우리에게 사실이고 실재입니다. 그렇다면 여러분이 우리의 말을 우습게 생각할 수 있겠습니까? 왜 여러분은 **동시발생**에 관해 그렇게 소리 높여 우리를 반대하십니까? 웃어넘겨버리십시오! 우리는 하나님께서 그처럼 신속하게 들으시고 그처럼 풍성하게 복 주신다는 것을 경험하는 한, 그보다 못한 것을 기도하지 않을 것입니다. 어리석은 자는 마음속으로 "하나님이 없다"(시 14:1)고 말해 왔습니다. 그렇지만 그런 사람도, 하나님이 계시다는 것은 믿으면서 그 하나님께서 아주 가까이 계셔서 기도를 들으시고 응답하신다는 것을 인정하려고 하지 않는 사람만큼, 어리석지는 않습니다. 여러분 가운데 하나님의 가까이 계심을 의심하는 분들은 하나님께 부르짖고 하나님을 만날 수 없는지 보시면 좋겠습니다!

　　사랑하는 여러분, 사실 하나님은 어디에나 계십니다. 하나님은 모든 곳에 임재해 계시므로 각 사람에게 아주 가까이 계신 것입니다. 하나님의 계신 곳의 경계선은 아무데도 없고 하나님의 계신 곳의 중심점은 모든 곳에 있습니다. 하나님은 이 세상에서 다른 아무도 없는 것처럼 여러분과 함께 계십니다. 하나님께서 여러분 가까이 계신다고 해서 다른 사람에게서는 멀리 계시는 것이 아닙니다. 이 진리는 아주 높아서 우리가 그것을 다 이해할 수 없습니다. 그렇지만 확실한 진리입니다. 하나님은 우리 각 사람에게 가까이 계셔서 우리를 정확하게 지켜보시고, 우리 마음의 숨은 의도를 꿰뚫어 보십니다. 하나님은 우리 가까이 계셔서 우리를 동정하시고 우리에게 마음을 쓰십니다. 하나님은 우리 가까이 계시면서 언제든지 개입하여 우리를 도우실 준비가 되어 있으십니다. 주님은 모든 곳에서 항상 우리 가까이에 계십니다. 밤낮으로 하나님은 우리를 두르고 계십니다. 이 시간, "확실히 하나님은 이곳에 계십니다." 이 사실을 알고 두려워하십시오. 이 예배가 끝나기 전에, 여러분이 하나님의 은혜의 능력을 느낌으로써 그 사실을 알기를 기도합니다. 비록 내 말이 아주 시원치 않을지라도, 여러분에게 전할 말에 기도의 응답으로 주님의 임재와 능력이 함께 해주시기를 바랍니다.

　　첫째로, 나는 이제 하나님을 더듬어 찾기만 할 뿐 아직 하나님을 알지 못한 사람들에게 잠시 이야기하려고 합니다. 그 다음에, 하나님을 찾았고, 즐거운 경험을 통해 하나님께서 자기의 택하신 사람들에게 얼마나 가까이 계시는지를 아는 사람들에게 이야기할 것입니다.

1. 지금 하나님을 더듬어 찾고 있는 분들에게
아주 진심으로 이야기합니다.

　　여러분은 벽을 더듬거리는 맹인들처럼 손을 뻗어 하나님을 찾으려고 합니다. 기뻐하십시오! 하나님은 여러분에게서 멀리 계시지 않습니다.

　　그러면 어떻게 해야 합니까? 이러한 점에서 볼 때 죄는 참으로 불경한 것입니다. 여러분은 왕의 어전에서 왕의 명령을 위반하였습니다. 하나님을 모독하는 말을 했을 때, 여러분은 하나님을 경시하고 하나님의 귀에다 대고 말을 한 것입니다. 여러분은 하나님이 여러분을 뚫어져라 쳐다보고 있는 동안에 여러분의 창조주를 모욕한 것입니다. 여러분은 하나님의 보좌에서 멀리 떨어져서 통치권이 미치지 않은 곳에 있다고 생각했습니까? 그래서 멋대로 죄를 범한 것입니까? 아, 여러분은 잘못 생각하였습니다. 여러분은 하나님의 궁정에서 반역한 것입니다! 하나님은 여러분의 악한 말을 들으셨습니다. 하나님은 여러분의 불의한 행동들을 기록해 놓으셨습니다. 이 점을 생각하십시오. 여러분은 하나님의 손에서 자비를 구한 적이 한 번도 없는데, 어린 시절부터 지금까지 하나님의 면밀한 검사를 받으면서 살아온 것입니다. 여러분은 아마도 유리를 통해서, 꿀벌들이 하는 모든 일을 볼 수 있는 벌통을 보았을 것입니다. 여러분은 벌들이 자기 집에서 바쁘게 움직이는 것을 지켜보았을 것입니다. 하나님 앞에는 이 온 세상이, 이와 같은 꿀벌통에 지나지 않습니다. 여러분은 벌들의 계획과 의중을 읽을 수 없지만, 주님은 여러분의 생각과 상상을 이미 읽으셨습니다. 여러분은 하나님이 임재해 계시다는 것을 알았다면 죄를 범했겠습니까? 사람들은 누군가에 대해 악한 말을 하고 있을 때 "쉿, 그 사람이 온다"고 말합니다. 그런데 여러분은 하나님이 그 자리에 계시는데 왜 "쉿"이라고 말하지 않았습니까? 주인의 시간을 허비한 종들은 주인이 가까이 있는 것을 알 때, 서두를 것입니다. 여러분의 주인이 어깨 너머로 보고 계시는 동안, 여러분이 빈둥거렸을 뿐만 아니라 주인에게 손해를 끼친 것은 어떻게 된 것입니까? 하나님이 임재해 계시면서 지켜보고 계심에도 불구하고 지은 죄는 얼마나 악한 것입니까!

다음으로, 무관심이 참으로 불경스러운 일이라는 것을 살펴봅시다. 하나님께서 영광스런 엄위와 풍성한 사랑 가운데 가까이 계심에도 하나님께 무관심하다는 것은, 마음이 매우 완고하다는 표시입니다. 하나님은 가까이 계시면서 여러분에게 호흡을 주시고 생명을 보존하여 주시는데, 여러분은 관심을 갖지 않습니다! 거룩한 사람들은 하나님 앞에서 두려움으로 떨었는데, 여러분은 우습게 보았습니다! 이것이 어찌 된 일입니까? 하나님이 여행을 떠나서서 여러분이 하나님을 잊었다면, 좀 핑곗거리가 있을 수 있겠습니다. 그러나 여러분이 하나님께 아주 가까이 있는데 어떻게 하나님을 무시할 수 있습니까? 이런 것을 순전히 하나님을 모독하는 일이라고 말하지 않을 수 있겠습니까? 지극히 높으신 이의 어전에서 천사가 경배하기를 거절하였다면, 하나님의 타오르는 보좌 앞에서 영이 부루통해서 침묵을 지키고 있었다면, 우리는 그것을 명백한 폭동 행위로 간주해야 합니다. 여러분에게는 어떤 행동이 거기에 해당합니까? 이 자리에 하나님 앞에서 10년, 20년, 30년, 40년, 50년을 살면서 한 번도 자신의 주님을 진지하게 생각해 보지 않은 분들에게 내가 무엇이라고 말하겠습니까? 여러분은 여러분의 창조주를 그렇게 가볍게 생각하십니까? 여러분의 창조주가 한 번 생각해 볼 만한 가치가 없는 분입니까? 여러분은 경외함으로 무릎을 꿇지도 않고 소리 높여 감사드리려고 하지도 않습니까? 여러분, 여러분은 어떻게 그렇게 불의하게, 그토록 감사할 줄 모르게 행동하십니까? 하나님이 무슨 일을 하셨기에 여러분이 하나님을 그토록 무시합니까? 여러분이 하나님 안에서 살며 움직이는데, 마치 하나님이 안 계시는 것처럼 하나님에 대해 전혀 마음을 쓰지 않는 것에 대해 어떻게 변명할 수 있겠습니까?

　　더군다나 하나님이 그처럼 가까이 계시다면 여러분이 결코 하나님을 속일 수 없다는 것이 드러납니다. 하나님은 조롱당하시지 않습니다. 여러분이 여러분에게 유익이 되는 하나님의 전에는 가려고 하면서, 하나님께는 가지 않으려고 한다면 어떻게 생각하십니까? 여러분의 마음은 허영의 동산을 떠돌아다니고 있을지라도, 은혜로운 어떤 말들을 반복하는 것으로 충분하다고 생각하십니까? 신앙적인 고백만 하면 될 것이라고 생각했습니까? 여러분이 스스로를 하나님의 종이나 자녀라고 부르기만 하면, 하나님께서 여러분을 그렇게 생각하실 만큼 어리석을 것이라고 생각하셨습니까? 하나님께서 여러분 가까이 계시고 둘레에 계시며 여러분 속에 계시는데, 하나님을 속일 수 있다고 생각하십니까? 여러분의 마음은 여러분 앞에 펼쳐져 있는 책만큼이나 하나님 앞에 펼쳐져 있어서, 여러분이 아주 선명하게 인쇄된 글씨를 읽듯이 하나님은 여러분을 읽으십니다. 그런데 어떻게 여러분이 하나님을 속일 수 있습니까?

　　여러분에게 당부합니다. 하나님을 대할 때는 오직 아주 정직하게 대하십시오. 우리는 만물을 널리 내다보시는 분 앞에서 철저하게 진실해야 합니다. 같은 사람에게 하는 거짓말은 천한 일이지만 하나님께 하는 거짓말은 미친 짓입니다. 여러분이 마음으로는 하나님께 바르지 못하면서 경건한 체한다면, 얼마나 천한 일이겠습니까? 여러분은 가장 지혜로우신 하나님께 장난을 칠 수 있다고 생각하십니까? 여러분은 만물이 그 앞에 벌거벗은 듯이 드러나 있는 분을 속일 수 있습니까? 하나님은 여러분의 앞뒤를 두르고 계시고 여러분을 붙잡고 계십니다. 하나님은 여러분의 고삐를 쥐고 계시고 여러분의 마음을 살피십니다. 하나님께서 아나니아와 삽비라를 치신 것처럼 여러분을 치시지 않도록 하나님께 솔직하고 진실하십시오. 광야에서 하갈이 했던 말이 모든 사람의 마음에서 우러나오면 좋겠습니다. "나를 살피시는 하나님이라!"(창 16:13). 우리의 깊은 속이 겉모습과 다르게 보인다면, 우리가 우리 자신에게 가까이 있는 것만큼 하나님께서 우리에게 가까이 계신다는 것을 생각할 때 아주 부끄러워지지 않을 수 없습니다.

그러나 주의해서 들으십시오! 그 사실은 하나님에게서 벗어나려는 모든 희망이 아주 헛되다는 것을 보여줍니다! 어떤 사람이 하나님이 없다고 말한다면, 어떻게 됩니까! 그럴지라도 하나님은 여전히 계십니다. 사람이 하나님을 잊어버리고 더 이상 떨지 않는다면, 어떻게 됩니까! 사람이 하나님 앞에서 떨어야 할 이유는 예전과 마찬가지로 그대로 있고, 더 있습니다. 어떤 사람이 일생 자신의 길 잃은 상태를 전혀 보지 않고 지내고, 마지막에도 편안히 죽을 수 있다면 어떻게 됩니까? 그는 심판을 피할 수 없고 멀리까지 뻗치는 공의의 팔에서 도망할 수 없습니다. 사람이 깊은 어둠 속으로 뛰어들거나 지옥에 자리를 펼지라도, 주님의 공정한 판결이 그를 찾아낼 것입니다. 가이사를 화나게 만든 사람에게는 온 세상이 감옥이나 다름없다는 말이 있었습니다. 그런데 이 큰 우주가 아무리 넓다 할지라도, 하나님을 거스른 사람에게는 좁은 독방이나 다름없다고 말할 수 있습니다. 여러분, 여러분이 어디로 날아갈 수 있겠습니까? 어디에 가서 숨을 수 있습니까? 높은 산도 깊은 심연도 불꽃 같은 눈에서 여러분을 숨길 수 없습니다! 여러분에게 눈곱만큼의 지혜라도 있다면 여러분은 여러분의 추적자의 발 앞에 엎드려 그의 자비를 구할 것입니다! 여러분의 악함을 고백하고 사죄를 구할 것입니다. 죄짓기를 그치고, 하나님의 아들의 죽음을 의지하여 여러분의 재판장과 화목하도록 하십시오. 그러면 재판장의 눈이 지금은 불꽃 같지만 여러분에게 빛나는 별처럼 될 것입니다.

이것이 이 문제의 엄숙한 면입니다. 사실을 말하자면, 이것은 애굽 사람들에게 흑암을 보였을 때와 같이 구름기둥처럼 어둡습니다. 아, 이런 하나님이십니다. 우리에게서 멀리 계시지 않는 하나님이십니다! 우리는 어떻게 해야 하겠습니까? 우리는 하나님을 진노하시게 하였습니다! 하나님은 매일 악한 자들에게 진노하십니다. 다만 하나님께서는 오래 참으심으로 공의의 심판을 미루고 계십니다. 그러나 어느 날 하나님의 심판은 반드시 옵니다. 하나님은 죄인을 결코 용서하지 않으실 것이기 때문입니다. 믿음이 없는 여러분, 여러분은 범죄하였고,

지금도 하나님 앞에서 죄를 짓고 있습니다. 부디 이 점을 생각하십시오! 여러분은 지금까지 무관심하였고, 하나님 앞에서, 생각만으로도 여러분을 시들게 하실 수 있고, 말 한 마디로 여러분을 도무지 희망을 가질 수 없는 곳으로 보내실 수 있는 분을 지금도 마음을 쓰지 않고 있습니다. 이 경고에 귀를 기울이시기를 바랍니다. 하나님께서 이 엄숙한 경고에 복을 주시어 여러분의 영혼이 깨어나게 해주시기를 바랍니다!

　　하나님께서 우리 가까이 계신다는 이 위대한 진리에는 밝은 면이 있습니다. 하나님께서 우리 각 사람에게 멀리 계시지 않는다면, 우리가 하나님을 찾는 일이 얼마나 소망스럽습니까! 내가 하나님을 찾는데 하나님께서 멀리 계시지 않는다면 나는 틀림없이 하나님을 찾을 것입니다. 하나님이 가까이 계시니, 나는 하늘에 올라갈 필요가 없고 바다 속에 뛰어들 필요도 없습니다! 믿음이 있으면 주님을 볼 수 있습니다! 앉아 있든지 서 있든지, 나는 그 자리에서 하나님께 갈 수 있습니다. 내가 하나님을 찾는다면 하나님께서도 반드시 나를 찾으실 것입니다. 그렇지 않다면 내가 하나님을 찾지 않은 것입니다. 죄인이 하나님을 찾고 하나님께서 죄인을 찾으시면, 둘은 곧 만나게 될 것입니다. "네가 만일 그를 찾으면 만날 것이요"(대상 28:9)라고 기록되지 않았습니까? "너희는 여호와를 만날 만한 때에 찾으라 가까이 계실 때에 그를 부르라"(사 55:9). 하나님을 갈망하는 자들에게는 하나님의 편재하심이 큰 격려가 됩니다.

　　회개는 분명히 알아볼 수 있는 것입니다! 하나님께서 여러분 가까이 계시다면 지금 여러분의 뺨을 적신 눈물을 보십니다. 하나님은 여러분의 한숨에 주목하시고 가슴의 흐느낌을 아십니다. 영혼의 고민을 아시고 여러분의 불안을 눈치채십니다. 나는 괴로워하는 사람 곁에 있으면, 얼마 지나지 않아 그 사람을 동정하고 돕지 않을 수 없습니다. 하나님은 우리보다 훨씬 더 마음이 부드러우십니다. 아버지가 자식을 불쌍히 여기듯이 하나님은 자기를 경외하는 사람들을 불쌍히 여기십니다. 여러분의 마음이 무너지고 있다면 하나님께서 그것을 알아차리십니다. 여러분이 죄를 몹시 슬퍼하고 있다면 하나님께서 그 소리를 들으시고 "어찌 내가 너를 버릴 수 있느냐"고 외치십니다. 여러분의 눈물을 보시고 하나님의 마음이 녹아내렸고, 여러분의 한숨을 들으시고 불쌍히 여기는 심정이 움직이신 것입니다. 이 점을 의심하지 마십시오. 여러분이 하나님을 가까이 모시고 있으면 하나님은 결코 여러분에게 냉담하실 수 없습니다. 하나님의 이름은 사랑이시기 때문입니다. 어제 여러분이 방에서 수치와 두려움으로 고통을 겪고 있을 때, 하나님은 여러분의 음성을 들으시고 여러분을 동정하셨습니다. 하나님은 지금 이 순간 여러분이 외롭고 비참한 괴로움 가운데 있음을 아십니다. 여러분이 도망자이든 방랑자이든, 주님은 여러분 가까이에 계십니다.

주님은 우리 가까이 계시므로, 우리의 믿음을 아주 금방 알아차리실 것입니다! 오늘 아침 여러분이 십자가를 잠깐 한 번 본다면, 주님은 여러분의 눈길이 그리로 향하고 있다는 것을 아실 것입니다. 주님은 튼튼한 자들뿐 아니라 약한 자들도 보십니다. 여러분에게 겨자씨만한 믿음이라도 있다면 주님은 즉시 그 믿음을 아실 것입니다. 교회의 사자가 그 믿음을 알아차릴 수 없을 때, 그리고 목사가 간파하기 전에 주님은 이미 믿음을 보셨습니다. 예수께서 그리스도이심을 믿으십시오. 여러분은 자신을 그리스도께 맡기십니까? 하나님은 여러분의 믿음을 받으시고 이렇게 말씀하셨습니다. "그러므로 이제 결코 정죄함이 없나니"(롬 8:1). 하나님이 멀리 계시다면 여러분의 믿음을 눈치채지 못할 수 있습니다. 그러나 아주 가까이 계시기 때문에 하나님은 여러분 마음속에서 처음으로 빛이 희미하게 깜박이는 것을 아십니다. 여러분의 믿음이 지극히 약할지라도 하나님은 그 믿음을 받으시고 보호하십니다.

불쌍한 영혼이여! 하나님은 여러분에게 아주 가까이 계시므로 자신을 아주 기꺼이 여러분에게 계시하실 수 있습니다! 나는 여러분이 참으로 애처롭게도 절망하게 만드는 말을 들은 것을 압니다. 그렇지만 30분이 채 지나지 않아서 여러분의 절망은 사라질 수 있습니다. 여러분의 불신앙 외에는 여러분과 여러분의 구주 사이를 막는 것은 아무것도 없습니다. 불신앙을 버리고 기쁘게 예수님을 보십시오. 한 죄수가 죽기 위해 끌려나왔습니다. 수레를 타고 처형장으로 가는 동안 죽음을 생각하고서 그의 마음은 무거웠습니다. 몰려든 군중 가운데 아무도 그를 위로할 수 없었습니다. 교수대가 보였습니다. 교수대를 보고서 그는 눈을 감았습니다. 그런데, 보십시오. 죄수의 군주가 말을 타고 급히 달려와서 값없는 사면을 전하였습니다. 그때 죄수가 눈을 떴습니다. 그는 마치 죽은 자들 가운데서 살아난 것처럼 그 마음에 다시 기쁨이 일어났습니다. 군주의 모습을 보자 모든 어둠이 사라졌습니다. 그는 평생에 그처럼 아름다운 얼굴은 본 적이 없다고 말했습니다. 그는 사면장(赦免狀)을 읽으면서 군주의 은혜를 보여주는 몇 줄의 글만큼 이제까지 그에게 소중한 시는 없었다고 맹세하였습니다. 친구 여러분,

나는 사형수 마차에 있을 때 예수께서 오셔서 내게 사면장을 주셨던 때를 생생하게 기억합니다. 죽음과 지옥이 내 앞에 있었습니다. 그러나 예수님의 손과 발에서 못 자국을 보고 그의 옆구리에 난 상처를 보았을 때, 나는 말할 수 없이 기뻤습니다. 예수께서 "네 많은 죄가 사하여졌느니라"고 말씀하셨을 때, 나는 이전에 그처럼 사랑스러운 얼굴을 본 적이 없었고, 내 평생에 그처럼 아름다운 음악을 들은 적이 없다고 생각하였습니다. 아니, 그것은 단순히 생각만이 아니었습니다. 나는 내 판단이 옳았다고 확신합니다. 내게는 어떤 것도 영원만큼 아름답게 펼쳐지는 것은 없을 것입니다. 나를 용서하시는 주님과 짝할 만한 동료도 없고, 필적할 만한 경쟁자도 없습니다. 정죄받은 죄인으로 지옥으로 가는 길에 있던 내게 나타나신 그분은 참으로 놀라운 그리스도이십니다! 그의 이름을 찬송하십시오. 그는 십자가에서 나의 저주와 부끄러움과 죽음을 담당하셨고, 그래서 나는 자유롭습니다! 이것이 내가 여러분 각 사람에게 밝히 말하고 싶은 점입니다. 예수께서 우리 가까이 계시므로, 그분은 아주 즉각적으로 그 은혜를 여러분에게 주실 수 있습니다!

주님이 가까이 계신다면, 주께서 사죄를 구하는 여러분 모두에게 죄사함을 주시지 않을 이유가 전혀 없습니다. 내가 하는 말이 여러분의 귀에 도달하기도 전에 하나님께서 그의 아들 안에서 여러분에게 자신을 나타내셔서 여러분의 마음이 기쁨으로 뛰놀게 하실 수 있습니다. 주 예수님, 그 같이 하여 주시옵소서! 선하신 주님이여, 주님을 보여주옵소서. 지금 보여주시고, 그래서 당신을 찬양하게 하여 주시옵소서. 종종 하나님은 사람을 통해서 자신을 사람에게 계시하십니다. 주님께서 나의 이 설교를 통해 지금 여러분에게 말씀하시지 말라는 법이 있습니까? 종종 하나님은 성경을 통해 사람들에게 자신을 계시하십니다. 아픈 마음에 와 닿는 귀한 본문이 이내 마음에 평안을 줄 것입니다. 그러므로 청중 여러분, 힘을 내십시오. 하나님이 여러분 가까이 계시므로 소망이 여러분 가까이 있습니다. 예수님을 믿으십시오. 하나님께서 여러분에게 안식을 주실 것입니다. 주님은 은혜 베푸시기를 기다리십니다. 주님은 자비를 베풀 대상을 찾으십니다. 기뻐하십시오. 나사렛 예수께서 지나가십니다. 지금 이 시간에도 주님은 가까이 계십니다.

2. 시간이 너무 부족합니다.

**그래서 이제 하나님 백성들에게로 관심을 돌리고
여러분 가운데 이미 주님을 찾으신 분들에게 이야기해야 하겠습니다.**

형제 여러분, 여러분에게 이야기할 때는 나는 특별히 말을 가려서 해야 할 필요가 없습니다. 여러분은 군인들입니다. 그래서 중대장이 병사들에게 이야기하는 것처럼 여러분은 짧은 문장들만을 원합니다. 예수님의 보혈로 구속받고 우리 주변을 두르고 계시는 하나님께 민감한 여러분에게 말합니다. 하나님께서 아주 엄격하게 우리를 지켜보고 계시다는 사실에 주의하십시오! 우리는 하나님의 빛 가운데서 행하며, 그분 앞에서 생활하도록 합시다. 여러분의 하나님 주 예수께서는 질투하시는 하나님이시라는 것을 기억하라고 말씀드립니다. 놀라운 사랑의 끈으로 주님께 묶여 있고, 주님께 대한 그처럼 중대한 의무를 지고 있으니, 순종하여 살고 열정적으로 살며 마음과 뜻과 힘을 다하여, 온전히 주님을 위하여 사십시오. 여러분이 언제나 주께서 보시는 가운데 있으니, 언제나 주님을 여러분 앞에 모시고 살도록 하십시오. 하나님 보좌의 주변을 비추는 맹렬한 빛 가운데서 살도록 하십시오. 우리 불쌍한 인생이여! 우리 공허한 삶이여! 하나님께서 이런 우리의 삶을 채우시고 향상시키십니다! 하나님께서 우리가 하나님의 생생한 임재를 의식함으로써 죽은 자아로부터 일어나도록 도와주시기를 바랍니다. 하나님께서 우리 가까이 계심을 알고도 하나님께 우리를 훌륭한 사람으로 만들어 달라고 부르짖지 않는다면 무엇을 할 것입니까? 하나님께 이토록 가까이 있는 여러분, 하나님 안에서 살도록 하십시오!

하나님께서 우리에게서 멀리 계시지 않다면 하나님께서 참으로 기꺼이 우리의 기도를 들으신다는 것을 알도록 합시다! 나는 약한 기도가 신속한 응답을 받는 그 힘에 놀랄 때가 있습니다. 이에 대해 여러분은 "놀랍다"고 말할 것입니다. 왜 내가 놀랐겠습니까? "그들이 부르기 전에 내가 응답하겠고 그들이 말을 마치기 전에 내가 들을 것이며"(사 65:24)라고 기록되어 있기 때문입니다. 그렇습니다. 그런 말씀이 기록되어 있습니다. 그러나 우리가 언제나 이 사실을 이해하는 것은 아닙니다. 약속이 신속하게 이루어질 때 여러분은 그처럼 가까이 계셔서 여러분의 기도 소리를 들으신 하나님의 임재를 느끼고서, 엄숙한 두려움으로 온 몸이 소름이 끼치는 것을 느껴보지 않으셨습니까? 여러분은 잠시 일을 멈추고 기도하고 나서 다시 조용하고 평온하게 일을 시작합니다. 이것이 하나님의 손가락입니다. 여러분이 계산대를 떠나지 않고 다만 잠시 하늘을 우러러 봅니다. 그러면 여러분이 구한 것이 여러분에게 주어집니다. 사랑하는 여러분, 종종 일이 이렇게 되지 않습니까? 여러분은 그렇다는 것을 압니다. 이 점은 하나님께서 여러분 우편에 계셔서 언제든지 은혜를 베푸실 준비가 되어 있으시다는 사실로 쉽게 설명할 수 있지 않습니까? 모든 경우에 하던 일을 중단하거나 이 세상 일을 그쳐야 할 필요가 없습니다. 주님은 골방에 계실 뿐만 아니라 상점에도 계시고 광에도 계시기 때문입니다. 여러분이 많은 악인들 가운데 있을 때, 하나님의 섭리로 여러분이 그런 무리 속에 들어가게 되었다면 하나님은 거기에도 계십니다. 끊임없는 일의 압박 때문에 마음이 괴롭지만, 하나님께서 거기 계시며 돕고 지도하신다는 것을 여러분이 느낀다면 고통이 줄어들 것입니다.

　하나님께서 우리 가까이 계시다는 것을 알 때 하나님과의 친교는 참으로 단순해집니다! 여러분이 묵상을 하기 위해 조용한 시간이 필요할 때, 아주 쉽게 하나님과의 친교에 들어가는 것이 놀라운 일로 생각됩니까? 하나님께서 여러분을 기다리고 계시지 않습니까? 여러분이 이삭처럼 들판에 나간다면 거기에 하나님이 계십니다. 그러므로 의심하지 말고 하나님과의 교제에 들어가십시오. 하나님이 들으시니 말하십시오. 하나님께서 말씀하시니 들으십시오. 하나님께서 끊임없이 가까이 계시니, 쉬지 말고 기도하십시오. 하나님 앞에 여러분의 마음을 털어놓으십시오. 하나님이 언제나 가까이 계셔서 여러분의 마음에 토로하는 바를 다 아시기 때문입니다. 우리가 하나님과 함께 인생을 보낸다는 것을 기억하면, 삶이 복되게 됩니다. 우리는 하나님 안에 거합니다. 마치 우리가 손님인 것처럼 가끔 하나님을 방문해서는 안 됩니다. 하나님은 우리의 거처이십니다. 우리는 마치 하나님께서 멀리 숨으신 것처럼 하나님을 찾아서는 안 됩니다. 하나님은 해처럼 그 임재가 우리의 삶을 힘과 위로로 가득 채웁니다. 하나님은 우리 안에 계시고, 그러므로 우리와 함께 계십니다. 그러므로 기도하고 찬송하며, 하나님과 기쁜 교제를 갖도록 합시다.

　그 다음에, 사랑하는 형제 여러분, 하나님께서 그처럼 우리 가까이 계시다면, 우리는 참으로 안전하게 보호를 받는 것입니다! 한 그리스도인 여성이 오래 전에 한 꿈을 꾸었는데, 그것은 꿈이 아니고 사실이었습니다. 그녀는 자신이 하나님께 둘러싸인 것을 보았습니다. 불길에 싸여 있듯이 위와 아래, 온통 하나님으로 둘러싸인 것을 보았습니다. 상상할 수 없는 광채가 큰 천막처럼 그녀를 둘렀습니다. 그 여인은 그 영광 가운데 서 있으면서 자신의 모든 염려와 근심, 시험과 죄들이 빛의 벽 바깥에서 돌아다니며 자기에게 다가오지 못하는 것을 보았습니다. 그 빛이 그런 것들에게 길을 내주지 않는 한, 그녀는 그 빛의 벽이 없었더라면 그녀를 파괴하였을 위험들을 볼 수 있지만, 평온하고 안전하게 있을 수 있었습니다. 주님께서 우리를 두르고 계시는 불타는 벽이 아니십니까? 그리고 그 가운데 영광이 있지 않으십니까? "지존자의 은밀한 곳에 거주하며 전능자의 그늘 아래에 사는 자여"(시 91:1)라고 기록되어 있지 않습니까? 하나님 가까이에 있는 자에게는 악이 가까이 하지 못할 것입니다. 왕의 문지기가 우리를 두르고 있는 곳보다 더 안전한 곳으로 가십시오. 만군의 여호와께서 우리와 함께 계시기 때문입니다. 눈이 멀었습니다. 눈이 멀었습니다. 여러분은 무한하신 보호자를 보지 못합니다! 우리가 눈에 기름 부음을 받는다면, 산에 우리를 두르고 있는 불말과 불병거가 가득한 것을 보게 될 것입니다. 아니, 불말과 불병거 이상으로 전능하신 하나님께서 우리의 작은 방패와 큰 방패가 되심을 볼 것입니다. 여러분은 하나님께서 소중하게 여기는 사람들입니다. 여러분은 결코 하나님에게서 멀리 있지 않기 때문에 결코 실제적인 위험에 처하지 않는다는 것을 아시기 바랍니다. 하나님께서 밤낮으로 보호하시는 사람이 어떻게 위험에 빠질 수 있겠습니까?

우리는 죽음의 세력에 위협을 받을 때 생명을 보존해 주시기를 살아 계신 하나님께 구합니다. 여러분 손에 작은 물고기가 있다고 합시다. 그대로 있으면 그 물고기는 곧 죽을 것입니다. 그 물고기는 개울에서 잡아온 것인데, 다시 곧바로 개울에 집어넣으면 물고기는 금방 이전처럼 살아날 것입니다. 물고기는 강에서 자기에게 필요한 모든 것을 얻을 것입니다. 그와 같이 우리는 필요한 모든 것을 하나님 안에서 얻습니다. 하나님 안에서 우리는 아주 충족하고 지극히 평안한 가운데 거합니다. 비둘기가 비둘기 집에 있고, 너구리가 바위 틈에 거하며, 병아리가 암탉 날개 아래 있듯이, 우리는 하나님 안에 거합니다. 하나님께서 가까이 계시니 누가 우리를 해할 수 있겠습니까?

이와 같이 주님이 우리 가까이 계시다면 참으로 신속하게 새로운 은혜를 우리에게 주실 수 있습니다! 슬프게도 우리 영혼은 회복이 필요한 때가 너무도 잦습니다. 그런데 감사하게도 하나님은 바로 가까이에 계셔서 우리의 생명을 새롭게 하십니다. 부끄러운 고백이지만 그동안 나는 늘 둔하고 기력이 없고 무거웠는데, 그것이 날씨 때문이거나 몸이 약하거나 혹은 다른 문제 때문이라고 생각했습니다. 그 원인은 무엇이든 간에 나는 한 가지 치료책을 찾았습니다. 눈 깜박이는 것보다 더 빨리, 순식간에 나는 들어올려져 생명과 사랑과 빛으로 들어갔습니다. 나는 밤에 내 영혼이 한껏 찬양을 부르는 소리에 잠에서 깨었습니다. 나는 속으로 말했습니다. '나도 참 특이한 사람이군! 지금은 내가 하나님을 기뻐할 수 있겠다. 지금은 기도를 드리면 얼마든지 응답을 받을 수 있겠어. 지금이라면 사슴처럼 뛸 수 있겠어.' 그리고 나자 나는 강단으로 달려가서 곧바로 말씀을 전하고 싶었습니다. 전에는 완전히 죽은 사람 같았는데, 주님께서 나를 온전히 소생시키신 것입니다. 하나님께서 가까이 계셔서 우리의 탄식을 들으시기 때문에, 이런 일을 기대할 수 있는 것이 아닙니까? 하나님께서 말씀하시매 그대로 되었습니다.

플라톤은 생각을 통해서 영혼이 몸을 빠져나올 수 있다고 말하곤 하였습니다. 나는 철학자가 아니어서 그 말이 맞는지 틀리는지 잘 모르겠습니다. 사실 나는 몸을 떠나려고 해 본 적이 없습니다. 몸을 떠나왔다가 다시 돌아가는 길을 잃어버릴까 무섭기 때문입니다. 그러나 이 점은 알고 있습니다. 영적 생활을 통해서 영이 몸을 극복할 수 있다는 것입니다. 어떤 무거운 고통, 가혹한 고통을 겪으면 여러분은 더 이상 살고 싶지 않은 것처럼 느껴지게 됩니다. 그런데 순간적으로 신성한 기쁨이 여러분 마음속에 번쩍하고 지나가면, 여러분은 고통을 웃어넘기고 오히려 그 고통으로 인해 생기를 얻게 됩니다. 고통은 안장을 씌우지 않은 거친 말과 같아서 보통 사람이 그 말에 타면 모두 내팽개칩니다. 그러나 성령으로 훈련받은 사람이 오면, 그는 말에 뛰어 올라타서 말을 몰아 바람보다 빨리 달려갑니다. 얼마나 많은 위대한 사상들이 고통의 산물로 태어났습니까. 자, 하나님이 우리와 함께 계시다면, 그런 일이 어떻게 일어날 수 있는지 우리는 봅니다. 살아 계신 하나님이 가까이 계시는 한, 낙망하지 마십시오. 살아 계신 하나님을 믿고 그의 옷가를 만지십시오. 그러면 하나님의 생명의 힘이 여러분의 죽어가는 마음으로 흘러들어갈 것입니다. "나를 믿는 자는 죽어도 살겠고"(요 11:25).

나는 때때로 사람들이 "더 고귀한 생명"에 대해 이야기하는 것을 듣습니다. 예수 그리스도를 처음 믿고서 지극히 고귀한 생명을 얻은 사람은 행복합니다. 하나님의 생명은 더 낮지도 높지도 않지만, 그 힘이 점점 더 강력해질 수 있습니다. 하나님이 가까이 계셔서 우리를 도우시므로 그 생명이 가장 강력해지는 데까지 이를 수 있습니다. 형제 여러분, 하나님이 가까이 계시다면 무한한 자원이 우리 가까이 있는 것입니다. 우리는 의심할 필요가 없고, 슬퍼할 필요가 없으며, 두려워할 필요도 없습니다. 우리는 죄의 노예가 될 필요가 없습니다. 하나님의 도우심으로 죄를 이길 수 있습니다. 우리는 자신을 지배할 수 있습니다. 하나님이 우리 가까이 계셔서 우리에게 승리를 주시기 때문입니다.

여러분 가운데 어느 누구도 오늘 "나는 너무 멍청하고 어리석고 물질적이어서 가망이 없어" 하고 자리를 뜨지 않을 것이라고 생각합니다. 하나님은 우리 각 사람에게서 멀리 계시지 않습니다. 하나님의 임재를 생각하고 그런 불평을 일체 그쳐야 합니다. 예수께서 뭐라고 말씀하십니까? "나는 부활이요 생명이라." 여러분은 기적을 보았습니다. 주님을 보십시오! 주님이야말로 기적 중의 기적입니다. 주님을 받아들이십시오. 그러면 여러분은 부활과 생명을 받습니다. 여러분이 무덤 속에서 수의로 감싸여 있다면 어떻게 됩니까? 예수께서 무덤 입구에 계시다면, 예수께서 명령하신다면 여러분은 죽음의 거처를 떠나게 될 것입니다. 나사로여, 소망을 가지십시오! 비록 당신이 죽었고 악취가 날지라도 당신의 이름을 부르시는 그리스도께서 당신에게 생명을 주십니다. 하나님의 자녀인 여러분, 여러분이 생명과 능력을 받을 수 없다는 생각은 결코 하지 마십시오. "오호라 나는 곤고한 사람이로다 누가 나를 건져내랴"(롬 7:24)는 외침을 이 자리에 계시는 여러분의 하나님이 들으십니다. 그분이 예수 그리스도로 말미암아 여러분에게 승리를 주십니다.

한 가지만 더 말씀드리도록 하겠습니다. 하나님께서 그처럼 우리 가까이 계시다면, 우리가 하나님의 영광이 나타나는 것을 즉시 즐기지 않아야 할 이유가 없습니다. 모세는 이드로의 양 무리를 칩니다. 모세의 가엾은 친구들, 양 떼를 보십시오! 모세는 양 떼를 이끌고 광야 뒤편으로 갔습니다. 메마른 지역인 그곳은, 양을 위해 거의 풀 한 포기 나지 않고 사람을 위해서는 아무것도 내놓지 않습니다. 황량한 광야에서 사람이 무엇을 기대할 수 있겠습니까? 잠깐. 저쪽에 덤불이 보입니다! 그렇지만 그 덤불로 무엇을 하겠습니까? 덤불에서는 포도도 무화과도 딸 수 없습니다. 새는 그 덤불에 둥지를 틀 수 있지만 사람은 할 수 없습니다. 모세여, 거기에서 비키시오. 하나님은 그 덤불로 영광의 보좌를 만드실 수 있기 때문입니다! 평범한 것이 천상의 것이 될 수 있고, 비천한 것이 신성한 것이 될 수 있습니다.

　　사랑하는 여러분, 오늘 여러분이 모든 근심과 무거운 마음으로 전혀 안식이 없는 가정으로 갈지라도, 하나님이 거기 계시므로 모든 것에서 여러분에게 나타나실 수 있습니다. 하나님은 여러분의 근심이라는 덤불을 가지고 하나님의 영광을 나타내실 수 있습니다. 하나님은 세상에 나타내시는 것과는 다르게 자신을 여러분에게 나타내실 수 있습니다. 사람들은 하나님을 나무 아래에서든지 시냇가에서든지 성벽 가까이에서 만날 수 있는 때가 있었는데, 이제는 성전에서도 하나님을 보지 못한다고 말합니다. 이것이 누구의 잘못입니까? 그것은 우리의 둔한 눈과, 그보다 더 둔한 우리의 마음 탓입니다. 하나님은 전과 같이 지금도 가까이 계십니다. 나는 이 기도처에서 하나님을 봅니다. 나는 여러분이 하나님을 볼 수 있기를 바랍니다. 그래서 여러분이 지금 있는 이곳이 여러분의 나머지 인생 동안 내내 여러분에게 거룩한 곳이 되기를 바랍니다. 오늘 오후 여러분의 조용한 방에서 여러분에게 하늘 문이 열리지 않아야 할 이유가 없습니다. "마음이 청결한 자는 복이 있나니 그들이 하나님을 볼 것임이요"(마 5:8). 하나님은 온유하고 겸손한 사람들에게 자신의 영광을 보여주십니다. 하나님의 임재를 깨달으면, 다락방이 변화산처럼 영광스럽게 변할 것입니다. 예수께서 우리에게 임마누엘이실 때, 곧 우리와 함께 하실 때, 우리는 영광 중에 계신 주님을 봅니다. 이것이 예수님을 계신 그대로 보는 것이기 때문입니다.

　　하나님의 임재라는 이 진리를 생각할 때, 내가 깊이 사랑하는 이 교회에 대하여 행복을 느끼게 됩니다. 나는 우리 교회가 회심자를 얻지 못하게 될까봐 종종 염려가 됩니다. 나는 내 자신과 여러분의 마음이 냉랭해질까봐 두려웠습니다. 그때 주님께서 우리 각 사람에게서 멀리 계시지 않고, 그러므로 하나님은 우리를 사랑하여 우리 가운데서 회심자를 일으키는 일을 하실 수 있다는 이 사실이 내게 위로가 되었습니다. 형제 여러분, 주님께서는 복음에 문외한인 사람들의 마음을 움직여 교회에 들어와 말씀을 듣게 하실 수 있습니다. 그리고 그들이 말씀을 들을 때, 주께서 그들에게 복을 주실 수 있습니다. 주님께서 그들에게서 멀리 계시지 않기 때문입니다.

　　나는 존 웨슬리의 전기에서 헛간에 모였던 감리교인들의 이야기를 읽었습니다. 문을 부수고 들어가고 싶지 않았던 시골 사람들이 어떻게 한 사람을 안에 들여보내서 예배 중에 그들에게 문을 열어주어, 들어가서 집회를 방해하려고 결정하였는지에 대해서 읽었습니다. 이 사람은 예배가 시작되기 전에 들어와서 헛간의 한 구석에 있는 자루 속에 숨었습니다. 감리교인들이 노래를 부르기 시작하자, 그는 그 곡을 아주 좋아해서 그 노래가 끝날 때까지 자루에서 나오려고 하지 않았습니다. 그 다음에 기도가 이어졌고, 기도하는 중에 하나님께서 자루 속에 있는 사람에게 역사하셨습니다. 그래서 그는 하나님의 자비를 구하며 부르짖기 시작했습니다. 그 선량한 사람들이 주위를 둘러보니 한 죄인이 자루 속에서 구주를 찾고 있는 것을 보고 깜짝 놀랐습니다. 결국 폭도들에게 문은 열리지 않았습니다. 그렇게 하려고 했던 그 사람이 회심하였기 때문입니다. 무슨 이유로 사람들이 들어와서 복음을 듣느냐 하는 것은 중요하지 않습니다. 하나님은 어떤 경우에도 그런 사람들에게 복을 주실 수 있습니다. 그리스도를 전한다면, 설사 집회를 방해하려고 온 사람들일지라도 구원을 받을 것입니다.

어떤 사람이 내게 말하였습니다. "목사님, 나는 어느 주일 아침에 오리 한 쌍을 살려고 했습니다. 교회를 지나가다가 그냥 한 번 들어가보고 싶다는 생각이 들었습니다. 그때 거기서 우연히 주님을 만났고 오리에 대한 생각은 싹 잊어버렸습니다. 구주를 만났기 때문입니다." 주님은 어느 누구에게서든지 멀리 계시지 않습니다. 주님은 믿음으로 드리는 기도에 응답하여 사람들을 대하시고 그들의 마음을 자기에게로 돌이키십니다. 그러므로 계속해서 일을 하도록 하십시오! 오늘 오후에 전도책자를 가지고 돌아다니십시오. 길 모퉁이에 서서 복음을 전하십시오. 하나님은 지나가는 사람들에게서 멀리 계시지 않습니다. 여러분이 맡은 주일학교에 가십시오. 하나님은 어린아이들 하나하나에게서 멀리 계시지 않습니다. 즐거운 소망을 가지고 일하십시오. 하나님이 여러분 가까이 계십니다.

사는 동안에 힘을 주는 이 하나님의 임재는, 죽는 때에도 우리를 지탱시킵니다. 온 세상이 멀리 쏜살같이 사라지는 때에도, 하나님은 우리 각 사람에게서 멀리 계시지 않습니다. 오늘 아침 우리 친구 머피 씨에게 갑작스럽게 임종이 왔습니다. 머피 씨는 오늘 아침 설교하기를 기대하였습니다. 그러나 그는 지금 더 나은 일을 하고 있는 것입니다. 그의 교인들은 지금 모여서 자기들의 목사를 기다리고 있습니다. 그 교인들이, 종은 갔지만 주님께서 그들과 함께 계시다는 것을 깨달았으면 좋겠습니다! 하나님께서 언제나 가까이 계시다면 우리가 죽든지 살든지 무슨 문제가 되겠습니까? 우리는 임종시에 친구들을 불러서 작별 인사를 하고 싶어합니다. 그러나 어쩌면 우리는 그렇게 하지 못할 수도 있을 것입니다. 그것은 별로 중요하지 않습니다. 어쨌든 우리 하나님께서 가까이 계실 것이기 때문입니다. 우리의 최고의 친구가 그 자리에 계실 것입니다. 우리 아버지께서 그 자리에 계실 것입니다. 우리 하나님께서 거기 계실 것입니다. 여러분이 살든지 죽든지 신경 쓰지 말고 떠나십시오. 다만 "내가 반드시 너와 함께 있으리라" (출 3:12)는 약속만을 들어 말씀하십시오. 하나님이 지금 우리와 함께 계시니 곧 우리가 하나님과 함께 있을 것입니다. 하나님이여, 날이 밝고 어둠이 사라질 때까지 우리와 함께 거하소서. 아멘. 아멘.

제
23
장
—

참된 신자와 그들을 돕는 자들

—

"그가 가매 은혜로 말미암아
믿은 자들에게 많은 유익을 주니." — 행 18:27

아볼로는 바울이 아니고, 바울은 아볼로가 아닙니다. 이 두 사람을 하나로 섞어놓으면 좋은 제삼의 인물이 나오지 않고, 두 사람 각각이 다 망쳐지게 될 것입니다. 우리에게 바울과 아볼로와 게바가 있고, 그밖에 다양한 설교자들이 있다는 것이 큰 자비입니다. 다양성은 매력 있는 일일 뿐만 아니라, 필요한 일이기도 하기 때문입니다. 모든 사람이 바울에게서 유익을 얻을 수 있는 것은 아닙니다. 바울의 가르침을 따라가려면 주의를 집중하는 일이 매우 필요합니다. 그런데 많은 청중들이 오랜 시간 생각을 집중할 수가 없습니다. 그런가 하면 모든 사람이 아볼로에게서 유익을 얻을 수 있는 것이 아닙니다. 단순한 사람들은 세련된 설교는 집어치우기 때문입니다. "그 때에는 어린 양들이 자기 방식을 따라 먹을 것이며"(개역개정은 "어린 양들이 초장에 있는 것 같이"). 확실히 그들 각각은 저마다 먹는 방식이 다릅니다. 하나님 백성들 가운데 어떤 이들은 이 목회자에게서 양육을 잘 받고, 어떤 사람들은 다른 목회자에게서 양육을 잘 받습니다. 그것은 단순히 변덕스러운 마음 때문이 아니라, 성품과 사고방식이 서로 일치하는 데서 오는 결과입니다. 바울은 바울답게 복음을 전하고, 그의 방식에 맞는 사람들을 양육하도록 해야 합니다. 그리고 아볼로는 아볼로답게 가르치고, 그의 방식에 맞는 사람들을 교육하도록 해야 합니다. 나로서는 바울이나 아볼로나 게바나 요한이나 야고보나 누가 되었든지 상관 없이 모두에게서 유익을 얻으려고 하겠습니다. 그러나 안타깝게도 이제는 그들에게서 가르침을 받을 수 없습니다. 그렇지만 그 사도들의 후계자들이 여전히 우리에게 있다는 것을 생각할 때 기쁩니다. 그런데 이 후계자들은 각각 나름대로 독특한 스타일이 있습니다. 나는 지금 이들을 서로 비교하려고 하는 것이 아니라, 그들 각각을 추천하고 싶습니다. 그리고 이들 각 사람의 사람됨은 하나님의 은혜로 된 것입니다. 만일 우리가 바울을 아볼로처럼 바꾸고 아볼로를 바울의 방식에 맞추려고 한다면, 그것은 잘못된 일일 것입니다. 몸에는 각기 다른 지체가 있고, 모든 지체가 같은 일을 하는 것이 아닙니다. 하나님의 교회에는 각기 다른 목회자들이 있고, 모든 목회자가 동일한 목적을 위해서 일하지만, 모두가 같은 방식으로 일하는 것은 아닙니다. 사랑하는 친구 여러분, 하나님께서 여러분에게 죄인들을 그리스도께로 인도하고 교회를 개척하는 은혜를 주신다면, 여러분이 바울을 본받을 수 있는 점을 감사하게 생각해야 합니다. 여러분이 그런 일은 할 수 없지만 이미 회심한 사람들을 도울 수 있다면 하나님께서 그런 은사를 주셨고, 아볼로를 본받을 수 있다는 점에 감사해야 합니다. 심는 사람이 물주는 사람을 시기해서는 안 되고, 물주는 사람은 그냥 심고 떠나는 사람에 대해 자기를 자랑해서는 안 됩니다. 바울은 바울의 위치가 있고, 심는 이로서 주님에게 칭찬을 받을 것입니다. 아볼로는 그 나름의 위치가 있고 물주는 이로서 자기 상급을 받을 것입니다.

여러분도 알다시피 성령께서는 누가의 펜을 통해 바울의 여행과 수고를 기록하는 일에 사도행전의 아주 많은 부분을 할애하시기를 기뻐하셨습니다. 24절에서 28절까지의 말씀은 하나의 일화로서, 작은 공간을 할애하여 아볼로에 대한 기록을 남겨둔 것입니다. 아볼로가 이후에 무엇을 하였는지 우리는 모릅니다. 아볼로는 아주 훌륭한 복음전도자로 지냈을 것입니다. 틀림없이 그는 아주 유용한 형제였을 것입니다. 그러나 사랑하는 여러분, 나는 아볼로가 이 거룩한 공문서에서 자기에게 할애된 공간이 너무 작다고 해서 그가 불평한 얘기를 전혀 찾아볼 수 없습니다. 바울에 대해서는 아주 길게 기술되어 있는 반면에, 아볼로는 자신에 대해서는 겨우 네다섯 줄밖에 기록되지 않았다고 해서 부루퉁해하지 않습니다. 여러분과 내가 그리스도를 위해서 일하는데, 이 땅의 기록들에서 전혀 언급이 되지 않는다고 할지라도 유감스럽게 생각하지 맙시다. 대체로 사람들의 입에 가장 덜 오르내리는 사람들에게 평안이 있기 때문입니다. 주권자이신 하나님께서 자신의 뜻에 따라 사람들에게 은혜를 베푸십니다. 활동적인 어떤 형제는, 그의 모든 이야기가 사람들에게 전해지고 그의 생애가 유익한 전기가 되어서 세대를 거듭하면서 많은 사람들을 가르치고 자극하게 될 수가 있습니다. 그러면 그렇게 되도록 해야 합니다. 그와 마찬가지로 성실하고 열정적인 또 한 형제는 그의 일생이 전혀 기록되지 않을 수 있습니다. 교회의 전승에서는 그에 관해 유용하고 좋은 한두 가지 일화만 남을 수 있습니다. 그는 자신의 이름이 알려지지 않는 것에 신경 쓸 필요가 없습니다. 그럴지라도 그가 진정으로 유익을 끼치는 일은 할 수가 있습니다. 우리의 기록은 하늘에 있습니다. 세상의 기록에는 잘못이 있을 수 있지만 하늘의 기록자는 완전합니다. 이 땅에서는 잊혀진 많은 사람들이 하늘에서는 기억될 것입니다.

하늘에서는 어떤 성도도 자신이 사람들 가운데서 명예를 얻지 못했다는 사실 때문에 근심하지 않으리라는 것을 나는 압니다. 기념비가 세워지지 않았다고 해도 어떻습니까. 그럴지라도 그의 참된 수고는 영원히 기억됩니다. 부지런한 일꾼은 주인이 "잘하였도다 착하고 충성된 종아" 하고 말해주면 완전히 만족할 것입니다. 이 말씀을 듣는 것이 그에게는 천국이 될 것입니다. 자신의 주님께서 그같이 인정하시는 목소리야말로 천사들의 모든 하프 소리보다 기분 좋게 들릴 것입니다. 아볼로여! 당신의 일을 계속하십시오. 당신에 관해 사람들이 별 말을 하지 않을지라도 계속 일하십시오. 바울의 이름이 교회 안에서 온통 울려 퍼질지라도, 그를 시기하지 마십시오. 바울도 당신처럼 자신을 추구하지 않았습니다. 바울이 공표된 기록에 만족한 것은 순전히 그 기록이 주님을 명예롭게 하기 때문이었습니다.

이제는 본문을 면밀히 살펴보기 위해 이 말씀을 유의해 보도록 합시다. "그가 가매 은혜로 말미암아 믿은 자들에게 많은 유익을 주니." 아볼로는 바울의 뒤를 이어 고린도에 와서, 이미 주 예수를 믿은 사람들의 믿음을 굳게 함으로써 유익한 봉사를 하였습니다. 여기서 첫 번째 표제는 참된 신자들이 은혜로 말미암아 믿었다는 것입니다. 그리고 둘째는 그런 신자들이 도움이 필요했다는 것이고, 셋째는 그것이 해볼 만한 가치 있는 일이라는 것입니다. 성령께서 우리 가운데 많은 사람을 이 신성한 봉사에 쓰시기를 바랍니다! 우리 자신도 이 시간에 은혜로 도움을 받을 수 있으면 좋겠습니다!

**1. 첫째로, 진정으로 믿은 사람들은
은혜로 말미암아 믿은 것입니다.**

누가는 "은혜로 말미암아"라는 말을 집어넣을 필요가 있다고 느꼈던 것 같습니다. 그의 당시에는 구원이 하나님의 은혜로 사람들 안에서 일어난다는 사실을 아무도 의심하지 않았습니다. 그러나 성령께서는 훗날에 많은 사람들이 이 진리를 숨기려 하거나 모호하게 하려고 할 것을 미리 아셨습니다. 그래서 성령께서 복음사가의 마음을 움직여서 이 진리를 아주 분명하게 밝히도록 하셨습니다. 그래서 우리는 주 예수님을 믿는 자들이 은혜로 말미암아 믿었다는 사실을 성령으로부터 보증받은 것입니다. 확실히 은혜가 모든 좋은 일에서 전면에 나옵니다. 그래서 우리가 믿는 복음을 우리에게 주는 것은 바로 은혜라고 말씀드릴 수 있겠습니다.

> "먼저 은혜가
> 반역하는 사람을 구원할 길을 궁리하였으며
> 또 그 놀라운 계획을 세운 은혜가
> 그 모든 단계를 펼쳐 보입니다."

하나님께서 구원하시려는 사람들을 택하였고, 그들을 주 예수께서 데려온 것이 은혜였습니다. 그리스도께서 자신들의 죄 때문에 마땅히 하나님의 공의에 따라 형벌받아야 할 사람들을 대신하게 만든 것이 은혜였습니다. 구주께서 대속의 일을 맡아 성취하도록 만든 것이 은혜였습니다. 은혜가 복음의 첫 번째 글자를 썼는데, 그 마지막 글자도 쓸 것입니다. 구원은 처음부터 끝까지 모두 은혜에서 나온 것입니다. 하나님께서 모든 설교자와 청중들이 "은혜"라는 말의 의미를 제대로 알고, 그것을 혼동하여 인간적인 노력과 피조물의 공로와 뒤섞지 않게 해주시기를 바랍니다. 정말로 "그런즉 원하는 자로 말미암음도 아니요 달음박질하는 자로 말미암음도 아니요 오직 긍휼히 여기시는 하나님으로 말미암음이기"(롬 9:16) 때문입니다. 구원이 은혜에서 나온 것이라면, 구원은 더 이상 행위에서 나온 것이 아닙니다. 그렇지 않으면 은혜는 더 이상 은혜가 아닙니다. "너희는 믿음으로 말미암아 구원을 받았으니 이것은 너희에게서 난 것이 아니요 하나님의 선물이라"(엡 2:8). 은혜란 받을 가치가 없는 사람에게 값없이 베푸는 친절이라는 뜻입니다. 은혜는 하나님으로부터 우리에게 오는 것이므로, 오직 여호와의 기뻐하시는 뜻에 의해서만 움직이는 주권적인 은혜입니다. 은혜는 은혜롭게 결정한 일의 결과들을 내려는 하나님의 의지의 적극적인 활동입니다. 은혜는 사람을 구별합니다. 은혜가 행하는 일의 모든 영광은 은혜에 돌려야 합니다. 은혜는 하나님의 뜻에 따라 베풀어지는 것이지 사람의 뜻에 따라 이루어지는 것이 아닙니다. 이는 하나님께서 "내가 긍휼히 여길 자를 긍휼히 여기고 불쌍히 여길 자를 불쌍히 여기리라"(롬 9:15; 출 33:19)고 말씀하셨기 때문입니다. 은혜가 영원한 회의실에 앉아서 긍휼을 베풀 일을 궁리하고 구속의 계획을 짜고, 피로 말미암은 화평의 방법과, 그리스도 예수를 믿는 믿음을 통한 은혜로 구원을 베풀 계획을 짠 것입니다.

그렇다면, 믿을 복음을 우리에게 주는 것이 은혜이지만, 또한 **우리로 복음을 믿도록 하는 것도 은혜**라고 말하는 것입니다. 우리는 각자가 복음을 믿어야 하고, 그래야만 우리가 구원받을 수 있습니다. 그러나 내가 오늘 밤에 여러분 앞에 서서 "복음을 믿으십시오. 그러면 구원을 받을 것입니다"라고 말만 하고 만다면, 이 메시지 때문에 여러분의 엄숙한 책임은 더 무거워질 것이고, 그럼에도 그 메시지가 여러분을 구원하지 못할 것입니다. 그것은 여러분은 믿으려 하지 않고 계속해서 죄를 지으려 하기 때문입니다. 사람을 그 자신에게 내버려 두면 불신자가 되고, 앞으로도 계속 불신자로 있을 것입니다. 우리 본성의 깊은 타락과 이 본성의 확고한 불신앙을 해결하기 위해 믿을 복음을 주신 하나님께서는, 또한 그 복음을 믿을 믿음도 주십니다. 이것이 은혜의 놀라운 점입니다. 그런데 은혜의 영역에서는 모든 일이 놀랍습니다. 우리는 아주 악에 치우쳐 있고 아주 교만하며 허영심이 많고 불신앙이 강해서, 우리의 양심과 의지에 하나님의 은혜가 작용하지 않고서는, 우리 스스로가 와서 복음을 받아들이는 일은 결코 없습니다. 하나님께 오는 믿음은 먼저 하나님에게서 나왔습니다. 내가 그리스도를 믿었던 때가 생각납니다. 나는 그리스도를 의지하였고 구원을 받았습니다. 나는 믿었고 이와 같이 해서 생명과 평안을 맛보게 된 것입니다. 내가 믿은 이유를 알게 된 것은, 그 후로 그리 오랜 시간이 지나지 않아서였습니다. 나는 내 자신에게 물었습니다. "나는 그리스도를 믿었지만 똑같이 복음 전도에 참석했고 다같은 이점을 누린 다른 사람들은 그리스도를 믿지 않은 것은 어떻게 된 일인가?" 그 질문은 "왜 그들은 믿기를 거부하였는가?"라는 것이 아니었습니다. 그들의 불신앙은 그들 자신의 잘못과 어리석음이고, 따라서 책임은 그들이 져야 한다는 것을 나는 즉시 알았습니다. 왜냐하면 그들이 자기 고집으로 구주를 거절하였기 때문입니다. 그러나 이것이 문제는 아니었습니다. 나는 그들을 판단하고 있었던 것이 아니라, 내 자신을 살피며, 왜 나는 주 예수를 믿었는가를 묻고 있었던 것입니다. 내가 믿었지만 그것이 내 개인의 공로로 돌릴 수 없다는 것을 나는 알았습니다. 그렇기 때문에 나는 자신에게 어떤 명예도 돌릴 수 없었습니다. 다른 사람들이 믿지 않을 때 내가 믿은 것은, 내 자신이 본성적으로 그들보다 조금이라도 나은 데서 온 것이 아니었습니다. 그런 생각은 꿈에도 할 수가 없습니다! 내 믿음이 내 의지가 본래 조금이라도 탁월한 데서 온 것도 아니었습니다. 내게 순종하는 의지가 있었습니다. 그러나 그것도 위로부터 온 어떤 것이 내 의지를 순종적으로 만들었습니다. 그 어떤 것이 모든 일의 이면에 있었습니다. 그때 나는 나를 다르게 만든 것은, 바로 하나님의 은혜라는 것을 알았습니다. 그때 그 자리에서 나는 내 믿음의 영광을 하나님께 돌렸고, 내가 그리스도를 선택한 공로를 하나님께 돌렸습니다. 교리적 입장이 무엇이든지 간에 진실된 그리스도인이라면, 그는 자기 회심의 영광을 기꺼이 하나님께 돌렸습니다. 그는 자신의 회심을 성령의 사역으로 말미암은 것으로 생각했고 자신에게서 나왔다고 보지 않았습니다. 그는 그 일로 인해서 나와 함께 하나님을 찬송했습니다. 그 형제가 대체로 특징적인 그 은혜의 교리에 대해서는 트집을 잡을지 모르지만, 자신의 경우에 있어서는 은혜가 자기에게 믿을 복음을 주었을 뿐만 아니라 복음을 믿게도 하였다는 것을 기꺼이 고백하였습니다. 우리가 가지만, 하나님께서 우리를 이끄시는 것입니다. 하나님께서 우리를 이끄시기 때문에, 우리가 가는 것입니다. 성령께서 우리를 깨닫게 하고 설득하며 그리스도를 믿는 믿음으로 구원의 행복한 상태에 이르게 하시기 때문에 그리스도를 믿게 된 것입니다.

　　다음으로, 나는 그렇게 믿는 일이 은혜의 확실한 증거라는 말을 덧붙이고 싶습니다. 여러분이 주 예수 그리스도를 온 마음으로 믿는다면, 여러분은 하나님의 은혜를 받은 것입니다. 그 사실에 대해 이보다 더 확실한 증거는 없습니다. 믿음이 있는 곳에 은혜가 있습니다. 믿음은 은혜에서 뗄 수 없는 열매입니다. "아들을 믿는 자에게는 영생이 있고"(요 3:36). "그를 믿는 자는 심판을 받지 아니하는 것이요"(3:18). 이것은 내 말이 아닙니다. 나는 지금 여러분에게 성경 말씀을 인용하고 있는 것입니다. 성경의 말씀은 결코 무효화될 수 없습니다. "그러므로 우리가 믿음으로 의롭다 하심을 받았으니 화평을 누리자"(롬 5:1). 우리를 하나님과 화평을 누리는 이 상태로 데려가는 것은 믿음입니다. 여러분이 내게 어떤 행동을 가져와서 이야기하든지 간에, 그것은 의미가 없을 것입니다. 여러분이 모든 행동 가운데 가장 중요한 믿음을 가져오지 않는다면, 내게는 아무것도 가져오지 않은 것입니다. 여러분이 하나님이 보내신 예수 그리스도를 믿는다면, 여러분은 가장 확실하고 분명한 은혜의 증거를 쥐고 있는 것입니다. 여러분이 그리스도만을 믿고 여러분의 구원을 그의 이루신 의에 의지하고 있다면, 하나님의 은혜가 여러분의 마음속에 있다는 가장 뚜렷한 증거를 가지고 있는 것입니다. 여러분이 주 예수님에 대해 참된 믿음을 가졌는지 알아보고 싶지 않습니까? 그렇다면 이 점을 분명히 기억하십시오. 여러분이 믿지 않는다면, 여러분은 이미 정죄를 받은 것입니다.

더 나아가서, 여러분이 은혜로 말미암아 믿는다면, 여러분을 믿게 만든 그 은혜가 여러분이 계속해서 믿게 만들 최상의 보증이라는 것입니다. 자신에게서 나온 믿음은 스스로 죽을 것입니다. 그러나 은혜의 소산인 믿음은 영원히 살 것입니다. 여러분이 스스로 믿기 시작했다면, 저절로 믿음을 그치게 될 것입니다. 그러나 하나님의 은혜가 여러분의 믿음을 시작했다면, 그 은혜가 계속해서 여러분의 믿음을 지속시킬 것입니다. 그래서 여러분은 이 믿음 안에 거하고 죽을 때까지 그 믿음을 지키게 될 것입니다. 이 사실은 생각할 때마다 내게 큰 위로를 줍니다. 장래에도 내 믿음이 확실하기를 바라기 때문입니다. 내가 그리스도를 내 구주로 붙잡게 된 믿음이 전적으로 은혜로 말미암아 성령에 의해서 내 안에 생겼다면, 나는 마귀가 자신이 주지 않은 것을 빼앗거나 여호와께서 내 안에 친히 창조하신 것을 뭉개버릴 것으로 결코 생각지 않습니다. 내 자유의지가 내게 가져오지 않은 것을 내팽개칠 것으로 생각지 않습니다. 하나님께서 내 마음에 주시고 창조하시고 도입하시고 세우신 것을 하나님께서 유지하실 것입니다. "내 하늘 아버지께서 심으시지 않은 것은 뽑힐 것이니"(마 15:13). 그러나 아버지께서 심으신 것은 하나도 뽑히지 않을 것입니다. 이는 "나 여호와는 때때로 물을 주며 밤낮으로 간수하여 아무든지 이를 해치지 못하게 하리로다"(사 27:3)라는 말씀이 기록되어 있기 때문입니다.

아볼로가 와서 가르친 고린도 교인들은 이미 은혜로 말미암아 믿은 사람들이었습니다. 사랑하는 여러분, 이 설명에는 아름다운 울림이 있습니다. 고린도 교인들은 "이미 믿었고" 그들의 믿음이 그들의 영혼을 지켰습니다. 그러나 그들은 "은혜로 말미암아 믿은 자들"이었고, 그 은혜가 그들의 믿음을 지킨 것입니다. "은혜로 말미암아"라는 말이 믿음이라는 귀금속에 찍힌 품질보증서입니다. 은혜가 없는 곳에 참된 믿음이란 없습니다. 우리는 믿습니다. 그것은 우리 자신의 마음의 행동입니다. 그러나 우리는 은혜로 말미암아 믿습니다. 그것은 하나님의 은혜가 우리 마음에 작용한 결과입니다. 우리는 믿으려는 의지도 보이고 믿는 행동도 취하는데, 이는 하나님께서 우리 속에서 그와 같이 하도록 역사하시기 때문입니다. 우리가 믿는데, 이는 성령께서 주 예수님을 믿도록 우리를 인도하시기 때문입니다. 첫 번째 요점에 대해서는 이 만큼 하도록 하겠습니다. 은혜가 우리 속에 참된 믿음을 일으켜 주시기를 구합니다! 청중 여러분, 여러분이 모두 그러한 신자가 되었으면 정말 좋겠습니다!

2. 이제 두 번째 요점을 생각해 봅시다.
그런 신자는 도움이 필요합니다.

나는 고린도 교인들이 그런 신자라는 것을 압니다. 본문에서 아볼로가 "은혜로 말미암아 믿은 자들에게 많은 유익을 주었다"는 말을 듣기 때문입니다. 그의 활동이 불필요한 것이 아니었습니다. 그렇지 않았다면 여기에서 그것을 언급하며 칭찬하지 않았을 것입니다. 은혜를 받은 사람들이 어떤 면에서 도움이 필요합니까? 참된 신자들은 어떤 방식으로 도움을 받을 수 있습니까?

많은 신자들이 더 배우는 일에서 도움이 필요합니다. 어린 그리스도인들이 처음 그리스도께 왔을 때 그들이 많은 것을 알 것으로 기대할 수 없습니다. 그들은 제자가 되기 위해, 즉 배우기 위해 온 것입니다. 그들은 세 가지, 곧 멸망과 구속과 중생을 압니다. 그것은 영적 교육에서 결코 적은 부분이 아닙니다. 그러나 그들은 이 기본적인 진리들조차 충분히 알지 못합니다. 이 일들에 대해 더 가르침을 받으면 나아질 것입니다. 종종 그들은 누군가가 성경을 펼쳐서 그들에게 믿음의 유비를 설명해 주고, 그들이 영적인 일들과 영적이지 않은 일들을 비교할 수 있도록 돕는 일이 필요합니다. 사랑하는 여러분, 여러분이 갓 회심한 사람들에게 "하나님의 도를 더 정확하게" 가르친다면, 그들에게 큰 도움이 될 것입니다. 목사들이 더 잘 가르칠 수 있으면 좋겠습니다! 안타깝게도, 설교자들이 표면만 스치고 지나가고 교리의 보고에 들어가 하나님의 깊은 것들을 열어 보이지 않은 때가 종종 있는 것 같습니다. 공적 목회가 그 일에 미치지 못한다면, 그리스도인 각자가 그 일을 보충하려고 해야 합니다. 우리는 사람들이 교육받기를 바랍니다. 무지에서 미신과 회의론이 나오기 때문입니다. 배우지 못한 사람들은 새로운 것과 기만에 쉽게 떠내려갑니다. 믿음에 확고히 서 있고 자기의 믿는 바를 알고 있는 사람들은 대체로 굳게 서 있습니다. 지난 20년 동안 강단에서 좀 더 분명하고 확고한 가르침이 베풀어졌더라면, 오늘날 우리가 불확실한 시대에 살고 있지 않을 것입니다.

은혜로 말미암아 믿은 많은 사람들도 위로의 목적으로 도움이 필요합니다. 여러분은 그리스도를 믿는 신자들 가운데 의심과 낙담, 마음의 번민으로 시험을 받는 사람이 많다는 것을 알면 깜짝 놀랄 것입니다. 지금 이 자리에 있는 회중 가운데도 마음이 우울한 사람들이 많이 있습니다. 이분들은 거의 위를 올려다보지 못하고, 내가 지금 말하고 있는 이때 자신들을 이야기하고 있는지 판단할 것입니다. 내가 지금 그분들을 생각하고 있으며 아주 자주 그분들을 생각하며, 그분들이 지금 처해 있는 어둠에서 나오기를 간절히 바란다는 것을 말하지 않을 수 없습니다. 깊은 우울에 빠졌다가 회복한 내 경험을 이야기함으로써 조금이라도 그분들을 도울 수 있다면 큰 기쁨이 되겠습니다. 이렇게 상처입고 낙담한 사람들은 감싸주는 일이 필요합니다. 형제 여러분, 바나바처럼 "위로의 아들"(행 4:36)이 되고 싶다면, 여러분의 복된 봉사에 게으르지 마십시오! 슬픔의 학교에서 훈련을 받은 신령한 여러분, 마음이 병든 사람을 섬기는 일에 최선의 노력을 기울이십시오. 상처를 입고 피를 흘리고 있는 영혼이 있는 곳에서는 언제든지 복음의 포도주와 기름을 부으십시오. 적절한 말과 때에 맞게 인용한 약속은, 은혜로 말미암아 믿은 사람들에게 많은 도움을 줄 수 있습니다.

아볼로는 또한 반대자들로부터 그들을 지킴으로써 그들에게 많은 유익을 주었습니다. 우리는 아볼로가 "힘있게 유대인의 말을 이기는 것"을 봅니다. 이렇게 함으로써 아볼로는 거친 공격으로부터 여러 차례 믿는 이방인들을 보호하였습니다. 그는 힘을 다해 논쟁하였고, 그리스도인들의 믿음을 무너뜨리려고 하는 사람들에게 아주 열정적으로 맞서 싸웠습니다. 오늘날 그리스도인은 전신갑주를 입을 필요가 있습니다. 폭풍 속에 진눈깨비가 내리듯이, 적의 화살들이 빽빽하게 쏟아지기 때문입니다. 반대는 언제든지 일어나며, 의심은 언제든지 슬며시 스며듭니다. 사람이 오늘날 거리를 휩쓸고 있는 불신앙의 급류들 가운데서 굳게

서 있는 것은 힘든 일입니다. 굳게 서 있을 수 있는 여러분은 그렇지 못한 사람들을 도와야 합니다. 튼튼한 여러분은 의심하는 약한 사람들의 연약을 인내해야 합니다. 불안해하는 사람들에게는 "성도에게 단번에 주신 믿음"(유 1:3)으로 그들을 굳게 하는 말씀을 이야기하도록 하십시오. 좀 더 나이 든 그리스도인들은 하나님의 진리의 확실함에 관한 자신의 경험을 이야기해줌으로써 이 방향에서 큰 도움을 줄 수 있습니다. 젊은 사람들에게 하나님께서 어떻게 고난의 때에 여러분을 도우셨는지를 말해 주십시오. 어떻게 하나님께서 여러분의 기도에 응답하셨는지 이야기해 주십시오. 그들에게 주님께서 여러분을 인도하신 방식에 대해 이야기하시기를 바랍니다. 여러분이 그렇게 하면 젊은이들이, 트집쟁이들이 나타나서 그들을 공격할 때마다 그렇게 쉽사리 비틀거리고 넘어지게 되지 않을 것입니다. "그가 은혜로 말미암아 믿은 자들에게 많은 유익을 주니." 연로한 그리스도인들은 자기 인생의 복된 경험들, 회의주의자들에게까지도 강력한 대응 무기가 되는 이 경험들을 가지고 적을 물리침으로써 이 일에 아주 많은 유익을 줄 수 있습니다.

또한 우리는 은혜로 말미암아 믿은 사람들에게 지도하는 말 한 마디를 해줌으로써 그들을 도울 수 있습니다. 그들은 종종 무엇을 해야 할지 모릅니다. 도무지 무엇을 어떻게 해야 좋을지 모르게 되는 때가 있습니다. 그때, 그동안 지각을 사용해 온 그리스도인은 방황하는 사람들에게 큰 유익을 줄 수 있습니다. 우리는 주님으로부터 맹인들의 눈이 되고, 저는 자들의 발이 되며, 방황하는 자들의 안내자가 되는 일을 맡았습니다. 우리들 가운데 어떤 이들은 그리스도께서 순례자들을 안내하여 천성에 이르도록 하는 일에 고용되었습니다. 종종 우리는 여자들과 어린아이들 앞에서 냉혹한 현실이라는 거인이나 절망이라는 거인과 싸우기 위해서 전신갑주를 입어야 합니다. 여자들과 어린아이들을 위해서 우리는 사자와 용과 그 밖의 괴물들과도 싸워야 합니다. 더 연약한 자들이 천국에 이르는 여행은, 개인적으로 안내를 받아서 가는 여행입니다. 주님께서는 그 길의 안내자로 우리를 고용하십니다. 영적 힘이 있는 사람은 모두가 그 힘을 가진 것에 따르는 임무를 수행해야 합니다. 여러분은 약한 사람들을 도와야 하고, 경험이 없는 사람들에게 형제로서 조언을 해주어야 합니다. 사랑하는 여러분, 우리는 이 일을 할 각오가 되어 있습니까? 우리 가운데 하나님의 백성이 된 지 오랜 사람들은 마땅히 해야 하는 대로 이 일을 할 준비가 되어 있습니까? 여러분은 많은 사람들 가운데 약한 자들을 멸시하고 그냥 그대로 내버려 두는 경향이 있다고 생각지 않으십니까? 약한 사람들이 자기들보다 나은 사람들이 없다면, 어떻게 그들이 더 지혜롭게 되고 배울 수가 있겠습니까? 나이 든 분들은 이렇게 말하시겠습니까? "아, 그 젊은이, 그가 무엇을 알아? 그가 내 교육을 위해서 무엇을 할 수 있겠어?" 그것은 매우 이기적인 질문입니다. 여러분들은 그런 말을 하시지 않기 바랍니다. 누군가가 내게 이런 말을 했습니다. "나는 교회에서 아무 유익도 얻지 못했습니다." "나는 교회에서 무엇인가를 얻어내고자 교회에 가입하지 않았습니다" 하고 대답하자 그는 다소 놀란 표정이었습니다.

친구 여러분, 많은 그리스도인들이 처음 회심했을 때 지도자가 필요합니다. 그들은 그들에게 길을 가르쳐 주고 그들 앞에서 가는 누군가가 필요합니다. 나는 지금 이 자리에 계신 분들 가운데 하나님에 대해서 배운 많은 분들이 비록 설교자나 목회자가 되지 않을지라도, 은혜로 말미암아 믿은 사람들을 행실과 대화를 통해서 많은 유익을 주는 이 복된 사역에 아볼로와 경쟁할 수 있기를 바랍니다. 성령께서 여러분이 이제 인생의 항해를 하고 있는 작은 배들에게 말과 모범을 통해서 호위함이 되는 법을 가르쳐 주실 수 있습니다.

3. 이렇게 해서 이제 세 번째 요점을 생각하게 되었는데, 그것은 할 만한 가치가 있는 일이라는 것입니다.

은혜로 말미암아 믿은 사람들을 돕는 것은 지극히 고귀한 은사와 지극히 중요한 경험을 발휘할 만한 일입니다. 나는 내게 배우는 많은 형제 자매들에게 그 일을 당장 시작하고 지속적으로 행해야 한다는 점을 강하게 주장하고 싶습니다. 우리는 이곳에서 많은 회심자들을 얻을 것입니다. 우리는 그들을 위해 지금까지 기도해 왔으므로 틀림없이 그들을 얻을 것입니다. 주님께서 기도를 들으시고 자신의 진리를 복되게 하시기 때문입니다. 나는 여러분이 새로운 회심자들을 받아서 그리스도를 위해 양육할 준비를 하였으면 좋겠습니다. 어린 아이들이 나오게 될 때는 언제든지 누군가 그 일에 대해 주의를 하게 됩니다. 능숙한 사람은 약한 아이들을 기를 준비가 되어 있습니다. 하나님께서는 양육할 준비가 되어 있지 않는 교회에 자신의 아이들을 보내시지 않을 것입니다. 그래서 나는 은혜로 말미암아 믿게 될 사람들에게 여러분이 많은 유익을 끼칠 수 있도록 준비시키고 싶습니다. 나는 여러분이 이 도움을 주어야 한다고 주장하며, 아볼로가 그같이 바울을 도왔듯이 여러분이 그 일을 즐거이 행할 것이라고 확신합니다.

　　첫째로, 여러분이 그동안 도움을 받았기 때문에, 내가 여러분에게 그 일을 요구합니다. 아볼로는 그 자신이 과거에 도움을 받았기 때문에 돕는 자가 되었습니다. 그는 복음을 전하기 시작했고, 자기가 알고 있는 모든 것을 전했습니다. 그러나 그의 지식은 부족한 것이 많았습니다. 그가 전한 내용은 좋았습니다. 아주 좋았습니다. 그러나 충분한 복음이 되지 못했습니다. 그가 세례자 요한에 대해서만 배웠고 예수에 대한 가르침은 아직 배우지 못했기 때문입니다. 아볼로는 탁월한 언변으로 가르칩니다. 그럼에도 불구하고 그의 가르침에는 부족한 것이 있습니다. 그는 아직 충만한 화음에는 이르지 못했습니다. 복음의 아름다운 음악을 온전히 울려내지 못합니다. 아굴라와 브리스길라가 그를 자신들의 천막 상점에 데려가서 이렇게 말합니다. "친구여, 당신이 방금 전에 아주 잘 말을 했는데, 거기에서 조금 더 설명했어야 합니다. 당신이 하나님의 어린양에 대해 이야기했는데, 사람들에게 예수께서 하나님의 어린양이고, 그분이 죄를 없애기 위해 죽으셨다는 것은 말하지 않았습니다." 아볼로가 대답했습니다. "내게 그에 관해서 모두 얘기해 주시오." 아굴라와 브리스길라가 아볼로에게 주 예수의 죽음과 부활, 승천에 대해서, 성령의 강림에 대해서 더 설명을 하고 나자 아볼로가 말했습니다. "고맙소. 고맙소. 이제 나는 사람들에게 전할 중대한 진리가 생겼소. 내 설교는 전보다 더 충만하고 은혜로워질 것이오. 내일 회당에 가서 사람들에게 참으로 이 땅에 오신 메시야에 대해 말하고, 그분에 관해 좀 더 자유롭게 말할 것이오." 이렇게 아볼로는 도움을 받았습니다. 그러므로 아볼로는 다른 사람들을 돕지 않을 수가 없었습니다.

　　그리스도인 여러분, 여러분이 하나님의 그리스도에게 뿐 아니라 하나님의 교회에 무언가 빚을 지고 있다고 생각지 않습니까? 여러분이 회심을 하였습니다. 그러면 그 회심이 목사의 설교나 주일학교 선생님의 가르침이나 어떤 그리스도인이 쓴 책에 의해서 된 것이 아닙니까? 여러분이 하나님의 교회에 도움을 받은 것에 대해 갚을 생각이 없습니까? 여러분이 도움을 받아 회심하였다면, 여러분은 특별히 다른 사람들을 돕도록 애써야 합니다. 아주 낙담해서 지내던 사람이 위로를 받게 되면, 그는 낙담해 있는 사람들이 없는가 찾아봐서 기운을 잃고 있는 사람들에게 자신의 경험을 강심제로 사용해야 합니다. 나는 어떤 일에서도 절망에 직면해 있는 마음에 용기를 불어넣으려고 하는 때만큼 능숙한 때가 없는 것 같습니다. 그것은 내 자신이 그런 곤경에 처해 있었기 때문입니다. 우리 주님의 상처 입은 자녀들을 돌보는 것은 아주 명예로운 일입니다. 경험을 통해서 동정하는 법을 배운 것은 큰 은사입니다. 나는 사람들에게 말합니다. "아, 나도 전에 당신과 같은 경험을 했습니다." 그러면 사람들은 나를 바라보며 눈으로 이렇게 말합니다. "그렇지 않아요. 절대로 목사님은 우리와 같은 경험을 한 적이 없을 거에요." 그래서 나는 그 다음에 또 이렇게 말합니다. "당신이 내가 겪었던 것보다 더 심한 경우를 경험했다면 정말로 당신을 동정합니다. 나도 욥처럼 이렇게 말할 수 있었을 것입니다. '내 마음이 차라리 숨이 막히는 것과 죽는 것을 택하리이다'(욥 7:15). 내 영혼의 비참함으로부터 도피하기 위해서라면 얼마든지 스스로 가차없이 목숨을 끊을 수 있었을 것입니다." 그런 비참한 상태에 있는 사람과 이야기할 때 나는 편안하게 느낍니다. 지하 감옥에서 지냈던 사람은 빵과 물을 받는 길을 압니다. 여러분이 마음의 우울을 겪었고 주님께서 나타나 여러분에게 위로를 주셨다면, 한때 여러분이 처했던 자리에 지금 있는 사람들을 도우려고 노력하도록 하십시오. 여러분이 감옥에 있다가 풀려났다면 여러분은 자신의 자유를 혼자만 누리고, 서둘러 또 다른 포로를 풀어주는 일은 하지 않겠습니까? 여러분을 묶었던 쇠사슬이 끊어졌습니까? 그렇다면 주님의 이름으로 다른 사람의 쇠사슬을 끊는 사람이 되도록 하십시오.

프랑스에서 오랫동안 죄수로 지냈던 한 선원이 자유를 얻었습니다. 그는 세븐 다이얼즈에 가서, 새가 가득 들어 있는 새장을 하나 샀습니다. 그는 물건 값을 치른 다음에 새장을 열어 새들을 모두 날려 보냈습니다. 사람들이 놀라서 소리쳤습니다. "그렇게 할 것이었으면 무엇 때문에 새들을 샀소?" 그러자 그가 말했습니다. "아, 나는 새들을 풀어주기 위해 샀던 거요. 나는 죄수가 된다는 것이 무엇인지 잘 압니다. 새들이 새장에 갇혀 있는 것이 나는 견딜 수가 없어요." 과거에 당신과 같은 사람들, 곧 갇힌 새와 같은 사람들에게 가서 예수님과 속전에 대해 이야기해 줌으로 그들을 날려 보내도록 하십시오. 묶여 있는 불쌍한 죄인들을 찾아서 그들에게 자유를 선포하십시오. 시장에 가서 그리스도의 이름으로 자유를 선포하십시오.

이 자리에 계신 분들 가운데 이 일에 다소 천부적인 능력이 있는 사람들에게 말합니다. 아볼로가 언변이 뛰어난 사람이었기 때문에 여러분은 아볼로를 닮았을 수 있습니다. 어떤 사람은 말합니다. "아, 나는 말을 잘 하지 못합니다." 나는 여러분이 그런지 안 그런지 모릅니다. 언변이 뛰어나다는 것에 대해서 의견이 각각 다를 수·있습니다. 웅변이란 마음으로부터 이야기하는 것입니다. 내가 어렸을 때의 웅변이라고 하는 것을 말씀드리겠습니다. 웅변이란 모든 어린아이가 자기의 원하는 바를 얻기 위해 자기 식으로 말하는 것입니다. 아이가 원하는 하찮은 것들이 있습니다. 아이는 매우 어리지만 자기가 원하는 것에 대해 이야기하고 자기의 욕구를 표현하기 위해 최선을 다합니다. 아이는 자기가 원하는 것을 가리키고 움켜쥐고 달라고 소리칩니다. 그래도 아이가 성공하지 못하면 아이는 갖고 싶은 마음에 끙끙거립니다. 온 몸으로 외칩니다. 아이는 힘을 다해 호소하고, 요구하고 애씁니다. 자기가 원하는 바를 달라고, 있는 힘껏 간청합니다. 아이는 눈과 혀로 외칠 뿐만 아니라 손가락과 머리카락으로도 외칩니다. 아이는 그 어린 마음이 매달려 있는 그 한 가지 외에는 아무것도 생각하지 않습니다. 나는 그것을 웅변이라고 부릅니다.

　　로마 교황청에 라오콘(Laocoon: 그리스 신화에 나오는 포세이돈의 신관. 두 마리 뱀에 두 아들과 함께 감겨 죽음 ― 역주)이라는 유명한 군상(群像)이 있습니다. 나는 어느 날 서서 그 군상을 보았습니다. 여러분은 아버지와 그의 아들들이 독사들과 함께 뒤틀려 있고, 뱀들이 똬리를 틀어 그들을 조이자 그들이 고통 가운데 몸부림치는 모습을 기억하실 것입니다. 내가 그 걸작을 보고 있을 때 한 신사가 내게 말했습니다. "스펄전 목사님, 저 웅변적인 엄지발가락을 한 번 보십시오." 예, 그렇습니다. 나는 그 엄지발가락을 보았습니다. 그것은 대리석에 불과하지만 진짜 발가락 같았습니다. 나는 그 신사가 그 단어를 쓰기 전까지는 그런 것을 "웅변적"이라고 부르지 않았습니다. 확실히 그 엄지발가락은 말이 없지만 웅변적이었습니다. 그 발가락은 번민과 치명적인 고통을 말하였습니다. 사람이 진심으로 말할 때, 그는 비록 말이 더딜지라도 웅변적이 됩니다. 그가 죄인들에게 주 예수님을 영접하라고 간청할 때 그의 전 본성이 분발합니다. 이것이 그 사람으로 하여금 웅변을 토하게 만듭니다.

　　형제 여러분, 여러분은 무엇을 할 수 있는지를 온 영혼으로 확실히 알기 전까지는, 그 일이 무엇인지 모릅니다. 그러나 어떻게 하다 보니 여러분에게 말을 유창하게 하는 은사가 있다면, 은혜로 말미암아 믿은 사람들을 돕는 일에 그 은사를 쓰시기 바랍니다. 어떤 사람은 "내게는 말의 은사가 없다"고 이야기합니다. 글쎄요, 형제여, 당신은 시도해 보았습니까? 그 은사가 있는지 한 번 시험해 보았습니까? 많은 사람이 상당한 언변의 능력이 있으면서도, 너무 수줍어해서 그 능력을 발전시키지 못했습니다. 그것을 잉글랜드 식으로 표현해 볼까요? 그 사람은 너무 겁이 많아서 자신의 능력을 알아보지 못한 것입니다. 그 사람이 다른 사람들을 위하려는 강한 애정의 충동을 받아서 두려움을 몰아낼 수 있었다면, 그는 말을 했을 것이고, 점점 더 말을 잘하게 되었을 것입니다. 우리 교회는 나가서 복음을 전할 젊은이들이 더 많이 필요합니다. 젊은이 여러분, 여러분은 지금 무엇을 하고 있습니까? 여러분은 짖지 않는 개입니까? 여러분이 침묵하는 죄를 범함으로 여러분의 주님이 강탈당한다면 그것에 대해 무엇이라고 대답할 것입니까? 우리의 모든 조직에는 말하는 사람들이 부족합니다. 영혼으로 호소할 수 있는, 진실하고 사랑으로 행하는 그리스도인 여성들이 부족합니다. 우리가 지금까지 어렴풋이 알고 있는 것보다 훨씬 더 많은 은사가 잠자고 있다고 나는 생각합니다. 여러분의 재능이 녹이 슬어 주님께 책망받지 않도록, 즉시 그 재능을 주님의 금고에 가져다 놓으시기를 바랍니다.

그러나 여러분에게 큰 은사가 없다고 할지라도 전혀 신경 쓰지 마십시오. 아볼로는 너무 은사가 많고 언변이 탁월함으로 인해서 오히려 손해를 끼치는 일을 하였습니다. 아볼로는 고린도에 갔을 때 바울 사도보다 말을 더 잘 할 수 있었습니다. 불행하게도 그는 얼마 있지 않아 변덕스러운 사람들을 바울 사도에게서 떼어냈습니다. 아볼로는 의도적으로 그렇게 하지 않았습니다. 그것은 그의 잘못이 아니었습니다. 그러나 어떤 사람들은 말하였습니다. "아볼로의 말을 들어보시오! 그는 대단한 연사가 아니에요? 당신들은 그와 같은 웅변을 들어본 적이 있소? 바울은 그렇게 말하지는 못해요." 그러자 어떤 사람이 말했습니다. "나는 바울이 좋아요. 그의 말씀은 아주 깊어요. 하지만 바울은 세련된 학자가 아니고 아볼로처럼 멋진 연사도 아니오. 바울은 알렉산드리아에 있는 대학에 다닌 적이 없어요. 이집트 철학을 배운 적이 없어요. 아볼로는 내게 딱 맞는 사람이오." 한 사람이 소리쳤습니다. "나는 바울 편이요." 다른 사람이 소리쳤습니다. "나는 아볼로 편이요." 그러자 또 한 사람이 말했습니다. "나는 게바 편이요." 그런가 하면 어떤 사람은 심지어 이렇게까지 말했습니다. "나는 그리스도 편이다." 이것은 마치 그리스도께서 자기 교회 안에서 한 파당의 우두머리 노릇이라도 할 수 있는 것처럼 말하는 것입니다. 이로 인해 통탄스런 분열이 발생하여 파당이 나누어졌고, 불쌍한 추종자들이 일어났습니다.

　　그것을 보고서 바울은 너희가 육신에 속하였고 그리스도 안에서 어린아이라고 말했습니다. 재능과 교육이 신자의 길에 방해가 되고 도움을 주지 못할 수가 있습니다. 그러나 여러분이 약하면 그런 위험이 없습니다. 그러니 여러분이 약할지라도 가서 일을 시작하십시오. 여러분이 더듬거리며 말할 수밖에 없다면, 가서 더듬거리며 복음을 전하십시오. 하나님께서 복을 베푸시는 것은 복음이지, 여러분의 더듬거림이나 능변이 아닙니다. 여러분이 지극히 단순한 말로 예수께 관해 편지밖에 쓸 수 없다면 가서 편지를 쓰십시오. 여러분이 단순하게 쓸 수밖에 없고 그것이 약점처럼 보이지만, 그런 단순함이 사실 힘의 원천이 될 수 있고, 하나님께서 쓰시기에 더 적합한 것이 될 수 있습니다.

　　우리에게 다소 천부적인 능력이 있다면, 크든 적든 그 능력을 사용하도록 합시다. 그러나 그런 능력이 없다면 우리는 아볼로가 풍성히 가졌던 한 가지 능력을 습득할 수 있습니다. 아볼로는 성경에 능통하였습니다. 자, 우리는 모두 성경을 공부할 수 있습니다. 우리가 마음으로 예수님을 믿는다면 성경에 정통해야 합니다. 그렇게 된다면 우리는 교육적인 대화를 통해서 많은 사람을 도울 수 있습니다. 훌륭한 성경학도는 물이 솟아나는 샘과 같은 입을 가지고 있습니다. 하나님의 말씀이 사람 속에 있을 때는, 그의 말에서 기름이 풍성하게 흐릅니다. 성경을 말하는 사람들은 씨를 심는 것입니다. 성경 말씀은 살아서 자라는 씨입니다. 그 씨가 자라서 결실을 맺으면 구원에 이르게 됩니다. 사람을 구원하는 것은 하나님의 말씀이지, 하나님 말씀에 대한 우리의 해설이 아닙니다. 하나님의 영감된 진리를 계속 인용하고, 여러분 자신이 그 진리에 감화를 받으십시오. 그래서 여러분 자신의 경험으로, 그리고 은혜로 말미암아 믿은 사람들에게 많은 유익을 줄 수 있는 방식으로 성경 말씀을 설명하도록 하십시오.

　　그런데 친구 여러분, 여기에 한 가지 덧붙일 것이 있습니다. 여러분이 아볼로처럼 **열심**이 있지 않으면 많은 유익을 주지 못할 것입니다. 25절에 나오는 "열심으로"라는 말에 유의하시기 바랍니다. 아볼로는 열정적인 사람이었습니다. 불타는 사람이었습니다. 그는 아주 열심을 품고 자기 방식대로 일하였습니다. 그는 조용하고 침착하게 말하고 앉아 있을 수 없었습니다. 온 영혼을 바쳐 복음을 전하였습니다. 그것은 마치 전투하는 것과 같습니다. 아주 **빠른** 어조로 설교를 했는지는 모르겠습니다. "열심으로." 여러분 마음속에 온통 불이 타오르고 생명이 가득하며 온 마음이 실려 있다면, 여러분은 다른 사람들에게 복이 될 것입니다. "어떻게 해야 마음에 열정을 가질 수 있습니까?" 하고 사람들은 묻습니다. 하나님 앞에서 사십시오. 나는 이 밖의 다른 어떤 처방도 여러분에게 제시할 수 없습니다. 주님께서 의의 태양처럼 여러분을 비추도록 하십시오. 그러면 여러분이 열정적이 될 것입니다. 다른 모든 방법들은 단순한 이론들에 불과하고, 따라서 실패할 것입니다.

프랑스의 유명한 박물학자 뷔퐁(Buffon)은 한때 프랑스 학술원(The Academy of France)의 아주 많은 현인들을 자기 집 마당에 불러 모은 적이 있었습니다. 그들은 모두 철학자였습니다. 여러분은 철학자가 어떤 사람인지 압니다. 모른다면 철학자를 한 사람 만나봐야 합니다. 만나본다고 해서 그 사람들에 대한 이해가 더 나아질 것이라고 생각지는 않습니다. 아무튼 이들은 모두 철학자들이었고, 위대한 사람의 정원을 거니는 위대한 사람들이었습니다. 모두 아주 위대하였습니다. 땅에 유리로 된 지구의가 있었습니다. 이 심오한 철학자들 가운데 한 사람이 이 지구의의 그늘진 면을 만져보고서는 그 면이 아주, 아주 따뜻하다는 것을 알았습니다. 반면에 해를 바라보고 있는 면은 상대적으로 찼습니다. 여기에 놀라운 점이 있었습니다. 그는 동료 철학자들을 자기 주위로 불렀습니다. 그들이 왜 이 지구의가 한낮의 뜨거운 열기를 받고 있는 면보다 햇빛에서 떨어져 있는 면이 더 뜨거운지에 대해 다양한 이론들을 발표하는 모습이 눈에 보이는 듯 합니다. 한 사람은 반사의 이론을 말하였고, 다른 사람은 굴절의 이론을 제시하고, 또 다른 사람은 흡수의 이론을 주장하였습니다. 그 철학자들이 한 말을 일일이 다 말할 수 없을 것입니다. 그들은 훌륭한 말들, 놀라운 이론들을 이야기했고, 그 철학자들이 도달한 철학적 결론들에 도무지 만족하지 못한 뷔퐁이 입을 떼기까지 끝없이 토론하고 토론했기 때문입니다. 마침내 뷔퐁이 정원사를 불러 말했습니다. "정원사, 왜 해에서 멀리 떨어져 있는 지구의의 이 면이 해가 비추고 있는 다른 면보다 더 뜨거운지 자네가 말해줄 수 있겠나?" 그러자 정원사가 말했습니다. "예, 박사님, 제가 방금 지구의를 돌려놓았습니다. 지구의가 한쪽 면이 너무 뜨거워져서요." 이 설명은 새로운 철학 이론들을 지지하지 않고 구식의 교리, 즉 태양은 열을 발산한다는 교리를 주장하였습니다.

이 점에 따라 생각할 때, 사람이 열심을 품게 되는 이유에 대한 유일한 답변은 사람이 마음을 주님 가까이에 두고 있는다는 것입니다. 여러분이 열정과 열심을 유지하는 방법에 관해 철학적 연구를 시작할 필요는 없습니다. 하나님의 빛을 가장 즐기는 마음이, 가장 뜨거운 마음인 것입니다. 거기에 이 모든 문제의 답이 있습니다. 여러분이 하나님의 얼굴 빛 가운데서 산다면, 여러분은 뜨거워질 것입니다. 여러분이 하나님에게서 멀어진다면 차가워질 것입니다. 하나님이 우리를 열심이 있게 만드십니다!

그런데 여기서 한 가지 점을 더 생각해 봅시다. 아볼로는 이 사람들에게 그리스도를 전했기 때문에 그들을 크게 도울 수 있었습니다. "이는 성경으로써 예수는 그리스도라고 증언하여 공중 앞에서 힘있게 유대인의 말을 이김이러라." 우리가 그리스도를 믿은 사람들을 도우려면 그들과 나누는 대화에 그리스도가 충만해야 합니다. 정말로 그리스도 외에는 어떤 것도 영혼을 먹여 살릴 수 없을 것입니다. 예수님의 육신은 실로 고기이고, 그의 피는 실로 음료입니다. 다른 모든 것은 거품이거나 바람입니다.

어제 밀드메이(Mildmay)에서 유대인 선교의 지도자로 활동하는 윌킨슨 씨(Mr. Wilkinson)가 쓴 책 「나의 영광 이스라엘」을 읽었는데, 거기서 나는 아주 새로운 한 가지 진술을 읽었습니다. 윌킨슨씨는 오늘날 행해지고 있는 유대인 유월절에 대해 이야기하고 있습니다. 자, 여러분은 모세의 율법에 따를 때 유월절이 어떤 것이었는지 알고 있습니다. 즉 어떻게 어린 양을 잡아 죽이고 피를 문인방과 옆 기둥들에 바르고 양의 고기는 구워서 먹었는지를 압니다. 유대인들은 오늘날에도 유월절을 지킵니다. 그러나 모세의 방식대로가 아니라 랍비들의 가르치는 방식으로 지킵니다. 상에는 유월절 케이크가 있고, 양상추나 파슬리 같은 것들이 쓴 나물로 올려 있습니다. 이것을 나는 이해합니다. 그러나 이 하로셋(Charoseth)은 무엇입니까? 석회와 회반죽을 뒤섞은 것이 아닙니까? 계란과 소금물은 어떻게 해서 온 것입니까? 여러분은 유월절 상에 이 외에 무엇이 있다고 생각하십니까? 여러분은 "아, 유월절 양이요" 하고 말합니다. 그렇지 않습니다. 유대인들이 유월절 양은 빠트렸습니다. 오늘날 유대인의 유월절에는 어린 양 대신에 무엇이 그 상에 있습니까? 양의 정강이뼈가 있습니다. 정강이뼈라는 말에 주의하십시오. 고기가 하나도 붙어있지 않은 정강이뼈를 말하는 것입니다. 정강이뼈밖에 없습니다! 피가 사라졌고 피 대신에 계란이 나왔습니다. 어린 양이 사라졌고, 양 대신에 양의 정강이뼈가 상에 올라왔습니다. "아이구! 어떻게 유대인들이 하나님의 율법을 이렇게 헛되이 만들 수 있는가?" 내가 본의 아니게 이 말을 했지만, 그렇다고 해서 유대인들을 비난할 수 없다는 것이 금방 생각났습니다. 유대인들은 단지 그리스도인들을 모방하려고 하고 있기 때문입니다. 가서, 복음을 전하는 체하는 많은 사람들의 말을 들어보십시오. 그들의 설교에 어린 양이 어디 있고, 신자가 먹고 살아야 할 희생제물이 어디에 있습니까? 뿌린 피가 어디에 있습니까? 왜 그 사람들은 "피"에 대해 말하기를 부끄러워합니까? 그들은 그 단어가 통속적이라고 생각합니다. 그러면 그들은 어떤 단어를 제시합니까? 뼈, 뼈라고 말합니다. 아무 개도 관심 갖지 않을 뼈를 말합니다. 하나님의 살아 있는 모든 이스라엘이 먹고 살아야 할 어린 양의 자리를 차지한 현대 사상이란, 뼈를 이야기합니다. 고맙게도 윌킨슨 씨의 경우가 그에 대한 좋은 비유가 됩니다. 나는 내 이스라엘 친구들이 식탁에 정강이뼈를 올려놓고 앉아서, 그것을 유월절이라고 부르는 것을 생각하면 웃음이 나옵니다.

그런데 그들은, 내 그리스도인 친구들이 위대한 구속의 교리를 뺀 신학에 모여 앉아서 그것을 기독교 신앙이라고 부르는 모습과 아주 흡사합니다. 정강이뼈에 피도 살도 없듯이, 현대 신학에는 영혼을 위한 음식이 전혀 없습니다. 오직 십자가에 못 박힌 그리스도 안에만 영혼이 필요로 하는 모든 도움이 있습니다. 여러분은 죄의 짐을 지고 있습니까? 그리스도께서 십자가에서 여러분의 죄를 지셨습니다. 여러분은 죄가 여러분을 이길까봐 두렵습니까? 어린양의 피가 죄를 이길 것입니다. 속죄하는 제사만 온전히 의지하십시오. 그러면 평안과 기쁨을 맛보게 될 것이고, 이것이 장차 여러분이 악과 싸울 때 여러분의 힘이 될 것입니다.

더 이상 말할 필요가 없지만, 주님을 아는 나의 친구들에게 "은혜로 말미암아 믿은 자들을 도우러" 가라고 강권하고 싶습니다. 아직 예수님을 믿지 않은 사람들은 이제 와서 그리스도를 믿으시기 바랍니다! 그리스도를 믿는 순간 여러분은 구원을 받습니다. "땅의 모든 끝이여 나를 보고 구원을 받으라"(사 45:22, 개역개정은 "내게로 돌이켜")고 주께서 말씀하십니다. 당장 그리스도를 보십시오! 보고 사십시오! "십자가에 못 박히신 이를 보는데 생명이 있습니다." 주님께서 은혜로 여러분을 강권하여 십자가를 바라보게 하시기를 바랍니다. 그리스도께 영원히 영광을 돌립니다! 아멘.

제
24
장
—

목숨을 걸고 전할 만한 복음

—

"하나님의 은혜의 복음을 증언하는 일."
— 행 20:24

바울은 복음 전파라는 위대한 목적에 비할 때 자신은 목숨이라도 소중히 여길 수 없다고 말하였습니다. 그렇지만 우리는 바울이 생명을 매우 존중하였다는 것을 확실히 압니다. 바울은 다른 사람들과 똑같이 생명을 사랑하였고, 그뿐 아니라 자신의 생명이 교회와 그리스도의 대의를 이루는데 매우 중요하다는 것을 알았습니다. 또 다른 곳에서 바울은 이렇게 말했습니다. "내가 육신으로 있는 것이 너희를 위하여 더 유익하리라"(빌 1:24). 그는 삶에 지치지 않았고, 마치 생명을 장난으로 버릴 수 있는 것처럼 대하는 공허한 사람도 아니었습니다. 그는 삶을 귀중하게 보았습니다. 이는 그가 삶을 구성하는 요소인 시간을 중요하게 생각하였고, 그래서 "세월을 아끼라 때가 악하니라"(엡 5:16)고 하면서 매일 매시간을 실제적으로 사용한 것을 볼 때 그랬습니다. 그렇지만 바울은 에베소 교회의 장로들에게 이야기할 때는 자기가 하나님의 은혜의 복음을 증언하는 일에 비할 때는 자기 목숨을 귀한 것으로 여기지 않는다고 진지하게 말하였습니다. 본문의 구절에 따를 때 사도는 인생을 자기가 달려가야 하는 경주로 생각하였습니다. 자, 경주는 빨리 달릴수록 더 잘 달리는 것입니다. 선수가 갖는 한 가지 생각은 어떻게 하면 가장 빨리 결승점에 도달할 수 있느냐는 것입니다. 그는 아래 있는 땅을 박차고 갑니다. 그는 자기가 가는 경로가 바라는 목표에 도달하기 위해 달려가야 하는 길인 한, 자신의 행로가 어떻든 상관하지 않습니다. 바울에게는 삶이 그러했습니다. 그의 영의 모든 에너지는 한 가지 목표, 즉 그는 어디에서나 하나님의 은혜의 복음을 증언하는 일을 이루는데 집중되었습니다. 그가 여기 하늘 아래서 사는 인생은, 그 목적을 이루는 수단으로서만 그에게 귀중하였습니다. 그는 또한 복음을 귀중히 여겼고, 복음을 증거하는 자신의 사역을 주님께서 친히 그에게 맡기신 신성한 일로 알고 귀중히 여겼습니다. 사도는 자신이 "복음을 위탁 받은"(살전 2:4) 것으로 여겼고, 그래서 그 일로 목숨을 잃게 될지라도 일을 충성스럽게 하려고 마음먹었습니다. 그는 자신이 "주 예수 그리스도께 받은 사명 곧 복음을 증언하는 일을 마치려 한다"고 하였습니다. 사도는 구주께서 하나님의 은혜라는 천상의 보화들이 담긴 귀중한 상자를 주님의 못 자국이 난 손으로 들고서 그에게 이렇게 말씀하시는 것이 마음의 눈으로 보였습니다. "내가 내 피로 너를 구속하였고 너를 내 이름으로 불렀다. 이제 내가 이 귀한 것을 네 손에 맡기니 네가 이것을 관리하고 네 심장의 피를 뿌려서라도 이것을 지키도록 하라. 내 대신에 모든 곳에 가서 하나님의 은혜의 복음을 하늘 아래 모든 족속에게 알리는 일을 네게 맡긴다."

모든 신자는 다소 이와 비슷한 위치를 차지합니다. 우리 가운데 사도로 부르심을 받은 사람은 아무도 없습니다. 우리가 모두 하나님 말씀을 공적으로 선포하는 일에 부르심을 받지 않았을 수 있습니다. 그러나 우리는 모두 세상에서 진리에 대해서 용감하고, 성도들에게 단번에 주신 믿음에 대해 진심으로 주장하라는 명령을 받았습니다. 아, 우리가 이 일을 이 이방인의 사도의 마음으로 할 수 있으면 좋겠습니다! 신자들로서 우리는 모두가 어떤 형태의 사역에 부름을 받았습니다. 이 때문에 우리는 인생을 경주로 생각하고 자신을 복음의 파수꾼으로 보게 됩니다. 이는 마치 연대의 깃발을 들고 있는 사람이, 자신을 군기를 지키기 위해 모든 것을 희생해야 할 사람으로 보는 것과 같습니다.

바울은 진정한 영웅이었습니다. 그 이야기를 들으면, 지금도 피가 끓고 영혼에 불이 타오르게 하는 용감한 그리스인들보다 훨씬 더 고귀한 흔적을 지닌 영웅이었습니다. 이들 그리스인의 영웅적 행위는 대체로 공적 기록, 동료 시민들의 즉각적인 찬성 혹은 전쟁터의 동물적 흥분에 좌우되었습니다. 그러나 사람이 관계되는 한, 바울의 영웅적 행위는 독립적이고 신중하였으며, 신자들의 집회에서와 같이 외로운 지하 감옥에서도 분명하게 스스로 드러나는 것이었습니다. 그는 우는 친구들과 이별하고, 이루 헤아릴 수 없이 큰 시련들을 향해서 나가면서도 전혀 두려움에 요동하지 않았고 일체의 의문 없이 자기 길로 전진해갔습니다.

바울이 에베소 장로들과 작별하는 모습을 볼 때, 나는 에파미논다스 (Epaminondas: 기원전 4세기 테베의 장군이자 정치가 ─ 역주)에 대한 옛 역사가의 기록을 떠올리지 않을 수 없습니다. 에파미논다스는 스파르타 군의 창에 치명적인 부상을 입었고 창의 머리가 아직 그의 몸 속에 그대로 들어가 있을 때, 친구들에게 창을 잠시 그대로 두라고 요구하면서 이렇게 말했습니다. "왜냐하면 내가 정복당하지 않은 채 죽는다면 살 만큼 산 것이지." 친구들이 그에게 전투에서 이겼고, 그의 친구들이 승리했다고 말하자, 그는 친구들에게 자신의 생명이 끝나도록 창머리를 빼라고 명령했습니다. 그는 쓰러졌지만 방패를 놓지 않았고 승리를 거두었습니다. 그는 임종시에 "당신들의 에파미논다스가 이렇게 죽는 것은 죽는 게 아니다"고 말하였습니다. 이와 같이 복음이 번성해 간다면 바울은 살 만큼 충분히 산 것입니다. 그는 목숨을 버릴지라도 그의 사역이 이루어진다면, 그는 죽는 것이 아닙니다. 바울의 말을 읽어드리면, 여러분은 그의 말이 이와 같은 영웅적인 어조를 울려내지 않았는지 판단하게 될 것입니다. "보라 이제 나는 성령에 매여 예루살렘으로 가는데 거기서 무슨 일을 당할는지 알지 못하노라 오직 성령이 각 성에서 내게 증언하여 결박과 환난이 나를 기다린다 하시나 내가 달려갈 길과 주 예수께 받은 사명 곧 하나님의 은혜의 복음을 증언하는 일을 마치려 함에는 나의 생명조차 조금도 귀한 것으로 여기지 아니하노라."

우리는 오늘 아침 무엇보다 바울이 목숨을 내놓을 만한 가치가 있다고 판단한 이 복음이 무엇이었는지에 대해서 알아볼 것입니다. 그것은 "하나님의 은혜의 복음"이었습니다. 우리가 이 점을 물었을 때, 우리는 또 한 가지 질문을 내놓게 될 것입니다. 우리가 복음을 위해 죽을 수 없다면 어떻게 복음을 위해 살 수 있겠습니까? 그 다음에, 세 번째로 나는 왜 우리가 그렇게 해야 하는가라는 이 질문에 대답을 함으로써 이 헌신을 여러분에게 강조할 것입니다. 성령께서 우리 속에 바울의 거룩한 경건과 자기 희생을 일으켜 주시기를 바랍니다!

**1. 첫째로, 오늘 아침 우리의 질문은,
바울이 목숨을 걸고 전하려고 했던 복음은 무엇이었는가라는 것입니다.**

그런 열정을 일으키거나 그런 열정을 받을 만한 모든 것이 "복음"이라고 불리는 것은 아닙니다. 형제 여러분, 오늘날 우리에게 복음들이 있는데, 그 복음들이 일이 년 안에 사라지게 될 것이므로, 나는 그 복음들을 위해 죽으라고 하고 싶지 않고, 여러분 가운데 어느 누구에게도 그 복음들을 위해 살라고 권하고 싶지 않습니다. 저절로 소멸할 교리를 위해 죽는 것은 전혀 가치 없는 일입니다. 나는 오래 살다보니, 몇 가지 정도 새로운 복음이 번성하다가 소멸하는 것을 보았습니다. 오래 전에 사람들이 내게 나의 오래된 칼빈주의 교리는 시대에 한참 뒤졌고, 타파된 것이라고 말했습니다. 그 다음에는 어떤 형태든지 복음주의적 가르침은 과거의 것이고 "진보된 사상"으로 교체되어야 한다는 말을 들었습니다. 나는 옛 신앙에 대한 이런 개선책을 들었고, 다음에는 또 다른 개선책을 들었습니다. 철학적인 신학자들은 지금도 그들의 신학을 개선하고 있습니다. 그들은 지금까지 계속해서 진보에 진보를 거듭해 왔습니다. 그래서 그들이 다음에는 어디에까지 진보하게 될지, 하늘도 알고 아마 지옥도 알 만큼 되었습니다.

그러나 나는 진보하지 않을 것을 확실히 압니다. 나는 이 모든 현대 사상들의 어떤 것을 위해서도 죽을 생각이 없습니다. 나는 교회의 많은 신학자들에게 성경에 대체 명확한 교리였다가 사상의 진보로 폐지된 교리가 있는지, 어떤 형태의 가르침이 잠깐 동안 목숨을 버릴 만한 것이었다가 사상의 진보로 폐지된 것이 있는지, 순교자들이 자기들에게 귀중할 수도 있지만 사상의 진보로 말미암아 폐지된 진리들을 위해 죽는 아주 어리석은 사람들이었는지, 묻고 싶습니다. 나는 오늘날 현대 신학자들에게는 불변의 진리 같은 것은 없다고 혹은 있다고 한다면, 그들이 아직 거기에 도달하지 못한 것이 확실하다고 생각합니다. 그들은 파고, 파고, 또 팠습니다. 그리고 그들이 열어 놓은 불신앙의 어둔 구덩이들을 보았습니다. 그러나 그들은 아직도 밑바닥의 암반에 이르지 못했습니다. 조금 더 기다려봅시다. 그들이 얼마 있지 않아 견고한 무엇인가를 발견할지 모릅니다. 그러나 그들은 이제껏 겨우 모래층을 뚫었을 뿐입니다.

그런데 그리스도인들이 결코 의심하지 않은 사실들로 구성된 복음이라는 것이 세상에 한때 있었습니다. 예전에 교회에는 신자들이 마치 자기 영혼의 생명인 것처럼 마음에 품은 복음이 있었습니다. 열정을 일으키고, 희생을 명령하는 복음이 세상에 한때 있었습니다. 수많은 사람들이 이 복음을 듣기 위해 목숨을 걸고 함께 모였습니다. 사람들이 폭군들 앞에서 복음을 전했고, 복음으로 인해 모든 것을 잃는 고통을 겪고, 감옥에 가며 사형에 처해졌지만, 그러는 동안 내 내 시편을 노래했습니다. 이제는 그런 복음이 남아 있지 않습니까? 아니면 우리가 이상향에 도달한 것입니까? 이 이상향은, 우리 영혼이 상상에 근거하여 갈망하고 따라서 확신이나 열정을 가질 수 없는 곳입니다. 이제는 예수님의 제자들이 "사상"이라는 거품과 상상의 바람을 먹고 살게 된 것입니까? 이런 거품과 바람을 먹게 되면, 사람들은 성급하고 교만하게 됩니다. 아니, 그보다 우리는 오류 없는 계시라는 실질적인 음식으로 돌아가고, 성령께 그의 영감된 말씀으로 우리를 먹여달라고 부르짖어야 하지 않겠습니까?

　바울이 자기 목숨보다 귀하게 여긴 이 복음은 무엇입니까? 이 복음을 그는 "하나님의 은혜의 복음"이라고 부릅니다. 이 복음에서 사도에게 가장 깊은 인상을 준 것은 이 복음이 은혜의 메시지, 오직 은혜의 메시지라는 것이었습니다. 기쁜 소식이라는 음악 가운데서 한 선율이 다른 모든 선율보다 크게 울리고 사도의 귀를 사로잡았습니다. 그 선율은 은혜, 곧 하나님의 은혜라는 것이었습니다. 바울은 이 선율을 전체 곡의 특징으로 보았습니다. 복음은 "하나님의 은혜의 복음"이었습니다. 오늘날은 "은혜"라는 말을 자주 듣지 못합니다. 우리는 도덕적 의무, 과학적 적응, 인간의 진보라는 말을 듣습니다. 곧 세상을 떠나게 될 구식 사람들을 제외하고, 누가 우리에게 "하나님의 은혜"에 대해 이야기합니까? 구식 사람 중의 한 사람으로서 나는 오늘 이 자리에 있습니다.

　나는 "은혜"라는 그 말을 크게 외쳐서, 그 즐거운 소리를 아는 사람들은 기쁘게 하고, 은혜를 무시하는 사람들에게는 그 은혜가 마음에 사무치게 하려고 합니다. 은혜가 복음의 정수입니다. 은혜야말로 이 타락한 세상에 유일한 소망입니다. 은혜야말로 영광을 바라는 성도들의 유일한 위로입니다! 아마도 바울은 베드로나 야고보 혹은 요한보다 은혜를 더 분명하게 알았을 것입니다. 그래서 신약 성경에서 훨씬 더 많은 공간이 그에게 할애된 것입니다. 다른 사도적 저자들이 어떤 면들에서는 바울보다 뛰어났습니다. 그러나 은혜의 교리의 깊이와 분명함에 있어서는 바울이 가장 앞서고 탁월했습니다. 우리는 다시 바울이 필요합니다. 혹은 적어도 바울의 전도자적 열의와 명확함이 필요합니다. 바울은 새로운 복음들을 간단하게 일축하고, 그런 복음들을 따르는 사람들에게 이같이 말합니다. "그리스도의 은혜로 너희를 부르신 이를 이같이 속히 떠나 다른 복음을 따르는 것을 내가 이상하게 여기노라 다른 복음은 없나니 다만 어떤 사람들이 너희를 교란하여 그리스도의 복음을 변하게 하려 함이라"(갈 1:6,7).

어떻게 이 복음이 은혜의 기쁜 소식인지, 간단하게 설명하도록 하겠습니다.

복음은 하나님께서 값없는 은총과 순전한 자비에 근거해서 죄 있는 사람들을 대하려고 준비하셨음을 알리는 것입니다. 하나님께서 공의로우시다는 말에는 기쁜 소식이 없을 것입니다. 첫째로 그것은 새로운 사실이 아닙니다. 우리는 하나님이 공의로우시다는 것을 알고 있습니다. 본성적인 양심이 사람에게 그 사실을 가르칩니다. 하나님께서 죄를 형벌하고 의는 보상하신다는 것은 전혀 새로운 사실이 아닙니다. 그것이 새로운 사실이라 할지라도, 그것은 좋은 소식이 되지 못할 것입니다. 우리는 모두 범죄하였고, 하나님의 공의에 따라 우리는 멸망할 수밖에 없기 때문입니다. 그러나 모든 사람의 재판장이 죄를 용서하고 불경건한 자들을 의롭다고 한다는 것은 새로운 사실이고, 최상의 소식인 것입니다. 하나님께서 죄를 지워버리고 죄를 의로 덮으며 죄인을 받아들여 하나님의 은총을 베푸시되, 죄인이 그동안 행했거나 앞으로 행할 그 어떤 것 때문이 아니라, 오직 주권적인 은혜에서 그렇게 하신다는 것은 죄인들에게 좋은 소식입니다. 우리가 모두 예외 없이 범죄하였고, 모든 사람이 죄 때문에 정죄받는 것이 지극히 정당하지만, 하나님께서는 우리를 하나님의 율법의 저주에서 끌어 내시고 우리에게 의인들의 복을 주시되, 순전히 자비로 그렇게 하시려는 것입니다. 다윗이 시편 32편에서 이 사실을 어떻게 보고 말하였는지 생각해 보십시오. "허물의 사함을 받고 자신의 죄가 가려진 자는 복이 있도다 마음에 간사함이 없고 여호와께 정죄를 당하지 아니하는 자는 복이 있도다"(32:1,2).

이것은 목숨을 걸고 전할 가치가 있는 메시지입니다. 이 메시지란, 은혜 언약으로 말미암아 하나님이 공의로우시고 예수 믿는 자도 의롭게 될 수 있으며, 하나님께서 사람들의 의로운 재판장이 되실 수 있고, 또 믿는 사람들도 그리스도 예수 안에 있는 구속으로 말미암아 하나님의 은혜로 값없이 의롭다함을 받을 수 있다는 것입니다. 하나님은 자비로우시고 은혜로우셔서 지극히 무가치한 자들에게 기꺼이 복을 베푸신다는 것이야말로, 사람이 백년을 살면서라도 전할 가치가 있는 놀라운 소식입니다. 이 예배당에서 이 소식을 다시 전할 때, 내 마음은 뜁니다. 회개하는 자들, 낙담한 자들, 절망하는 자들에게 말합니다. 여러분의 죄는 지옥 형벌을 받을 만하지만, 은혜로 여러분이 천국에 이를 수 있고 천국에 합당한 사람이 될 수 있으며, 이것은 여러분의 성품이나 가치와 전혀 상관 없이 순전히 주권적인 사랑의 행위라는 것입니다. 여호와께서 "내가 긍휼히 여길 자를 긍휼히 여기고 불쌍히 여길 자를 불쌍히 여기리라"(출 33:19)고 말씀하셨기 때문에, 지극히 절망적인 사람들에게 희망이 있습니다. "그런즉 원하는 자로 말미암음도 아니요 달음박질하는 자로 말미암음도 아니요 오직 긍휼히 여기시는 하나님으로 말미암음이기"(롬 9:16) 때문에, 그렇지 않았다면 절망하였을 사람들에게 희망의 문이 열려 있는 것입니다. 그것은 마치 이런 것과 같습니다. 큰 순회 재판이 열렸고, 재판장이 주마다 다니며 재판을 하였고 수많은 죄수들이 정죄를 받았고, 공의의 절차대로 그들의 판결을 시행하는 것 외에 아무것도 남지 않았습니다. 그런데 갑자기 비단 옷을 입은 사자가 은나팔을 불어 이 사실을 선포하였습니다. 즉 왕이 공의를 위반하지 않고, 정죄받은 자들을 순전히 자비로 대할 수 있는 방법을 발견하였고, 그래서 그들에게 자유로운 사면과 즉각적인 석방, 그리고 하나님의 은총과 대접을 받을 수 있는 자리를 수여한다는 것이었습니다. 이 메시지가 사형수의 감방에서 기쁜 소식이 되지 않겠습니까? 여러분은 그 소식을 불쌍한 죄수들에게 전하는 것을 기뻐하지 않겠습니까? 아, 바울 사도여, 나는 당신이 값없는 은혜라는 그와 같은 계시를 접하고서 거룩한 흥분에 사로잡힌 것을 이해할 수 있습니다. 당신이 같은 죄인들에게, 은혜가 의로 말미암아 왕노릇하여 영생에 이르게 한다는 사실을 전하기 위해서 기꺼이 당신의 목숨을 버리려고 한 것을 이해할 수 있습니다.

　그러나 복음은 이보다 훨씬 더 많은 것을 말합니다. 즉 하나님 아버지께서는 값없는 은혜로 사람들을 대하시기 위해 자비의 길을 가로막고 있는 큰 장애물을 친히 제거하셨습니다. 하나님은 의로우십니다. 이것은 가장 확실한 진리입니다. 사람의 양심도 그렇다는 것을 압니다. 그래서 사람의 양심은, 하나님의 공의를 만족시켰다는 것을 볼 수 있기 전에는 결코 안식을 누릴 수가 없습니다. 그러므로 하나님께서는 순전히 자비를 베풀어 사람들을 공의롭게 대하시기 위해 자신의 독생자를 주셨습니다. 그 아들의 죽으심으로 율법이 마땅히 받아야 할 것을 받고, 하나님의 통치의 영원한 원칙들이 지켜지도록 하신 것입니다. 예수께서 사람들을 대신하여 사람의 죄를 지고 죄책의 형벌을 받도록 정하셨습니다. 이사야 선지자는 이 사실을 이사야서 53장에서 아주 분명하게 진술합니다! 그 계명이 폐지되지 않았고 그 형벌이 취소되지 않았기 때문에, 사람은 이제 안전하게 구원을 받았습니다. 가장 엄한 공의를 따라 요구될 수 있는 모든 것이 처리

되었고, 치러졌습니다. 그렇지만 은혜는 자기의 원하는 대로 죄사함을 제한없이 널리 뿌립니다. 빚이 다 지불되었기 때문에 빚진 사람이 풀려났습니다. 죽어가시는 구주를 보고, 선지자의 이 같은 말을 들으십시오. "그가 징계를 받으므로 우리는 평화를 누리고 그가 채찍에 맞으므로 우리는 나음을 받았도다"(53:5). 여기에서도 모든 것이 은혜입니다.

형제 여러분, 구속을 궁리하고 받아들이기로 결심한 것이 하나님 편에서 은혜였고, 또 하나님께서 스스로 비용을 치르며 구속을 제공하신 점에서 특별히 더 은혜였습니다. 이것이 은혜의 놀라운 점입니다. 감정 상할 일을 당한 분이, 먼저 화해의 손을 내미시는 것입니다. 하나님께는 아들이 한 분밖에 없었습니다. 하나님께서는 순전히 은혜로 사람들을 대하시려는 길에 장애물이 생기자마자, 하나님의 품에서 아들을 떼어 우리의 약한 본성을 취하게 하시고, 그 본성 안에서 의로운 자로서 불의한 자를 대신하여 죽음을 겪으심으로 우리를 하나님께로 이끌도록 하셨습니다. 여러분은 아브라함이 자기 아들을 하나님께 바친 일을 칭찬합니다. "사랑은 여기 있으니 우리가 하나님을 사랑한 것이 아니요 하나님이 우리를 사랑하사 우리 죄를 속하기 위하여 화목제물로 그 아들을 보내셨음이라"(요일 4:10). 이것이 바로 하나님의 은혜의 복음입니다. 즉 하나님은 사람들의 죄나 공로와 전혀 상관 없이 순전히 자비의 방식으로 일체 불의함이 없이 사람들을 대하실 수 있으십니다. 사람들의 죄를 그의 사랑하시는 아들 예수 그리스도께서 지셨기 때문입니다. 그리스도께서는 하나님의 공의를 완전히 만족시키셨습니다. 그래서 하나님은 거룩함이 영광스러우시고 긍휼하심이 풍부하십니다. 아, 사랑하는 바울 사도여, 여기에 전도할 가치 있는 것이 있습니다.

복음에는 또한 하나님의 은혜에 일치하는 자비를 베푸시는 동기가 계시됩니다. 모든 지혜로운 사람의 행동에는 언제나 적합한 동기가 필요합니다. 합리적인 사람이라면 이유 없는 행동을 하지 않습니다. 바로 그 사실은 가장 최고의 지성이신 하나님께 적용됩니다. 하나님은 지극히 고상한 이유에 근거하여 활동하십니다. 사람들을 값없는 은혜로 사람들을 대하시는 하나님의 동기는 하나님의 영광스러운 성품을 계시합니다. 하나님께서는 이렇게 말씀하십니다. "내가 이렇게 행함은 너희를 위함이 아닌 줄을 너희가 알리라 이스라엘 족속아 너희 행위로 말미암아 부끄러워하고 한탄할지어다"(겔 36:32). 하나님께서 은혜로 말미암아 놀라운 일들을 행하시는데, "이는 이제 교회로 말미암아 하늘에 있는 통치자들과 권세들에게 하나님의 각종 지혜를 알게 하려 하심이니 곧 영원부터 우리 주 그리스도 예수 안에서 예정하신 뜻대로 하신 것입니다"(엡 3:10,11). 하나님께서는 이렇게 은혜를 베푸시는 동기를 자신의 본성과 자비에서 찾으시는데, 이는 다른 어디에서도 찾을 수 없기 때문입니다. 하나님께서 자신의 주권적인 뜻에 따라 죄인들을 대하시는데, "이는 그가 사랑하시는 자 안에서 우리에게 거저 주시는 바 그의 은혜의 영광을 찬송하게 하려는 것"(1:6)입니다. 하나님께서 사람들을 구원하시는데, 이는 하나님의 사랑하시는 독생자 예수 그리스도께서 지극한 찬송과 존귀를 받으시고, 성령께서 하나님을 거스르는 본성들을 새롭게 창조하시는 일로 말미암아 영광을 받으시도록 하기 위함입니다. 자신이 죄인이라는 것을 느끼는 여러분, 이 점을 잘 들으십시오. 하나님께서는 자신의 공의를 전혀 위반하지 않고서, 순전히 은혜를 근거로 여러분을 구원하실 수 있다는 것입니다. 하나님은 그렇게 하실 수 있는 이유, 곧 가장 훌륭한 사람들에게 뿐 아니라 가장 악한 사람들에게도 적용될 이유를 찾으셨습니다. 하나님께서 죄인들을 구원하시는 것이 하나님 자신의 영광을 위해서라면, 절망의 짙은 어둠 속에 앉아 있는 사람들에게 빛이 비쳐 들어올 수 있도록 창문이 열린 것입니다.

이 은혜의 계획이 성취되기 위해서는, 더 나아가서 복음의 메시지가 약속과 격려와 복으로 충만해야 할 필요가 있었습니다. 오늘날 우리가 전하는 복음은 아주 은혜로 가득 차 있기 때문입니다. 복음은 이렇게 말합니다. 죄인이여, 지금의 모습 그대로 하나님께 돌아오십시오. 하나님께서 여러분을 은혜로 영접하시고 값없이 사랑하실 것입니다. 하나님께서 이렇게 말씀하셨습니다. 하나님께서 "내가 그들의 불의를 긍휼히 여기고 그들의 죄를 다시 기억하지 아니하리라"(히 8:12)고 말씀하셨습니다. 하나님께서 여러분의 죄를 동이 서에서 멀 듯이 여러분에게서 멀리 제거하실 것인데, 이는 여러분의 고통이나 눈물 혹은 슬픔 때문이 아니라 그리스도 때문입니다. 하나님께서 이같이 말씀하셨습니다. "오라 우리가 서로 변론하자 너희의 죄가 주홍 같을지라도 눈과 같이 희어질 것이요 진홍 같이 붉을지라도 양털 같이 희게 되리라"(사 1:18). 여러분은 지금 현재 여러분의 모습 그대로 예수께 오실 수 있습니다. 그러면 주님께서, 여러분이 주님을 믿음으로 인해서 여러분을 온전히 사죄하실 것입니다. 주께서 오늘 말씀하십니다. "너희가 너희 안에서 어떤 공로라도 찾을 수 있는 것처럼 네 속을 보지 말고, 내게로 돌이켜 구원을 받으라. 내가 그리스도 예수의 구속을 인해서 공로와 상관 없이 네게 복을 주리라." 주님은 이렇게 말씀하십니다. "과거에 네가 장래의 생명을 위한 어떤 힘을 네 자신에게서 찾았던 것처럼 이제는 네 속을 보지 말라. 내가 이제 네 힘과 네 구원이 되었다. 이는 네가 아직 힘 없이 있을 때, 때가 되어 그리스도께서 불경건한 자를 위해 죽으셨기 때문이다."

복음의 초대는 이것입니다. "오호라 너희 모든 목마른 자들아 물로 나아오라 돈 없는 자도 오라 너희는 와서 사 먹되 돈 없이, 값 없이 와서 포도주와 젖을 사라"(사 55:1). 여러분, 오십시오. 환영합니다. 발을 저는 사람, 앞 못 보는 사람, 방황하는 사람, 더러운 사람, 비참한 사람, 여러분 모두 오십시오. 여러분은 초대받았습니다. 여러분이 선하기 때문이 아니라 악하기 때문에, 여러분에게 희망이 있기 때문이 아니라 여러분이 절망적이기 때문에 초대받았습니다. 복음의 메시지는 은혜의 메시지입니다. 복음은 궁핍하다는 사실 밖에 요구할 권리가 아무것도 없는 사람들을 위한 것이기 때문입니다. 신체가 온전한 사람에게는 의사가 필요없습니다. 병든 사람에게 필요한 것입니다. 그리스도께서 오신 것은 의인을 부르기 위함이 아니라 죄인을 불러 회개시키기 위함입니다. 그러므로 오십시오. 도덕적으로 병든 여러분, 오십시오. 이마에 죄의 나병이 하얗게 퍼져 있는 여러분, 오십시오. 환영합니다. 이 값없는 복음이 하나님의 권위로 여러분에게 선포되기 때문입니다. 확실히 이와 같은 메시지는 그것을 널리 전파하기 위해 노력할 만한 가치가 있는 것입니다. 이 메시지는 참으로 복되고 거룩한 것이어서 우리는 그것을 선포하기 위해 즐거이 목숨을 내놓을 수가 있습니다.

다음으로 형제 여러분, 이 복음의 복이 사람들에게 미칠 수 있도록, 하나님의 은혜가 사람들의 상태에 적합한 방법을 취했다는 것을 알 필요가 있습니다. 어떤 사람은 이렇게 말합니다. "내가 어떻게 용서받을 수 있습니까? 빨리 사실대로 이야기해 주십시오." "주 예수 그리스도를 믿으라 그리하면 네가 구원을 받으리라"(행 16:31). 하나님은 여러분이 하나님께서 아무 값없이 주시는 것을 기꺼이 받는 것 외에 여러분에게 어떤 선한 행실도 어떤 선한 감정도 요구하시지 않습니다. 하나님은 믿을 때 구원하십니다. 믿음은 이것입니다. 즉 여러분이 예수 그리스도께서 하나님의 아들이심을 믿고 그리스도께 자신을 맡기는 것입니다. "영접하는 자 곧 그 이름을 믿는 자들에게는 하나님의 자녀가 되는 권세를 주셨으니"(요 1:12). 여러분이 믿는다면 구원을 받습니다. 구원은 "믿음에서 나오는 것인데, 이는 구원이 은혜에 속하기 위함이고, 그 약속이 끝까지 모든 후손에게 확실히 이루어지도록 하기 위함입니다”(롬 4:16, 개역개정은 “그것이 은혜에 속하기 위하여 믿음으로 되나니 이는 그 약속을 그 모든 후손에게 굳게 하려 하심이라” — 역주).

　　그러면 여러분은 이렇게 말하겠습니까? “하지만 구원은 내가 붙잡을 수 없는 것처럼 보입니다.” 그런데 하나님의 은혜의 복음에서 우리는 믿음조차 하나님의 선물이고, 하나님께서 사람들 속에 성령으로 믿음을 일으키시는데, 이는 성령을 떠나서는 사람은 죄와 허물로 죽었기 때문이라는 말을 듣습니다. 명령하시는 그 믿음을 또한 주신다니, 참으로 놀라운 은혜입니다! 그러면 사람은 또 이렇게 말합니다. “그런데 내가 그리스도를 믿고 과거의 죄를 용서받았을지라도 나는 다시 죄짓게 될까봐 두렵습니다. 이후로 내 자신을 지킬 만한 힘이 내게 없기 때문입니다.” 잘 들어보십시오. 하나님의 은혜의 복음은 이것입니다. 하나님께서 여러분을 끝까지 지키실 것입니다. 하나님이 여러분 속에 일으키신 불을 끝까지 보존하실 것입니다. 이는 주님께서 “내가 내 양에게 영생을 주노라”(요 10:28)고 말씀하시고, 또 “내가 주는 물은 그 속에서 영생하도록 솟아나는 샘물이 되리라”(4:14)고 하시기 때문입니다. 그리스도의 양은 결코 멸망하지 않을 것이고, 아무도 그리스도의 손에서 양을 빼앗아가지 못할 것입니다. 여러분은 이 사실을 아십니까? 죄인인 여러분은 하나님의 은혜를 조금이라도 요구할 권리가 없다는 것을 아십니까? 하나님의 값없는 은혜가 여러분에게, 바로 여러분에게 옵니다. 여러분이 기꺼이 그 은혜를 받으면, 여러분은 오늘 구원받은 사람이 되고, 영원히 확실히 구원을 받습니다. 다시 한 번 말씀드립니다. 이것은 참으로 전파할 만한 가치가 있는 복음입니다. 나는 바울 사도의 이 같은 말을 충분히 이해할 수 있습니다. “내가 달려갈 길과 주 예수께 받은 사명 곧 하나님의 은혜의 복음을 증언하는 일을 마치려 함에는 나의 생명조차 조금도 귀한 것으로 여기지 아니하노라.” 나는 오래된 어떤 책에서 근심 중에 있던 한 사람이 꾼 꿈에 대한 이야기를 읽었습니다. 그 사람이 잠이 들어 꿈을 꾸었는데, 그가 무섭게 폭풍우가 치는데 들판에 있었습니다. 번개가 그 주변에서 번쩍였습니다. 천둥소리에 땅이 그의 발 밑에서 흔들렸습니다. 그는 열심히 둘러보아 피할 곳을 찾았습니다. 그는 자기 앞에 있는 첫 번째 집으로 달려갔습니다. 그런데 그 집에 들어가지 못하였습니다. 그곳에 거주하는 사람의 이름은 공의였는데, 화난 목소리로 말하였습니다. “가시오. 나는 자기 왕과 하나님을 반역한 범죄자를 보호할 수 없소!" 그는 다음 집으로 달려갔습니다. 그 집은 알고 보니 진리라는 저택이었습니다. 진리가 조용하지만 엄한 얼굴로 문으로 와서 말했습니다. "당신은 온통 거짓투성이여서 이곳에 머물 수 없소." 그는 평안의 집으로 달려갔습니다. 그 집 앞에서 서서 어쩌면 자신이 이 집에서 폭풍우를 피할 수 있을지 모르겠다고 기대하였습니다. 그러나 평안이 이렇게 말하였습니다. "가시오! 내 하나님께서 악인에게는 평강이 없다 하셨소." 그는 그때 뭐라고 말할 수가 없었습니다. 폭풍우가 훨씬 더 사나워졌기 때문입니다. 그때 그는 "자비"라고 쓰인 입구를 보았습니다. "아, 내가 죄인이기 때문에 여기가 나를 위한 곳이구나" 하고 그는 말했습니다. 문이 열려 있었고 그곳에서 그는 환영을 받았습니다. 그 집으로 여러분을 초대합니다. 들어와서 쉬십시오. 여러분이 공의나 평안, 진리에게서는 피난처를 제공받을 수 없지만, 자비에게 와서는 풍성한 은혜를 받을 수 있습니다.

여러분은 이 은혜의 길과 방법을 받아들일 마음이 생긴 것 같습니까? 여러분에게 한 가지 테스트를 해보겠습니다. 어떤 사람들은 자기들이 어떤 일을 사랑하지만 그 일에 관해 한 번 실수를 했기 때문에 그 일을 하지 않는다고 생각합니다. 여러분은 자신이 하나님께 대해 아무 권리를 주장할 수 없다는 것을 아십니까? 하나님은 "내가 긍휼히 여길 자를 긍휼히 여기고 불쌍히 여길 자를 불쌍히 여기리라"고 말씀하십니다. 이 일이 순전히 자비에 의해서 될 때 아무도 권리를 주장할 수 없습니다. 사실, 어떤 권리도 존재할 수 없습니다. 그것이 은혜로 말미암은 것이라면, 그것은 빚이 아닙니다. 그리고 빚으로 말미암은 것이라면, 그것은 은혜로 주시는 것이 아닙니다. 하나님께서 한 사람은 구원하시고 다른 사람은 그 자신의 고집스러운 죄 가운데 멸망하도록 버려두실지라도, 다른 사람이 하나님에게 감히 따질 수 없습니다. 혹시 따진다면 하나님의 답변은 이것입니다. "내가 내것을 가지고 내 뜻대로 할 수 없느냐?" 아, 이 말을 듣고서 여러분이 아주 놀라는 것처럼 보입니다! 자, 여러분의 교만은 은혜의 주권에 불쾌감을 느끼는군요. 자, 다시 와서 내 얘기를 들어보십시오. 여러분에게 아무 권리가 없지만, 여러분을 미소짓게 만드는 또 한 가지 진리가 있습니다. 다른 한편으로는 여러분이 자비를 얻는 것을 가로막는 아무 장애물이 없다는 것입니다. 하나님께서 주시는 모든 것이 순전히 은혜이므로 여러분을 하나님께 추천하는데 아무 선도 필요 없다면, 그렇다면 어떤 악함도 여러분이 그 은혜를 받는 것을 막을 수 없습니다. 여러분의 죄가 아무리 클지라도 하나님은 여러분에게 은혜를 나타내실 수 있습니다. 하나님은 다른 경우에 죄인들 가운데 우두머리를 불러내셨습니다. 여러분의 경우에서 하나님이 그렇게 하시지 말라는 법이 있습니까? 아무튼 죄가 악화되고 지속되며 극심해진다고 해서 하나님이 여러분을 은혜로 대하시는 일을 그만 두시겠습니까? 순전히 은혜가, 오직 은혜만이 지배한다면, 시커먼 죄인도 구원받을 수 있기 때문입니다. 그런 경우에는 은혜의 위대함이 나타날 여지가 있습니다. 나는 사람들이 선택의 교리에서 핑곗거리를 찾는 말을 들었습니다. 그들은 말합니다. "내가 선택되지 않는다면 어떻게 되는가?" 예, 내가 그리스도를 믿는다면 나는 선택받은 것입니다. 그리스도의 구속을 의지하는 사람으로서 창세 전에 하나님께 선택되지 않은 영혼은 없기 때문입니다.

　이것이 하나님의 은혜의 복음입니다. 이 복음이 여러분 가운데 많은 사람들의 마음을 움직인다는 것을 압니다. 나는 영원 전부터 작정된 내 주님의 은혜, 곧 그 선택에 변함이 없고, 또 보이는 모든 것이 굴뚝에서 흩날리는 불티처럼 사라질 때에도 변함이 없을 은혜를 생각하면, 마치 군악대의 소리를 듣는 것처럼 내 영혼이 전율할 때가 종종 있습니다. 나는 값없는 은혜와 간절한 사랑을 전하는 것이 기쁩니다. 나는 왜 많은 사람들이 한밤중에 모여서 하나님의 은혜에 귀를 기울였는지 이해할 수 있습니다. 나는 스코틀랜드의 종교개혁 당시의 맹약도들(Covenanters)이 황량한 언덕에서 카메론(Richard Cameron: 스코틀랜드 개혁 장로교회 가운데 과격파의 대표로 열정적인 설교가 ― 역주)이 그리스도의 은혜를 설교할 때 눈에 빛을 내며 들었던 것을 이해할 수 있습니다! 값없는 은혜의 복음에는 전할 가치가 있고 들을 가치가 있으며, 그것을 위해 살고 그것을 위해 죽을 가치가 있는 것이 있습니다!

2. 이제 우리는 두 번째 요점을 살펴보게 되었습니다.

　여러분과 나는 아직 이 복음을 위해 죽도록 부름을 받지 않았습니다. 우리는 오늘날 이 복음을 위해 살도록 합시다. 그러면 우리가 어떻게 해야 하나님의 은혜의 이 복음을 위해 살 수가 있습니까?

　첫째로, 여기 있는 누구든지 이 복음을 위해 살려면, 그 사람은 하나님으로부터 이 복음을 이미 받았고, 이 복음을 전하거나 복음을 위해 봉사하도록 부름을 받은 것이 틀림없다고 나는 생각합니다. 그 사람은 이 복음을 붙잡고 지켜야겠다는 의무감을 틀림없이 느낄 것인데, 이는 그가 이 복음을 선택했기 때문이라기보다는 복음이 그를 선택했기 때문입니다. 그 사람의 이름은 잘 생각이 나지 않는데, 예전에 한 재미있는 나이 든 목사가, 자기가 은혜를 붙잡고 있다면 어떤 강단에서는 설교할 수가 없다는 말을 했다는 이야기를 들었습니다. 그는 이렇게 말했습니다. "글쎄요, 거기에서는 설교할 수 있을 것 같아요. 내가 은혜의 교리를 붙들고 있는 것이 아니라 은혜의 교리가 나를 붙들고 있다고 진심으로 말할 수 있기 때문이지요." 이 말이 다소 이상한 말처럼 들릴 수 있지만 거기에는 중요한 진리가 들어 있습니다. 사람이 자신의 신조를 골라서 선택한다고 하면, 필시 그는 얼마 있지 않아 다시 고르고, 다음 번에는 다른 신조를 선택하게 될 것입니다. 가정적인 행복을 이루는 사랑에는 필연적인 어떤 것이 있습니다. 우리의 사랑하는 사람은 우리가 선택한 것입니다. 그러나 우리는 그렇게 하지 않을 수 없었습니다. 우리는 사랑에 넋을 잃고 압도되어 결혼하게 된 것입니다. 그것은 전혀 선택이 아니었습니다. 거기에는 우리의 마음을 묶는 신비한 힘이 있었습니다. 우리가 은혜의 교리를 믿는다면 그 교리도 그와 같다고 나는 확신합니다. 우리는 자발적인 마음으로 그 교리를 선택했지만, 우리는 거기에 압도되어서 다른 어떤 것도 할 수 없었습니다. 나에게는 단 하나의 교리밖에 없습니다. 다른 것은 일체 모릅니다. 형제 여러분, 나는 이 강단에서 거의 29년 전에 설교했던 그 교리 말고 다른 어떤 믿음을 생각할 수 없습니다. 나는 대부분의 사람들이 읽는 만큼 책을 읽었다고 생각합니다. 그래서 진보한 사상가들의 중얼거리는 말들은 대부분 알고 있습니다. 그러나 그들의 속내를 알지 못했고, 결코 알 수가 없습니다. 나는 바울이 전한 복음에 대해서 진보했다고 하는 생각 자체가 싫습니다. 오늘날 나는 젊었을 때 이 예배당에서 모여든 많은 사람들에게 설교했을 때와 같은 사람입니다. 나는 내 신학에서 1센티미터도 진보하지 않았습니다. 나는 그 진리에 대해서 경험적인 지식을 가지고 더 잘 설교하기를 바랍니다. 그러나 33년 전에 설교하였던 것을 나는 오늘 그대로 전합니다. 여러분은 아버지가 "거기에 서 있을 수 있겠느냐?"고 말했기 때문에 불타는 갑판에 섰던 남자아이의 이야기를 아실 것입니다. 나는 그 아이의 확고부동함을 본받고 싶습니다. 다른 아이들 같으면 그 아이보다 더 현명하게 행동했을지 모릅니다. 그러나 그 아이의 지혜는 순종이었습니다. 나는 내 자신의 지혜를 따르기보다는 하나님께 순종하는 것을 택합니다. 성경이 계시하였고, 성령께서 내게 가르치신 그 복음을 나는 전합니다. 오직 그것만을 전합니다. 나는 이 시대의 새로운 것들을 믿을 여력이 없습니다. 나는 나의 옛 신앙에 거하지 않을 수 없습니다. 나는 루터처럼 말하겠습니다. "나는 이렇게 할 수밖에 없나이다. 하나님이여 나를 도우소서!" 오늘 나는 내가 처음 예수님을 믿을 때 알았던 것과 다른 복음을 알지 못합니다. 나는 우리가 은혜로 말미암아 믿음으로 구원을 받지, 우리 스스로 구원받지 않는다는 것을 압니다. 즉 구원이 하나님의 선물인 것을 압니다. 이 외에 내가 더 알아야 할 것이 있겠습니까? 형제 여러분, 여러분은 수영을 할 줄 알기 때문에 원한다면 이 바위를 떠날 것입니다. 그러나 나는 지금 있는 이 자리에 머물 수밖에 없습니다. 나는 여기를 떠나면 빠져 죽을 수밖에 없기 때문입니다. 복음을 널리 전파하지 않을지라도, 복음을 보존하는데 도움이 될, 굳게 붙잡고 떨어지지 않는 태도가 있으면 좋겠습니다. 이 시대에 확고부동함은 특별한 가치가 있습니다. 그런 태도를 가지시기를 바랍니다. 여러분이 살아 있는 한, 여러분이 받은 복음, 하나님의 은혜의 복음을 굳게 붙잡고 서 있기를 간절히 바랍니다.

바울이 그 다음에 한 일은 복음을 알리는 것이었습니다. 그는 어디에 가든지 복음을 전파하였습니다. 이 일을 우리가 해야 합니다. 사람들은 말합니다. "아, 나는 복음을 전할 수가 없습니다." 왜 그렇지요? "나는 복음을 큰 소리로 말할 수 없어요." 왜 그렇습니까? "나는 볼품없는 사람이라, 사람들이 내 말에 귀를 기울일 것 같지 않습니다." 사람들이 바울에 대해 바로 그런 말을 했습니다. "그가 몸으로 대할 때는 약하고"(고후 10:1). "아, 하지만 나는 전혀 연설을 할 줄 몰라요." 바로 그렇습니다. 사람들이 바울에게 그 말도 했습니다. "그 말도 시원치 않다." "아, 그렇지만 내가 무엇인가를 이야기한다고 하더라도, 나는 비유나 직유를 들어 그것을 잘 설명할 수 없어요. 시 한 구절이라도 인용해서 세련되게 말할 수 없습니다." 다른 많은 교사들은 대단한 웅변가들이었지만, 바울은 언제나 그런 웅변을 피했습니다. 바울은 서서 자기 방식대로 하나님의 진리가 자연스럽게 흘러나가도록 하였습니다. 정말이지 오늘날은 우리에게 세련되거나 학구적이지 않고 웅변적이거나 선풍적이지도 않은 목사, 여러분이 그 설교를 듣고서는 이렇게 말할 그런 목사들이 필요하다고 믿습니다. "왜 사람들이 그런 설교를 들으려고 몰려드는지 알 수가 없다. 사람들이 그렇게 떼를 지어 몰려가는 것은 순전히 그 사람이 말하는 내용뿐이다. 그 사람은 그것을 멋있게 말하지도 않고, 그렇게 하고 싶어하는 것 같지도 않다. 그는 다만 자기의 메시지를 마음으로 전하는 것에만 관심이 있는데, 그것이 사람들의 마음을 파고드는 것 같다." 바로 그것이 바울이 한 일입니다. 그렇다면 여러분도 바울처럼 복음을 말할 수 있다고 생각지 않으십니까? "아, 하지만 나는 약점이 너무 많아요." 그렇습니다. 바울은 그리스도의 능력이 그만큼 더 자기에게서 분명하게 나타나기 때문에 약함을 자랑한다고 했습니다. 바울이 설교를 마쳤을 때 사람들은 이렇게 말할 수 없었을 것입니다. "아, 우리가 왜 그렇게 느끼는지 알겠습니다. 여러분도 알다시피 바울은 아주 매력적으로 설교를 해요. 왜 그의 설교가 우리 마음을 꿰뚫고 들어왔는지 충분히 알겠습니다. 그는 종소리처럼 아주 아름다운 목소리를 갖고 있어요. 왜 우리가 그의 말을 듣기 좋아하는지 이해할 수 있어요. 그는 표정이 풍부한 눈을 가지고 있고, 우리의 영혼을 꿰뚫어 봐요." 자, 바울은 눈이 안 좋았던 것이 틀림없습니다. 그의 이름을 놓고 생각할 때, 그는 키가 작은 사람이었습니다. 아마도 말도 아주 평범하게 했을 것입니다. 그렇지만 그는 그런 점을 부끄럽게 생각하지 않았습니다. 오히려 자신이 약한 가운데서 강하다고 믿었습니다. 그리스도의 능력이 그런 그에게서 나타났기 때문입니다. 그는 바로 그런 이유 때문에 사람들의 믿음이 사람의 지혜에 있지 않고 하나님의 능력에 있기를 바랐습니다. 형제자매 여러분, 이것이 사실이라면, 우리는 모두 가서 사람들에게 하나님의 은혜의 복음을 전할 자격을 갖추고 있는 것입니다.

그 다음에 바울은 복음의 증인이 되기를 원하였습니다. 자, 증인이 된다는 것은 선포하는 것 이상의 어떤 일입니다. 그것은 진리에 대해 개인적으로 증언을 한다는 뜻입니다. 바울은 복음의 증인이 될 자격이 특별히 있었습니다. 그렇지 않습니까? 그는 복음을 전할 때 다메섹으로 가다가 갑작스럽게 고꾸라진 사나운 박해자에 대해 종종 이야기했습니다. 그 박해자는 은혜로 구원받기를 한 번도 구한 적이 없고, 그리스도에게로 향하는 자유의지가 전혀 없었으며, 오히려 아주 강하게 그리스도를 반대하고 그리스도인 남녀를 거칠게 끌고 가 감옥에 집어넣고, 억지로 하나님을 모독하는 말을 하게 하며 그리스도인들에 대해 아주 광분하였습니다. 이런 바울이 다음과 같이 말함으로써 하나님의 은혜의 복음을 참으로 기쁘게 전하였습니다. "주께서 길에서 내게 나타나셨다"(행 9:17). "내가 긍휼을 입은 까닭은 예수 그리스도께서 내게 먼저 일체 오래 참으심을 보이사 후에 주를 믿어 영생 얻는 자들에게 본이 되게 하려 하심이라"(딤전 1:16). 친구 여러분, 여러분은 자신의 회심에 대해서 말하여, 여러분이 하나님의 은혜를 전혀 구하지 않았을 때 값없는 그 은혜가 어떻게 내게 왔는지 사람들에게 말할 수 있지 않습니까?

바울은 거기에서 이야기를 끝마치려고 하지 않았습니다. 그는 자신의 위로에 대해서도 종종 이야기하려고 하였습니다. 자신이 돌에 맞고 거짓 형제들로 인해 고난을 겪었지만 하나님의 은혜로 지지를 받았을 때, 어떻게 복음이 그에게 위로가 되었는지를 말하였습니다. 바울은 또한 자신이 누리는 천상의 기쁨에 대해서도 말할 수 있었습니다. 즉 그가 하나님의 은혜의 복음을 먹고 삶으로써, 그리스도 안에서 얼마나 자주 기분이 매우 고양되고 의기양양해지는지를 말했습니다. 바로 자신에게 미친 복음의 능력에 대한 개인적인 경험이, 바울이 복음을 전파할 때 중요한 도구와 수단으로 사용했던 것입니다. 이것이 증인이 된다는 것의 의미입니다.

친구 여러분, 복음이 여러분에게 아무것도 끼치지 않았다면 입을 다물거나 복음에 반대하십시오. 그러나 복음이 우리 가운데 어떤 분들에게 행한 일을 여러분에게 행하였다면, 복음으로 말미암아 여러분 인생의 방향이 바뀌었다면, 복음이 여러분을 거름더미에서 일으켜 보좌에 앉게 하였다면, 복음이 오늘 여러분의 음식과 음료가 되었다면, 복음이 여러분 생활의 중심과 태양이라면, 그렇다면 끊임없이 복음의 증인이 되도록 하십시오. 복음이 내게 의미하는 것, 곧 내 마음 가장 깊은 곳의 빛이 되고 내 존재의 핵심이 되듯이 여러분에게 복음이 그런 것이 되었다면, 복음을 말하십시오. 여러분이 어디로 가든지 복음을 말하십시오. 사람들이 복음을 거절할지라도, 복음이 여러분에게 구원에 이르게 하는 하나님의 능력이 되며, 믿는 모든 사람에게 그같이 된다는 것을 사람들에게 알리도록 하십시오.

3. 시간이 다 되었습니다만, 잠깐 동안만 여러분을 붙들고서 우리가 하나님의 은혜의 복음을 전하기 위해 살아야 하는 이유들을 말씀드리지 않을 수 없습니다.

첫째로, 이 복음이 결국 세상에서 유일한 복음이기 때문입니다. 오늘날은 우후죽순처럼 일어나는 복음들이 있습니다. 이 복음들은 싸구려 신문처럼, 한때 번성하다가 그 다음에는 버려지며, 사람의 열심을 조금도 일으키지 못하는 것들입니다. 이 거짓 교리들이 영국을 위해 무슨 일을 하고 있습니까? 이 교리들은 이 도시에 큰 해악을 끼치고 있습니다. 많은 사람들을 예배하는 일에서 멀어지게 만들고 있습니다. 왜 사람들이 불확실한 얘기들을 들으러 가야 합니까? 왜 사람들이 단지 의무를 배우고 도덕적인 교훈을 들으러 가야 합니까? 사람들은 그런 보잘것없는 것에 마음이 끌려 많이 몰려들게 되어 있지 않습니다. 나는 단지 도덕적 훈화를 듣기 위해서 매주일 길을 건너가야 하는지 모르겠습니다. 나라면 집에 그냥 있으면서 신문이나 보는 것이 당연할 것입니다. 그러나 하나님의 은혜의 복음을 듣기 위해서라면 몇 킬로미터를 걸어올 만한 가치가 있습니다. 우리의 모든 교회와 예배당에서 복음이 분명하게 전파된다면, 틀림없이 회중석에 빈 자리가 거의 보이지 않을 것입니다. 사람들이 와서 복음을 들을 것입니다. 사람들은 언제나 그래왔습니다. 양 떼를 굶겨서 결국 목초지를 떠나게 만드는 것은, 오늘날 여러분이 전하는 타락한 복음입니다. 사람들이 복음전파와 공적 예배를 경멸하게 만드는 것은 여러분이 주장하는 그리스도의 신성을 부인하는 소치니주의적 이론입니다. 옛 복음은 많은 사람들을 끌어들이는 아름다운 향기입니다. 횟필드가 복음을 전했을 때, 어떤 평범한 것이 그처럼 많은 사람을 끌어모을 만큼 큰 힘을 가졌겠습니까? 사람은 한창 일하는 가운데 그 마음에 기운을 북돋우고, 죄의식 아래에서도 희망을 줄 어떤 것이 필요합니다. 목마른 사람이 물을 찾듯이, 사람은 하나님의 은혜의 복음을 필요로 합니다. 하늘 아래 태양이 둘이 아니듯이 세상에 복음이 둘이 아닙니다. 우리가 숨쉬는 공기가 하나밖에 없듯이, 우리를 살릴 복음도 하나밖에 없습니다. "이 닦아 둔 것 외에 능히 다른 터를 닦아 둘 자가 없으니 이 터는 곧 예수 그리스도라"(고전 3:11). 그러므로 복음을 큰 소리로 말하십시오. 사람들이 복음을 몰라서 죽지 않도록 하십시오.

하나님의 은혜의 복음을 전하십시오. 복음이 하나님의 영광을 나타내기 때문입니다. 여러분은 복음이 어떻게 하나님을 영화롭게 하는지 모르십니까? 복음은 죄인을 낮춥니다. 사람을 아무것도 아닌 존재로 만듭니다. 하나님만이 모든 것의 모든 것이십니다. 복음은 하나님을 보좌에 오르게 하시고, 사람을 먼지 속에 뒹굴게 만듭니다. 그 다음에 사람들이 허물과 불의와 죄를 용서하시는 모든 은혜의 하나님께 즐거이 경배하도록 인도합니다. 그러므로 복음을 전합시다.

복음을 전파합시다. 그렇게 함으로써 여러분이 그리스도를 영화롭게 할 것이기 때문입니다. 그리스도께서 오늘 아침 이 강단에 오신다면, 우리 모두가 얼마나 기쁘게 그리스도께 길을 내드리겠습니까! 우리가 그리스도의 머리, 그 위엄 있는 머리밖에 보지 못한다고 할지라도 우리 모두 그에게 경배하며 절하지 않겠습니까? 그런데 그리스도께서 이렇게 말씀하셨다고 생각해 보십시오. "내 사랑하는 자들아, 내가 너희에게 내 복음을 맡겼다. 너희가 받은 대로 그 복음을 굳게 붙들어라! 사람의 생각과 꾸며낸 이야기들에 넘어가지 말고, 너희가 받은 그 진리를 그대로 굳게 붙잡으라. 그리고 가서 내 말을 전하여라. 내게는 아직 내 우리에 들지 아니한 다른 양들이 있는데, 그 양들을 데리고 들어와야 하고, 너희에게는 아직 탕자로 있는 형제들이 있는데, 그들이 집으로 돌아와야 하기 때문이다." 자, 주께서 여러분 각 사람을 얼굴로 대하여 보고 그렇게 말씀하신다면, 여러분은 이렇게 대답할 것입니다. "주님, 내가 주님을 위해서 살겠습니다! 내가 주님을 사람들에게 알리겠습니다! 예수 그리스도의 복음을 널리 전파하기 위해 필요하다면 내가 주님을 위해 죽겠습니다."

　　자, 오늘 여러분과 내가 정신을 차리고 성령께서 우리가 그렇게 복음을 전하도록 도우셔서 우리가 하나님의 은혜의 복음을 전하기 시작한다면, 어떤 일이 일어날지 아십니까? 나는 최상의 결과들이 일어날 것으로 내다봅니다. 사람들은 온갖 악이 더욱 심해질 것이라고 말합니다. 어두운 앞날을 내다보는 형제들은 두려운 시대가 올 것이라고 말합니다. 그 시대가 얼마나 두려울지 알 수 없습니다. 어떤 사람들은 천주교가 다시 돌아올 것이라고 하고, 일곱 산의 음녀(계 17:9)가 온 세상을 다시 한 번 지배하게 될 것이라고 합니다. 지금 그 음녀가 있습니까? 한 번 생각해 봅시다. 여러분이 담대하게 복음을 전한다면, 그렇게 되지 않을 것입니다. 하나님의 은혜의 복음이 온전하고 정정당당하게 전파된다면, 그렇게 될 수 없습니다. 요한 사도가 본 이야기에 귀를 기울여 봅시다. "또 보니 다른 천사가 공중에 날아가는데 땅에 거주하는 자들 곧 모든 민족과 종족과 방언과 백성에게 전할 영원한 복음을 가졌더라 그가 큰 음성으로 이르되 하나님을 두려워하며 그에게 영광을 돌리라"(계 14:6,7). 여러분은 그 천사가 보입니까? 그 다음에 어떤 일이 벌어지는지 봅시다. 그 뒤를 또 다른 천사가 바짝 따릅니다. "또 다른 천사 곧 둘째가 그 뒤를 따라 말하되 무너졌도다 무너졌도다 큰 성 바벨론이여 모든 나라에게 그의 음행으로 말미암아 진노의 포도주를 먹이던 자로다 하더라"(14:8). 영원한 복음의 천사여, 날아라! 네가 빨리 날 듯이 다른 천사가 네 뒤를 좇아 빨리 날며, 전능하신 주 하나님의 은혜를 반대하는 바벨론과 다른 모든 체계의 붕괴를 선포할 것이기 때문이다! 주님께서 주님을 위하여 여러분을 깨워 일으키시기를 바랍니다. 아멘.

제
25
장

—

믿을 수 있는 부활

—

**"당신들은 하나님이 죽은 사람을 살리심을 어찌하여
못 믿을 것으로 여기나이까." — 행 26:8**

우리는 이 세상을 떠난 우리 믿는 친구들의 영혼에 관해서는, 그들이 주님의 기억할 만한 기도의 말씀에 따를 때, 예수께서 계신 곳에 있으며, 주님의 영광을 본다는 것을 확실히 알기에 괴로워하지 않습니다. 육체와 분리된 그 상태에 대해서 우리는 아는 것이 별로 없습니다. 그렇지만 틀림없이 어떤 안식을 누린다는 것은 확실히 압니다.

> "그들은 지극한 복을 받아
> 죄와 염려와 고통을 그치고
> 구주와 함께 안식하고 있습니다."

우리는 어둡고 외로운 무덤에 두고 온 그들의 몸에 대해 주로 염려합니다. 우리는 그들의 얼굴이 부패로 인해 아름다움이 사라지고 있고, 그들이 인간으로서 지니고 있는 표지가 부패로 희미해져 가고 있다는 사실을 잘 받아들이지 못합니다. 그들의 손과 발, 그들의 고귀한 형태를 이루는 모든 훌륭한 조직이 해체되어, 티끌이 되고 완전히 붕괴되어버린다는 사실이 받아들이기 힘듭니다. 우리는 무덤 앞에 서면 눈물을 흘리지 않을 수 없습니다. 완전한 사람이셨던 주님께서도 나사로의 무덤 앞에서 우시지 않을 수 없었습니다. 우리 친구들이 죽은 것을 생각하면 슬픕니다. 아무래도 우리는 무덤을 사랑할 수 없습니다. 우리는 카타콤과 지하 납골당을 좋아한다고 말할 수 없습니다. "한 번 죽는 것은 사람에게 정해진 것이요"(히 9:27)라고 하듯이, 그런 두려운 저주가 인류에게 떨어진 것이 여전히 슬프고, 그렇게 생각하는 것을 자연스럽게 느낍니다. 하나님께서 죽음을 형벌로 보내셨으므로 우리는 죽음을 기뻐할 수 없습니다.

부활이라는 영광스러운 교리는 이 슬픔의 원인을 제거하기 위해 주신 것입니다. 우리는 영혼에 대해 염려하지 않듯이 몸에 대해서도 염려할 필요가 없습니다. 불멸을 믿는 믿음이 있으면, 우리는 의인의 영들에 대한 모든 두려움에서 벗어날 수 있습니다. 바로 그 믿음으로 부활을 믿으면, 우리는 육체에 대해서도 마찬가지로 모든 절망적인 슬픔을 확실하게 지울 수 있습니다. 왜냐하면 몸이 외형적으로는 소멸하는 것처럼 보일지라도 다시 살 것이기 때문입니다. 몸은 소멸되어 사라지지 않기 때문입니다. 우리가 흙 속에 눕히는 바로 그 몸이, 거기에서 잠시 잠을 자다가, 천사장의 나팔소리가 나면 이 땅에서는 알지 못했던 속성들을 입고, 지극히 아름다운 모습으로 깨어날 것입니다.

자기 백성에 대한 주님의 사랑은 그들의 사람됨 전체에 대한 사랑입니다. 주님은 그들을 육체가 없는 영혼으로 택하신 것이 아니라, 살과 피로 구성된 사람으로 택하신 것입니다. 자기의 택한 백성에 대한 예수 그리스도의 사랑은 단지 더 나은 그들의 본성에 대한 애정이 아니라, 우리의 열등한 부분이라고 늘 생각하는 몸에 대한 사랑이기도 합니다. 왜냐하면 주님의 생명책에 그의 백성들의 모든 지체가 기록되어 있으며, 주님께서 그들의 모든 뼈를 보호하시고 그들의 머리카락까지 다 헤아리시기 때문입니다. 주님께서 우리 인성을 취하지 않으셨습니까? 주님은 자신의 신성에 인간 영혼을 결합하셨는데, 또한 사람의 몸을 취하셨습니다. 바로 그 사실에서 주님은 우리의 온전한 인성을 지니신 형제임을, 곧 우리의 마음과 영뿐 아니라 피와 살도 취하신 형제임을 증거하십니다. 게다가 우리 구속주께서는 영혼과 몸을 온전히 속량하셨습니다. 그것은 우리의 친척이 우리를 위해 행하는 불완전한 구속이 아니었습니다. 우린 우리의 구원자가 살아 계시되 우리의 영에 대해서 뿐만 아니라 우리의 몸에 대해서도 살아 계시다는 것을 압니다. 그래서 비록 벌레가 우리의 피부와 살을 먹어치울지라도, 주님께서 우리 몸을 죽음의 세력에서 구속하셨고 속전을 치르고 무덤의 감옥으로부터 구해 내셨기 때문에, 그 몸이 다시 일어날 것을 압니다.

그리스도인이라는 사람 전체는 이미 하나님께 구별되었습니다. 그것은 단지 그리스도인이 영으로 하나님을 섬기는 것만이 아니라 자기 몸을 하늘에 계신 아버지의 영광을 위해 의의 도구로 드리는 것입니다. 사도는 이렇게 말합니다. "너희 몸은 너희가 하나님께로부터 받은 바 너희 가운데 계신 성령의 전인 줄을 알지 못하느냐"(고전 6:19). 성령의 전이었던 몸이 궁극적으로 소멸하지 않을 것은 확실합니다. 광야에서 장막이 그랬듯이 우리 몸이 헐릴 것인데, 그것은 다시 세우기 위해 철거되는 것입니다. 혹은 또 다른 형태의 비유를 사용해서 말하자면, 장막이 사라지는 것은, 순전히 그 뒤에 성전이 오도록 하기 위함인 것입니다. "만일 땅에 있는 우리의 장막 집이 무너지면 하나님께서 지으신 집 곧 손으로 지은 것이 아니요 하늘에 있는 영원한 집이 우리에게 있는 줄 아느니라"(고후 5:1). 형제 여러분, 우리 구주께서 자기 백성들의 한 부분을 무덤에 놓아 두신다면 그것은 죄와 사탄에 대한 완전한 승리가 아닐 것입니다. 구주께서 자기 백성의 영들만 해방하셨다면 주님께서 마귀의 모든 활동을 멸하신 것으로 보이지 않을 것입니다. 납골당에 놓여 있는 그리스도인들인 어느 누구든지, 마지막에는 거기에 뼈 한 조각도 남지 않을 것입니다. 죽음이 단 하나의 트로피도 자랑하지 못할 것입니다. 죽음의 교도소는, 죽음이 그동안 인류 가운데서 모아들인 모든 전리품을 완전히 강탈당할 것입니다.

주 예수께서 만물보다 뛰어나게 되실 것이고, 그래서 주님은 우리 물질세계에 대해서도 죽음과 무덤을 이기시고, 사로잡힌 자들을 사로잡으실 것입니다. 그리스도께서 전인(全人)을 구속하며 거룩하게 하셨고, 전인을 구원하는 가운데서 영광을 얻으실 것처럼 우리의 온전해진 인성이 하나님을 영화롭게 하는 능력을 받게 될 것을 생각하면 기쁩니다. 우리가 범죄하는 데 썼던 손을 들어 영원히 주님을 경배할 것입니다. 악을 바라보았던 눈이 아름다우신 그리스도를 보게 될 것입니다. 단지 지금 주님을 사랑하는 마음이 영원히 주님께 결속되고, 지금 주님을 묵상하는 영이 주님 안에서 그리고 주님과 교제하는 가운데서 영원히 기뻐할 뿐만 아니라, 또한 영에게 장애물과 방해물이 되었고 그리스도의 주권에 주로 대항하였던 바로 이 몸이, 목소리와 손과 머리와 귀와 눈을 가지고 주님께 경의를 표시하게 될 것입니다. 우리는 우리 양자됨을 이루는, 즉 우리 몸의 구속을 이루는 부활의 때를 바라봅니다.

　자, 이것이 우리의 소망입니다. 비록 우리가 이 몸의 부활을 믿고 기뻐하지만, 때로 의문이 생기고 불신앙의 악한 마음이 이렇게 소리친다는 것을 고백하지 않을 수 없습니다. "그것이 사실일까? 그것이 가능한 일인가?" 그런 때 본문의 질문이 절실히 필요합니다. "당신들은 하나님이 죽은 사람을 살리심을 어찌하여 못 믿을 것으로 여기나이까?"

　사랑하는 형제 여러분, 오늘 아침 나는 여러분에게 첫째로, 이 곤란한 문제를 정면으로 보라고 부탁합니다. 둘째로, 그 어려움을 제거할 것입니다. 그렇게 하는 한 가지 방법이 있으며, 아주 단순한 방법입니다. 그 다음에 셋째로는, 이 진리와 우리의 관계에 대해 한두 마디 하겠습니다.

1. 그러면 첫째로, 이 곤란한 문제를 정면으로 봅시다.

　우리는 부활에 대한 믿음을 지극히 담대하고 아주 분명하게 주장하는 일을 잠깐 동안이라도 머뭇거려서는 안 됩니다. 거기에 대한 어려운 점들은 표면에 나타나도록 해야 합니다. 지금까지 여러 시대에 잘못 생각한 그리스도인들이 부활의 교리나 그와 같은 진리들을 회의주의자들이나 철학적인 생각을 하는 사람들이 좀 더 받아들일 수 있도록 하기 위해 어조를 누그러뜨려서 이야기하거나 교묘하게 변명하려는 시도들을 많이 해왔으나 결코 성공하지 못했습니다. 어떤 진리를 믿는다고 고백하는 사람들이 그 진리를 다소 부끄럽게 생각하여 변명하는 투로 이야기하는 것을 발견하였을 때 사람들은 아무도 그 진리에 납득되지 못하였습니다. 스스로 믿지 않는 사람이, 자기가 믿는 바라고 하는 사실을 어떻게 사람들에게 확신시킬 수 있겠습니까! 우리가 교리적 진술들을 수정하고 완화시키고 약화시킬 때, 우리는 결코 되돌릴 수 없는 양보를 하는 것이며, 우리가 주장하는 바를 스스로 믿지 않는다는 시인을 받아들이는 꼴밖에 되지 않습니다. 잘라내고 손질하는 이 정책으로 말미암아, 우리는 우리 힘의 근원인 머리카락을 잘라내고, 우리의 팔다리를 부러트리는 것입니다. 나는 그와 같은 일은, 지금이든지 어느 때든지 결코 취하지 않을 것입니다.

　우리는 무덤에 들어가는 그 몸이 다시 일어날 것이라고 정말로 믿고, 말 그대로를 의미하며, 그렇게 말합니다. 우리는 지금 은유를 사용하고 있지 않고, 신화를 말하고 있는 것도 아닙니다. 우리는 실제로 죽은 자들의 몸이 무덤에서 다시 일어날 것이라고 믿습니다. 우리는 의인들의 몸에 큰 변화가 일어날 것이고,

몸의 물질이 지금 그 몸을 감싸고 있는 모든 추함과 부패하는 경향을 다 잃어버리릴 것이며, 더 고귀한 목적을 수행할 수 있도록 변화될 것이라는 사실을 인정하고 기뻐합니다. 이는 몸이 지금은 정신이나 더 낮은 지적 기능들에 적합한 건물에 지나지 않지만, 그때가 되면 몸이 영이나 우리 본성의 더 고귀한 부분에 맞도록 변화될 것이기 때문입니다. 즉 우리는, 몸이 욕된 것으로 심고 영광스러운 것으로 다시 살아나며, 약한 것으로 심고 강한 것으로 다시 살아날 것을 알고 기뻐합니다. 그러나 우리는 그렇게 다시 일어날 그 몸이 똑같은 몸이라는 것을 압니다. 무덤에 들어가는 바로 그 몸이 다시 일어날 것입니다. 우리가 죽을 때의 몸과 우리가 흙 속에서 다시 일어날 때의 몸 사이에 절대적인 동일성이 있을 것입니다.

그러나 그 동일성이 물질이 절대적으로 동일하고, 원자가 지속된다는 의미로서 같다는 것이 아님을 기억해야 합니다. 우리가 이러한 제한을 말하는 것은 결코 우리 진술의 어조를 누그러뜨리려는 것이 아니라 단지 그것이 사실이기 때문에 말하는 것입니다. 사실 우리는 20년 전에 가졌던 몸을 그대로 가지고 살고 있다는 것을 압니다. 그렇지만 우리는 지금 우리 몸을 구성하고 있는 몸의 물질은 20년 전의 몸과 조금도 같지 않다는 말을 듣습니다. 우리의 신체적 형태가 유아 때부터 성인에 이르기까지 겪은 변화가 매우 크지만, 여전히 우리는 동일한 몸을 가지고 있습니다. 부활에서 이와 같은 동일성을 우리는 인정해야 합니다. 그것이 우리가 구하는 전부입니다. 우리가 죽을 때의 몸은 우리가 태어났을 때의 몸과 같을 것입니다. 그 몸이 모든 미립자에서는 결코 같지 않을 것입니다. 모든 미립자가 변했을 수 있지만, 그럴지라도 몸이 그대로일 것이라는 사실은 누구나 인정합니다. 그와 같이 우리가 다시 일어날 때 갖는 몸은 우리의 죽을 때의 몸과 같을 것입니다. 그 몸이 크게 변할 것이지만 그런 변화로 동일성이 훼손되지는 않을 것입니다. 이 교리를 좀 더 믿기 쉽게 만들기 위해 이 말을 하는 것이 아닙니다. 우리가 땅 속에 들어갈 때 가지고 가는 뼈와 살, 근육과 힘줄, 하나하나가 다 다시 일어날 것이라고 성경이 가르치는 것을 보았다면, 내가 조금 전에 말한 방식대로 몸의 동일성의 교리를 지금 받아들이는 것처럼 쉽게, 그 사실을 믿게 된다는 것을 여러분에게 확실히 말씀드립니다. 우리는 믿음을 철학적인 주장이나 있음직한 얘기로 나타내고 싶지 않습니다. 절대로 그렇게 할 생각이 없습니다! 우리는 사람들이 "그 점은 과학으로 뒷받침될 수 있다"는 말을 하기를 바라지 않습니다. 과학자들은 자기들 영역에 충실히 하고, 우리는 우리 영역을 지킬 것입니다. 우리가 가르치는 교리가 인간의 과학을 침해하지 않고, 두려워하지도 않으며, 아부하지도, 그 도움을 구하지도 않습니다. 우리가 본문을 사용하여 "당신들은 하나님이 죽은 사람을 살리심을 어찌하여 못 믿을 것으로 여기나이까?"라고 말할 때, 우리는 전혀 다른 근거에 서서 가는 것입니다. 우리는 죽은 자의 부활, 곧 의인들과 불의한 자들의 부활을 생각합니다. 말 그대로 사람의 몸이 다시 일어난다는 것이 우리의 확고한 신앙입니다.

그런데 이 소망은 많은 어려운 문제들로 자연스럽게 둘러싸여 있습니다. 무엇보다 무수히 많은 죽은 자들에게서 부패가 발생하였기 때문입니다. 시신들의 대부분이 썩고 거의 해체되었으며, 다른 모든 사람들의 몸도 그 뒤를 따를 것입니다. 우리가 돌 같이 굳은 시신이나 방부 처리된 바싹 마른 시체들을 볼 때, 모든 시신이 그런 식으로 보존된다면, 다시 생명을 얻게 되는 교리를 믿기가 더 쉬웠을 것입니다. 그러나 오래된 어떤 석관들을 열고서 잘 알아보기 어려운 거무스레한 가루 조금밖에 아무것도 없는 것을 볼 때, 교회 마당에 있는 무덤을 열고서 부서진 뼈 조각들만 몇 개 볼 수 있을 때, 그리고 수많은 사람이 쓰러졌지만 오랜 세월이 흐름으로써 뼈들이 완전히 녹아 흙으로 돌아갔고, 어떤 경우에는 나무뿌리와 식물에 흡수되어 다른 유기물로 변해서 사람의 흔적조차 남아 있지 않을 때는, 확실히 죽은 자들이 살아난다는 것이 믿을 수 없는 것처럼 보일 것입니다. 게다가 시체들이 생석회에 부식되거나 불태워졌고 짐승들에게 먹혔으며, 심지어는 사람들이 먹기도 했습니다. 그런데 어떻게 이 시체들이 살아날 것입니까? 한때 살아있는 몸을 구성하였던 원자들이 얼마나 널리 흩어졌는지를 생각해 보십시오. 한때 키루스(Cyrus: 기원전 6세기 경의 페르시아의 왕. 성경에서는 고레스로 불림 ─ 역주)나 한니발, 스키피오 혹은 가이사의 몸을 이루었던 원자들이, 지금은 어디에 있다고 알 수 있는 사람이 있습니까? 한때 사람의 생명을 통해 결합되었던 미립자들이 지금은 극과 극이 떨어져 있는 것처럼 멀리 흩어져 있을 수 있습니다. 한 미립자는 지금 바람에 날려 사하라 사막을 지나가고 있고, 또 다른 미립자는 지금 태평양에 떠다니고 있을 수 있습니다. 이 지구의 요소들이 회전하는 가운데서 한때 몸을 구성했던 본질적인 요소들이 이 시간에 어디에 있는지 알 수 있는 사람이 있습니까? 바울의 몸과, 바울을 로마로 보낸 베스도의 몸, 그리고 바울을 죽이라고 명령을 내린 그 황제의 몸이 지금은 어디에 있습니까? 누가 그것을 짐작이라도 할 수 있겠습니까? 모든 사람이 다시 살아나리라는 것이 믿을 수 없는 일이라는 것을 누가 이상하게 생각하겠습니까?

부활의 교리가 모든 사람이 다시 일어날 것을, 즉 인류 가운데 어떤 부류만, 수천 명만 살아날 것이 아니라 모든 사람이 살아날 것이라고 가르친다는 것을 생각할 때, 어려움은 더 커집니다. 특별한 경우에 죽은 사람을 살린 엘리야나, 나인 성에서 죽은 청년을 살리시고 나사로를 일으키시며, 죽은 어린 여자아이에게 "달리다굼" 즉 "내가 네게 말하노니 소녀야 일어나라"(막 5:41) 하고 말씀하신 그리스도를 믿는 것은 더 쉬운 일일 수 있습니다. 그러나 모든 사람이 살아날 것이라는 교리는 이치상 믿기가 힘듭니다. 홍수에 쓸려간 많은 사람들, 니느웨와 바벨론의 많은 무리들, 페르시아와 메디아의 군대들, 크세르크세스의 뒤를 좇은 백만 대군들, 알렉산더와 함께 진군했던 군인들, 로마의 칼날 아래 스러진 헤아릴 수 없이 많은 사람들, 이 모든 사람들이 살아날 것이라는 교리는 믿기가 힘듭니다. 사람들로 인산인해를 이루는 중국 같은 나라들에서 죽어간 수많은 사람들을 생각해 보고, 그동안 6천년에 걸쳐서 땅을 비옥하게 만들었던 세월을 생각해 보십시오. 난파와 전염병, 지진에 죽은 사람들, 무엇보다 나쁜 것은 학살과 전쟁으로 죽은 사람들을 생각해 보십시오. 그리고 이 모든 사람들이 예외 없이 살아나리라는 것을, 즉 태어난 여인 가운데 단 한 사람도 영원히 잠자지 않고, 이 땅에서 호흡하고 활동했던 모든 사람이 다시 살아날 것을 기억하십시오. 어떤 사람은 이렇게 말합니다. "아, 소름끼치는 기적입니다. 도무지 믿을 수 없는 면이 있습니다." 이 문제를 가지고 토론할 생각은 없습니다. 그러나 그 점에 대해 믿을 만한 타당한 이유를 제시하겠습니다.

그런데 이 몸들이 지금은 아주 이상한 곳에 있을 수 있다는 것을 생각할 때 그 놀라움은 더 커집니다. 왜냐하면 어떤 이들의 몸은, 그들이 다시 돌아가지 못할 깊은 광산의 갱도에 놓여 있을 수 있기 때문입니다. 또 어떤 이들의 몸은 조류의 굽이침에 밀려서 고대 바다의 깊은 굴에 들어가 있고, 또 어떤 이들은 아주 멀리 떨어진, 길 없는 사막에서 독수리만 볼 수 있는 곳에 누워 있으며, 혹은 무너진 바위더미 밑에 깔려 있을 수 있기 때문입니다. 사실, 사람의 유해가 지금 어디에 있습니까? 지금 땅에서 아담의 후손들의 부서진 티끌들이 있지 않은 곳이 어디에 있겠습니까? 한 줄기 여름 바람이 우리의 거리를 쓸고 지나갈 때, 한때 사람을 구성했던 미립자를 따라 함께 소용돌이치지 않는 곳이 어디에 있습니까? 바닷가에 부딪히는 파도 가운데 한때 사람이었던 유해가 녹아들어가 있지 않은 파도가 있습니까? 사람들의 몸이 지금은 나무 밑에 있고, 들판을 비옥하게 하며, 시내를 오염시키고, 풀밭에 숨어 있습니다. 그러나 사방에 흩어져 있던 몸들이 바벨론 포로에서 돌아온 이스라엘처럼 도처에서 사방에서 반드시 돌아올 것입니다. 하나님이 하나님이신 것이 확실하듯이, 우리의 죽은 사람들도 살아 자기 발로 서서 무수한 군대를 이룰 것입니다.

　　게다가 이 기이한 일을 더욱 놀랍게 만드는 것은, 죽은 사람들이 단번에, 혹은 크게 두 부분으로 나뉘어 일어나리라는 것입니다. 의인의 부활과 악인의 부활 사이에 천년의 기간이 있으리라는 것을 분명하게 가르쳐 주는 구절이 있습니다(계 20:5,6). 많은 사람들은 이 구절이 영적인 부활을 의미한다고 생각합니다. 그러나 나는 그렇게 생각할 수 없습니다. 확실히 이 말씀의 의미는 문자 그대로 받아들여야 합니다. 이 말씀에 귀를 기울이고 여러분 스스로 판단해 보십시오. "그 나머지 죽은 자들은 그 천 년이 차기까지 살지 못하더라 이는 첫째 부활이라 이 첫째 부활에 참여하는 자들은 복이 있고 거룩하도다 둘째 사망이 그들을 다스리는 권세가 없고 도리어 그들이 하나님과 그리스도의 제사장이 되어 천 년 동안 그리스도와 더불어 왕 노릇 하리라."

　　그러나 이 큰 중간기가 있을 수 있다고 인정하더라도, 의인들이 일어날 때 참으로 많은 무리, 즉 "능히 셀 수 없는 큰 무리"(계 7:9)가 나타날 것입니다. 오직 하나님만이 그 수를 아시는, 이루 헤아릴 수 없이 많은 무리가 "티끌과 말 없는 진흙의 침상에서" 갑작스럽게 깨어 일어날 것입니다. 천년이라는 기간이 하나님 보시기에는 아무것도 아니고, 금방 끝날 것이며, 그 다음에는 불의한 자들도 일어날 것입니다. 참으로 차고 넘칠 만큼 많은 무리가 일어날 것입니다! 그 무리들이 어디에 설 것입니까? 이 땅의 어떤 평지가 그 많은 무리를 수용할 것입니까? 이 많은 무리라면 산꼭대기에 이르기까지 모든 땅을 다 차지하고 말지 않겠습니까? 이들이 하나님의 최후의 심판을 받기 위해서 바다까지도 평평한 땅으로 사용해야 하지 않겠습니까? 천사장의 나팔소리가 뚜렷하게 울려 퍼져서 그들에게 최후의 심판을 받기 위해 소집하라는 신호를 보낼 때 잠깐 동안 그들은 하나님 앞에 서게 될 것입니다! 하나님의 대작업장에서는 뼈와 뼈가 맞춰지고, 놀랄 만한 기계장치가 수선되는데 결코 오랜 시간이 걸리지 않을 것입니다. 수 세기 동안 쌓였던 잔해들이 재건되기 위해서는 잠깐 동안이면 충분할 것입니다. 우리의 몸이 처음에 이 땅의 지극히 낮은 부분에서 기이하게 작용되었지만, 그 몸이 죽은 데서 회복되는 일은 눈 깜짝할 사이에 이루어질 것입니다. 사람에게는 시간이 필요하지만, 하나님은 시간을 지으신 분이므로 시간이 필요 없으신 분입니다. 장구한 세월도 하나님께는 한순간이나 다름없고, 지극히 놀라운 일도 한순간에 이루십니다! 참으로 놀라운 사실입니다! 하나님께서 죽은 자들을 살리신다는 것이 많은 사람들에게는 믿을 수 없는 일처럼 보이지만, 우리는 그것을 놀랍게 생각지 않습니다.

그 다음에, 이 부활은 단지 예전에 있었던 것의 회복이 아니라, 성도들의 경우에 이 부활은 지금 우리가 보는 어떤 것에 대한 현저한 진보가 수반될 것임을 생각해 보시기 바랍니다. 우리가 땅 속에 둥근 뿌리를 집어넣으면, 그 뿌리가 금빛 나리처럼 둥그렇게 솟아오릅니다. 우리가 옥토에 씨를 뿌리면, 씨가 찬란한 색깔로 눈부신 아름다운 꽃을 피웁니다. 이것들은 우리가 땅 속에 심은 바로 그것입니다. 서로가 동일하지만 그러나 또 얼마나 다릅니까! 바로 그와 같이 매장하여 심은 몸들은 아주 많은 씨와 같습니다. 그 씨들이 하나님의 능력으로 자라서 전혀 상상할 수 없이 아름다운 것으로 변할 것입니다. 이 점을 생각할 때 더욱 놀라게 됩니다. 주 예수께서는 파괴자의 이에서 먹이를 구해 내실 뿐만 아니라 이미 벌레의 먹이가 되어버린 것, 재와 티끌까지도 자신의 거룩한 형상으로 일으키십니다. 그것은 마치 너덜너덜하고 좀먹은 옷이 갈가리 찢어졌는데, 하나님의 말씀으로 그 옷이 완전한 상태로 회복되고, 게다가 세상의 어떤 세탁업자도 할 수 없을 만큼 하얗게 되었으며, 전에는 없었던 값비싼 옷술과 자수로 장식되는 것과 같습니다. 그런데 이 모든 일이 순식간에 이루어집니다. 우리는 이것이 모든 사실을 초월하는 지극히 놀라운 세계임을 기억합시다. 우리는 이 사실을 당장에 다 설명하려고 하거나 진리의 천사들을 다 벗겨내려고 하지 않을 것입니다.

이 사실을 믿기 어려운 점들 가운데 하나는 이것입니다. 자연계에는 이 사실을 지지하는데 사용할 완전한 유비가 전혀 없다는 것입니다. 우리 주변에는 다소 그와 비슷한 현상들이 있습니다. 그래서 우리는 거기에 비교해 볼 수는 있습니다. 그러나 자연계에는 적절하게 논증의 근거를 세울 만한 유비(유추)가 전혀 없다고 나는 생각합니다. 예를 들면, 어떤 사람들은 잠이 죽음의 유비이고, 깨어남이 부활의 유비라고 말했습니다. 그 비유가 훌륭하지만, 그 유추는 온전한 것과는 아주 거리가 멉니다. 잠에는 여전히 생명이 있기 때문입니다. 생명이 지속되고 있다는 것이, 그 사람 자신이 꿈을 꾸는데서 분명히 나타나며, 잠자는 사람을 보는 사람들에게도 그의 숨쉬는 소리를 듣거나 그의 심장이 뛰는 것을 보는데서 분명히 나타납니다. 그러나 죽으면 몸은 맥박이 뛰지 않고, 생명이 남아 있다는 표시가 전혀 보이지 않습니다. 죽은 사람에게는 잠자는 사람의 몸과 완전히 다르게 생명이 전혀 남아 있지 않습니다. 잠자는 사람의 사지를 잘라서 절구에 넣고 부수어 가루로 만들고, 그 가루를 진흙과 섞은 다음에 여러분이 부르면 깨어나는지 본다고 생각해 봅시다. 여러분이 유비라고 부를 만한 어떤 점이 있을 수 있을 것입니다. 그러나 사람이 깜짝 놀라서 깨어나는 단순한 잠은 상당한 비교는 될 수 있지만, 부활의 상응하는 비유나 예언은 결코 될 수 없습니다.

　　사람들이 곤충의 생장을 현저한 유비로 언급하는 말을 좀 더 많이 듣습니다. 애벌레는 현재 상태의 사람이고, 번데기는 죽은 사람의 전형이며, 성충 혹은 완전한 곤충은 부활시에 나타나는 사람의 모습이라고 합니다. 확실히 감탄할 만한 비유입니다. 그러나 이 비유도 마찬가지입니다. 번데기에도 생명이 있기 때문입니다. 거기에는 유기체가 있습니다. 사실 온전한 곤충이 있는 것입니다. 관찰하는 사람은 번데기를 죽은 것으로 잘못 볼 수 없습니다. 번데기를 집어서 보면 그 속에 장차 밖으로 나오게 될 모든 것을 보게 될 것입니다. 완전한 피조물이 그 안에 잠자고 있는 것이 분명히 보입니다. 여러분이 번데기를 눌러서 뭉개고 그 진액을 다 말린 다음에 가루로 만들어 화학처리를 해서 완전히 분해시킨 다음에, 그 번데기가 나중에 나비로 살아나도록 불러보십시오. 나비로 살아나왔다면 여러분은 부활의 유비를 본 것이 될 것입니다. 그러나 그 유비는 아직까지 자연계에서는 볼 수 없습니다. 나는 이 설명이 잘못되었다고 생각지 않습니다. 이 설명은 매우 교훈적이고 흥미있습니다. 그러나 그 점을 들어서 주장하는 것은 매우 유치한 일이 될 것입니다.

　　씨의 유비도 별로 결정적이지 않습니다. 땅에 뿌린 씨가 죽고, 때가 되면 다시 살아납니다. 그래서 사도는 이것을 죽음에 대한 적절한 예표와 상징으로 사용합니다. 사도는 씨가 죽지 않으면 살아나지 못한다고 말합니다. 죽음이 무엇입니까? 죽음은 유기체가 원래의 미립자로 분해되는 것입니다. 그와 같이 씨는 그 본래의 원소들로 분해되기 시작하여 생명의 유기체에서 무기물의 상태로 후퇴합니다. 그러나 여전히 생명의 배아는 언제나 남아 있으며, 붕괴되는 유기체는 씨가 다시 일어서는데 쓰이는 영양물이 됩니다.

그런데 죽은 몸이 그와 같습니까? 시체에 생명의 흔적이라도 남아 있습니까? 악취가 나는 시체에서 생명의 씨앗을 발견할 수 있습니까? 나는 더 교육을 잘 받은 사람이라면 알 수 있는, 본질적인 세포핵이 있을 수 없다고 말하지 않겠습니다. 그러나 나는 그 부패한 시체의 어디에 핵이 거한다고 생각할 수 있는지 묻고 싶습니다. 그 핵이 뇌에 있습니까? 뇌는 가장 먼저 사라지는 것들에 속합니다. 두개골은 아주 비어 있습니다. 그러면 그 핵이 심장에 있습니까? 심장 역시 존속 기간이 아주 짧습니다. 뼈보다는 훨씬 짧습니다. 땅에서 파낸 시체를 현미경으로 아무리 살펴보아도 어떤 생명의 원소를 전혀 발견할 수 없었습니다. 여러분이 원하면 어느 때든지 씨를 심은 땅을 뒤집어 보십시오. 그러면 정말로 그 씨가 땅에서 자라려고 한다면, 씨를 심은 곳에서 항상 씨를 발견하게 될 것입니다. 그러나 수백 년 전에 땅에 묻은 사람은 그와 같지 않습니다. 아마도 마지막 남은 유골도 전혀 알아볼 수 없게 되어버렸을 것입니다. 앞으로 올 세대도 이미 지나간 세대들처럼 오랜 세월이 흐르고 나면 찾아볼 수 없을 것입니다. 대홍수 전에 죽었거나 대홍수 때에 물에 빠져 죽은 사람들을 생각해 보십시오. 여러분은 어디에서 그 사람들의 잔해를 흔적이라도 찾아볼 수 있습니까? 여러분이 옥수수 알을 고운 밀가루처럼 갈아서 바람에 뿌리십시오. 그러면 거기에서 옥수수밭이 생기는 것을 봅니다. 여러분은 완전한 유비를 발견했다고 생각할 것입니다. 그러나 나는 아직까지 자연계에서 그에 필적한 경우가 있다고 생각하지 않습니다.

부활은 홀로 우뚝 서 있습니다. 부활에 대해 여호와께서 이렇게 말씀하시는 것은 당연한 일입니다. "보라 내가 새 일을 행하리니"(사 43:19). 우리 주님의 부활과, 소수의 사람들에게 기적적으로 허락된 부활을 제외하고, 우리는 역사에서 그 점과 관련시킬 수 있는 것이 아무것도 없고 증거를 찾을 필요가 없습니다. 우리에게는 판단의 근거로 삼을, 훨씬 더 확실한 근거가 있기 때문입니다. 여기에 어려운 점이 있고, 그것은 현저한 어려움입니다. 이 마른 뼈들이 살아날 수 있습니까? 죽은 자들이 일어난다는 것이 믿을 수 있는 일입니까?

2. 어떻게 우리가 이 경우의 요구 사항들을 충족시킬 수 있습니까?

우리는, 둘째로 그 어려움을 제거할 것이라고 말했습니다. 우리는 헛된 자랑을 하지 않았습니다. 문제는 간단합니다. 본문을 정당하게 강조해서 다시 한 번 읽어보십시오. 그러면 다 된 것입니다. "당신들은 하나님이 죽은 사람을 살리심을 어찌하여 못 믿을 것으로 여기나이까?" 죽은 사람이 살아난다는 것은 믿을 수 없는 일처럼 보입니다. 그러나 왜 전능하시고 무한하신 하나님이 죽은 자를 일으키시는 것을 믿을 수 없는 일처럼 생각합니까? 하나님을 인정하십시오. 그러면 아무런 어려움이 없습니다. 하나님이 살아 계시고, 그분이 전능하시다는 사실을 인정하십시오. 하나님께서 죽은 자들을 일으키시리라고 말씀하셨다는 사실을 인정하십시오. 그러면 믿음은 더 이상 어려운 일이 아니고 필연적인 것입니다. 불가능한 일과 믿을 수 없는 일, 이 두 가지가 하나님 앞에서는 다 사라집니다. 나는 이것이 믿기 어려운 문제들을 해결하는 유일한 길이라고 믿습니다. 불신앙에 맞서는 무기들을 추론하는 것은 소용 없는 일입니다. 하나님의 말씀이야말로 진정한 믿음의 방어물입니다. 단단한 돌을 사용할 수 있는데, 나무와 건초를 사용해서 집을 짓는 것은 어리석은 일입니다. 나의 천부께서 어떤 약속을 하시거나 어떤 진리를 계시하시면, 내가 그에 관해 철학자들에게 묻기 전까지만 하나님을 믿어야 합니까? 하나님의 말씀을 인정하는 뚜렷한 이유가 있을 때에만 참됩니까? 결국 사람의 판단이 최후의 결론이고, 하나님의 말씀은 우리 자신이 이해할 수 있을 때에만 받아들이게 되고, 그래서 결국은 계시가 아무 필요 없게 되는 것입니까? 이런 생각은 우리가 싹 씻어내야 합니다. 하나님은 진실되고, 사람은 다 거짓말쟁이인 것을 알아야 합니다.

　　우리는 지혜로운 사람들이 우리를 조롱할 때는 비틀거리지 않으면서, "여호와께서 가라사대"라는 말에는 넘어지고 맙니다. 하나님께서 하신 한 마디 말씀이 인간 지식을 쌓아놓은 도서관보다 무겁습니다. 그리스도인들에게는 하나님께서 말씀하셨다는 것이 다른 모든 이유보다 앞섭니다. 우리의 논리는 "하나님께서 이를 말씀하셨다"는 것이며, 이것이 또한 우리의 설득력입니다. 하나님께서 죽은 자들을 일으키리라고 선언하시면, 그것이 우리에게는 믿을 수 없는 일이 아닙니다. 어려움이란 하나님의 사전에는 없습니다. 주님께 너무 어려워서 하지 못하시는 일이 있습니까? 여러분이 원한다면 어려운 문제들을 제기하고, 그 교리를 이성으로 받아들이기에 더욱더 어렵게 만들도록 하십시오. 그 교리에 자명한 모순과 불일치가 들어있지 않는 한, 우리는 크신 하나님에 관한 위대한 사실들을 믿을 기회를 누리게 됩니다.

바울이 한 유대인에게 이 본문을 말하였을 때, 그는 아그립바에게 이야기를 하고 있는 중이었습니다. 바울은 아그립바에게 이렇게 말할 수 있었습니다. "아그립바 왕이여 선지자를 믿으시나이까 믿으시는 줄 아나이다"(행 26:27). 그러므로 "당신들은 하나님이 죽은 사람을 살리심을 어찌하여 못 믿을 것으로 여기나이까" 하고 말하는 것은 아그립바에게 사용하기에 좋은 추론이었습니다. 첫째로, 유대인인 아그립바는 욥의 증언을 알고 있었기 때문입니다. "내가 알기에는 나의 대속자가 살아 계시니 마침내 그가 땅 위에 서실 것이라 내 가죽이 벗김을 당한 뒤에도 내가 육체 밖에서 하나님을 보리라 내가 그를 보리니 내 눈으로 그를 보기를 낯선 사람처럼 하지 않을 것이라 내 마음이 초조하구나"(욥 19:25-27). 아그립바는 또한 다윗의 증언도 알고 있었습니다. 다윗은 시편 16편에서 "내 육체도 안전히 살리니"(16:9)라고 말합니다. 그는 이사야서 26:19도 알고 있었습니다. "주의 죽은 자들은 살아나고 그들의 시체들은 일어나리이다 티끌에 누운 자들아 너희는 깨어 노래하라 주의 이슬은 빛난 이슬이니 땅이 죽은 자들을 내놓으리로다." 그는 다니엘서 12:2, 3의 증언도 알고 있었습니다. 거기에서 다니엘은 이렇게 말합니다. "땅의 티끌 가운데서 자는 자 중에 많이 깨어 영생을 얻는 자도 있겠고 수욕을 받아서 무궁히 부끄러움을 입을 자도 있을 것이며 지혜 있는 자는 궁창의 빛과 같이 빛날 것이요 많은 사람을 옳은 데로 돌아오게 한 자는 별과 같이 영원토록 비취리라." 그 다음에 아그립바는 호세아서 13:14에서 또 다른 증언을 듣습니다. 거기에서 여호와는 이렇게 선언하십니다. "내가 저희를 음부의 권세에서 속량하며 사망에서 구속하리니 사망아 네 재앙이 어디 있느냐 음부야 네 멸망이 어디 있느냐 뉘우침이 내 목전에 숨으리라." 이렇게 하나님께서는 구약성경에서 부활을 분명하게 약속하셨습니다. 이 정도면 아그립바에게 아주 충분할 것입니다. 여호와께서 그것을 말씀하셨다면 그것은 더 이상 의문의 여지가 없습니다.

우리 그리스도인들은 훨씬 더 충분한 증거를 받았습니다. 우리 주님께서 부활에 관해 어떻게 말씀하셨는지 생각해 보십시오. 주님께서는 죽은 자를 일으키시려는 자신의 의도를 거침없이 선언하셨습니다. 요한복음 5:28,29의 말씀이 주목할 만합니다. "이를 놀랍게 여기지 말라 무덤 속에 있는 자가 다 그의 음성을 들을 때가 오나니 선한 일을 행한 자는 생명의 부활로, 악한 일을 행한 자는 심판의 부활로 나오리라." 그리고 6:40에서도 그같이 말씀하십니다. "내 아버지의 뜻은 아들을 보고 믿는 자마다 영생을 얻는 이것이니 마지막 날에 내가 이를 다시 살리리라." 성령께서 바로 이 진리를 사도들을 통해서 말씀하셨습니다. 로마서의 지극히 복되고 귀한 8:11에서 우리는 이런 증언을 듣습니다. "예수를 죽은 자 가운데서 살리신 이의 영이 너희 안에 거하시면 그리스도 예수를 죽은 자 가운데서 살리신 이가 너희 안에 거하시는 그의 영으로 말미암아 너희 죽을 몸도 살리시리라." 내가 조금 전에 데살로니가전서에서 인용한 구절을 읽었습니다. 그 구절에서 우리는 소망 없는 자들처럼 슬퍼하지 말라는 명령을 받습니다. 그리고 여러분은 빌립보서 3:21에서 또 한 가지 증거를 봅니다. "그는 만물을 자기에게 복종하게 하실 수 있는 자의 역사로 우리의 낮은 몸을 자기 영광의 몸의 형체와 같이 변하게 하시리라." 나는 고린도전서 15장과 같은, 당당한 논증을 하는 위대한 성경 본문을 여러분에게 굳이 말씀드릴 필요가 없습니다. 의심할 여지 없이 성령의 증언은 죽은 자들을 일으키시리라는 것입니다. 전능한 하나님이 계시다는 것을 인정한다면, 이 교리를 받아들이고 복된 소망을 품는 일에 아무 어려움을 발견하지 않을 것입니다.

　하지만 우리가 주변을 둘러보고 주님께서 우리의 믿음을 위해 마련하신 도움들을 살펴보는 것이 마땅할 것입니다. 사랑하는 친구 여러분, 세상에는 우리가 직접 경험하고 보지 않았다면, 단지 보고만 듣고서는 믿지 않았을 것들이 아주 많다고 나는 확신합니다. 전보가 비록 사람의 발명품일지라도, 수천 년 전의 사람들에게는 지금 죽은 자의 부활을 지금 사람들이 믿기 힘들어 하듯이 믿기 어려운 일이었을 것입니다. 짐말을 부리던 시대에 사는 사람치고 누가 영국에서 미국까지 전언을 순식간에 보낼 수 있다는 것을 믿겠습니까? 열대 지방에서 활동하는 우리 선교사들이 원주민들에게 얼음의 형성에 대해서 이야기하고, 사람이 빙판 위를 걸을 수 있으며 넓은 바다에 산더미 같은 얼음덩어리에 둘러싸인 배에 대해서, 그리고 물이 배 주위에서 바위처럼 딱딱하고 단단하게 되는 것에 대해 이야기하였을 때, 원주민들은 그런 터무니없는 보고를 믿지 않았습니다.

　모든 것이 우리가 거기에 익숙해지기 전까지는 놀랍습니다. 부활은 우리가 결코 그것을 본 적이 없다는 사실 때문에 그 놀라운 일을 믿지 못하는 것입니다. 그것뿐입니다. 부활 후에는 우리가 지금 창조와 섭리를 익숙히 알고 있듯이, 부활을 하나님의 능력의 표현으로 친숙하게 알게 될 것입니다. 우리가 하나님을 영원히 경배하고 찬미하면서 부활에 대해서도 영원히 감탄할 것이라고 나는 확신합니다. 그러나 그것은 지금 경건한 모든 신자가 창조에 대해서 감탄하는 것과 같을 것입니다. 우리가 영생을 경험하게 되면, 하나님의 이 새로운 일에 점점 더 익숙해질 것입니다. 우리는 거우 어제 태어났고, 아직까지 조금밖에 보지 못했습니다. 하나님의 일들을 살피려면, 우리가 이 땅에서 관찰하며 보낸 것보다 훨씬 더 많은 시간이 필요합니다. 우리가 영원에 들어가고 어린 시절을 벗어나 성년에 이르게 되면, 지금 우리를 놀라게 하는 것을 친숙하게 알고 찬양을 드리게 될 것입니다.

부활이 창조보다 더 놀라운 일이겠습니까? 여러분은 하나님께서 아무것도 없는 가운데서 세상을 창조하셨다는 것을 믿습니다. 하나님께서 "있으라"고 말씀하시니 세상이 있었습니다. 아무것도 없는 데서 창조하시는 것은 흩어져 있는 미립자들을 불러 예전에 있었던 모습으로 다시 만드는 것만큼 아주 놀라운 일입니다. 창조든 부활이든 다 전능의 능력을 요구합니다. 그러나 둘 가운데 어느 하나를 선택한다면, 부활이 좀 더 쉬운 일입니다. 아이가 세상에 태어나는 일이 그처럼 자주 일어나지 않았다면, 그 일이 발생할 때마다 우리는 깜짝 놀랄 것입니다. 우리는 출생을 정말로 그러듯이 하나님의 능력이 지극히 놀랍게 나타나는 것으로 생각해야 합니다. 우리가 인간의 출생과 인간의 지속적인 존재에서 하나님의 일하시는 놀라운 손을 보지 못하는 것은, 순전히 우리가 그 일을 알고 너무 일반적인 일로 보기 때문입니다. 부활을 우리가 좀처럼 받아들이지 못하는 것은 우리가 아직까지 그 일에 익숙해지지 않았기 때문입니다. 이밖에도 하나님의 행위에는 아주 놀라운 것들이 더 있습니다.

여러분이 보지 못했지만, 믿을 만한 증거를 받은 한 가지 일이 있다는 것을 또한 생각하시기 바랍니다. 그것은 역사적 진리 가운데 하나인데, 즉 예수 그리스도께서 죽은 자들 가운데서 부활하셨다는 것입니다. 그리스도야말로 여러분에게 부활의 원인이고, 부활의 예표이며, 부활의 전조이자 부활의 보증이십니다. 주께서 확실히 부활하셨듯이 여러분도 부활할 것입니다. 주님은 자신이 부활하심으로써 부활이 가능하다는 것을 입증하셨습니다. 아니, 주님은 그가 대표자이시기 때문에, 부활하실 때 자신이 대표하는 모든 사람을 위해서 부활하셨기 때문에, 부활이 확실하다는 것을 입증하셨습니다. "아담 안에서 모든 사람이 죽은 것 같이 그리스도 안에서 모든 사람이 삶을 얻으리라"(고전 15:22). 우리 주님께서 무덤에서 일어나신 사실은, 주님께서 자기 백성을 일으키시는 일에 대해 모든 의심을 깨끗이 쓸어버리십니다. "만일 죽은 자가 다시 살아나는 일이 없으면 그리스도도 다시 살아나신 일이 없었을 터이요"(15:16). 그러나 그리스도께서 사셨기 때문에 우리도 살 것입니다.

형제자매 여러분, 그리스도인인 여러분은 이미 부활의 놀라운 일을 여러분 속에서 경험하였습니다. 여러분은 여러분의 내적 본성에 있어 죽은 자들 가운데서 살아났기 때문입니다. 여러분은 허물과 죄로 죽었었는데, 새로운 생명으로 살아난 것입니다. 물론 이 자리에 계신, 아직 회심하지 않은 분들은 이 사실을 전혀 알지 못할 것입니다. 중생하지 않은 사람은 이것이 무슨 의미인지 내게 묻지도 않을 것이고, 그 사람에게는 이것이 아무런 논의가 될 수 없습니다. 이것은 사람이 경험하지 않으면, 친구에게 설명할 수 없는 문제이기 때문입니다. 이것을 알려면 여러분 자신이 거듭나야 합니다. 그러나 신자 여러분, 여러분은 이미 죄의 무덤에서, 악한 열정과 불순한 욕망의 부패와 타락에서 부활하는 것을 경험하였습니다. 하나님께서 그리스도를 죽은 자들 가운데서 일으키시고 하늘에서 하나님 우편에 앉게 하실 때 그리스도 안에서 행하신 바로 그 능력으로, 여러분 안에서 이 부활을 일으키셨습니다. 여러분에게는 주님께서 여러분의 영적 본성을 소생시키신 것이, 주님께서 여러분의 죽을 몸도 소생시키시리라는 확실한 증거가 됩니다.

전체 문제는 이것입니다. 즉 전체 부활의 확실성에 대한 우리의 설득력은 하나님과 그의 말씀에 대한 믿음에 입각해 있다는 것입니다. 다른 곳을 보는 것은 소용없고 필요 없는 일입니다. 사람들이 하나님의 선언을 믿지 않는다면, 그들은 자신들의 불신앙에 대해 하나님께 설명하지 않으면 안 됩니다. 청중 여러분, 여러분이 하나님의 택하신 사람들 가운데 하나라면, 여러분의 하나님을 믿을 것입니다. 하나님은 자기의 모든 택하신 자들에게 믿음을 주시기 때문입니다. 여러분이 하나님의 증언을 거절한다면 여러분이 지금 아주 고통스러운 처지에 있고, 하나님의 은혜가 여러분을 보호하지 않는다면 그 고통 속에서 멸망할 것임을 증언하는 것입니다.

복음과 부활의 교리는 사람들에게 아주 영광스럽게 열려 있어서 귀한 자들과 천한 자들을 구분할 수 있게 되었습니다. 요한 사도는 "하나님께 속한 자는 하나님의 말씀을 듣는다"(8:47)고 말합니다. 참된 믿음은 은밀한 선택의 보이는 표시입니다. 그리스도를 믿는 자는 자기에 대한 하나님의 은혜를 증언합니다.

그러나 믿지 않는 자는, 그가 하나님의 은혜를 받지 않았음을 확실하게 증거하는 것입니다. 그래서 그리스도께서 이같이 말씀하셨습니다. "너희가 내 양이 아니므로 믿지 아니하는도다 내 양은 내 음성을 들으며 나는 그들을 알며 그들은 나를 따르느니라"(10:26). 그러므로 이 진리와 그밖의 기독교의 진리들을 지지하고 주장하며, 온 인류에게 충분히 전하여서 사람들을 나누도록, 즉 이스라엘 사람과 애굽 사람을 나누고, 여인의 후손과 뱀의 후손을 나누도록 해야 합니다. 하나님께서 택하신 사람들은, 하나님께서 말씀하신 것을 그들이 믿는 것을 보아 알 수 있습니다. 반면에 여전히 믿지 않는 사람들은, 자기들이 고집스럽게 거절하는 그 진리의 정죄를 받아 자기 죄 가운데 멸망합니다.

3. 이 점들에 대해서는 이만큼 말하겠습니다.
이제는 마지막으로 이 진리에 대한 우리의 관계에 대해 생각해 봅시다.
이 진리에 대한 우리의 첫 번째 관계는 이것입니다. 하나님의 자녀들이여, 이 말씀으로 서로 위로하라는 것입니다. 여러분은 여러분이 소중히 여기는 사람들을 잃어버렸습니다. 말을 수정하도록 하겠습니다. 여러분이 소중히 여기는 사람들은 더 나은 나라로 갔습니다. 뒤에 남은 몸은 사라지지 않았는데, 즐거운 관심을 받지 못합니다. 여러분은 슬퍼할 수밖에 없습니다. 그러나 소망 없는 자들처럼 슬퍼해서는 안 됩니다. 나는 성도의 장례식에서 왜 우리가 언제까지나 검은 상복을 입고 애도하는 노래를 불러야 하는지 이유를 알지 못하겠습니다. 나는 내 방식대로 하자면, 흰 말들이 끄는 마차로 무덤까지 관을 옮기거나 아니면 옷으로 슬픔뿐 아니라 기쁨도 표시하고자 하는 사람들의 어깨에 메어서 운구하였으면 좋겠습니다. 왜 우리가 영광에 들어갔고 영원을 상속한 사람들을 슬퍼해야 합니까?

나는 옛날에 청교도들이 관을 성도들의 어깨에 메어 시편을 노래하면서 무덤에 갔던 방식을 좋아합니다. 그렇게 하지 않아야 할 이유가 있습니까? 어쨌든 영화롭게 된 자에 대해서 울어야 할 이유가 무엇입니까? 즐겁게 나팔을 불도록 합시다! 나팔로 승리의 즐거운 가락을 크게 울려 퍼지게 합시다! 정복자가 전쟁에서 이겼고, 그 왕이 보좌에 올랐습니다. 우리의 형제들이 하늘로부터 말합니다. "기뻐하시오. 우리와 함께 기뻐하시오. 우리는 우리의 안식에 들어왔소." "지금 이후로 주 안에서 죽는 자들은 복이 있도다 하시매 성령이 이르시되 그러하다 그들이 수고를 그치고 쉬리니 이는 그들의 행한 일이 따름이라 하시더라"(계 14:13). 우리가 계속해서 슬픔을 표시하게 되더라도 그것은 자연스러운 일입니다. 그러나 여러분의 마음이 상하도록 해서는 안 됩니다. 그것은 현세적인 태도이기 때문입니다. 하나님을 영원히 찬송하고, 죽은 신자들에 대해서는 하나님의 살아 있는 약속을 노래하도록 합시다.

다음으로, 우리는 우리가 떠날 것을 내다보면서 마음으로 즐거워합시다. 우리도 머지않아 세상을 떠날 것입니다. 형제 여러분, 우리도 죽지 않을 수 없습니다. 이 전쟁에는 면제가 없습니다. 활이 있고 궁수가 있습니다. 화살은 내 심장을 겨냥해 있습니다. 궁수는 정확히 겨냥할 것입니다. 여러분은 어쩌면 외국 땅에 있는 외로운 무덤에서 잠들거나 혹은 여러분의 뼈가 여러분의 조상들과 나란히 납골실에 안치될 것입니다. 여러분의 몸이 어디에 놓이든 간에 결국 여러분은 티끌로 돌아가지 않을 수 없습니다. 우리는 그 잠이 너무 짧다고, 그것이 영원으로 가는 길목에서 잠깐 쉬는 것뿐이라고 불평하지 맙시다. 죽음은 이생에서 내생으로 넘어가는 사건입니다. 그러므로 우리는 죽음을 평안하게 맞이할 뿐만 아니라 기대를 가지고 맞이하도록 합시다. 우리가 대망하는 것은 지금의 죽음이 아니라 부활이기 때문입니다.

그렇다면 다시 한 번 말하지만, 우리가 지금 복된 부활을 기대하고 있다면 우리 몸을 존중하도록 합시다. 우리 몸이 악의 도구가 되지 않도록 하고, 죄로 더럽혀지지 않도록 합시다. 그리스도인은 폭식이나 술취함, 어떤 방식이 되었든지 몸을 더럽히는 불결한 행동을 해서는 안 됩니다. 우리 몸은 성령의 전이기 때문입니다. "누구든지 하나님의 성전을 더럽히면 하나님이 그 사람을 멸하시리라"(고전 3:17). 자신을 정결하게 지키십시오. 세례 받을 때 여러분의 몸을 깨끗한 물로 씻었는데, 이는 이후로 여러분을 모든 더러움에서 깨끗하게 보존해야 한다는 것을 여러분에게 가르치는 것입니다. 모든 악한 일을 피하십시오. 영원히 하늘에서 살게 되어 있는 몸이 여기 아래에 있는 오염에 물들게 해서는 안 됩니다.

끝으로, 이것은 매우 엄숙한 생각인데, 경건치 않은 자들도 다시 일어나게 된다는 것입니다. 그러나 그것은 저주의 부활이 될 것입니다. 그들의 몸이 죄를 범하였으므로, 그 몸이 형벌을 받을 것입니다. "몸과 영혼을 능히 지옥에 멸하실 수 있는 이를 두려워하라"(마 10:28)고 그리스도께서 말씀하십니다. 하나님께서는 사람들의 몸과 영혼을, 그들에게 영원히 지속되는 파멸을 가져다줄 고통 가운데 던지실 것입니다. 무덤에서 자는 것이 그런 부활보다는 말로 다할 수 없이 좋을 것입니다. 그래서 성경은 그것을 "심판의 부활"(요 5:29)이라고 하며, 다니엘도 그와 같이 "수치를 당하여서 영원히 부끄러움을 당하는 것"(단 12:2)이라고 표현합니다. 그것은 정말이지 두려운 부활입니다. 여러분이 그것을 피할 수 있다면 기뻐할 것입니다. 정말이지 여러분의 몸이 따르지 않은 채, 영혼만으로 하나님의 진노를 당하는 것도 충분히 두렵습니다. 그런데 여러분의 몸도 함께 당하지 않을 수 없습니다. 몸과 영혼이 죄를 짓는다면, 몸과 영혼이 고통을 당할 수밖에 없고, 그것도 영원히 당하지 않으면 안 됩니다.

제레미 테일러(Jeremy Taylor)가 아킬리우스 아비올라(Acilius Aviola)라는 사람에 대한 이야기를 하는데, 그는 뇌졸중으로 쓰러졌는데 친구들이 죽은 줄로 생각하고 그를 화장용 장작더미에 옮겨놓았는데, 심장이 다시 뛰어 몸이 따뜻해지자 깨어나고 보니, 자신이 화장하는 불꽃에 절망적으로 둘러싸여 있었다고 합니다. 그는 구해 달라고 소리쳤지만 소용이 없었고, 그는 구출받지 못하고 몸의 마비로 인해 움직이지도 못하고 견딜 수 없는 고통을 겪었다고 합니다. 죄지은 모든 몸이 무덤에 있다가 잠에서 깨어나 일어날 때 겪게 될 두려운 일이 그런 것입니다. 그 몸이 깨어 일어나자마자 심판을 받고 정죄를 받으며 하나님 앞에서 쫓겨나 영원한 형벌에 들어갈 것입니다. 하나님께서 그 일이 여러분이나 내게 일어나지 않게 해주시기를 구합니다. 우리가 지금 예수 그리스도를 믿고 영생의 부활을 얻게 해주시기를 구합니다. 아멘.

제
26
장

—

"권함을 받은" 사람들에게

—

"아그립바가 바울에게 이르되 네가 적은 말로 나를 권하여
그리스도인이 되게 하려 하는도다." ― 행 26:28

결박되었음에도 불구하고 바울은 왕들과 관리들에게 직접 말할 수 있는 기회를 가졌고, 그의 생애에 적어도 한 번은 로마 세계의 주인 곧 황제 앞에 섰다는 점에서 부러움을 살 만합니다. 왕위에 앉아 있지만 무지한 자들 앞에 서는 것은 선행을 행할 수 있는 대단한 일입니다. 슬프게도, 복음이 직위와 신분이 높은 사람들에게는 좀처럼 이르지 못합니다. 귀족과 제후들이 충실한 복음 설교를 듣는 기회를 갖는다는 것은 그들에게 자비를 베푸는 큰 일입니다. 에드워드 6세는 큰 은혜를 받아서 휴 래티머(Hugh Latimer) 같은 설교자가 있어서, 예수 안에 있는 이 진리를 직접 이야기하는 것을 들을 수 있었습니다. 아그립바가 큰 은혜를 받았는데, 비록 그 특권을 제대로 인식하지 못하였지만, 바울 사도 같은 예수 그리스도 복음의 아주 열렬한 변호자에게 들을 수 있었습니다. 우리는 높은 지위에 있는 사람들을 위해서는 보통 때보다 훨씬 더 많이 기도해야 합니다. 그 사람들에게는 매혹적인 시험거리가 많고, 은혜를 받을 수 있는 기회는 지극히 천한 극빈자들보다 더 적기 때문입니다. 복음이 빈궁한 자들을 많이 회심시키지만, 그들(높은 지위에 있는 자들)의 마음에는 좀처럼 영향을 끼치지 못합니다. 그러므로 우리는 그들을 위해서는 특별히 더 간구해야 합니다. 그러면 주님께 헌신하는 귀족들을 훨씬 더 자주 보게 될 것입니다.

설교자가 왕들에게 직접 말하도록 요청을 받았다면, 그가 따를 모범으로는 바울 사도만큼 좋은 예가 없을 것입니다. 우리는 바울 사도를 설교자들의 왕이요, 왕들의 설교자라고 능히 부를 수 있을 것입니다. 그의 설교는 매우 힘이 있었고 그러면서도 아주 정중하였습니다. 그의 설교는 내용에 있어서는 강력했지만, 태도에 있어서는 품위가 있었습니다. 그의 설교는 대담하였지만 주제넘지 않았고, 결코 비굴하지 않았으며 건방지지도 않았습니다. 사도는 자기에 대해서 많이 이야기하는데, 이는 자신의 주장을 펴기 위해서 필요상 그렇게 하였습니다. 그러나 자기를 위해서나 자화자찬하는 식으로는 아무것도 말하지 않습니다. 그 전체 연설은 아주 신성하고, 그러면서도 아주 자연스럽게 잘 짜여 있어서, 사람의 설득으로 아그립바를 회심시켜 믿을 수 있게 한다면, 주님의 죄수인 이 사도의 연설이야말로 그런 일을 가장 잘 할 수 있을 것이었습니다. 그의 논지는 아그립바의 선입견과 기호에 아주 잘 맞춰져 있어서, "모든 사람에게서 자유로우나 스스로 모든 사람에게 종이 되는"(고전 9:19) 바울의 능력을 보여주는 또 한 예가 될 만하였습니다.

자, 오늘 아침에 우리가 이 사도의 가르침과 그 결과에 대해 이야기하는 동안에 큰 복이 여러분에게 임하여, 헤롯 가문의 그 왕에게는 성공을 거두지 못하였던 바로 논증에 의해 여러분 가운데 많은 분들이 권함을 받고, 그리스도인이 되기를 바랍니다. 육신적으로 볼 때 지체가 높은 사람들이나 힘있는 사람들이 많이 부름받지는 않습니다. 그러나 오늘 모인 이 회중은 또 다른 계층에 속하는 사람들입니다. 주님께서 우리 주 예수 그리스도로 말미암아 우리 같은 사람들에게 주권적인 은혜를 베푸시기를 구합니다.

1. 오늘 아침 나는 여러분에게 그리스도인 사역자들의 주요 설득 대상에 대해 잠시 시간을 내어 생각해 보자고 말씀드립니다.

아그립바는 이렇게 말했습니다. "네가 적은 말로 나를 권하여 그리스도인이 되게 하려 하는도다." 나는 본문을 보고서, 현재 있는 말 그대로를 전하는 설교를 한 편도 생각하지 못하겠습니다. 이 말들은 다 그리스도인이 되는 것에 관한 설교들입니다. 그런데 존경하는 신학자들에게 죄송한 말씀이지만, 이것은 본문과 아무 상관이 없습니다. 왜냐하면 사도는 아그립바를 설득하여 그리스도인이 되게 하지 못했습니다. 그러나 거의 그리스도인이 되게 할 만큼 설득하는 데까지는 갔습니다. 아그립바가 권함을 받았지만 그리스도인이 되지 않은 것은 확실합니다. 그의 생애와 성품을 볼 때, 그 정신이 그 상태에서는 아주 먼 것이 분명하였습니다. 아그립바는 복음에 있어서는 젊은이들 같지 않았습니다. 젊은이들에게는 "거의 그리스도인"이라는 이름을 붙이기가 아주 쉬운 사람들입니다. 물론 나는 어떤 경우에도 그 말이 타당한지에 대해서는 깊은 의문을 품고 있습니다. 거의 그리스도인이 된 것과 그리스도인이 되도록 권함을 받은 것 사이에는 큰 차이가 있습니다. 어떤 사람이 거의 칼빈주의자가 되어서 은혜의 교리들을 대부분 주장할 수 있습니다. 그러나 어떤 경우에 칼빈주의자가 되도록 권함을 받은 또 다른 사람이 사실은 완전한 아르미니우스주의자가 될 수도 있습니다. 거의 미술가에 가까운 사람은 그림 그리는 것에 대해 다소 아는 바가 있습니다. 그러나 미술가가 되도록 권함을 받은 사람은 색깔들의 이름조차도 모를 수 있습니다. 아그립바의 고백에 따를 때, 바울의 설교의 힘은 대단해서, 그를 설득하여 그리스도인이 되게 할뻔하였습니다. 사도 자신도 말의 결미에 가서 바로 그런 계획이 있었음을 인정합니다. "당신뿐만 아니라 오늘 내 말을 듣는 모든 사람도 다 이렇게 결박된 것 외에는 나와 같이 되기를 하나님께 원하나이다." 선의에서 나온 작별의 말에서 사도는 자기 마음의 원하는 바를 밝혔습니다. 그는 자신이 결박된 데서 풀려나기를 구하지 않았고 듣는 사람들의 영혼이 죄의 속박에서 구원받기를 구하였습니다.

형제 여러분, 복음 사역자들에게서 설교는 언제나 영혼을 구원하는 일을 그 목표로 삼아야 합니다. 우리는 청중들이 우리 말의 탁월함을 칭찬하기를 구해서는 안 됩니다. 나는 마음속으로 수사(修辭)를 천 번도 넘게 저주하였고, 웅변술을 추호도 궁리하지 않기를 바랐고, 아니면 적어도 웅변술로 하나님의 성소를 모독하는 일을 하지 않기를 바랐습니다. 종종 잘 짜여진 강연과 적절하게 정리된 문장들을 놀라며 들었을 때, 나는 사람들의 마음과 양심에 분명하고 절박한 주장을 하는 것이 필요한 때, 안식일의 집회 시간이 말의 수사를 듣는데 허비된다는 것을 생각하면 피눈물이 나는 것 같았습니다. 자기 청중에게 자신이 웅변에 능하다는 것을 보여주기 위해 강단으로 올라가는 일은 목사가 결코 할 일이 아닙니다. 굉장한 말과 화려한 문장들은 사람의 영적 필요를 비웃는 것입니다. 사람이 자신의 웅변술을 보여주고 싶다면, 그는 변호사업을 위해 공부하거나 의회에 들어가도록 하고, 그리스도의 십자가를 연설이라는 자신의 값싸고 번지르르한 누더기를 걸치는 옷걸이로 타락시키지 않도록 해야 합니다. "설득력 있는 지혜의 말로 하지 아니하고 다만 성령의 나타나심과 능력으로"(고전 2:4) 말할 수 있을 때에야 비로소, 우리는 십자가를 바르게 들어올릴 수 있습니다. 목사라면 누구나 바울과 같이 이렇게 말할 수 있어야 합니다. "우리가 이같은 소망이 있으므로 담대히 말하노라"(고후 3:12). 청중 여러분, 빛을 번쩍이고 지성을 번뜩이며 감탄시키고 깜짝 놀라게 하는 것이 결코 우리의 목표가 될 수 없습니다. 다만 우리는 이 한 가지 목표, 즉 여러분이 그리스도인이 되도록 권하는 이것만을 늘 고려하도록 해야 합니다.

사도가 아그립바를 권하여 그리스도인이라는 이름을 갖게 하고 혹은 그리스도인으로 세례를 받도록 권할 수 있었다 하더라도, 사도는 만족할 수 없었을 것입니다. 사도의 목표는 아그립바가 진정으로 그리스도인이 되도록 하는 것이었습니다. 그리스도인처럼 보이는 것은 아무 소용이 없습니다. 그리스도인이 되는 것이 전부입니다. 아그립바가 공공연하게 그리스도인이 되는 것을 보았다면, 사도는 참으로 기뻐했을 것입니다. 아그립바가 본질적인 은혜를 받아들였다면 그리스도인이라는 이름을 취하지 않을 이유가 있겠습니까? 그랬다면 사도는 아주 즐거이 아그립바에게 세례를 주었을 것입니다. 아그립바가 예수님을 믿는다면 사도가 왜 세례를 주지 않겠습니까? 그러나 사도는 사람들에게 오해를 일으키도록 그런 이름을 주고 싶어하지 않았습니다. 사도는 이름뿐인 그리스도인들을 만들어 내고 싶은 생각이 없었습니다. 그의 큰 관심사는 그리스도인이 되느냐 되지 않느냐 하는 것이었습니다. 이름과 의식은 이차적인 문제였습니다.

열성적인 프란치스코 하비에르(Francis Xavier)가 솔에 거룩한 물을 묻혀 이교도들의 이마에 뿌림으로써 회심자들을 만든 방식대로, 한 민족을 그리스도인으로 만드는 것은 일고의 가치도 없을 것입니다. 스스로 벨리알의 아들이라고 공언하는 사람을 설득하여 종교적 고백이라는 외투를 걸치고 자신의 악을 점잖고 은밀하게 행하도록 하는 것은 꿈에서도 생각할 수 없는 일이었습니다. 사도의 설득은 아그립바가 진정으로 그리고 확실히 그리스도인이 되는 것을 목표로 하고 있습니다. 우리는 회심자를 일으키는 일에 이와 같이 노력해야 합니다. 어떤 옷을 입거나 어떤 설교 방식을 취하느냐 하는 것은 하찮은 문제입니다. 우리 교파에 일치하는 것도 거의 중요치 않습니다. 예수님을 진정으로 사람의 구주로 영접하는 것이 가장 중요한 문제입니다. 사람들을 데려와 그리스도인이 되게 하는 것, "이것이 일이고, 이것이 수고입니다." 사도는 단지 사람을 자신의 판단에 따라 죄인으로, 혹은 자신의 감정에 따라 떠는 자로, 혹은 자신의 열정에 따라 광신자로 만드는 것을 목표로 한 것으로 보이지 않습니다. 기독교 목사들이 사람들을 순전히 울게 할 목적으로 울리려고 하는 때가 있지 않습니까? 장례의식을 과시하듯이 진행하고, 무덤을 열어 보입니다. 슬픈 기억들을 일깨우고, 반쯤 치유된 상처들을 사정없이 찢어놓습니다. 이렇게 본성적인 감정을 괴롭게 하는 것이 회심에 특별히 도움이 되는 과정이라고 생각합니다. 나는 그런 식의 호소를 별로 신뢰하지 않습니다. 나는 사람들이 죽은 자들에 대해서 울기보다는 다른 슬픈 일들을 위해 눈물을 흘리기 원합니다. 나는 사람들이 사별한 사람들에 대한 기억을 아름답게 장식하는 것보다는 훨씬 더 중요한 일에 마음을 쓰기 바랍니다. 회중을 부추겨서 그들의 사별에 대해 감정을 최고조로 자극시킬 수 있지 않습니까? 그런데 그렇게 할지라도 결국 그들의 영원한 구원에서는 한 걸음도 앞으로 나가게 할 수 없지 않았습니까?

헤롯 가문에 일어난 죽음들이 아그립바의 마음을 움직이는데 작용할 수도 있었을 것입니다. 그러나 바울은 아주 남자다워서 감상주의자들처럼 사람의 마음을 나약하게 만드는 연설을 하려고 하지 않았습니다. 또한 사도는 옛날에 세상에 자자했던 유대인의 용맹을 보여주는 영광스러운 행위들을 자세히 언급하여 아그립바에게 애국심을 자극하려고도 하지 않았습니다. 영웅을 찬미하는 시나 기사도를 이야기하는 감격적인 전설의 열렬한 문구들이 그의 연설에 두드러지게 나타나지 않았습니다. 그보다 사도는 아주 단순하게 오직 이 한 가지 일을 목표로 삼았습니다. 즉 이 군주를 납득시켜서 그의 마음을 바꾸도록, 성령의 능력으로 그의 열정에 영향을 끼쳐 그를 새사람으로 만드는 것에만 마음을 썼습니다. 이 일, 이 한 가지 일만이 이 사도를 만족시킬 것이었습니다. 그의 말을 듣는 이 사람이 그리스도인이 되어 바울처럼 그리스도의 의를 의지하고, 그리스도의 영광을 위하여 사는 하나님의 종이 되도록 하는 이 일만이 그를 만족시킬 것이었습니다.

설교자가 자신의 목표가 무엇인지 아는 것은 바람직한 일입니다. 청중들이, 설교자가 자기들이 어떤 일을 하거나 어떤 사람이 되기를 바라는지를 아는 것은 좋은 일입니다. 형제자매 여러분, 나는 내 마음의 원하는 바가 사도의 마음을 지배했던 바로 그것이라고 믿습니다. 나는 여러분 모두가 그리스도인이 되기를 정말로 바랍니다. 내가 얻으려고 애쓰는 단 한 가지 일이, 이 사람들이 하나님의 진리를 알고 하나님의 아들을 믿으며 성령으로 말미암아 구원을 받고, 외적인 생활에서 구원을 받으며 주께서 오시는 날에 영원히 구원받게 하려는 이것이라는 것을, 내 주님께서 증언해 주시기를 구합니다. 내가 설교에서 다른 무슨 말을 하든지 간에, 여러분의 관대함이 차고 넘치게 될지라도, 여러분의 도덕이 더러워지지 않을지라도, 여러분의 모이는 숫자가 결코 줄어들지 않을지라도, 여러분의 열심이 결코 식지 않을지라도, 여러분이 전혀 그리스도인이 아니라면, 중생과 성령의 능력으로 그리스도인이 되지 않는다면, 나는 내 사역이 비참한 실패라고, 내게는 슬픔이 가득하고 여러분에게는 혼란이 가득한 실패라고 간주할 것입니다. 아, 하나님께서 이 자리에 계신 많은 분들이 권함을 받고 아주 단번에 그리스도인이 되게 해주셨으면 좋겠습니다. 이것만이 나를 만족시킬 것입니다.

여러분이 그리스도인의 정의가 무엇인지 알고 싶다면, 사도가 26:18에서 진술한 정의를 보시기 바랍니다. 거기에서 사도는 참된 그리스도인을 다섯 가지로 묘사합니다. 진정한 그리스도인은 눈을 뜬 사람입니다. 그는 어둠에서 빛으로 돌이킨 사람입니다. 즉 그는 하나님의 진리를 아는데 과거에 가졌던 하나님에 대한 지식과는 전혀 다르게 그 진리를 인식합니다. 그는 자신의 죄를 보고 그 가증스러움을 느낍니다. 그는 구원의 계획을 알고, 그 계획이 모든 면에서 충족함을 인하여 기뻐합니다. 그의 지식은 피상적인 것이 아니고 머리에서 나온 것이 아니며, 내적이고 마음의 문제입니다. 그는 전에는 이론적으로밖에 알지 못했던 것을 이제는 확실히 압니다. 지식은 그리스도인에게 필수적인 것입니다. 밤의 올빼미와 같은 로마가톨릭교회는 무지를 기뻐할지 모르지만, 참된 기독교는 항상 빛을 추구합니다. "여호와는 나의 빛이요 나의 구원이시니"(시 27:1). 빛이 먼저 오고, 구원이 다음에 옵니다. 여러분 모두가 눈을 뜨기를 바랍니다. 이것은 성령께서 초기에 주시는 선물입니다.

그러나 그리스도인의 다음 사항은 회심입니다. 곧 "어둠에서 빛으로, 사탄의 권세에서 하나님께로 돌아오는" 것입니다. 그리스도인은 악의 폭군에게서 해방되어 자유롭게 거룩함을 따르며, 하나님의 명령을 기뻐하게 됩니다. 그는 이제 그의 예전 사랑과 소원과는 멀리 떨어진 새로운 세계의 시민이고, 그가 전에는 결코 친숙하지 않은 도시의 한 시민이 된 것입니다. 그는 더 이상 육신과 육신의 정욕에 봉사할 의무를 지고 있지 않고, 이제는 주님이 그의 입법자이시고 왕이십니다.

셋째로, 그는 죄의 용서함을 받았습니다. 그는 그리스도의 보혈로 용서함을 받았고 죄의 완전한 사면을 기뻐합니다. 믿음이 그를 십자가 밑으로 불러왔고, 믿음이 그를 피가 가득한 샘으로 인도하여 왔으며, 성령께서 구속을 그에게 적용시키셨고, 그래서 그의 양심이 깨끗해졌습니다. 그는 구속, 곧 죄사함을 받았습니다.

그리스도인에게 있어서 다음으로, 그리고 가장 본질적인 점은 믿음입니다. 주께서는 "나를 믿는 믿음으로"라고 말씀하셨습니다. 즉 십자가에 못 박히셨고 부활하신 구주를 믿는 믿음을 말합니다. 이 뿌리에서 참된 그리스도인의 다른 모든 특징들이 나올 것입니다.

그 다음으로, 그리스도인은 하나님께 바쳐진 사람입니다. 즉 따로 떨어진, 구별된 사람, 거룩한 사람, 죄를 미워하는 사람, 곧 하나님의 계명을 사랑하고 그 계명에 순종하는 것을 즐거움으로 삼는 사람입니다. 그런 사람이 구원을 받습니다. 그는 이미 성도들의 기업의 한 부분을 받았고, 주님께서 구원을 충만히 실현하실 복된 곳으로 가는 길에 있습니다.

기독교 목사는 언제나 이것을 위해서 애써야 합니다. 즉 자신의 청중들이 되도록 하는 것, 말하자면 자신의 설교를 듣고 정신이 깨어나고 회심하여서 참되고 확실한 믿음을 갖도록 하고, 성령으로 거룩하여지고 모든 죄를 용서받으며 영원의 상속자가 되도록 하는 것입니다. 여러분이 그동안 받아왔던 목회가 하나님 아래에서 여러분에게 그런 효과를 내었습니까? 그렇지 않다면 이 큰 실패는 목사의 잘못입니까? 아니면 여러분의 잘못입니까? 아, 여러분, 그 잘못이 목회자에게 있다면, 그 사역이 하나님께서 진정으로 복주실 그런 설교가 아니라면 그런 목회자를 버리고 다른 교회로 가십시오! 그러나 성령으로 말미암아 그 목회가 다른 사람들에게 복이 되었다는 점을 생각할 때, 여러분이 그동안 복음의 말씀을 들어왔다고 생각한다면, 그처럼 큰 하늘의 복을 가볍게 생각해 온 일에 대해 하나님의 법정에서 무엇이라고 답변하겠습니까? 어떻게 해서든지 여러분을 그리스도인이 되게 하기 위해 전하는, 설득력 있고 진지하며 애정어린 전도를 거부한 것에 대해서 어떻게 자신을 변명하겠습니까? 여전히 두 견해 사이에서 머뭇거리며, 하나님 말씀의 호소와 여러분 양심의 책망에도 불구하고, 쓰디쓴 괴로움 가운데 있고 불의의 속박 가운데 있는 여러분의 죄를 고백하십시오. 하나님께서 여러분이 그런 질문으로 인해 실제로 마음이 겸손해지고 그 자리에서 일어나도록 해주시기를 바랍니다.

2. 둘째로, 아주 잠깐 동안만 사도의 설득 방식에 대해서 생각해 보도록 하겠습니다.

26장에 나와 있는 바울 사도의 설교의 어조를 주의 깊게 읽어봅시다. 사도는 어떤 방식으로 이 왕을 설득하려고 했습니까? 바울이 끊임없이 성경 말씀을 들어서 이야기했다는 것이 주목할 만하다고 말씀드립니다. 이것은 사도가 성경을 한두 구절 인용했다는 말이 아닙니다. 사도는 처음부터 끝까지 자기는 모세와 선지자들이 기록한 것 외에는 이야기하지 않고, 이스라엘 열두 지파가 찾고 있는 것 외에는 아무것도 말하지 않는다고 주장하였습니다. 청중 여러분, 여러분은 언제나 이 사실을 깊이 명심해야 합니다. 여러분은 아직 회심하지 않았고, 아직 완전히 그리스도인이 되지 않았지만 성경이 참되다는 것은 믿습니다. 어렸을 때부터 여러분은 성경이 영감된 것으로 알고 존중해 왔습니다. 지금 이 책이 하나님에게서 온 것이라면, 그리스도의 제자가 되는 것이 여러분에게 최고의 지혜입니다. 여러분이 대놓고 성경을 거부하려고 하지 않으므로, 여러분은 아직 이런 상태에 이르지는 않은 것으로 압니다. 아무튼 여러분은 어떻게 성경과 이성을 일치시키고, 성경을 양심과 건전한 의식과 조화시키기에 여러분이 성경의 고귀한 명령에 불순종하는지 묻고 싶습니다.

예수 그리스도에게서가 아니면 영원한 소망의 토대를 찾을 수 없는데, 여러분은 아직도 그 기초 위에 서 있지 않다고 성경은 단언합니다! 주 예수님과 그의 구속을 거부하는 사람들은 자비를 얻지 못하고 망할 수밖에 없다고 성경은 증언합니다. 그러면 여러분은 그렇게 망할 준비가 되어 있습니까? 또한 성경은 여러분에게 그리스도의 희생의 사역이라는 토대를 의지하도록 초대하며, 그렇게 의지하는데서 무한한 안전을 얻을 것이라고 약속합니다. 그런데도 여러분은 그처럼 큰 은혜를 거부하려고 합니까? 여러분이 성경을 믿지 않는다면, 성경에서 이끌어 낸 어떤 주장도 여러분에게 힘을 발휘할 수 없습니다. 그래서 사도는 아레오바고 언덕에서 철학자들에게 성경을 인용하지 않았습니다. 그러나 여러분이 아그립바처럼 성경을 하나님의 말씀으로 받아들인다면, 사도가 하나님 말씀에서 끌어 낸 추론은 단지 여러분의 머리만 납득시키지 않고 마음도 납득시킬 것입니다. 여러분 마음에 근본적으로 잘못된 것이 없고, 회개할 것이나 성령의 능력으로 제거되어야 할 것이 없다면, 그렇게 될 것입니다.

　　다음으로, 아그립바에 대한 사도의 권함이 주로 자기 영혼에서 일어난 은혜의 능력에 대한 개인적인 증언에 있었다는 점을 살펴봅시다. 우리는 바울이 다메섹으로 가던 길에서 밝은 빛이 나타났고 하늘에서 음성이 들렸으며, 죄인이 회심을 하고서 나가 예수와 그의 은혜를 다른 사람들에게 증언하였다는 이야기를 반복할 필요는 없습니다. 개인적인 증언은 언제나 사람들이 무겁게 받아들이게 되어 있습니다. 내가 어떤 사람이 정직하다고 설득되고 나서, 그가 생각하기에 중요한 사실들, 곧 단지 주워들은 풍문들뿐 아니라 자신이 경험한 일들에 대해 증언한다면, 나는 그 사람이 정직하다고 믿지 않을 수 없습니다. 그리고 특별히 그의 증언을 다른 사람들이 지지하고 나서면, 나는 감히 그 점을 부인하지 못합니다. 나는 막무가내로 그의 말을 거부할 수 없을 것입니다. 모든 기독교 사역자가 전하는 설교의 대부분이 그리스도께서 자기를 위해 행하신 일에 대한 개인적인 증언이 되어야 합니다.

　　지난 목요일 밤에 다시, 아마도 천 번도 넘게 여러분에게 어떻게 하나님의 은혜가 나를 회심시키고 위로하며 지지하고 이롭게 하였는지를 기쁘게 말하였습니다. 어떻게 성령께서 나를 십자가 밑으로 인도하셨고, 십자가에 못 박히신 구주를 한 번 쳐다봄으로써 죄에서 오는 모든 두려움이 사라졌는지를 주저하지 않고 말씀드렸습니다. 나는 내가 진리를 말하고 있다는 것을 압니다. 예수 그리스도에 대한 믿음이 나를 철저히 변화시켜서 예전의 나를 거의 생각할 수 없을 정도가 되었다고 말할 때, 내가 거짓말을 하지 않는다는 것을 내 양심이 증거합니다. 믿음이 내게서 삼베옷을 벗기고 기쁨으로 띠를 띠었고, 내 머리에서 슬픔의 재를 치우고 즐거움의 기름을 내게 부었다는 내 고백이 거짓이 아님을 양심이 증거합니다. 게다가 나만 홀로 그것을 증언하는 것이 아닙니다. 그리스도에 대한 믿음이 자신을 구원하고 복되게 했다고 끊임없이, 주저 없이 밝히는 사람들이 수천, 수만의 사람들이 있습니다. 그런 증언을 여러분은 무겁게 들어야 합니다. 여러분이 필사적으로 주님의 진리에 대항하고 그토록 죄를 좋아하지 않는다면, 그 증언을 듣고 여러분은 납득하게 될 것입니다. 예수를 믿는 믿음이 가져오는 기쁨, 평안, 위로, 힘에 대한 우리의 증언을 받아들여야 하고, 진실하고 거룩한 수많은 사람들의 증언을 듣고 확신하도록 해야 합니다. 아, 사람들이 현명하게 되어서 스스로 하나님의 지혜를 거부하지 않으면 좋겠습니다!

사도는 이 두 가지 추론에다 복음의 사실들에 대한 분명한 진술을 덧붙였습니다. 어떻게 사도가 이 귀한 진리들을 함께 쌓아올리고서는 23절에서 마치 수압으로 하듯이, 그 진리들을 압축하는지 보십시오. "그리스도가 고난을 받으실 것과 죽은 자 가운데서 먼저 다시 살아나사 이스라엘과 이방인들에게 빛을 전하시리라." 사도가 기독교 신학의 이같은 개요를 막 마무리짓고 있을 때, 베스도가 끼어들어 그의 말을 끊었습니다. 이 구절에서 여러분은 복음의 위대한 진리들의 대부분을 봅니다. 다음의 사실을 사람들에게 분명하게 말하는 것이 사람들에게 믿음을 권하는 좋은 길입니다. 즉 하나님께서 그리스도 예수 안에서 성육신하셨고, 성육신하신 하나님께서 신자들의 죄를 담당하시고 사람 대신에 고통을 받으심으로써 공의가 만족되게 하셨음을 말하는 것입니다. 또 예수께서 부활하시어 하늘에 오르셨고, 하나님 보좌 앞에서 신자들을 위해 간구하신다는 것, 값없이 베푸시는 충만한 용서가, 그냥 와서 예수님의 고난을 의지하는 모든 죄인에게 선포된다는 것을 말하는 것입니다. 복음의 사실을 명확히 진술하면, 아무런 논증을 하지 않을지라도, 그 복음 진술은 종종 사람들을 분명히 설득시킬 것입니다. 왜냐하면 복음은 아주 놀랍도록 스스로를 증명하기 때문입니다. 정말로, 사람의 마음이 맷돌 아래짝처럼 단단하거나, 부리는 자의 소리를 들으려 하지 않는 독사처럼 세속적인 논리로 귀를 막고 있지 않다면, 복음은 널리 사람들을 설득시킬 것입니다.

사도는 아그립바에게 정곡을 찌르는 호소를 하기 전까지는 설교를 마치지 않았습니다. 사도는 이렇게 말했습니다. "아그립바 왕이여"(나단이 "당신이 그 사람이라!"고 말했을 때의 방식과 비슷합니다) "선지자를 믿으시나이까 믿으시는 줄 아나이다." 사도는 아그립바를 철저히 꿰뚫어 보고, 그의 마음을 읽었습니다. 그러자 아그립바는 그 눈길을 피하기 위해 갑자기 사도에게 아첨의 말을 하며, 입맛에 맞지 않은 진리를 그처럼 가깝게 받아들이고 싶지 않아, 복음을 듣는 자리에서 물러났습니다. 아, 이것이 복음을 전하는 방식입니다! 우리는 성경 말씀을 가지고 권하고, 우리의 경험을 이야기하며 복음 진리를 명확히 진술해야 할 뿐만 아니라 그 싸움을 마음에까지 끌고 들어가야 합니다. 그리스도의 사역자는 올라가는 사다리를 양심의 벽에 세우고, 칼을 들고서 올라가 그 사람의 마음을 사로잡기 위해서 얼굴을 맞대고 그 사람과 신령한 싸움을 하는 법을 알아야 합니다. 목회자는 자기가 알고 있는 잘못을 주저 없이 말하고 자기가 보는 과실을 서슴없이 다루어야 합니다. 설교자에게는 신성한 자기 부인이 있어야 합니다. 그러면 비록 청중들의 분노를 사게 될지라도 그에게 별 문제가 되지 않습니다. 설교자는 단 한 가지를 목표로 삼아야 합니다. 즉 사람을 권하여 그리스도인이 되게 하는 것입니다. 설교자가 하나님의 은혜로 사람의 마음을 찌르고 그의 적의를 없애며 그를 사로잡아 예수께로 데려올 수 있다면, 그는 가까이 접근하여서 이렇게 그 사람에게 치명상을 입혀야 합니다.

지금까지 나는 사도가 사용했던 설득의 방식과, 그 방식을 사용하여 이루고자 했던 목표에 대해 설명하였습니다. 이같은 변론으로 여러분을 설득할 수 있으면 좋겠습니다!

3. 셋째로, 이런 설득에 따르는
각기 다른 성공에 대해 생각해보겠습니다.

바울은 어떻게 성공하였습니까? 우리가 바울보다 성공적으로 사람을 설득할 수 있을 것이라고 거의 기대할 수 없습니다. 우리는 그런 능력이 없고, 그와 같은 사도적 권위도 없기 때문입니다. 그러면 사도가 베스도에 대해서는 실패한 점을 살펴봅시다. 베스도는 거친 군인이었고 성품이 점잖은 관리이며, 유대를 다스렸던 로마 총독들(전체적으로 볼 때는 지독한 무리들이었다) 가운데 가장 존경받는 한 사람이었고, 매우 엄격하게 공의를 시행하는 행정관이었으며, 요세푸스의 말에 따르면, 강도를 추적해서 잡는 일에 탁월한 재능이 있는 사람이고, 대체로 빈틈없고 정력적이며 자존심이 강하지만, 자기가 맡은 지역에 대해서는 혹독한 통치자였습니다. 그는 전형적으로 상식적인 사람이었고, 매우 실용적이고 공정하며, 사실을 아주 좋아하지만, 그 안에 감정적인 것이 조금이라도 있거나 추상적인 진리를 다루는 생각들은 전혀 가치가 없는 것으로 보는 실무적인 사람입니다. "네가 미쳤도다"라는 것이 베스도가 바울을 보는 방식입니다. 베스도는 아그립바의 얼굴에, 이 사로잡힌 유대인에 대한 약간의 동정심이 보이는 것을 눈치채기라도 한 것처럼 아그립바를 위해서 "네 많은 학문이 너를 미치게 한다"는 말을 덧붙임으로써 자기 말의 거친 어조를 누그러뜨립니다. 이 거친 로마 군인은 학문에 대해 알지 못하였고 관심도 없었습니다. 다만 그는 의식과 교리에 관한 유대인의 문제에 신경쓰는 일이나, 죽었다가 살아났다고 바울이 주장하는 예수에 대한 문제로 고민하는 것을 귀찮게 생각하였습니다. 그래서 그는 그런 사변적인 생각들을 다 치워버리고, 스스로에 이렇게 말합니다. "그런 비현실적인 생각을 중요하게 보는 사람들은 확실히 미쳤거나 천치인 것이 틀림없어." 복음이 전파되는 곳에서는 어디든지 그런 사람들이 있습니다. 사람들은 말합니다. "암, 좋고 말고. 그렇게 하시오. 사람들이 이것이나 저것 혹은 다른 것을 믿고 싶어하면, 믿도록 내버려 두십시오. 물론 여러분도 알다시피 세상 사람들은 그런 문제에 조금도 개의치 않습니다. 우리는 어떤 교리들에 대해서는 너무 집착한다는 것을 압니다. 우리에게는 그보다 더 신경을 써야 할 실제적이고 합리적인 일이 있습니다."

진리의 주장들을 조사하는 일에 대해서나, 하나님의 계시가 무엇인지 묻는 일에 대해서나 연구에 진력하는 것에 대해서, 그들은 싫다, 싫다, 싫다고 말합니다! 그처럼 지혜롭다고 하는 그들은 영원한 문제들을 하찮은 것으로 생각합니다. 시간이 중요하다. 영원은 아무것도 아니다! 덧없이 지나가는 이생이 전부이고, 영원한 생명은 코웃음칠 것이다! 자, 그런 사람들이 오늘날 설교자를 슬프게 만들지라도, 설교자는 놀랄 필요가 없습니다. 그런 사람은 바울이 그의 시대에도 지고 갈 짐이었기 때문입니다.

자, 이제는 헤롯 가문의 이 젊은 상속자에게 눈을 돌려봅시다. 그는 전혀 다른 유의 사람이었습니다. 그는 주의 깊게 들었습니다. 그는 종교적인 문제에 항상 관심을 가졌습니다. 그는 자신들의 소름끼치는 모든 악으로 인해 선지자와 성경의 목소리 앞에서 떨었던 가문의 출신이었고, 세례자 요한의 말을 기쁘게 들었던 헤롯 왕처럼 그는 바울의 말에 아주 주의를 기울여 듣고 관심을 보였습니다. 그는 바울의 말을 마음에 중요하게 생각하였기 때문에 그 문제에 대한 바울의 견해에 대해 할 이야기가 많이 있다고 느꼈습니다. 그는 확실히는 모르겠지만 어쩌면 바울의 말이 옳을지도 모르겠다고 생각했습니다. 여전히 그에게는 "만약에"라는 생각이 있었습니다. 그는 자기 앞에 서 있는 이 죄수가 자기보다 지식이 많다고 생각하거나, 그런 엄격한 가르침이 자기에게 순종을 요구한다고 생각하고 싶지 않았습니다. 그래서 그는 이 강연자를 기분 좋게 하려는 뜻으로 한 마디 하여 이야기를 끝내게 하고 자기 길을 갔습니다.

결국 아그립바처럼 이렇게 끝내고 마는 사람들이여! 아그립바와 같은 사람들이여! 나는 차라리 베스도를 상대하는 것이 낫겠습니다. 나는 베스도가 말하는 뜻을 알기 때문입니다. 나는 낙망하지 않습니다. 조만간, 주님께서 베스도의 갑옷의 이음매 사이로 화살을 날려 보내실 수 있을 것입니다. 그러나 이 아그립바는 완전히 나를 속입니다. 그는 결코 눈살이 찌푸려지지 않는 아름다운 꽃이지만 열매는 맺지 않습니다. 그는 거의 설득이 되었습니다. 그렇습니다. 그래서 그는 우리 예배당에 와서 앉습니다. 예배에 참석합니다. 보십시오. 그는 눈물까지 흘립니다. 그러나 다음 순간 그는 흡연실에 앉아도 똑같이 눈물을 흘릴 것입니다. 그는 들은 말을 잘도 기억하고, 신랄한 말을 들을 때는 저녁 식사 자리에서 그 말을 끄집어 내며 설교자를 칭찬하기도 합니다. 그러나 다음 순간 그는 극장에서 배우의 연기를 보고 기분이 좋아지면 똑같은 일을 할 것입니다. 우리는 그가 훌륭한 사람이고, 그리스도인이 되도록 권함을 받았다는 말을 듣습니다! 그럴 수 있습니다. 그러나 슬프게도 그는 거의 설득이 되었지만 완전히 된 것이 아닙니다. 그래서 그는 전혀 그리스도인이 아닙니다. 그가 기독교적 설교에 귀를 기울일지라도 결코 그리스도인이 아닙니다. 그는 설득이 되어 거의 그리스도인이 될 뻔했다는 정도 이상의 아무것도 아닙니다.

바울의 말을 들은 회중 가운데 제3의 부류가 있었는지 궁금합니다! 있었으리라 생각합니다. 베스도와 버니게, 아그립바가 있었을 뿐만 아니라, 틀림없이 많은 수행원들이 있었을 것이고, 25:23을 볼 때 천부장들과 그 도시의 높은 사람들도 있었기 때문입니다. 우리가 충분한 정보가 없어서 확실히는 모르지만 아마도 바울이 베스도에게 뜻을 이루지 못하고 아그립바에게서 실망하고 있었을 때, 뒷자리 어딘가에 천부장인 군인, 유대인 관원이 있었는데, 그들에게는 그 진리가 이슬처럼 떨어지고 있었고 그들의 마음은 바다가 쏟아지는 소나기를 흡수하듯이 그 진리를 받아들이고 있었을 것입니다. 사도가 복음을 전하였는데, 증인 하나도 없이 혼자만 덩그러니 남지 않은 것이 확실합니다. 사도가 물에 던지고 있던 씨앗이 다시 발견되었습니다. 바울이 그때 복음을 전하도록 지하 감옥에서 불려 올라와 많은 눈물을 흘리며 귀한 씨를 뿌렸는데, 틀림없이 천국에서 그는 그날 아침의 설교로부터 자란 곡식단들을 보고 기뻐할 것입니다.

**4. 이제는 반쯤 확신하는 사람은 "권함을 받았지만"
결국에는 믿지 않는 사람에 지나지 않는다는 것을 살펴봅시다!**

아그립바를 다시 한 번 봅시다. 그에게 온통 주의를 기울이시기 바랍니다.

여러분들 가운데 어떤 사람들에게는 그가 여러분의 판박이와 같기 때문입니다. 바울이 성경과 그 자신의 경험에서 끌어 낸 주장은 매우 설득력이 있었습니다. 이런 주장을 펴는 바울의 방식은 매우 힘이 있었습니다. 그래서 아그립바가 전혀 설득이 되지 않았을지라도, 그것은 설교자의 내용이나 태도로 인한 잘못이 아니었습니다. 설교의 내용이나 태도, 어느 경우에서도 지금까지 이보다 강력한 것은 없었을 것입니다. 그러면 잘못이 어디에 있었습니까? 내가 지금 법정에 서서 주변을 둘러보며 스스로에게 묻습니다. "아그립바가 설득되지 않은 이유가 무엇인가? 바울의 논증이 내게는 효과가 있는데, 왜 아그립바에게는 효과를 내지 못하였는가?"

주변을 둘러보니, 아그립바가 왜 설득되지 않았는지 바로 그 이유가, 아그립바 오른편에 있는 것이 눈에 띕니다. 거기에 버니게가 앉아 있었기 때문입니다. 그녀에 대해서는 요세푸스 시대에 아주 고약한 냄새가 나는 이야기가 떠돌았습니다. 그녀는 아그립바의 누이였습니다. 그래서 아그립바와 근친상간의 죄를 지으며 살고 있다고 비난을 받았습니다. 그렇다면, 그런 여인을 자기 옆에 두고 있었으니, 바울의 주장이 그를 완전히 설득시키지 못한 것이 놀라운 일이 아닙니다. 죄인들이 설득되지 않는 이유는, 십중팔구 그들이 죄를 사랑하기 때문입니다. 그들은 알지만 그것을 보려고 하지 않습니다. 이는 그들이 자기 죄를 본다면, 오른눈의 죄를 뽑아버려야 하고, 오른팔의 정욕을 끊어내야 하는데, 그렇게 할 수 없기 때문입니다. 복음에 반대하는 주장들은 대부분이 타락한 생활의 부도덕 가운데서 자랍니다. 아그립바가 그처럼 타락한 죄 가운데서 살았다는 것이 사실이라면, 바울이 그처럼 진지하고 진실되게 이야기했을 때, 아그립바가 권함을 받았지만 결국 전혀 설득되지 않았다는 것이 놀라운 일이 아닙니다.

자기 오빠에 대해 그녀에게 쏟아진 비난이 전혀 사실이 아니라고 할지라도, 그녀는 부끄러움을 모르는 여자임에는 틀림없습니다. 그녀는 본래 자기 삼촌, 헤롯과 결혼했습니다. 그러니까 그녀는 헤롯의 조카이자 아내였습니다. 그녀의 두 번째 결혼은 얼마 가지 않아 그녀의 부정으로 인해 깨졌습니다. 이제 아그립바가 공적으로 과시하듯이 그녀와 동석한 것은 적어도 그가 악한 교제를 하고 있음을 입증하는 것이었습니다. 이 사실이, 그가 결국 그리스도인이 되도록 완전히 설득되지 못한 이유를 충분히 설명해줍니다. 악한 교제는 사탄이 새들을 잡기 위해 펼쳐 놓는 중요한 올가미들 가운데 하나입니다. 많은 사람들이 주변 사람들을 떠나고 싶어하지만, 좋은 친구들이라고 생각하는 사람들과 자신의 쾌락에 반드시 필요한 것이 되어버린 그 교제를 좀처럼 떠나지 못합니다! 아, 여러분은 그것을 압니다. 여러분 가운데 어떤 이들은 그 점을 압니다. 여러분은 내가 여러분의 죄에 대해, 장차 임할 진노에 대해 말했을 때 종종 두려워 떨었습니다. 그러나 여러분은 예배당에서 나가자마자 나쁜 친구들을 만났거나 집에 가서 떠들썩한 파티에 참석함으로써 경건한 생각은 하나같이 다 꺼트려버렸습니다. 여러분은 개처럼 자신이 토한 것을 다시 먹고, 돼지처럼 깨끗이 씻고 나서 다시 진창에 가서 뒹굴었습니다. 아그립바 같은 사람들이여, 버니게 같은 사람들이여, 여러분은 결국 지옥에 내려가고 말 것입니다. 아그립바에게 버니게 같은 사람이 있고, 버니게에게 아그립바 같은 사람이 있다면, 그와 같은 남녀는 서로를 망하게 하는 사람이 되고 맙니다. 하와의 딸들과 아담의 아들들은 서로 도와서 결국 잘못된 망상을 택하도록 합니다.

　　지금 내가 법정에 있으면서 다시 주변을 둘러볼 때, 아그립바가 베스도에게 쉽게 영향을 받았다는 것을 눈치챌 수 있다는 생각이 듭니다. 베스도는 상식적이면서 거칠고 약삭빠른 총독인데, 이런 사람들은 언제나 아그립바 같이 점잖은 사람들에게 영향을 끼칩니다. 어쨌든 성품의 차이가 크면 클수록 한 사람이 다른 사람에게 미치는 영향도 그만큼 커질 것이기 때문입니다. 거친 베스도가 점잖은 아그립바에게는 윗사람처럼 보입니다. 그래서 베스도가 바울을 비웃으며 미쳤다고 한다면, 글쎄, 아그립바로서는 완전히 설득되는 데까지 갈 수는 없을 것입니다. 물론 아그립바가 이 경우에 호의적인 견해를 말하여 유대인의 문제에 자신이 능통함을 보임으로써 베스도를 약간 누를 수도 있지만, 자신이 바울의 말에 완전히 설득이 되면 어떻게 그가 총독과 함께 가서 저녁을 먹을 수 있겠습니까? 그러면 베스도가 뭐라고 말하겠습니까? "아, 미친 사람이 둘이군! 아그립바도 제정신이 아니란 말인가?" 아그립바는 눈앞에 뻔히 보이는, 베스도의 빈정대는 말을 도무지 견딜 수가 없습니다. 그는 다른 사람들이 빈정대는 말은 견딜 수 있습니다. 그러나 베스도는 약삭빠르고 상식적인 사람이며, 아주 유명한 관리이기 때문에 그의 비웃는 말은 그의 마음에 뼈아프게 박힐 것입니다. 슬프게도 얼마나 많은 사람들이 사람들을 두려워합니까!

　　겁쟁이 여러분, 여러분은 두려움 때문에 지옥에 떨어지겠습니까? 여러분은 죽을 수밖에 없는 불쌍한 존재에게, 여러분이 그의 비웃음을 무시한다고 말함으로써 남자다움을 보여주기보다는 차라리 여러분의 영혼이 망하게 하고 싶습니까? 여러분은, 세상의 모든 사람들이 여러분에게 나쁜 짓을 하라고 외쳐도 옳은 일을 따를 생각이 없습니까? 그렇다면, 여러분은 겁쟁이입니다! 여러분은 겁쟁이입니다! 자신의 영혼을 지킬 만한 용기가 없이 어리석은 자들의 비웃음 앞에서 움츠러드는 여러분은 참으로 멸망당할 만합니다! 그런 사람은 그렇게 하도록 내버려 두십시오. 여러분은 복음으로 권함을 받으면, 베스도가 자기 하고 싶은 대로 비웃도록 내버려두고, 바로 옳은 일을 하도록 도와주시도록 하나님께 은혜를 구하십시오.

여러분은 아그립바가 결국 확신에 이르지 못하게 된 데에는 바울 자신이 좀 관계가 있다고 생각지 않으십니까? 나는 바울이 그 일에 일말의 책임이 있다는 뜻으로 말하는 것이 아닙니다. 바울이 설교하는 동안에 어떤 장식물을 걸치고 있었는데, 그 장식물이 화려하고 안락한 것을 좋아하는 아그립바와 같은 취향을 가진 사람에게는 별로 좋게 보이지 않았을 것입니다. 바울이 찬 쇠사슬은 금빛 장신구보다 나은 것이었지만, 아그립바가 그런 특이한 복장을 갖추고 나타난 기독교에 충격을 받은 것을 바울이 안 것 같습니다. 그래서 바울은 "이렇게 결박된 것 외에는"이라고 말했습니다. 하나님 백성들이 겪는 고통들을 두루 보고서, 불경건한 자들은 자신이 그들과 같은 처지가 되기를 거절하는 일이 종종 일어났습니다. 그들은 신앙적인 사람들이 흔히 조롱을 받고 모욕을 받는 것을 봅니다. 그들은 자기를 사랑하기 때문에 그런 불편을 겪는 위험을 무릅쓸 생각이 없습니다. 감리교인이 되십시오! 싫습니다! 장로교인이 되십시오! 싫습니다 하고 말합니다! 진리가 다 좋지만, 돈만 못하다고 그들은 말합니다. 사람들은 멸시와 가난을 몹시 두려워합니다. 그래서 그들은 좁은 길에서 벗어나고, 그 길로 가라고 아무리 이야기해도 소용이 없습니다. 그들은 천국의 순례길에서 당하는 위험들을 마주치고 싶은 생각이 없기 때문입니다. 사람들이 그리스도를 위한 고난이 영광이고, 진리를 위해 당하는 손실이 이익이라는 것을 알 만큼 지혜가 생겼으면 좋겠습니다. 가장 참된 위엄은 영혼에 쇠사슬을 묶고 지내는 것보다, 손에 쇠사슬을 묶이는 것에 있다는 것을 알 만한 지혜가 생겼으면 좋겠습니다.

결국 아그립바가 완전히 설득되지 않은 큰 이유는 그 자신의 마음에 있었습니다. 즉 그 이유 가운데 얼마간은 화려함을 좋아하는데 있었고, 얼마간은 로마에 있는 자신의 주인인 네로에 대한 두려움에 있었으며, 피상적이고 인위적인 그의 성품에 있었습니다. 그러나 주된 이유는 그가 죄를 사랑하고, 복음의 신성한 제한들에 강하게 대항한 데 있었습니다. 사람들이 권함을 받고도 그리스도인이 되지 않는 주된 이유는 그들 자신의 마음에 있습니다. 그것은 설교자의 논리에 결함이 있기 때문이 아닙니다. 그것은 듣는 사람의 본성에 있는 흠입니다. 그것은 정교한 이론상의 잘못이 아닙니다. 듣는 사람의 의지에서 나오는 과실입니다. 논증하는 것이 힘이 없는 것이 아닙니다. 듣는 사람이 논증의 힘을 느끼고 싶지 않아서 논증을 피하려고 애쓰는 것입니다. 권함을 받지만 결국 그리스도인이 되지 않는 여러분, 여러분의 양심에 묻습니다. 여러분이 두 견해 사이에서 머뭇거리고, 계속해서 그렇게 하게 만드는 원인들 가운데 몇 가지를 제대로 말했습니까? 내가 제대로 말했다면, 하나님의 은혜로 여러분이 그 원인들을 고백하도록 도와주고, 거기에서 여러분을 구원해 주기를 바랍니다.

5. 끝으로, 권함을 받지만 결국에는
그리스도인이 되지 않는 일에 따르는 악을 보여주지 않을 수 없습니다.

첫 번째 악은, 사람이 권함을 받기만 하고 돌이키지 않는다면, 그는 온전히 권함을 받아 그리스도인이 됨으로 그에게 올 복을 완전히 잃게 됩니다. 구멍이 뚫려 물이 새는 배가 바다로 나갔습니다. 한 승객이, 그 배에 있으면 생명을 구하지 못한다고 권함을 받았지만 말을 듣지 않았습니다. 그는 권함은 받았지만 죽고 말았습니다. 허황된 투기가 한 도시에서 일어났습니다. 한 상인이 그 일에 가담하지 말라는 권함을 받았지만 듣지 않고 그 증권을 샀습니다. 그의 재산이 큰 난파선과 함께 가라앉고 말았습니다. 몹시 아픈 사람이 효과가 아주 좋다는 소문이 난 약에 대해서 듣고 그 약을 복용하라는 권고를 받았지만, 그 말을 듣지 않고 약을 복용하지 않아서 병이 점점 더 악화되었습니다. 어두운 지하 창고에 들어가겠다는 사람이 촛불을 가지고 가라고 권함을 받았지만, 말을 듣지 않아서 실족하여 넘어졌습니다.

여러분은 복을 받으라고 권함을 받지만 결국 그 말을 듣지 않으면 복을 얻을 수 없습니다. 거의 먹을 뻔한 것으로는 여러분의 굶주림을 채울 수 없고, 거의 마실 뻔한 것으로는 갈증을 해소할 수 없습니다. 한 죄수가 교수형을 당하는 것을 거의 면할 뻔하였습니다. 그가 교수형에 처해지고 나서 5분 뒤에 집행유예가 내려졌기 때문입니다. 구원을 얻도록 권함을 받았지만 결국 권고를 듣지 않은 사람은 마지막에 저주를 받을 것입니다. 거의 설득되었다는 것이 그에게는 아무 도움이 되지 않을 것입니다. 하나님의 생명과 하나님의 빛, 하나님의 천국이 여러분 곁을 지나가는데 여러분이 권함을 받지만 결국은 그리스도인이 되지 않으므로 그것들을 놓친다는 이것이 너무도 통탄스럽게 보입니다.

더 나쁜 일은, 이렇게 복을 잃을 뿐 아니라, 권함을 받지만 듣지 않고 계속해서 죄 가운데 지내는 사람에게는 반드시 추가적인 죄책이 따른다는 것입니다. 한 사람이 정부에 대해 반역을 꾀했습니다. 그는 너무 성급하게 폭도들의 편을 들었는데, 뒤에 가서 그 점을 몹시 유감스럽게 생각하고 용서해 주기를 구합니다. 그런 사람에게는 자비를 보여 풀어주도록 해야 합니다. 또 한 사람의 범죄자가 있었는데, 그에게 반역이 졸렬한 계책임을 보여주며 그를 설득하였습니다. 그는 국가를 대항하여 무기를 드는 것이 악한 일임을 분명히 알았고, 국가에 충성하도록 설득을 받았지만 끝내 받아들이지 않았습니다. 그가 이렇게 반역자가 될 때, 그는 전혀 자비를 베풀 수 없는 극단적인 반역자가 되는 것입니다. 정직하라고 권함을 받았지만, 듣지 않고 계획적으로 도둑이 되는 사람은 뿌리 깊은 악인인 것입니다. 격정의 순간에 복수심을 삼가라고 권함을 받았기 때문에 잠시 멈추어서 희생자의 생명을 거의 건질 뻔하다가, 결국 마음먹고 적을 죽이는 그 사람은 이론의 여지가 없이 사형을 당할 만합니다. 의도적으로 그리스도의 적이 되어, 평온한 때에 평화를 이야기하는 사람을 뻔뻔스럽게 거절하며 그에게서 귀한 피를 흘리게 하는 사람, 권함을 받고도 필사적으로 자기 양심을 덮어버리는 사람, 그런 사람은 목에다 지옥의 가장 밑바닥까지 끌어내릴 맷돌을 달고 구덩이로 내려가게 될 것입니다.

한 가지만 더 말씀드리겠습니다. 권함을 받았지만, 결국에는 말을 듣지 않고 그리스도인이 되지 않는 사람은 결국 끝없는 후회를 하게 될 것입니다. 이 생각이 그 들끓는 영혼 속에서 영원히 고통 가운데서 솟아오르지 않겠습니까? "내가 회개하도록 권함을 받았는데, 왜 계속 죄를 지었을까? 예수를 믿도록 거의 설득되었는데, 무엇 때문에 내가 그렇게 자기의와 헛된 의식에 매달렸는가? 악한 동무들을 떠나고 하나님의 종이 되라고 권함을 받았는데 듣지 않아서, 내가 이제는 영원히 버림을 받았고, 더 이상 어떤 설득도 내 마음을 녹일 수 없게 되어버렸다."

아, 저주받을 내 죄여! 슬프도다! 내가 죄의 덧없는 달콤함에 마음을 빼앗겨

버렸고, 그 달콤함 때문에 결코 끝나지 않는 이 괴로움을 초래하고 말았으니! 아, 내가 미쳤도다! 나를 조롱하기만 한 거짓을 택하고, 내 구주님과 구주의 구원은 내 곁을 지나가도록 했으니, 얼마나 정신없는 일을 했단 말인가! 절망의 독방에 갇힌 영들의 후회를 일일이 그릴 생각은 없습니다. 다만 두려운 이 사실을 말하는 것으로 충분할 것입니다. 사람이 거의 마지막까지 설득이 되었다가 듣지 않고 아주 완고하게 큰 구원에서 물러나는 사람은 자비의 하나님의 노여움을 사게 되고, 자신의 영혼을 파괴하고 예수 그리스도의 자비를 치워버림으로써 스스로 자멸의 길을 걷게 된다는 것입니다.

　　오늘 아침, 어떻게 해서든지 내가 여러분을 설득할 수 있었으면 좋겠습니다! 여러분 가운데 두 생각 사이에서 머뭇거리고 있는 분들을 정말이지 설득하고 싶습니다! 여러분 가운데는 망설이고 있을 시간이 얼마 남지 않은 분들도 있습니다. 여러분의 망설임이 곧 끝날 것입니다. 여러분의 사형 집행서에 서명이 되었고, 죽음의 천사가 죽음의 소환장을 가지고 내려오기 위해 날개를 펼치고 한바탕 바람을 일으켰기 때문입니다. 여러분 가운데 어떤 분들에게는 두어 주나 두어 달 있으면 무덤이 정해질 것입니다. 여러분은 하나님에 대해 그리 오래 장난치지 못할 것입니다. 제발, 부탁합니다. 여러분이 자신에게 조금이라도 관심이 있고, 건전한 이성이 조금이라도 남아 있다면, 그리스도의 귀한 피로 말미암아 하나님과 화목하도록 하십시오. 여러분의 창조주의 법정 앞에 설 준비를 하도록 하십시오. 여러분이 많은 날이 지나가기 전에 반드시 거기에 서야 하고, 서게 될 것이기 때문입니다. 여러분이 다시 30년이나 40년을 더 산다고 할지라도 그 시간이 얼마나 짧고, 그 시간이 얼마나 빨리 지나가겠습니까! 지금 여러분의 길을 생각하십시오. 오늘이 은혜 받을 때요, 구원의 날입니다. 주님께서 여러분을 권하십니다. 나는 해야 할 말을 다했습니다. 하나님께서 은혜를 베푸실 수 있습니다. 성령 하나님께서 여러분을 새롭게 하시고 그리스도인으로 만드십니다. 그에게 영광이 영원히 돌아갈 것입니다. 아멘.

제
27
장
—

난파되었지만 개의치 않는다

—

"구원의 여망마저 없어졌더라." — 행 27:20

지극히 위험한 상황이 있었습니다. 거의 삼백 명이나 되는 사람들 가운데 한 사람의 생명이라도 보존하는 것이 도무지 가능해 보이지 않는 상황이었습니다. 이 비상사태에서 사도 바울은 다시 기도를 시작하였습니다. 우리는 최악의 위기에서 이 특권을 이용할 수 있습니다. 사태가 지극히 어두워져서 더 이상 심각해질 수 없는 때라도, 우리는 여전히 기도할 수 있습니다. 우리가 잘 알고 있듯이, 우리의 위기는 언제나 하나님의 기회입니다. 우리가 스스로 아무것도 할 수 없게 될 때, 기도하도록 합시다. 그러면 우리는 모든 일에 하나님의 도움을 받을 수 있습니다. 혹은 우리가 할 수 있는 일을 조금 한 후에, 모든 것을 하나님께 맡기고 기도로 하나님께 호소합시다. 이것은 기도로 위험을 모면한 많은 경우들 가운데 한 예입니다. 그러는 동안 믿음으로 두려움과 맞서 싸웠고, 주님을 조용히 의지함으로 절망이 물러갔습니다. 이렇게 바울은 배 안에 있었던 모든 사람의 생명을 기도로 구할 수 있었습니다.

형제 여러분, 그러므로 지극히 위험한 때에 드리는 여러분의 기도가 아무 효과가 없을 것이라고 생각하지 마십시오. 하나님께서는 여러분이 믿음으로 기도할 수 있게 만드십니다. 믿음의 기도는 이제까지 실패한 적이 없다는 사실을 생각하십시오. 천지는 사라질지라도, 이 진리는 영원히 참될 것입니다. 즉 하나님은 우리가 주님을 믿기만 한다면 기도를 들으시는 분이라는 것입니다. 마음이 왔다 갔다 하는 사람은 응답받을 생각을 하지 말아야 합니다. 그러나 자기 하나님을 신뢰하는 사람은 결코 낙망하지 않을 것입니다.

나는 지금 본문을 문맥과 상관 없이, 다른 이유와 목적으로 사용해 보려고 합니다. 우리는 사람들이 구원받을 소망이 다 사라졌다고 말하는 상태에 처한 경우를 많이 들어왔습니다. 나는 오늘 밤 그런 경우에 대해서 이야기하려고 합니다. 그동안 나는 때로 그런 외침을 듣는 것이 즐거웠고, 때로는 한탄하였으며, 때로는 진심으로 그 외침에 공감하였습니다. 그 외침의 세 단계에 대해서 이야기하겠습니다.

**1. 앞에서 말하였듯이, 어떤 사람이 자기가 구원받을 소망이
다 사라졌다고 말할 때,
우리는 그가 그런 말을 하는 것이 기뻤습니다.**

그 말이 잔인하게 들립니까? 사실 그것은 그런 뜻으로 한 말이 아닙니다. 내가 설명하면 이해하게 될 것이라고 생각합니다.

많은 사람들이 좋은 배라고 생각하는 자기의(自己義)라는 것을 타고서 항해를 하고 있습니다. 그들은 그 배를 타고서 천국에 이를 것으로 기대하고 있습니다. 그러나 그 배는 아직까지 영혼을 아름다운 항구로 데려다 주지 못했고, 결코 그렇게 하지 못할 것입니다. 자기의는 외적인 죄만큼이나 빨리 파멸에 이르게 하는 길입니다. 우리는 하나님의 율법을 어김으로써 스스로 망하는 것만큼이나 확실하게 그리스도의 의를 반대함으로써 망하게 됩니다. 자기의는 하나님을 모독하는 말만큼이나 하나님을 모욕하는 일이고, 따라서 하나님께서 결코 용납하지 않을 것이며, 아무도 자기의로는 천국에 들어가지 못할 것입니다. 자기의라는 이 배는, 성경의 모든 선한 조언을 듣지 않고서 어떻게 해서든지 자기식대로 가려고 합니다. 사람들은 종종 부드러운 남풍을 받으면 모든 일이 쉽게 풀려나가고, 그래서 자신들의 노력으로 반드시 평안의 항구를 찾을 것이라고 믿습니다. 그래서 끔찍한 폭풍우가 갑자기 배를 덮치고, 그래서 자신들의 행실과 느낌으로 항구에 도달하리라는 사람들의 소망이 완전히 결딴날 때, 나는 기쁩니다. 나는 이 오래된 배가 깨어질 때, 좌초하여 산산이 부서지고 사람들이 다른 어떤 방식으로 안전을 찾을 때, 나는 기쁩니다. 사람들이 오늘날 가지고 있는 안전장치로 보이는 모든 것이 결국은 그들을 속이는 것에 지나지 않을 것이기 때문입

니다.

나는 그 무시무시한 유라굴로 광풍이 내 배에 불어 닥쳤을 때를 생생하게 기억합니다. 내 배는 여러분의 배만큼이나 좋은 것이었습니다. 돛을 수선해야 하고 여기저기에 페인트를 칠할 부분이 있었지만, 항해에 적합하고 로이즈 보험 협회(Lloyd's: 17세기 말 런던에 설립된 보험 협회 — 역주)에 "1등급"으로 등록되고, 최우수 회원으로 가입될 만한 것이라고 나는 생각했습니다. 그리고 폭풍우가 덮쳐 내 배가 산산조각이 난 때를 기억합니다. 나는 내 배가 완전히 파선한 것에 대해 하나님께 감사합니다. 내가 파도에 쓸려가지 않았다면 이 시간까지도 그 배에 타고 있었을 것이기 때문입니다. 나는 그 배의 마지막 널빤지에라도 매달리려고 했지만 그것을 포기하고 도움과 안전을 구하기 위해 다른 어디엔가를 둘러보지 않을 수 없었습니다.

하나님께서 자기의를 가지고 사는 사람을 대하실 때 이런 일이 때때로 일어날 것입니다. 즉 자기는 다 옳고 큰 죄인이 아니며, 자기는 신앙적인 사람이고 성례에 참여하고, 기도하며, 일반 사람들만큼 선하고, 어쩌면 그들보다 더 낫다고 생각합니다. 그리고 자기 같은 사람이 천국에 가지 못한다면, 과연 누가 갈 수 있는지 모르겠다고 생각합니다. 그런데 하나님께서 그를 사랑하신다면 그런 일이 일어날 것입니다. 하나님께서 그에게 관심이 없으시다면, 그가 망할 때까지 자기 방식대로 살도록 내버려 두실 것입니다. 그러나 하나님께서 그를 영원부터 사랑하셨다면, 그런 일이 일어날 것입니다. 즉 폭풍이 올 것인데 아마도 광풍이 바울이 탄 배를 덮쳤듯이 갑작스럽게 와서 그를 빙빙 돌게 하고 그의 화려한 배를 폭풍 속에 몰아넣어서 마치 미친 듯이 요동하여 키가 말을 듣지 않고, 그래서 도무지 진정시킬 수도 통제할 수도 없는 것처럼 만들 것입니다.

아, 우리는 때때로 사람들이 정신을 차리고 일어나서 이렇게 말하는 것을 들어왔습니다. "나는 이것을 전혀 몰랐어요. 전에 같으면 이것을 믿지 못했을 것입니다! 내 자신이 타락하고 망한 죄인이라는 것을 이제 알게 되었어요. 이 순간까지 정말로 나는 내가 천국에 들어갈 수 있을 만큼 의로운 사람이라고 생각했고, 천국에 들어갈 것이라고 확신했습니다." 이런 일이 어떤 사람들에게는 끔찍한 현실을 깨닫게 하는 것이었습니다. 하나님의 율법은 영적인 것이고, 그래서 율법이 행동의 죄뿐 아니라 마음의 죄에 대해서도 우리를 정죄하며, 율법은 우리를 의롭다고 하기 위해 주신 것이 아니며 그렇게 할 수도 없다는 것을 알았을 때, 그들은 어떻게 할 줄을 모르고 한동안은 거의 이성을 잃다시피 하였습니다. 율법에 의해서는 죄를 알게 될 뿐입니다. 사람이 자기 마음이 악하고 해롭고 거짓되며, 그 속에 증오, 살인, 온갖 더러움이 있고, 부정한 새의 둥지 같고, 탐욕스러운 짐승의 굴 같은 것을 알게 되었을 때, 이 모든 것을 발견하게 되었을 때 자신에게 이렇게 외칩니다. "이것이 사실이라면, 나는 지금 어디에 있으며, 내가 무엇을 할 수 있고, 어디로 갈 수 있는가?" 그리고 무자비한 폭풍과 사나운 비바람 앞에서 표류하며, 구원받을 모든 희망이 그에게서 점점 사라지기 시작합니다. 스스로를 의롭다고 생각하는 사람들이, 할 수 있는 한 자기의를 지키기 위해 어떻게 최선을 다하려고 하는지를 보면 정말 놀랍습니다. 우리는 그들이 여기에 나오는 사공들처럼 작은 배를 대는 것을 보아왔습니다. 그들은 배 뒤에 작은 배를 달고 다녔습니다. 이렇게 선한 행실이 충분할 뿐만 아니라, 어느 정도 여분까지 가지고 다니는 사람들이 있습니다. 그들은 일반적으로 요구된 것 외에도 의를 조금 더 가지고 있어서 사고나 재난에 대한 일종의 안전장치로서 자랑하고 기뻐할 수 있었습니다. 이들은 날씨가 안 좋아지자 바로 이 작은 배를 끌어 냈고, 그것을 잃을까봐 갑판에 올려놓았습니다. 그 다음에는 그들은 바울이 탄 배의 사공들처럼, 할 수 있는 대로 적절한 해안에서 바람을 피하려고 일을 힘차게 시작하였습니다. 그들은 말합니다. "우리가 선한 행실로 구원받을 수 없다면, 어떤 교회의 그늘 아래에 가서 의식들, 곧 세례, 견진례, 성찬에 참여하여 스스로를 돕겠다. 이 폭풍우를 피하기 위해 아늑한 곳으로 들어가겠다." 혹은 이렇게 생각하였습니다. "음, 우리는 신앙고백을 하고 다른 그리스도인들에게 합류하며 성례도 받겠다. 그러면 아마도 우리 배가 어쨌든 가라앉지 않을 것이다. 왜냐하면 우리가 선한 데다 신앙고백이라는 은신처까지 갖추면 이 폭풍우를 뚫고 나갈 수 있을 것이기 때문입니다."

　　그런데 태풍이 불어 그들을 바다로 날려 보냈는데, 모든 의식과 예식, 교회의 규례와 관습에서도 자기 영혼을 위한 방어물이 없다는 것을 깨달았을 때, 심지어 하나님께서 증거로 제정하시는 의식들까지도 속죄하는 효력이 없으며, 오직 귀한 피만 죄를 깨끗이 씻을 수 있고, 그 피도 성령으로 말미암아 믿음으로 적용되어야 양심에 평안을 준다는 것을 깨닫게 되었을 때, 아, 불쌍한 영혼들이여, 구원받을 그들의 소망은 이전보다 더 빈약해집니다. 그러나 이들은 포기하지 않고 이 사공들이 하였듯이, 배가 깨어지지 않도록 줄로 선체를 둘러 감았습니다.

이렇게 사람들은 자기의를 단단히 조여 맵니다. 더 많이 기도하고, 더 많이 성경을 읽으며, 예배에 더 자주 참석합니다. 폭풍으로 헐거워지기 시작한 배의 목재들을 어떻게 해서든지 단단히 묶으려고 합니다.

아, 나는 주일이면 언제나 예배당에 세 번씩 갔는데, 그렇게 하면 틀림없이 어떤 선을 얻을 것이라고 생각하고 그랬던 기억이 생생합니다. 아침에 일어나면 나는 먼저 신앙 서적을 읽는 일부터 하였습니다. 내 자신의 행실과 느낌을 통해서 평안을 얻을 수만 있다면 나는 무슨 일이든 다 하였을 것입니다. 그러나 폭풍우는 너무나 혹독하게 불었습니다. 배는 그런 장치들로서도 보존할 수가 없었습니다. 그 다음에 여러분은 바울의 사공들이 자기들을 곤란하게 할 수 있는 것들을 다 제거하는 것을 보게 될 것입니다. 바람이 더 강해졌기 때문에 그들은 돛과 돛대, 남는 물건들은 모조리 다 버렸습니다. 그들은 외칩니다. "아, 그래, 우리는 더 이상 자랑할 수가 없습니다. 우리가 죄인이라고 고백하지 않을 수 없습니다. 우리가 어떤 면에서 법을 어겼다는 것을 인정합니다. 주님, 우리의 고백을 인정하고 받아주십시오. 우리가 죄를 고백했고, 회개했으니 무한한 자비로 우리의 죄를 없애주십시오."

여러분도 보다시피 그들은 아주 많은 것을 포기했습니다. 그러나 그들은 여전히 할 수 있는 한, 그 낡은 배를 굳게 붙들고 있습니다. 그 배는 산산조각이 나야 합니다. 그렇지 않으면 그들은 그 배에서 결코 빠져나올 수 없습니다. 이래서 주님께서 바람을 보내시고, 폭풍우가 다시 한 번 그들을 덮치고, 그들이 조금도 쉴 수 없게 만듭니다. 배의 모든 목재가 삐걱대며, 오래되고 부실한 이 배는 곧 완전히 깨어질 지경입니다. 그들은 위로를 얻기 위해 하나님의 말씀으로 갑니다. 그러나 바울의 이야기에 나오는 사공들처럼 그들에게는 음식이 없고, 그들의 영혼을 안정시킬 수 있는 것은 아무것도 찾을 수가 없습니다. 하나님의 말씀에는 자기의를 쥐고 있는 사람들을 위한 약속이 전혀 없기 때문입니다. 성경 전체를 다 뒤져보아도, 스스로를 구원할 수 있다고 생각하는 사람들을 위한 위로는 아무데서도 찾을 수 없습니다. 죄인들을 위한 좋은 말씀은 풍성하고, 그리스도의 의로 의롭게 된 자들을 위한 좋은 말씀은 많이 있습니다. 그러나 스스로 선하다고 생각하는 여러분들, 바리새인 같은 여러분들에게는 성경 전체가 창세기부터 요한계시록까지 모두 무서운 천둥과 번개일 뿐입니다. 그들에게는 위로의 말은 한 마디도 없고 모두 폭풍우와 태풍뿐입니다. 배가 수없이 맞고 내던져져서 모든 목재가 몹시 흔들려 곧 무너지게 되었다고 느끼고, 마침내 그들이 배를 포기하게 될 때, 그것이 큰 자비입니다. 그들은 지금까지 돛대를 베어버렸고 돛을 짧게 했으며, 폭풍 속에서 필요한 일은 모두 하였습니다. 그들은 틀림없이 몸이 물에 젖어 춥고, 마음이 몹시 혼란스러웠을 것입니다. 그러는 동안에 해도 달도 별도 보이지 않았습니다. 그들은 오늘날 우리들처럼 나침반을 가지고 있지 않았습니다. 그들은 자기들이 어디 있는지 알 수 없었습니다. 그들은 모두 어둠 속에 있었습니다. 바로 그것이, 성령께서 자기의를 쥐고 있는 영혼에 거친 북풍을 보내실 때, 그 영혼이 처한 상태입니다. 이렇게 해서 이 사실을 알게 됩니다. "율법의 행위로써는 의롭다 함을 얻을 육체가 없느니라"(갈 2:16). 어떤 면에서 그것은 두려운 상태입니다. 그러나 또 어떤 면에서는 지극히 복된 상태입니다.

　　청중 여러분, 이 점에 유의하십시오. 나는 회심하지 않은 여러분이, 자신이 할 수 있는 어떤 것도 여러분을 구원할 수 없다는 것을 확실하게 납득할 것이라고 전혀 기대하지 않습니다. 여러분이 할 수 있거나 느낄 수 있는 그 어떤 것에도 아무 공로가 없으며, 여러분이 그리스도의 중재를 떠나서는 완전히 길을 잃었고 절망적으로 망했다는 것을, 그리스도는 여러분을 구원하실 수 있지만 여러분은 자신을 구원할 수도 없고, 그리스도께서 여러분을 구원하시도록 도울 수도 없다는 것을 확실히 깨달을 것이라고는 생각지 않습니다. 완전히 그리스도만 여러분의 구주가 되어야 합니다. 나는 여러분이 먼저 행동하도록 부추기고 싶지 않습니다. 여러분이 첫째로 할 일은 여러분 자신을 죽이는 것입니다. 그 후에 하나님께서 여러분을 활동하도록 만드셔야 합니다. 여러분은 그리스도의 발 앞에서 죽어 누워 있어야 합니다. 그러면 그리스도께서 여러분을 살리실 것입니다. 여러분은 자신이 아무것도 아님을 고백해야 합니다. 그러면 주님께서 여러분에게 모든 것이 되실 것입니다. 여러분은 그냥 자신을 다 비워야 합니다. 그러면 주님께서 여러분을 채우실 것입니다.

　　이 말을 들으면, 여러분이 이렇게 소리칠 것을 압니다. "그러면 내 자신에 대한 모든 신뢰를 버리겠습니다. 하지만 깊은 확신을 갖고 싶습니다." 그렇습니다. 사실은 그것이 그리스도께 무엇인가를 가져다 드리려고 하는 또 다른 방식입니다. 어떤 사람은 말합니다. "하지만 나는 느껴야 해요." 물론입니다. 여러분은 먼저 그리스도께 오면 충분히 느끼게 될 것입니다. 또 이렇게 말합니다. "하지만 내 마음은 아주 완고해요." 여러분은 자신의 마음을 스스로 부드럽게 만들 수 있을 것이라고 생각하십니까? "나는 전혀 그렇게 할 수 없을 것 같습니다." 여러분은 철저히 부적합하다는 오직 그 이유 때문에 그리스도께 오기에 적합하다는 것을 아십니까? "아, 나는 너무도 형편없는 사람입니다." 여러분은 주님께서 가치 있는 사람들을 구원하러 오셨다고 생각하십니까? 여러분은 자신에게 어떤 가치 있는 것이 조금이라도 있을 것이라고 생각하십니까? 그리스도께서 "불경건한 자들을" 구원하기 위해 죽으신 것이 아닙니까? 예수께서 "죄인들을" 구원하러 세상에 오셨다고 기록되지 않았습니까? 자, "불경건한 자들"과 "죄인들," 이들이야말로 내가 그들을 현미경으로 철저히 조사해 보면 선한 것을 조금이라도 볼 수 없는 조건입니다. "불경건한 자들"과 "죄인들"은 나쁩니다. 아주 나쁜 사람들입니다. 그렇지만 그리스도께서는 바로 이들을 구원하기 위해 오셨습니다.

아, 여러분이, 자신이 바로 그런 사람 가운데 하나라고 생각하는 은혜를 받았으면 좋겠습니다! 그리스도를 여러분에게 구주로 끌어당기는 것은 여러분의 착함이 아니라 바로 여러분의 나쁨입니다. 여러분에게는 선함이 조금도 없었습니다. 그래서 주님께서 하늘에서 내려오셨습니다. 주님께서 여러분을 깨끗하게 하기 위해 여러분을 위해 죽으신 것은 여러분이 악하기 때문이었습니다. 그리스도께서 오셔서 여러분을 구원하여 더 이상 길을 잃지 않도록 하신 것은, 여러분이 길을 잃었기 때문입니다. 여러분 죄인들에게 말합니다. 여러분의 의는 여러분을 멸망시킬 것입니다. 그러나 여러분이 그리스도께 와서 단순히 그를 의지하여 죄를 그리스도께 맡기려고 한다면 여러분의 죄가 여러분을 결코 멸망시키지 못할 것입니다. 때문에, 자기의라는 깃발을 달고 항해하고 있는 배를 그런 폭풍우가 파선을 시켜서, 구원받으리라는 모든 소망이 여러분에게서 다 사라지게 되기를 바랍니다.

자, 청중 여러분, 적어도 정기적으로 집회에 참석하는 여러분, 교리와 이론에 있어서 여러분은 모두 이 사실을 믿으십시오. 그 모든 것을 여러분이 경험해야 할 것입니다. 그렇지 않으면 여러분은 구원받지 못할 것입니다. "그리스도께서 나를 채우실 수 있으려면 먼저 내 자신을 비워야 한다는 것을 알고 있다"고 말하는 것과 실제로 비어 있는 것은 별개의 문제입니다. 그러나 그리스도께서는 우리의 옷을 먼저 벗기시기 전에는 우리에게 옷을 입히시지 않으실 것입니다. 우리는 오만한 육신을 베는 칼을 싫어합니다. 그러나 우리의 선한 의사이신 주님은 우리 영혼의 상처를 결코 덮어버리려고 하시지 않습니다. 주님은 나쁜 것은 다 잘라내고 나서, 그 다음에 몸조리를 하게 하려고 하십니다. 우리는 납작 엎드려야 합니다. 완전히 망한 상태까지 낮아져야 합니다. 그렇지 않으면 와서 그리스도로 말미암아 구원받는 상태로 들어올리는 그리스도의 손길을 얻지 못할 것입니다. 이제까지 첫 번째 단계에 대해서 말했습니다. 이제 이 외침을 듣고 싶은 때가 있습니다.

2. 그러나 우리는 다른 때에 바로 이 진술을 들었습니다.
즉 우리가 그것을 깊이 뉘우쳤을 때입니다.

"구원의 여망마저 없어졌더라." 나는 확실히 자기의가 없으면서도 절망에 떨어진 사람들에게서 그런 비탄의 말을 들었습니다. 그들은 아마도 어떤 엄청난 죄를 지었을 것입니다. 필시 그들은 양심을 억누른 죄를 지었거나 아니면 하나님의 말씀을 들으면서도 주의를 기울이지 않았고, 그래서 점차 자신이 길을 잃고 말았다고 믿게 되었을 것입니다. 종교에 대해서는 주로 "내가 도대체 구원받으리라는 희망은 다 사라졌다!"고 생각하는 사람들을, 아주 많지는 않지만, 그래도 상당히 많은 사람들을 만납니다. 사랑하는 여러분, 그런 분이 오늘 밤 이 자리에 있습니까? 나는 여러분의 손을 잡고 아주 다정하게 말하고 싶습니다. 여러분이 그렇게 말하는 것을 들을 때 몹시 마음이 아프기 때문입니다. 내가 그렇게 여기는 데는, 이런 이유들이 있습니다.

첫째로, 나는 여러분이 가서 아주 그릇된 일을 하지 않을까 염려가 됩니다. 사람이 절망 가운데 포기하면, 그 사람은 바싹 마른 나무처럼 되어 곧 불에 던져질 수가 있습니다. 그 사람은 말합니다. "나한테는 아무 희망이 없어. 내가 무슨 일을 하든 상관이 없어. 옛 속담에서 말하듯이 '새끼 양을 훔치고 교수형을 당할 바에야 어미 양을 훔치고 교수형을 당하는 것이 낫겠다.' 어쨌든 나는 저주를 받을 것이다. 그러니 지옥에 가기 전에 실컷 죄를 짓는 게 낫다." 아, 사탄은, 사람이 희망이 조금이라도 남았다면 결코 생각하지 않았을 무모한 범죄에 뛰어들도록 하는 일에 절망을 이용해 왔습니다! 그래서 나는 절망하고 있는 많은 분들을 깊이 염려합니다. 여러분이 무엇을 할지 모르기 때문입니다. 어떤 사람들은 스스로 목숨을 끊었고, 어떤 사람들은 엄청난 범죄들을 저질렀습니다. 그들은 자신들이 아무 짝에도 쓸모없다고 생각하고, 자신을 아무렇게나 내팽개칩니다. 사탄이 지금 여러분에게 하는 말을 믿지 마십시오. 희망이 있습니다. 여러분이 구원받을 수 있다는 희망이 완전히 사라진 것이 아닙니다. 그렇지 않습니다. 내가 말을 끝내기 전에 정반대의 사실을 말씀드리겠습니다.

여러분이 그런 식으로 생각하는 것은 참으로 안 된 일입니다. 나는 이제 여러분이 더 이상 복음을 듣지 않으려고 할까봐 걱정입니다. 나는, 자기들이 하나님의 전에 가는 것이 아무 소용이 없기 때문에 더 이상 가지 않겠다고 말하는 사람들을 만났습니다. 그들은 아주 오랫동안 교회에 다니면서 많은 사람들이 회심하는 것을 보았습니다. 그러나 그것을 보고도 그들은 전혀 마음이 움직이지 않았고, 그래서 교회 다니는 것이 아무 쓸모가 없었습니다. 그들은 단지 의무적으로만 다녔고, 은혜에는 전혀 참여하지 않습니다. 나는 생각할 때마다 깊은 슬픔을 느끼지 않을 수 없는 한 사람을 압니다. 나는 어느 주일에 이렇게 말했던 것 같습니다. 이 자리에는 지금까지 오랫동안 내 설교를 들은 사람들이 있습니다. 그런데 그분들이 회심하거나 하나님께로 돌아올 생각이 전혀 없다면, 그분들은 회심할 다른 분을 위해 자리를 양보해 주시라고 말하고 싶은 심정이 듭니다. 한 사람이 그 말을 듣고 다시는 오지 않았습니다. 언제고 다시 올 것 같지 않습니다. 단지 양심을 깜짝 놀라게 하려는 뜻으로 한 그 책망의 말이 영혼 속에 있는 완고함을 일깨우고 만 것입니다. 여러분 가운데는 어떤 사람에게도 그런 일이 일어나지 않기 바랍니다. 여러분은 "아무 소용이 없어. 오지 않겠어"라는 말을 결코 하시지 않기 바랍니다.

한 자매가 오늘 오후 내게 하나님의 말씀을 꾸준히 듣는 것이 얼마나 유익한 결과를 가져올 수 있는지에 대한 즐거운 예를 말해 주었습니다. 그 자매는 자기 집 주인을 위해 오랫동안 기도해 왔다고 하였습니다. 그 주인은 노인이고 귀가 먹어서 여기 올지라도 별로 유익할 것 같지 않은 사람이었습니다. 그녀는 주인에게 설교를 적은 글을 빌려주었고, 그 노인은 아주 주의를 기울여서 그 설교들을 여러 번 읽었습니다. 그런데 어느 날 하나님께서 그가 들을 수 있게 해주셨습니다. 그래서 그는 여기에 와서 한 번 설교를 듣고 구주를 만났고, 집으로 가서 잠자리에 들었고 죽었습니다. 한 번의 설교가 그의 영혼을 구원하였고, 그래서 그는 그리스도를 기뻐할 수 있었습니다.

하나님 말씀 듣기를 포기하시지 않기를 바랍니다. 나는 여러분이 여기에 와서 잠잘지라도 오지 않는 것보다 좋습니다. 어쩌면 여러분이 자다 깨었을 때, 어찌되었든 구원의 말씀이 여러분 마음속에 들어갈 수가 있기 때문입니다. 하나님께서 그 말씀을 집어넣어 주시고, 그 말씀이 여러분의 영혼에 복이 될 수 있기 때문입니다. "아무 희망이 없다"고 말하지 마십시오. 스스로 "희망이 없다"고 말하면, 여러분은 일상적인 관습에서 벗어나려고 할 것이고, "아무 소용이 없다"고 느끼기 때문에, 듣는데 전혀 주의를 기울이지 않을 것입니다. 설교자의 말 한 마디도 놓치지 않으려고 몸을 앞으로 기울이고 있다는 남자 아이에 관한 말을 들었습니다. 그의 어머니가 아이에게 말했습니다. "윌리엄, 무엇 때문에 그렇게 아주 주의를 기울여서 듣니?" 아이가 대답했습니다. "우리 목사님이 말씀하셨는데, 설교에 우리에게 유익을 줄 것 같은 문장이 있으면, 사탄이 우리가 그것을 듣지 못하게 하려고 한데요. 그래서 나는 하나님께서 내게 복 주시기를 바라면서 목사님이 하신 말씀을 모두 들으려고 해요."

여러분이 그 아이처럼 들으려고 한다면, 여러분이 오늘날 좋은 복을 받을 것이라고 믿습니다. 아무튼, 하나님께서 내가 여러분에게 말하도록 하시지 않는다면, 다른 어떤 사람을 통해서라도 여러분이 복을 얻게 된다면 아주 기쁠 것입니다. 그러나 정말로 여러분은 아무 희망이 없다는 생각을 가져서는 안 됩니다. 결코 그래서는 안 됩니다. 그 이유를 말씀드리겠습니다. 첫째로, 그 생각은 성경 말씀에 정반대됩니다. 여러분은 성경에서 여러분에게는 아무 희망이 없다고 말하는 구절을 보셨습니까? 여러분은 하나님께서 여러분을 버리기로 작정하신 것 같다는 말을 합니다. 그런 구절을 어디에서 보셨습니까? 성경 어디, 어느 구절에서 그런 말씀을 읽은 적이 있습니까? 여러분은 하나님의 은밀한 그 결정을 결코 읽지 못했습니다. 아무도 읽지 못했습니다. 천사 가브리엘조차도 하나님의 그 결정은 엿볼 수 없습니다. 성경에 반대되는 말을 하지 말고, 고집 피우며 그런 말을 하지 마십시오. 성경은 "내게 오는 자는 내가 결코 내쫓지 아니하리라"(요 6:37)고 말합니다. 그런데 왜 여러분은 주님께서 여러분을 내쫓을 것이라고 합니까? "자기를 힘입어 하나님께 나아가는 자들을 온전히 구원하실 수 있으니"(히 7:25). 그런데 여러분은 왜 그리스도께서 여러분을 구원하실 수 없다고 말합니까? 주님은 이렇게 말씀하십니다. "수고하고 무거운 짐 진 자들아 다 내게로 오라 내가 너희를 쉬게 하리라"(마 11:28). 여러분은 일하지 않습니까? 여러분은 수고하는 사람이 아닙니까? 무거운 짐을 지고 있지 않습니까? 여러분에게는 아무 근심이 없고 마음을 우울하게 만드는 것이 전혀 없습니까? 이 설명이 여러분에게 맞는다면, 하나님께서 여러분에게 오라고 명령하시며 "내가 너희를 쉬게 하리라"고 말씀하시는 것입니다. 여러분은 예수 그리스도를 믿지 않습니까? 성경은 다 거짓이고, 여러분의 절망적인 생각만이 사실이라고 생각하십니까?

그렇지 않습니다. 친구 여러분, 여러분은 그런 생각으로 스스로를 괴롭힐 필요가 없습니다. 그 생각은 모든 사실에 반대되기 때문입니다. 지금 이 자리에는 지금 여러분처럼 죄인이었고 구원을 찾았던 분들이 많이 있습니다. 그분들은 평안을 얻었습니다. 자, 그분들이 자신들의 모든 고통에서 구원받았다면 여러분이 구원받지 못할 이유가 있겠습니까? "하지만 나는 너무 죄를 많이 지었다"고 여러분은 말합니다. 여러분보다 더 많이 죄를 지은 사람을 찾을 수 있을 것입니다. 설령 그런 사람을 찾을 수 없다고 하더라도 여러분은 "사람에 대한 모든 죄와 모독은 사하심을 얻으리라"(마 12:31)는 약속을 믿고 갈 수 있습니다. 절망하시지 않기 바랍니다. 절망하는 것은 자기에게 돌아오는 탕자를 언제나 받아주시는 크신 아버지 하나님께 대한 모욕이기 때문입니다. 하나님께서 여러분을 구원하실 수 없다고 말하시겠습니까? 왜 여러분은 하나님의 전능하심을 부인합니까! 하나님께서 여러분을 구원하려고 하시지 않는다고 말하겠습니까? 왜 여러분은 하나님의 자비를 불신합니까! 죄인을 용서하시는 것만큼 하나님을 기쁘시게 하는 것은 없습니다. 우리에게 자신을 계시하시고, 은혜 받을 만한 자격이 없는 사람들에게 자신의 은혜를 나타내시는 것이, 하나님의 본성에서 하나님이 크게 기뻐하시는 부분입니다.

게다가 여러분이 자신에게는 구원받을 소망이 전혀 없다고 말하면, 예수 그리스도를 슬프시게 만드는 것입니다. 여러분은 예수님의 피가 여러분을 깨끗하게 할 수 없다고 생각하십니까? 예수님이 알지 못하는 새로운 어떤 죄가 나타나기라도 했습니까? 마침내 예수님의 보혈로도 씻지 못하는 새로운 어떤 죄가 생겼습니까? 여러분은 오늘 아침에 우리가 죄와 사랑 사이의 싸움에 대해 말한 것을 압니다. 나는 이 둘이 얼마나 치열하게 싸우는지, 어떻게 죄가 전능한 것처럼 보이지만, 사랑이 계속 진행하여 그 날에 이기고, 죄를 완전히 굴복시키고 발로 밟았는지를 여러분에게 설명하였습니다. 그리스도의 사랑이 여러분의 죄에 질 것이라는 생각을 추호도 하지 마십시오. 한 가지만 여러분에게 말씀드리겠습니다. 여러분이 그리스도에게 가려고 하는데 그리스도께서 여러분을 거절하신다면, 나는 설교를 그만 두겠습니다. 헛된 일이기 때문입니다. 여러분이 그리스도께 가는데, 그리스도께서 여러분을 거절하신다면 나는 내일 말하겠습니다. 다음

주일에 공표하겠습니다. 내가 지금까지 그리스도에 대해 잘못 생각해 왔다고, 그리스도는 죄인들을 거절하신다고 말하겠습니다.

여러분, 하나님의 말씀을 한 번 시험해 보십시오. 우리 가운데 어떤 분들은 그 말씀을 시험해 보았습니다. 나는 내 목에 밧줄을 묶고 예수님께 갔습니다. 나는 망해서 죽을 만한 사람이라는 생각을 가지고 갔던 것입니다. 나는 지극히 밝은 희망으로 마음에 기운이 생겼을 때, 어쩌면 하나님께서 오랜 후에 나를 받아 주실지 모른다고 생각했습니다. 그래서 나는 약간의 희망이 생겨서 어쩌면 어떤 구멍을 통해서나 구석진 곳으로부터 살그머니 천국에 들어갈 수도 있겠다고 생각했습니다. 아, 그런데 주님께 갔을 때 주님은 너무도 기쁘게 나를 영접해 주셨습니다. 이럴 것이라고는 전혀 생각지 못했습니다. 이것은 주님을 직접 시험해 본 사람들이 아니면 알 수 없습니다. 주님은 한 마디 책망도 하시지 않고 내 죄를 용서해 주셨고, 나를 주님의 마음속으로 받아주셨으며, 내가 주님의 완성하신 구원을 기뻐할 수 있게 해주셨습니다. 아, 성령께서 여기 있는 죄인들이 가서 주님의 말씀을 시험해 보도록 인도해 주시기를 바랍니다.

다시 한 번 여러분에게 권고합니다. 절망하지 마십시오. 사랑하는 여러분, 절망하지 마십시오. 여러분이 절망하면 성령께 무례를 행하는 것이기 때문입니다. 여러분이 절망하면 성령께 모욕을 끼치는 것이기 때문입니다. 지금 여러분의 길에서 방해가 되는 것 가운데 무엇이든 성령께서 제거하실 수 없는 것이 없기 때문입니다. 그들의 마음이 맷돌 아래짝처럼 단단하다면, 성령께서 그 마음을 밀랍처럼 만드실 수 있습니다. 여러분이 자신의 죄를 느낄 수 없다면, 성령께서 여러분이 느끼도록 만드실 수 있습니다. 여러분이 믿을 수 없다면 어떻게 해야 합니까? 성령께서는 여러분에게 믿음을 주실 수 있습니다. 여러분이 죽는다면 어떻게 해야 합니까? 성령께서는 여러분에게 생명을 주실 수 있습니다. 성령님은 곧 하나님이십니다. 너무 어려워서 하지 못할 일이 하나님께 있습니까? 없습니다. 그런 일은 없습니다. 여러분은 이런 말을 해서는 안 됩니다. "구원받을 소망이 내게서 다 사라졌다."

자매여, 당신은 순결을 잃었습니까? 좋은 평판을 잃어버리고 말았습니까? 그렇지만 당신이 구원받을 소망을 다 잃어버린 것은 아닙니다. 예수 그리스도께서는 당신 같은 사람들을 받으시고 용서하시며 깨끗이 씻으시고, 하나님의 가족으로 불러들이십니다. 젊은이여, 당신은 나쁜 짓을 저질렀습니까? 주님께서 당신을 찾아내실까봐 두렵습니까? 여러분이 저지른 잘못을 고백하고 변상을 하고서 하나님께로 오십시오. 여러분에게 아직 희망이 있기 때문입니다. 믿음을 잃고 다시 타락한 자여, 오늘 밤 이 자리에 왔습니까? 용기를 내어서 이 자리에 얼굴을 다시 내밀었습니까? 당신을 보게 되어 기쁩니다. 여러분의 괴로운 양심에는, 모든 소망이 끊어진 것처럼 보일지라도, 우리는 당신이 구원받으리라는 소망을 다 잃지 않았기 때문입니다. 돌아오십시오. 돌아오십시오. 환영합니다. 구주의 발 앞으로 돌아오십시오. 지금 돌아오면 자비를 얻을 것입니다. 이렇게 말한 사람이 있습니까? "글쎄요, 이 모든 말씀이 다른 사람들에게는 다 해당한다고 믿을 수 있지만, 내 자신에 대해서는 믿을 수 없습니다. 도대체 나를 상대해 줄 것은 아무것도 없습니다." 당신이야말로 내가 찾고 있는 바로 그 사람입니다. 구원받을 것이라는 당신의 희망은 이미 깨어져버렸습니다. 그러나 당신이 잃었던 것보다 더 나은 소망이 있습니다. 십자가에 못 박히신 구주를 보는데 생명이 있습니다. 당신이 와서 그리스도의 십자가 밑에 엎드리기만 하면, 그리스도의 피를 영혼으로 받기만 하면, 여러분은 깨끗하게 될 것입니다. 예, 당신은 오늘 밤 구원을 받을 것입니다. 여호와 하나님, 자비의 아버지께서 절망하는 영혼들이 바로 지금 평안과 생명을 찾도록 해주시기를 바랍니다.

3. 이제 우리는
이 외침의 마지막 단계에 이르렀습니다.

때때로 나는 "구원의 여망마저 없어졌더라"고 하는 외침을 들었습니다. 나는 그 외침에 공감하였습니다. 그 말을 하는 사람들을 동정하였습니다. 내가 바로 그런 심정을 느낀 적이 한두 번이 아니라 많았기 때문입니다. 하나님의 자녀들이 천국으로 가는 항해길이 항상 순탄한 것은 아닙니다. 십자가에 못 박히신 그리스도라는 좋은 배에 타고 있을 때에라도 폭풍우가 있습니다. 그리스도께서 배에 계시지만 주무시고 계시고, 배는 폭풍우에 이리저리 요동을 칠 수가 있습니다. 어떤 그리스도인들이 종종 경험하는 바라고 믿고 있는 바를 아주 간단하게 설명하겠습니다.

하나님의 얼굴빛이 우리에게서 사라집니다. 우리는 어제 그리스도와 함께 포도주 연회에 앉아 있었습니다. 우리 위에는 그리스도의 사랑의 깃발이 펄럭였습니다. 그런데 오늘은 그리스도께서 나를 빛이 아니라 어둠 속으로 불러들였다고 소리칩니다! 그리스도께서 내게 맹렬한 분노를 보이셨습니다! 내가 그리스도의 발 앞에 이를 수 있도록 그리스도께서 계신 곳을 찾을 수 있으면 좋겠습니다. 정말로 주님께서 나를 대적하시며 강한 손으로 나를 치시기 때문입니다! 그런 때에는 하나님의 은혜가 우리에게 작용하지 않을 것입니다. 해가 지면 꽃잎을 닫는 꽃처럼 우리의 사랑과 믿음이 닫힐 것입니다. 우리의 사랑과 믿음은 반사경과 같습니다. 그래서 빛이 없으면 속에 있는 어떤 것도 반사할 수 없습니다. 나는 내 마음을 철저히 살펴보아도, 그렇습니다, 다음과 같은 질문을 부지런히 던지면서 내 영혼을 철저히 조사해보았지만, 그 속에 예수 그리스도에 대한 사랑의 불꽃을 조금도 발견할 수 없었습니다. "이것이 믿음인가 아니면 그냥 추정하는 것인가? 이것이 진정으로 그리스도를 의지하는 것인가 아니면 이 모든 것이 내 스스로 생각하는 보증되지 않은 확신, 거짓된 안전에 대한 맹목적인 신앙인가?" 그런 경우에 여러분은 마귀가 우리를 괴롭히기 위해 넌지시 던져주는 것임을 알 수 있습니다. 마귀는 늙은 겁쟁이입니다. 마귀는 언제나 성도들이 의기소침해 있을 때 공격합니다. 나는 마귀가 내 믿음이 강하고, 그래서 그리스도께서 나와 함께 계시는 햇빛이 쨍쨍한 날에 나를 만났으면 좋겠습니다. 그러면 그에게 한두 군데 상처를 입힐 수 있을 것입니다!

　　그런데 슬프게도 마귀는 우리가 어둠 속에 있을 때 옵니다. 우리가 실족하여, 흔히 사망의 음침한 골짜기라고 생각하는 굴욕의 골짜기(the Valley of Humiliation)에 굴러 떨어져 있을 때, 마귀가 옵니다. 마귀는 길을 딱 가로막고서 우리 영혼의 피를 흘리도록 하겠다고 하며, 우리가 천국으로 가는 길을 더 이상 가지 못하게 하겠다고 맹세합니다. 그때 사탄이 오고 그의 포악한 음성이 들리면, 전에 우리 영혼 속에서 잠잠히 누워 있었던 개들이 갑자기 짖어대기 시작하며, 죽어서 장사되었다고 거의 생각했던 타락한 생각들이 수도 없이 고개를 쳐들고 일어납니다. 마치 큰 깊음의 샘들이 터지고, 바로 노아의 홍수와 같은 큰 홍수가 일시에 쏟아져서 우리의 마지막 희망의 산들까지 넘쳐서 우리에게 피할 소망이 전혀 없고, 영혼이 곧 죽게 생긴 것처럼 보일 것입니다. 아마도 이때가 되어야 우리는 하나님 말씀으로 돌이킬 것입니다. 그런데 하나님의 말씀은 모두 텅 비어 있는 것처럼 보입니다. 한때 우리의 기운을 북돋우곤 했던 약속이 더 이상 우리에게 아무 말도 해주지 않습니다. 우리는 하나님의 성도들이 복음을 듣기 위해 가는 곳에 가지만, 거기에서도 아무런 위로를 발견하지 못합니다. 하나님의 말씀은 우리를 위로하기보다는 정죄하는 것 같습니다. 아마도 바로 이때 우리는 세상적인 근심으로 공격받을 것입니다. 그래서 영적인 근심과 세상적인 근심이 함께 오고, 두 바다가 한데 만납니다. 아, 이런 곳에서는 배가 계속해서 물 위에 떠있는 것이 어려운 일입니다.

우리는 이미 이런 사실을 알았습니다. 돈에 대한 염려, 혹은 병든 자녀에 대한 근심, 혹은 사랑하는 병든 아내에 대한 고통스러운 불안, 우리 몸의 건강이나 환경의 안전함이 위협을 받고 있다는 두려운 생각을 우리는 경험했습니다. 이상한 열병, 거친 광란의 상태가 우리를 사로잡았습니다. 동시에 이런 무서운 생각도 들었습니다. '결국 나는 그동안 속아온 것이 아닌가?' 사탄은 악을 쓰며 말합니다. "자, 물론 너는 속았다! 너는 하나님의 자녀가 아니다." 그러면 육신이 잠시 영을 이기고, 양심이 괴롭히는 자가 되어 우리를 책망하고 비난합니다. 이때 우리의 가엾은 배에 대해서 말하자면, 우리가 구원을 받으리라는 소망은 완전히 다 사라져버린 것처럼 보입니다.

글쎄, 우리는 이런 때에 돌이켜서 기도할 수 있습니까? 맞습니다. 형제 여러분, 기도하는 것이 우리가 할 수 있는 유일한 일입니다. 아마도 그때 우리가 드릴 수 있는 기도는 신음과 탄식에 지나지 않을 수 있습니다. 우리가 기도할 수 없을지라도 신음할 수 있다면, 혹은 우리가 신음할 수 없을지라도 숨을 쉴 수 있고, 우리의 욕구에서 뿜어져 나오는 숨결 하나하나를 하나님께서 받아주신다면, 그것은 말로 다할 수 없이 큰 자비입니다. 우리가 모욕을 받아서 완전히 풀이 죽고 짓눌리고 상처를 받아 납작해져서, 제대로 무슨 의견을 말할 수도 없고 하나님의 자녀로서 한 마디도 할 수 없을 때, 우리는 여전히 죄인으로 와서 이렇게 말할 수 있습니다. "주님, 먼지 속에서 뒹구는 보잘것없는 벌레 같은 저를 받아주시옵소서. 내가 이전에 주님의 자녀가 아니었다면, 이제라도 나를 주님의 자녀로 만들어 주십시오! 지금 저의 모습 그대로 받아 주시옵소서! 내가 전에 왔듯이, 주님께 옵니다. 흥하든 망하든, 죄 많은 내 영혼을 그리스도께 맡깁니다."

자, 내가 이 모든 것을 소개한 이유는 이것입니다. 젊은 신자들 가운데 그런 돌풍에 빠지면서, 주께서 그런 폭풍우로 무엇을 하려는지 알지 못하는 사람이 많이 있습니다. 그들은 말합니다. "내가 하나님의 자녀였다면 내가 이런 폭풍우에 쓸려 들어갈 수 없었을 거야." 여러분은 무엇이라고 말하겠습니까? 다윗은 그런 폭풍우를 어떻게 겪었습니까? 다윗은 이렇게 말했습니다. "주의 모든 파도와 물결이 나를 휩쓸었나이다"(시 42:7). 하나님의 백성들이 이런 갈등을 별로 겪어 보지 않았다고 생각한다면, 여러분은 하나님 백성의 역사에 대해 거의 알고 있지 못한 것이 틀림없습니다. 이 자리에는 필요하다면 내가 강단으로 불러서 여러분들에게 자신들이 오랫동안 큰 바다에서 일했고 폭풍우를 많이 만난 경험을 말해줄 수 있는 나이 든 선원들이 있습니다. 여러분은 이런 바다에 있으면서 때로 폭풍우를 만나 이리저리 요동칠 일이 없다고 생각할 수 없습니다. 이 세상에서 아무리 굳센 믿음을 가진 사람이라도 때로 비틀거렸습니다. 아브라함조차도, 보통 때에는 불신앙 때문에 약속을 믿지 못하고 비틀거리지 않았지만, 그의 신앙이 몹시 약해졌을 때가 있었습니다. 다윗은 전쟁에서 큰 용사였지만, 약해져서 죽었으면 좋겠다는 생각을 하기도 했습니다. 이와 같이 여러분은 하나님의 종들 가운데 지극히 용감한 사람들까지도 스스로 버티기 어려운 때가 있었습니다. 그런 때 그들은 쥐구멍에라도 들어가서 숨을 수 있다면 그리로 들어가길 기뻐했을 것입니다.

　　그런데 형제자매 여러분, 바로 이것이 중요한 점입니다. 예수 안에서 쉬는 영혼은 결코 파멸되지 않으리라는 것입니다. 여러분이 폭풍과 풍랑을 만날 수 있지만 결국 땅에 닿을 것입니다. 그 점을 확신하십시오. 폭풍을 만났던 가이사에 대해 전해지는 옛날 이야기가 있습니다. 폭풍을 만났을 때, 가이사는 떨고 있는 선장에게 말했습니다. "두려워하지 마라! 너는 지금 가이사와 그의 모든 운명을 실어 나르고 있는 중이다!" 자, 그리스도께서 바로 그 배에 그의 모든 백성들과 함께 계십니다. 주님의 백성 가운데 하나가 망할 수 있다면, 주님도 망할 수밖에 없습니다. "너무 말이 심하다"고 여러분은 말합니다. 글쎄, "내가 살아 있고 너희도 살아 있겠음이라"(요 14:19)는 구절에 그 의미가 다 들어 있습니다. 여러분도 알다시피, 여러분이 어떤 사람을 잡아서 물속에 집어넣는다면, 그 사람의 머리가 물위로 나와 있는 한, 여러분은 그를 익사시킬 수 없습니다. 그의 발이 물 아래 진흙에 닿아 있으면 그는 빠져 죽지 않습니다. 그의 팔이 시원한 물에 떠있고 물속에 가라앉지 않으면, 그의 머리가 안전하기 때문에 물에 빠져 죽지 않습니다.

　　자, 우리의 영광스러운 머리를 봅시다. 주께서 지극히 높은 하늘에 오르시고, 하나님 아버지 오른편에 앉아 계시는 것을 봅시다. 마귀는 나를 물에 빠트려 죽일 수 없습니다. 여러분이 그리스도의 몸의 지체라면 여러분을 물에 빠트려 죽일 수 없습니다. 여러분의 머리가 안전히기 때문입니다. 여리분의 미리가 안전하므로, 여러분도 안전합니다. 이 사실을 믿고 안심하십시오. 여러분의 믿음이 흔들릴 수 있습니다. 그러나 여러분이 그리스도를 의지하고 있다면, 망할 수 없습니다. 그리스도 위에 놓여 있을 수 있는, 여러분의 하찮은 세상적인 기초들은 치워질 수 있습니다. 그러나 그리스도 예수라는 바위는 치워질 수 없습니다. 여러분은 제임스 스미스 씨가 어떤 훌륭한 부인에 대해 이야기한 것을 아실 것입니다. 스미스 씨가 임종의 자리에 있는 그 부인을 찾아갔습니다. 스미스 씨가 말했습니다. "자매님, 어떠세요? 마음이 평안하십니까?" 그 부인은 "예" 하고 대답하며 이렇게 말했습니다.

> "복음이 내 영혼을 받쳐주고 있어요
> 신실하고 변치 않으시는 하나님께서
> 맹세와 약속과 피로써
> 내 소망의 기초를 놓아 주십니다."

그 목사가 말했습니다. "그런데 자매님, 자신은 아주 가라앉는 것처럼 느끼지는 않으세요?" 그 부인이 깜짝 놀라서 물었습니다. "목사님, 그게 무슨 소리예요?" 목사가 같은 질문을 다시 하였습니다. "지금 자매님은 약해지고 가라앉고 있는 것 같은 느낌이 들지 않으세요?" 부인이 목사에게 말했습니다. "목사님, 목사님이 그런 말을 하리라 생각도 못했어요. 하지만 말씀을 하셨으니 내가 대답하지 않을 수 없네요. 목사님, 무슨 말씀을 하시는 거예요? 가라앉다니! 가라앉다니! 목사님은 어떤 사람이 바위를 뚫고 가라앉았다는 얘기를 들어보셨어요? 내가 모래 위에 서 있다면 가라앉을 수도 있겠지요. 그러나 나는 지금 바위 위에 서 있습니다. 그런데 어떻게 내가 가라앉을 수 있겠어요?"

그리스도 안에서 하나님께 영광을 돌립시다. 우리는 바로 그 바위 위에 있습니다. 그러니 우리에게 가라앉는 일이란 없습니다. 하나님께서 여러분 모두를 그 바위에 데려가 주시기 바랍니다. 하나님께 영원히 찬송을 드립시다. 아멘.

제
28
장

—

고난의 때에 듣는 기분 좋은 말

—

"그러므로 여러분이여 안심하라
나는 내게 말씀하신 그대로 되리라고 하나님을 믿노라."
— 행 27:25

위험한 순간에 용감한 사람이 함께 있는 것이 동료들에게는 아주 큰 위로가 됩니다. 폭풍우의 큰 혼란 가운데서도 바울이 그처럼 용감하고 침착한 것을 보는 것은 중요한 일입니다. 여러분은 역사의 많은 사건들에서, 결국 전쟁에서 승리하는 것은 단 한 사람이고, 그 영웅적인 인물이 깃발을 높이 들 때, 나머지 모든 사람도 자기 역할을 잘 하게 되는 것을 틀림없이 보았을 것입니다. 성도 한 사람 한 사람이 하나님 앞에서 철저하게, 진심으로, 자주적으로 그리고 용감하게 자기 사역을 수행하는 것이 아닌, 다른 어떤 형태의 사역을 취할 때마다, 여러분은 즉시 아주 위험한 상태에 빠지게 됩니다. 그리스도인이여, 이 점을 생각하십시오. 여러분은 어디에 처해 있게 되든지, 바로 그와 같은 한 사람이 되어야 하고, 그래서 여러분이 하나님으로부터 용기와 독립심과 강한 정신력을 받아서, 주위의 약한 사람들을 위로하도록 해야 한다는 것입니다. 그와 같이 하나님에 대한 여러분의 확신이 약한 손들을 힘있게 하고, 연약한 무릎을 굳세게 하며, 여러분의 평온하고 조용한 얼굴이 마음 약한 사람들에게 "강하라, 두려워 말라"고 말하도록 행동하십시오.

여러분이 병실에서 인생의 고난 가운데서, 교회에서, 그 밖의 모든 곳에서 그렇게 하러 한다면, 여러분 자신이 강해져야 합니다. 여러분 속에 있지 않은 것은 아무것도, 여러분에게서 나올 수 없다는 것을 명심하시기 바랍니다. 여러분 스스로 용기를 갖고 있지 않으면, 다른 사람들에게 진정으로 용기를 불어넣어줄 수 없습니다. 자, 바울이 함께 한 사람들에게 용기를 줄 수 있었던 이유는, 바울 자신이 자기 하나님 안에서 용기를 가졌었기 때문입니다. 바울은 마음이 평온하였습니다. 그렇지 않았다면 주변 사람들의 마음을 평온하게 만들 수 없었을 것입니다. 바울이 흥분해 있고, 아주 떨면서 "여러분, 안심하십시오" 하고 말했다고 생각해 보십시오. 사람들은 그가 자기들을 조롱한다고 생각하고 "여보시오, 우리를 격려하기 전에 당신 자신이나 안심하시오" 하고 말했을 것입니다.

사랑하는 형제자매 여러분, 이와 같이 여러분은 하나님을 의지하고 침착하고 굳세어져야 합니다. 그렇지 않으면 여러분이 이 세상에서 그리고 교회에서, 마땅히 해야 하는 대로 그런 봉사를 할 수 없을 것입니다. 가득 차면 넘치게 될 것입니다. 그러나 여러분 자신이 가득 차지 않으면, 결코 다른 사람을 채울 수 없습니다. 여러분 자신이 "주 안에서와 그 힘의 능력으로 강건하여져야"(엡 6:10) 합니다. 그래야 겁 많은 사람들이 바라보고 모여들 깃발처럼 여러분이 높이 들리게 될 것입니다.

이 시간은 우리가 바울에 관해서는 할 말이 별로 없고, 우리 자신에 대해서 할 이야기가 많습니다. 하나님께서 우리에게 말씀해 주시기를 바랍니다! 성령께서 우리의 마음을 격려해 주시고, 우리를 평안과 능력의 길로 인도하여 주시기를 바랍니다. 바울이 강하였다면 그것은 그가 하나님을 믿었기 때문입니다. 그 믿음에 관해서 이야기해 봅시다. 바울은 강하였기 때문에 다른 사람들에게 안심하라는 말을 하였습니다. 그렇다면 우리는 고통 가운데 있는 친구들에게 용기를 내라는 말을 할 수 없겠습니까?

1. 첫째로, 바울은 믿었기 때문에 강하였습니다.
믿음은 사람을 강하게 만듭니다.

그런데 머리에서가 아니라 마음에서 강하게 만듭니다. 의심하는 사람들은 대체로 고집이 셉니다. 도마 같은 사람들은 자기들이 원하는 증거를 확인하기 전에는 믿지 않겠다고 고집스럽게 말합니다. 여러분이 어떤 신문이나 잡지, 계간지 같은 것들을 읽어보면, 언제든지 회의론을 칭찬하고, 신조보다 자신들의 의심을 더 신뢰하는 사람들을 보게 될 것입니다. 그들은 특별히 위쪽 부분, 즉 머리가 강한 사람들인데, 그것은 일종의 지적인 힘이 강한 것뿐인데, 거기에는 사실 약점이 있을 수밖에 없습니다. 완고함에는 좀처럼 지혜가 따라오지 않기 때문입니다. 그들은 언제는 신자들을 약한 사람들이라고 생각하고 비웃습니다. 이것은 그들이 별로 강한 사람이 아님을 보여주는 분명한 표시입니다. 사람이 자기 반대자를 멸시할 때 그 자신이 멸시를 받게 된다는 이 규칙에는 영구히 예외가 없기 때문입니다. 어떤 작가들이 "복음주의자들의 평범한 의견들"에 대해, 흔히 그러듯이 시끄럽게 비난한다면, 그들은 주로 그 자신들이 비난받아야 할 어떤 잘못을 다른 사람들에게서 보는 것에 지나지 않습니다. 현대적 의심과 "문화"를 주창하는 그런 부류만큼 허튼 이야기를 그처럼 유창하게 써대고, 터무니없는 말을 할 수 있는 사람은 없습니다. 그들은 자신들을 지혜자 중의 지혜자라고 생각하고, 스스로 현명하다고 공언하지만 바보가 되어버렸습니다.

　　나는 분명한 정신으로 이 말을 합니다. 복음주의자들이 맥이 빠지고 신선미가 없어졌다는 것은 사실입니다. 그러나 다른 사람들은 그 점에서 우리보다 한 술 더 떴습니다. 그들은 훨씬 더 둔하고 신선미가 없으며 무익합니다. 사람이 믿음을 떠나면 힘을 잃습니다. 사람이 종교에서 "자유주의적" 견해를 취하고 구체적으로 어떤 것도 믿지 않을 때, 그는 영혼의 뼈와 근육을 잃어버린 것입니다. 굳은 믿음을 가진 사람이, 의심하는 사람은 전혀 알지 못하는 어떤 힘을 가지고 있다는 것은, 모든 일에서 전적으로 맞는 말입니다. 사람이 믿는 내용에서 다소 실수가 있을 수 있는데, 그런 믿음에도 힘이 있습니다. 그 믿음이 어느 정도는 해를 끼칠 수가 있지만, 힘이 있는 것은 사실입니다. 그러나 바른 것을 믿는다면 신자에게는 선을 행할 수 있는 힘의 세계가 있습니다. 바울은 하나님을 믿는 신자였습니다. 그래서 마음이 담대하였고, 침몰하는 배의 갑판에서 희망의 중심이자 용기의 버팀줄 역할을 하였습니다.

　　그 다음에는 바울의 믿음이 하나님께 대한 믿음이었다는 점을 살펴봅시다. 그 배에 있는 다른 어느 누구도 하나님에게서 아무 희망도 볼 수 없었습니다. 오직 한 사람 혹은 바울과 같은 마음을 가진 두 사람을 제외하고, 사람들은 어쨌든 정말로 하나님을 생각하였다면, 하나님께서 자기들을 버리셨다고 생각했을 것입니다. 그런데 그날 밤 바울 곁에 하늘에서 천사가 내려와 섰습니다. 하나님의 임재로 마음이 밝아지고, 천사의 메시지에서 힘을 얻은 바울은 "나는 하나님을 믿노라” 하고 말했습니다. 이것은 단순히 “나는 하나님에 대해서 믿는다”고 말하는 것이 아니었습니다. 많은 사람들이 이렇게 말하고 그 믿음에서 빈약한 위로밖에 끌어내지 못합니다. 그러나 바울은 “나는 하나님을 믿노라”고 했는데, 이는 “하나님, 그분을 믿는다. 하나님의 신실하심을 믿으며, 하나님이 말씀하신 약속을 믿고, 하나님의 자비와 능력을 믿는다. 나는 하나님을 믿는다”는 것입니다. 이 믿음 때문에 바울은 침착하고 평온하고 강할 수 있었습니다. 하나님께서 그리스도인이라고 하는 모든 사람들이 그렇게 진정으로 하나님을 믿게 해주시면 좋겠습니다.

하나님을 믿었기 때문에 바울은 하나님이 자기에게 보내신 메시지를 믿었고, 그 말씀 한 마디 한 마디를 흡수하였고, 그 말씀에서 기운을 얻었습니다. 하나님께서 이렇게 말씀하셨기 때문입니다. “바울아 두려워하지 말라 너와 함께 항해하는 자를 다 네게 주셨다.” 바울은 그 말씀을 믿었습니다. 바울은 그 일을 약속하신 하나님께서 일을 이루실 수 있다는 것을 확신하였습니다. 그래서 바람이 맹렬히 부는 가운데서도, 바울은 그 약속을 굳게 붙잡았습니다. 그는 어느 누구라도 조금도 해를 당하지 않을 것을 확실히 알았습니다. 주님께서 보존해 주시겠다는 말씀을 하셨고, 주님의 종에게는 그 말씀이면 충분했습니다. 하나님께서 그렇게 말씀해 놓으시고, 그 말씀을 행하지 않으시겠습니까? 하나님께서 그렇게 말씀하셨는데, 그 일이 일어나지 않겠습니까? 바울은 자기가 들은 말대로 그 일이 반드시 그렇게 되리라고 하나님을 믿었습니다.

친구 여러분, 바울이 그렇게 믿은 것은, 그때 그밖에 달리 믿을 것이 아무것도 없었다는 점을 유의하시기 바랍니다. 바울은 “내가 하나님을 믿노라”고 말하였습니다. 바울이 할 마음이 있었다면, 백부장에게 이렇게 말할 수도 있었습니다. “나는 선원들을 믿지 않습니다. 저들은 아주 당황하여서 어떻게 할 줄을 모릅니다. 우리는 바람에 밀려서 가고 있고 배의 돛이나 연장들이 아무 소용이 없습니다. 나는 이 사람들을 믿지 못하겠소. 이들은 지금 배와 배에 탄 모든 사람은 바다 속으로 빠지도록 내버려 둔 채, 거룻배를 타고 도망하려고 하고 있기 때문이오. 그들을 갑판에 붙들어 두어야 합니다. 하지만 나는 여전히 그들을 신뢰하지 않습니다. 그들의 도움은 하나님의 도움에 비할 때 아주 하찮은 것이오.” 바울은 이렇게 말하지도 않았습니다. “나는 백부장, 당신을 믿습니다. 당신이 군사적인 규율을 유지할 수 있을 것이고, 그러면 우리는 피할 수 있는 더 좋은 기회를 얻을 것이오." 그렇지 않습니다. 이 배는 깨어지고 있었습니다. 선원들은 줄로 선체를 둘러 감았습니다. 그러나 그들은 이 모든 조처가 쓸모가 없다는 것을 분명히 알 수 있었습니다. 맹렬한 유라굴로 광풍이 배를 이리저리 끌고 가면서, 해안으로 몰아가고 있었습니다. 그러나 바울은 "내가 하나님을 믿노라"고 평온하게 말했습니다. 바람이 사라졌을 때, 하나님을 믿는 일이란 큰 일입니다. 파도가 많은 짐승들처럼 울부짖고 여러분을 삼키려고 찾아다니는 늑대들 무리처럼 연이어서 덮쳐 올 때, 하나님을 믿는 것은 큰 일입니다. "내가 하나님을 믿노라." 이것이 참된 믿음입니다. 폭풍우에 용감하게 맞설 수 있는 믿음입니다. 사람들의 보통 믿음은 순조로운 때만의 믿음입니다. 유리 같은 물결에 반사된 아름다운 상을 보기 좋아하지만, 폭풍우의 구름이 전쟁을 몰고 올 때는 멀리 도망가는 믿음입니다. 하나님의 선택하신 사람들의 믿음은 어둠 속에서 볼 수 있는 믿음이고, 큰 소동 속에서 평온한 믿음이며, 슬픔 가운데서 노래를 부를 수 있는 믿음이고, 주변의 모든 것이 칠흑 같이 어두운 때에 가장 빛나는 믿음입니다. 바울 사도가 "내가 하나님을 믿노라"고 말했을 때, 그때 그에게는 다른 믿을 것이 아무것도 없었습니다. "나의 영혼아 잠잠히 하나님만 바라라 무릇 나의 소망이 그로부터 나오는도다"(시 62:5). 여러분, 내 영혼아, "땅이 변하든지 산이 흔들려 바다 가운데에 빠질지라도 우리는 두려워하지 아니하리로다 하나님은 우리의 피난처시요 힘이시니 환난 중에 만날 큰 도움이시라 "(46:1-3) 하고 말하십시오.

> "하나님은 지금도 살아 계신다!
> 내 영혼아, 신뢰하고 아무 악도 두려워하지 마라
> 하늘의 거대한 천장이 산산이 찢어지고
> 땅의 둥근 세계가 산산이 깨어질 수 있으며
> 마귀가 무시무시한 화를 내며 소리치고
> 죽음과 지옥이 최악의 발악을 할 수 있다.
> 그때 하나님께서 자기를 굳게 의지하는 자들을
> 안전하고 확실하게 지키실 것이다.
> 내 영혼아, 그런데 어찌하여 네가 낙망하는가?
> 파선할 때에도 하나님은 거기 계신다."

　　바울 사도는 이렇게 진심으로 그리고 확실히 하나님을 믿었으므로 그렇게 말하기를 부끄러워하지 않았습니다. 사도는 주변의 모든 사람들에게 공공연하게 말했습니다. "너희 중 아무도 생명에는 아무런 손상이 없을 것이라 나는 하나님을 믿노라." 자, 여러분의 믿음을 나타내고, 거친 날씨에도 불구하고 믿음을 표시하며 거친 사람들이 듣도록 말하는 것은 쉽지 않은 일입니다. 많은 사람이 약속을 믿었지만 그렇게 말하는 것을 그리 좋아하지 않았습니다. 그의 마음속에 이렇게 속삭이는 소리가 있었기 때문입니다. "그 말이 이루어지지 않는다고 생각해 봐라. 그러면 원수가 참으로 기뻐할 것이다! 내 말에 귀를 기울였던 사람들이 내가 틀렸다는 것을 알면 참으로 슬퍼할 것이다." 이렇게 마귀는 믿음을 벙어리가 되게 하고, 하나님에게서 그의 명예를 빼앗습니다. 사려분별이라는 미명 아래, 불신앙의 이기심이 숨어 있습니다.

　　형제 여러분, 여러분에게 조용히 속삭일 말이 있으니 내게 귀를 기울여 주십시오. "여러분은 전혀 믿는 사람이 아닙니다." 그것은 정당한 믿음이 아닙니다. 하나님을 믿는 참된 믿음은 큰 소리로 외칩니다. "하나님은 참되시다. 나는 하나님의 말씀에 모든 것을 걸겠다." 참된 믿음은 말을 속으로 삼키고, 생각을 자기 혼자만 간직하고 있지 않습니다. 때가 오면, 다른 사람들이 곤경과 의심 가운데 있을 때, 참된 믿음은 "나는 하나님을 믿노라" 하고 소리쳐서 다른 사람들에게 용기를 줍니다. 참된 믿음은 이렇게 말하기를 부끄러워하지 않습니다. "내가 속한 바 곧 내가 섬기는 주 예수께서 오늘 밤 내 곁에 서서 내게 말씀하셨으니 나는 내게 말씀하신 그대로 되리라고 믿노라."

　　나는 모든 그리스도인들이 도전하고 솔직하게 나올 수 있도록 준비를 했으면 좋겠습니다. 하나님이 참되시지 않다면, 우리는 하나님을 믿는 척하지 않도록 합시다. 복음이 거짓이라면, 아주 솔직하게 그렇다고 고백합시다. 그러나 복음이 참되다면, 어째서 우리는 복음을 의심하고 숨을 죽이고 말해야 합니까? 이렇게 머뭇거리는 것은 도대체 무슨 이유 때문입니까? 어떤 사람은 말합니다. "큰 위험을 무릅쓰지 않도록 하기 위해서입니다." 여러분, 하나님을 위험에 내맡기게 될 것이라고 생각합니까? 하나님이 자기 말을 지켜야 하는 위험을 무릅쓰게 될 것이라고 생각합니까? "사람은 다 거짓되되 오직 하나님은 참되시다"(롬 3:4). 천지가 다시 혼돈으로 돌아가고 옛날 밤으로 돌아갈지라도, 지극히 높으신 이는 자신의 말씀을 깨트리거나 자신의 약속을 어기실 수 없습니다. 그러므로 바울과 같은 여러분들이여, 여러분이 지극히 높으신 분으로부터 메시지를 받으면, 그것을 널리 공표하고 여러분의 믿음을 세상에 알리도록 하십시오.

여러분 가운데 자신이 그리스도를 사랑한다고 생각하면서도 자신의 그 사랑을 한 번도 말해 본 적이 없는 분들, 뒤에 숨어 있는 여러분에게 이 작은 말을 들려주고 싶습니다. 나와서 여러분 자신을 보여주십시오!

오랫동안 자신의 구주를 공언해 오신 여러분은 더욱더 그렇게 하십시오.

> "하나님의 말씀을 전하십시오. 왕들이 들을지라도
> 부끄러워하는 죄에 지지 말고."

2. 우리가 어느 정도라도 바울의 믿음을 지니고 있다면, 바울이 했듯이 우리도 다른 사람들을 격려하도록 합시다.

여러분도 본문의 말대로 이야기하십시오. "그러므로 여러분이여 안심하라 나는 내게 말씀하신 그대로 되리라고 하나님을 믿노라."

첫째로, 여러분은 구도(求道)하는 영혼들을 만날 것입니다. 그들은 아직 그리스도를 발견하지 못했지만 지금 그리스도를 갈망하고 목말라하고 있습니다. "내가 어찌하면 하나님을 발견할꼬!"(욥 23:3) 하고 말하고 있습니다. 하나님을 믿는 여러분은 사람들에게 편하게 이렇게 말해야 합니다. "여러분, 안심하십시오. 나는 하나님을 믿는데, 내게 말씀하신 그대로 될 것이기 때문입니다." 죄 때문에 슬퍼하고 있는 사람이 있습니다. 가서 그 사람에게 이렇게 말하십시오. 죄 때문에 슬퍼하는 슬픔은 달콤한 슬픔이라고, 누구도 자기 잘못에 대해 슬퍼하는 것에 대해서 유감으로 생각해서는 안 되며, 하나님께서 그가 거룩한 슬픔, 곧 회개의 고통을 느낄 수 있게 하신 것에 대해 기뻐해야 한다고 말해 주십시오.

갓홀드(Gotthold) 목사는 자기가 어느 날 초대를 받아서 어떤 사람을 보러 갔다고 합니다. 갓홀드가 그 사람의 방에 들어갔을 때 그가 갑자기 눈물을 펑펑 쏟았습니다. 그 훌륭한 목사는 무엇 때문에 그 사람이 그렇게 불행한지를 깨닫기까지 오랜 시간이 걸렸습니다. 마침내 갑자기 그가 이렇게 소리쳤습니다. "아, 내 죄, 내 죄가 참으로 싫다! 내 죄, 내 죄가 참으로 슬프다!" 그래서 그의 슬퍼하는 모습을 보고 슬퍼하던 갓홀드가 웃음을 띠며 말했습니다. "친구여, 그대의 슬픔이 나의 기쁨이요. 나는 자기 죄 때문에 슬퍼하는 사람을 보는 것만큼 기쁜 일은 없네." 그러자 그 사람이 말했습니다. "아, 목사님, 정말 그렇습니까?" 갓홀드가 말했습니다. "예. 정말로 그렇습니다. 다른 사람들에 대해 슬퍼하는 사람들은 많이 있습니다. 그러나 자신을 위해 슬퍼하는 사람들은 복됩니다. 자기 뜻대로 할 수 없어서 슬퍼하는 사람들은 많이 있지만 자기 뜻대로는 하고 하나님의 뜻은 무시한 것 때문에 슬퍼하는 사람은 거의 없습니다. 그래서 기쁩니다. 당신 같은 사람들을 위해 예수께서 죽으셨습니다. 와서 예수님을 의지하십시오. 죄로 인해서 슬퍼하면, 곧 죄사함으로 인한 기쁨도 있을 것이기 때문입니다." 자, 회개하는 사람들에게 조용히 말하십시오. 슬퍼하는 사람에게 하나님께서 그의 밤을 낮으로 바꾸시고, 그의 삼베옷을 아름답게 변하게 하실 것을 약속했다고 말하십시오.

어쩌면 여러분은 매일 자비를 간구하는 또 다른 사람을 만날지도 모릅니다. 그 사람은 이렇게 말합니다. "나는 그동안 기도하고 기도하고 기도해 왔습니다. 단 하루도 죄사함을 구하지 않은 채 지나갈 수가 없습니다. 그런데 웬일인지 내 기도가 나한테 되돌아오는 것 같아요. 아무런 응답을 받지 못해요." 형제 여러분, 이런 곤경에 처해 있는 사람에게는 이렇게 말해야 합니다. "친구여 안심하십시오. 나는 하나님을 믿는데, 내게 말씀하신 그대로 될 것입니다. 하나님께서 내게 말씀하셨습니다. '구하라 그리하면 너희에게 주실 것이요 찾으라 그리하면 찾아낼 것이요 문을 두드리라 그리하면 너희에게 열릴 것이니라.'" 기도하는 그 사람에게 기도한 것이 결코 헛되지 않았으며, 때가 되면 "구하는 자가 받는다"고 말해주십시오.

그런가 하면 여러분은 또 이렇게 말하는 사람을 만날 수도 있습니다. "나는 지금 위험을 무릅쓰고 그리스도께 나가기 시작할 거요. 나는 믿기를 바라고 있습니다. 아, 그런데 나는 확신이 약합니다. 나는 그리스도를 믿는다고 생각하는데, 실제는 믿지 않는 것이 아닌가 생각이 듭니다. 다른 구주는 없다는 것을 압니다. 정말 나를 그리스도께 맡깁니다. 그러면서도 여전히 내 믿음이 참된 믿음이 아닌 것은 아닐까 하고 몹시 신경이 쓰입니다." 그 사람에게는 예수께서 분명하게 하신 말씀을 전해 주십시오. "내게 오는 자는 내가 결코 내쫓지 아니하리라"(요 6:37). 그 다음에 "안심하십시오. 나는 하나님을 믿는데, 내게 말씀하신 그대로 될 것입니다." 떨고 있는 그 사람에게, 예수께서는 신자의 믿음이 아무리 약하고 떨지라도 한 신자도 거절하신 적이 없다고 말해주십시오. 예수님을 믿는 사람은 누구든지 정죄를 받지 않습니다. 예수님의 제자들이 배고픈 무리들에게 빵과 물고기를 나누어 주었듯이, 여러분이 친히 그리스도께 갈 때 느끼는 위로를 이와 같이 다른 구도자들에게도 전달하도록 하십시오.

또 여러분은 이렇게 말하는 사람을 만날지도 모릅니다. "나는 내 본성이 새로워졌으면 좋겠습니다. 나는 너무 죄가 많아요. 나는 그리스도께서 용서해 주신다는 것을 믿을 수 있어요. 그런데 내 마음이 너무 거짓됩니다. 나는 아주 강한 열정과 악한 습관들이 나를 꽁꽁 묶고 있어서 너무 두렵습니다." 가서 그 사람에게 이렇게 말씀하십시오. "이름을 예수라 하라 이는 그가 자기 백성을 그들의 죄에서 구원할 자이심이라"(마 1:21). 걱정하는 그 사람에게 하나님은 돌 같은 마음을 제거하시고, 부드러운 마음을 주실 수 있다고 말하십시오. 그리스도께서 포로된 자에게 자유를 주시고, 죄의 속박에서 사람들을 풀어주려고 오셨다고 말하십시오. 그리고 여러분이 하나님을 믿는다는 것과, 하나님께서 여러분에게 말씀하신 대로 행하실 것이라고, 하나님께서 여러분을 죄에서 씻고 온전히 거룩하게 하시겠다고 말씀하셨는데, 그 말이 참되다는 것을 안다고 말씀하십시오. 믿고 예수께 와서 예수님을 의지하는 사람은 누구든지 그리스도 안에서 거룩함을 얻어, 죄를 미워하고, 피하며, 이기게 될 것입니다.

이것을 어떻게 말해야 할지 모르겠습니다. 여기 계시는 모든 그리스도인이 구도하는 불쌍한 영혼들을 열 배나 더 열심으로 찾게 만들 것을 두세 마디로 말할 수 있으면 좋겠습니다. 나로서는 이것 말고는 달리 말할 것이 없습니다. 오늘 밤에는, 남자들이 더 적군요. 두 주 전에 여기에 한 사람이 있었는데, 나는 그에게는 근심하는 사람들을 살펴봐 달라고 말할 필요가 없었습니다. 그는 언제나 여기 이 많은 회중 가운데 서서 둘러본 다음에는, 밑에 있는 기도실로 내려갔습니다. 많은 사람들이 여기 위층의 예배에 참석하였다가 초청을 받아 밑으로 내려갔고, 거기에서 그에게 주 예수께 관해 들었습니다. 그는 우리의 사랑하는 형제 버던(Verdon)이었습니다. 그는 하나님 앞에서 유능한 영혼 사냥꾼이었고 영혼을 구하기 위해 살았습니다. 그 형제가 떠났습니다. 그를 잃어서 내 마음이 슬픕니다. 아, 내 형제여, 내가 언제 당신과 같은 사람을 또 만날 수 있겠습니까? 자, 나는 여러분 각 사람이 그의 자리를 채우려고 애쓰면 좋겠습니다. 하나님 말씀의 능력을 느끼는 것 같은 사람이 있으면, 계속 주시하고 있다가 가서, 바울 사도가 한 말씀으로 용기를 내도록 해주십시오. "나는 하나님을 믿는데, 내게 말씀하신 그대로 될 것입니다."

그 다음에, 구원받은 사람들 가운데 믿음이 적은 사람들이 있습니다. 나는 믿음이 강한 여러분들이, 그들에게 여러분이 하나님을 믿는데, 여러분에게 말씀하신 그대로 될 것이라는 말을 해주어 그들이 용기를 내도록 하기 바랍니다. 이 믿음이 적은 사람들 가운데 어떤 이들은 자기 마음속에 아주 큰 죄가 있는 것을 압니다. 이들은 그리스도를 믿을 때 더 이상은 어떤 갈등도 느끼지 않을 것으로 생각했습니다. 그들은 자기들이 하나님께로 거듭난 순간, 죄의 공격으로부터 자유롭게 되어야 한다고 생각하였습니다. 그런데 이제 보니 그들 속에 있던 옛뱀이 죽지 않은 것입니다. 그 뱀이 머리에 타격을 받았지만, 아주 죽은 것이 아닙니다. 믿음이 적은 사람들은 자기 마음속에서 정욕과 타락한 심정이 움직이는 것을 보지만, 그것이 어찌된 일인지 알지 못합니다. 그들에게 가서 여러분도 똑같은 점을 느낀다고, 다만 감사하게도 하나님께서 우리 주 예수 그리스도로 말미암아 여러분에게 승리를 주신다고 말하십시오. 그러면 이제 막 어둠에서 나와 빛으로 가려고 애쓰고 마음속에 있는 부패와 싸우기 시작하고 있는 이 가엾은 어린 영혼은, 여러분이 그와 같이 자신의 경험을 이야기하며 여러분 믿음의 궁극적 승리를 이야기해 주면 크게 위로를 받을 것입니다.

이렇게 믿음이 약한 사람들 가운데 또 다른 경우에 그들의 고민은, 그들이 외적인 시험으로 괴로움을 겪는다는 것입니다. 많은 젊은이들이 이렇게 말합니다. "내가 일하는 곳에서는 그리스도인으로 지내기가 어렵습니다." 많은 젊은 여성들은 이렇게 말하지 않을 수 없습니다. "제가 믿는 것을 부모님이 반대해요." 또 다른 사람들은 사업과 관련된 모든 것들이 악한 일을 행하도록 시험하는데, 도움받을 길이 거의 아무것도 없다고 불평하지 않을 수 없습니다. 가서 그들에게 모든 것이 충족하신 주님에 대해 이야기하십시오. 그들에게 "하나님께서 그의 성도들의 발을 지키실 것이라"(삼상 2:9, 개역개정은 "그가 그의 거룩한 자들의 발을 지키실 것이요")고 말해주십시오. 그들에게 날마다 "우리를 시험에 들게 하지 마시옵고 다만 악에서 구하시옵소서"(마 6:13) 하고 기도하라고 일러주십시오. 그리스도께는 자기 백성을 보존하실 힘이 있다고 말하십시오. 주님의 날개 그늘 아래에 숨으라고 하십시오. 여러분이 그렇게 해서 행복한 피난처를 발견했으니, 그들에게 확신을 가지고 이렇게 말할 수 있을 것입니다. "여러분이여 안심하라 나는 내게 말씀하신 그대로 되리라고 하나님을 믿노라."

　　또 이렇게 한탄하는 사람들을 만날 것입니다. "나는 너무 약합니다. 내가 그리스도인이지만 아무것도 잘하는 것이 없습니다. 나는 기도를 자유롭게 하지 못하고 누군가를 교화할 힘도 없습니다. 나는 모든 가족 가운데서 가장 쓸모없는 사람인 것 같아요." 그들에게 말하십시오. 하나님은 "피곤한 자에게는 능력을 주시며 무능한 자에게는 힘을 더 하신다"(사 40:29)고. 그들에게 주님은 소자들을 버리지 않으시고, "어린 양들을 가슴에 안으시고 새끼들과 함께 있는 양들을 온화하게 인도하신다"고 말하십시오. 선한 목자의 신실하심과 온유하심에 대해 이야기하며 "여러분, 안심하십시오. 여러분이 약할지라도 주께서 힘있게 여러분을 기르실 것입니다. 주님께서 자기 백성을 보존하시며 나를 영원히 지키시겠다고 약속하셨으니 의심하지 마십시오. 주님께서 내게 말씀하신 대로 될 것입니다."

　　혹시는 사람들이 이렇게 말할 것입니다. "아, 나는 사탄에게 늘 둘러싸여 있습니다. 불경한 생각들이 자꾸 내 마음속에 들어옵니다. 도무지 어떻게 해야 할 줄 모르겠어요." 주님께서는 자기 백성들이 "나의 대적이여 나로 말미암아 기뻐하지 말지어다 나는 엎드러질지라도 일어날 것임이로다"(미 7:8) 하고 외칠 수 있게 해주신다고 말하십시오. 적이 홍수처럼 몰려올 때, 주의 성령이 원수에 맞서서 깃발을 높이 드실 것입니다. 이 사람들이 위험을 느낄 때, 그들에게 그들의 크신 보혜사, 주 예수님을 보라고 하십시오. 주님은 마귀의 일을 멸하기 위해 오셨다고 하십시오 그리고 이같이 말씀하십시오. "여러분이 마귀를 이길 것입니다. 조만간 마귀를 이길 것입니다. 곧 주님께서 사탄을 여러분 발 아래에서 상하게 하실 것입니다. 여러분, 안심하십시오. 나는 내게 말씀하신 그대로 되리라고 하나님을 믿습니다."

　　행복한 신자들은, 마음이 약한 사람들, 겁이 많은 사람들, 의기소침한 사람들, 그와 같은 사람들 가운데서 할 일이 많습니다. 신자들이 그 일을 시작하기를 간절히 바랍니다.

　　자, 여러분이 이런 일들을 했다면, 세 번째 계층의 사람들, 즉 많은 시련을 겪는 사람들에게 주의를 돌리라고 말씀드립니다. 하나님의 백성들 가운데 시련을 받는 사람들이 세상에 널리 있습니다. 나는 일전에 결코 잊을 수 없을 한 가지 교훈을 배웠습니다. 나는 설교 후에, 류머티즘으로 고생하는 부인을 가서 봐달라는 부탁을 받았습니다. 내 자신이 고통스럽게 겪어 봐서, 류머티즘이 어떤 것인지 압니다. 그런데 그 부인은 손과 손가락이 고통으로 인해 거의 형태를 잃어버리다시피 했습니다. 그래서 그녀는 단지 손을 들었다가 내리는 정도 외에는, 전혀 움직일 수 없었습니다. 고통이 그 얼굴에 가득했고 22년 동안 고통을 겪어 왔다는 것을 알았을 때, 나는 말했습니다. "자매님은 내게 인내에 대해 설교해 주셨습니다. 부인의 그 설교에서 많은 유익을 얻을 것 같습니다. 자매님이 그렇게 고통당하는 것을 보면서, 내가 어떻게 인내하지 못할 수 있겠습니까?"

자, 여러분이 가서 병든 사람을 보게 되면, 아마 보게 될 것인데, 여러분이 병에 걸리지 않을지라도 그들에게 이렇게 말하십시오. "여러분, 안심하십시오. 하나님이 내게 말씀하신 그대로 될 것이기 때문입니다." 하나님이 내게 무엇이라고 말씀하셨습니까? 하나님께서는 자기 백성을 지극히 혹독한 고통 가운데서 붙드시겠다고 말씀하셨습니다. "여섯 가지 환난에서 너를 구원하시며 일곱 가지 환난이라도 그 재앙이 네게 미치지 않게 하시리라!"(욥 5:19). 주님께서는 지극히 혹독한 고통 가운데서도 자기 백성들을 붙드실 것이라고 말하십시오. "하나님을 사랑하는 자들에게는 모든 것이 합력하여 선을 이루기"(롬 8:28) 때문입니다. 하나님께서는 자기 백성들을 이런저런 골치 아픈 길에서 인도하여 내실 것인데, 이는 하나님께서 "의인은 고난이 많으나 여호와께서 그의 모든 고난에서 건지시는도다"(시 34:19)고 말씀하셨기 때문이라고 이야기해 주십시오.

여러분이 그들에게 이런 귀한 사실들을 이야기하고, 여러분 자신이 그 진리를 경험했다는 것을 그들이 믿으면, 이 점이 중요한데, 그러면 여러분의 증언이 그들에게 위로가 될 것입니다. 여러분은 사별한 사람들을 만날 것입니다. 그들은 집에서 빛을 잃어버렸고 타격을 받고, 눈에서 희망이 사라진 사람들입니다. 그 사람들을 격려하고, 하나님께서 사별한 사람들에 대해 말씀하신 즐거운 사실들을 일러주십시오. 하나님은 "고아의 아버지시며 과부의 재판장"(68:5)이십니다. 하나님께서 그런 분이심을, 여러분이 믿는다는 것을 분명하게 밝히십시오. 여러분은 혹독한 시련을 겪고 있는 경건한 사람들도 만날 것입니다. 젊은이들은 앞으로 많은 시련을 겪지 않을 수 없습니다. 내가 시련이라고 말할 때는 이런 것입니다. "젊은이, 이 일 하겠나? 월급은 충분하지 않은가?" "예, 사장님, 만족합니다. 월급에 관한 한 이보다 나은 일자리는 없을 것 같습니다." "자네는 안식일에 쉬지 못할 걸세. 여기서는 종교가 필요 없다는 것을 알아두게." 자, 젊은이 여러분, 거기에 대해 무엇이라고 말하겠습니까? 친구 여러분, 거기에 대해 두 번 생각할 것도 없이 이렇게 말해야 합니다. "안 됩니다. 사람이 만일 온 천하를 얻고도 자기 목숨을 잃으면 무엇이 유익하겠습니까?"(막 8:36). 솔직하게 바른 말을 하고, 유혹하는 그 제안을 버리는 것을 두려워하지 마십시오. 많은 그리스도인들이 여러분에게 "안심하십시오" 하고 말할 수 있습니다. 여러분이 그렇게 하면, 하나님께서 여러분에게 복을 주실 것이기 때문입니다.

여러분이 결심하고 굳게 서서, 하나님을 위하여 싸우고 계속해서 하나님의 길을 가면, 여러분은 오는 세상에서 뿐 아니라 이 세상에서도 보상을 받을 것입니다. 시험 받을 때 하나님께서 굳건히 서도록 도와주셨고, 그 때문에 살면서 매일 하나님을 찬송하지 않을 수 없다고 말해줄 그리스도인의 이름을, 나는 많이 댈 수 있습니다. 그런가 하면 반면에 세상 풍조를 따라 조금 양보를 하였다가, 결국 하나님의 길에서 떠나고, 그래서 일생 동안 철저히 망하게 되었으며, 그래서 그리스도인이면서도 주님의 기쁨은 결코 맛보지 못하는 그리스도인의 이름 또한 많이 댈 수 있습니다. 여러분, 그리스도를 위하여 고난을 겪지 않을 수 없을 때, 안심하십시오. 하나님은 여러분이, 하나님으로 인해 잃을 것보다 훨씬 더 많은 것을 주실 수 있고, 무엇보다 캘리포니아의 모든 광산보다 가치 있는 양심의 평안을 여러분에게 주실 것이기 때문입니다. 여러분 가운데 누구든지 핍박을 받게 되면, 동료 그리스도인들이 여러분에게 찾아와 안심하라고 말해줄 것입니다. 주님은 여러분이 멸시받고 비방을 당하면 당할수록, 여러분이 점점 더 기뻐하도록 만드실 수 있기 때문입니다. 그 사실을 믿으십시오. 그러면 그것이 맞다는 것을 발견하게 될 것입니다.

오, 하나님께 시련을 받는 여러분, 하나님의 얼굴 빛을 잃은 여러분, 우리 가운데 하나님을 기뻐하는 사람들이 여러분에게 와서 하나님이 잠깐 동안만 여러분을 버리신 것이고, 충만한 자비 가운데 다시 여러분에게 오시리라고 증언할 것입니다. 우리는 시절이 어둡든지 밝든지, 길이 험하든지 평탄하든지 간에, 하나님의 마음은 항상 똑같고 하나님께서는 자기 백성 가운데 단 한 사람의 구원도 외면하지 않으실 것이라고, 하나님을 믿습니다.

친구 여러분, 이와 같이 여러분이 다른 사람들을 위로하는 일에, 믿음을 발휘할 영역이 있습니다. 이 즐거운 봉사에 헌신하시기 바랍니다.

내게는 보고 이야기할, 또 한 부류의 훌륭한 사람들이 있습니다. 우리에게는 하나님의 언약궤를 인해서 크게 떠는 사람들이 있습니다. 이따금 나는 좋은 형제들, 아주 좋은 형제들을 만납니다. 이들은 자칫 웃사의 죄, 곧 황소가 마차를 끌고 가는 동안 언약궤가 흔들리기 때문에 언약궤를 붙잡으려고 손을 내미는 죄를 범할 수가 있습니다. 이는 마치 하나님께서 자신의 대의를 지킬 수 없는 것처럼 생각하는 행동이었습니다. 어떤 사람들은, 훌륭한 사람들이 다 죽어가고 있다고 말합니다. 그들이 이미 다 죽었다는 말까지 들었지만, 나는 그렇게 생각하지 않습니다. 그들은 아버지들이 잠들 때, 곧 하나님 전의 기둥들을 하나씩 하나씩 뽑혀가면, 교회가 어떻게 될 것이냐고 묻습니다. 어떤 목사가 장례식 설교에서 "이제 주님의 이 뛰어난 종은 떠나갔습니다. 아무도 그 자리를 채울 수 없다는 것을 우리는 압니다. 지도자들이 떠나가면, 그들만한 사람이 우리에게는 남아있지 않습니다. 이것은 마치 영광이 떠나가고 있고, 신실한 사람들이 사람들 가운데서 없어지고 있는 것처럼 보입니다" 하고 이야기할 때, 그 훌륭한 감리교 부인이 소리친 사실을 여러분도 압니다. 이스라엘에서 존경받을 만한 그 어머니는 회중석 통로에서 큰 소리로 외쳤습니다. "아니에요. 하나님이 채우십니다. 그것은 거짓말이에요!"

나는 훌륭하고 뛰어난 사람들의 부재와 장차 임할 일들에 대한 우울한 예언에 대해 탄식하며 우는 소리를 들었을 때, 바로 그 얘기를 하고 싶었습니다. "하나님은 결코 그의 교회가 지도자들이 부족해서 사라지게 하시지 않을 것입니다. 하나님께는 어디엔가 큰 예비 부대가 있습니다" 하고 말입니다. 오늘 복음을 전하는 모든 사람들이 내일 강단에서 갑자기 뇌졸중으로 다 쓰러진다면, 성령께서 여전히 사람들을 준비시켜 예수 그리스도의 복음을 전하게 하실 것입니다. 우리 가운데 어느 누구도 그리스도께 필요하지 않고, 우리 사람은 누구도 하나님께 필요하지 않습니다. 사람이나 수단에 과도한 가치를 부여하려는 생각을 일체 갖지 않기 바랍니다. 영혼의 구원은 하나님의 일입니다. 그리고 그것이 하나님의 일이라면, 그 일은 계속될 것입니다. 그 사실을 확실히 아시기 바랍니다. 여호와께서 세우시는 일이라면, 어떤 일이든지 실패할 염려가 없습니다.

이 태버내클 교회에서 우리의 지도자들이 점점 사라집니다. 그리고 그렇게 말하는 것을 나는 들었습니다. 그리고 내 자신도 "아무개 아무개가 떠나갔는데, 이제 아무도 그 자리를 채울 수 없다"고 거의 생각할 뻔했다고, 고백하지 않을 수 없습니다. 그처럼 성실하고 거룩한 사람들은 교회에 반드시 필요한 인물들처럼 보입니다. 그래서 그들이 떠나가는 것이 치명적일 것이라고 느낍니다. 친구 여러분, 그러나 그렇지 않습니다. 그렇지 않습니다. 다른 사람들이 일어나고, 하나님의 일은 여전히 계속됩니다. 그리스도인들은 영웅적인 스파르타 사람들처럼 확신이 있어야 합니다. 나이 든 사람들은 대열에 앞서 가면서 말했습니다. "우리는 지금까지 용감하게 싸워왔다." 그리고 자기들의 상처를 보여주었습니다. 그 다음에, 인생의 한창 나이에 있는 튼튼한 사람들이 뒤를 따르며 말하였습니다. "우리는 용감합니다." 그들은 싸우기 위해 팔을 걷어붙였습니다. 다음에, 노인들이 떠나가고 튼튼한 사람들이 전투에서 죽으면 어떻게 될 것인가 하고 누군가가 묻는다면, 뒤에 있던 소년 소녀들이 와서 말했습니다. "우리가 용감하게 싸울 것이다. 우리는 스파르타 사람들이기 때문이다!"

　　나는 백발이 성성한 형제들이 무대를 떠나가는 것을 봅니다. 저들이 말을 하지 않지만, 나는 저들에 대해 말할 수 있습니다. "저들은 그동안 용감했다." 감사하게도 우리에게는 또한 의욕적인 일꾼들이 있습니다. 그들은 이 말을 해서는 안 되겠지만, 나는 그들에 대해 말할 수 있습니다. "그들은 용감하다." 그리고 저 쪽에는 젊은 군사들, 젊은 남녀들이 오고 있습니다. 그들의 얼굴을 보니, 그들이 자기가 그리스도의 군대의 수에 들어갔다는 것을 생각하고 웃음을 짓고 있는 것이 보입니다. 나는 그들이 그들의 선조들처럼 용감하고, 또 그들이 하였던 그대로, 오래된 선한 대의를 위하여 일어서고, 그리스도의 피 묻은 깃발을 위해 일어설 것이라고 확신합니다. 아버지들을 대신하여 자녀들이 일어날 것입니다. 하나님께서는 이들을 우리들보다 훨씬 더 훌륭한 군사로 만드십니다. 형제 여러분, 낙담하지 마십시오. "나는 내게 말씀하신 그대로 되리라고 하나님을 믿습니다." "여호와께서 우리를 생각하사 복을 주시리로다"(시 115:12).

　　잘못된 생각이 널리 퍼지는 것에 대해 많은 사람들이 많은 염려를 하고 있습니다. 우는 선지자들의 말에 따를 때, 장차 영국에 어떤 일이 생길지 나는 모릅니다. 시대의 징조들은 아주 좋지 않습니다. 자칭 선지자들은 두려운 폭풍우가 오고 있다고 합니다. 나의 지표는 그런 것을 전혀 가리키지 않는데, 그들의 기압계는 "비 많음" 혹은 "폭풍우"를 가리키고 있습니다. 얼마 전에 나는 아주 뛰어난 사람과 길을 걸었습니다. 그 사람 이름은 말하지 않겠습니다. 그 사람이 그 날 아침에 몸이 안 좋았던 것이 분명합니다. 그는 내게 자신은, 살면서 런던의 거리들이 이 시대의 억제되지 않은 민주주의와 무신론과 급진주의 때문에 피로 물드는 것을 보게 될 것을 믿는다고 말했습니다. 사실, 그는 모든 것이 뒤죽박죽이 되었다고 생각하였습니다. 그때 우리는 걷고 있었는데, 그곳이 어딘지 모르겠습니다. 그리 오래 진 일이 아닙니다. 내가 그의 소매를 잡아당기면서 이렇게 말했던 것이 생각납니다. "하지만 친구여 하나님은 죽지 않았습니다."

자, 나에게는 이 사실이 위로가 됩니다. 하나님은 죽지 않으셨습니다. 조만간에 마귀를 치실 것입니다. 예수께서 십자가에서 승리하셨듯이 하나님이 세상 죄를 이기고 승리하실 것입니다. 지금이 기독교에 힘든 시기인 것은 사실입니다. 무신론자들이 새로운 주장을 가지고 우리와 싸우고 있습니다. 그러나 나는 그들을 생각할 때, 웰링턴 공작(Duke of Wellington)이 워털루에서 장군들에게 했던 말을 하고 싶은 마음이 듭니다. "장군들, 힘든 포격전(砲擊戰)이오! 힘든 포격전이오! 하지만 우리가 최후 승리자가 될 것이오."

그리스도의 교회에 "힘든 싸움"일 수 있습니다. 하지만 우리는 최후 승리자가 될 것입니다. 지금까지 1800년 이상 복음의 대포가 계속해서 포를 쏘았지만 포문이 막힌 적이 없고 닳아 없어진 적도 없습니다. 우리의 적들에 대해서 말하자면, 그들은 수도 없이 대포를 바꾸었습니다. 우리의 복음이라는 대포는 그들의 대포와 포차(砲車), 포수(砲手)들을 산산이 폭파시켜버렸습니다. 그들은 한두 해마다 새로운 포대(砲隊)를 세워야 했습니다. 그들은 방식을 바꾸고, 주장과 전략을 바꿉니다. 그러나 우리는 바울이 그랬듯이 똑같은 십자가를 자랑하고, 아우구스티누스, 칼빈, 휫필드 등과 같이 동일한 복음을 전파합니다. 예수 그리스도에 대한 증언은, 지금까지 내내 동일했습니다. 그리스도의 보혈을 높여 왔고 사람들에게 예수를 믿으라고 명령해 왔습니다. 여러분, 묵묵히 계속 일하십시오! 우리가 최후의 승리자가 될 것입니다. 우리가 그 날에 승리할 것입니다. 우리가 이렇게 하나님을 믿는다면 좌절한 형제들에게 가서 이렇게 말합시다. "여러분, 안심하십시오. 나는 내게 말씀하신 그대로 되리라고 하나님을 믿습니다."

우리가 마지막으로 살펴볼 계층은, 지금 그리스도를 위하여 애쓰고 있는 형제자매들입니다. 그리스도를 위하여 일하는 일꾼들이 낙담하는 때가 종종 있습니다. "내가 수년 동안 주일학교 반을 가르쳐 왔는데 아무 열매가 없다"고 누군가는 말합니다. 그런가 하면 "나는 수개월 동안 길거리에서 복음을 전했는데 회심했다는 말을 한 번도 들은 적이 없다"고 말하는 사람도 있습니다. 자, 형제 여러분, 여러분이 지금까지 예수 그리스도를 전해 왔는데, 아무것도 얻은 것이 없다고 생각하십니까? 그렇게 생각한다면 여러분은 전혀 믿음이 없는 사람입니다. 나는 한순간도 그렇게 생각하지 않습니다. 나는 하나님을 믿습니다. 그래서 하나님께서 내게 말씀하신 그대로 될 것입니다. 하나님은 말씀하셨습니다. "내 말도 이와 같이 헛되이 내게로 되돌아오지 아니하고 내가 보낸 일에 형통함이니라"(사 55:11). 어쩌면 여러분은 믿지 않으면서 설교하고 있는지도 모릅니다. 그런데 믿지 않고 하는 말은 하나님의 말씀이 아닙니다. 여러분이 확신을 가지고 설교하고, 신뢰하는 마음으로 가르치고, 성령의 능력을 믿고서 여러분의 자녀들과 회중들에게 예수 그리스도를 그렇게 전한다면, 틀림없이 결과가 있을 것입니다. 빗방울은 하늘로 돌아가지 않고, 눈도 거슬러 하늘의 창고로 올라가지 않으며, 땅에 물을 대고 땅이 싹을 티우고 봉오리를 맺게 합니다. 하나님의 말씀도 바로 그와 같을 것입니다. 하나님의 말씀은 하나님께서 그 말씀을 보낸 일에서 반드시 성공할 것입니다.

　　사랑하는 형제 여러분, 포기하지 마십시오. 사랑하는 자매 여러분, 낙담하지 마십시오. 계속 하십시오! 하던 일을 계속 하십시오! 여러분이 오늘 결과를 보지 못할지라도, 기다리며 계속 일해야 합니다. 추수 때가 올 것이기 때문입니다. "울며 씨를 뿌리러 나가는 자는 반드시 기쁨으로 그 곡식 단을 가지고 돌아오리로다"(시 126:6). 비겁하게 "일을 그만 두겠다"고 말하지 않도록 하십시오. 여러분이 한순간에 전투에서 이기거나, 씨를 뿌리자마자 수확을 거두게 되어 있지 않습니다. 계속해서 일하십시오! "견실하며 흔들리지 말고 항상 주의 일에 더욱 힘쓰는 자들이 되라 이는 너희 수고가 주 안에서 헛되지 않은 줄 앎이라"(고전 15:58). 우리가 여러분에게 이 말을 하는 것은, 우리에게는 확신이 있고, 여러분도 확신을 갖기를 바라기 때문입니다. 여러분, 안심하십시오. 하나님은 지금까지 우리에게 진실하셨고 우리에게 성공을 주셨습니다. 우리는 하나님께서 우리에게 말씀하신 그대로 여러분에게도 이루실 것으로 믿습니다.

3. 자, 설교를 다 마쳤습니다.

　　하지만 시간이 있다면 하나님께서 약속하신 대로 언제나 내게 행하셨다는 것을 밝힘으로써 하나님의 신실하심에 대한 개인적인 증언을 한두 마디 하려고 생각했었는데, 이제 그 한두 마디를 하도록 하겠습니다.

　　나는 하나님께로 회심하고 나서 성경을 읽다가, 신자는 마땅히 세례를 받아야 한다는 것을 깨달았습니다. 그런데 주변에 있는 사람들 중에는 아무도 그것을 그 관점에서 보지 않았습니다. 그러나 사람들이 어떻게 생각하든 내세는 별 문제가 되지 않았습니다. 내 자신이 성경을 주의 깊게 보았기 때문입니다. 부모님이나 친구들 모두 의견이 달랐습니다. 그러나 내가 볼 때, 신자가 세례 받는 것은 성경적이었습니다. 내가 어린 사람이었지만 하나님께서 은혜를 주셔서 나는 내 양심에 정직했고, 그 면에서 할 수 있는 대로 주님을 따를 수 있었습니다. 내가 그 점에 대해 후회할 까닭이 있었습니까? 그때 내가 곧 후회할 만한 중대한 이유를 발견하게 될 수 있는 것처럼 보였지만 그런 것은 전혀 없었습니다. 반면에 내가 양심을 가볍게 여기지 않았다는 것이 종종 내게 큰 위로가 되었습니다. 젊은이 여러분, 그 문제든 다른 어떤 문제든, 여러분이 하나님으로부터 빛을 받았다면, 양심을 소홀히 다루지 말라고 말하고 싶습니다. 온전히 주님을 따르십시오. 나는 실제적인 경험의 결과를 가지고 이렇게 말할 수 있습니다. "여러분, 안심하십시오. 여러분이 하나님과 여러분 양심에 신실하다면 여러분에게 아무 해가 없을 것입니다."

또 한 가지 말씀드릴 것이 있습니다. 내가 젊은 목사로 런던에 왔을 때, 내가 전하는 교리들이 전혀 대중적이지 않다는 것을 아주 잘 알았습니다. 나는 바로 그 이유 때문에, 그 교리들을 훨씬 더 강조하였습니다. 참으로 빗발치는 비난이 일어났습니다! 일전에 나는 약 20년 전 쯤에 내게 쏟아졌던 격렬한 비난의 글을 읽고 있었습니다. 그 진술에 따르면 내게 아주 질 나쁜 친구들이 있었음에 틀림없었습니다. 그런데 나쁜 것이 내가 아니고, 내가 전한 교리들이었음을 보고 기뻤습니다. 나는 지금도 같은 진리를 가르칩니다. 이 교리들을 42년 이상을 전한 후에, 내가 그 결과들에 대해 무엇이라고 말할 수 있습니까? 진리를 솔직하게 곧이곧대로 전함으로써 무엇인가를 손해를 보는 사람은 아무도 없다는 것입니다. 그 사람이 교리를 믿는다면, 그는 교리를 담대하게 말하도록 해야 합니다. 로울랜드 힐(Rowland Hill)이 담대한 설교가라고 불렸듯이, 대담한 복음전도자는 결국 성공을 거둘 것입니다. 목사라면 누구도 이렇게 말하지 않도록 합시다. "그 설교는 너무 칼빈주의적이오. 칼빈주의는 인기가 없소. 그것은 너무 비국교도적이오. 당신이 영국 성공회(the Church of England)에 대해 감히 반대하는 이야기를 한다면 누군가가 매우 화를 낼 것이오. 자, 돛을 조절하시오. 부드러운 설교를 하시오. 할 말이 있을 때는 언제든지, 그것을 잘 다듬고 아무도 반감을 가질 수 없도록 산뜻하게 이야기하시오. 오늘날 위대한 여신 다이애나가 어느 종파에

국한되지 않듯이, 어느 한 종파에 속하지 않도록 하시오. 무슨 말을 하든지 달콤하고 부드럽고 순하게 하시오. 그러면 당신을 성공할 것이오."

　　자, 그 말이 내게 와서는 어떻게 되었습니까? 나는 이 사실을 증언하고 싶은데, 주의해서 들으시기 바랍니다. 내 자신에 관해서가 아니라, 내가 그동안 전해 온 진리에 대해서 증언하고 싶습니다. 나의 가장 큰 성공이라면, 무엇보다 내가 믿은 바를 담대하게 전했고, 모든 반대를 무릅쓰고, 내 복음이 사람을 기분 나쁘게 하든 기쁘게 하든 전혀 신경 쓰지 않고 끝까지 주장해 왔다는 것입니다. 젊은이 여러분, 여러분이 지금 인생을 시작하려고 한다면, 하나님을 정직하고 솔직하게 의지하고서 시작하되, 계속해서 그렇게 할 수 있도록 하라고 권합니다. 진리는 자기를 사랑하는 자들에게 보답을 하며, 진리를 위해서 잃는 사람은 다 승리자가 된다는 이 사실을 확신하기 때문입니다. 끝까지 여러분의 양심을 따르십시오. 내가 이 말을 하지 않을 수 없는 것은, 어쩌면 여러분 가운데 몇몇은 인생을 시작하면서 세상 풍조를 조금 따를 것이기 때문입니다. 여러분에게 이렇게 말하고 싶습니다. "똑바로 서서 진리를 큰 소리로 말하십시오. 그리고 안심하십시오. 나는 하나님이 내게 말씀하신 그대로 되리라고 하나님을 믿습니다."

　　하나님께서 보잘것없는 이 작은 증언을 쓰셔서, 어떤 그리스도인들에게 용기를 주시기를 바랍니다. 이는 우리 주변에는 아무것도 믿지 않고, 자기들이 최근에 만나는 사람의 생각에 따라 자기들의 신조를 바꾸면서도 믿는다고 하는 연체동물 같은 사람들이 있기 때문입니다. 사랑하는 형제 여러분, 여러분이 이제까지 탐닉해 왔던 악이 있다면 마음속에서 그 악을 깨끗이 씻어 달라고 하나님께 가서 기도하십시오. 하나님을 믿으십시오. 성경 말씀의 한 글자 한 글자를 생명처럼 쥐고, 큰 일뿐 아니라 작은 일에서도 주님의 규례와 교훈과 명령과 교리를 성경에 기록된 그대로 지키십시오. 여러분이 확실하게 그같이 하면 만군의 하나님께서 여러분에게 복을 주실 것입니다. 먼저, 예수님을 믿는 단순한 믿음으로 주님을 의지하십시오. 그 다음에, 주님의 모든 말씀을 소중히 여기고 그의 모든 명령을 지키십시오. 그러면 하나님의 복이 지금부터 영원히 여러분에게 있을 것입니다. 성령께서 여러분 속에서 이같이 일하시기를 바랍니다! 아멘.

제
29
장

—

사랑의 권고

—

"예수에 대하여 권하더라." — 행 28:23

바울이 가는 곳은 어디든지, 그에게는 한 가지 용무밖에 없습니다. 바울이 설교할 때는, 언제든지 한 가지 주제밖에 없습니다. 아덴에서 아레오바고에서 연설할 때, 그는 약간 주요 요점에서 빗나간 것처럼 보였고, 거기에 특별한 어떤 유익이 따르지도 않았습니다. 그러나 이 경험으로, 바울은 훨씬 더 빠르게 사람들에게 십자가를 이야기하게 되었습니다. 왜냐하면 후에 바울이 고린도 교회 교인들에게 이같이 말했기 때문입니다. "내가 너희 중에서 예수 그리스도와 그가 십자가에 못 박히신 것 외에는 아무 것도 알지 아니하기로 작정하였음이라." 그리스도의 십자가만이 그의 유일한 주제였습니다. 이후로 바울은 바로 핵심을 찔러 말했습니다. 그는 자기에게 어떤 수완과 능력과 힘이 있든지 간에, 자신의 모든 역량을 이 한 방향으로 쏟아 부으며 외쳤습니다. "내게는 우리 주 예수 그리스도의 십자가 외에 결코 자랑할 것이 없으니 그리스도로 말미암아 세상이 나를 대하여 십자가에 못 박히고 내가 또한 세상을 대하여 그리하니라"(갈 6:14).

형제 여러분, 우리에게는 열두 가지 일을 감당할 힘이 없고, 심지어는 두 가지 일을 감당할 만한 힘도 없습니다. 우리에게 참으로 보잘것없는 힘밖에 없지만, 그 모든 것을 한 방향에서 쓰도록 합시다. 그리고 "내게 사는 것이 그리스도라"(빌 1:21)고 말하도록 합시다. 황제가 바울을 석방하기 전에 로마에 있었던 2년 동안, 아무 때든지 그의 셋집에 가면 그가 "주 예수 그리스도에 관한 것을"(행

28:31) 전하는 소리를 듣지 않을 수 없었습니다. 그의 화살통에 들어 있는 화살은 하나같이 다 오직 한 목표를 겨냥했습니다. 그는 때가 될 때마다, 그 과녁을 맞히는 법을 알았습니다. 그는 "오직 이 한 가지 일을 내가 한다"고 말했습니다. 그의 표어는 모든 것이 예수님을 위하여, 오직 예수님을 위하여 하라는 것이었습니다.

이 유일한 원칙을 사도는 다양한 방식으로 표출하였습니다. 로마에 있는 유대인들 중 유력자들에게 말을 할 때 사도가 설명하고 증언하고 설득한 것을 볼 수 있습니다. 이 세 가지 방법은 당시 사람들에게는 필요한 일이었습니다. 이 방법들은, 사람들을 그리스도께 데려오는 일에 채택할 수 있는 것 가운데 지금까지도 가장 지혜로운 방법들입니다. 우리는 **설명**해야 합니다. 즉 복음을 알기 쉽게 말하고 분명하게 전해야 합니다. 우리는 하나님의 말씀이 무엇을 의미하는지, 할 수 있는 한, 아주 분명한 말로 사람들에게 전해야 합니다. 이는 사람들이 하늘로부터 온 계시가 실제로 선언한 것이 무엇인지 알 필요가 있기 때문입니다. 바른 설명은 많이 하면 할수록 그만큼 더 좋습니다.

우리는 또한 증언을 해야 합니다. 우리는 복음이 우리 마음과 생활에 끼친 결과에 대해서 증언해야 합니다. 우리 개인의 경험을 똑똑히 이야기하는 것이 듣는 사람들에게 은혜를 끼치는 수단이 됩니다. 바울은 다메섹으로 가는 길에 어떻게 주님께서 자기에게 나타나셨는지에 대해 이야기하였습니다. 사도는 자주 이야기를 하였기 때문에, 그와 동행했던 누가와 그밖에 함께 한 다른 일행들은 틀림없이 그 이야기를 여러 번 들었을 것입니다. 바울은 개인적인 증언이 사람들에게 큰 효과가 있다는 것을 알았습니다. 그러므로 그는 자기중심적이라고 비난받는 것을 두려워하지 않았습니다. 그는 자신을 전파하는 것이 아니라 그리스도 예수께서 주이심을 전파하는 것임을 알았기 때문입니다. 그의 회심에 대한 이야기는 자신을 명예롭게 하기 위한 것이 전혀 아니고, 하늘로부터 그에게 말씀하시고 그를 이방인들에게 그리스도의 말씀을 전할 택한 그릇으로 부르신 복되신 그리스도를 영화롭게 하기 위한 것임을 알았기 때문이었습니다. 이와 같이 개인적인 증언에는 큰 힘이 있습니다. 아, 여러분과 내가 복음을 설명한 후에는, 언제나 그것을 입증할 우리 자신의 경험을 똑똑히 말할 수 있으면 좋겠습니다. 사람들은 어떤 약에 대한 설명을 들을 때, 실제로 치료한 경우를 만나기를 좋아합니다. 그와 같이 사람들이 종교에 대해 들을 때, 그 종교가 사람들에게 끼친 효과를 자신들과 같은 어떤 사람으로부터 듣기를 바랍니다. 형제 여러분, 우리는 기쁘고 감사하며 진지한 태도로 예수님에 대해 이야기하고, 예수님을 동료 죄인들에게 구주로 천거해야 합니다. 그러나 이것이 전부가 아니었습니다. 사도는 단지 설명하고 증언하는 것으로 만족하지 않았습니다. 그의 마음은 자기 동포에 대한 사랑으로 가득하였습니다. 그래서 사도는 그들을 설득하였습니다. 그는 듣는 사람들에게 주 예수 그리스도께 돌아오라고 호소하고 간절히 권하고 애원하였습니다.

바울은 유대인들에게 이야기할 때, 자신의 설득의 논증을 성경에서 끌어 냈습니다. 사도는 틀림없이 자기 앞의 식탁에 모세의 책들과 다른 선지서 두루마리들을 펼쳐 놓았을 것입니다. 그는 끊임없이 이 책들을 참고하여 친구 유대인들에게 설명하였을 것입니다. 오늘 아침 우리는 그 논의를 할 수 없고, 할 필요도 없습니다. 여러분이 이스라엘 사람이 아니고, 여러분은 이미 그런 논의의 방식에 아주 익숙하기 때문입니다. 바울은 그 방면에서 분명 대가였을 것입니다. 나는 바울이 유대인들에게 예수께 관해 설명하면서, 예수께서 멜기세덱의 반차를 따라 나타나셨음을 이야기하는 것이 들리는 것 같습니다. 사도가 유대인들에게 아브라함이 믿음으로 말미암아 의롭다함을 얻은 사실을 이야기하고, 그 다음에는 사라와 하갈의 비유, 두 언약에 대해서 이야기하는 것을 들어보십시오. 나는 사도가 이삭과 이스마엘, 야곱과 에서에 대해서, 그리고 그 유명한 경우들에서 볼 수 있듯이, 하나님의 선택하시는 사랑에 대해서 이야기하는 것을 들었다면 좋았을 것입니다.

바울은 제사에 대해 말할 수 없이 큰 기쁨으로 이야기하면서, 유대인들에게 "피흘림이 없은즉 사함이 없느니라"(히 9:22)는 말씀을 상기시키고, 아벨의 피보다 더 나은 것을 말하는 피 뿌림에 대해 알게 하려고 하였을 것입니다! 그때 사도가 유대인들에게 매일 드리는 제물의 의미, 속죄일의 신비, 대제사장이 지성소로 들어가는 것에 대한 신성한 가르침에 대해 처음으로 가르치려고 시작할 때, 어땠겠습니까! 사도가 자기 형제들에게, 제사를 계속해서 반복적으로 드리는 것은 그 제사가 드리는 자들의 양심에서 죄의식을 깨끗이 씻지 못하였다는 확실한 증거이며, 그렇지 않다면 제사드리는 일이 그쳤을 것이라는 사실을 얼마나 간절하게 상기시키려고 했겠습니까! 사도가 예수께서 죽음에 머리를 숙이셨을 때 단번에 드리신 그 유일한 제사를, 유대인들에게 어떠한 열의를 가지고 가르치려고 했겠습니까! 나는 사도가 유대인들에게 에디오피아 내시의 시선을 그처럼 강력하게 끌었던 이사야서의 그 유명한 구절을 보게 하고, 듣는 사람들에게 주 예수의 인격과 고난을 밝히 설명하면서, 그분이 우리를 위해 도살자에게 끌려가는 양처럼 끌려갔으며 우리를 대신해서 징벌을 받고 맞으며 고난을 당하셨음을 이야기하는 것이 들리는 것 같습니다. 모세의 책들과 선지서들을 영감받은 책이라고 믿는 사람들은, 그런 주장을 들으면 설득되지 않을 수 없었을 것입니다. 나사렛 예수께서 구약에 예언된 메시야이심이 분명합니다. 그들의 마음이 그처럼 거칠고 그들의 눈이 그처럼 깜깜하며 그들의 귀가 그처럼 둔하지 않았다면, 그들은 틀림없이 예수님을 믿었을 것입니다. 그러나 사실 유대인 지도자들 가운데 많은 사람들은 믿는 사람들과 말다툼을 하고 바울에게 화를 내며 부루퉁하여 갔습니다. 십자가의 영광을 전혀 보지 않고, 그 능력에 아무 신경 쓰지 않기로 굳게 결심한 사람들만큼 십자가의 지독한 원수가 되는 사람은 없습니다.

　　실은 이렇게 바울은 청중들에게 맞춰서 복음을 전하였습니다. 사도는 아무쪼록 몇 사람이라도 얻기 위해서 모든 사람에게 모든 것이 되는 훌륭한 기술을 익혔습니다. 바울은 이스라엘의 구원을 항상 마음으로 바라고 위해서 끊임없이 기도하는데, 그 이스라엘에게 호소할 때, 그는 가장 지혜롭고 가장 희망이 있는 과정을 따랐습니다. 바울은 유대인들이 믿고 있는 것을 가지고 논의하였습니다. 그들이 이미 알고 있는 진리를, 그들이 인정해야 하는 또 다른 진리의 이유로 주장하였습니다. 이를테면, 그는 유대인들에게, 예수의 복음은 그들 가운데서 확실하게 받아들이고 있는 진리들 속에 포함되고 담겨 있다고 설명하였습니다. 그는 이 점을 설명하는데 종일을 보냈습니다.

　　그러나 이 시간에 나는 그의 추론방식을 따르지는 않을 것입니다. 여러분들에게는 그렇게 할 필요가 없기 때문입니다. 여러분은 또 다른 방식의 설득이 필요합니다. 허공을 치거나, 여러분 앞에서 있지도 않은 적과 싸우는 흉내를 내는 일은 내게 어울리지 않을 것입니다. 친구 여러분, 내 앞에는 또 다른 부류의 사람들이 있습니다. 이들의 상태는 또 다른 방식을 요구합니다. 나는 여러분이 즉각적으로 회심하기를 바랍니다. 나는 간절히 기도하며 여기에 왔고, 사람들을 멸망에서 구원하고자 눈물과 애원으로 호소합니다. 다른 사람들도 나와 함께 기도해 왔습니다. 그러므로 나는 성령께서 은혜를 베푸셔서 내 설교를 듣는 사람들이 죄를 깨닫고 예수께로 나오기를 바랍니다.

1. 먼저 우리가 설득하려고 하는 사람들을 설명하도록 하겠습니다.

내가 그와 같이 여러분들을 설명하면 여러분 가운데 어떤 분들은 거울에서 여러분 자신을 보는 것처럼 보게 될 것입니다. 나는 멀리 있는 사람들에게 이야기하지 않고 오늘 아침 내 앞에 있는 여러분에게 이야기할 것입니다.

나는 진리를 관념적으로는 믿지만 아직 마음에는 받아들이지 않는 사람들을 설득하고자 합니다. 사람들이 믿으면서도 받아들이지 않는 것은 이상한 일로 보입니다. 이것은 오늘날 우리 가운데서 유행하고 있는 독특한 불신앙의 형태입니다. 사람들이 성경을 믿고, 심지어 성경의 모든 것을 믿는다고 고백을 하면서도, 마치 성경이 전부 꿈인 것처럼 행동하는 것은 이상한 일입니다. 우리가 그리스도의 신성을 설교하면, 그것은 쉬운 일입니다. 왜냐하면 사람들이 그 점을 의심하는 생각은 한 번도 한 적이 없기 때문입니다. 우리가 중생에 있어서 성령의 필요를 선포하면, 사람들은 동의합니다. 그것을 의심해 본 적이 없기 때문입니다. 무슨 교리이든지 우리는 하나님의 말씀으로 그것을 입증할 수 있고, 사람들은 그 앞에 굴복합니다. 그들은 무신론의 죄를 범하지 않습니다. 슬프게도 그들은 그 문제를 충분히 생각해 보지 않기 때문에 별 어려움을 모릅니다. 그들은 질문의 소용돌이를 피한 채, 계속해서 무관심이라는 바위 위를 달립니다. 그들의 불신앙은 진리를 미라를 보존하는 향료와 세마포처럼 붙들고 있습니다. 그들에게 복음은 경의를 표시하여 석관에 명예롭게 매장한 죽은 군주에 지나지 않습니다. 복음이 그들에게 전혀 힘을 미치지 못하므로, 그들은 복음을 믿지 않는 것이나 다름없습니다. 약사의 선반에 놓여 있는 약이 신체에 아무 효과를 미치지 못하듯이, 많은 사람들의 마음 한 구석에 치워져 있는 복음은 그들의 생활에 결과를 내지 못합니다. 이것은 하나님의 계시를 잘못 사용하고 있는 것임에 틀림없습니다. 하나님의 계시가 우리에게 전해졌으면, 반드시 결과를 내야 하는 것입니다.

여러분, 여러분이 예수께서 구주시라는 것을 믿는다면, 왜 예수께서 여러분의 구주가 되지는 않습니까? 회개와 믿음이 구원을 가져온다고 믿는다면, 왜 여러분은 회개하고 믿지 않으십니까? 기도를 들으시는 하나님이 계시다고 믿는다면, 왜 여러분은 기도하지 않습니까? 여러분이 거듭나야 한다고 믿는다면, 왜 여러분은 거듭나지 않고서도 아무렇지도 않게 지내십니까? 여러분은 말씀을 들으러 왔다갔다 하는데, 한두 번이 아니라 해마다 다니면서 어떻게 아직까지 감동을 받지도 않고, 마음이 변하지도 않습니까? 여러분 가운데 어떤 분들에게는 세월이 어느 덧 많이 흘렀는데, 어떻게 젊은 시절의 모습에서 한 치도 바뀐 것이 없습니까? 여러분이 하나님의 말씀을 믿지 않는다면 여러분의 행동을 이해할 수 있습니다. 그러나 믿는다면 왜 여러분은 하나님의 말씀을 마음속에 실제로 받아들이지 않습니까? 여러분이 불이 났다는 소리에 깨어났고, 또 여러분의 집이 불타고 있다는 것을 확실히 안다면, 여러분은 분명히 서둘러 불길을 피해 도망칠 것입니다. 여러분이 그 소리가 단순히 길거리에서 떠들어대는 아이들의 장난치는 소리라는 것임을 확실히 알았다면, 잠자리에 계속 누워 있는 것을 이해할 수 있을 것입니다. 그러나 그것이 실제 화재 경보라고 믿는다면, 여러분이 그럼에도 불구하고 조금 더 잠을 자려고 하는 것을 볼 때 나는 당혹스러울 수밖에 없습니다. 여러분이 곧 죽게 될 수도 있을 병에 걸렸으며, 어떤 의사가 빨리 치료할 수 있을 것이라는 말을 들었는데, 여러분이 그 소식을 믿지 않는다면, 그냥 절망 가운데 참고 지낼 것임을 나는 알 수 있습니다. 그러나 여러분이 그 의사의 명성을 믿고 그가 시술해 온 치료를 믿는다면, 그런데도 여러분이 그에게 가서 병을 고치려고 하지 않는다면 여러분을 도무지 이해할 수 없을 것입니다.

　　여러분, 예수께서 온전히 구원하실 수 있는데도 여러분이 계속해서 죄 가운데 행하려고 하는 것은 어찌된 일입니까? 여러분은 참으로 이상하게 행동하고 있습니다! 슬프게도 인간 본성이 괴물처럼 되어버린 것입니다. 그것은 자기보존 본능에 거짓되게 행하는 것이고, 자멸하는 행동입니다. 여러분이 지혜로워졌으면 좋겠습니다! 예수께서 여러분에게 진리를 말씀하신다고 믿는다면 왜 예수님을 믿지 않습니까? 예수께서 바로 진리이시라고 믿는다면 왜 예수님을 영접하지 않습니까? 왜 여러분은 그처럼 타당하고 이치에 맞는 과정을 순순히 따르지 않습니까?

　　설득이 필요한 사람들이 많이 있습니다. 이 사람들은 자기들이 믿은 바를 곧 실천하려고 하는데, 아직 때가 충분히 이르지 않은 사람들입니다. 여러분은 마음에 결심이 서 있기 때문에 오래지 않아 그리스도게로 돌이킬 것입니다. 그런데 안타까운 일은 여러분이 너무 오랫동안 이 결심을 보류하고 있고, 그래서 그 결심이 여러분 가슴 속에서 케케묵어가고 있다는 것입니다. 여러분이 어린아이일 때 만났을 때, 여러분은 하나님을 사랑할 뜻을 가지고 있었습니다. 청년기에 여러분과 말을 할 때, 여러분은 매우 희망에 차 있었고, 여러분의 부모님들은 자기의 기도가 곧 응답될 것이라고 느꼈습니다. 여러분은 매우 생각이 깊고 감수성이 예민하게 보였습니다. 여러분이 좋은 뜻을 가지고 있었기에 우리 모두는 여러분이 곧 결심을 할 것으로 생각하였습니다. 이제 여러분은 훨씬 더 나이가 많이 들었지만, 조금도 더 나아가지 못했습니다. 여전히 여러분에게는 그것이 순전히 의도로만 있습니다. 여러분 마음속에서 그 결심이 "예"나 "아니오" 중에서 어느 하나로 결정할 때가 올 수 있기를 바랍니다. "너희가 어느 때까지 둘 사이에서 머뭇머뭇하려느냐?"(왕상 18:21). 여러분은 얼마나 오랫동안 예수님을 기다리시게 하고 세상을 섬기겠습니까? 여러분 가운데 어떤 이들은 20년 전보다 조금도 더 나아지지 않았습니다. 이런 말씀을 드리지 않을 수 없습니다. 여러분은 훨씬 더 절망적입니다. 여러분은 복음에 대해 더 완고해지고 있기 때문입니다. 한때 여러분의 마음을 찔렀던 호소가 이제는 상처조차 내지 못합니다. 물이 대리석 판에 떨어져서 그대로 흘러가듯이, 지금 여러분이 듣는 하나님 말씀이 그와 같이 흘러가고 맙니다. 성령의 검은 예전처럼 날카롭습니다. 그런데 여러분의 마음이 단련이 되어 강철같이 단단해졌습니다. 언제까지나 결심하고 결심하며, 항상 그 자리에 그대로 있는 여러분, 여러분이 바로 내가 이 시간에 결심하라고 설득하고 싶은 바로 그 사람입니다!

이보다 한 걸음 더 나간 사람들이 있습니다. 그들은 열심히 구원을 찾고 있지만 결국은 실망으로 끝날 수밖에 없는 것은, 잘못된 방법을 택하였기 때문입니다. 나는 그 사람들에게 죽은 자들 가운데서 산 사람을 찾는 일을 그만 두라고 말하고 싶습니다. 구원은 예수님에 대한 즉각적인 신뢰로 이루어집니다. 그런데 여러분은 어느 정도까지 고통을 견디어 내려고 하고, 아니면 어느 정도까지 자신을 탁월하게 변화시킬 때까지 기다리려고 합니다. 한 마디로, 여러분은 먼저 자신을 구원한 다음에 예수께 가려고 합니다. 여러분은 호롱등에 촛불을 넣기도 전에 등으로 빛을 비추려고 하고 있는 것입니다. 여러분은 자신의 본성을 새롭게 하고, 그 다음에 그리스도께 가서 새 마음을 구하려고 합니다. 즉 여러분은 죄인으로서 그리스도께 가는 것을 못마땅하게 생각합니다. 여러분이 주 예수 그리스도를 의지하면 모든 것이 여러분을 위해 이루어질 것인데, 이 일을 하지 않는 것입니다. 내가 지금보다 복음을 더 분명하게 설명하는 방법을 안다면, 조금도 꾸물거리지 않고 그 방법을 사용할 것입니다. 그런데 아무리 분명하게 설교할지라도, 듣는 사람들은 예수 그리스도로 말미암는 구원을 즉시 받아들이기보다는 고집스럽게 자신이 고안해 낸 이런저런 희망을 쫓아가려고 합니다. 아, 여러분이 예수께 관한 일들을 듣고 확신하여 즉시 굳게 붙잡으면 좋겠습니다! 여러분은 구원이 다 성취되었고, 그래서 구원을 그저 값없는 선물로 받기만 하면 된다는 것을 다시 알 필요는 없습니다. "그리스도께서 죽으셨습니다." 그 말에 여러분의 생명이 있습니다. 예수님을 믿으면, 여러분은 믿는 그 순간 영생을 얻습니다. 여러분은 이 사실을 현재의 진리로, 즉 여러분이 언제나 들을 수 있는 가장 귀한 진리로 받아들이도록 납득할 필요가 있습니다. 여러분이 이 진리를 받아들인다면 여러분에게 복이 될 것입니다. 그러나 여러분이 주 예수님은 무시한 채 계속해서 구원을 찾아 여기저기로 뛰어다닌다면 죄 가운데서 멸망하고 말 것입니다. 왜 여러분은 샛별은 보지 않고 도깨비불을 쫓아다니려 합니까? 왜 여러분은 사막에서 달콤한 물로 여러분의 갈증을 영원히 해소할 하나 밖에 없는 샘은 버려두고 신기루를 따라가려고 합니까? 아, 여러분이 오늘 이 시간에 권함을 받고 진리를 알았으면 좋겠습니다!

　내가 오늘 아침에 다루고 싶은 또 다른 계층이 있습니다. 나는 오랫동안 최선을 다해 노력했으나 성공하지 못하고 절망으로 떨어지고 있는 사람들을 설득하고 싶습니다. 그들의 절망은 고통스러운 절망이 아닙니다. 고통스러운 절망이었으면 좋겠습니다. 그런데 슬프게도, 그들은 하늘의 일들에 대해 무감각, 곧 정신적인 마비 상태에 떨어졌습니다. 그들은 이렇게 말합니다. "아무 소용이 없어. 평안을 찾을 수 없어. 결코 용서를 받지 못할 거야. 나는 하나님의 자녀가 될 희망을 가질 수 없어. 나는 그냥 이 세상 사람으로 지내는 것이 당연해!" 그래서 그들은 음울한 절망 가운데 앉아 있습니다. 앞으로도 지금과 같이 그대로 될 것이라면, 앞날에 대해 신경을 쓰는 것이 아무 소용 없는 일이라고 그들은 불평합니다. 그들은 운명이라는 끔찍한 생각에 동상이 걸려 무감각하게 되었습니다. 그들이 은혜로운 예정이라는 믿음의 햇빛에 몸이 따뜻해졌으면 좋겠습니다! 사람들은 열정 때문에 죽는 것만큼 무감각 때문에도 죽습니다. 나는 여러분들 가운데 한 번도 눈을 뜨지 않다가 지옥에 가서야 눈을 뜨게 되는 사람이 있을까 염려 됩니다. 나는 늘 여러분을 마음에 안고 지내왔기 때문에 이 시간에 여러분이 처한 위험을 생각하면 마음이 졸아들지 않을 수 없습니다. 나는 지극히 기쁜 순간에도 여러분 가운데 하나님 나라에 아주 가까이 있으면서도 여전히 그 나라에 대해 외인으로 지내는 사람들을 생각하면 조금도 기쁘지 않습니다. 나는 여러분에게 예수께 오라고 온 마음으로 권하지 않을 수 없습니다. 여러분이 빛 가운데서 망한다면, 아주 철저하게 망하고 말 것이기 때문입니다. 여러분이 구원의 경계선에 있다가 멸망으로 떨어진다면, 그것은 칠 배나 더한 멸망이 될 것입니다. 예수께서 예루살렘을 향하여 우셨듯이 여러분에 대해서 우심에도 불구하고 죽는다면, 여러분의 죽음은 끔찍한 죽음이 될 것입니다. 여러분이 "암탉이 그 새끼를 날개 아래에 모음 같이 내가 네 자녀를 모으려 한 일이 몇 번이더냐 그러나 너희가 원하지 아니하였도다"(마 23:37)라는 말을 듣고서도 지옥에 내려간다면, 여러분은 연자 맷돌이 바다에 빠지는 것처럼 다시는 올라오지 못할 것입니다. 여러분이 복음의 말씀을 듣고도 망한다면, 여러분은 차라리 나지 않은 것이 나았을 것입니다.

이 사람들이 바로 내가 설득하려고 하는 사람들입니다. 오, 성령이시여, 이 시간 나를 통해 역사하시고, 사랑의 영원한 목적을 이루시옵소서! 그리스도 안의 형제 여러분, 예수님의 사랑으로 여러분에게 간절히 권합니다. 이 복을 얻기 위해 나와 함께 힘써 기도합시다.

2. 두 번째 요점은 사람들을 설득하도록 하자는 것입니다.

그런데 우리가 사람들을 설득하려고 하는 것이 제대로 하는 일입니까? 사람의 마음은 너무 완고해서 우리의 설득 같은 나약한 쇠망치로는 깨트릴 수 없는 것이 아닙니까? 그렇습니다. 나는 정말로 그렇다고 믿습니다. 그러나 그것이 문제가 되지는 않습니다. "여러분이 사람의 마음은 본래 설득으로 얻을 수 없다는 것을 안다면 사람들을 설득하는 일이 무슨 소용이 있습니까?" 자, 여러분, 나는 바울이 한 대로 하는 것이 안전하다고 느낍니다. 나는 어려운 문제들을 해결하는 것을 그치지 않을 것입니다. 단순하게 말해서, 바울이 권했으니 나도 권할 것이라는 이야기입니다. "우리는 주의 두려우심을 알므로 사람들을 권면하거니와"(고후 5:11). 어떤 사람은 이렇게 말합니다. "아, 우리는 깨어난 죄인은 설득할 수 있지만 죽은 죄인은 설득할 수 없습니다!" 바울은 유대인의 지도자들을 설득하였습니다. 그들 가운데 어떤 이들은 예수를 믿지 않았습니다. 그들의 마음이 둔하고 눈이 멀었기 때문입니다. 바울은 그들이 눈이 멀었다고 판단이 되었지만, 그들을 설득하였습니다. 사도는 그들이 살아 있는 사람들이고, 아직 은혜를 받지 못했지만 이성을 가지고 있는 사람들이어서, 그들에게 남아 있는 것에 호소를 하며 설득하였습니다. 다시 한 번 말하지만, 나는 바울이 한 대로 할 것입니다. 그러나 바울도 알았듯이, 세상에서 인간의 모든 설득은 하나님의 능력이 없이는 과녁을 맞추지 못한다는 것을 나는 압니다. 나는 내 설득이 성령이 없이는 조금이라도 도움이 될 것으로는 꿈에도 생각하지 않았습니다. 성령께서 설득의 말이 마음의 귀에 들리게 하신다면 설득이 효과가 있을 것이고 그렇지 않으면 아무 소용이 없습니다. 성령께서 설득이 효과를 내어 세상적 쾌락과 무관심, 선입견, 교만의 기름에 싸여 있는 마음을 움직이게 하시면, 사람들이 굴복하고 정말로 권함을 받을 것입니다. 그런데 성령께서는 그 일을 하려고 하십니다! 그 일을 해오셨고, 지금도 행하고 계십니다. 또 앞으로도 그 일을 행하실 것입니다. 그러므로 우리는 설득하는 일을 하도록 합시다.

　　형제 여러분, 우리가 성령께서 능력을 보이시는 것을 기대하지 못할 이유가 있습니까? 우리는 성령께서 능력을 베푸시기를 뜨겁게 기도해 왔습니다. 설교자는 그 자신이 기도하지 않고서는, 또 여러분의 기도가 없이는 이 강단에 서지 못합니다. 그래서 우리는 하나님의 도움을 받을 것을 확신합니다. 그러므로 죄인들이여, "하나님이 우리를 통하여 너희를 권면하시는 것 같이 그리스도를 대신하여 간청하노니 여러분은 하나님과 화목하십시오!"(고후 5:20).

　　다시 한 번, 나는 하나님께서 내게 명하신 일을 다시 시작합니다. 나는 예수께 관하여 여러분에게 권하고 싶습니다. 내가 여러분에게 무엇을 하라고 권하겠습니까? 사랑하는 여러분, 나는 여러분에게 그리스도, 곧 여호와의 기름 부으신 자를 생각하라고, 구주 예수를 생각하라고 권하고 싶습니다. 나는 여러분에게 그에 관해 읽고, 그의 인격과 사역과 성품을 연구하라고 말하고 싶습니다. 사복음서에 가서 그분이 어떤 분이셨고, 무슨 일을 하셨는지 알아보십시오. 성령으로 감화된 예수의 생활을 공경하는 마음으로 주의 깊게 읽어보십시오. 믿음은, 사람들이 그리스도에 관해 생각하고 있을 때 오는 경우가 흔합니다. 십자가는 믿음을, 단지 믿음을 요구할 뿐만 아니라 창조하기도 합니다. 하나님의 아들이 십자가에서 죽는 것을 앉아서 보는 것이 믿음에 이르는 길입니다. 아마도 여러분 가운데 어떤 분들은 아직도 앉아 있으면서 믿으려고 하고 있을 것입니다. 그렇게 하는 것은 터무니없는 일입니다. 믿음은 마음의 노력이 아니고, 다른 상태들의 결과로 나오는 것이기 때문입니다. 믿어야 할 것이 무엇인지, 여러분이 왜 그것을 믿는지를 알아야 합니다. 여러분이 의지하는 그분이 누구인지, 왜 그분이 의지할 만한지를 알아야 합니다. 잠깐 동안 입을 다물고, 성경을 주의 깊게 읽고서 그 다음에는 묵상하고, 묵상하고, 묵상하십시오. 이것이 영혼 속에서 믿음이 자라는 방법입니다. 마치 뿌린 씨에 물을 주면 식물이 자라는 것과 같습니다. 믿음은 듣거나 읽는데서, 즉 하나님의 말씀을 듣거나 읽는데서 옵니다. 여호와께서 "너희는 귀를 기울이고 내게로 나아와 들으라 그리하면 너희의 영혼이 살리라"(사 55:3) 하고 말씀하십니다. 그런데 내가 여러분에게 예수 그리스도로 말미암아 구원 얻는 길에 대해 진지하게 자주 생각해보라고 권하지 않을 수 있겠습니까?

다음으로 내가 여러분에게 권하고 싶은 것은 그리스도를 의지하라는 것입니다. 믿음은, 단지 사실들을 믿는 것만이 아니라, 어떤 사람을 의지하는 것입니다. 하나님께서는 죄를 속하기 위해 그리스도를 보내셨습니다. 여러분은 예수님을 의지할 수 없습니까? 그분이 의지할 만한 가치가 없습니까? 여러분은 다른 무엇을 의지할 수 있습니까? 여러분은 그리스도를 의지하는 순간, 구원을 받습니다. 여러분은 그 사실을 압니다. 왜 직접 믿음으로 그 사실을 입증하지 않습니까? 의지한다는 것은 "땅의 모든 끝이여 내게로 돌이켜 구원을 받으라"(사 45:22)는 말씀의 의미입니다. 의지하는 마음으로 보는 것에 생명이 있습니다. 여러분은 살아 있는 사람으로서 그리스도를 보거나 의지합니다. "하지만 나는 느끼지 못합니다" 하고 여러분은 말합니다. 하지만이라는 말은 집어치우십시오! 여러분의 느낌에 대해서는 내가 무엇이라고 말했습니까? "주 예수 그리스도를 믿으라 그리하면 네가 구원을 얻으리라"(행 16:31). "믿는 자에게는 영생이 있느니라"(요 3:36). 구원은 여러분의 구주를 그냥 의지하는데 있습니다. 내가 여러분을 권하여 그리스도를 의지하게 만들 수 있다면 좋겠습니다!

그리고 여러분이 그리스도를 의지한 다음에는, 여러분이 그같이 의지했음을 공언하라고 권하고 싶습니다. 주님께서는 그것을 이렇게 말씀하십니다. "믿고 세례를 받는 사람은 구원을 얻을 것이요"(막 16:16). 그러므로 그리스도의 명령에 순종하여 세례를 받으십시오. 담대하게 나와서 "나는 그리스도의 편에 섰습니다" 하고 말하십시오. 뒷골목으로 슬그머니 천국에 들어가려고 하지 마십시오. 그리스도의 대로로 들어가서, 여러분의 십자가를 지고 그리스도를 따르십시오. 사람들 앞에서 그리스도를 시인하려고 하지 않는 사람은 그리스도께서 하늘에 계신 아버지 하나님 앞에서 시인하지 않으실 것입니다. 예수 안에 있으면서 부끄러워할 것이 무엇이 있겠습니까? 그리스도가 여러분의 구주시라면 여러분은 최소한 "나는 그리스도의 제자입니다"라고 말하고, 여러분이 그리스도의 편임을 공공연하게 밝혀야 합니다. 그리스도께서는 그것을 이렇게 설명하십니다. "사람이 마음으로 믿어 의에 이르고 입으로 시인하여 구원에 이르느니라"(롬 10:10). 나는 여러분에게 공적으로 고백하라고 권합니다. 성령 하나님께서 여러분이 즉시 그같이 하도록 인도해 주시기를 바랍니다!

내가 지금까지 여러분을 권할 만큼 충분히 행복했다면, 여러분에게 일생 동안 내내 그리스도께 순종하라고 권하고 싶습니다. "너희에게 무슨 말씀을 하시든지 그대로 하라"(요 2:5). 거룩하고 악의가 없고 흠이 없는 생활을 하려고 노력하십시오. 모든 죄를 피하고, 여러분의 모든 생활을 통해서 하나님의 아들을 닮으려고 노력하고, 하나님의 아들을 여러분의 모범과 주로 삼고, 여러분의 지도자와 주님으로 삼도록 애쓰십시오. 여러분 가운데 공적으로 그리스도를 고백한 사람들은 여전히 더 철저하게 순종하도록 권함을 받을 필요가 있습니다. "거룩함을 따르라 이것이 없이는 아무도 주를 보지 못하리라"(히 12:14). 완전한 순종의 길이 행복의 길입니다. 신앙을 고백한 많은 사람들이 주님의 기쁨을 잃고 있습니다. 그러다가 그들이 주님의 길에서 걷고 거룩한 생활로 하나님의 이름을 영화롭게 하는데 주의하지 않음으로 해서 마침내 주님의 받아들이심을 잃지나 않을까 염려됩니다. 그래서 나는 여러분에게 그리스도를 생각하고, 그리스도를 의지하며, 그리스도를 고백하고, 그리스도께 순종하라고 권합니다.

이렇게 주장하는 나의 논거는 무엇이겠습니까? 나는 그 많은 논거들을 예수님에게서 직접 이끌어 낼 수 있습니다. 예수님은 하나님의 아들이십니다. 그러므로 그를 의지하십시오. 주님은 무한한 사랑으로 사랑하십니다. 그러니 먼저 우리를 사랑하신 그분을 우리가 사랑해야 하지 않겠습니까? 예수께서 죽으셨습니다! 아, 예수님의 고통과 피 같은 땀을 인해서, 그의 십자가와 수난을 인해서 나는 여러분에게 예수님께로 돌이키라고 권하고 싶습니다! 그 위대한 대속물의 핏방울 하나하나가, 구주의 모든 한숨과 외침이, 사람들이 그리스도의 구원을 무시해서는 안 되고, 와서 그를 믿어야 하는 논거가 됩니다. 주님은 부활하셨고 다시 살아나셨습니다. 부활하신 구주를 무시하지 말고, 죽은 자들 가운데서 부활하심으로 능력으로 하나님의 아들임을 입증하신 그분 앞에 와서 절하도록 하십시오. 주님은 그의 영광에 들어가셨습니다. 주께서 하나님 우편에 앉아 계시니 그분께 순종하십시오. 하늘과 땅의 모든 권세가 그분에게 주어졌기 때문입니다. 주님께서 곧 오실 것입니다. 여러분과 나는 (아주 순식간에) 그분의 심판대 앞에서 서야 할 것입니다. 여러분에게 장래의 상태를 우습게 여기고 장차 올 심판을 가볍게 생각하도록 하는 사람들을 믿지 마십시오. 여러분, 얼마 있지 않으면 우리 모두 무덤에 삼켜질 것이고, 또 다른 세계로 넘어갈 것입니다. 그리고 눈 깜짝할 사이에 우리는 심판장의 오심을 알리는 마지막 나팔 소리를 듣게 될 것입니다! 그때 우리는 "와서 심판을 받으라! 와서 심판을 받으라! 들어오너라!"는 소환 명령을 들을 것입니다. 그때 나는 오늘 아침의 설교에 대해서 설명해야 할 것입니다. 그러니 내가 여러분 모두에게 얼마나 무겁게 설교해야 하고, 내가 여러분에게 신실하게 설교하지 않는다면 여러분의 피에 대해 내가 얼마나 큰 책임을 져야 하겠습니까! 지극히 자비로우신 하나님, 우리 모두가 그리스도께서 오시고, 오셔서 심판하실 것을 알게 하여 주시옵소서. 이 사실을 마음에 간직하고 권함을 받아 그리스도를 믿게 하여 주시옵소서. 그렇지 않으면 그리스도께서 우리에게 영원한 형벌을 선고하실 것입니다!

나는 여러분 자신의 상태와 곤경으로부터 또 다른 논거들을 끌어 낼 수 있습니다. 회심하지 않은 여러분은 여전히 죄 가운데 있고, 오랜 세월의 더러움이 여러분에게 덕지덕지 붙어 있습니다! 여러분의 죄가 문둥병의 흰 딱지처럼 지금 여러분에게 달라붙어 있습니다. 그 흰 딱지들이 여러분의 이마에 있고 여러분 마음속에 있습니다. 이 더러움을 씻을 수 있는 분은 한 분밖에 없습니다. 여러분은 왜 예수께 달려가지 않습니까? 게다가 여러분 본성의 죄악됨을 생각해 보십시오. 여러분은 계속해서 죄를 지을 것입니다. 여러분의 마음은 만물보다 거짓되고 지극히 악합니다. 여러분은 죄짓기를 그칠 수 없을 것입니다. 예수님만이 여러분에게 새 마음과 새 영을 주실 수 있습니다. 예수님은 여러분의 치명적인 병을 고치실 수 있는 유일한 의사이십니다. 여러분은 예수님께, "임마누엘이신 예수시여, 내게 손을 대어 고쳐 주소서" 하고 외치지 않겠습니까? 여러분은 온전케 되기를 거절하시겠습니까? 그렇게 하지 않기를 기도합니다.

바로 이 순간에도 여러분은 지쳐 있고 불안합니다. 여러분은 행복하지 않고 두려운 미래에 대해 불길한 예감을 갖고 있습니다. 여러분도 자신이 평안하지 않다는 것을 압니다. 여러분이 이번 주 동안에 보아 온 화려하고 멋진 광경들이 싫증이 나서 이제 외면합니다. 여러분은 더 나은 것, 더 본질적인 것이 필요하니다. 여러분이 그리스도 안에 있지 않으면 결코 안식을 얻을 수 없다는 것을 확실히 아시기 바랍니다. 그리스도께서 여러분에게 말씀하십니다. "수고하고 무거운 짐 진 자들아 다 내게로 오라 내가 너희를 쉬게 하리라"(마 11:28). 여러분 영혼의 유일한 이 안식을 피하지 말고, 오늘 예수님을 영접하십시오. 그러면 여러분 영혼에 안식을 얻을 것입니다. 여러분이 여러분의 영혼을 사랑하고, 이 땅에서 행복을 바라며, 내세의 복을 또한 바라므로 여러분에게 예수 안에 있는 영생을 붙잡으라고 권합니다.

논거가 더 필요하다면, 내가 원하는 대로 논거들을 끌어 낼 수 있는 출처들은 많이 있습니다. 나는 그 논거들을 여러분의 희망과 두려움에서 찾아보려고 합니다. 나는 지금 이 말을 누구에게 할 수 있는지 모르겠습니다. 그러나 친구 여러분, 그리스도께서 여러분의 구주가 되시면 여러분에게는 영광스러운 미래가 있습니다. 무거운 짐 진 죄인이여, 여러분이 그리스도를 본다면, 모든 지각을 뛰어넘는 평강이 있을 것입니다! 폭풍우를 만나 요동치는 괴로운 영혼이여, 여러분이 그리스도께로 향해 간다면, 여러분이 안식할 항구에 다다를 것입니다! 나는 여러분에게 하늘 아래와 하늘 위에 선물을 가지고 계시는 예수께 지금 오라고 권하고 싶습니다.

내 자신이 예수님을 시험해 보았습니다. 내가 주님의 품에 안긴 날은 참으로 복된 날이었습니다. 내가 주님을 바라보고 빛을 받은 그 순간은 참으로 행복한 시간이었습니다! 정말로 내 얼굴이 주님을 부끄러워하지 않고 내 혀가 주님을 부끄러워하지 않으며, 사람들은 모두 주님의 복음에 대해 의심할지라도 내 지각은 주님의 복음 믿기를 부끄러워하지 않습니다. 나는 내 구주님과 주님의 오류 없는 말씀 외에는, 하늘 아래 달리 소망이 없고 하늘에서도 달리 기쁨이 없습니다. 내 영혼이 예수님 안에서 발견하는 위로를 여러분이 안다면 여러분도 그보다 더 나은 것을 바랄 수 없을 것입니다.

젊은이 여러분, 특별히 여러분에게 일찍 예수님께 오라고 말하고 싶습니다. 일찍 예수님을 찾는 자들은 주님을 만나 최고의 기쁨을 누릴 것입니다! 여러분은 머지않아 죽게 될 것입니다. 죽음의 해독제가 여기 있습니다. 아무리 강한 사람도, 아무리 젊은 사람도 어느 날 침대에 올라가서 발을 모아야 할 것입니다. 그 시간에 여러분의 주님이 거기에 임재하시는 것은 여러분에게 말할 수 없는 위로와 기쁨을 줄 것입니다! 죽음 뒤에는 영원이 옵니다. "항상 하나님과 함께 있는" 것이 얼마나 큰 복입니까! 예수님과 영원히 교제한다는 것은 측량할 수 없는 영광입니다. 이런 논거들은 확실히 여러분을 설득시킬 것입니다. 여러분의 생각이 이성적이라면 그렇게 할 것입니다.

내가 여러분에게 이 논거들을 다 말한 다음에는 여러분에게 어떻게 권해야 하겠습니까? 내가 지금까지 사용했던 것보다 훨씬 더 우수한 방법으로 여러분에게 권해야 옳을 것입니다. 그런데 슬프게도 나는 내가 원하는 대로 여러분을 권할 수가 없습니다. 설교자는 자기 설교를 듣는 사람들의 회심을 뜨겁게 바라야 하고, 그들의 즉각적인 구원을 간절히 바라는 심정으로 고통을 느낄 정도가 되어야 한다고 나는 생각합니다. 바로 내 심정이 그렇습니다. 나는 여러분의 구원을 너무도 간절히 바랍니다. 내가 여러분으로 하여금 당장에 주 예수님을 믿게 할 수만 있다면, 나는 무슨 말이든지 할 것이고, 어떻게 해서든지 그 말을 하겠습니다. 그 소원이 너무 강해서, 내가 이번에는 성공하지 못할지도 모르겠는데, 그러면 다시 시도하겠습니다. 불행하게도 내가 또 실패한다면, 나는 여러분이 살아 있고 내가 여러분에게 설교할 수 있는 한 계속해서 그 일을 할 것입니다.

여러분, 나는 여러분이 죄 가운데 죽는 것을 견딜 수가 없습니다! 나는 은밀히 하나님 앞에 나가서 여러분의 경우를 말씀드리고 하나님께 개입해 주시기를 청할 것입니다. 여러분, 나는 여러분이 망하도록 내버려 둘 수 없습니다. 그것은 너무도 두려운 일입니다. 우리는 가만히 서서 여러분이 망하는 것을 그냥 보고 있을 수 없습니다. 여러분이 아주 정신이 나가서 구주님을 거절한다면, 냉정한 판단력이 있는 사람들은 여러분의 죄 때문에 은밀한 곳에서 계속 여러분을 위해 기도하고 울 것입니다. 우리가 하나님에 대하여 여러분을 설득할 수 없다면 설득할 수 있도록 노력할 것입니다. 나는 여기 있는 사람들 모두가 자기 영혼에 대해 이치에 맞게, 의롭게, 진실하게 정직하게 행동하도록 만들었으면 좋겠습니다. 사람마다 그렇게 한다면, 그는 오늘 권함을 받고 하나님의 아들 예수 그리스도를 믿고, 못 자국이 난 주님의 발 앞에 엎드릴 것입니다.

**3. 이제 나는 같은 목표를 가지고서 또 다른 주제에 대해서
한두 마디 하도록 하겠습니다.**

그것은 어떤 경우들에 우리의 설득이 실패한다는 사실을 애석하게 생각해야 한다는 것입니다. 바울은 그 사실을 깨달았습니다. 사도들의 머리인 바울이 실패하

였는데, 내가 실패하는 것을 이상하게 생각할 수 있겠습니까? 이 씨 뿌리는 자는 나가서 씨를 뿌렸습니다. 그는 씨 뿌리는 자의 모범이었습니다. 주님은 씨 뿌리는 자를 자신의 비유에 사용하셨습니다. 씨 뿌리는 자는 더할 수 없이 좋은 씨를 뿌렸고, 더할 수 없이 잘 뿌렸습니다. 그런데 그 씨 가운데 더러는 돌밭에 떨어졌고, 더러는 길가에 떨어졌으며, 또 세 번째는 가시떨기에 떨어졌습니다. 그가 뿌린 씨들 가운데 오직 한 부분만 좋은 땅에 떨어진 것으로 보입니다. 여러분 가운데서 우리의 실패라고 말하기 조심스러운 사람들에게 이야기하겠습니다. 나는 이 사람들이 그렇게 될 것이라고 생각하면 몹시 슬픕니다. 이 현세에서 사람이 그리스도 없이 사는 것은, 슬픈 일입니다. 우리는 비참한 가난을 애석하게 여깁니다. 그런데 그리스도 없이 사는 것은 최악의 가난보다 더 나쁜 것입니다. 우리는 친구가 없이 지내는 사람들을 불쌍하게 봅니다. 예수님을 친구로 삼고 있지 않은 사람들만큼 쓸쓸한 사람은 없습니다. 구주를 모르는 것만큼 끔찍한 무지는 없습니다. 주 예수님을 보지 못하는 것만큼 통탄스러운 맹목은 없습니다. 그리스도 없이 사는 것은 생명이 아니고 죽음을 숨쉬는 것입니다.

여러분은 어쩌면 지금 한창 때에 있어서 여러분이 즐거움을 누리고 있다고 생각할지 모릅니다. 그러나 그것은 사실 즐거움이라고 부를 가치가 없는 것입니다. 여러분은 지금 알맹이는 놓치고 껍질을 먹고 있는 것입니다. 여러분의 웃음은 아궁이에서 가시나무가 탁탁 하고 타는 소리와 같습니다. 그 웃음이 불길이 너울거리며 타오르지만 거기에는 열이 전혀 없습니다. 그 불은 순식간에 스러지고 한 줌의 재밖에 남지 않습니다. 믿음은 이생에 좋은 것입니다. 왕들의 궁전에서 천년 동안 흥청거리는 것보다, 그리스도와 5분 동안 교제하는 것이 더 충실한 기쁨입니다. 여러분이 그리스도 없이 한 시간 동안 지내는 것은 철저하게 실패자로 지내는 것입니다. 하나님의 원수가 되고, 마음의 안식을 잃으며, 성령을 모르고 사는 것은 비참한 일입니다.

지금 큰 구원을 소홀히 하고 있다면 그것은 불행한 일입니다. 그러나 이것이 전부가 아닙니다. 현재 여러분의 마음이 완고하다는 것은 여러분의 과거 생활에 대해 많은 것을 말해 줍니다. 여러분이 예수께 관하여 권함을 받지 않는다면, 여러분의 마음과 양심이 오랫동안 진리의 능력에 고집스럽게 저항해옴으로써 인해 손상을 입었다는 표시입니다. 여러분은 그동안 귀를 막고 지내왔습니다. 그래서 지금 여러분이 그처럼 듣지 못하는 것입니다. 여러분은 그동안 눈을 감고 지내왔습니다. 그렇지 않았다면 여러분이 그처럼 전혀 보지 못하지 않을 것입니다. 여러분은 은혜로운 호소에 대해 그동안 마음을 완고하게 해왔습니다. 그렇지 않았다면 여러분의 마음이 그렇게 쇠처럼 단단하지 않을 것입니다. 얼마나 오랫동안 안식일을 어겨왔는지 생각해 보십시오. 그렇게 안식일을 어긴 것이 여러분에게 어떤 일을 했는지 보십시오. 여러분을 눈멀게 하고, 마음을 완고하게 만들었습니다. 여러분이 하나님의 집을 얼마나 소홀히 대해 왔는지 생각해 보십시오. 이제 여러분이 얼마나 무감각하게 되었습니까? 여러분이 얼마나 오랫동안 복음을 듣고서도 복음의 애정어린 경고와 교훈, 초청을 거절해 왔는지 생각해 보십시오. 그런 거절로 인해 어떻게 되었는지 보십시오. 이제 여러분은 거의 무감각하게 되었습니다. 아, 어둡고 어두운 과거입니다!

여러분의 과거와 현재를 보면, 여러분이 장래에도 보지 못하고 듣지 못하며 무감각한 상태가 계속되고 더 심해지지 않을까 심히 염려가 됩니다. 나는 여러분 가운데 성령께서 떠나심으로 이미 마음이 완고해진 사람들과, 사탄의 악한 영향으로 인해 마음이 완악해진 사람들, 완고라는 자기 파괴적인 영향력을 허용하여 뜨거운 다리미로 다리듯 양심을 무감각하게 만든 사람이 있을까 두렵습니다. 그런 여러분은 아주 실없는 사람들이어서 진지한 생각을 하기 힘듭니다. 그런 여러분은 아주 변덕스러워서, 우리의 소망들 가운데 어떤 것도 여러분에게서는 이루어지지 않습니다. 여러분은 너무 생각이 얕아서, 여러분에게 조금이라도 깊은 인상을 남기기가 어렵습니다. 여러분은 더 나은 것들의 싹을 발로 짓밟고 때로 여러분 속에 생기는 좋은 생각들을 질식시킵니다. 거룩한 가르침들이 여러분 마음에 떨어지면 물웅덩이에 떨어지는 불꽃처럼 꺼져버립니다. 여러분은 아무리 날카로운 화살도 뚫지 못하는 갑옷으로 온 몸을 두른 사람과 같은 상태에 거의 이르렀습니다. 하나님이여, 여기 있는 어느 누구도 그와 같이 되지 않게 하여 주시옵소서!

이 사실은 그처럼 무서운 죄를 나타내기 때문에 훨씬 더 슬픈 일입니다. 나는 소돔과 고모라의 멸망이 어떠할 것이라고 여러분에게 말할 수 없고, 여러분도 그 멸망의 공포를 완전히 알 수 없습니다. 소돔과 고모라는 입으로 말할 수 없는 정욕들에 탐닉하였고, 그래서 마침내 하나님께서는 그들을 더 이상 참을 수 없을 만큼 진노하셔서 그 더러운 자들과, 그들이 더럽힌 곳을 멸하기로 결심하셨습니다. 하나님께서 진노의 수문은 닫고, 대신에 불의 폭포가 하늘에서 부정한 자들에게 쏟아져 내렸습니다. 하늘에서 은빛 소나기 대신 불과 유황이 내렸습니다. 그때 죄인들이 갑자기 불에 탔고, 소돔 사람들이나 그 도시나 잔해조차 남지 않았습니다. 이것은 하나님의 공의를 비할 데 없이 잘 보여주는 예입니다. 그들의 죄가 모든 경계를 다 무너뜨렸기 때문입니다. 심판 날에 그들의 멸망이 어떠하리라 하는 것은 여러분의 상상에 맡기겠습니다. 그러나 이 말씀은 기억하고 깊이 생각하십시오. "심판 날에 소돔과 고모라 땅이 너보다 견디기 쉬우리라"(마 11:24). 어머니 무릎에서 남자 아이로 지냈던 여러분, 주일학교 반에서 예쁜 여자 아이로 지냈던 여러분, 여러분의 젊은 시절에는 그처럼 희망적으로 말하던 여러분이 지금 이처럼 오래 지연하는 이유를 설명해야 할 것입니다. 여러분이 예전에 그랬고 오늘 아침도 하나님의 사자의 말을 존경하는 마음으로 듣고 있지만, 무한한 사랑의 충고를 거절한다면, 여러분이 어떻게 되겠습니까? 먼저 양날의 검처럼 말하는 그것은 내 입술이 아닙니다. 그 말은 사람들을 위해 죽으신 사랑의 왕의 입에서 나온 것입니다. 하나님의 말씀을 듣고 그의 기이한 일들을 보고서도 회개하지 않은 사람들에게 "화 있을진저, 내가 너희에게 이르노니 심판 날에 소돔 땅이 너보다 견디기 쉬우리라"고 말씀하신 분이 바로 그리스도 자신이십니다.

그렇습니다. 나는 지금까지 여러분을 설득하려고 애써 왔습니다. 내가 헛되이 수고하는 것이라면, 나는 내가 여러분에게 복이 되지 못하는 것을 슬퍼하며 아주 마지못해 물러갈 것입니다. 나는 차마 여러분을 단념하지 못하고 하나님 앞에서 안타까운 심정으로 엎드려 "우리가 전한 것을 누가 믿었느냐 여호와의 팔이 누구에게 나타났느냐"(사 53:1)고 하며 소리칠 것입니다. 여러분은 왜 죽으려고 하십니까? 여러분은 왜 그런 끔찍한 파멸로 치달으려고 합니까? 여러분이 지혜로워졌으면 좋겠습니다!

**4. 이제 우리가 그처럼 슬픈 어조로 끝맺지 않도록 분위기를 바꾸어서,
나는 다른 사람들을 권하는 일을 계속 하도록 하겠습니다.**

사도가 그의 권함을 받지 않은 사람들에 대해 슬퍼하느라고 자기 일에 지장을 초래하지 않고, 더 나은 희망을 둔 다른 사람들에게로 향한 것을 살펴봅시다. 사도는 엄숙한 고별의 선언을 하고나서 이렇게 말했습니다. "그런즉 하나님의 이 구원이 이방인에게로 보내어진 줄 알라 그들은 그것을 들으리라 하더라"(행

28:28). 바울은 이 이방인들에게 2년 동안 계속해서 "하나님의 나라를 전파하며 주 예수 그리스도에 관한 것을 가르쳤습니다." 사도는 계속해서 일을 했으나 청중을 바꾸었습니다. 우리도 지금까지 그리스도인의 특전을 누리지 못한 사람들에게 복음을 전할 것입니다. 우리는 경건한 부모에게서 태어나지 않았고 기독교적 양육을 받고 자라지 못한 여러분에게 예수를 전합니다. 지금까지 기도의 전에 참석하지 않았고 영생의 말씀에 관심을 갖고 듣지 않은 여러분에게 값없는 은혜와 큰 사랑을 전합니다. 도덕을 들먹이며 자비를 거절한다면, 우리는 그 도덕은 부도덕하다고 선언합니다. 유대인들이 말로는 신앙인으로 지내왔지만 그리스도를 거부했기 때문에, 사도는 로마에 있는 이방인들에게 그리스도를 전파하였습니다. 바울의 시대에 로마는 런던보다 더 악했습니다. 로마는 하늘 아래 온갖 악행의 소굴이었습니다. 그러나 바울은 자기가 만날 수 있는 모든 로마 사람들에게, 곧 군인들에게, 노예들에게, 가이사의 식구들에게, 도망자들에게 거침없이 그리스도를 전파했습니다. 사도는 지극히 타락한 사람들에게 복음이 적합하다고 믿었습니다. 그는 아무 무기도 없이 오직 십자가만을 가지고 우상 숭배와 악으로 함몰된 도시를 공격하였습니다. 그와 같이 스스로를 지극히 훌륭한 사람이라고 생각하는 여러분들에게 거절을 당하면, 우리는 술주정뱅이, 욕하는 사람, 도둑, 창기, 그와 같은 사람들에게 희망을 가지고 갑니다. 죄인들 가운데 괴수에게 우리는 큰 구원을 선물합니다. 여러분에게 이 구원의 말씀을 전합니다. "원하는 자는 값없이 생명수를 받으라"(계 22:17). "내가 너희에게 이르노니 사람에 대한 모든 죄와 모독은 사하심을 얻으리라"(마 12:31).

멀리 떨어져 있어서 일반적인 은혜의 수단들을 접할 수 없는 곳에 사는 여러분, 자비의 군대가 여러분에게 이를 것입니다. 하나님의 백성이 아닌 여러분이 하나님의 백성이 될 것이고, 사랑받지 못하던 자가 하나님의 사랑받는 자가 될 것입니다. 바울이 이방인들에 대해 이같이 말했습니다. "그들은 그것을 들으리라." 하나님의 목적은 경건하지 않은 자들을 구원하심으로써 외형적으로 신앙인이었던 자들을 화나게 만드시는 것입니다. 여러분은 잔치에 초대를 받았으나 가려고 하지 않았기 때문에, 집주인이 화가 나서 사람들을 더 넓게 초대하고 큰 명령을 내립니다. "길과 산울타리 가로 나가서 사람을 강권하여 데려다가 내 집을 채우라"(눅 14:23). 여러분이 구원을 받지 않으려고 하면 다른 사람들이 받을 것입니다. 그리스도께서 실망하시는 일은 없을 것입니다. 그리스도께서 죽으신 일이 헛되지 않을 것입니다. 성령께서 헛되이 수고하시지 않을 것입니다. "후손이 그를 섬길 것이요"(시 22:30). 예수께서 그의 보혈로 사람들을 구원하실 것입니다.

이렇게 많은 사람이 오늘 아침에 여기 온 것은 복을 받기 위해서라고 생각합니다. 나는 이분들이 이 은혜로운 메시지를 잡기 위해 앞으로 뛰어나가기를 바랍니다. 이분들 가운데서 "나는 믿습니다. 나는 의지합니다. 나는 예수님을 믿습니다" 하고 큰 소리로 외치는 사람이 나오기를 바랍니다. 그렇게 외친다면 이제 가십시오. 하나님이 당신을 구원하셨습니다. 예수께서 그리스도이심을 믿는다면, 여러분은 하나님에게서 난 것입니다. 여러분은 지금까지 세상적이고, 죄 많고, 많은 악을 행하며 살았습니다. 그렇지만 지금 그리스도를 모시고자 한다면, 그분을 영접하십시오. 환영하십시오. 여러분이 지금 그리스도께로 마음이 끌린다면, 즉시 오십시오. 꾸물거리지 마십시오. "성경에 이르되 누구든지 그를 믿는 자는 부끄러움을 당하지 아니하리라"(롬 10:11). 주님의 한없이 기쁜 사랑의 권함을 받고, 예수님을 믿으시기 바랍니다. 아멘.

● 독자 여러분들께 알립니다!

'CH북스'는 기존 '크리스천다이제스트'의 영문명 앞 2글자와
도서를 의미하는 '북스'를 결합한 출판사의 새로운 이름입니다.

스펄전 설교전집 26

사도행전

초판 발행 2010년 12월 10일
중쇄 발행 2019년 5월 3일

발행인 박명곤
사업총괄 박지성
편집 신안나, 임여진
디자인 김민영
마케팅 김민지
재무 김영은
펴낸곳 CH북스
출판등록 제406-1999-000038호
전화 031-911-9864 팩스 031-944-9820
주소 경기도 파주시 회동길 37-20 CH그룹사옥 4층
홈페이지 www.chbooks.co.kr 이메일 ch@chbooks.co.kr
페이스북 @chbooks1984 인스타그램 @chbooks1984
네이버 밴드 @chbooks

© CH북스 2010

CH북스는 여러분의 정성이 담긴 원고를 기다리고 있습니다.
원고 투고는 ch@chbooks.co.kr 로 내용 소개, 연락처와 함께 보내주세요.